Interkulturelle Studiel

Reihe herausgegeben von

Wolf-Dietrich Bukow, Humanwissenschaftliche Fakultät, Universität zu Köln, Köln, Deutschland

Christoph Butterwegge, Humanwissenschaftliche Fakultät, Universität zu Köln, Köln, Deutschland

Gudrun Hentges, Humanwissenschaftliche Fakultät, Universität zu Köln, Köln, Deutschland

Julia Reuter, Humanwissenschaftliche Fakultät, Universität zu Köln, Köln, Deutschland

Hans-Joachim Roth, Humanwissenschaftliche Fakultät, Universität zu Köln, Köln, Deutschland

Erol Yildiz, Institut für Erziehungswissenschaft, Universität Innsbruck, Innsbruck, Österreich

Interkulturelle Kontakte und Konflikte gehören längst zum Alltag einer durch Mobilität und Migration geprägten Gesellschaft. Dabei bedeutet Interkulturalität in der Regel die Begegnung von Mehrheiten und Minderheiten, was zu einer Verschränkung von kulturellen, sprachlichen und religiösen Unterschieden sowie sozialen Ungleichheiten beiträgt. So ist die zunehmende kulturelle Ausdifferenzierung der Gesellschaft weitaus mehr als die Pluralisierung von Lebensformen und -äußerungen. Sie ist an Anerkennungs- und Verteilungsfragen geknüpft und stellt somit den Zusammenhalt der Gesellschaft als Ganzes, die politische Steuerung und mediale Repräsentation kultureller Vielfalt sowie die unterschiedlichen Felder und Institutionen der pädagogischen Praxis vor besondere Herausforderungen: Wie bedingen sich globale Mobilität und nationale Zuwanderungs- und Minderheitenpolitiken, wie geht der Staat mit Rassismus und Rechtsextremismus um, wie werden Minderheiten in der Öffentlichkeit repräsentiert, was sind Formen politischer Partizipationen von MigrantInnen, wie gelingt oder woran scheitert urbanes Zusammenleben in der globalen Stadt, welche Bedeutung besitzen Transnationalität und Mehrsprachigkeit im familialen, schulischen wie beruflichen Kontext? Diese und andere Fragen werden in der Reihe „Interkulturelle Studien" aus gesellschafts- und erziehungswissenschaftlicher Perspektive aufgegriffen. Im Mittelpunkt der Reihe stehen wegweisende Beiträge, die neben den theoretischen Grundlagen insbesondere empirische Studien zu ausgewählten Problembereichen interkultureller als sozialer und damit auch politischer Praxis versammeln. Damit grenzt sich die Reihe ganz bewusst von einem naiven, weil kulturalistisch verengten oder für die marktförmige Anwendung zurechtgestutzten Interkulturalitätsbegriff ab und bezieht eine dezidiert kritische Perspektive in der Interkulturalitätsforschung.

Andreas Gkolfinopoulos

Deutschland als Magnet für Hochqualifizierte aus Griechenland

Eine qualitative empirische Studie zu faktischen und potenziellen Migrant*innen

🦄 Springer VS

Andreas Gkolfinopoulos 🆔
Köln, Deutschland

Dissertation an der Philosophischen Fakultät der Universität Siegen

ISSN 2945-8358 ISSN 2945-8366 (electronic)
Interkulturelle Studien
ISBN 978-3-658-39984-9 ISBN 978-3-658-39985-6 (eBook)
https://doi.org/10.1007/978-3-658-39985-6

Die Deutsche Nationalbibliothek verzeichnet diese Publikation in der Deutschen Nationalbibliografie; detaillierte bibliografische Daten sind im Internet über http://dnb.d-nb.de abrufbar.

Planung/Lektorat: Stefanie Probst
Springer VS ist ein Imprint der eingetragenen Gesellschaft Springer Fachmedien Wiesbaden GmbH und ist ein Teil von Springer Nature.
Die Anschrift der Gesellschaft ist: Abraham-Lincoln-Str. 46, 65189 Wiesbaden, Germany

Danksagung

Das vorliegende Buch ist die Veröffentlichungsfassung meiner Dissertation, die ich im Oktober 2021 an der Philosophischen Fakultät der Universität Siegen im Fach Politikwissenschaft eingereicht und im April 2022 verteidigt habe. Es geht um das Ergebnis langjähriger Arbeit und Forschungstätigkeit, die ohne die Unterstützung einiger Personen keinesfalls hätte entstehen können. Deswegen möchte ich mich an dieser Stelle bei ihnen bedanken.

Besonderer Dank gilt meiner Erstbetreuerin, Sigrid Baringhorst, die mir die Gelegenheit gegeben hat, mit dieser wunderschönen Reise des Promovierens zu beginnen. Ihre umfangreiche Unterstützung und der anregende Diskussionsprozess mit ihr waren die Grundlage für den erfolgreichen Abschluss dieser Doktorarbeit. Ferner danke ich Uwe Hunger, der die Zweitbetreuung meiner Doktorarbeit übernommen hat und mir durch unsere Gespräche ebenfalls dabei geholfen hat, meine Ideen insbesondere zum Thema Brain-Drain zu entwickeln und weitere Aspekte im Verlauf meines Forschungsprojekts zu entdecken. Des Weiteren möchte ich mich auch bei Argyro Panagiotopoulou bedanken, bei der ich als wissenschaftlicher Mitarbeiter an der Universität zu Köln meine wissenschaftlichen Kenntnisse und Kompetenzen erweitert habe. Sehr dankbar bin ich gleichfalls Raphaela Averkorn. Ohne ihre vielfältigen Unterstützungsschritte wäre die Fertigstellung dieser Studie nicht vorstellbar.

Mein herzlicher Dank gilt ebenso allen Teilnehmenden an dieser Studie, die bereit waren, ihre persönlichen Erfahrungen mit mir zu teilen, sodass diese Forschung überhaupt möglich wurde. Ich möchte mich auch bei allen Freund*innen bedanken, die mich all diese Jahre unterstützt haben. Einige von ihnen haben zugleich praktisch zu dieser Studie beigetragen. Ich bedanke mich bei ihnen von Herzen für ihre großartige Hilfe. Ausdrücklich möchte ich mich bei drei Personen namentlich bedanken, da ihre Unterstützung insbesondere für den Endspurt bedeutend war. Es geht erstens um Agnes Kamerichs, die viele Zeilen dieser Arbeit kritisch gelesen hat und mir besonders psychisch während dieser aufreibenden Phase beigestanden hat. Zweitens handelt es sich um meinen Kollegen Matthias Wagner, der die letzten Wochen vor der Abgabe dieser Doktorarbeit eine unglaubliche Bereitschaft gezeigt hat, mir zu helfen. Und drittens möchte ich meinen Kollegen und kritischen Gegenleser dieser Arbeit, Sascha Krannich, erwähnen, mit dem ich großartige Diskussionen über das vorliegende Thema hatte.

Abschließend möchte ich auch meiner Familie großen Dank für alles aussprechen! Αγαπητοί μου γονείς, Σήμη και θείε, σας αφιερώνω αυτήν την εργασία. Χωρίς την υποστήριξη σας, δεν θα τα κατάφερνα. Σας ευχαριστώ!

Köln   Andreas Gkolfinopoulos
im September 2022

Inhaltsverzeichnis

Abkürzungsverzeichnis

ÄapprO	Approbationsordnung für Ärzte
ADIP	Archi Diasfalisis kai Pistopoiisis tis Poiotitas stin Anotati Ekpaideusi [Behörde für die Sicherung und Zertifizierung der Qualität in der Hochschulbildung]
AEKWL	Ärztekammer Westfalen-Lippe
AEU-Vertrag	Vertrag über die Arbeitsweise der EU
ANEL	Anexartitoi Ellines (Unabhängige Griechen)
ASPAITE	Anotati Sholi Paidagogikis kai Technologikis Ekpaideusis [Hochschule für Pädagogische und Technologische Bildung]
BA	Bundesagentur für Arbeit
BÄK	Bundesärztekammer
BAMF	Bundesamt für Migration und Flüchtlinge
BÄO	Bundesärzteordnung
BIP	Bruttoinlandsprodukt
BMAS	Bundesministerium für Arbeit und Soziales
BMBF	Bundesministerium für Bildung und Forschung
BRD	Bundesrepublik Deutschland
CDH-Studie	International Survey in Careers of Doctorate Holders
DAAD	Deutscher Akademischer Austauschdienst
DDR	Deutsche Demokratische Republik
DESI-Index	Index für die digitale Wirtschaft und Gesellschaft
Destatis	Statistisches Bundesamt
DFG	Deutsche Forschungsgemeinschaft
DKI	Deutsches Kranknenhausinstitut
DZHW	Deutsches Zentrum für Hochschul- und Wissenschaftsforschung
EACEA	European Education and Culture Executive Agency

EADD	Ethniko Archeio Didaktorikon Diatrivon [Nationalarchiv Doktorarbeit]
EFKA	Ethnikos Foreas Koinonikis Asfalisis [Nationaler Sozialversicherungsträger]
EFR	Europäischer Forschungsraum
EHEA	Europäischer Hochschulraum
EKT	Ethniko Kentro Tekmiriosis [Nationales Dokumentationszetrum]
ELIDEK	Elliniko Ydrima Erevnas kai Kainotomias [Griechisch Stiftung für Forschung und Innovation]
ELSTAT	Elliniki Statistiki Archi [Griechisches Statistisches Amt]
EOPYY	Ethnikos Organismos Parochon Ypiresion Ygeias [Nationale Organisation für die Bereitstellung von Gesundheitsdiensten]
ESF	European Science Foundation
ESPA	Etairiko Symfono gia to Plaisio Anaptiksis [Partnerschaftsabkommen Strategischer Rahmenplan]
ESY	Ethniko Systma Ygeias [Nationales Gesundheitssystem Griechenlands]
ETHAAE	Ethniki Archi Anotatis Ekpaideusis [Nationale Behörde für die Hochschulbildung]
EU	Europäische Union
EWG	Europäische Wirtschaftsgemeinschaft
EZB	Europäische Zentralbank
FhG	Fraunhofer Gesellschaft
G-BA	Gemeinsamer Bundesausschuss
GGET	Geniki Grammateia Erevnas kai Technologias [Generalsekretariat für Forschung und Technologie]
GKV	Gesetzliche Krankenversicherung
GWK	Gemeinsamen Wissenschaftskonferenz, Gemeinsame Wissenschaftskonferenz
HGF	Helmholtz Gemeinschaft
HRK	Hochschulrektorenkonferenz
ICT	Intra-Corporate-Transfer
INE-GSEE	Institouto Ergasias – Geniki Synomospondia Ergaton Elladas [Institut für Arbeit – Generalgewerkschaftverband griechischer Arbeiter]
INSETE	Institouto Syndesmou Ellinikon Touristikon Epicheiriseon [Institut des Verbands touristischer Unternehmen]
IOM	Internationale Organisation für Migration

IOVE	Idryma Oikonomikon kai Viomichanikon Ereunon [Institut für ökonomische und industrielle Forschung]
IPEGS-S-P	Integrated Partnership European and Global Studies – Siegen – Piräus
IPS	Internationaler Personalservice
ISA	Iatrikos Syllogos Athinon [Ärzt*innenkammer Athens]
ISCED	International Standard Classification of Education
IWF	Internationaler Währungsfonds
KapVO	Kapazitätsverordnung
KldB	Klassifizierung der Berufe
KMK	Kultusministerkonferenz, Kultusministerkonferenz
KOAB	Kooperationsprojekt Absolventenstudie
KoWi	Kooperationsstelle EU der Wissenschaftsorganisationen
KVen	Kassenärztliche Vereinigungen
MINT	Mathematik, Informatik, Naturwissenschaft und Technik
MobiPro-EU	Förderung der beruflichen Mobilität von ausbildungsinteressierten Jugendlichen aus Europa
MPG	Max-Planck-Gesellschaft
MSC	Marie-Skłodowska-Curie-Maßnahmen
NACE	Nomenclature Générale des Activités Économiques dans la Communauté Européenne
NRW	Nordrhein-Westfalen
NS	Nationalsozialismus
OECD	Organisation für wirtschaftliche Zusammenarbeit und Entwicklung
PASOK	Panellinio Sosialistiko Kinima [Panhellenische Sozialistische Bewegung]
PIS	Panellinios Iatrikos Syllogos [Panhellenische Ärzt*innenkammer]
PJ	Praktisches Jahr
PKV	Private Krankenversicherung
POSDEP	Panellinia Omospondia Syllogon Didaktikou kai Ereunitikou Prosopikou [Panhellenische Dachvereinigung von Vereinen des Lehr- und Forschungspersonals]
SEV	Syllogos Ellinon Viomichanon [Griechischer Unternehmensverband]
SVR	Sachverständigenrat deutscher Stiftungen für Integration und Migration

SYRIZA	Sinaspismos Rizospastikis Aristeras [Koalition der Radikalen Linken]
TOMY	Topikes Omades Ygeias [Lokale Gesundheitsdienste]
TV-L	Tarifvertrag der Länder
TVöD	Tarifvertrag für den öffentlichen Dienst
UNESCO	Organisation der Vereinten Nationen für Erziehung, Wissenschaft und Kultur
WGL	Leibniz Gemeinschaft
WHO	World Health Organization
WissZeitVG	Wissenschaftszeitvertragsgesetz
WR	Wissenschaftsrat
YPE	Ygeionomikes Periferies [Regionale Gesundheitsbehörde]
YPES	Ypourgeio Esoterikon [Innenministerium]
ZAV	Zentralen Auslands- und Fachvermittlung

Abbildungsverzeichnis

Tabellenverzeichnis

Einleitung 1

1.1 Relevanz, Erkenntnisinteresse und Aufbau der Arbeit

In den vergangenen Jahren wurde die Migration griechischer Hochqualifizierter in nationalen und internationalen Medien häufig thematisiert. So trug etwa ein Artikel in „The Guardian" im Jahr 2015 den Titel: *„Young, gifted and Greek: Generation G – the world's biggest brain drain"* (Smith 2015). Im selben Jahr bezog sich ein Beitrag in „I Kathimerini" (2015), einer der größten Zeitungen Griechenlands, ebenfalls auf dieses Phänomen. Darin hieß es: „Die Zahl der jungen Wissenschaftler, die während der Krise auswandern, hat sich verzehnfacht" (Lakasas 2015). Das große Ausmaß dieser Migration erwähnte zudem „Zeit online" (2013) unter der Überschrift: „120.000 Wissenschaftler aus Griechenland ausgewandert". Die Betrachtung der hohen Zahl ausgewanderter Hochqualifizierter aus Griechenland während der Finanzkrise ist aber nur einer der interessanten Aspekte, die mit dieser Migration in Verbindung gebracht werden können. Ebenso stellt sich darauf bezogen die begründete Frage, wohin diese aus Griechenland auswandernden Hochqualifizierten migrierten bzw. noch immer auswandern. Lois Labrianidis und Manolis Pratsinakis (2016) schätzen in ihrer Studie, dass die wichtigsten Zielländer der griechischen Post-2010-Migrant*innen[1] Großbritannien und Deutschland waren, wobei Großbritannien mehr hochqualifizierte Zuwander*innen aus Griechenland als Deutschland angezogen habe (vgl. ebd.:14). Allerdings erfolgte diese Feststellung zeitlich vor dem Austritt Großbritanniens aus der EU. Auf Grundlage

---

[1] Um deutlich zu machen, dass auch Geschlechterkategorien einem sozialen Konstrukt entsprechen und um die damit einhergehende Zweigeschlechtlichkeit in Frage zu stellen, wird in dieser Arbeit das Gender-Sternchen* in Anlehnung an Hornscheidt (vgl. 2015: 300) verwendet. Auf dieses wird nur verzichtet, wenn ich mich auf konkrete Personen beziehe.

© Der/die Autor(en), exklusiv lizenziert an Springer Fachmedien Wiesbaden GmbH, ein Teil von Springer Nature 2022
A. Gkolfinopoulos, *Deutschland als Magnet für Hochqualifizierte aus Griechenland*, Interkulturelle Studien,
https://doi.org/10.1007/978-3-658-39985-6_1

dieser Entwicklung steht somit Deutschland vor einer großen Herausforderung, wenn es das Hauptzielland von – nicht nur griechischen – Hochqualifizierten in Europa sein will, wenn die EU-Freizügigkeit für Großbritannien an Gültigkeit verliert (Gkolfinopoulos 2019).

Bezüglich der Migration von Hochqualifizierten aus Griechenland nach Deutschland muss der zentrale Kontext der EU im Blick behalten werden. Laut dem Sachverständigenrat deutscher Stiftungen für Integration und Migration (SVR) wird die EU-Einwanderung in puncto ihres Umfangs unterschätzt, zudem spielt sie eine große Rolle für die deutsche Wirtschaft, da dadurch Bedarfe des deutschen Arbeitsmarkts gedeckt werden (vgl. SVR 2019: 18 f.). Während vor 2010 kein positiver Migrationssaldo für Deutschland im Bereich der EU-Migration von Hochqualifizierten zu bemerken ist (vgl. Ette/Sauer 2010: 197), geht Céline Teney (2015a) sieben Jahre später von einem solchen aus (vgl. ebd.: 88). Diese Entwicklung kann mit der Zunahme der EU-Migration aus Südeuropa seit 2009 infolge der Finanzkrise und den damit einhergehenden Austeritätsmaßnahmen in Verbindung gebracht, während diese Migration vor der Finanzkrise eher begrenzt war (vgl. Klekowski von Koppenfels/Höhne 2017: 217). Dieser Aspekt der EU-Binnenmigration wurde in den deutschen Medien durchaus thematisiert. So erschien etwa die Zeitschrift „Der Spiegel" in der Ausgabe vom 25.02.2013 mit der Schlagzeile auf dem Titelblatt „Die neuen Gastarbeiter: Europas junge Elite für Deutschlands Wirtschaft" (Der Spiegel 2013). Es stellt sich die Frage, inwieweit mit diesem Titel gemeint ist, dass die „neuen Gastarbeiter*innen" ebenfalls – so wie die früheren „Gastarbeiter*innen" – lediglich für eine kürzere Zeitspanne in Deutschland bleiben werden, also nur so lange, wie sie für die Bedarfe der deutschen Wirtschaft benötigt werden. Die Parallelisierung mit der früheren „Gastarbeiter*innen"-Migration ist für das Beispiel griechischer Migrant*innen in Deutschland außerordentlich interessant, da dadurch eine Verbindung zwischen diesen unterschiedlichen Migrationsphasen bzw. -strömen hergestellt werden kann. In diesem Rahmen führte Michael Damanakis (2014) in seiner Studie zu der Post-2010-Migration aus Griechenland nach Deutschland den Begriff *„neue griechische Migration"* ein, um zu demonstrieren, dass die zeitgenössische Migration sich von früheren *„Arbeitsmigrationen"* nach Deutschland unterscheidet.

Unbestreitbar ist, dass eine Konsequenz aus der *„Mega-Krise"* in Griechenland die Auswanderung sowohl von niedrig- als auch von hochqualifizierten Menschen ist, da sie mit einer Reproduktionskrise der gesamten Gesellschaft (Panayiotopoulos/Schultheis 2015: 22), womit der *„Bruch des sozialen Aufstiegsprozesses"* gemeint ist (Grekopoulou 2011: 168), verbunden ist. Ein Zusammenhang zwischen der Finanzkrise und der Auswanderung aus Griechenland wird durch mehrere Studien bestätigt (Koniordos 2017; Labrianidis/Pratsinakis 2016; Damanakis 2014; Triandafyllidou/Gropas 2014). Die griechische „*Staatsschuldenkrise*" kann zwar mit der globalen Finanzkrise in Verbindung gebracht werden (vgl. Karamessini 2014: 90), es erweist sich aber als schwierig, eindeutig zu bestimmen, wann sie begann und ob sie bereits geendet hat. Während Ulf-Dieter Klemm und Wolfgang Schultheiß (2015) behaupten, dass die „*Krise* in Griechenland" Anfang 2010 ausbrach (ebd.: 9), setzt Ioannis Kompsopoulos (2016) für den Anfang der „*Krise*" in Griechenland das Jahr 2008 an, als bereits eine „*Perspektivlosigkeit*" bei der „*700-€-Generation*" in Griechenland spürbar war und die sozialdemokratische PASOK-Regierung versuchte, „*mit einer Konjunkturstimulierungspolitik der Krise entgegenzuwirken*" (ebd.: 97). Eine wichtige „*Zäsur*" der Finanzkrise in Griechenland war der Eintritt des griechischen Staats in das Memorandum, das die „*Aufnahme von Hilfskrediten unter der Obhut der Troika (EU-Kommission, EZB, IWF)*" bedeutete (Agridopoulos 2016: 275). Nach dem ersten Memorandum folgten für den griechischen Staat noch zwei weitere Memoranden (Memorandum II im Jahr 2012 und Memorandum III 2015). Mit der Unterzeichnung der Memoranden zwischen der griechischen Regierung und der Troika gingen folgenreiche Maßnahmen einher. Diese folgten der Logik des „*Neoliberalismus*" und der Austerität (Markantonatou 2016: 271) und brachten neben der Auswanderung weitere negative Konsequenzen für die Gesellschaft in Griechenland mit sich (z. B. Steigerung der Kinderarmut und der Jugendarbeitslosenrate, Zunahme von Selbstmordfällen) (vgl. ebd.: 270). Der Sachverhalt, dass das Memorandum III 2018 ohne die Verabschiedung eines neuen Memorandums abgeschlossen wurde, wurde von der griechischen Regierung, von europäischen Regierungen, Vertreter*innen der Europäischen Union (EU), der Europäischen Zentralen Bank (EZB) und des Internationalen Währungsfonds (IWF) gefeiert (vgl. Chatzimichalis 2018: 45). Es lässt sich aber bezweifeln, dass diese Entwicklung das Ende der Finanzkrise in Griechenland bedeutet, wenn berücksichtigt wird, dass die staatliche Verschuldung nicht umstrukturiert wurde und sie immer noch auf hohem Niveau verbleibt, das Bruttoinlandsprodukt (BIP) nicht ausreichend angestiegen ist, die Arbeitslosenrate noch hoch ist, die ungleiche Wachstumsverteilung in der EU bestehen bleibt (vgl. ebd.: 45) und letztendlich weiterhin vorgesehen ist, dass Griechenland große primäre öffentliche Überschüsse bis 2060 aufrechterhalten muss (vgl. Trapeza tis Ellados 2019: 26). Eine Verbesserung der Wirtschaftslage in Griechenland wird laut der Organisation für wirtschaftliche Zusammenarbeit und Entwicklung (OECD) (2020a), insbesondere nach der Pandemie, nicht erwartet, zumal das Exportwachstum behindert wurde und folglich die staatliche

Schuldenquote aufgrund des weiteren Rückgangs des BIPs ansteigen wird (vgl. ebd.: 9). In diesem Rahmen kommentiert der Volkswirtschaftler Savas Robolis in einer Reportage der Zeitung „I Kathimerini" die Lage der neuen Generation in Griechenland dahingehend, dass sich die Auswanderung der jungen Generation unabhängig von der Qualifikation fortsetzen werde, da zwar *„andere Länder auch die Pandemiekrise durchmachen, aber sie keine zehnjährige Wirtschaftskrise hatten, daher sieht die Zukunft in Griechenland nicht positiv für die neue Generation aus"* (Magra 2021).

Im Gegensatz zur ungünstigen Lage auf dem griechischen Arbeitsmarkt dominiert in Deutschland der Begriff Fachkräftemangel spätestens seit 2007 *„in den arbeitsmarkt- und wirtschaftspolitischen Debatten"* (Rahner 2018: 12). Der Fachkräftemangel hängt eng mit dem Thema Einwanderung von internationalen Fachkräften nach Deutschland zusammen, da die Zuwanderung von Hochqualifizierten aus dem Ausland Teil der Strategie zur „Fachkräftesicherung" war und ist (vgl. Geiger/Hanewinkel 2014: 172). So zeigt etwa Holger Kolb (2004), dass die Einführung der Greencard-Regelung eine Entwicklung infolge des Drucks auf politischer Ebene vonseiten der Wirtschaftsverbände des Informations- und Kommunikationstechnik (ITK)-Sektors war, um den Mangel an IT-Fachkräften über die Rekrutierung von Personal aus dem Ausland zu decken (vgl. ebd.: 43 f.). Auch aktuell werden unter der Voraussetzung der Erteilung einer „Blauen Karte EU" (siehe Abschnitt 4.2) spezielle Regelungen eingeführt für die Berufe, die als Mangelberufe seitens der Bundesagentur für Arbeit (BA) (z. B. in den Bereichen Mathematik, Informatik, Naturwissenschaften, Ingenieurwesen und Humanmedizin) gelten (BA 2019a). Demgegenüber bezieht sich Kirsten Hoesch (2009) in ihrer Studie zur Einwanderung von Ärzt*innen nach Deutschland auf einen bisher nur,*drohenden Mangel*', bei dessen Entstehung die Ärzt*innenverbände eine zentrale Rolle gespielt haben (vgl. ebd. 237 f.). Insofern ist unklar, ob und inwiefern wirklich ein allgemeiner Fachkräftemangel in Deutschland bestand bzw. noch immer besteht (Gaedt 2014). Ingrid Jungwirth (2017) betont zudem, dass der Fachkräftemangeldiskurs zu einer Pauschalisierung führt, da *„der beklagte Mangel sich auf Idealvorstellungen von Fachkräften mit in Deutschland typischen Bildungs- und Berufsverläufen, entsprechend dem hier und jetzt geltenden Lebenslaufregime"* beziehe (vgl. ebd.: 380). Um solchen falschen Vorstellungen zu entgehen, ist in dieser Arbeit die Rede von einem Bedarf an Fachkräften anstatt von einem Fachkräftemangel, wenn eine erhöhte Nachfrage nach zusätzlichen Fachkräften aus dem Ausland in einem konkreten Sektor thematisiert wird.

Das Feld der hochqualifizierten Migration in Deutschland ist ein *„unterrepräsentiertes Gebiet innerhalb der Migrations- und Bildungsforschung"* (Graevskaia, Klammer/Knuth 2018: 25). Das Interesse der Migrationsforschung in Deutschland an hochqualifizierter Migration wuchs in der Tat erst nach der Einführung der Greencard-Regelung (2000), als „*ein neues integrations- und migrationspolitisches Leitbild*" in der Bundesrepublik Deutschland (BRD) etabliert wurde (Baringhorst 2013: 47). Dieses erst spät einsetzende Interesse erklärt Kolb (2006) mit der dominanten Beteiligung der Politik, da die relevanten Problem- und Fragestellungen eher aus einer politischen statt einer wissenschaftlichen Perspektive formuliert wurden (Bommes 2006). In diesem Kontext konzentrierte sich die Migrationsforschung auf die niedrigqualifizierten Arbeitsmigrant*innen in Verbindung mit den damit zusammenhängenden neuen Aufgaben für den Sozialstaat (Bommes 2006). Da hochqualifizierte EU-Migrant*innen als nur kurzfristig migrierend und mobil betrachtet wurden (Favell 2008), wurden sie in der bisherigen – auch der deutschsprachigen – Migrationsforschung kaum untersucht. Demzufolge wurde den hochqualifizierten (EU-) Migrant*innen in der Migrationsforschung auch selten eine Stimme gegeben (siehe Abschnitt 2.1).

Auf Grundlage dieser Forschungslücke und weil aktuelle statistische Daten des Statistischen Bundesamts (Destatis) zeigen, dass sich die Zuzüge aus Griechenland nach Deutschland weiterhin fortsetzen, auch wenn inzwischen die Anzahl der Rückzüge nach Griechenland höher ist (siehe Tabelle 1.1), und weil gleichzeitig der Anteil Hochqualifizierter mit griechischer Staatsangehörigkeit in Deutschland innerhalb der letzten Jahre zugenommen hat (siehe Tabelle 1.2), beschäftigt sich die vorliegende Studie mit dem Thema hochqualifizierte Migration von Griechenland nach Deutschland. Dabei geht es um Hochqualifizierte aus Griechenland, deren Ausbildung auf Kosten des griechischen Staats finanziert wurde. Zeitlich fokussiert die Arbeit hochqualifizierte Zuwander*innen, die nach 2009 nach Deutschland eingewandert sind, um den Kontext der Finanzkrise einzubeziehen. Relevant für die Studie ist nicht primär die Staatsangehörigkeit der Hochqualifizierten[2]. Untersucht werden soll vor allem der Zusammenhang zwischen dem in Griechenland erworbenen akademischen Abschluss der Zugewanderten und den Folgen ihrer Migrationsentscheidungen für die griechische Gesellschaft. Da dieses Thema im Kontext von Hochqualifizierten aus Griechenland in Deutschland noch nicht systematisch erforscht wurde (siehe Abschnitt 2.2), folgt die Datenerhebung und -auswertung der vorliegenden Studie einem explorativen methodischen Forschungsansatz. Rekonstruiert werden

---

[2] Allerdings war es unvermeidbar, bei einigen statistischen Daten den Fokus auf die Staatsangehörigkeit zu legen, da es dazu die einzigen vertrauenswürdigen verfügbaren Daten gab, um einen Überblick über den Umfang der Zuzüge aus Griechenland nach Deutschland zu erhalten. Das war bei den Tabellen 1.2, 5.4, 5.8, 5.16 der Fall.

sollen die Migrationsmotive und Bewertungen der Folgen von Migrationsentscheidungen aus der Sicht der Migrant*innen. Um ein fall- und prozesszen-
triertes Verständnis der Migrationsentscheidung der Subjekte zu gewinnen, ist
die Anwendung qualitativer Methoden besonders geeignet (vgl. Iosifides 2011:
35). In diesem Rahmen wurden halbstandardisierte qualitative Interviews mit
hochqualifizierten Migrant*innen aus Griechenland, die in Deutschland leben,
durchgeführt. Mit Rekurs auf das Modell von Push- und Pull-Faktoren (Lee 1966)
sowie auf das Motivkonzept (Reisenzein 2006) werden die subjektiven Gründe
für die Migrationsentscheidung der Befragten aus den qualitativen Daten rekonstruiert und kategorisiert, darüber hinaus werden subjektive Deutungen der Folgen
von Migrationsentscheidungen für die Herkunftsgesellschaft aus dem erhobenen
Datenmaterial abgeleitet.

Wie in Abschnitt 2.2 aufgezeigt wird, wurde in den bisherigen Studien noch
kein vergleichender Fokus auf das jeweilige berufliche Profil der ausgewanderten
Hochqualifizierten aus Griechenland gerichtet. Dadurch wurde die Auffassung
nahegelegt, dass alle Hochqualifizierten, die aus Griechenland nach Deutschland
kommen, aus den gleichen Gründen migrieren. Jedoch betont Parvat Raghuram
(2008), dass die Relation zwischen der Nachfrage und dem Angebot auf einem
Arbeitsmarkt entscheidend dafür ist, wer migriert (vgl. ebd.: 91). Hoesch (2009)
kommt auch zu dem Schluss, dass die Rolle der „sektorspezifischen Filter" bei
der internationalen Migration und Migrationspolitik zentral ist (vgl. ebd.: 348).
Daraus wird die Hypothese hinsichtlich der untersuchten Migration abgeleitet,
dass unterschiedliche Bedingungen in den jeweiligen hochqualifizierten Sektoren in beiden Ländern herrschen und diese unterschiedliche Migrationsmotive in
den beruflichen Sektoren fördern. Im Rahmen dieser Studie wird auf drei unterschiedliche Sektoren fokussiert: den Gesundheitssektor, den Wissenschaftssektor
und den ITK-Sektor. Konkret wurden Ärzt*innen, die eine Facharzt*inausbildung
absolvieren, Nachwuchswissenschaftler*innen in geisteswissenschaftlichen Disziplinen[3] und IT-Expert*innen[4] befragt. Während die untersuchten Berufe im

---

[3] Die geisteswissenschaftlichen Disziplinen umfassen die Disziplinen der Kultur-, Sozial-
und Wirtschaftswissenschaften, wozu auch die Rechtswissenschaften gehören (siehe die
entsprechende Einteilung der Wissenschaftsbereiche in Karmasin/Ribing (2017): 29). Die
Wirtschaftswissenschaften sind in der Fallauswahl der vorliegenden Studie nicht vertreten.

[4] Der Begriff „Expert*in" wird für die Charakterisierung dieser Gruppe nach der Differen-
zierung der BA (2019b) und der Klassifizierung der Berufe (KldB) 2010 hinsichtlich der
Komplexität der ausgeübten Tätigkeiten verwendet, da diese Berufe einer hochkomplexen
Tätigkeit, die einen höheren akademischen Abschluss erfordert, entsprechen. Im Gegensatz
dazu entspricht der Begriff „Spezialist*in" Berufen, die weniger komplex sind und wo die

ITK-Sektor und im Gesundheitssektor von der BA als Engpassberufe eingestuft werden, gilt dies für die geisteswissenschaftlichen Forscher*innen nicht (BA
2019a). Somit ergibt sich ein Kontrast zwischen zwei hochqualifizierten Gruppen,
von denen die eine (Ärzt*innen und IT-Expert*innen) vermutlich gute Chancen
auf dem deutschen Arbeitsmarkt hat, während und an der anderen hochqualifizierten Gruppe (geisteswissenschaftliche Nachwuchswissenschaftler*innen) vermutlich kein großer Bedarf besteht. Durch diesen sektoralen Vergleich wird auch
erwartet, dass der Zusammenhang zwischen den Besonderheiten des jeweiligen
Sektors und der untersuchten Migration beleuchtet wird.

Bei der theoretischen Einrahmung der Analyse dieser Migration werden Theorien unterschiedlicher Disziplinen berücksichtigt. Dazu zählen mikroökonomische
Ansätze (Sjaastad 1962; Todaro 1969; Pissarides/Wadsworth 1989), die die*den
Migrant*in als Homo oeconomicus betrachten, d. h. als eine Person, die auf Basis
eines Such- und Optimierungsprozesses auswandert. Weitere berücksichtigte
theoretische Ansätze fokussieren auf das politische Niveau (Hirschman 1970;
1974; Hollifield 2004) und auf das kulturelle Niveau, wie etwa die Kapitaltheorie
von Bourdieu (2012[1983]). Zentral sind dabei auch die sozialwissenschaftlichen Ansätze, die die Rolle weiterer Personen (Granovetter 1979; Bourdieu
2012; Coleman 1988) und sozialer Netzwerke (Hugo 1981; Ritchey 1976) auf
der Mesoebene bei der Migration thematisieren. Unter Berücksichtigung der
sozialwissenschaftlichen Migrationstheorien und im Hinblick auf die historische
Präsenz einer griechischen Diaspora seit den 1960er Jahren (siehe Tabelle 1.1)
beabsichtigt die Arbeit auch, die Rolle der ökonomischen, politischen, und sozialen Rahmenbedingungen in beiden Ländern bei der Migrationsentscheidung der
zugewanderten Hochqualifizierten zu untersuchen. Dabei geht es auch bezogen auf diese Rahmenbedingungen primär um deren subjektive Wahrnehmung
und Beurteilung durch die Interviewten, auch wenn objektive Daten zu diesen
Kontextfaktoren herangezogen werden.

Gleichzeitig wird im Hinblick auf den Transnationalismus-Ansatz (Faist 2013)
und auf das Mobilitätskonzept, das oft im Kontext von EU-Migration und hochqualifizierter Migration verwendet wird (siehe Abschnitt 1.2.1), wahrgenommen,
dass Migration nicht unbedingt zu einem nur einmaligen Wohnortwechsel führt
(vgl. Becker 2018: 22). Der Begriff Migration wird dennoch in dieser Arbeit
verwendet, da Migrationsprozesse auch Mobilitätspraktiken umfassen (vgl. Pratsinakis et al. 2020: 16). Es bleibt dabei von Interesse und ist auch ein Erkenntnisziel

---

entsprechenden Kenntnisse im Rahmen einer Meister- oder Technikerausbildung bzw. eines
gleichwertigen Fachschul- oder Hochschulabschlusses erworben werden (BA 2019b).

dieser Studie die Frage nach der Bleibeperspektive der migrierten Hochqualifizierten aus Griechenland in Bezug auf Deutschland. Welche Gründe bzw.
Motive, so eine weitere Forschungsfrage, sind ausschlaggebend für einen Verbleib in Deutschland bzw. für eine Rückkehr nach Griechenland oder aber für
eine Migration in ein drittes Land?

Des Weiteren liegt der Fokus der Arbeit nicht nur auf faktischen
Migrant*innen, sondern auch auf potenziellen Migrant*innen (siehe die Definition in Abschnitt 1.3). Dabei wird ebenfalls auf Hochqualifizierte der drei
untersuchten Sektoren fokussiert. Das Erkenntnisziel der Studie in Bezug auf
die potenziellen Migrant*innen ist, herauszufinden, warum sie einen Verbleib in
Griechenland priorisieren, auch wenn sie eine Migration nicht ganz ausschließen. Diese Perspektive wird interessanter, wenn berücksichtigt wird, dass die
Befragten dieser Fallgruppe hochqualifiziert und EU-Bürger*innen sind und in
Griechenland die Folgen der Finanzkrise immer noch stark spürbar sind. Mit der
Untersuchung von Motiven einer Nicht-Migration adressiert die vorliegende Studie ein weiteres Desiderat der bisherigen Migrationsforschung (vgl. Düvell 2006:
76). Dieser Aspekt wird mithilfe des Begriffs *Stasis*[5] (Glick-Schiller/Salazar
2013) untersucht, der in der deutschsprachigen Migrationsforschung bisher noch
keine Anwendung gefunden hat (siehe Abschnitt 3.1).

Außerdem ist der Brain-Drain-Ansatz zentral für diese Arbeit. Obwohl Brain-
Drain als Begriff oft im Zusammenhang mit den negativen Konsequenzen für
die Herkunftsländer (oftmals des globalen Südens) der Migrant*innen verwendet
wurde, wurden seit den 1990er Jahren auch die positiven Effekte des Phänomens
für die Herkunftsländer thematisiert, sodass der Brain-Drain zuweilen in einen
Brain-Gain transformiert wird (Hunger 2003). Da dir Folgen der hochqualifizierten Migration in den medialen und politischen Diskussionen in Griechenland
umfangreich thematisiert wurde, kann davon ausgegangen werden, dass die griechischen Hochqualifizierten über diese Folgen informiert sind. In diesem Kontext
ist ein weiteres Erkenntnisziel der Studie, zu erfahren, inwieweit die faktischen
und die potenziellen Migrant*innen in Griechenland die Folgen der Abwanderung
von Hochqualifizierten für die griechische Gesellschaft wahrnehmen. Wie reagie-
ren sie, wenn sie mit negativen Konsequenzen für das Land konfrontiert werden
und wie gehen sie moralisch damit um? Die Analyse dieser Fragen berührt einen
wichtigen moralischen Aspekt, der von der Migrationsforschung bisher noch nicht
aus der Perspektive von Migrant*innen untersucht wurde (siehe Kapitel 2).

Nach diesen einleitenden Informationen wird im Folgenden nun der Aufbau
der Arbeit erläutert: Das folgende Kapitel (1.2) der Einleitung widmet sich der

---

[5] In Abschnitt 3.1 wird der Begriff erklärt.

Klärung zentraler Begrifflichkeiten der Arbeit. Zuerst wird in Abschnitt 1.2.1 begründet, warum sich die Studie im Rahmen der Analyse des untersuchten Phänomens mit dem Begriff „Migration" anstatt dem der „Mobilität" auseinandersetzt. Im selben Kapitel wird der Begriff „hochqualifizierte Migration" verdeutlicht und in Abschnitt 1.2.2 der Begriff „potenzielle Migrant*innen" erläutert. Im Anschluss (1.3) wird die historische Perspektive im Hinblick auf die untersuchte Migration thematisiert und in dem Zusammenhang auch die historische Entwicklung der griechischen Diaspora in Deutschland und der Umfang der aktuellen (hochqualifizierten) Migration aus Griechenland nach Deutschland mithilfe statistischer Daten von der Internetseite des Destatis aufgezeigt. Nur in Kenntnis der historischen Migrationsentwicklungen können mögliche Zusammenhänge zwischen früheren Migrant*innengenerationen und aktuellen Migrant*innengenerationen der griechischen Diaspora in Deutschland diskutiert werden (z. B. die mögliche Rolle von sozialen ethnischen Netzwerken bei der Verwirklichung der aktuellen Migration).

In Kapitel 2 wird der relevante Forschungsstand strukturiert zusammengefasst und werden bestehende Forschungsdesiderata abgeleitet. Zuerst wird ein Überblick über den Forschungsstand zur (hochqualifizierten) EU-Migration mit Fokus auf Deutschland als Zielland von EU-Migrant*innen gegeben (2.1). Im Anschluss daran werden Ergebnisse aktueller Studien zum Gegenstand der hochqualifizierten Auswanderung aus Griechenland vorgestellt (2.2). Dabei wird deutlich, dass noch keine systematische Studie zum konkreten Thema der hochqualifizierten Migration von Griechenland nach Deutschland durchgeführt wurde. Dennoch wird es dank der existierenden Studien möglich sein, unterschiedliche relevante Aspekte zu beleuchten und gleichzeitig relevante Forschungslücken zu beschreiben, sodass der Fokus auf die zentralen Forschungsfragen begründet wird (2.3).

In Kapitel 3 werden interdisziplinäre Ansätze der Migrationsforschung mit unterschiedlichen für die vorliegende Arbeit relevanten Perspektiven vorgestellt. Gleichzeitig helfen die bei der Datenauswertung berücksichtigten Migrationstheorien dabei, Konzepte zu entwickeln und die Ergebnisse der Studie zu präsentieren. Kapitel 4 und Kapitel 5 tragen dazu bei, die Rahmenbedingungen der untersuchten Migration zu beleuchten. Zuerst wird in Kapitel 4 der rechtlich-politische Rahmen der Migration dargestellt. Anschließend werden in Kapitel 5 die herrschenden politisch-ökonomischen Bedingungen in den jeweiligen untersuchten Sektoren beider Länder angeführt, mit besonderem Fokus auf die Arbeitsmarktbedingungen und die verfügbaren statistischen Daten zu migrierten Hochqualifizierten aus Griechenland in diesen Sektoren.

Das sechste Kapitel präsentiert das Forschungsdesign der Studie. Dort wird erläutert, warum die konkreten Methoden der empirisch-qualitativen Migrationsforschung ausgewählt und angewendet wurden und wie der genaue Prozess der Datenerhebung mithilfe halbstandarisierter Interviews abgelaufen ist. Außerdem werden auch theoretische Anmerkungen gemacht (6.7), um das – im Hinblick auf die Datenanalyse zur Migrationsentscheidung der Befragten – zentrale Konzept des Motivs aus motivationspsychologischer Perspektive (Reisenzein 2006) zu erklären.[6] Des Weiteren wird mithilfe von Emmanuel Levinas' Theorie (1969) verdeutlicht, in welchem Zusammenhang Moral und Brain-Drain stehen, um die Ergebnisse hinsichtlich des moralischen Umgangs der Befragten mit dem Brain-Drain theoretisch einzurahmen. Außerdem wird die Methode der Datenauswertung dargelegt und die Auswahl des thematischen Kodierens von Uwe Flick (1996) als geeignete Methode zum Vergleich zwischen vorab festgelegten Gruppen – wie den hier untersuchten Fallgruppen – begründet (6.8). Nachdem argumentiert worden ist, wie und warum die Ergebnisse mithilfe der ausgewählten Fallanalyse vorgestellt werden (6.9), wird über die Rolle des Forschers im Forschungsprozess dieser Studie reflektiert (6.10).

Die zentralen Ergebnisse der empirischen Studie stehen im Mittelpunkt der Kapitel 7 und 8. Die Darstellung der Ergebnisse hinsichtlich der Motive für die Migration und für die Nicht-Migration in Kapitel 7 erfolgt in drei Kapiteln. In diesen Kapiteln werden die Ergebnisse hinsichtlich Einflussfaktoren und Motiven für die Migration (7.1), zur Bleibeperspektive der faktischen Migrant*innen bezogen auf Deutschland (7.2) und zur Nicht-Migration potenzieller Migrant*innen (7.3) in ebendieser gleichen Reihenfolge präsentiert: zuerst die ökonomischen Motive, zweitens die sozialen Motive, drittens die politischen Motive und viertens die kulturellen Motive. Darauf folgen die ausgewählten Fallanalysen und eine vergleichende Analyse im beruflichen Kontext in jedem Kapitel, damit die Unterschiede zwischen den Vergleichsgruppen deutlich werden. Die Ergebnisse aus Kapitel 7 werden in einem abschließenden Zwischenfazit (7.4) zusammengefasst. Kapitel 8 widmet sich den Ergebnissen hinsichtlich der Wahrnehmung des Brain-Drain-Problems und des Umgangs der Hochqualifizierten damit. Zuerst werden die Erkenntnisse zur Sichtweise der faktischen Migrant*innen (8.1) vorgestellt, darauf folgen die Ergebnisse zur Sichtweise der potenziellen Migrant*innen (8.2). Auch in Kapitel 8 werden die Ergebnisse mithilfe von ausgewählten Fallanalysen dargestellt und in einem Zwischenfazit zusammengefasst.

---

[6] Dabei wird auch der Unterschied zwischen Einflussfaktoren bzw. Migrationsgründen und Migrationsmotiven veranschaulicht.

Als Bindeglied zwischen den Ergebnissen aus der empirischen Studie und dem zusammenfassenden Fazit soll Kapitel 9 verstanden werden, zumal in diesem Kapitel diskutiert wird, welche Herausforderungen für und Auswirkungen auf beide Staaten aus dieser Migration entstehen. Diese politikwissenschaftliche Perspektive beabsichtigt – insbesondere im Hinblick auf die empirischen Ergebnisse aus den Interviews mit den Befragten zu ihrer Bleibeperspektive bezogen auf Deutschland – eine Debatte darüber anzuregen, ob und inwieweit durch die Abwanderung von Hochqualifizierten für den griechischen Staat ein Brain-Drain-Problem oder eher eine Brain-Gain-Option existiert. Den Abschluss der Arbeit bilden die zusammenfassende Betrachtung, die Diskussion der Forschungsergebnisse sowie Überlegungen zu zukünftigen Forschungsthemen und -fragen, die sich aus den Forschungsergebnissen der vorliegenden Studie ergeben (Kapitel 10).

1.2 Begriffserklärungen und erste theoretische Überlegungen

Bevor Forschungsstand und theoretische Ansätze des für die Analyse notwendigen Phänomens dargestellt werden, gilt es zu verdeutlichen, was unter den zentralen Begriffen der vorliegenden Studie zu verstehen ist. Dabei geht es um die Begriffe der „Migration" und der „hochqualifizierten Migration" (1.2.1) sowie um die Bezeichnung „potenzielle Migration" (1.2.2).

1.2.1 (Hochqualifizierte) Migration versus Mobilität

Als Hochqualifizierte[7] gelten in dieser Arbeit Menschen, die einen Hochschulabschluss vorweisen können. Das bedeutet, dass die Qualifikationen der Hochqualifizierten Stufe 5 (*first stage of tertiary education*) oder Stufe 6 (*second stage of tertiary education*) entsprechend den Niveaustufen der Konzeption der *International Standard Classification of Education* (ISCED) zugeordnet werden (UNESCO 2006). Im Zusammenhang mit dem wissenschaftlichen Diskurs zum Thema Wanderung von Hochqualifizierten ist erkennbar, dass dieser sich vor allem auf die ‚konkurrierenden' Begriffe Migration und Mobilität richtet. Dies soll in den folgenden Zeilen näher beleuchtet werden.

Übersetzt bedeutet Migration „den Ort wechseln" oder „wegziehen" und ist von dem lateinischen Wort *migrare* abgeleitet (Düvell 2006: 5). Obwohl

---

[7] Der Begriff Akademiker*in wird als Synonym des Begriffs Hochqualifizierte verwendet.

der Ausdruck Migration in wissenschaftlichen und medialen Diskursen oftmals verwendet wird, gibt es keine kohärente Definition für diesen Begriff. Die Internationale Organisation für Migration (IOM) definiert jedoch Migration als: *„The movement of persons away from their place of usual residence, either across an international border or within a State"* (IOM 2019: 136). Diese neutrale Definition von Migration ist sehr inklusiv, da darin unterschiedliche Migrationsformen einbezogen werden.

Allerdings lassen sich diverse Migrationsformen, die laut Düvell (2006) zehn verschiedenen Variablen[8] entstammen, feststellen. Mit Fokus auf die politischen Variable wird zwischen einer internationalen Migration, die auf eine Grenzüberschreitung zwischen zwei oder mehreren Staaten hindeutet, und einer Binnenmigration, die durch Migration innerhalb eines Staats oder Staatenverbunds gekennzeichnet ist, unterschieden. In Bezug auf die zeitliche Variable spielt die Dauer des Aufenthalts am neuen Wohnort eine Rolle. Es wird eine temporäre von einer langfristigen Migration abgegrenzt. Diese Klassifizierung scheint aber defizitär zu sein, zumal die Festlegung von zeitlichen Grenzen zum Zwecke der Unterscheidung besonders anspruchsvoll ist (vgl. Düvell 2006: 7). Eine Migration ist indes eher mit einem langfristigen Aufenthalt verbunden, der auch auf eine Niederlassungsperspektive am neuen Wohnort hindeutet (vgl. Kolb 2006: 168). Im Gegensatz dazu lässt sich der Begriff Mobilität, deren Synonym *circulation*[9] ist (vgl. Faist 2013: 1638), mit einer vorübergehenden Migration verbinden (vgl. Düvell 2006: 11). Heike Jöns (2002) klassifiziert drei unterschiedliche Formen internationaler Mobilität: 1) die internationale Mobilität im Rahmen von kurzen Aufenthalten, d. h. für ein paar Tage oder Wochen (z. B. zu Tagungen), 2) die internationale Mobilität im Rahmen von längeren, aber befristeten Aufenthalten (etwa zum Zwecke einer Promotion im Wissenschaftsbereich), 3) den grenzüberschreitenden permanenten Wohnortwechsel (vgl. ebd.: 186).

Kritisch wurde die Konzeption von Migration durch die Transnationalismus-Forscher*innen (Glick-Schiller et al. 1992) aufgrund der Betrachtung des einmaligen biographischen Vorgangs der Migrierten gesehen (vgl. Becker 2018: 22). Aus einer Transnationalismus-Perspektive heraus wird sich auf die Ursachen und auf die Konsequenzen von Migration bei permanenten Migrant*innen, aber auch bei Zuwanderer*innen mit temporärer Aufenthaltsabsicht im Zielland konzentriert (vgl. Faist 2013: 1638), um zu betonen, dass die Beziehungsgeflechte der

---

[8] Düvell (2006) nennt die Variablen Zeit, Ort, Geografie, Zweck und Motiv, Profession, Akteure, politische Bedingungen, rechtlicher Status, Charakter der Entscheidung und historische Bedingungen (vgl. ebd.: 11).

[9] Wie in Abschnitt 3.1 wird für die Mobilität von Hochqualifizierten oft sogar der Begriff Brain-Circulation, d. h. „Hin- und Her- bzw. Weiterwanderung" (Hunger 2003: 9) benutzt.

Migrant*innen transnational und somit über Landesgrenzen hinaus auf transnationaler Ebene gestaltet werden (vgl. Pries 2015: 160 zit. nach Warrach 2020: 18). Kernargument des Transnationalismus-Ansatzes gegen die Validität dieses Konzepts zur Migration ist, dass darin *„Transmigrant*innen als handlungsaktive Akteur*innen"* betrachtet werden, da sie *„grenzüberschreitende und grenzunabhängige Netzwerke"* unabhängig von den Nationalgesellschaften schaffen (Warrach 2020: 19). Transnationalismus beinhaltet eindeutig einen Versuch, die Grenzen des methodologischen Nationalismus (Wimmer/Glick-Schiller 2002) und die *„Container-Theorie der Gesellschaft* sowie *die Vorstellung nationalstaatlich getrennter Gesellschaftswelten"* aus nationalstaatlicher Sicht (Beck 1997: 63) zu überwinden. Obwohl der Transnationalismus *„aus der Absetzung von einem nationalen Gesellschaftsbegriff"* entstand, enthält Transnationalismus wörtlich gesehen den 'Container-Begriff' der nationalen Gesellschaft, den er überwinden sollte (Bommes 2003: 104). In diesem Rahmen wird empfohlen (Greiner/Sakdapolrak 2013; Assmuth et al. 2018), für die grenzüberschreitenden Kontakte den Begriff Translokalität statt des Begriffs Transnationalismus zu verwenden. Es lässt sich feststellen, dass der gemeinsame Punkt von Transnationalismus-Ansatz und Mobilitätskonzept die Negation eines lediglich einmalig vollzogenen Wohnortwechsels der Migrant*innen ist. Diese Fokussierung vernachlässigt jedoch, dass einige Individuen tatsächlich permanent migrieren können, wobei eine Translokalität, d. h. eine Interaktion auf multilokaler Ebene der Migrant*innen, in modernen Gesellschaften stets gegeben ist.

Außerdem soll ein weiterer zentraler Punkt des Unterschieds zwischen Mobilität und Migration angesprochen werden. Die angeführten drei Formen von Mobilität nach Jöns (2002) legen offensichtlich den Fokus der Betrachtung auf Hochqualifizierte, wobei für die Beschreibung dieser Gruppe von Migrant*innen oft der Begriff „Expatriates" verwendet wird. Der Begriff Expatriates ist aber mit einer speziellen Gruppe von *„unternehmensintern mobilen Beschäftigten"* (Kolb 2006: 161) bzw. *privilegierten Transmigrant*innen* (Kreutzer/Roth 2006) verbunden. Expatriates symbolisieren somit eine *„mobile Mittelschicht"*, deren Migration stark durch ihre *„Unternehmenszugehörigkeit"* charakterisiert wird (Becker 2018: 41). Kolb (2016) vertritt die Ansicht, dass diese Gruppe wegen ihrer Anhängigkeit an ihre jeweilige Organisation in der Migrationsforschung unberücksichtigt bleiben sollte, da es dabei vielmehr um die Migration von Unternehmen geht (vgl. 169). Es wird aber nochmals deutlich, dass kurzfristige Migrationsabsichten und Mobilität mit Hochqualifizierten verbunden werden. Im Gegensatz dazu wird der Begriff Migration sowohl in politischen als auch öffentlichen Debatten mit weniger privilegierten Migrant*innengruppen in Verbindung gebracht (vgl. Canagarajah 2017: 5). Faist (2013) ergänzt dazu, dass in den öffentlichen Debatten sich Mobilität auf positive Folgen für die Individuen und die Staaten bezieht und Migration auf bestimmte Aspekte des Sozialstaats, wie z. B. die soziale Integration und die Bewahrung nationaler Identität (vgl. ebd.: 1640). In diesem Rahmen werden „*labour migrants*", und somit der Begriff Migration, negativ und Hochqualifizierte und der Begriff Mobilität positiv konnotiert (ebd.: 1642). Im deutschsprachigen Raum ist diese Konnotation besonders ausgeprägt. Integrationshürden von zugewanderten niedrigqualifizierten Arbeitskräften wurden umfassend erforscht, während Hochqualifizierte nur in geringem Maße das Interesse von Migrationsforscher*innen gewannen (vgl. Becker 2018: 43). Jedoch ist die Annahme, dass bei Hochqualifizierten „problemlose" Integrationskompetenzen vorausgesetzt werden können, irreführend, da, wie die Studie von Föbker et al. (2014) zu zugewanderten Universitätsmitarbeiter*innen in Deutschland aufzeigt, Hochqualifizierte ebenso mit Integrationshürden auf sozialer Ebene konfrontiert sind. Außerdem ist diese Annahme auch deshalb besonders fraglich, da dadurch alle zugewanderten Hochqualifizierten gleichgestellt werden, ohne die soziale Herkunft, den legalen Status, das Geschlecht und den Beruf der zugewanderten Hochqualifizierten zu berücksichtigen.

Trotz dieser Unterschiede in den Zuschreibungen der beiden Begriffe lässt sich eine zentrale Überschneidung in beiden hervorheben: Migrationsprozesse können Mobilitätspraktiken, z. B. Rückkehrmigration, *Circulation*, Migration in ein drittes Land oder auch kurzfristige Mobilitätsaufenthalte umfassen (vgl. Pratsinakis et al. 2020: 16). Migration ist somit schwer von der Mobilität und die Mobilität von der Migration zu trennen, da die Absichten zur Dauer des Aufenthalts eines Individuums schwer voraussehbar sind, wie am Beispiel von zugewanderten Wissenschaftlerinnen nach Deutschland in der Studie von Andrea Wolffram (2017) auch deutlich wird, zumal ein eigentlich kurzfristiger Mobilitätsplan zu einer permanenten Migration je nach Lebensverlauf und Karriereweg werden kann (vgl. ebd.: 136).

Abschließend soll in dieser Arbeit der doppelte Status der untersuchten Fokusgruppe betont werden: Dieser besteht in ihrem Hochqualifizierten-Status sowie dem Migrant*innen-Status. Die Frage der Rückkehr oder nach permanenter Migration nach Deutschland, sowie auch weitere Mobilitäts- bzw. Migrationsoptionen bleiben noch offen und werden untersucht. Da der zeitliche Faktor des Aufenthalts, der zentral bei der Unterscheidung zwischen Migration und Mobilität ist, nicht im Voraus bestimmt werden kann, kann in dieser Arbeit nicht im Hinblick auf diesen Aspekt dazu Position bezogen werden, welcher Begriff zu verwenden ist. Mit Fokus aber auf die dominierende Debatte über Migration und Mobilität, die auf eine negative Konnotation im Zusammenhang mit dem

Migrationsbegriff aufgrund der Assoziation mit niedrigqualifizierten Fachkräften hindeutet, wird sich für die Verwendung des Begriffs Migration entschieden, um bereits der These vorzubeugen, dass alle hochqualifizierten Migrant*innen privilegiert sind. Darüber hinaus sollten auch die besonderen Bedingungen der Finanzkrise in Griechenland, die eine erhebliche Rolle für die aktuelle – auch hochqualifizierte – Auswanderung aus Griechenland spielen (siehe Abschnitt 2.2), erwähnt werden. Scherr/Scherschel (2019) betonen, dass auch zwingende ökonomische Beweggründe auf eine Zwangsmigration hindeuten (vgl. ebd.: 42). Ebenso aus diesem Grund scheint die Verwendung des Begriffs Migration für das untersuchte Phänomen, das von der Finanzkrise besonders geprägt ist, zutreffender zu sein als der Begriff Mobilität, zumal mit dem Begriff Migration der notgedrungene Charakter der Auswanderung besser ausgedrückt werden kann.

1.2.2 Potenzielle Migrant*innen

Aus soziologischer Perspektive ist die Trennungslinie zwischen erzwungener und freiwilliger Migration schwer definierbar (vgl. Scherr/Scherschel 2019: 40). Das kann auch die Migration von Hochqualifizierten betreffen, wenn Push-Faktoren (siehe Push–Pull-Modell in Abschnitt 3.3) als Zwänge interpretiert werden können (vgl. ebd.: 34). Petrus Han (2010) bezieht sich auf *„potenzielle Migranten"* im Rahmen eines individuellen Migrationsentscheidungsprozesses (vgl. ebd.: 198–205), um Individuen, die vor einer Migrationsentscheidung stehen, zu beschreiben. Insgesamt erkennt Han fünf Phasen in einem individuellen Migrationsentscheidungsprozess.[10] Danach haben faktische Migrant*innen, d. h. bereits migrierte Individuen, diese fünf Phasen hinter sich, während ein*e potenzielle*r Migrant*in sich in einer der vier Phasen vor der Migrationsentscheidung befinden kann.

Die Arbeit fokussiert auf die erste Phase[11] potenzieller Migrant*innen und untersucht die *„subjektive Wahrnehmung belastender gesellschaftlicher Umstände"* (Han 2010: 199). Diese Wahrnehmung ist mit *„Push-Faktoren"* verbunden (ebd.: 200). Besonders *„gescheiterte Volkswirtschaften"* tragen zur Vermehrung von Auswanderungsgründen bei potenziellen Migrant*innen bei (Castles 2003: 17). Diese These kann mit dem untersuchten Phänomen verglichen werden, zumal die

---

[10] Eine ausführlichere Beschreibung dieser Phasen erfolgt in Abschnitt 6.7.

[11] Dies erfolgt, um vergleichbare Fälle und gleichmäßige Kriterien bei den Fällen für den empirischen Teil der Untersuchung zu gewährleisten. Die weiteren Kriterien zur Einordnung der Befragten in die Fallgruppe der potenziellen Migrant*innen werden in Abschn. 6.3 dargestellt.

Finanzkrise, die die griechische Volkswirtschaft schwer getroffen hat, die Aus-
wanderungsabsichten der Individuen – insbesondere junger und hochqualifizierter
Personen – erhöht hat (siehe Abschnitt 2.2). Für das untersuchte Migrationsphänomen soll bezogen auf die Migration von Griechenland nach Deutschland auch
der Faktor der rechtlichen Rahmenbedingungen berücksichtigt werden. Damit ist
die EU-Freizügigkeit und also das Wegfallen rechtlicher Barrieren bei der Auswanderung, die die Migrationsabsicht potenzieller Migrant*innen beeinflussen
(vgl. Carling 2002: 12), gemeint. Angesichts dieses Fehlens rechtlicher Barrieren
wird eine Migrationsentscheidung erleichtert und eine Migrationsoption begünstigt, da, wie der politische und juristische Philosoph Johan Rochel anmerkt,
allein die Bewegungsfreiheit es erlauben kann, „*Lebensziele zu erreichen*" und
den „*falschen Ort*" zu verlassen (ebd. 2017).

Obwohl „*wir alle*" unter Bewegungsfreiheitsbedingungen „*potenzielle Migranten*" sein könnten (ebd.), gelten in dieser Studie als potenzielle Migrant*innen
diejenigen, die in Griechenland die letzten Jahre lebten und eine mögliche
Migrationsoption – unabhängig von der Dauerabsicht des Aufenthalts im Ausland – aufgrund belastender Bedingungen in Griechenland wahrnehmen und
somit relevante Push-Faktor(en) oder auch Pull-Faktor(en) in Bezug auf eine
Migrationsoption thematisieren können.

1.3   Migration aus Griechenland nach Deutschland – historische und aktuelle Entwicklungen

Spuren griechischer Migration in Deutschland lassen sich bereits vor der Gründung des griechischen Staats im Jahre 1830 mit der Präsenz junger Griechen[12]
in deutschen Schulen und auf deutschen Universitäten ausmachen (vgl. Klamaris 2010: 226). Die Migration griechischer Studierender nach Deutschland und
insbesondere nach München verstärkte sich noch nachdem im Jahr 1832 der
bayerische Prinz Otto von Wittelsbach zum ersten König des griechischen Staats
gekrönt worden war (vgl. Zelepos 2017). Außerdem kann auf die während des 19.
Jahrhunderts wachsende Zahl migrierter griechischer Unternehmer*innen, die in
Dresden und in Hamburg vor allem im Tabakgewerbe aktiv waren, hingewiesen

---

[12] Obwohl Klamaris (2010) keine gendergerechte Sprache in seinem Beitrag verwendet, ist
davon auszugehen, dass er sich in diesem Kontext nur auf männliche Griechen bezieht, da der
Eintritt von Frauen in deutschen Universitäten erst Anfang des 20. Jahrhunderts zugelassen
wurde (vgl. Mazón 2001: 1).

werden (vgl. ebd.). Jedoch blieb die Migration aus Griechenland nach Deutschland begrenzt im Vergleich zu der überseeischen Migration in die USA, die das wichtigste Zielland griechischer Migrant*innen im 19. Jahrhundert und bis zum Beginn des Zweiten Weltkriegs waren[13].

Die nächste massive – und erzwungene – Umsiedlung von griechischen Bürger*innen findet während des Zweiten Weltkriegs statt. Griechische Bürger*innen, darunter ca. 46.000 jüdische Griech*innen (vgl. Santin 2003), wurden in Konzentrationslager des nationalsozialistischen (NS-)Staats deportiert. Auch nach dem Ende des Zweiten Weltkriegs wird die Migration aus politischen Gründen aus Griechenland in deutsches Gebiet fortgesetzt. Infolge der Niederlage der Demokratischen Armee Griechenlands gegen die rechtsgerichteten Kräfte am Ende des griechischen Bürgerkriegs (1946–1949) nahm die Deutsche Demokratische Republik (DDR) bis 1960 1.500 griechische Geflüchtete auf. Die meisten dieser Emigrant*innen (insgesamt 1.317) waren unbegleitete Kinder (vgl. Stergiou 2006: 147).

Die zahlreichste Auswanderung von griechischen Bürger*innen in die Bundesrepublik Deutschland (BRD) lässt sich im Rahmen des Anwerbeabkommens zwischen den beiden Staaten (1960) feststellen. Das Anwerbeabkommen war eine Maßnahme des deutschen Staats, um den wachsenden Bedarf an Arbeitskräften in der deutschen Industrie durch die Rekrutierung von Arbeitskräften aus dem Ausland zu decken.[14] Gleichzeitig betrachtete die griechische Regierung das Anwerbeabkommen als eine positive Entwicklung zur Entlastung des griechischen Arbeitsmarkts, der unter hoher Arbeitslosigkeit litt. Darüber hinaus erhoffte sich die griechische Politik auch, durch die Rücküberweisungen der Löhne der Arbeitsmigrant*innen ihre Einnahmen steigern zu können (vgl. Rass 2012: 62; vgl. Lienau 2010: 265). Die Aussage des Vizepräsidenten Panagiotis Kanellopoulos im Jahr 1960: „*Die Auswanderung ist ein Gottessegen für das Land*"[15] (Filippoudis 2018) zeigt, wie gewinnbringend das Anwerbeabkommen aus Sicht der griechischen Politik war. Zu diesem Zeitpunkt schien somit das Anwerbeabkommen eine Win–win-Situation für beide Staaten zu sein, zumal in diesem nur befristete Arbeitsverträge für die Arbeitsmigrant*innen vorgesehen waren.

---

[13] Allein von 1900 bis 1921 sind insgesamt 389.993 griechische Bürger*innen in die USA migriert (vgl. Stavrinoudi 1992: 6).

[14] Bereits vor dem Abschluss des Anwerbeabkommens mit Griechenland schloss die BRD ein Anwerbeabkommen mit Italien (1955). Im selben Jahr wie das Anwerbeabkommen mit Griechenland (1960) unterzeichnete die BRD ein weiteres Anwerbeabkommen mit Spanien. Darauf folgten Anwerbeabkommen zwischen der BRD und der Türkei, Portugal, Tunesien, Marokko und Jugoslawien (vgl. Bade 1992: 395).

[15] Wörtlich übersetzt: „Η μετανάστευσις είναι ευλογίαν Θεού δια τον τόπον".

Aus diesem Grund wurden die Arbeitsmigrant*innen auch „Gastarbeiter*innen" genannt, da sie als „Gäste" nicht auf Dauer in Deutschland bleiben dürften.[16] Es wird geschätzt, dass zwischen 1960 und 1976 623.320 Arbeitsmigrant*innen aus Griechenland in die BRD zugewandert sind (vgl. Baros 2001: 96). Jedoch ist eine genaue Bestimmung des exakten Umfangs der Zahl der Migrierten aufgrund ihrer andauernden Mobilität zwischen den beiden Ländern unmöglich (vgl. Zelepos 2017). Jedenfalls ist klar erkennbar, dass Deutschland das wichtigste Zielland von Migrant*innen aus Griechenland zwischen den 1950er- und 1970er Jahren darstellt (ebd.). Charakteristisch für die Intensität der Auswanderung ist, dass sich die Anzahl der Einwohner*innen in Deutschland mit griechischer Staatsangehörigkeit innerhalb von sechs Jahren (+206.663 von 1967 bis 1973) verdoppelt hat (siehe Tabelle 1.1).

Die bis heute höchste absolute Zahl an Zuzügen aus Griechenland nach Deutschland wurde im Jahr 1970 erreicht (94.764) (ebd.). Offensichtlich war der Auswanderungsdruck in Griechenland nach der Zeit der deutschen Besatzung und dem anschließenden Bürgerkrieg besonders hoch (vgl. Rass 2012: 61). Als ein weiterer Grund, der dazu führte, dass die Anzahl der Migrierten derart zunahm, kann auch der Militärputsch in Griechenland im Jahr 1967 betrachtet werden. Nach ihm herrschte bis 1974 eine Militärdiktatur in Griechenland, sodass unter den Zuwanderer*innen auch viele „Diktaturflüchtlinge" Griechenland verließen (vgl. Lienau 2010: 267).

Da das Anwerbeabkommen abgeschlossen wurde, um ausschließlich die Bedarfe des Industriebereichs abzudecken, richtete es sich an niedrigqualifizierte Arbeitskräfte. Zwei Drittel der „Gastarbeiter*innen" aus Griechenland waren vor ihrer Auswanderung nach Deutschland im primären Sektor (vor allem in der Agrarwirtschaft) beschäftigt (vgl. Ventoura 2006: 137). Das erklärt auch den großen Anteil derer unter den griechischen „Gastarbeiter*innen", die aus den nördlichen Regionen Griechenlands (Epirus, Thessalien, Mazedonien und Thrakien) stammten, die stark von der Tabakkrise Ende der 1950er Jahre betroffen waren (vgl. Lienau 2010: 266). Jedoch war ein Teil der migrierten „Gastarbeiter*innen" aus Griechenland nicht wirklich niedrigqualifiziert (vgl. Hopf 1987: 47). Die Auswanderung von nicht-niedrigqualifizierten Arbeitskräften lag an den guten Verdienstmöglichkeiten in Deutschland, die auch für „Facharbeitskräfte" in Griechenland anziehend waren (vgl. Rass 2012: 67), sodass sie bereit

---

[16] Diese Bezeichnung ist mit einer beruflich-sozialen Klassifizierung verbunden, da die Stigmatisierten durch den Begriff Arbeitsmigrant*innen im Anwerbeabkommen sich von ihren deutschen Kolleg*innen unterscheiden (vgl. Bade 1992: 395).

Tabelle 1.1 Einwohner*innen mit griechischer Staatsangehörigkeit in der BRD und Wanderungen zwischen der BRD und Griechenland der ausgewählten Jahre von 1964 bis 2019

Jahr	Zuzüge aus GR in die BRD	Fortzüge aus der BRD nach GR	Wanderungssaldo zwischen BRD und GR	Einwohner*innen mit griechischer Staatsangehörigkeit in der BRD[17]
1964	82.143	36.926	+ 45.217	–
1965	78.726	44.691	+ 34.035	–
1966	55.771	58.606	−2.835	–
1967	21.079	74.472	−53.393	200.951
1968	53.550	29.533	+ 24.017	211.764
1969	88.367	24.910	+ 63.457	271.313
1970	94.764	30.701	+ 64.063	342.891
1971	71.541	40.607	+ 30.934	394.949
1972	51.509	48.538	+ 2.971	389.426
1973	36.571	49.252	−12.681	407.614
1974	30.473	49.229	−18.756	406.394
1975	18.626	66.312	−47.686	390.455
1976	16.521	58.954	−42.433	353.733
1977	15.844	48.711	−32.867	328.465
1978	15.985	37.011	−21.026	305.523
1979	15.452	29.941	−14.489	296.803
1980	16.533	23.001	−6.468	297.518
1981	19.301	16.467	+ 2.834	299.300
1982	13.535	18.919	−5.384	300.824
1983	10.704	19.854	−9.150	292.349
1984	9.993	17.638	−7.645	287.099
1985	10.362	17.351	−6.989	280.614
1986	12.783	16.000	−3.217	278.506
1987	16.596	13.999	+ 2.597	279.898
1988	34.123	13.649	+ 20.474	274.793
1989	30.522	15.471	+ 15.051	293.649
1990	27.589	15.243	+ 12.346	320.177

(Fortsetzung)

---

[17] Für die Jahre 1964 bis 1967 stellt Destatis keine Daten zu der Anzahl ausländischer Bevölkerung in der BRD zur Verfügung.

Tabelle 1.1   (Fortsetzung)

Jahr	Zuzüge aus GR in die BRD	Fortzüge aus der BRD nach GR	Wanderungssaldo zwischen BRD und GR	Einwohner*innen mit griechischer Staatsangehörigkeit in der BRD
1991	29.332	16.258	+ 13.074	336.893
1992	25.312	17.566	+ 7.746	345.902
1993	19.823	18.807	+ 1.106	351.976
1994	20.530	20.798	−268	355.583
1995	21.964	20.838	+ 1.126	359.556
1996	20.755	21.690	−935	362.539
1997	17.305	22.678	−5.373	363.202
1998	16.855	20.845	−3.990	363.514
1999	18.497	20.292	−1.795	364.354
2000	18.358	19.383	−1.025	365.438
2001	17.529	19.688	−2.159	362.708
2002	15.913	19.998	−4.085	359.361
2003	12.959	18.106	−5.147	354.630
2004	10.883	20.517	−9.634	315.989
2005	9.692	16.884	−7.192	309.794
2006	8.957	15.653	−6.696	303.761
2007	8.908	15.599	−6.691	294.891
2008	9.162	17.537	−8.375	278.187
2009	9.709	17.928	−8.219	278.063
2010	13.717	12.641	+ 1.076	276.685
2011	25.264	11.259	+ 14.005	283.684
2012	35.811	12.888	+ 22.923	298.254
2013	34.728	14.125	+ 20.513	316.331
2014	31.687	17.221	+ 14.466	328.564
2015	32.494	16.975	+ 15.519	339.931
2016	31.598	19.030	+ 12.568	348.475
2017	30.586	17.415	+ 13.171	362.245

(Fortsetzung)

Tabelle 1.1 (Fortsetzung)

Jahr	Zuzüge aus GR in die BRD	Fortzüge aus der BRD nach GR	Wanderungssaldo zwischen BRD und GR	Einwohner*innen mit griechischer Staatsangehörigkeit in der BRD
2018	30.498	19.047	+ 11.451	363.205
2019	27.955	21.540	+ 6.415	364.285

Quelle: Eigene Darstellung nach Destatis (2019a; 2020a)

waren, Stellen mit niedrigen Qualifikationsanforderungen anzunehmen. Eine weitere Besonderheit der griechischer „Gastarbeiter*innen"-Migration ist der relativ hohe Anteil von Arbeitsmigrantinnen im Vergleich zu den anderen Entsendeländern der Anwerbeabkommen (vgl. Lienau 2010: 267). Während 1961 der Anteil ausgewanderter Männer im Durchschnittsalter von 25 bis 32 Jahren 82 Prozent betrug, sank der Anteil männlicher „Gastarbeiter" aus Griechenland zwischen 1965 und 1970 auf 55 Prozent (vgl. Zelepos 2017). Der hohe Anteil von männlichen Migranten ist auf die befristeten Aufenthalts- und Arbeitserlaubnisse für die „Gastarbeiter*innen" zurückzuführen, da aus einer Familie zumeist die Männer migriert sind. Da aber die Aufenthaltserlaubnisse der „Gastarbeiter*innen" mehrmals verlängert wurden, nahm der Anteil migrierter Frauen angesichts des Bedarfs an einem zweiten Einkommen in einer Familie zu (vgl. Ventoura 2006: 140).

Als die Folgen der „Energiekrise", die den deutschen Arbeitsmarkt direkt beeinflusste, zutage traten, beschloss die BRD-Regierung, das Anwerbeabkommen enden zu lassen (Bundesministerium für Arbeit und Sozialordnung 1973). Die Rückwanderung in die Herkunftsländer der „Gastarbeiter*innen" wurde sogar seitens der BRD mit spezifischen Programmen „*in Form von Investitionshilfen und Umschulungen*" gefördert (Lienau 2010: 270). Zusammenfassend lässt sich sagen, dass die Anwerbephase mit einer Fragmentierung der Familien der „Gastarbeiter*innen" und einer Pendelmigration ihrer Kinder verbunden war (vgl. Baros 2001: 113). Nach der Einführung des Anwerbestopps reduzieren sich die Zuzüge aus Griechenland bis Mitte der 1980er Jahre deutlich und der Wanderungssaldo ist in dieser Zeitspanne negativ für die BRD, da die jährlichen Fortzüge nach Griechenland die Anzahl der Zuzüge übertrafen.[18] Auch die griechische Gemeinschaft in der BRD schrumpft während dieser Periode im Vergleich zu ihrem im Jahr 1974 erreichten Höhepunkt (siehe Tabelle 1.1).

---

[18] Ausnahme dieses Trends war jedoch das Jahr 1981 (siehe Tab. 1.1).

Aufgrund der befristeten Aufenthaltsbedingungen der „Gastarbeitermigrant*innen" wurden Integrationsmaßnahmen seitens des BRD nicht wirklich
entwickelt. Wenn dazu noch der Mangel an rechtlicher Absicherung der griechischen Migrant*innen und die sprachlichen Probleme berücksichtigt werden (vgl.
Paraschou 2004: 118), so lässt sich von großen Integrationsschwierigkeiten der
„Gastarbeiter*innen" in der BRD ausgehen. Die Lücke in der Integrationsförde-
rung seitens des Staates versuchten vor allem die Gewerkschaften zu schließen,
bei denen sich viele griechische Arbeitsmigrant*innen engagierten, sowie die
evangelische Diakonie, die bereits in den 60er Jahren Beratungszentren auch mit
griechischsprachigen Sozialarbeiter*innen[19] einrichtete (vgl. Zelepos 2017).

Aufseiten der griechischen Migrant*innen erhöhte sich die Zahl der bereits seit
Mitte der 1950er Jahre existierenden griechischen Migrant*innenorganisationen
in den 60er Jahren, sodass 1965 der Verband der Griechischen Gemeinden in
Deutschland mit dem Zusammenschluss von 145 griechischen Gemeinden[20] bun-
desweit gegründet wurde (vgl. Paraschou 2004: 119). Auch griechisch-orthodoxe
Gemeinden wurden nach der Gründung der Griechischen-Orthodoxen Metropolie
von Deutschland in Bonn im Jahr 1963 mit der Unterstützung des Ökumenischen
Patriarchats von Konstantinopel aufgebaut (vgl. Ventoura 2006: 143). Darüber

---

[19] Die Diakonie verfügt bis heute noch über ein bundesweites Netzwerk von griechischsprachigen Sozialarbeiter*innen, die auch griechische Neuzuwanderer*innen in Deutschland
beraten und unterstützen.

[20] Die griechischen Gemeinden waren ein Ort für die Arbeitsmigrant*innen, an dem sie
„engere Beziehungen untereinander" herstellen und ihre „kulturelle Identität" bewahren
konnten (Paraschou 2004: 119). Griechische Gemeinden waren aber oft Felder von politischen Auseinandersetzungen im Hinblick auf die Entwicklungen in Griechenland und
somit teilten sich die Gemeinden oft in Gruppen, die den politischen Kräften in Griechenland (Konservative, Linke bzw. Kommunist*innen und ab Ende der 70er Jahre PASOK-
Sympathisant*innen) entsprachen (Schönenberg 1993). Besonders politisch aktiv wurden
die griechischen Gemeinden in der BRD während der Zeit der Militärjunta in Griechenland, als das griechische Regime Einfluss auf die Landsleute in der BRD gewinnen wollte
(vgl. Zelepos 2017), was zur Gründung neuer griechischer Migrant*innenorganisationen
beitrug (Schönenberg 1993). Jedoch haben sich die meisten griechischen Gemeinden anti-
diktatorisch engagiert (vgl. Ventoura 2006: 143; Zelepos 2017). Obwohl die griechischen
Gemeinden als „Integrationshindernisse" für die Migrant*innen betrachtet werden (Zelepos
2017), da sie eher in Kontakt mit Organisationen in Griechenland und nicht mit Institutionen in Deutschland waren (vgl. Ventoura 2006:143), wird von Paraschou (2004) die andere
Seite der griechischen Gemeinden betont. Paraschou versteht die Gründung der griechischen Gemeinden „als Reaktion auf die Ausgrenzung durch die Aufnahmegesellschaft"
und betont, dass sie sich auch politisch mit wichtigen Themen der Aufnahmegesellschaft
auseinandersetzen (ebd.).

hinaus wurden weitere Migrant*innenorganisationen von griechischen Arbeits-migrant*innen initiiert. Somit sind *„nationale herkunftsgebundene Vereine, [...]* *Freizeit- und Sportvereine, Kulturvereine, Akademikervereine, [...] politische Ver-* *eine, Berufsverbände, verschiedene Interessengruppen"*, aber auch *„Familien- und* *Elternvereine"* entstanden (Paraschou 2004: 119). Letztere waren besonders hin-sichtlich des Themas Gründung griechischer Klassen an deutschen Regelschulen aktiv, damit ihre Kinder *„sowohl im Falle der Rückkehr als auch des Verbleibs"* eine Ausbildung in ihrer Muttersprache haben können (Kalpaka 1986: 65). Die Mas-senproteste der *„griechischen Eltern"*[21], die bereits in den 1960er Jahren gegen die *„Zwangsintegration"*, die aus ihrer Sicht von den Beschlüssen der Kultus-ministerkonferenz (KMK) 1965 unterminiert wurde, anfingen (ebd.: 64), trugen zur Gründung von öffentlichen griechischen Ergänzungsschulen in der BRD bei (vgl. ebd.: 65). Folglich verfügt die griechische Diaspora in Deutschland seit den 1980er Jahren über öffentliche Schulen[22], die dem griechischen Bildungssys-tem angegliedert sind und den Schüler*innen *„erleichterte Zugangsbedingungen"* zur tertiären Bildung in Griechenland bieten (vgl. Zelepos 2017). Der Besuch einer griechischen Ergänzungsschule in Deutschland begünstigt somit die Auf-nahme eines Studiums in Griechenland und fördert die Rückkehrmöglichkeiten der Schulabsolvent*innen.

Trotz der Schaffung all dieser Strukturen durch die griechischen Arbeitsmi-grant*innen ist aufgrund der – anfänglich – kurzfristigen Aufenthaltsbedingungen eine Pendelmigration[23] der griechischen „Gastarbeitermigrant*innen" zu bemer-ken. Eine Rückkehr nach Griechenland wurde seitens der Migrant*innen bereits

---

[21] Die Proteste hörten nach dem Militärputsch in Griechenland auf. Doch mit dem Kol-laps der Diktatur in Griechenland (1974) wurden sie von den gegründeten Elternvereinen in mehreren Städten der BRD fortgesetzt, wobei sogar einige protestierte Eltern in einen Hungerstreik traten (vgl. ebd.: 64 f.). Zwar erfüllte die Bundesrepublik ihre Forderungen nicht, doch entschied der griechische Staat 1982 aufgrund des Drucks der griechischen Migrant*innenorganisationen, die Gründung von griechischen öffentlichen Schulen zu för-dern (vgl. Siouti 2013: 74).

[22] In NRW sind von den elf insgesamt registrierten ausländischen Ergänzungsschulen nur die neun griechischen Schulen, die in verschiedenen NRW-Städten existieren, öffentlich (Stand: 2020). Die anderen ausländischen Ergänzungsschulen (die japanische Schule und die französische Ergänzungsschule) befinden sich in Düsseldorf und sind Privatschulen.

[23] Charakteristisch für dieses Pendelverhalten der „Gastarbeiter*innen" ist, dass 58 Prozent der griechischen Arbeitsmigrant*innen schon zweimal oder dreimal in die BRD eingewan-dert sind (vgl. Ventoura 2006: 138).

mit ihrer Migrationsentscheidung geplant[24]. Die wachsende Zahl von Rückkehrer*innen aus Deutschland nach Griechenland aus der Gruppe der griechischen Migrant*innen nach dem Anwerbestopp ist auch statistisch belegt (siehe Fortzüge nach 1974 in Tabelle 1.1). Im Vergleich zu anderen Zielländern griechischer Migrant*innen war der Anteil zurückgekehrter griechischer Migrant*innen aus der BRD in den Jahren 1971 bis 1986 besonders hoch, da von den ca. 625.000 nach Griechenland zurückgekehrten griechischen Migrant*innen ein Anteil von 61 Prozent der Remigrant*innen aus Westeuropa kam und 44 Prozent von ihnen allein aus der BRD zurückkehrten (vgl. Paraschou 2001: 98 zit. nach Petropoulos 1993).

Mit Einführung der EU-Freizügigkeit für griechische Staatsangehörige im Jahr 1988 ist eine Steigerung in der Migrationsbewegung aus Griechenland nach Deutschland zu bemerken (vgl. Zelepos 2017; Paraschou 2001: 100). Laut Ventoura (2016) sind die in die BRD Zugewanderten aus Griechenland in dieser Phase Personen, die zum ersten Mal in die BRD migrieren (u. a. viele Mitglieder der muslimischen Minderheit in Westthrakien), oder Personen, die bereits nach Deutschland migriert waren und es nicht schafften, nach ihrer Rückkehr in Griechenland Fuß zu fassen (vgl. ebd.: 139). Diese Tendenz bestätigen auch die Daten in Tabelle 1.1, die aufzeigen, dass die Zuzüge aus Griechenland in die BRD zwischen 1988 und Mitte der 1990er Jahre im Vergleich zur Zeit von Mitte der 1970er Jahre bis Mitte der 1980er Jahre zugenommen haben. Hinsichtlich der Fortzüge aus der BRD zurück nach Griechenland ist eine relativ stabile jährliche Anzahl feststellbar; die Fortzüge schwankten in absoluten Zahlen von 1991 bis 2009 zwischen 22.678 (1997) und 15.599 (2007) Personen. Bemerkenswert ist, dass zwischen 1996 und 2009 der Wanderungssaldo ständig negativ für Deutschland blieb (siehe Tabelle 1.1).

Der Ausbruch der Finanzkrise in Griechenland – sowie in anderen südeuropäischen Ländern der EU – verursachte eine neue Auswanderungswelle und wird mit einer neuen Auswanderungsphase verbunden (King/Pratsinakis 2020). Während dieser Phase wandern Menschen aller sozialen Schichten und aller Bildungsniveaus – darunter insbesondere Hochqualifizierte (siehe Abschnitt 2.2) – aus Griechenland aus. Die „neuen Migrant*innen" (Damanakis 2014), die aus Griechenland nach Deutschland kommen, weisen neue Eigenschaften im Vergleich zu den Auswanderer*innen von vor den 1980er Jahren auf und sind u. a. auch Hochqualifizierte (ebd.). Obwohl genaue Daten zu den ausgewanderten

---

[24] Plausibel erscheint, dass in diesem Rahmen das Hauptziel der „Gastarbeiter*innen" die Maximierung der Ersparnisse war, sodass das im „Gastland" verdiente Geld in die Herkunftsregionen und in ihr persönliches Eigentum (z. B. Bau neuer Häuser) investiert wurde (vgl. Lienau 2010: 268).

Hochqualifizierten aus Griechenland nach Deutschland nicht zur Verfügung stehen,[25] geben die Daten von Destatis der Fachserie 1 Reihe 2.2 „Bevölkerung
mit Migrationshintergrund" einen Überblick über die Entwicklung der Zahl der
Akademiker*innen griechischer Staatsangehörigkeit mit eigener Migrationserfahrung[26] in Deutschland (siehe Tabelle 1.2). Aus den Daten in Tabelle 1.2[27] wird
ersichtlich, dass während der Finanzkrise neben der Zunahme der Einwanderung aus Griechenland nach Deutschland (siehe Tabelle 1.1) auch die Zahl der
zugewanderten griechischen Hochqualifizierten in Deutschland (von 11.000 im
Jahr 2009 auf 30.000 im Jahr 2019) laut Berechnungen von Destatis bemerkenswert angestiegen ist (+22.000). Während 2009 8,4 Prozent der Griech*innen
mit eigener Migrationserfahrung in Deutschland hochqualifiziert waren, lag 2019
dieser Anteil bei 12,9 Prozent. Außerdem hat die Zahl der zugewanderten hochqualifizierten Griechin*innen in Deutschland mit einem Universitätsabschluss
innerhalb von zehn Jahren (2009–2019) deutlich zugenommen (+19.000) (siehe
Tabelle 1.2). Folglich lässt sich feststellen, dass unter den griechischen Neuzuwanderer*innen nach Deutschland ein wachsender Anteil Akademiker*innen
sind.

---

[25] Der Forscher hat Kontakt zu den Mitarbeiter*innen von Destatis aufgenommen, um
Zugang zu Daten zur Anzahl der zugewanderten Hochqualifizierten aus Griechenland zu
bekommen und es wurde ihm von ihnen bestätigt, dass von Destatis in der Wanderungssta-
tistik keinerlei Daten zu Bildung oder Beruf der zugewanderten Personen erhoben werden.

[26] Der Begriff „Menschen mit eigener Migrationserfahrung" der Tab. 1.2 bezieht sich laut
Destatis (2019b) auf Personen, die im Ausland geboren sind, d. h. Zuwanderer*innen (vgl.
ebd.: 19). Das Entscheidende ist somit dabei das Geburtsland der Personen, unabhängig von
dem Jahr der Auswanderung aus ihrem Geburtsland. Es lässt sich daher feststellen, dass das
Konzept „Menschen mit eigener Migrationserfahrung" nicht wirklich einen repräsentativen
Überblick über den realen Umfang der Einwanderung von Hochqualifizierten aus Griechenland nach Deutschland geben kann, da es mit semantischen Schwierigkeiten verbunden ist.
Es konzentriert sich einerseits auf die Staatsangehörigkeit (obwohl auch drittstaatsangehörige Bildungsinländer*innen aus einem Land auswandern), es vernachlässigt den Faktor des
Orts des Erwerbs des akademischen Abschlusses und des translokalen bzw. transnationalen Lebens der Menschen (z. B. eine in Griechenland geborene Person, die in den USA
aufgewachsen ist und dort studiert hat, aber in Deutschland eingewandert ist und arbeitet).
Jedoch kann mangels weiterer statistischer Daten die Tab. 1.2 wichtige Informationen über
den nummerischen Anstieg griechischer Hochqualifizierter in Deutschland geben.

[27] Allerdings ist zu betonen, dass bei einigen angegebenen Werten der Tab. 1.2 eine unlogi-
sche Entwicklung bemerkbar ist (z. B. drastischer Rückgang der Anzahl der Griech*innen
mit eigener Migrationserfahrung zwischen 2016 und 2017 und von 2010 auf 2011, der nicht
von den Daten der Tab. 1.1 erklärt werden kann). Diese Werte könnten in der Zukunft von
Destatis korrigiert werden.

Tabelle 1.2 Griech*innen mit eigener Migrationserfahrung in Deutschland von 2009 bis 2019 (in 1.000)

Jahr	Insgesamt (Anteil der Hochqualifizierten in Prozent)[28]	davon mit akademischem Abschluss insgesamt[29] (Berufsakademie, Fachhochschule, Universität, Promotion)	davon mit Universitätsabschluss
2009	194 (8,3)	16	11
2010	199 (8,5)	17	10
2011	199 (9,1)	18	12
2012	212 (9,0)	19	13
2013	222 (8,6)	19	12
2014	234 (9,0)	21	16
2015	257 (10,1)	26	18
2016	282 (9,6)	27	18
2017	264 (11,7)	31	24
2018	298 (13,8)	41	30
2019	294 (12,9)	38	30

Quelle: Eigene Darstellung nach Destatis (2020b; 2017)

Obwohl die aktuellen Auswanderer*innen aus Griechenland in unterschiedliche Regionen (Ferner Osten, Mittlerer Osten, Nordamerika, Europa und Australien) migrieren (vgl. Labrianidis/Pratsinakis 2017: 95), sind laut der Studie von Labrianidis und Pratsinakis (2016) Großbritannien und Deutschland mit Abstand die wichtigsten Zielländer der post-2010er griechischen Migrant*innen (ebd.: 14). Die USA und Australien sind die nächst wichtigsten Zielländer und darauf folgen andere EU-Länder (die Niederlande, Schweden, Frankreich, Belgien, Österreich und die Schweiz) (ebd.). Eurostat-Daten bestätigen zum Teil diese Befunde von Labrianidis und Pratsinakis (ebd.) im Hinblick auf die europäischen Länder, wie Tabelle 1.3 zeigt.

Laut den Daten in Tabelle 1.3 ist Großbritannien im Jahr 2015 mit Abstand das wichtigste Zielland der Migrant*innen aus Griechenland (13.087 sind nach Großbritannien eingewandert) im Vergleich zu den anderen EU-Ländern der Tabelle.

---

[28] Die prozentualen Anteile ergaben sich nach eigenen Berechnungen von den verfügbaren Daten der zweiten und der dritten Spalte.

[29] Die Berufsakademie ist in den Jahren 2008 und 2009 nicht in der Kategorie „akademischer Abschluss" miterfasst.

Tabelle 1.3 Anzahl der im Jahr 2015[30] aus Griechenland in ausgewählte europäische Länder Zugewanderte

Zielländer	Anzahl der Zugewanderten aus Griechenland (davon mit griechischer Staatsangehörigkeit)
Belgien	1.431 (1.250)
Bulgarien	1.570 (329)
Frankreich	1.480 (908)
Großbritannien	13.087 (12.148)
Niederlanden	2.590 (2.144)
Österreich	847 (809)
Schweden	1.904 (1.117)
Schweiz	1.345 (1.148)

Quelle: Eigene Darstellung nach Eurostat (2021a; 2021b)

Als ein weiteres wichtiges Zielland für die Migrant*innen aus Griechenland erscheinen die Niederlande (2.590 Menschen in die Niederlande migriert). Darauf folgen die weiteren Länder der Tabelle 1.3, wobei zu betonen ist, dass in Österreich deutlich weniger Migrant*innen aus Griechenland (847) niedergelassen sind und dass nur 329 Zugewanderte aus Griechenland von den gesamten 1.570 Migrant*innen, die 2015 nach Bulgarien migriert sind, die griechische Staatsangehörigkeit hatten (siehe Tabelle 1.3). Auf Grundlage der verfügbaren statistischen Daten von Destatis zu den Fortzügen aus Griechenland nach Deutschland wird auch deutlich, dass im Vergleich zu den statistischen Daten der Tabelle 1.3 Deutschland im Jahr 2015 nicht nur mehr Zugewanderte aus Griechenland (insgesamt 32.494) als Großbritannien (insgesamt 13.087) empfing, sondern auch mehr als die Summe aller anderen Zielländer der Tabelle 1.3 der Migrant*innen aus Griechenland (insgesamt 24.254). Auch die Daten der OECD (2021a) bestätigen, dass 2015 die Anzahl der Einwanderer*innen mit griechischer Staatsangehörigkeit in die USA (1.211), nach Kanada (477) und Australien (490) geringer ist als die Zuwanderung aus Griechenland nach Deutschland. Folglich zeigt sich, dass Deutschland in diesem Jahr das wichtigste Zielland der Neumigrant*innen aus Griechenland ist.

---

[30] Das Jahr 2015 wurde ausgewählt, da nur zu diesem Jahr statistische Daten aus Großbritannien über Eurostat zur Verfügung stehen, damit eine vergleichende Perspektive im Hinblick auf die Zielländer der Migrant*innen aus Griechenland sinnvoll abgebildet werden kann.

Insgesamt lässt sich feststellen, dass die Migration aus Griechenland nach
Deutschland ab dem Abschluss des Anwerbeabkommens im Jahr 1960 ein
andauernder Prozess ist. Entsprechend den jeweiligen politischen, sozialen
und ökonomischen Entwicklungen beschränkten sich entweder die Einwanderer*innenzahlen aus Griechenland (z. B. nach dem Anwerbestopp) oder verstärk-
ten sie sich (z. B. nach der Inkraftsetzung der EU-Freizügigkeit für griechische
Staatsangehörige oder nach dem Ausbruch der Finanzkrise). Demgemäß wandelte
sich die Größe der griechischen Diaspora in Deutschland nach dem Anwerbeabkommen zwischen den beiden Ländern. Ihre Anzahl erreichte den höchsten
Stand im Jahr 1973 (407.614) und schrumpfte graduell bis zu der Inkraftsetzung der Freizügigkeit für die griechischen Staatsangehörigen (1988). Ab 1988
stieg ihre Zahl bis 2000 wieder leicht an (365.438 griechische Staatsangehörige in Deutschland wohnhaft). Darauf folgte ein Rückgang ihres Kontingents,
der erst aufgrund der Zuzüge aus Griechenland 2008 gebremst wurde, sodass
ab 2011 bis 2019 ein deutlicher Anstieg ihrer Anzahl aufgrund der Finanzkrise
registriert wird (siehe Tabelle 1.1). An diesem historischen Überblick über die
Migration aus Griechenland nach Deutschland wird auch ersichtlich, dass die
Migration nicht ausschließlich unidirektional war, da die Einwanderung nach
Deutschland oft von einer Rückkehr der Migrierten eingerahmt wurde. Wie
bereits aufgezeigt, ist Deutschland das wichtigste Zielland der Zuwanderer*innen
aus Griechenland nach der Finanzkrise. Zu betonen ist, dass ein zunehmender
Anteil der griechischen Neuzuwanderer*innen seit 2009 Hochqualifizierte sind
(siehe Tabelle 1.2).

Nach dem einleitenden Kapitel folgt im zweiten Kapitel die Darstellung des bisherigen Forschungsstands zur hochqualifizierten Migration im Kontext der EU-Binnenmigration (2.1) sowie zur Auswanderung hochqualifizierter Migrant*innen aus Griechenland (2.2). Am Ende dieses Abschnitten (2.3) werden die zentralen Fragestellungen der vorliegenden Studie präsentiert.

2.1 (Hochqualifizierte) EU-Migration

Laut King und Pratsinakis (2020) lassen sich drei Phasen in der Entwicklung der EU-Binnenmigration erkennen: Die dritte und aktuellste Phase bezieht sich auf die Zeitspanne vom Ende der 2000er mit dem Ausbruch der Finanzkrise bis heute, die zweite Phase auf die Erweiterung der EU um die osteuropäischen Länder, die mit einer Zunahme der Migration zwischen Ost und West verbunden ist, und die erste Phase auf die allmähliche Entwicklung der EU-Freizügigkeit nach Gründung der Unionsbürgerschaft in den frühen Neunzigern (vgl. ebd.: 7). Trotz der fast drei Jahrzehnte der Geschichte der EU-Freizügigkeit ist die soziale Kategorie der EU-Migrant*innen bisher ungenügend erforscht (vgl. Recchi 2015: 81). Die theoretische Rahmung des Phänomens EU-Binnenmigration ist noch wenig konzeptualisiert (vgl. Pratsinakis et al. 2020: 17). Bis zur zweiten Phase sind weniger EU-Bürger*innen als erwartet zwischen den EU-Mitgliedsstaaten migriert (vgl. King/Pratsinakis 2020: 8), obwohl die EU-Binnenmigration nach der Erweiterung der EU um die osteuropäischen Länder zwischen 2004 und 2007 zugenommen hat (vgl. Enríquez/Triandafyllidou 2016: 47).

Die Teilung der EU-Binnenmigration in drei Phasen zeigt deutlich, dass das Phänomen sich in einem kontinuierlichen Prozess befindet. Hinsichtlich seiner Konzeptualisierung konzentrierte sich Favell (2008) in seiner ethnografischen

© Der/die Autor(en), exklusiv lizenziert an Springer Fachmedien Wiesbaden GmbH, ein Teil von Springer Nature 2022
A. Gkolfinopoulos, *Deutschland als Magnet für Hochqualifizierte aus Griechenland*, Interkulturelle Studien,
https://doi.org/10.1007/978-3-658-39985-6_2

29

Studie mit dem Titel „Eurostars and Eurocities" auf die Mobilitätskonzepte
(d. h. temporäre Aufenthalte in anderen EU-Ländern) der zugewanderten EU-
Bürger*innen in den Städten London, Amsterdam und Brüssel, die das Ziel
hatten, dadurch ihre Karrierechancen zu verbessern. Außerdem ist ihre Mobilität von der Motivation geprägt, sich zu verwirklichen und neue kosmopolitische
Lebensstile, die mit einer europäischen Identität verbunden sind, zu verfolgen
(ebd.). Die Motive in Bezug auf die neuen Lebensstile und postmaterialisti-
sche Absichten bei EU-Migrant*innen werden auch in neueren Studien bestätigt
(Pötzschke/Braun 2019; Kovacheva et al. 2018; Santacreu et al. 2009; Trevena
2013; Verwiebe et al. 2014). Eine weitere Konzeptualisierung wurde von God-
fried Engbersen et al. (2010) im Hinblick auf die Migration aus osteuropäischen
EU-Ländern in die Niederlande durch das Konzept von „liquid migration" in
Anlehnung an Baumans Konzept von „liquid modernity" (2000) entwickelt. Laut
Engbersen (2012) lässt sich eine „liquid migration" in der EU anhand von sechs
Eigenschaften erkennen: 1) temporäre Migration und temporärer Aufenthalt, 2)
„labour migration" mit ökonomischen Motiven oder als Bildungsprojekt für eine
Verbesserung der ökonomischen Situation, 3) reguläre Migration hinsichtlich des
legalen Status, 4) mehrere mögliche Zielländer, 5) individualisierte Lebensstrate-
gie, jenseits von Familien 6) „migratory habitus" der Zugewanderten, im Sinne
spontaner und unbestimmter Migrationsoptionen (vgl. ebd.: 98–101).

Jedoch stellt Adrian Favell (2008) fest, dass die Migration von „young professionals" aus EU-Südländern eher als rational – gegen die hierarchischen und
nepotistischen Karrierewege in ihren Ländern – und als eine Alternative zu verstehen ist (ebd.: 63).[1] Die Auswanderung von Hochqualifizierten aus dieser Region
Europas scheint somit eher eigene Charakteristika zu haben im Vergleich zu
EU-Migrant*innen aus Osteuropa, die nach Westeuropa oft temporär (Verwiebe
et al. 2014) und aus einkommensmaximierenden und karriereorientierten Gründen
(Trevena 2013) wandern. Die Auswanderung von Hochqualifizierten aus Südeuropa hat sich nach dem Ausbruch der Finanzkrise, die insbesondere Einfluss
auf diese Region Europas ausübte, intensiviert (Enríquez/Triandafyllidou 2016:
44) und im Rahmen der Finanzkrise hängt sie eher mit besseren beruflichen
Bedingungen und weniger mit der Arbeitslosigkeit in ihren Herkunftsländern
zusammen (Triandafyllidou/Gropas 2014; Dimitriadis et al. 2019). In diesem
Kontext betrifft der Fall der zugewanderten Hochqualifizierten aus Südeuropa ein

---

[1] Gerade dieser Aspekt wird auch von Kovacheva et al. (2018) insbesondere in Bezug auf
EU-Migrant*innen aus Spanien und Italien thematisiert und die Migration als eine Unab-
hängigkeitsstrategie für einige Befragte der Studie angesehen, um sich von den traditionellen
Familienstrukturen der Herkunftsgesellschaften zu befreien (vgl. ebd.: 32).

neues und wenig erforschtes Phänomen, zumal die EU bis zu diesem Zeitpunkt noch keine Finanzkrise in diesen Ausmaßen erlebt hatte.

Die EU-Migration aus dem Süden in den Norden betrifft vor allem junge hochqualifizierte Arbeitskräfte aus Städten und Mittelschichtsverhältnissen (King 2015: 160). In der groß angelegten Befragung unter griechischen, italienischen, spanischen und portugiesischen Migrant*innen von Laura Bartolini et al. (2017) wird aufgezeigt, dass die Migration aus Südeuropa seit 2009 unterschiedliche Eigenschaften im Vergleich zu derjenigen vor 2009 hat. Diejenigen, die gute Chancen haben, in Nordeuropa eine Arbeitsstelle zu finden, sind die hochqualifizierten Südeuropäer*innen, die in ihre Ausbildung investiert haben (Bartolini et al. 2017: 669). Gleichzeitig betrifft der Faktor „*quality of life*" den wichtigsten „*reason for emigration*" dieser Gruppe (ebd.: 665). Laut den Ergebnissen der Befragung lässt sich die Entscheidung aus ihren Ländern auszuwandern zum einen mit beruflichen Gründen erklären, die mit den Konsequenzen der Finanzkrise zusammenhängen, und zum anderen mit politischen Faktoren (Klientelismus, Korruption, Nepotismus, starren sozialen Hierarchiestrukturen und Gerontokratie) (vgl. ebd. 669). Die Rolle politischer Motivationen wird auch bei der Migrationsentscheidung der spanischen Neuzuwander*innen in Norwegen und der rumänischen Neuzuwander*innen in Spanien in der qualitativen Studie von Sussane Bygnes und Aurore Flipo (2016) betont und werden als '*hidden motivations*' charakterisiert (ebd.: 209). Der Einfluss politischer Motivationen bei der Migrationsentscheidung wird ebenso in der qualitativen Studie von Siyka Kovacheva et al. (2018) unter bulgarischen, italienischen, rumänischen und spanischen Migrant*innen innerhalb der EU ersichtlich, und zwar an der Enttäuschung der Befragten über die staatlichen Institutionen ihrer Herkunftsländer. In derselben Studie wird nochmals bestätigt, dass berufliche Gründe im Zusammenhang mit der Karriere und dem Arbeitsmarkt besonders zentral für die Migrationsentscheidung der Hochqualifizierten sind. Darüber hinaus spielen Abenteuermotive, d. h. der Wunsch, durch die Migration neue Kulturen zu erleben, auch eine Rolle (vgl. ebd.: 32). Außerdem sind die Ergebnisse der Studie von Christof van Mol (2016) mithilfe der Daten aus der Studie Eurobarometer 395 erhellend hinsichtlich der Migrationsaspirationen der EU-Jugend während der Krisenjahre. Dies vor allem, da die Ergebnisse umso relevanter bezüglich südeuropäischer Hochqualifizierter sind. Es zeigt sich, dass unter diesen Hochqualifizierten die Migrationsaspiration höher ist, und zwar insbesondere, wenn sie von Arbeitslosigkeit betroffen sind (vgl. ebd.: 1315).

Ein anderer Aspekt, der im Fokus von Migrationsforscher*innen in Bezug auf die Gruppe der hochqualifizierten EU-Migrant*innen bisher stand, ist die Bleibeperspektive der Zugewanderten bezogen auf das Zielland. Während Favell (2008)

und Engbersen et al. (2013) die temporären Migrationskonzepte der hochqua-
lifizieren EU-Migrant*innen betonen, wird in anderen Studien eine langfristige
bzw. permanente Migration der untersuchten zugewanderten Hochqualifizierten bemerkt: Dies stellen Ryan und Mulholland (2014) bei den französischen
Migrant*innen in London und Regina Becker und Céline Teney (2020) bei
den zugewanderten EU-Ärzt*innen in Deutschland fest. Pratsinakis et al. (2020)
erwähnen dazu einen weiteren Aspekt, nämlich dass eine permanente Migration
eher aufseiten der südeuropäischen Migrant*innen in London wünschenswert
erscheint. Diese Option ist aber aufgrund der Lebenshaltungskosten und der
Komplexität in London schwer realisierbar (vgl. ebd.: 27).

Deutschland gehört zu den wichtigsten Zielländern der EU-Migrant*innen
(vgl. Teney/Siemsen 2015: 13) und die Anzahl der zugewanderten Unionsbürger*innen nach Deutschland hat innerhalb der letzten Jahre enorm zugenommen:
Während 2011 364.867 EU-Migrant*innen nach Deutschland eingewandert sind,
lag ihre Anzahl 2019 deutlich höher (593.987 EU-Migrant*innen) (vgl. Graf
2020: 5). Während dieser Zeitspanne war der Wanderungssaldo von Unionsbürger*innen in Deutschland immer positiv und erreichte den Höchststand 2015, als
der Wanderungssaldo insgesamt 382.449 betrug (vgl. ebd.: 11). Obwohl Deutschland und Großbritannien die wichtigsten Zielländer der EU-Migrant*innen waren
(Bartolini et al. 2017), wird behauptet, dass Deutschland größtenteils niedrig- und
mittelqualifizierte Unionsbürger*innen anzieht, während Großbritannien am häufigsten hochqualifizierte EU-Migrant*innen rekrutiert (D'Angelo/Kofman 2017;
Klekowski von Koppenfels/Höhne 2017). Jedoch zeigt Steinhardt (2009), dass
ein gewichtiger Anteil der zugewanderten EU-Migrant*innen in Deutschland aus
osteuropäischen Mitgliedsstaaten hochqualifiziert war. Teney und Siemsen (2015)
haben mithilfe der Daten der EU-Arbeitskräftestichprobenerhebung von 2012
geschätzt, dass der Anteil hochqualifizierter EU-Migrant*innen, die zwischen
2008 und 2012 nach Deutschland eingewandert sind, dem Anteil hochqualifizierter deutscher Staatsangehöriger in Deutschland entspricht (vgl. ebd.: 16). Der
Anteil der EU-Bürger*innen aus Südeuropa in Deutschland war aber vor der
Zeit zwischen 1995 und 2010 erstaunlich gering: 1,6 Prozent der portugiesischen
Staatsangehörigen, 2,1 Prozent der italienischen Staatsangehörigen, 4,7 Prozent
der griechischen Staatsangehörigen und 7,6 Prozent der spanischen Staatsangehörigen (Bernhard/Bernhard 2014). Jedoch wird bestätigt, dass Deutschland
ein beliebtes Land auch für zugewanderte Hochqualifizierte aus südeuropäischen
Mitgliedsstaaten ist (Triandafyllidou/Gropas 2014). Problematisch ist allerdings
insgesamt die Integration dieser hochqualifizierten Arbeitskräfte in Deutschland
in Sektoren, die ihren Qualifikationen entsprechen (vgl. Höhne/Schulze Buschoff
2015; Klekowski von Koppenfels/Höhne 2017: 160). Wassermann (2017) stellt

aber in ihrer quantitativen Studie hinsichtlich der Bleibeperspektive von Neuzuwanderer*innen aus Südeuropa in Bezug auf Deutschland fest, dass die
griechischen Befragten in Deutschland länger als die spanischen und italienischen
Befragten bleiben möchten.

Im Rahmen des bereits erwähnten verspäteten Interesses der Migrationsforschung in Deutschland an hochqualifizierten Migrant*innen haben sich zuerst
Studien mit der Einwanderung im ITK-Sektor im Hinblick auf die Einführung der Greencard-Regelung beschäftigt. So konzentriert sich Heike Pethe
(2006) auf die Akteure und die Steuerung des Migrationsprozesses der IT-
Ingenieur*innen in Deutschland, Kolb (2004) auf die Problematisierung des
Misserfolgs der Greencard-Regelung und Andreea Dancu (2009) auf die Push-
und Pull-Faktoren der rumänischen Greencard-Inhaber*innen in Deutschland
durch eine empirische Studie. Jedoch lässt sich aufgrund dieser Entwicklung
feststellen, dass der Fokus auf die EU-IT-Expert*innen begrenzt ist und ihre Einwanderung von der Migrationsforschung außer Acht gelassen wurde. Neben den
Migrierten im ITK-Sektor waren weitere hochqualifizierte Gruppen auch Untersuchungsgegenstand von Studien: Das gilt etwa für zugewanderte Ärzt*innen in
Deutschland und in Großbritannien von Hoesch (2009) und europäische zugewanderte Ärzt*innen von Teney et al. (2017) sowie für Wissenschaftlerinnen von
Wolffram (2017) und Wissenschaftler*innen in Bezug auf die Einflussfaktoren
für ihre Mobilität von Jessica Guth (2007). Auch studentische Migrant*innen
waren im Fokus von Studien, u. a. hinsichtlich der Motive eines Studiums von
serbischen Studierenden in Deutschland (Gotthardt 2014) und hinsichtlich der
Beiträge der internationalen Studierenden in Deutschland zum Wachstum ihrer
Herkunftsländer (Hunger/Krannich 2018).

Nichtsdestotrotz wurde das Thema hochqualifizierter Migration nach Deutschland aus weiteren Perspektiven erforscht. Zentral war das Thema der Arbeitsmarktintegration (Grigoleit 2012), u. a. unterschiedlicher Migrant*innengruppen
(z. B. Geflüchtete, Aussiedler*innen, Migrant*innen zweiter Generation und
Heiratsmigrant*innen) im Hinblick auf die Verwertung bzw. Erweiterung ihres
„kulturellen Kapitals" in Deutschland (siehe Nohl et al. 2010) oder auch
im Hinblick auf die Nach- und Weiterqualifizierungsmöglichkeiten für zugewanderte Akademiker*innen (Graevskaia et al. 2018). Ein weiteres zentrales
Feld der Forschung zur hochqualifizierten Migration in Deutschland bezieht
sich auf die rechtlichen-politischen Entwicklungen in diesem Bereich (Hun-
ger/Krannich 2017; Hunger/Krannich 2015; Kane 2019; Barbulescu/Favell 2020).
Trotz dieses wachsenden Interesses der deutschsprachigen Migrationsforschung
auf dem Gebiet der hochqualifizierten Migration fehlt ein Fokus auf die EU-
Einwanderung. Diese wurde aus der Sicht des Transnationalismus zum Zweck

sozialer Mobilität für die EU-Migrant*innen erforscht (Verwiebe 2004). Erst kürzlich und aufgrund der zunehmenden EU-Einwanderung mit Ausbruch der Finanzkrise hat das Thema das Interesse der Migrationsforschung in Deutschland unter den Fragestellungen, ob Deutschland ein „major intra-EU Brain Gain country" (Teney/Siemsen 2015) ist und welche erfolgreichen Rekrutierungsstrategien für Hochqualifizierte am Beispiel von spanischen Migrant*innen umgesetzt werden (Meinardus 2017), wieder geweckt. Es lässt sich feststellen, dass trotz des zugenommenen Interesses der Migrationsforschung an hochqualifizierter Migration in Deutschland die Gruppe der hochqualifizierten EU-Zuwander*innen in Deutschland wenig erforscht ist, zumal nur wenige quantitative und qualitative Daten zu dieser Gruppe von hochqualifizierten Zugewanderten zur Verfügung stehen.

2.2   Hochqualifizierte Migration aus Griechenland

Griechenland galt als ein klassisches Auswanderungsland von niedrigqualifizierten Arbeitskräften (Cavounidis 2013). Jedoch entwickelte sich Griechenland ebenso wie Spanien, Italien und Portugal seit den 1990er Jahren zu einem Einwanderungsland (Freeman 1995). Die seit 2008 anhaltende Finanzkrise förderte in diesen südeuropäischen Ländern der EU aber wieder einen Auswanderungstrend, der insbesondere die jungen Hochqualifizierten dieser Länder betrifft (Skeldon 2012). Jedoch wird anhand bisheriger Studien deutlich, dass hochqualifizierte Personen bereits vor dem Ausbruch der Finanzkrise aus Griechenland systematisch auswanderten. So verließen 20,9 Prozent der absolvierten Ingenieure Griechenland zwischen 1949 und 1961 Richtung USA (vgl. Grubel/Scott 1966: 269). Diese Tendenz der Auswanderung von Ingenieuren aus Griechenland in die USA wird auch von Coutsoumaris (1968) für die Zeitspanne 1957 bis 1961 bestätigt und es wird aufgezeigt, dass dabei persönliche und berufliche Einstiegsmöglichkeiten zentral für die Migrationsentscheidung waren (vgl. 169 ff.). In den folgenden Jahren hat sich die Auswanderung von Hochqualifizierten in die USA fortgesetzt, sodass ein wichtiger Anteil der Absolvent*innen griechischer Hochschulen des Jahres 1966 (24,1 % der absolvierten Ingenieur*innen, 7,1 % der absolvierten Naturwissenschaftler*innen und 3,3 % der absolvierten Ärzt*innen) in den USA arbeiteten (Schipulle 1973: Anhang). Isaac Sabetai thematisiert (1976) die Belastung des griechischen Staats durch das Phänomen Brain-Drain. Er schätzt auf Grundlage von Daten des griechischen statistischen Amts (ELSTAT), dass die „drain rate" in den folgenden Jahren für den griechischen Staat abgenommen hat (hinsichtlich der Ingenieur*innen von 27 %

zwischen 1963 und 1967 auf 7 % zwischen 1968 und 1971 und auf 9 % zwischen 1972 und 1974, in Bezug auf die Naturwissenschaftler*innen von 10 % zwischen 1963 und 1967, auf 3 % zwischen 1968 und 1971 und auf 2 % zwischen 1972 und 1974 und bei den Ärzt*innen von 15 % zwischen 1963 und 1967 auf 7 % zwischen 1968 und 1971) (vgl. ebd.: 77). Weitere Zielländer der ausgewanderten Hochqualifizierten in der Zeit zwischen 1956 und 1967 waren Frankreich und Kanada (Thomas 1969: 257 zit. nach Sabetai 1976: 78). Bis zum Beginn der 1960er Jahre ist die Migration von Hochqualifizierten aus Griechenland mit dem dortigen Mangel an Masterstudiengängen und mit den begrenzten Möglichkeiten von Beschäftigung im Forschungsbereich verbunden (Labrianidis 2011: 351). Außerdem sind Absolvent*innen griechischer Hochschulen bereits verstärkt während politischer Krisenzeiten aus Griechenland ausgewandert. Besonders zu erwähnen ist die Flucht auf dem Schiff „Mataroa" von 145 – meist politisch linksorientierten – Wissenschaftler*innen und Künstler*innen als Stipendiat*innen des französischen Instituts 1945 nach Frankreich (Panourgia 2009:77 zit. nach Labrianidis 2011: 173); des Weiteren die Auswanderung von Hochqualifizierten während des griechischen Bürgerkriegs (1946–1949) (Maniatakis 2010: 135 zit. nach Labrianidis 2011: 173) sowie während der Militärdiktatur in Griechenland (1967–1974) (vgl. Labrianidis 2011: 173).

Erkenntnisse zur neueren Zeit und ein Gesamtüberblick über die Merkmale und den Umfang dieses Phänomens wurden erst mit der Studie von Labrianidis (2011) vorgelegt. Diese beschäftigte sich ausführlich mit der Auswanderung von Hochqualifizierten aus Griechenland mittels einer eigenen Befragung unter über 2.700 ausgewanderten Hochqualifizierten in unterschiedlichen Ländern. Diese befragten zugewanderten Hochqualifizierten sind vor 2009 aus Griechenland ausgewandert und somit vor der ‚neuen Migration', die mit der Finanzkrise verbunden wird. Labrianidis schätzt, dass bis 2008 approximativ 114.000 bis 139.000 griechische Absolvent*innen außerhalb von Griechenland lebten und arbeiteten (vgl. ebd.: 183 f.). Die meisten Befragten der Studie sind in den 90ern ins Ausland ausgewandert (ebd.). Die Zunahme der Auswanderung Hochqualifizierter in dieser Zeit ist mit den begrenzten Stellen für Hochqualifizierte und mit begrenzten Karriereaussichten auf dem griechischen Arbeitsmarkt verbunden. Dabei haben die Einkommenserwartungen und die ‚kosmopolitischen' Motivationen der Hochqualifizierten eine Rolle gespielt, zudem ist zu berücksichtigen, dass die Gründung der Unionsbürgerschaft die Migration in die anderen Mitgliedsstaaten erleichtert hat (vgl. ebd.: 351 f.). Insgesamt lässt sich auf Grundlage der bisherigen Informationen davon ausgehen, dass die Auswanderung Hochqualifizierter aus Griechenland nicht als neues Phänomen anzusehen ist, das erst mit dem Ausbruch der Finanzkrise aufkam, da eine beträchtliche Anzahl von Hochqualifizierten bereits vor dieser Zeit aus Griechenland ausgewandert ist. Innerhalb der letzten Jahre hat das Phänomen der Auswanderung von Hochqualifizierten aus Griechenland das Interesse von Migrationsforscher*innen geweckt, insbesondere als deutlich wurde, dass ein beträchtlicher Anteil der Zuwanderer*innen aus Griechenland während der Finanzkrise Akademiker*innen sind (Triandafyllidou/Gropas 2014; Labrianidis/Pratsinakis 2016; SEV 2020). Auch Medien haben sich mit dem Phänomen beschäftigt. Laut der Analyse ausgewählter Medienberichte aus den Jahren zwischen 2010 und 2015 zu diesem Thema durch Pratsinakis et al. (2017) wurden in den Medien die negativen Effekte für die griechische Wirtschaft betont. Das bedeutet, dass ein Fokus auf den Brain-Drain[2] gelegt wurde. In mehreren wissenschaftlichen Publikationen wird sich ebenfalls mit dem Begriff Brain-Drain in Bezug auf dieses Phänomen auseinandergesetzt (Chalari/Koutantou 2021; SEV 2020; Panagiotakopoulos 2020; Chatziprodromou et al. 2017; Giousmpasoglou et al. 2016; Gkolfinopoulos 2016; Labrianidis/Pratsinakis 2016; Ifanti et al. 2014; Peliccia 2013). Jedoch erweisen sich Schätzungen zum genaueren Umfang des Brain-Drains aufgrund der EU-Freizügigkeit als sehr schwierig; dies auch in Ermangelung von statistischen Daten aufseiten des griechischen Staats zu qualitativen Eigenschaften der Auswanderer*innen, insbesondere zu ihrem Bildungsniveau. Trotzdem vermuten Labrianidis/Pratsinakis (2016), dass zwischen 2010 und 2015 280.000 bis 350.000 Migrant*innen, von denen ca. 190.000 hochqualifiziert waren, Griechenland verließen. Laut einem Bericht des griechischen Unternehmerverbands (SEV) zum Brain-Drain sind zwischen 2008 und 2017 500.000 Menschen aus Griechenland ausgewandert; der Anteil an Hochschulabsolvent*innen wird mit 70 Prozent dieser Zugewanderten angegeben (SEV 2020). Obwohl sich die Berechnungen dieser zwei Studien zur Anzahl der ausgewanderten Hochqualifizierten unterscheiden, kann davon ausgegangen werden, dass eventuell mehr als die Hälfte der Auswandernden während der Finanzkrise hochqualifiziert sind. Im Vergleich zu der Anzahl der im Ausland lebenden Hochschulabsolvent*innen aus Griechenland vor der Finanzkrise, die Labrianidis (2011) erhob, hat sich die Auswanderungstendenz in dieser Gruppe deutlich intensiviert.

Die bisherigen Studien zur Auswanderung von Hochqualifizierten aus Griechenland haben versucht, auch die Gründe dieses Phänomens auf Makroebene zu erforschen. In diesem Rahmen wird argumentiert, dass der andauernde Anstieg des Anteils an Hochqualifizierten in Griechenland nicht von einem entsprechenden Wachstum des Angebots an Stellen für Hochqualifizierte auf dem

---

[2] Zum Begriff Brain-Drain siehe Abschnitt 3.2.

Arbeitsmarkt begleitet war (Labrianidis/Pratsnakis 2016; Labrianidis 2011; Kara-messini 2010). Dazu trägt auch das Bildungssystem laut Lakasas (2019a) bei, da dies die Hochqualifizierten bei der Fortentwicklung ihrer Qualifikationen nicht unterstützt. Des Weiteren betont Labrianidis (2011), dass das Phänomen keine Überqualifizierung der Bevölkerung in Griechenland bedeutet, sondern eher eine Diskrepanz zwischen der realen Nachfrage des Arbeitsmarktes und dem ‚Überangebot' an Hochqualifizierten aufzeigt (vgl. ebd.: 350 f.). Obwohl diese Situation bereits vor dem Ausbruch der Finanzkrise in Griechenland dominant war, wurden ihre Konsequenzen hinsichtlich der Auswanderung insbesondere erst nach der Finanzkrise spürbar. Somit lassen sich die Finanzkrise und die Spar-maßnahmen, die die beruflichen Chancen und das Niveau des Lebensstandards gedrückt haben, auch als Folge des Brain-Drains betrachten (Koniordos 2017; Labrianidis/Pratsinakis 2016; Pelliccia 2013).

Was die Migrationsgründe der Hochqualifizierten aus Griechenland betrifft, so ist ein Zusammenhang mit der krisenbedingten Lage in Griechenland deut-lich erkennbar, zumal ein Wandel in den Migrationsmotivationen der nach 2010 migrierten Hochqualifizierten aus Griechenland im Vergleich zu den Migrations-motivationen der migrierten Hochqualifizierten, die während der zwei Jahrzehnte vor 2010 das Land verließen, festzustellen ist (vgl. Labrianidis/Pratsinakis 2016: 21)[3]. Beispielsweise wird deutlich, dass die Karriereaussichten bei der Migrati-onsentscheidung für die Migrant*innen vor 2010 im Vergleich zu den Befragten der Studie, die nach 2010 migriert sind, eine wichtigere Rolle spielten (vgl. ebd.). Gleichzeitig bestätigen mehrere Studien, dass aktuell ein zentraler Fak-tor für die Migrationsentscheidung von Hochqualifizierten aus Griechenland die Arbeitslosigkeit ist, bzw. dass die begrenzten Chancen auf Beschäftigung in Griechenland einen Einfluss darauf haben: Die Aussagen von 39,4 Prozent der gesamten Befragten in der Erhebung von Euthimios Tolios und Theodoros Tha-nos (2021) mit 160 ausgewanderten Absolvent*innen griechischer Universitäten, die in anderen europäischen Ländern wohnhaft sind, beziehen sich auf die herr-schende Arbeitslosigkeit. Außerdem nennen diese 21 Prozent der gesamten 919 Migrant*innen griechischer Herkunft, von denen die meisten (89 %) hochqua-lifiziert waren und die in unterschiedlichen Ländern der Welt leben, in einer

---

[3] Diese Publikation fasst Ergebnisse aus drei unterschiedlichen Studien zusammen: Ers-tens aus einer nationalen repräsentativen Umfrage von März 2015 bis April 2015 mit 1.237 Haushalten in Griechenland, woraus Daten für 248 Migrant*innen, die nach 2010 Griechen-land verlassen haben, generiert wurden. Zweitens aus einer kleineren Internetbefragung im Dezember 2015, an der 81 hochqualifizierte Migrant*innen mit einem Hochschulabschluss aus Griechenland teilgenommen haben. Die dritte Studie basiert auf qualitativen Interviews mit griechischen Migrant*innen in Amsterdam (ebd.).

Internetbefragung, die 2013 in einer Kooperation zwischen dem Europäischem Hochschulinstitut Florenz, der Hochschule Trinity College Dublin, der Technischen Universität von Lissabon und dem Institut Royal Elcano in Madrid durchgeführt wurde, ebenfalls die Arbeitslosenrate als Grund für ihre Migrationsentscheidung (Triandafyllidou/Gropas 2014). Auch im Rahmen der qualitativen Interviews mit 26 hochqualifizierten griechischen Migrant*innen im Alter von 22 bis 34 Jahren in Manchester durch Alexandros Sakellariou und Konstantinos Theodoridis (2021) wird offenbar, dass Arbeitslosigkeit zentral für die Migration der Befragten war. Außerdem thematisieren in der Studie von Anna Triandafyllidou und Ruby Gropas (2014) 50 Prozent der befragten Migrant*innen den Faktor, keine Zukunftsperspektive in Griechenland zu sehen, als Migrationsgrund (vgl. ebd.: 1623). In der Studie von Labrianidis und Pratsinakis (2016) wird das Thema der besseren Berufschancen von den zugewanderten Hochqualifizierten in den Mittelpunkt gestellt, zumal 72 Prozent der Befragten, die seit 2010 Griechenland verlassen haben, diesen Faktor als mit ihrer Migration zusammenhängend bezeichnen (vgl. ebd.: 21). Zentral ist dieser Faktor gleichfalls in der qualitativen Studie von Stylianos Stavrianakis (2019) in Bezug auf die 31 befragten Hochqualifizierten, die aus der Region Attika seit 2009 migriert sind und die während der Interviewzeit (2016 bis 2018) in verschiedenen Ländern auf der ganzen Welt wohnten. Anhand dieser Studie wird auch deutlich, dass dieser Faktor ebenso mit den besseren Berufsperspektiven bzw. mit einer erwarteten Arbeitslosigkeit in Griechenland im studierten Fach zusammenhängt (vgl. ebd.: 179).

Deutlich wird in diesen Studien auch die Herausforderung, die erhobenen Daten zur Migrationsmotivation der Hochqualifizierten angemessen zu interpretieren. Charakteristisch ist die Interpretation der Interviewausschnitte von zwei Befragten (Ntinos und Anna) in der qualitativen Studie mit 31 „Brain-Drainers" in London durch Chalari/Koutantou (2021). Obwohl zwei Befragte eigentlich den Faktor Erlangen einer Arbeitsstelle im studierten Fach bei ihrer Migrationsentscheidung thematisieren, beziehen sich die Forscherinnen auf „lifestyle migration" und auf die Absicht der Befragten, ihre Karriereperspektiven bzw. ihre Lebensqualität zu verbessern (vgl. ebd.: 51). Dabei ist jedoch fraglich, inwieweit der Versuch einer hochqualifizierten Person, die jahrelang Zeit und Geld in ihre Ausbildung investiert hat, auch eine Arbeitsstelle im studierten Fach zu finden, als „lifestyle migration" (Benson/O'Reilly 2009) zu betrachten ist. So bestätigen weitere Studien, dass die Verbesserung von beruflichen Perspektiven und der Karriereaussichten auch eine Rolle bei der Migration von Hochqualifizierten aus Griechenland spielen (Triandafyllidou/Gropas 2014[4]; Tasoulis et al. 2019[5]; Tolios/Thanos 2021). Daher zeigt dieses Beispiel, dass die Migrationsmotivationen zeitgenössischer hochqualifizierter Migrant*innen aus Griechenland aus unterschiedlichen Blickwinkeln interpretiert werden.

Es lässt sich somit feststellen, dass alle bisherigen empirischen Studien zu der subjektiven Migrationsentscheidung von Auswanderung Hochqualifizierter aus Griechenland auf Mikroebene primär ökonomische Motiven und Gründe aufzeigen, die mit beruflichen Aspekten (z. B. Arbeitslosigkeit oder Verbesserung der beruflichen Perspektiven) einhergehen. Im Gegensatz dazu argumentiert Panagiotakopoulos (2020) in seiner empirischen Studie, deren Ergebnisse aus qualitativen Interviews mit zugewanderten Hochqualifizierten aus Griechenland in vier Ländern[6] und aus vier unterschiedlichen Berufsgruppen (Führungskräfte, „IT professionals", Gesundheitspersonal und Wissenschaftler*innen aus verschiedenen Disziplinen) stammen, dass die ökonomischen Faktoren (z. B. hohe Arbeitslosrate, niedriges Einkommen und beschränkte Arbeitschancen) nicht die wichtigsten Gründe für Migrationsentscheidungen Hochqualifizierter aus Griechenland sind (vgl. ebd.: 217). Stattdessen stehen soziale, politische bzw. kulturelle Gründe hinter der Migrationsentscheidung dieser Gruppe[7] (vgl. ebd.). Jedoch lässt sich vermuten, dass hierbei methodologische Faktoren zu dieser – gegenüber bisherigen Ergebnissen anderer Studien – widersprüchlichen Schlussfolgerung geführt haben, zumal in einer qualitativen Studie ohne repräsentative Fallauswahl quantitative Argumente (z. B. häufigste Erwähnung durch die Befragten – 52 von 80 – als soziale, politische bzw. kulturelle Gründe im Vergleich zur Erwähnung finanzieller Gründe – 28 von 80 Befragten) angeführt werden.[8]

---

[4] Mit 51 % war unter den griechischen Befragten die Kategorie „To improve my academic/professional training", der am häufigsten erwähnte Migrationsgrund (ebd.: 1623).

[5] In dieser quantitativen Studie wurden mithilfe von Fragebogen im Jahr 2018 1210 „Talente", d. h. Hochqualifizierte, in Griechenland und 1.121 ausgewanderte „Talente" aus Griechenland über ihre Auffassungen zu Unternehmen in Griechenland befragt. Darüber hinaus sollten sich die ausgewanderten Befragten ebenfalls zu ihren Migrationsgründen und ihren Rückkehrperspektiven äußern (ebd.).

[6] 53 Interviews wurden mit Befragten in Großbritannien, 13 Interviews mit Befragten in den USA und nur acht Interviews mit Befragten in Deutschland und sechs Interviews mit Befragten in Australien durchgeführt.

[7] Im Folgenden wird auf diese Faktoren eingegangen.

[8] Interessant wäre es auch, auf den Fragebogen einzugehen, da vielleicht die Formulierung der Fragen dabei eine Rolle spielen könnte.

Fest steht, dass ökonomische Motive für die Migration von Migrant*innen aus Griechenland häufig genannt werden (Labrianidis/Pratsinakis 2016). Der Faktor niedrige Einkommensmöglichkeiten (71,3 % der Befragten beziehen sich darauf) ist besonders wichtig in der Stichprobe von Tolios und Thanos (vgl. 2021: 89). Demgegenüber hat dieser Faktor eine geringere Bedeutung für die Auswanderungsmotivation der Befragten (29,94 %) in der Stichprobe von Konstantinos Tasoulis et al. (vgl. 2019: 16) und in der Stichprobe von Triandafyllidou und Gropas (2014), dort beziehen sich darauf nur 19 Prozent der Befragten (vgl. ebd.: 1623). Im Gegensatz zur Bedeutung von ökonomischen Gründen bei der Migrationsentscheidung wird die Relevanz kosmopolitischer Motiven, die laut Favell (2008) für die EU-Migration charakteristisch sind, in der Gruppe der Migrant*innen aus Griechenland kaum bestätigt. Nur in wenigen Studien wird die Absicht, neue Erfahrungen durch die Migration zu sammeln, als Abwanderungsmotiv genannt (Triandafyllidou/Gropas 2014; Sakellariou/Theodoridis 2021).

Außerdem haben Studien weitere Faktoren aufgezeigt, die ausgewanderte Hochqualifizierte bei ihrer Migrationsentscheidung berücksichtigt haben und die mit der Finanzkrise zusammenhängen. Einer davon sind die begrenzten Perspektiven zur Familiengründung in Griechenland, die auch mit dem Motiv der jüngeren Menschen einhergehen, von ihrem Elternhaus unabhängig zu werden (vgl. Sakellariou/Theodoridis 2021: 114). Dieses Motiv für die Migration wird ebenfalls bei der Studie des von der EU geförderten Forschungsprogramms zur aktuellen griechischen Emigration "New European Mobilities at times of Crisis: Emigration Aspirations and Practices of Young Greek Adults" (EUMIGRE) in Bezug auf migrierte Paare aus Griechenland, u. a. auch Hochqualifizierte, im Großraum London und in den Niederlanden festgestellt (Pratsinakis 2019).

Weitere Gründe, die aber mit dem sozialen und politischen Niveau zusammenhängen, werden ebenfalls als relevant für die Migration von Hochqualifizierten gehalten. Insbesondere in der Studie von Panagiotakopoulos (2020) werden diesbezüglich Gründe als „*cultural mindset of most Greek citizens, government policymakers and employers in Greece*" zusammengefasst (ebd.: 212).[9] Damit sind Faktoren gemeint wie z. B.: der Mangel an Strukturen eines meritokratischen Systems, die Korruption, das unfaire Steuersystem, der schwache Sozialstaat (insbesondere hinsichtlich des öffentlichen Bildungs- und Gesundheitssystems) (vgl. ebd.). Sakellariou und Theodoridis (2021) beziehen sich auf kulturelle Einflussfaktoren im Alltag der Griech*innen, die zur Migrationsentscheidung

---

[9] Siehe aber die bereits erwähnte Kritik an dieser Studie.

der befragten Hochqualifizierten führen (vgl. ebd.: 114). Jedoch ist zu kritisieren, dass durch diese Kategorisierung kulturalistische Ansichten[10] reproduziert werden und negative Eigenschaften der gesamten Gesellschaft in Griechenland zugeschrieben werden. Triandafyllidou und Gropas (2014) thematisieren auch die Korruption und den Nepotismus als Migrationsgründe der erforschten griechischen Migrant*innen. Sie verbinden damit das Misstrauen gegenüber dem politischen System und auch die Finanzkrise, stellen aber keine Verkoppelung mit der kulturellen Ebene her (vgl. ebd.: 1618).

Ein weiterer Grund, der in Studien thematisiert und als zentral für die Migrationsentscheidung der Befragten betrachtet wird, betrifft die Unternehmen. 47 Prozent der befragten griechischen Migrant*innen im Ausland in der Stichprobe von Triandafyllidou und Groppas (2014) nannten als Grund ihrer Migrationsentscheidung: „*I could find better business opportunities here*" (ebd.: 1623). Ein weiterer Aspekt der Migrationsentscheidung dabei ist auch die Wahrnehmung der existierenden Unternehmen in Griechenland durch die Migrant*innen. Beispielsweise wird die kurzfristige Kostenreduzierungsstrategie von Unternehmen in Griechenland als Migrationsgrund erwähnt (vgl. Panagiotakopoulos 2020: 212). Insbesondere kann dieser Faktor der Studie „Talente und Unternehmen in Griechenland: Ein schwieriges Zusammenleben" entnommen werden. Deren Forschungsziel war es, die Stereotypen der Jugend über die Unternehmen in Griechenland und die Konsequenzen daraus als Migrationsauslöser sowie für die Rückkehr der Migrierten zu beleuchten (Tasoulis et al. 2019). In der Studie wird davon ausgegangen, dass, je größer die negativen Einstellungen gegenüber den Unternehmen in Griechenland sind, es desto wahrscheinlicher ist, dass eine Migration erfolgt (vgl. ebd.: 18). Jedoch ist fraglich, inwieweit dieser Grund für alle hochqualifizierten Berufe relevant ist. Es ist kein Zufall, dass diese Begründungen in Studien genannt werden, die entweder genau diese Rolle bei der Migrationsentscheidung manifestieren wollen (Tasoulis et al. 2019), oder in denen u. a. auch migrierte Unternehmer*innen befragt wurden (Panagiotakopoulos 2020).

Hinsichtlich der Kriterien, die für die Wahl des Ziellands der hochqualifizierten Migrant*innen aus Griechenland ausschlaggebend sind, spielen neben der zentralen Bedeutung beruflicher und ökonomischer Gründe Sprachkenntnisse eine wichtige Rolle, wie die Datenanalysen von Studien bestätigen (Sakellariou/Theodoridis 2021; Stavrianakis 2019). Danach ist die Beherrschung der Sprache des Ziellandes das wichtigste Kriterium (31,9 %) bei den Befragten in

---

[10] Dazu siehe auch Abschnitt 3.1.2.

der Studie von Tolios und Thanos (2021: 90), während bei derjenigen von Triandafyllidou und Gropas (2014) an erster Stelle berufliche (54 %), finanzielle
(61 %) und karriererelevante (69 %) Kriterien von den Befragten genannt werden. Erst darauf folgt laut den Befragten (46 %) aus dieser Studie das Kriterium
Sprache (vgl. ebd.: 1525).

Erstaunlicherweise wird das Thema Sozialkapital als Faktor für die Migrati-
onsentscheidung wenig berücksichtigt. Stavrianakis (2019) erwähnt diesen Faktor
(Präsenz von Familie oder Freunden im Zielland) im Zusammenhang mit der
Wahl des Ziellands der Migration (vgl. ebd.: 170). Die Präsenz von Freunden
(15 %) und Familienangehörigen (9 %) im Zielland hat nur ein kleiner Anteil der
Befragten in der Erhebung von Triandafyllidou und Gropas (2014) als entscheidend für die Auswahl des Ziellands angeführt (vgl. ebd.: 1625). Jedoch merken
Triandafyllidou und Gropas an, dass nur wenige Informationen zum Sozialkapital ihrer quantitativen Datenauswertung entspringen. Dies bedeutet aus der Sicht
der Forscherinnen, dass die hochqualifizierten Migrant*innen kaum Kontakt zur
bereits existierenden griechischen Diaspora in anderen Ländern haben (vgl. ebd.:
1626). Eine Erklärung für die Nichtbeachtung sozialer Faktoren bei der Migration
liegt vielleicht an der Bevorzugung quantitativer Methoden bei den bisherigen
empirischen Studien. Es lässt sich annehmen, dass durch quantitative Studien
Befragte bei einer Umfrage vorrangig ökonomische Gründe als Migrationsgründe
angeben. Nichtsdestotrotz zeigt Damanakis (2014), dass die „*Neumigrant*innen*"
in Deutschland, die aus Griechenland kommen, bereits mit Freund*innen oder
Verwandten, die vorher in Deutschland waren, für die Vorbereitung ihrer Migration in Kontakt standen (vgl. 146 f). Diese Vernetzung betrifft aber eher die
niedrigqualifizierten „*Neumigrant*innen*", da Hochqualifizierte hinsichtlich ihrer
Migration und Arbeitssuche gut und über offizielle Quellen informiert werden
(vgl. ebd. 146).

Des Weiteren wird in der bisherigen Literatur zur aktuellen Auswanderung aus
Griechenland auch der Faktor ,Lebensqualität verbessern' bei der Migrationsentscheidung der Migrant*innen kontinuierlich betont. Dieser Faktor scheint eine
beträchtliche Rolle für die Migrationsentscheidung zu spielen. Dies wird daraus
ersichtlich, dass in der Studie von Triandafyllidou und Gropas (2014) 54 Prozent
der befragten griechischen Migrant*innen sich hinsichtlich der mit dem Zielland
verbundenen Vorstellungen darauf beziehen (vgl. ebd.: 1625) und 28 Prozent von
ihnen den Wunsch nach einer Verbesserung als „*main reason for leaving*" nennen (ebd.: 1623). Auch in der Befragung von Tasoulis et al. (2019) erscheint
der Faktor „*Lebensqualität*" als Auswanderungsgrund, er wird von 18,28 Prozent der an der Umfrage teilnehmenden Migrant*innen angekreuzt (ebd.: 16).
Während es aber bei Triandafyllidou und Gropas (2014) dabei in dem Sinne um

Sozialstaatlichkeit (Respekt des Staates gegenüber den Bürger*innen, Sicherheit, gutes Bildungs- und Gesundheitssystem) geht (vgl.: 160), sind in der Studie von Tasoulis et al. (2019) damit allgemeinere ökonomische und berufliche Aspekte gemeint (vgl.: 16). Der Faktor „*quality of life*" kann offensichtlich mit verschiedenen Aspekten verbunden werden, wie zum Beispiel mit höheren Einkommen oder besserer Technologieausstattung im Zielland (Beine et al. 2008). Dies verdeutlicht, dass umstrittene Begriffe, wie der von der ‚Lebensqualität', in quantitativen Befragungen mit Fragebögen, in denen bestimmte Optionen zum Ankreuzen vorgegeben sind, dazu führen können, dass sich die Befragten im Verständnis der Fragestellungen irren, was zu anzuzweifelnden Interpretationen der Ergebnisse Anlass geben kann. Im Gegensatz dazu können in qualitativen Interviews bei offenen Gesprächen zwischen den Interviewten und den Interviewer*innen uneindeutige Begriffe erklärt werden.

Auch der Bildungswille ist als ein weiteres Migrationsmotiv bei einem Teil der Migrant*innen aus Griechenland während der Finanzkrise zu betrachten. Dies betrifft ohnehin die Gruppen der Studierenden (Labrianidis/Sykas 2015; Damanakis 2014), der Medizinabsolvent*innen, die eine Fachärzt*inausbildung absolvieren möchten (Labiris et al. 2014), und ähnliche Gruppen, wie zum Beispiel Nachwuchswissenschaftler*innen, deren Migration zum Zweck des Erlangens eines Abschlusses realisiert wird. Ein Hochschulabschluss verringert zwar das Arbeitslosigkeitsrisiko in Griechenland (Lakasas 2019a), ein Abschluss an einer ausländischen Hochschule mit Prestige wird allerdings von studentischen Migrant*innen als ein zusätzliches Asset angesehen, das bessere berufliche Perspektiven sicherstellen kann (vgl. Koniordos 2017: 13). Das betrifft vor allem die Studierenden aus Mittelschichtfamilien in Griechenland, da einerseits der Hochschulzugang im griechischen Bildungssystem allen sozialen Schichten Griechenlands offensteht und andererseits die Vakanzen aufgrund hoher Arbeitslosenquoten während der Finanzkrise knapper werden. Die Mittelschichtfamilien können – im Gegensatz zu den niedrigeren Sozialschichten – ein Studium im Ausland finanzieren, sodass ihr sozialer Status für die Zukunft aufrechterhalten werden kann (ebd.). Die These, dass vor allem Hochqualifizierte aus der Mittelschicht aus Griechenland auswandern, wird von Tolios und Thanos (2021) auch bestätigt.

Neben den Analysen rund um faktische Migrant*innen befassten sich Studien zum aktuellen Phänomen der griechischen Auswanderung ebenfalls mit den Migrationsabsichten potenzieller Migrant*innen in Griechenland, wobei der Fokus auf Schüler*innen (Labrianidis/Sykas 2015), auf jüngeren Menschen (Kapa Research 2018) und auf „*Talenten*" (Tasoulis et al. 2019) lag. Hinsichtlich der befragten Schüler*innen an drei Schulen in Thessaloniki wurde deutlich, dass

unter Schüler*innen aus mittleren und höheren sozialen Schichten hohe Bildungs-
und Arbeitsaspirationen anzutreffen sind, sowie dass diese einen deutlich aus-
gearbeiteten Migrationsplan haben. Für die Migrationsabsicht der befragten
Schüler*innen spielen dabei Pull-Faktoren, die mit dem Studium (Qualität der
Studienprogramme und der Universitäten im Ausland) und den beruflichen
Perspektiven zusammenhängen, eine zentrale Rolle (Labrianidis/Sykas 2015).
Anhand der Ergebnisse der Umfrage von Kapa Research (2018)[11] unter jungen Menschen bestätigt sich, dass sich die Aussagen zu den Migrationsgründen
und bei den befragten potenziellen Migrant*innen nicht von den oben aufge-
zeigten bisherigen Ergebnissen der Studien zu den faktischen Migrant*innen
unterscheiden. Somit bilden Faktoren, wie zum Beispiel das Streben nach besserer ‚Lebensqualität', die Betrachtung beruflicher Perspektiven und die Aussicht
auf bessere Karriereperspektiven, die wichtigsten Motive bei einer Migrationsoption der befragten potenziellen Migrant*innen (ebd.). Die Migrationsabsicht der
befragten „Talente" in Griechenland wird bei der Stichprobe von Tasoulis et al.
(2019) untersucht. Dabei stellt sich heraus, dass es wahrscheinlicher ist, dass die
Migrationsoption erst zu einem späteren Zeitpunkt wahrgenommen wird, da 42,42
Prozent aus dieser Gruppe von Befragten nach drei bis fünf Jahren und 25,89
Prozent der Befragten innerhalb der nächsten zwölf Monate migrieren würden
(ebd.).

Darüber hinaus wird deutlich, dass es die bisherigen empirischen Studien zur
Erforschung des Phänomens versäumt haben, zwischen verschiedenen beruflichen Sektoren der ausgewanderten Hochqualifizierten zu unterscheiden. Obwohl,
wie bereits gezeigt, bei den Studien Migrant*innen aus unterschiedlichen beruflichen Sektoren befragt wurden (Triandafyllidou/Gropas 2014; Panagiotakopoulos
2020), wird daraus kein Vergleich auf Basis der divergierenden beruflichen Sektoren angestellt. Dieses Desiderat führt zu einer wissenschaftlich problematischen
Homogenisierung der migrierten Hochqualifizierten hinsichtlich ihrer Migrationsmotivationen. Es gibt jedoch Studien zur aktuellen Migration aus Griechenland,
die spezielle hochqualifizierte Gruppen fokussierten. Die meisten dieser Studien
haben sich mit den ausgewanderten Ärzt*innen beschäftigt (Chatziprodromou
et al. 2017; Sidiropoulos et al. 2017; Ifanti et al. 2014). Laut Ioanna Chatziprodromou et al. 2017 sind die wichtigsten Zielländer griechischer ausgewanderter
Ärzt*innen Deutschland, Frankreich, Großbritannien, Schweden und die Vereinigten Arabischen Emirate (vgl. ebd.: 290). Ein genauer Überblick über die
Anzahl der ausgewanderten Ärzt*innen aus Griechenland während der Krise

---

[11] Es geht um eine Umfrage, an der 1.033 griechische Bürger*innen von 17 bis 39 Jahren
teilgenommen haben, die in 34 unterschiedlichen Ländern leben.

ist jedoch nicht möglich und die bisherigen Daten stammen entweder von den Ärzt*innenkammern der Zielländer oder von der Ärzt*innenkammer Athens (ISA) (siehe auch Abschnitt 5.1). Außerdem stehen kaum statistische Daten vonseiten griechischer Quellen zur Anzahl von nach Griechenland zurückgekehrten Ärzt*innen zur Verfügung (Stavrianakis 2019: 121). Bezüglich der Auswanderung von Ärzt*innen aus Griechenland wird behauptet, dass Hauptgründe dieses Phänomens einerseits die große Ärzt*innendichte in Griechenland und andererseits sich aus der Finanzkrise ergebende Folgen (z. B. Arbeitslosigkeit, Mangel an Finanzierungsquellen im Gesundheitssystem, die Gehaltskürzungen, Überbesteuerung und Ausgabenkürzungen für medizinische Forschung und Ausbildung) seien (Ifanti et al. 2014: 212), während Chatziprodroumou et al. (2017) sich auch auf den schwachen Beitrag des privaten Sektors zur Beschäftigung von Ärzt*innen in Griechenland beziehen (vgl.: 220). Anhand der empirischen Studie von Labiris et al. (2014), deren Ergebnisse auf einer Umfrage unter 111 Medizinstudent*innen der Demokrit-Universität Thrakien basieren und in der ihre Vorstellungen vom medizinischen Beruf abgefragt wurden, wird deutlich, wie auslandsorientiert die Planung der Fachärzt*inausbildung von Medizinstudierenden in Griechenland ist. 71 Studierende aus dieser Gruppe planen (38 in Deutschland, 28 in Großbritannien und 15 in Schweden) ihre Fachärzt*inausbildung im europäischen Ausland abzuschließen und nur 16 Studierende wollen für die Fachärzt*inausbildungsphase in Griechenland bleiben (vgl. ebd.: 205 ff.). Besonders wichtig bei der Auswahl des Orts der Fachärzt*inausbildung sind für die befragten Studierenden die Qualität dieser Weiterqualifizierungsphase (Strukturierung des Fachärzt*inausbildungsprogramms, interessantes Fachärzt*inausbildungsprogramm) und der Status des Krankenhauses, in dem die Fachärzt*inausbildung absolviert werden soll (z. B. Universitätsklinik) (vgl. ebd.: 206). Außerdem betonen Becker und Teney (2020), dass für die Entscheidung der griechischen Ärzt*innen nach Deutschland zu migrieren, die lange Wartezeit bis zur Öffnung einer Stelle für ihre Fachärzt*inausbildung in Griechenland zentral ist.

Im Gegensatz zum Fokus der bisherigen Migrationsforschung auf ausgewanderte Ärzt*innen kann die Publikation von Gropas und Bartolini (2016) mit Fokus allein auf ausgewanderte Hochqualifizierte aus dem Ingenieur- und IT-Bereich erwähnt werden. Aus der Analyse der Studiendaten, die aus der Internetumfrage von Triandafyllidou und Gropas (2014) unter 6.750 hochqualifizierten Migrant*innen aus Griechenland, Irland, Italien, Spanien und Portugal stammen, wird deutlich, dass die Mehrheit der befragten zugewanderten Hochqualifizierten griechischer Herkunft im Ingenieur- und im IT-Bereich europäische Zielländer bevorzugten (28 % der befragten Ingenieurinnen, IT-Expertinnen sowie

33 % der befragten Ingenieure, IT-Experten waren in Großbritannien und 10 % der befragten Ingenieurinnen, IT-Expertinnen und 11 % der befragten Ingenieure, IT-Expertinnen waren in Deutschland) (vgl. Gropas/Bartolini 2016: 174). Als Push-Faktoren für die ausgewanderten untersuchten Gruppen werden der Mangel an beruflichen Perspektiven, die fehlenden Karriereperspektiven und die Meritokratie sowie die niedrigen Einkommensmöglichkeiten genannt, wobei Gender-Aspekte als irrelevant für die Auswanderungsgründe erscheinen (vgl. ebd.: 185), obwohl eine Diskrepanz in den Einkommensmöglichkeiten in den Zielländern zwischen den beiden Geschlechtern feststellbar ist (vgl. ebd.: 186).

Die Gruppe der ausgewanderten Nachwuchswissenschaftler*innen aus Griechenland bleibt bisher ein ziemlich unerforschtes Thema. Jedoch gibt es interessante statistische Daten, die auf eine Migration hindeuten. Die Anzahl der Hochschulbeschäftigten griechischer Herkunft im deutschen Hochschulbereich stieg zwischen 2008 und 2018 deutlich an, wie Tabelle 5.8 ausführlich aufzeigt. Eine große, anwachsende Zahl von Forscher*innen griechischer Staatsangehörigkeit ist ebenfalls an den britischen Hochschulen anzutreffen: 3.340 waren 2015/16 (Universities UK International 2017) und das nächste Jahr noch einmal 940 mehr registriert, d. h. 4.225 insgesamt. In den Jahren 2016/17 haben griechische Forscher*innen die siebtgrößte nicht-britische Gruppe von Forscher*innen an den britischen Hochschulen gebildet (Universities UK International 2018). Sokratis Koniordos (2017) verbindet die Auswanderung von griechischen Hochschullehrenden mit der Umsetzung der Sparmaßnahmen im griechischen Hochschulsektor, wodurch sich für sie ungünstige Bedingungen ergaben (vgl. ebd.: 18). Außerdem kann davon ausgegangen werden, dass die Mehrheit der im Ausland qualifizierten Nachwuchswissenschaftler*innen nicht wieder nach Griechenland zurückkehrt. Dies beweisen die Daten des „International Survey in Careers of Doctorate Holders" (CDH-Studie) in Bezug auf die Doktorand*innen bis 2013 in Griechenland: 86,2 Prozent der Promovierten in Griechenland haben an griechischen Hochschulen ihren Doktortitel erlangt. Außerdem haben 2,4 Prozent in Nordamerika und 11,2 Prozent dieser Promovierten in anderen EU-Ländern promoviert. Von den in einem anderen EU-Mitgliedsstaat Promovierten haben die meisten in Großbritannien (61,2 %), in Frankreich (14,8 %) und in Deutschland (12,1 %) promoviert (EKT 2015). Bemerkenswert ist auch, dass laut den Schätzungen der National Bank von Griechenland 60 Prozent der Professor*innen griechischer Herkunft im Ausland berufstätig sind (vgl. Mylonas 2017: 7). Außerdem betonen Labrianidis und Pratsinakis (2016) mit Blick auf die griechischen Geisteswissenschaftler*innen in Amsterdam, dass sie mit Schwierigkeiten bei der Stellensuche aufgrund mangelnder Sprachkenntnisse in der offiziellen Sprache des Ziellandes konfrontiert sind (vgl. ebd.: 29 f).

Ein weiterer zentraler Aspekt in der bisherigen Forschung zu ausgewanderten Hochqualifizierten ist die Betrachtung der Rückkehroptionen nach Griechenland. Bereits 2011 bemerkte Labrianidis in Bezug auf diejenigen Hochqualifizierten, die vor der Finanzkrise ausgewandert sind, dass die Rückkehrwahrscheinlichkeit der Hochqualifizierten mit der sozialen Schichtzugehörigkeit korreliert, so ist z. B. der Auslandsaufenthalt von Hochqualifizierten aus höheren sozialen Schichten kurzfristiger im Vergleich zu diesem von Hochqualifizierten aus niedrigen sozialen Schichten (vgl. ebd.: 352). Hinsichtlich der ausgewanderten Hochqualifizierten seit dem Ausbruch der Finanzkrise haben empirische Studien versucht, die Rückkehrabsicht der migrierten Hochqualifizierten abzuschätzen. Demnach möchten 47,5 Prozent der in der Studie von Tolios und Thanos (2021) befragten Hochqualifizierten und 58 Prozent der auf der Plattform von „Knowledge and Partnership Bridges" angemeldeten Hochqualifizierten (EKT 2019a: 19) zurückkehren. Weitere Studien untersuchen die Rückkehroption der Migrant*innen im Hinblick auf den zeitlichen Horizont der Rückkehr. In diesem Rahmen wünschen 15 Prozent der griechischen Migrant*innen aus der Internetumfrage von Labrianidis und Pratsinakis (2016) innerhalb von zwei Jahren nach Griechenland zurückzukehren (vgl. ebd.: 30). In der Umfrage von Tasoulis et al. (2019) steigt die Rückkehrabsicht der Befragten entsprechend der verronnenen Zeit: 13,95 Prozent der Befragten wollen innerhalb von zwölf Monaten nach Griechenland zurückkehren und 28,88 Prozent innerhalb von drei bis fünf Jahren (vgl. ebd.: 18). 45 Prozent der 1.003 befragten Migrant*innen bei der Umfrage von Kapa Research (2018) stellen sich vor, in den nächsten zehn Jahren wieder zurück in Griechenland zu sein. Während einige Migrant*innen sich auch ein translokales Leben zwischen Griechenland und dem Zielland denken können (vgl. Labrianidis/Pratsinakis 2016: 30), schließen andere eine Rückkehr nach Griechenland aus. Das Ausschließen einer Rückkehr trifft auf 30,6 Prozent der befragten hochqualifizierten Migrant*innen in der Studie von Tolios und Thanos (2021: 92) und auf 20 Prozent der Befragten bei der Umfrage von Kapa Research (2018) zu. Es lässt sich somit feststellen, dass die bisherigen Studien, die sich mit dem Thema Rückkehroption der Migrierten auseinandergesetzt haben, eine gewisse Rückkehrabsicht der Migrant*innen nach Griechenland aufzeigen, auch wenn sich die Ergebnisse in ihrem Prozentsatz unterscheiden. Diese Diskrepanz lässt sich dadurch erklären, dass die Studien auf unterschiedlichen Methoden beruhen und unterschiedliche Fokusgruppen berücksichtigen.

Des Weiteren stellt sich die Frage, unter welchen Bedingungen und aus welchen Gründen eine Rückkehr seitens der migrierten Hochqualifizierten wahrgenommen wird. Diesbezüglich zeigen die meisten Studien, dass aus Sicht der Migrant*innen für eine Rückkehroption eine Arbeitsstelle in Griechenland mit einem ausreichenden Gehalt zentral ist (Tolios/Thanos 2021; Iliopoulou 2019[12]; Stavrianakis 2019; Kapa Research 2018; Labrianidis/Pratsinakis 2016). Eine weitere Variable dieser Motivation bezieht sich auf die Rückkehr unter der Bedingung, eine Stelle mit guten Karriereperspektiven in Griechenland zu erhalten (Tolios/Thanos 2021; Stavrianakis 2019). In der qualitativen Studie von Stavrianakis (2019) werden weitere Aspekte dieses Faktors, die nicht durch quantitative Studien belegt wurden, thematisiert. Dies betrifft die Rückkehrbereitschaft unter der Bedingung eine Stelle im studierten Fach oder auch eine Stelle mit guten Arbeitsbedingungen antreten zu können (vgl. ebd.: 183). Außerdem wird auch in dieser Studie betont, dass die Rückkehr immer mit der Erreichung des Migrationszieles zusammenhängt (z. B. Abschluss eines Studiums) (vgl. ebd.).

Interessant ist, dass für eine Rückkehr bei Migrant*innen ein *„Wechsel in Griechenland"* erwünscht ist (Labrianidis/Pratsinakis 2016). Dies antworten 46 Prozent der Befragten in der Internetumfrage von Labrianidis/Pratsinakis (2016: 30). Obwohl nicht deutlich wird, auf welchem Niveau ein Wechsel passieren muss, lässt sich davon ausgehen, dass damit gemeint ist, dass die Finanzkrise vorüber ist und die politische, sowie die ökonomische Stabilität in Griechenland für eine Rückkehr erwünscht ist, wie dies z. B. aus der qualitativen Studie von Stavrianakis (2019) hervorgeht. Diese Faktoren als Rückkehrgründe sind auch bei den Befragten der Umfrage von Kapa Research (2018) und von Galini Iliopoulou (2019) wiederzufinden. Weitere negative Auswirkungen politischer Faktoren für eine Rückkehroption werden von anderen Studien aufgezeigt, indem z. B. fehlende Leistungsprinzipien des griechischen Staats bzw. der Gesellschaft thematisiert werden (Iliopoulou 2019; Stavrianakis 2019; Labrianidis 2011).

Darüber hinaus sind auch Motive, die mit sozialen Faktoren (Familie und Freund*innen in Griechenland) zusammenhängen, wichtig für die Rückkehr nach Griechenland (Labrianidis/Pratsinakis 2016: 34). 58,1 Prozent der befragten Hochqualifizierten griechischer Herkunft in der Studie von Tolios/Thanos (2021) würden aus familiären Gründen nach Griechenland zurückkehren. 42 Prozent der auf der Plattform „Knowledge and Partnership Bridges" angemeldeten griechischen Hochqualifizierten geben als Faktor für eine mögliche Rückkehr ihre Familie in Griechenland an (EKT 2019a: 19). Die Umfrage von Iliopoulou (2019) mit Hochqualifizierten zeigt, dass 36 Prozent der Befragten,

---

[12] Diese Umfrage wurde 2019 durchgeführt, daran haben 942 Befragte griechischer Staatsangehörigkeit, die internationale berufliche Erfahrung haben, aus 43 verschiedenen Ländern teilgenommen. Die Mehrheit der Befragten sind Hochqualifizierte (95 %). Fokus der Umfrage sind die beruflichen Erfahrungen der Befragten im Ausland und die Gründe für die Rückkehr bzw. für die Rückkehroption, wobei sowohl Migrant*innen als auch Zurückgekehrte befragt wurden (ebd.).

die nach Griechenland zurückgekehrt sind, als „*Grund für ihre Rückkehr*" die „*Familiengründung*" angegeben haben, während 23 Prozent der Befragten sich auf die Pflege ihrer Eltern bezogen. In derselben Studie benennen 56 Prozent der befragten Migrant*innen griechischer Herkunft „*familiäre Gründe*" für eine mögliche Rückkehr nach Griechenland (ebd.). Außerdem wurden weitere Gründe für eine Rückkehr thematisiert, wie z. B. das Klima und die Landschaft Griechenlands (24 % der Befragten in der Kapa Research Studie des Jahres 2018 beziehen sich darauf) und „*Liebe zu Griechenland*", die als der wichtigste Grund bei den befragten Zurückgekehrten (51 %) in der Umfrage von Iliopoulou (2019) genannt wurden. Solche Faktoren werden von Stavrianakis zusammen mit den sozialen und familiären Gründen, die von den befragten Zurückgekehrten[13] seiner Studie (2019) in Bezug auf ihre Rückkehrgründe erwähnt wurden, als persönliche Gründe kategorisiert und werden u. a. als „*Heimweh*"[14] gedeutet (ebd.: 195). Auch für die Rückkehr dieser Befragten lassen sich Gründe, die bereits bei befragten faktischen Migrant*innen anderer Studien angegeben wurden, feststellen, u. a.: ökonomische Gründe (Schwierigkeiten bei der Arbeitssuche oder Ablauf eines Stipendiums), berufliche Gründe (Arbeitsstelle in Griechenland) (vgl. Stavrianakis 2019: 194 f.). Wichtig ist zu erwähnen, dass die Rückkehr der befragten Zurückgekehrten nicht unbedingt einen permanenten Verbleib in Griechenland bedeuten muss, zumal mehr als Hälfte dieser Befragten eine nochmalige Migration nicht ausschließt (vgl. Stavrianakis 2019: 203).

Obwohl das Phänomen des Nicht-Migrierens als genauso wichtig für die Migrationsforschung anzusehen ist wie das Phänomen der Migration, bleibt Letzteres ein unerforschtes Feld in der Migrationsforschung (siehe Abschnitt 3.1). Insbesondere interessant ist diese Frage in Bezug auf griechische Hochqualifizierte im Kontext der Finanzkrise. Was die Gründe des *Stasis*-Handelns der Südeuropäer*innen betrifft, so wird behauptet, dass dieses auf die Entwicklung alternativer Strategien zur Migration zurückzuführen ist (z. B. das Wohnen im Elternhaus oder weitere Investitionen in tertiäre Bildung, um die Chancen auf dem Arbeitsmarkt des Geburtslandes zu verbessern) (vgl. Lafleur et al. 2017: 203). Die protektionistische Rolle, die von der griechischen Familie ausgeht und die einer geografischen Mobilität arbeitsloser Griech*innen entgegenwirkt, hat

---

[13] Stavrianakis (2019) befragte in seiner Studie neben den 31 hochqualifizierten Migrant*innen griechischer Staatsangehörigkeit auch 23 Hochqualifizierte mit griechischer Staatsangehörigkeit, die seit 2009 aus dem Ausland nach Griechenland bzw. nach Attika zurückgekehrt sind.

[14] Übersetzt aus dem Griechischen „νόστος".

auch Sotiris Htouris (2012) betont. Die zentrale Rolle, die die Präsenz der Familie und der Freund*innen für die Nicht-Migration spielt, bestätigt sich auch in der Umfrage von Kapa Research (2018), in der sich 59 Prozent der befragten jungen Griech*innen darauf beziehen. In derselben Umfrage benennen die Befragten mit 18 Prozent den Faktor Klima in Griechenland und 4 Prozent erwähnen den Mangel an ökonomischem Kapital, das die Umzugskosten abdecken würde (ebd.). Sakellariou und Theodoridis (2021) ordnen die für ihre Studie befragten jungen ‚Bleibenden'[15] entsprechend den Gründen für ihre Nicht-Migration in drei Gruppen ein:

1) in die Gruppe der ‚Bleibenden', die eine Migration zwar nicht ausschließt, für die sie aber aus ökonomischen Gründen als nicht möglich erscheint,
2) in die Gruppe der ‚Bleibenden', die aus *„Überzeugung"* oder aus *„ideologischen"* Gründen, nicht auswandern will,
3) in die Gruppe der ‚Bleibenden', die aus sozialen Gründen nicht auswandern will (vgl. ebd.: 109).

Obwohl bei der ersten und der dritten Gruppe deutlich ist, um welche Gründe (vor allem finanzielle und familiäre Gründe) es sich handelt, werden in der zweiten Gruppe in Bezug auf die „Überzeugung" und die „ideologischen" Gründe vielseitige Faktoren (z. B. die Kultur und die Lebensqualität in Griechenland oder die ‚Liebe' zum Land) skizziert (vgl. ebd.: 110 f.), sodass diese Gruppierung bezüglich der *„ideologischen"* Gründe unterschiedliche Faktoren umfasst.

Abschließend haben sich Migrationsforscher*innen auch mit dem Thema Wahrnehmung der Migration durch die Betroffenen auseinandergesetzt. An der Studie von Sakellariou und Theodoridis (2021) wird deutlich, dass aufgrund der Finanzkrise und ihrer Konsequenzen die Migration ins Ausland ein typisches Diskussionsthema unter der Jugend in Griechenland ist (vgl. ebd.: 109). Gleichzeitig wurde aber festgestellt, dass die Migrant*innen sich vom Begriff Wirtschaftsmigrant*innen in Bezug auf ihre Migration abgrenzen (vgl. ebd.: 119). Dies bestätigt auch Pratsinakis in einem Interview (vgl. Palaiologou 2019: 30). Eine Migration wird sogar von den Familienmitgliedern der potenziellen Migrant*innen als eine positive Option angesehen (ebd.; vgl. Sakellariou /Theodoridis 2021: 121). Jedoch hat die Thematik, wie die aktuelle Migration wahrgenommen wird, weitere Aspekte: Sakellariou und Theodoridis (2021) zeigen in ihrer Studie auf, dass

---

[15] Die Fallauswahl betrifft 25 junge – meist bereits hochqualifizierte – Bürger*innen von Athen im Alter von 19 bis 34 Jahren.

die Debatte über die Auswanderung bei der Jugend in Griechenland negativ kon-notiert ist, da sie als *„Flucht"*, *„Feigheit"* und *„Arbeitsunwilligkeit"* betrachtet wird (ebd.: 112). Gleichzeitig weist Koniordos (i. E.) auf gegensätzliche Werte hin, die in der öffentlichen Meinung zum Thema Auswanderung während der Finanzkrise koexistierten: Auf der einen Seite sind es individualistische Werte, die eine individuelle Migrationsentscheidung priorisieren, und auf der anderen Seite kollektivistische Werte, die das eigene Land in den Vordergrund stellen. Dabei kristallisieren sich die individualistischen Werte als dominanter heraus (ebd.). Diese wurden aber von der bisherigen Migrationsforschung nicht als sol-che berücksichtigt; die Diskussion wird primär in Bezug auf die Finanzkrise (Sakellariou/Theodoridis 2021) oder in Bezug auf das Recht auf Auswanderung (Koniordos i. E.) und nicht mit Bezug auf die zentrale Frage des Brain-Drains geführt, dessen Zusammenhang mit moralischen Aspekten verbunden werden kann (siehe Abschnitt 3.2).

2.3   Forschungsdesiderate und forschungsleitende Fragen

Auf Grundlage des oben dargestellten aktuellen Stands der bisherigen Forschung wurden die zentralen Forschungsfragen der Studie entwickelt. Diese greifen die Forschungslücken zur Migration von Hochqualifizierten aus Griechenland auf und werden im Folgenden näher erläutert.

   Unter Berücksichtigung des bisherigen Forschungsstands wurde in Abschnitt 2.1 deutlich, dass trotz der Versuche einer theoretischen Konzep-tualisierung von EU-Migration, u. a. durch die Ansätze von Favell (2008) „Eurostars und Eurocities" und Engbersen (2012) „liquid migration", die EU-Migration ein relativ wenig erforschtes Thema bleibt. Obwohl das Interesse der Migrationsforschung an (hochqualifizierten) EU-Migrant*innen aus südeuropäi-schen Ländern seit Ausbruch der Finanzkrise zunimmt, bedarf dieser Aspekt der EU-Migration weitere Forschung. Es wurde aufgezeigt, dass Deutschland eines der wichtigsten Zielländer der EU-Migrant*innen ist. Jedoch stand Deutschland als Zielland hochqualifizierter Migrant*innen aus Griechenland bisher noch nicht im Mittelpunkt einer empirischen Studie. Ferner wurde in Abschnitt 1.3 aufgezeigt, dass Deutschland das Hauptzielland von „Neumigrant*innen" aus Griechenland ist und insbesondere einen wachsenden Anteil griechischer Hoch-qualifizierter anzieht (siehe Tabelle 1.3). Die vorliegende Studie beabsichtigt, diese Forschungslücke in Teilen zu füllen. Da es sich dabei um einen noch wenig beleuchteten Aspekt der hochqualifizierten Migration innerhalb der EU handelt, ist es interessant, den Fokus auf die Protagonist*innen dieser Migration zu richten, um Erkenntnisse über Gründe bzw. Motive für ihre Migrationsentscheidung zu gewinnen. Die erste zentrale Fragestellung der Studie lautet somit:

- *Was sind die Beweggründe der Hochqualifizierten, die aus Griechenland nach Deutschland auswandern?*

Unterschiedliche theoretische Ansätze, von klassischen Ansätzen (u. a. Push-Pull Modell und mikroökonomische Ansätze) bis zu neueren Ansätzen (u. a. Rolle der Netzwerke, Salts Ansatz), sollen im dritten Kapitel dieser Arbeit dargestellt werden und zum Verständnis der individuellen Migrationsentscheidung beitragen, bevor die Ergebnisse der Interviews mit den befragten Migrant*innen präsentiert werden (Kapitel 7). Die erste Forschungsfrage zielt über die Frage nach den Motiven für die Migration bzw. nach den Gründen für eine Migrationsentscheidung hinaus auch auf einen Erkenntnisgewinn darüber ab, warum Deutschland als attraktives Zielland gesehen wird. Dazu konnte im Abschnitt 2.2 festgehalten werden, dass sich die bisherige Forschung zur hochqualifizierten Migration aus Griechenland in sehr hohem Maße mit den Gründen für die Migration auseinandergesetzt hat. Auf Makroebene verbanden die Migrationsforscher*innen das untersuchte Phänomen mit der Finanzkrise und den Sparmaßnahmen. Auf der Mikroebene wurde außerdem ersichtlich, dass Hochqualifizierte aus Griechenland aus unterschiedlichen ökonomischen Gründen migrieren. Nichtsdestotrotz fällt auf, dass die Rolle eines Faktors (z. B. Arbeitslosigkeit) für die Migrationsentscheidung in verschiedenen Studien eine unterschiedliche Gewichtung erfährt und andere Faktoren (z. B. ,Lebensqualität') unterschiedlich definiert bzw. interpretiert werden. Insofern besteht ein Forschungsbedarf hinsichtlich einer genaueren Untersuchung der Migrationsgründe und -motive, insbesondere für die hochqualifizierte Migration von Griechenland nach Deutschland. Darüber hinaus lässt sich vermuten, dass unterschiedliche Befunde in der Literatur auf die Nichtbeachtung der sektoralen Unterschiede zwischen verschiedenen hochqualifizierten Berufsgruppen in der bisherigen Forschung zurückzuführen sind. Außerdem konnte festgehalten werden, dass die Rolle der sozialen Faktoren bei der Migrationsentscheidung der zugewanderten Hochqualifizierten aus Griechenland bisher erstaunlich wenig von den Studien beleuchtet wurde. Insbesondere bezüglich der griechischen Migration nach Deutschland ist zu erwarten, dass soziale Faktoren wie die historische Präsenz der griechischen Diaspora in Deutschland (siehe Abschnitt 1.3) eine Rolle bei der Migrationsentscheidung von Neuzuwanderer*innen aus Griechenland spielen. Unter Berücksichtigung all dieser Überlegungen ist folgende Frage für die vorliegende Studie erkenntnisleitend:

- Welche Rolle spielen die politischen, ökonomischen und sozialen Rahmenbedingungen in beiden Ländern bei der Migrationsentscheidung der zugewanderten Hochqualifizierten?

Hierbei wird auch auf die ökonomischen und politischen Bedingungen abgezielt, die im jeweiligen untersuchten Sektor (siehe Kapitel 5) herrschen und mit der Migration der Hochqualifizierten zusammenhängen. Dadurch wird ein sektoraler Vergleich der zugewanderten hochqualifizierten Gruppen möglich, um die zentrale Hypothese aufzugreifen und zu prüfen, dass unterschiedliche Beweggründe je nach Berufssektor zu erkennen sind. Diese Fragestellung dient dem Ziel, die bestehende Forschungslücke hinsichtlich einer qualitativen Untersuchung sektoraler Faktoren in Teilen zu schließen.

Des Weiteren wurde im vorherigen Kapitel deutlich, dass die Frage der Rückkehr der zugewanderten Hochqualifizierten ebenfalls in der bisherigen Forschung große Aufmerksamkeit erhalten hat. Diese Frage ist plausibel und relevant insbesondere aus der Perspektive der Forschungsansätze des Transnationalismus und der Mobilität (siehe Abschnitt 1.2), die davon ausgehen, dass Migration nicht ausschließlich als einmaliger Wohnortwechsel anzusehen ist. Während die bisherigen Studien aufzeigten, dass eine gewisse Rückkehrabsicht nach Griechenland bei den zugewanderten Hochqualifizierten existiert, lassen sich unterschiedliche Gründe für ihre Rückkehr nach Griechenland feststellen. Einerseits lässt sich jedoch festhalten, dass die spezifischen Faktoren, u. a. ‚Liebe' zu Griechenland oder ‚Wechsel' in Griechenland (Labrianidis/Pratsinakis 2016: 30), unterschiedlich interpretiert werden. Andererseits liegt der Hauptfokus der bisherigen Forschung auf dem Herkunftsland, anstatt Faktoren im Zielland zu analysieren, die eine Rückkehr oder den Verbleib begünstigen könnten. Auch mit Blick auf die sozialen Faktoren lässt sich ein einseitiger Fokus der Rolle des sozialen Kapitals in Griechenland für eine mögliche Rückkehr erkennen, wobei die Rolle des sozialen Kapitals im Zielland für die Bleibeperspektive in Bezug auf das Zielland der Migrant*innen nicht beleuchtet wurde. Insofern ist auch die folgende Frage für diese Studie relevant:

- Wie sind die Bleibeperspektiven der migrierten Hochqualifizierten aus Griechenland in Bezug auf Deutschland? Und welche Gründe begünstigen den Verbleib in Deutschland oder wirken gegen diesen?

Mithilfe dieser Frage sollen zudem Erkenntnisse über eine mögliche Rückkehr der zugewanderten Hochqualifizierten nach Griechenland oder die Option eines transnationales bzw. translokalen Lebens gewonnen werden.

Im Forschungsstand wurde gezeigt, dass die Wahrnehmung der aktuellen Migration durch die Migrant*innen und die öffentliche Meinung Gegenstand

der bisherigen Forschung zur Auswanderung von Hochqualifizierten aus Grie-
chenland war. Während aber diese Wahrnehmung im Kontext der Finanzkrise
(Sakellariou/Theodoridis 2021) und des Rechts auf Auswanderung (Koniordos
i. E.) untersucht wurde, wurde der Blick auf den Brain-Drain in Bezug auf
diese Wahrnehmung vernachlässigt. Eine Untersuchung der Wahrnehmung und
Bewertung der eigenen Migration durch die Befragten in Hinblick auf den
Brain-Drain ist interessant und bedeutsam, da negative Konsequenzen für das
Herkunftsland, die mit der Auswanderung der Hochqualifizierten aus Griechenland zusammenhängen – so der Brain-Drain-Ansatz (Hunger 2003) –,
damit miteinbezogen werden können. Durch diese Kontextualisierung können
auch moralische Aspekte, die ebenfalls von der Forschung zu Auswanderung
von Hochqualifizierten außer Acht gelassen wurden, hinsichtlich dieser Migration thematisiert werden. Hieran anschließend lässt sich ein weiteres zentrales
Erkenntnisinteresse der vorliegenden Arbeit formulieren:

- *Inwieweit nehmen die Hochqualifizierten das Phänomen des Brain-Drains
wahr und wie bewerten sie moralisch mögliche negative Konsequenzen ihrer
Migrationsentscheidung für das Herkunftsland?*

Dabei geht es nicht nur um die Wahrnehmung des Phänomens durch faktische
Migrant*innen, sondern auch durch potenzielle Migrant*innen. Denn, wie der
bisherige Forschungsstand aufzeigt, auch Nicht-Migrierende setzen sich mit der
Frage der Migration auseinander.

Der Fokus der Studie auf potenzielle Migrant*innen beschränkt sich nicht nur
auf die Untersuchung ihrer Wahrnehmung des Brain-Drains. Das Phänomen der
Nicht-Migration, die in dieser Studie als *Stasis* (siehe Abschnitt 3.1) verstanden
und benannt wird, ist insbesondere interessant im Kontext und unter Berücksichtigung der aktuellen Bedingungen der Finanzkrise in Griechenland sowie im
Kontext der Freizügigkeit von Unionsbürger*innen in der EU. Denn seit der Krise
ist ein höherer Abwanderungsdruck zu bemerken. In diesem Rahmen lautet eine
weitere zentrale Fragestellung der vorliegenden Studie:

- *Welche Hemmfaktoren sind relevant für einen Verbleib der Hochqualifizierten
in Griechenland?*

Durch diese Frage können weitere Erkenntnisse über die Gründe einer *Stasis* von Hochqualifizierten gewonnen werden, zumal dieses Thema bisher kaum
erforscht wurde. Die bisherigen Studien hinsichtlich der *Stasis* hatten nur junge
Griech*innen zum Untersuchungsgegenstand und nicht explizit Hochqualifizierte

in Griechenland. Unter Berücksichtigung der bisherigen diesbezüglichen Ergebnisse wird sogar deutlich, dass eine systematischere Erforschung benötigt wird, da vorliegende Interpretationen nicht immer zutreffend erscheinen[16].

Das methodisch-methodologische Vorgehen zur Beantwortung dieser Forschungsfragen wird im sechsten Kapitel dargestellt und begründet. Im nächsten Kapitel folgen die theoretischen Ansätze, die zum Verständnis des untersuchten Phänomens beitragen sollen.

---

[16] Siehe die Kritik an den Ergebnissen von Sakellariou/Theodoridis 2021 im vorherigen Kapitel.

Theoretische Ansätze zur hochqualifizierten Migration

3

3.1 Migration versus *Stasis*

Während die Migrationsforschung sich prinzipiell auf das Phänomen der Migration, also auf die dauerhafte Veränderung des menschlichen Wohnorts, fokussiert, wurde das Phänomen der Nicht-Migration weniger beleuchtet (vgl. Düvell 2006: 76). Erst in den vergangenen Jahren hat die entgegengesetzte Frage, also: *„warum Menschen nicht migrieren"* (ebd.), das Interesse der Migrationsforschung geweckt. Im Hinblick auf die Bedeutsamkeit dieses Phänomens für die Migrationsforschung kommentieren Nina Glick-Schiller und Noel Salazar sehr treffend: *"it might seem that we should really have a stasis studies rather than migration or mobilities studies. After all, in the long view, mobility is the norm of our species and it is stasis that should be regarded as something to be queried"* (Glick-Schiller/Salazar 2013: 185). Eigentlich ist die Sesshaftigkeit der Menschen historisch gesehen das Neue verglichen mit der vormaligen nomadischen Lebensweise der Menschen. Migration kann somit als ein Normalfall in der Menschheitsgeschichte betrachtet werden, da Wanderungen zur *„Conditio humana wie Geburt, Fortpflanzung, Krankheit und Tod"* gehören (Bade 2000: 11). Obwohl im EU-Raum die Migration bzw. Mobilität von EU-Bürger*innen dank der EU-Freizügigkeit besonders begünstigt wird, ist die Auswanderungsquote in andere EU-Länder bei EU-Bürger*innen, deren Länder von der Finanzkrise nach 2009 betroffen waren, erstaunlich gering (vgl. Triandafyllidou/Gropas 2014: 5). Somit wird die Frage nach den Gründen der Nicht-Auswanderung dieser EU-Bürger*innen besonders interessant.

In bisherigen Ausführungen zum Thema des Nicht-Migrierens von Menschen wurden in der deutschen Migrationsforschung die Begriffe Sesshaftigkeit und Immobilität verwendet. Der Ausdruck Sesshaftigkeit ist eng mit einem historischen Kontext verbunden, da er meist im Zusammenhang mit der Beendigung

© Der/die Autor(en), exklusiv lizenziert an Springer Fachmedien Wiesbaden GmbH, ein Teil von Springer Nature 2022
A. Gkolfinopoulos, *Deutschland als Magnet für Hochqualifizierte aus Griechenland*, Interkulturelle Studien,
https://doi.org/10.1007/978-3-658-39985-6_3

des nomadischen Lebens der Menschen genannt wird und zum anderen sich auf die Entstehung des Nationalstaats bezieht. Sesshaftigkeit war das „*hegemoniale Prinzip*" des Nationalstaats, da die Migration mit seiner Entstehung nur innerhalb seines Territoriums unbeschränkt sein konnte (vgl. Geisen 2014: 31). Zu fragen ist somit, inwieweit der Begriff Sesshaftigkeit im Fall der EU-Hochqualifizierten aktuell und zutreffend ist. Darüber hinaus ist Immobilität der am meisten verwendete Terminus, um das nicht-migrierende Handeln von Menschen zu beschreiben (siehe Fischer et al. 2000; Carling 2002; Mavrodi/Moutselos 2017). Jedoch ist Immobilität das Antonym des Begriffs Mobilität, der in der vorliegenden Studie allerdings nicht berücksichtigt wird, um das untersuchte Migrationsphänomen zu behandeln (siehe Abschnitt 1.2).

Der Begriff *Stasis* bietet sich als geeignete Bezeichnung für das hier untersuchte Phänomen der Nicht-Migration von Hochqualifizierten aus Griechenland an. *Stasis* leitet sich vom griechischen Wort στάσις ab und ist mehrdeutig. Der Begriff *Stasis* wird oft aus der Perspektive der Altertumswissenschaft und der Philosophie für die Bürgerkriege im antiken Griechenland verwendet (Agamben 2015). Unter anderem bedeutet *Stasis* aber auch Stillstehen bzw. Erstarrung sowie das Wort auch die Stellung und den Zustand einer Person meint (vgl. Passow 1857: 1520). *Stasis* als Begriff, bei dem es um den Zustand der Nicht-Migration von Menschen geht, ist in den letzten Jahren in der englischsprachigen Literatur zu finden. Im Zusammenhang mit der Migration wird dieser Begriff von Glick-Schiller und Salazar (2013) im Rahmen von *regimes of mobility* verwendet. *Stasis* wird in der vorliegenden Studie als Synonym des Terminus Immobilität benutzt und kann definiert werden als: „*the ability to remain in place*" (Bier 2017: 114). Etymologisch betrachtet hat der Begriff *Stasis* auch eine Bedeutung, die mit Aktivität verbunden ist – im Gegensatz zum Begriff Immobilität –, da *Stasis* auch als Stellung(nahme) bzw. Haltung einer Person interpretiert werden kann. Das bedeutet, dass durch den Begriff *Stasis* tiefer liegende Gründe für das Handeln eines Menschen einbezogen werden. Aus dem bisher Gesagten ergibt sich, dass die Migrationsforschung durch die Erforschung der Gründe für eine *Stasis* von Menschen viel über das Migrationsphänomen erfahren kann. Im Folgenden soll dargestellt werden, welche weiteren neuen Erkenntnisgewinne durch diesen Begriff generiert werden können.

Es wird von Glick-Schiller und Salazar (2013) sowie von Laura Assmuth et al. (vgl. 2018: 7) betont, dass Migration und *Stasis* – und folglich transnationale bzw. translokale Kontakte – miteinander verbundene Aspekte des menschlichen Lebens betreffen. Der Zusammenhang zwischen Migration und *Stasis* wird besonders deutlich bei Berücksichtigung der Netzwerke zwischen potenziellen und faktischen Migrant*innen: Erstere verkörpern die *Stasis* und die zweite Gruppe die

Migration. Der Wunsch der potenziellen Migrant*innen zu migrieren basiert auf dem Imaginären, das mit anderen Lebensräumen verbunden wird (vgl. Glick-Schiller/Salazar 2013: 194). Dieses Imaginäre kann sich aus den Erzählungen faktischer Migrant*innen bilden. Außerdem können faktische Migrant*innen eine *Stasis* im Einwanderungsland beabsichtigen (vgl. Glick-Schiller/Salazar 2013: 195). Das bedeutet, dass einerseits *Stasis* nicht ausschließlich mit Verwurzelung an einem Ort und andererseits Mobilität nicht unbedingt mit dauerhafter Bewegung gleichzusetzen ist. Obwohl die beiden Begriffe als Antonyme gelten, kann eine einzelne Person sich ebenso in einem Zwischenzustand befinden.

Glick-Schiller und Salazar (2013) analysieren Migration und *Stasis* innerhalb der sozialen und ökonomischen Beziehungen und nicht nur mit Fokus auf die territoriale Dimension und die Nationalstaaten (vgl. ebd.: 194). Trotzdem betrachten Glick-Schiller und Salazar die Rolle des Nationalstaates für die Analyse von Migration und von *Stasis* als zentral:

„Nation-states do participate in the formation and legitimation of globe-spanning regimes of mobility by imposing barriers on the emigration and immigration of some individuals and facilitating the movement of others and by using national identities and nationalist ideologies to justify the exclusion or inclusion of those who cross state borders. (...) [S]cholars must examine the role of nation-states and the influence of national identities in shaping the experience of migrants without confining their study and analysis within the parameters of the nation-state" (Glick-Schiller und Salazar 2013: 192).

Offensichtlich ist die Rolle des Nationalstaates immer noch ein zentraler Aspekt, auch wenn Migration und *Stasis* aus Sicht von ökonomischen und sozialen Beziehungen untersucht werden. Somit gilt es nicht nur die Rolle des Nationalstaates zu berücksichtigen, sondern auch die der supranationalen Institutionen, wie diejenige der EU, in den Blick zu nehmen, da sie in der EU sowohl die Migration als auch die *Stasis* beeinflussen können.

Eine große Herausforderung für die Migrationsforschung besteht darin, das Phänomen des Nicht-Migrierens in einen theoretischen Rahmen einzuordnen und vor allem in Bezug auf die gegenwärtigen Gegebenheiten zu erklären. Dies scheint für die Erörterung des Phänomens in der EU besonders herausfordernd zu sein:

„Traditionelle Theorieansätze vermögen die schwach ausgeprägte Wanderungsintensität der EU-Angehörigen nur begrenzt zu erklären. Denn eigentlich sollten die teilweise beträchtlichen Einkommens- und Beschäftigungsunterschiede zu weit mehr Migration innerhalb der EU führen" (Fischer et al. 2000: 6).

Nicht allein mikroökonomische Ansätze, die auf zwischen zwei Orten bestehenden Einkommens- und Beschäftigungsunterschieden basieren, veranschaulichen die Migration bzw. Nicht-Migration,[1] sondern auch Theorien, die ihren Fokus auf soziale Faktoren (beispielsweise Netzwerke und Sozialkapital) legen,[2] können das Phänomen der *Stasis* erläutern. Dazu zählen auch Ansätze, die sich aus politikwissenschaftlicher Sicht mit den errichteten Barrieren, die einer Migration im Wege stehen, beschäftigen, um die Nicht-Migration zu deuten (siehe Carling 2002). Diese Ansätze können aber kaum Anwendung bei der Erklärung des hier untersuchten Phänomens finden, und zwar aufgrund der EU-Freizügigkeit und der beschränkten politisch-rechtlichen Möglichkeiten der Mitgliedsstaaten auf Migration innerhalb des EU-Raums Einfluss zu nehmen. Aus verhaltenstheoretischer Perspektive erfolgte bisher eine Fokussierung auf das Akzeptanzniveau gegenüber Frustration, um den Verbleib von Personen und die Nichtinanspruchnahme der Migrationsoption zu deuten. Ein hohes Akzeptanzniveau gegenüber Frustration erlaubt es den Menschen, unangenehme Lebensumstände hinzunehmen und somit den Verbleib gegenüber der Auswanderung zu priorisieren (vgl. Düvell 2006: 124). Des Weiteren kann auch die Theorie von Albert Hirschman (1970; 1974) zu Abwanderung, Widerspruch und Loyalität als Begründung dienen, da die individuelle Loyalität einer Person gegenüber dem Staat oder auch die Einnahme einer Widerspruchsposition dazu führen können, dass sich gegen eine Migration entschieden wird.[3]

Insgesamt ist zu konstatieren, dass wissenschaftliche Untersuchungen zur *Stasis* eine große Herausforderung in der Migrationsforschung darstellen. In der vorliegenden Studie stehen die Motive der Hochqualifizierten für ihre *Stasis* in Griechenland im Fokus. Antworten auf diese Forschungsfrage können dazu beitragen, die Wissenslücken bezüglich der Gründe der *Stasis* bei EU-Bürger*innen – besonders während der Finanzkrise – zu reduzieren. Vor allem ist es relevant zu untersuchen, inwieweit die *Stasis* während der Finanzkrise in Griechenland als ein passiver Verbleib oder aber als eine Stellungnahme, d. h. eine bewusste Entscheidung für den Verbleib mit konkreten Motiven und eventuell mit Veränderungsintentionen auf gesellschaftlicher Ebene, zu interpretieren ist, um von der beschriebenen Mehrdeutigkeit des Begriffs *Stasis* zu profitieren.

---

[1] Siehe auch die folgenden Abschnitt 3.4, 3.5.

[2] Siehe dazu die Abschnitt 3.7, 3.8.

[3] Siehe Abschnitt 3.11.

3.2 Brain-Drain, Brain-Gain und Brain-Circulation

In der Migrationsforschung sind im Zusammenhang mit der Auswanderung von Hochqualifizierten verschiedene Begriffe zu unterscheiden. Die Bezeichnung Brain-Drain taucht im Vergleich zu anderen Begriffen wie *skilled international migration*, Elitenmigration oder *international migration of talents* am häufigsten in den wissenschaftlichen und politischen Diskussionen zur Auswanderung von Akademiker*innen auf (vgl. Sauer 2004: 9). Brain-Drain als Terminus ist verbunden mit der Betrachtung der negativen Konsequenzen, die die Auswanderung von Hochqualifizierten für die Herkunftsländer mit sich bringen, wobei am häufigsten Länder des globales Südens davon betroffen sind (vgl. Hunger 2003: 10).

Jedoch gibt es, trotz verbreiteter Verwendung des Begriffs noch keine allgemein anerkannte Definition zu Brain-Drain. Fadayomi fokussiert sich auf den daraus resultierten Mangel an Fachkräften in den Herkunftsländern der ausgewanderten Hochqualifizierten und definiert Brain-Drain als: *„a special form of migration, occurs when a country that faces shortages in the supply of certain critical skills experiences the emigration of persons with such skills"* (Fadayomi T.O. zit. nach Rieck 2003: 54). Michel Beine et al. (2008) schlagen eine allgemeinere Definition von Brain-Drain vor: *„The term 'brain drain' designates the international transfer of resources in the form of human capital and mainly applies to the migration of relatively highly educated individuals from developing to developed countries"* (ebd.: 631). Außerdem lässt sich auch ein quantitativer Aspekt im Verständnis des Brain-Drain-Phänomens festhalten, da Brain-Drain auch für den Nettoverlust stehen kann, der sich aus ausgewanderten Hochqualifizierten eines Landes im Vergleich zu der Anzahl eingewanderter Hochqualifizierter in dieses Land ergibt (vgl. Salt 1997: 5).

Die Übernahme des englischen Begriffs seitens der Migrationsforschung ist auf seine Entstehung zurückzuführen. Brain-Drain prägte sich im Jahr 1960 in einem Artikel in der Zeitschrift „Time" erstmals aus (vgl. Stohr 2003: 22). Bemerkenswert ist dabei, dass sich der Begriff nach einer Veröffentlichung der Königlichen Gesellschaft Großbritanniens anfangs auf die Auswanderung hochqualifizierter Arbeitskräfte von Großbritannien in die USA bezog. Seitdem wurde das Thema Brain-Drain vor allem im Rahmen der Abwanderung Hochqualifizierter aus Ländern des globalen Südens in Länder des globalen Nordens erforscht (vgl. Hunger 2003: 10). Daher ist plausibel, dass ursprünglich Dependenztheorien die Debatte über den Brain-Drain dominiert haben (ebd.). Der Dependenztheorie (Senghaas 1974) zufolge ist der Brain-Drain ein Beweis für die Ausbeutung und Dependenz der armen Länder des globalen Südens, die durch die reicheren Länder des globalen Nordens, welche sich nicht an den Ausbildungskosten der

Ausgewanderten beteiligt haben, geschwächt werden (vgl. Hunger 2003: 10). Gillian Brock bezieht sich auf diesen ökonomischen Verlust für die Herkunftsländer durch die vorausgegangene Ausbildung der ausgewanderten Hochqualifizierten aus Steuergeldern, was als „community investments" anzusehen ist (Brock 2015a: 62). Außerdem erfasst sie weitere Verluste für die zurückgebliebene Bevölkerung in den Herkunftsländern der ausgewanderten Hochqualifizierten aus dem globalen Süden, wie z. B. Verlust von Steuereinnahmen, Verlust an Qualifikationen und Dienstleistungen und Verlust von Ressourcen für den Aufbau von Institutionen (ebd.: 40).

Trotz der Fokussierung von Brain-Drain-Forscher*innen auf dieses Phänomen in Verbindung mit Ländern des globalen Südens kann ein Brain-Drain ebenso in Bezug auf die Migration Hochqualifizierter innerhalb von Europa festgestellt werden: Zum einen handelt es sich dabei in den 1990er Jahren um Bewegungen zwischen Ost- und Westeuropa (vgl. Salt 1997: 5) und zum anderen erst kürzlich um Migration innerhalb der EU (vgl. Teney 2015a: 91). Die Existenz eines intra-EU Brain-Drains kann bedeuten, dass eine permanente und unidirektionale Auswanderung von Hochqualifizierten aus einer Region der EU in eine andere stattfindet und folglich daraus ein Mangel an konkreten Fachkräften in den Herkunftsländern der ausgewanderten EU-Hochqualifizierten resultiert (vgl. Teney 2015b: 5). Besonders wird die seit 2008 anhaltende Emigration von jungen und hochqualifizierten Arbeitskräften aus Südeuropa nach Nordwesteuropa als ein Beweis für eine Wiedergeburt des Kern-Peripherie-Modells zwischen dem Süden und dem Norden des Kontinents angesehen (King 2015). Diese angedeutete Dependenz südeuropäischer Länder in der europäischen Peripherie von nordeuropäischen Ländern, die sich im Kern dieses Modells befinden, war auf Basis der Migrationsströme bereits in den 70er Jahren feststellbar (Seers et al. 1979). Jedoch betrafen die Migrationsströme zu diesem Zeitpunkt niedrigqualifizierte Arbeitskräfte, die im Rahmen von bilateralen Abkommen (z. B. Anwerbeabkommen der BRD) in den Fabriken nordwesteuropäischer Länder eingesetzt wurden (King 2015). Heutzutage scheint es, dass das erwähnte alte Kern-Peripherie-Modell aufgrund des intra-EU Brain-Drains und dank der EU-Freizügigkeit wieder Gestalt annimmt (ebd.).

In der Forschung zum Brain-Drain lassen sich zwei kontroverse Feststellungen treffen: Zum einen wird davon ausgegangen, dass die Auswanderung von Akademiker*innen negative Auswirkungen auf die Herkunftsländer hat, und zwar aufgrund der bereits erwähnten später nicht zu einem Nutzen führenden Investitionen in die Ausbildung dieser Akademiker*innen. Zum anderen kann das Herkunftsland Vorteile aus der Auswanderung seiner Hochqualifizierten im Rahmen des *overflow*-Effekts ziehen (vgl. Han 2010: 29);. Dadurch vermeidet das Herkunftsland unter Umständen soziale Spannungen infolge einer dadurch bedingten geringeren Nachfrage nach Hochqualifizierten auf dem eigenen Arbeitsmarkt. Die Hochqualifizierten würden ansonsten, weil sie in größerer Zahl vorhanden wären, als Überschuss betrachtet (vgl. Han 2010: 35); der Arbeitsmarkt der betroffenen Länder wird demnach durch den sogenannten Brain-Drain entlastet (vgl. Hunger 2003: 10). Diese positive Sicht auf das Brain-Drain-Phänomen kann jedoch in dieser Form nicht ganz aufrechterhalten werden, weil dadurch impliziert würde, dass alle ausgewanderten Hochqualifizierten in ihrem Herkunftsland arbeitslos geblieben wären (vgl. Han 2010: 35 f.). Die Forschung zu den Beweggründen der Hochqualifizierten zeigt jedoch, dass die Erwartung besserer Arbeits- und Lebensbedingungen entscheidend für ihre Auswanderung sind (ebd.). Trotz der eventuellen Entlastung des lokalen Arbeitsmarktes durch die Abwanderung der Hochqualifizierten, bleibt jedoch das in die Ausbildung der Akademiker*innen investierte Kapital ihrer Herkunftsländer weiterhin ungenutzt. Unabhängig davon ist bei der Verursachung des Brain-Drains ein Ungleichgewicht auf den internationalen Märkten ausschlaggebend (vgl. Scott 1970: 256 f.). Das existierende Ungleichgewicht wird sogar durch den Brain-Drain verschärft: Durch das Anwachsen der produktiven Bevölkerung verbessert sich die Wirtschaft des Aufnahmelandes und nimmt sein Wohlstand zu, während die Herkunftsländer der Migrant*innen produktive Arbeitskräfte verlieren und die ältere und konsumtive Bevölkerung zurückbleibt (vgl. Han 2010: 31).

Es wird offenbar, dass bei der Debatte über den Brain-Drain die negativen Konsequenzen im Zentrum stehen. Bereits im Jahr 1970 hat Paul Ladame jedoch die Perspektive einer Brain-Circulation thematisiert. Dabei geht es um die Widerlegung des einseitigen Fokus im Zusammenhang mit dem Brain-Drain, dass dieser als permanente Migration der ausgewanderten Hochqualifizierten gedeutet werden kann, mit dem Ziel, eine mögliche Rückkehr in ihre Herkunftsländer hervorzuheben, sodass eine „*circulation des élites*" vorstellbar ist (Ladame 1970). Heutzutage verstärkt die zunehmende Mobilität von hochqualifizierten Arbeitskräften als Folge der Globalisierung die Brain-Circulation-Perspektive. Im Rahmen der EU-Freizügigkeit ist zu erwarten, dass die EU von einer Brain-Circulation im Bereich ihrer hochqualifizierten Arbeitskräfte betroffen ist (vgl. Teney 2015b: 6), wie am Beispiel der Migration von Hochqualifizierten zwischen nord- und westeuropäischen EU-Ländern zu bemerken ist (vgl. Geis 2017: 18). Generell lässt sich das Phänomen Brain-Circulation am häufigsten zwischen Industrieländern feststellen (vgl. Straubhaar 2000: 8).

Aus einer Brain-Circulation kann aber eine Transformation des Brain-Drains zu einem Brain-Gain für das Herkunftsland entstehen (vgl. Hunger 2003:

14). Brain-Gain thematisiert zum einen den Nettogewinn an hochqualifiziertem Humankapital eines Landes und zum anderen die positiven Folgen der Abwanderung von Hochqualifizierten für ihre Herkunftsländer. Ein Beispiel dafür sind die Überweisungen der hochqualifizierten Ausgewanderten in ihre Herkunftsländer, die dazu beitragen, dass die Verluste durch den Brain-Drain eingedämmt werden (vgl. Schipulle 1973: 342). Außerdem können die rückkehrenden Hochqualifizierten im Ausland erworbenes Know-how (Wissen und neue Technologien) in ihre Herkunftsländer mitbringen, sodass sie dadurch zum Wachstum der Wirtschaft beitragen (Hunger 2003). Dazu gehören auch fortschrittliche Ideen für die Gesellschaft, die die rückkehrenden Akademiker*innen ebenfalls in ihren Herkunftsländern verbreiten können (vgl. Brock 2015a: 43). Außerdem können positive Folgen für die Herkunftsländer auch durch eine *„Netzwerk- und Diasporapolitik"* seitens dieser Staaten entstehen (Sauer 2004). Netzwerke *„zwischen ausgewanderter Diaspora und inländischer Wissenschaftselite, die ent-* weder *virtuell (über das Internet) oder real in Form von Wissenschaftsforen und Austauschprogrammen"* existieren, tragen durch den Austausch auch zum Brain-Gain bei (Hunger 2003: 15). Mittels solcher Netzwerke können auch Investitionen in den Herkunftsländern getätigt werden (vgl. Hunger 2003: 15; Cavounidis 2016: 64 ff.). Jedoch bleibt die Frage offen, inwieweit diese Investitionen wirklich zum Wirtschaftswachstum des Herkunftslandes und zugunsten welcher sozialer Schichten beitragen (vgl. Brock 2015b: 264).

Abschließend gesagt scheint der Brain-Drain ein geeigneter Ansatz zu sein, um die negativen Konsequenzen für Griechenland durch die aktuelle hochqualifizierte Auswanderung zu interpretieren. Obwohl dies nicht das zentrale Ziel der vorliegenden Arbeit ist, wird doch untersucht, ob die befragten potenziellen und tatsächlichen Migrant*innen die negativen Konsequenzen ihrer Auswanderung moralisch bedenken und wie sie damit umgehen. Außerdem soll auch die Gegenseite berücksichtigt werden. Insbesondere wenn der untersuchte Fall als Brain-Drain für Griechenland interpretiert werden kann, kann er auch als Brain-Gain für Deutschland verstanden werden. Des Weiteren soll auch die Brain-Gain-Perspektive aus Sicht des griechischen Staats als eine zukünftige Option in Kapitel 9. diskutiert werden.

3.3   Das Push-Pull-Modell der Migration

Viele Migrationsstudien können die Komplexität eines Migrationsprozesses nicht ausreichend erklären, da sie oft die subjektiven mit den objektiven Faktoren der Migration vermischen (vgl. Braun/Topan 1998: 14). Mit der Übernahme des

Push-Pull-Modells können diese Probleme bei Erläuterung des Migrationsprozesses überwunden werden, weil damit eine klare Darstellung der migrationsbegünstigenden (Push-)Faktoren und der migrationshemmenden (Pull-)Faktoren aus der Sicht der Individuen ermöglicht wird. Diese Faktoren können objektiv zwingend exogene oder subjektiv begründete Entscheidungen sein (vgl. Han 2010: 14), immer entsprechend der Wahrnehmung des jeweiligen Individuums. Das Push-Pull-Modell berücksichtigt auch die Komplexität eines Migrationsprozesses und es kann als ein zweckmäßiges analytisches Werkzeug zur Bestimmung der demographischen, ökonomischen und sozialen Ursachen einer Massenmigration betrachtet werden (vgl. Schipulle 1973: 30).

Das Push-Pull Modell wurde von Everett Lee (1966) entwickelt, nach dem von Ernest George Ravenstein 1885 veröffentlichten Buch „Laws of Migration". Das in diesem Buch vorgestellte Gravitationsmodell wird als Vorläufer des Push-Pull-Modells betrachtet, weil es die Migrationsgründe ebenfalls in zwei Gruppen (migrationsbegünstigende und migrationshemmende) einteilt (vgl. Han 2010: 15). Ravenstein sieht die geografische Entfernung und die Informationsgewinnung als entscheidende Migrationsfaktoren. Lee erweiterte die Migrationsfaktoren und ordnete sie in vier Kategorien ein: (a) Faktoren des Herkunftsortes, (b) Faktoren des Zielortes, (c) involvierte Hindernisse, (d) persönliche Faktoren (vgl. Lee 1966: 50). Zudem ging Lee davon aus:

„(1) je größer die Unterschiede zwischen Abwanderungs- und Zielgebiet, desto umfänglicher die Migration, (2) je homogener die Bevölkerung und je größer das Gefühl der Gleichheit, desto weniger Migration gibt es; (3) je größer die Hindernisse, desto weniger Migration findet statt; (4) wirtschaftliches Wachstum, beziehungsweise weniger Migration; (5) Migration nimmt im Laufe der Zeit an Volumen zu, so lange, bis Restriktionen eingeführt werden; (6) Immigration nimmt mit fortschreitendem Fortschritt zu, beziehungsweise bleibt angesichts von wenig Fortschritt gering." (Düvell 2006: 80).

Aus der Erweiterung des Push-Pull-Modells in diversen Migrationsstudien haben sich mehrere Migrationsfaktoren ergeben. Laut Annette Treibel (2003) sind die sozioökonomischen Push- und Pull-Faktoren, wie z. B. die Situation auf dem Arbeitsmarkt, die Beschäftigungssituation und die Einkommenssituation der involvierten Länder, die wesentlichsten. Dazu können auch politische Faktoren, ethnisch-religiöse, rechtliche und ökologische Faktoren hinzugefügt werden (vgl. Braun/Topan 1998: 15). Viele dieser Faktoren sind besonders zutreffend im Falle von nicht-qualifizierten Migrant*innen oder Geflüchteten. Die entscheidenden Faktoren bei den hochqualifizierten Auswander*innen beschränken sich hingegen auf ökonomische, soziale und berufliche Faktoren (vgl. Mahroum 2000: 180).

Für sie sind die arbeitsmarktbezogenen Faktoren entscheidend; *„Erst danach folgt der Wunsch nach finanzieller Besserstellung. Schließlich spielt das Bedürfnis eine Rolle, der als Belastung empfundenen sozio-ökonomischen Situation im Heimatland zu entfliehen"* (Schipulle 1973: 357). Im Allgemeinen geht Hunger davon aus, dass die Push-Faktoren in den Abgabeländern am offensichtlichsten sind, weil die Lebensumstände in den meisten Herkunftsländern als Triebkräfte wirken und die Pull-Faktoren für das Zielland der Abwanderung wichtig sind (vgl. Hunger 2003: 53). Darüber hinaus muss für eine Klassifikation nach dem Push-Pull-Schema berücksichtigt werden, *„ob für das in verschiedenen Ländern unterschiedliche Einkommen einer Berufsgruppe etwa ein Funktionsmangel des internationalen Arbeitsmarktes verantwortlich ist und ob eventuelle Störungen von Herkunfts- (push) oder Zielland (pull) ausgehen"* (Schipulle 1973: 30), damit Erklärungen zur hochqualifizierten Migration Sinn ergeben.

Trotz allgemeiner Akzeptanz des Modells in der Migrationsforschung wird es doch häufig kritisiert. Der Kernpunkt der Kritik an der Verwendung des Modells bezieht sich darauf, dass das Push-Pull-Modell zu viel Gewicht auf den Einfluss der rationalen, erwartbaren Vorteile eines Landes bei der Migrationsentscheidung des Individuums legt, während die sozialen und emotionalen Bindungen vernachlässigt werden (vgl. Han 2010: 16). Darüber hinaus wurde ein weiterer Kritikpunkt bezüglich der Flexibilität des Modells von Stephen Castles und Mark Miller aufgeführt: *„Finally, the push-pull model cannot explain why a certain group of migrants goes to one country rather than another: for example, why have most Algerians migrated to France and not Germany, while the opposite applies to Turks?"* (Castles/Miller 2009: 23).

Das Push-Pull-Modell erweist sich als sehr hilfreich für die vorliegende Arbeit, um die Faktoren des hier untersuchten Migrationsgeschehens zu erfassen. Potenzielle und faktische Migrant*innen werden zu ihrer Wahrnehmung von Push-Pull-Faktoren befragt, da die Analyse der Migration auf der Mikroebene angesiedelt ist und dadurch ihre Migrationsmotive beleuchtet werden können.

3.4   Der Humankapitalansatz nach Sjaastad

Der von Larry Sjaastad (1962) entwickelte Humankapitalansatz schenkt dem ökonomischen Aspekt von Migrationsgründen Beachtung. In Humankapitalansätzen wird die Migrationsentscheidung *„als Optimierungsprozess"* des jeweiligen Individuums betrachtet, da die Personen als rationale Wirtschaftssubjekte durch ihre Auswanderung ihren eigenen Nutzen zu maximieren versuchen (Sauer 2004: 47). Die Migration findet dann statt, wenn die Erwartungen zum Nutzen am Zielort

abzüglich der Wanderungskosten den Gegenwartswert des Nutzens am Herkunfts-
ort übersteigen (vgl. Sauer 2004: 47 f.). In diesem Zusammenhang interpretiert
Sjaastad die Migration als eine Investition im Rahmen einer Kosten-Nutzen-
Analyse: „*... we treat migration as an investment increasing the productivity of
human resources, an investment which has costs and which also renders returns*"
(Sjaastad 1962: 83) und weiter dazu:

> „*In this context it is particularly useful to employ the human capital concept and to
> view migration, training, and experience as investment in the human agent. These
> investments, specific to the individual, are subject to depreciation and deterioration
> both in a physical and an economic sense*" (ebd.: 87).

Offensichtlich nimmt Sjaastad Bezug auf die ökonomische Ebene und berücksichtigt besonders die individuellen Investitionen in Humankapital. Gleichzeitig
ignoriert er aber keinesfalls die Bedeutung von psychischen und nicht-monetären
Faktoren und teilt analog dazu die Migrationskosten ein.

Bei den monetären Kosten ist neben den Migrationsaufwendungen, die entsprechend stark mit der Migrationsdistanz zusammenhängen (vgl. Kalter 1997:
43), auch eine mögliche negative Änderung des Realeinkommens und der
Lebenshaltungskosten zu berücksichtigen. Damit sind „*die unterschiedlichen
Preisniveaus (…), die Verfügbarkeit und Kosten öffentlicher Transportmittel sowie
das Steuerniveau*" gemeint (Sauer 2004: 48). Besonders wichtig scheint der
Faktor der Wahrnehmung des Steuerniveaus für die Hochqualifizierten als hoch-
bezahlte Arbeitnehmer*innen zu sein. „*For any higher earnings at i, he collects a
surplus in the sense that part of his earnings could be taxed away and that taxa-
tion would not cause him to migrate*" (Sjaastad 1962: 85). Als nicht-monetäre
Kosten berücksichtigt Sjaastad die psychischen Kosten, die aus dem Verlassen
der vertrauten Umgebung und aus den Schwierigkeiten durch die Sprachbarriere
oder aus Problemen bei der Anpassung an die neue Gesellschaft entstehen. Es
ist davon auszugehen, dass die monetären Kosten die wichtigsten sind, da sie in
einer Steigerung des Realeinkommens bestehen. Laut dem mikroökonomischen
Humankapitalmodell können sich solche Erträge gegebenenfalls erst nach einer
gewissen Zeit einstellen. Migration bedeutet dann einen erwarteten langfristigen
Einkommensgewinn durch Aufstiegschancen (vgl. Kalter 1993: 44).

In diesem Rahmen lässt sich die Grundidee des Ansatzes durch folgende
Formel (vgl. Spear 1971: 118) ausdrücken:

$$\sum_{j=1}^{N} \frac{(Ydj - Yoj)}{(1 + r)^{j}} - T > 0$$

Um diese Formel zu veranschaulichen:

Ydj, Yoj: sind die Einkünfte am Ziel- bzw. Herkunftsort,
T: steht für Migrationskosten,
N: ist die Anzahl der Jahre, in denen noch Auszahlungen zu erwarten
             sind, und
r: ist ein Diskontierungsparameter.

Laut dieser Formel kann davon ausgegangen werden, dass: *„Je höher die Ein-künfte an einem anderen Ort über den derzeitigen liegen, je mehr Jahre noch im Erwerbsleben verbracht werden und je kleiner die Kosten der Wanderung sind, desto eher wird eine Person wandern"* (Kalter 1993: 44). Darüber hinaus wird deutlich, dass die Migrationsentscheidung von Person zu Person variiert, da mit jeder Person unterschiedliche Einkünfte, Kosten und verschiedene soziale Merkmale einhergehen. Beispielsweise sind Alter und Geschlecht besonders wichtig beim Parameter N. Allerdings sind die psychischen Kosten anhand dieser Formel nur schwer einschätzbar.

Wie an jedem theoretischen Ansatz wurde an Sjaastads Humankapitalansatz ebenso Kritik geübt und wurden dessen Schwächen aufgezeigt. Obwohl Sjaastad die Relevanz nicht-monetärer Faktoren betont, lässt sich dennoch ein Fokus auf das Einkommen feststellen (vgl. Kalter 1993: 44). Zu weiteren Kritikpunkten gehört, dass darin auch sonstige Faktoren zur besseren Erklärung der Beweggründe für die Migrationsentscheidung unberücksichtigt bleiben, wie zum Beispiel ein Informationsmangel und die Risikoaversion gegenüber den Arbeitsmarktbedingungen im Einwanderungsland (vgl. Sauer 2004: 51), die Karriereaussichten mit besserer Entlohnung und hohem sozialen Status und zuletzt die Zufriedenheit mit der aktuellen Arbeitsstelle (vgl. Chies 1994: 31 f.).

Trotz dieser Kritikpunkte scheint Sjaastads Humankapitalansatz für den hier untersuchten Migrationsfall aufgrund der speziellen Merkmale der Hochqualifizierten besonders relevant: Hochqualifizierte sind sehr wahrscheinlich aufgrund ihres hochwertigen kulturellen Kapitals in inkorporierter Form nicht von Risikoaversion und Informationsmangel betroffen (vgl. Sauer 2004: 51). Außerdem spielen die Migrationskosten beim Wanderungsprozess laut des hier beschriebenen Ansatzes eine wichtige Rolle, da jede Migration ein entsprechendes Kapital voraussetzt. Die Hochqualifizierten können aber diese Probleme einfacher lösen, da sie in der Regel – und wenn sie bereits vor der Migration arbeiteten – über ein wesentlich höheres ökonomisches Kapital verfügen, das sie in den Migrationsprozess investieren können (vgl. ebd.).

Auch unter Betrachtung der aktuellen finanziellen Situation in den relevanten Sektoren in Griechenland und in Deutschland (siehe Kapitel 5), scheint der Sjaastad'sche Humankapitalansatz eine ausreichende theoretische Einrahmung bieten zu können. Laut Sjaastad haben die Lohnkürzungen in bestimmten Berufsgruppen besonderes Gewicht, weil sie die betroffenen Arbeitnehmer*innen dazu bewegen, an einen anderen Ort mit höherem Einkommen auszuwandern (vgl. Sjaastad 1962: 87 f.). Ein weiterer Aspekt der untersuchten Migration, der für den Sjaastad'schen Humankapitalansatz relevant ist, ist der Sachverhalt, dass das untersuchte Migrationsgeschehen im Kreis von jungen und produktiven Arbeitnehmer*innen stattfindet. Dies bedeutet, dass sie theoretisch noch viele Jahre erwerbstätig sein können, um problemlos ihre Migrationskosten abzudecken. Dies wird sich vermutlich positiv auf eine Migrationsentscheidung auswirken.

3.5 Ansatz von Todaro und Zusammenhang zwischen Arbeit, Einkommen und Migration

Der hier dargestellte Ansatz von Michael Todaro gehört zwar zu den mikroökonomischen Modellen der Such- und Optimierungsprozesse zur Einkommensmaximierung im Rahmen einer Migrationsentscheidung, er unterscheidet sich jedoch von den anderen Modellen aufgrund seiner Berücksichtigung der Beschäftigungswahrscheinlichkeit im Zielland als gegebener Migrationsfaktor. Laut Douglas Massey et al. (1993) hat Todaro die wichtigsten Elemente für die Erklärung eines Migrationsprozesses miteinander kombiniert: „*The key predictor of international migratory flows is thus an interaction term that cross-multiplies wages and employment probabilities*"(vgl. ebd.: 455). Bei Todaro kommt die Zentralität der Berufswahrscheinlichkeit in der grundlegenden Frage zur Geltung, wie viel Zeit ein*e Migrant*in benötigt, um am Zielort eine Arbeitsstelle zu finden, und dies unabhängig von den Einkommensunterschieden zwischen Herkunfts- und Zielort (vgl. Todaro 1969: 139). Todaros Ansatz wurde zwar für regionale Differenzierungen entwickelt, dieser kann aber ebenso bei interstaatlichen Differenzierungen angewandt werden (vgl. Sauer 2004: 52).

Weil Todaros Ansatz den Faktor der Wahrscheinlichkeit von Arbeitslosigkeit im Zielland in ein Einkommensmaximierungsmodell integriert, ist für ihn die Berücksichtigung des Realeinkommens im Zielland und im Herkunftsland wichtig. Beide Faktoren werden von den potenziellen Migrant*innen für ihre Entscheidung auszuwandern als Schwerpunkte gewichtet. Die Migrationsentscheidung ist demnach von den individuellen Merkmalen, d. h. Qualifikationen,

Bildung und Berufserfahrungen abhängig (vgl. ebd.), weil sie den Vakanzen im Ausland entsprechen sollen.

Dementsprechend geht Todaro (1969) davon aus, dass die potenziellen Migrant*innen auswandern werden, wenn der diskontierte Nettobarwert der Migrationsentscheidung positiv ist. Dabei sind das Realeinkommen an Herkunfts- und Zielort und die Wahrscheinlichkeit einer Beschäftigung am Zielort für die Migrationsentscheidung der potenziellen Migrant*innen wichtig (vgl. ebd.: 142).

Todaros Ansatz wurde von anderen Forschern erweitert. Christopher Pissarides und Jonathan Wadsworth (1989) haben den Aspekt der Arbeitslosigkeit im Herkunftsort, der in Todaros Ansatz außer Acht gelassen wurde, in ihre Studie integriert. Sie gehen davon aus, dass Migration nicht nur von der Beschäftigungsrate am Zielort, sondern auch von der Arbeitslosigkeit im Herkunftsort abhängt. Darüber hinaus stellen sie fest, dass bei einem allgemein hohen Arbeitslosenniveau die Migration abnimmt (vgl. ebd.: 753). Trotzdem setzen sie voraus, dass in Orten mit einer hohen Arbeitslosenquote die Auswanderung von Arbeitslosen wahrscheinlicher ist als die von Erwerbstätigen (vgl. ebd.: 741). Zu den weiteren relevanten Faktoren im Zusammenhang mit Todaros Ansatz gehört laut Massey et al. (1993) das Humankapital. Die Individuen versuchen ihr Humankapital in Form von Alter, Erfahrungen, Bildung, Qualifikationen und Familienstand an den produktivsten Ort, d. h. den Herkunfts- oder den Zielort, entsprechend den Arbeitslosenquote und Einkommensniveaus zu verlegen (vgl. ebd.: 456). Gerade dieser Punkt bietet für die hochqualifizierte Migration einen Erklärungsansatz. Die Hochqualifizierten haben aufgrund der Kosten, die durch die Investitionen in ihre Bildung und Qualifikationsentwicklung entstanden sind, größeren Bedarf an Abschreibung dieses Kapitals. Deswegen scheint die Auswanderung als Lösung für diese Abschreibung bei hochqualifizierten Arbeitslosen sehr wahrscheinlich (vgl. Sauer 2004: 55).

Die Kritik an Todaros Ansatz konzentriert sich auf die fehlende Nennung weiterer Faktoren bei einer Migrationsentscheidung. Wie bereits betont wurde und wie Julie DaVanzo kritisiert, ist die ausschließliche Berücksichtigung der Arbeitslosigkeit im Zielland eine Schwäche dieses Ansatzes (vgl. DaVanzo 1981: 107). Ein weiterer Kritikpunkt ist, wie auch beim Humankapitalansatz nach Sjaastad, die Vernachlässigung der Betrachtung der Risikoeinstellung der jeweiligen Individuen (vgl. Sauer 2004: 55).

Durch die Ausführungen zur Relevanz des Ansatzes von Todaro für die hochqualifizierte Migration gewinnen die Erklärungen zum hier untersuchten Fall weiter an Bedeutung. Dafür bedarf es offensichtlich einer Analyse der aktuellen Situation der Arbeitsmärkte in den relevanten Berufssektoren beider

Länder im Hinblick auf das Einkommensniveau. Aufschlussreich wäre in diesem Zusammenhang auch die Berücksichtigung der Arbeitslosenrate, nicht nur in Deutschland, sondern auch im Herkunftsland, d. h. in Griechenland, in den hier untersuchten Berufssektoren (siehe Kapitel 5).

3.6 John Salts Ansatz und Auslandsaufenthalte als biographische Qualitätsmerkmale von Hochqualifizierten

Im Gegensatz zu den bisher dargestellten Theorien konzentriert sich John Salts Ansatz ausschließlich auf die Migration Hochqualifizierter und ihre Versetzung durch Unternehmen als Folge von deren ökonomischer und räumlicher Expansion (vgl. Salt 1997: 25). Im Ansatz von Salt übernehmen die Unternehmen die Rolle von Staaten bei der Rekrutierung von hochqualifizierten Arbeitskräften (vgl. Salt 1997: 68). Laut Kolb entwickelt Salt seinen Ansatz im Rahmen der Globalisierungsprozesse (vgl. Kolb 2004: 59). Salt geht davon aus, dass diese Migration aufgrund der funktionalen, räumlichen und hierarchischen Unternehmensorganisation stattfindet: *„This has meant an evolution dependent not, as with other forms of migration, on the aspirations of individuals to move, but on the development of the organizational infrastructure under which the moves take place"* (Salt 1992: 1086).

Um diesen Ansatz zu verdeutlichen, sollen die Zielsetzungen der zwei am Migrationsprozess beteiligten Einheiten berücksichtigt werden. Einerseits geht es um die Natur des Unternehmens, d. h. die Erhöhung seines Profits durch die räumliche Entwicklung. Die starke Expansion des Welthandels als Folge der Globalisierung ermöglicht vor allem großen Unternehmen eine Investition in die Peripherie, die von einer Migrationsbewegung hochqualifizierter Fachkräfte begleitet wird (vgl. Pethe 2006: 25). Gleichzeitig ist es für die Glaubwürdigkeit der im Ausland angesiedelten Unternehmensbereiche notwendig, einen Transfer von Know-how und Betriebswissen zu gewährleisten, der entweder durch Datenübermittlung oder durch die Mobilität von Fachkräften erfolgen kann (vgl. ebd.: 34). Somit erscheint die Mobilität der Hochqualifizierten eines Unternehmens im Rahmen seiner Entwicklung und räumlichen Erweiterung plausibel zu sein. Laut Kolb entstehen für das Unternehmen durch diese Entscheidung Vorteile, denn *„das Unternehmen profitiert durch effiziente Wiederbesetzung von länderübergreifend offenen Stellen durch Mobilität innerhalb des eigenen Betriebs"* (Kolb 2004:

78). Es wird also davon ausgegangen, dass die räumliche Expansion eines Unternehmens die Mobilität seiner hochqualifizierten Fachkräfte in Anlehnung an den Marktprozess und die Globalisierungsregeln voraussetzt.

Andererseits geht es um das Individuum, also die hochqualifizierten Arbeitnehmer*innen mit ihrem Bedürfnis nach einem beruflichen Aufstieg. Die Karriere gilt also als biographisches Qualitätsmerkmal. Viele Hochqualifizierte sehen eine Versetzung ins Ausland eher positiv, da ein Auslandsaufenthalt den Lebenslauf aufwertet. Durch eine Versetzung ins Ausland erwirbt ein*e Hochqualifizierte*r die erforderliche Auslandserfahrungen und verstärkt ihr*sein multinationales Profil, was zu besseren Karrierechancen und zu einem Berufsaufstieg führen kann. Darüber hinaus kann die*der ausgewanderte Hochqualifizierte möglicherweise die Lebensqualität verbessern, Qualifikationen weiter ausbauen und eine Berufszufriedenheit sichern (vgl. Salt 1988: 389). Kolb betont, dass Auslandsaufenthalte heutzutage in bestimmten Berufen als obligatorisches Qualifikationsmerkmal gelten:

„Den Beschäftigten offerieren Auslandsaufenthalte die Möglichkeit einer Aufwärtsmobilität auf der Karriereleiter. Für Business Manager von Großkonzernen wird es zunehmend selbstverständlich und für eine angestrebte Aufwärtsmobilität auf der Karriereleiter immer öfter obligatorisch, Jahre im Ausland zu verbringen" (Kolb 2004: 77 f.).

Somit sind Auslandsaufenthalte für Hochqualifizierte als ein Karrieresprung in ihrem Berufsleben und vor allem als Aufstieg in organisatorischen oder professionellen Hierarchien zu betrachten (Salt 1984). Salt definiert *"career path"* als: "(...) *the route taken by the employee through the sequence of jobs (tasks), occupations (collection of tasks), employers and locations"*(Salt 1988: 388). Kolb behauptet, dass die Mobilität zwischen unternehmensinternen Arbeitsmärkten als Migration innerhalb der Karriere bezeichnet werden kann (vgl. Kolb 2004: 75).

Durch eine Mobilität des Personals entsteht eine Win-win-Situation, da die Unternehmen von der Vermittlung des Personals ins Ausland zeitlich und finanziell profitieren und den Arbeitnehmer*innen gleichzeitig neue Karrierechancen eröffnet werden. Ein weiterer Vorteil des unternehmensinternen Arbeitsmarktes ist, dass der Integrationsprozess der Migrant*innen in ihrem neuen Umfeld deutlich schneller voranschreitet, weil der*die Arbeitnehmer*in mit der Philosophie des Unternehmens vertraut ist und dem Unternehmen das Profil des*der Arbeitnehmers*in bekannt ist. Darüber hinaus werden über diesen Migrationskanal Probleme der Qualifikations- und Abschlussanerkennungen der eingestellten Arbeitnehmer*innen beseitigt (vgl. ebd.: 69).

Dieser Aspekt des Migrationsprozesses wird anhand des Ansatzes von Salt ausführlicher erklärt. Die folgende Abbildung (Abbildung 3.1) stellt die Migration im unternehmensinternen Arbeitsmarkt dar.

Der Abbildung zufolge befindet sich die Hauptverwaltung, gewissermaßen der geografische Mittelpunkt der Operationen, im Zentrum des Migrationsprozesses. Im Gegensatz dazu liegen die Randoperationen in der Peripherie. Je nach den Entscheidungen der Hauptverwaltung verläuft eine Arbeitsmigration auf unterschiedliche Art und Weise. Eine Migrationsart geht mit einem vertikalen Aufstieg einher. Eine weitere Migrationsart ist die horizontale Bewegung, bei der zwar ein neuer Posten eingenommen wird, aber auf derselben Ebene der Hierarchie. Außerdem gibt es die funktionale sowie die geografische Bewegung oder eine Kombination aus beiden Arten (vgl. Salt 1988: 389). Die geografische Versetzung orientiert sich sehr oft an der Unternehmenshierarchie, da die Unternehmenszentren sich in wenigen Städten konzentrieren, während sich die Unternehmensabteilungen in der Peripherie befinden, wohin die Arbeitnehmer*innen auswandern (vgl. Pethe 2006: 33). Dennoch spiegelt die Organisation eines transnationalen Unternehmens nicht immer seine Arbeitsverteilung wider, da global gesehen ein komplexes Migrationsmuster besteht (vgl. Salt 1988: 387). Dennoch werden Hochqualifizierte versetzt, um neu entstandene Vakanzen in den Unternehmensabteilungen der Peripherie zu füllen, wobei nicht nur eine Segmentierung innerhalb des transnationalen Unternehmens stattfindet, sondern auch ein Wissenstransfer (vgl. Pethe 2006: 46). Darüber hinaus kann die internationale Unternehmenspersonalverteilung sowohl die Unternehmenshierarchie als auch die Unternehmensstrategie widerspiegeln. Damit ist zum einen die *horizontale Expansion* (Produktaustausch mit anderen Unternehmen) gemeint, die eine anschließende Versetzung hochqualifizierter Arbeitskräfte bei den Kooperationspartnern auslöst, und zum anderen die *vertikale Integration* (innerbetriebliche Anfertigung aller Teilprodukte), die eine Verteilung von Personal in eigenen Unternehmensbereichen verursacht, (vgl. ebd.: 35 f.). Die Hauptverwaltung internationaler Unternehmen folgt einer bestimmten Karriereplanung, die dem globalen Personalbedarf der Unternehmensteile entspricht.[4]

---

[4] Dazu: „*Central monitoring is found in another large European based multinational which has an international personnel division acting as a ‚think tank', and concerning itself with job evaluation, pay police, expatriate policy, and providing an overall view of the personnel scene. National managements in the group apply proposals from the international division, for example, the development of mobility policies appropriate to local conditions, in their own local situations and feed information and experience back to it. Career review from the center is taken further by an American manufacturing and service multinational which operates a computerized career development plan with its U.K. operations*" (Salt 1983: 647).

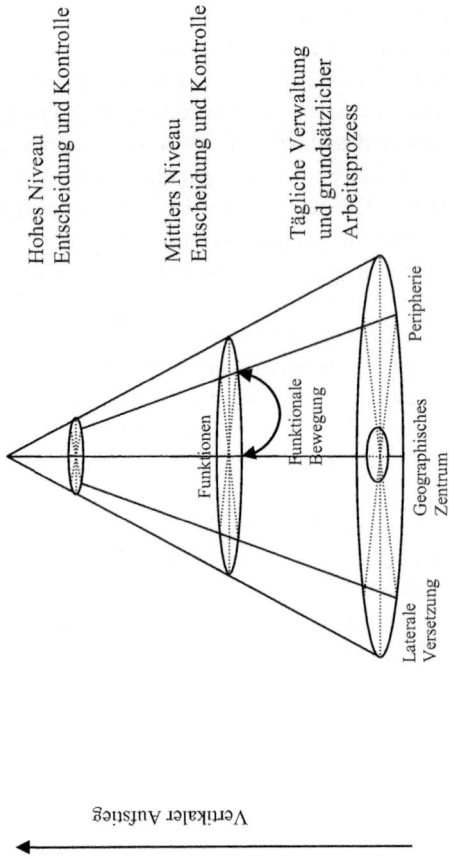

Abbildung 3.1 Die Migration im unternehmensinternen Arbeitsmarkt. (Quelle: Eigene Darstellung nach Salt (1988): 390)

Neben den internationalen Unternehmen und den nationalen Unternehmen mit internationalem Profil werden auch die Personalagenturen als Migrationskanäle betrachtet (vgl. Wolter/Straubhaaar 1997: 7) und als *dritter Hauptkanal* der internationalen Hochqualifiziertenmigration bezeichnet (vgl. Kolb 2004: 79). Salt hat die Rolle der internationalen Personalvermittler hervorgehoben, allerdings als *„Randerscheinungen"* des internen Arbeitsmarkts (Pethe 2006: 51). In Salts Studien dienen die internationalen Personalagenturen zur Erleichterung und Vereinfachung des Migrationsprozesses, wie zum Beispiel bei der Auswahl und Anwerbung von Fachkräften und bei der Unterstützung in administrativen (Bewerbungen) und privaten Angelegenheiten (Wohnungssuche). Somit kann die Rolle der Personalagenturen als ausschlaggebende Hilfe bei der Entscheidung betrachtet werden, aber nicht als ursächlich für den Migrationsentschluss (vgl. Kolb 2004: 79). Sie spezialisieren sich auf die Anwerbung konkreter Hochqualifizierter in konkreten Orten, wie Salt feststellt:

„Most recruitment agencies (...) are very specialized and meet particular types of labour requirements, and as seen earlier they tend to be highly selective in the geographical areas dealt with. They are essentially brokers, linking specific employers and types of employee and also particular origin and destination pairings" (Salt 1988: 390).

Darüber hinaus geht es um die Rekrutierung hochspezialisierter Fachkräfte aus externen Arbeitsmärkten, die unabhängig vom Arbeitsmarktbedarf nur in speziellen Branchen und Unternehmen eingestellt werden können (vgl. Pethe 2006: 73). Laut Pethe übernehmen diese Rolle neben den internationalen Personalagenturen auch: Hochschulkontakte durch Praktika und Abschlussarbeiten, Hochschulkontakte zu Professoren und Studentengruppen, Fort- und Weiterbildungsmaßnahmen, Geschäftskontakte, Mitarbeiterwerbung, Parteien und Wirtschaftsorganisationen, Fachmessen, *career offices*, Zeitungen und das Internet (vgl. ebd.). Außer klaren Differenzierungen zwischen internen und externen Migrationskanälen lassen sich weitere Unterschiede in den Migrationsmotiven feststellen. Bei den unternehmensinternen Migrationskanälen geht es vor allem um den Karrierefortschritt und um die Einkommensmaximierung. Bei den externen Migrationskanälen sind die Migrationsmotive als Reiselust, politischer Veränderungswille, Interesse an Auslandserfahrungen und latente Bedrohung durch Arbeitslosigkeit zusammenzufassen (vgl. ebd.: 59).

Salts Ansatz zur unternehmensinternen Migration weist einige Schwächen auf, für die er kritisiert wird. Es wird ihm vorgeworfen, er habe sich auf eine bestimmte Organisationsform von Unternehmensmodellen konzentriert, nämlich auf fordistische Unternehmen, ohne anderen Unternehmensmodellen nachzugehen (vgl. ebd.: 36). Wie bereits erwähnt wurde, zählt zu den Schwächen seines Ansatzes darüber hinaus auch die mangelnde Berücksichtigung unternehmensexterner Migrationskanäle.

Im Rahmen der vorliegenden Arbeit erscheint Salts Ansatz zur Erklärung der Migrationsströme im ITK-Sektor geeignet zu sein. Der Ansatz fand mehrmals im Zusammenhang mit dem Migrationsgeschehen in hochtechnologischen Berufen Anwendung. Wie Straubhaar betont, wird die hochqualifizierte Migration besonders in Europa durch die Technologieentwicklung in der Computer- und der Telekommunikationsbranche beeinflusst (vgl. Straubhaar/Wolter 1997: 8). Bei griechischen ausgewanderten IT-Expert*innen kann es sich sowohl um das Ergebnis eines unternehmensinternen Migrationsprozesses handeln als auch ein unternehmensexterner Migrationsprozess sein, da die Migration an diesem Fall eher die Richtung von Peripherie ins Zentrum verfolgt. Darüber hinaus ist die Anwendung dieses Ansatzes in dem untersuchten Fall aus zwei weiteren Gründen sinnvoll. Zum einen finden solche Migrationsprozesse öfter innerhalb von OECD-Ländern, wie Deutschland und Griechenland, statt (vgl. Sauer 2004: 70). Zum anderen bezieht sich Salts Ansatz auf hochqualifizierte Arbeitskräfte.

3.7   Kettenmigration

Im Rahmen der Kettenmigration wird davon ausgegangen, dass Migration in einem spezifischen geografischen Gebiet (von einem Ort zu einem anderen) eine Kontinuität nachweist (vgl. Düvell 2006: 108). Dabei spielen für diese Kontinuität die „*Pioniermigrant*innen*" – oft Familienangehörige oder Bekannte – im Zielland „*aus dem Primärgruppenkreis im Herkunftsland*" eine zentrale Rolle (Han 2010: 12). Da die Kettenmigration die aktive Rolle der einzelnen Individuen im Migrationsprozess hervorhebt, ähnelt sie zwar dem Push-Pull-Modell, sie unterscheidet sich jedoch von ihm insofern, als in der Kettenmigration Pioniermigrant*innen den Migrationsstrom verursachen, während beim Push-Pull-Modell die Migration mit Hinblick auf eine rationale, individuelle Entscheidung erklärt wird (vgl. ebd.: 16).

Der Begriff Kettenmigration wird in der Migrationstypologie sowie der Migrationstheorie verwendet (vgl. Düvell 2006: 107) und wurde erstmals von John MacDonald und Leatrice MacDonald (1964) folgendermaßen definiert: „*Chain migration can be defined as that movement in which prospective migrants learn of opportunities, are provided with transportation, and have initial accommodation and employment arranged by means of primary social relationships with previous migrants"* (MacDonald/MacDonald 1964: 82).

Andere Migrationsforscher*innen definieren den Prozess der Kettenmigration mit der Erforschung des Phänomens unter Berücksichtigung familiärer Fälle: *„Kettenmigration wird dadurch definiert, dass die Migration einzelner Akteure die Migration von weiteren, mit diesem Akteur über direkte Verwandtschafts- oder Bekanntschaftsbeziehungen in Verbindung stehende Akteure nach sich zieht"* (Haug 2000: 163) oder: *„die Wanderung von Freunden und Verwandten […], wo zwar einer nach dem anderen migriert, insgesamt aber nur eine überschaubare Gruppe, und nicht etwa ein ganzes Dorf oder eine ganze ethische Gruppe"* (Düvell 2006: 108). Anscheinend steht aufgrund des unterschiedlichen Untersuchungsfokus mit Blick auf das Phänomen noch keine einheitliche Definition für das Phänomen der Kettenmigration zur Verfügung.

Kettenmigration basiert auf sozialen Bindungen zwischen potenziellen Migrant*innen im Herkunftsland und schon abgewanderten Migrant*innen. Oft handelt es sich um Verwandte, manchmal aber auch einfach um Landsleute. Unter sozialen Bindungen werden persönliche Kontakte, Kommunikation und Dienstleistungen durch Familie, Freunde und Bekannte in den Herkunfts- und Zielländern verstanden. Diese sind entscheidend für die Wahl der Destination potenzieller Migrant*innen (vgl. Haug 2000: 16). Die Informationen und die Unterstützungsleistungen der Pioniermigrant*innen nutzen die Ehepartner, Kinder und andere Verwandte oder Bekannte im Herkunftsland, die ins selbe Zielland wie die Pioniermigrant*innen auswandern wollen. Somit spielen die Pioniermigrant*innen bei der Kettenmigration eine besondere Rolle: Sie sind sogenannte *Bridgeheads* oder *Gatekeeper* in Aktion und fördern durch ihre Informationen und Berichte die Migration aus dem Herkunftsland (vgl. Haug 2000: 15 f.). Die Pioniermigrant*innen ziehen einige Vorteile aus einer Fortsetzung der Migrationsströme. Durch die Ankunft von Bekannten oder Verwandten werden ihre Einsamkeit und ihr Heimweh gemindert und ihre sozialen Bindungen und Beziehungen mit dem Herkunftsland verstärkt (vgl. Han 2010: 14). Demzufolge bedeutet Kettenmigration für die ersten Migrant*innen eine Verstärkung ihrer ethnischen Gemeinschaften im Zielland und für die potenziellen Migrant*innen eine vorbereitete und risikofreie Migration (vgl. ebd.). Das Konzept der Kettenmigration liefert somit einen Erklärungsansatz zur Entstehung von ethnischen Kolonien in Zielländern bzw. in bestimmten Gebieten der Zielländer der Migrant*innen (vgl. Haug 2000: 17).

Zur Untersuchung der Kettenmigration wurden in der Migrationsforschung verschiedene Methoden angewandt. Retrospektive Interviews und Panelbefragungen scheinen am geeignetsten zur Untersuchung dieses Phänomens zu sein, wenn der relevante Forschungsstand betrachtet wird. Der Grund liegt darin, dass die Kettenmigration auf der Mikroebene zu untersuchen ist, um die Kettenmigrationseffekte zu verorten (vgl. ebd.: 163). Anhand der Befragungen lässt sich nachweisen, ob der*die Migrant*in als Migrationsgründe die Existenzsicherung, den Familiennachzug oder die Lebensqualitätsverbesserung benennt. Alle diese Angaben können als Indikatoren für Kettenmigrationseffekte betrachtet werden (vgl. ebd.). Im Gegensatz dazu sind Einschätzungen zum quantitativen Ausmaß von Kettenwanderungseffekten in der Migrationsforschung sehr selten anzutreffen (vgl. ebd.: 164).

Eine Schwerpunktsetzung in Studien zur Kettenmigration von hochqualifizierten Migrant*innen ist nicht auszumachen. Bei der hier untersuchten hochqualifizierten Migration von Griechenland nach Deutschland wird dieser Aspekt wahrgenommen und es wird überprüft, ob es sich dabei um eine Kettenmigration handelt. Die langjährige Präsenz von Griech*innen in Deutschland (siehe Abschnitt 1.3) lässt erwarten, dass sie eine besondere Rolle bei diesem Migrationsgeschehen spielt. Im Rahmen der Betrachtung der Kettenmigration ist ebenfalls zu untersuchen, ob die in Deutschland einer Beschäftigung nachgehenden Hochqualifizierten aus Griechenland in den hier untersuchten Berufssektoren die Rolle von Unterstützungsleister*innen für die neu angekommenen bzw. neu kommenden Migrant*innen aus Griechenland übernehmen und inwiefern sie zu einer Kettenmigration in bestimmten Berufen beitragen, um auch die These von MacDonald und MacDonald (1964) zu beleuchten, wonach Kettenmigration nicht nur zu der Entstehung von ethnischen Gemeinschaften beitragen kann, sondern auch zur Entstehung von „chain occupations"[5] (vgl. ebd.: 90).

3.8   Soziales Kapital

In diesem Kapitel wird der Begriff des sozialen Kapitals dargestellt und werden die verschiedenen Ansätze, die sich mit ihm auseinandergesetzt haben, aufgeführt. Zudem wird sein Zusammenhang mit dem Migrationsphänomen veranschaulicht und seine Relation zum hier untersuchten Fall aufgezeigt.

---

[5] Als „chain occupations" verstehen MacDonald und MacDonald (1964) am Beispiel des amerikanischen Arbeitsmarkts gesehen: *"particular niches in the American employment structure to which successive immigrants directed their fellows on the basis of their own experience"* (ebd.). Dies könnte eine Erklärung für die gehäuft auftretende Beschäftigung von Migrant*innen aus demselben Herkunftsland in bestimmten Berufsgruppen in einem anderen Land sein.

Die Theorien zum sozialen Kapital haben durch Pierre Bourdieu an Aufmerksamkeit gewonnen. Nichtsdestotrotz lässt sich aus den Werken von Bourdieu
keine Definition für soziales Kapital erschließen, da er sich auf den Besitz von
Kapitalien fokussierte (vgl. Haug 2000: 96). Laut Bourdieu ist Sozialkapital:

> „(...) *die Gesamtheit der aktuellen und potenziellen Ressourcen, die mit dem Besitz
> eines dauerhaften Netzes von mehr oder weniger institutionalisierten Beziehungen
> gegenseitigen Kennens oder Anerkennens verbunden sind; oder, anders ausgedrückt,
> es handelt sich dabei um Ressourcen, die auf der Zugehörigkeit zu einer Gruppe
> beruhen*"(Bourdieu (2012[1983]): 238).

Die zentrale Rolle der sozialen Beziehungen im Ansatz des Bourdieu'schen
Sozialkapitals manifestiert sich dadurch, dass sie zum positiven Ertrag mate-
rieller und immaterieller Profite beitragen und damit zu Kapital werden. Der
Umfang des Sozialkapitals entspricht der Ausdehnung des relevanten Netzes
und Sozialkapitalbeziehungen existieren nur durch materielle und symbolische
Tauschbeziehungen (vgl. Haug 2000: 64). Die Erträge sind auf die sozialen Beziehungen der Individuen zurückzuführen und sie werden bei der Verwertung des
ökonomischen und kulturellen Kapitals eingesetzt (vgl. ebd.: 96). Die Umwandlung der Kapitalien von ökonomischen in kulturelle oder in soziale setzt eine
Investition voraus (siehe auch Abschnitt 3.12) und im Hinblick auf das Sozialkapital bezieht sich die Investition auf Austauschbeziehungen. Diese Investition
impliziert vor allem Arbeit, die Zeit und Geld (ökonomisches Kapital) kostet.
Für die Reproduktion des Sozialkapitals ist Beziehungsarbeit sinnvoll (vgl. Bourdieu 2012 [1983]: 238). Zum Verständnis des Sozialkapitals ist es wichtig, dieses
als Ressource zu berücksichtigen, da das soziale Kapital nur potenziell existieren kann. Diese Potenzialität hängt mit zwei Aspekten zusammen: Zum einen ist
das Sozialkapital keine persönliche, private Ressource, sondern ein Kapital, dessen Nutzen von anderen Personen und familiären und klassenbedingten sozialen
Netzwerken abhängt. Zum anderen gibt es keine Sicherheit, dass Sozialkapital
Profit abwirft (vgl. ebd.: 96).

   Im Gegensatz zu Bourdieu hat Robert Putnam sich auf das Vertrauen innerhalb einer Gesellschaft und auf das kollektive Handeln konzentriert. Für Putnam
lässt sich das soziale Kapital folgendermaßen definieren: „*By social capital I mean
features of social life – networks, norms, and trust – that enable participants to act
together more effectively to pursue shared objectives (...) Social capital, in short,
refers to social connections and the attendant norms and trust*" (Putnam 1995:
664 f.). Laut Putnam stellt Vertrauen nicht nur Sozialkapital dar, sondern trägt

auch effektiv und auf einzigartige Weise zur Lösung von Problemen im kollektiven Handeln bei. Das Vertrauen entsteht aus den Normen der Gegenseitigkeit und aus Netzwerken zivilen Engagements, weswegen freiwillige Kooperationen ein hohes soziales Kapital erlangen (vgl. Haug 2000: 65).

Alejandro Portes (1995) versteht unter dem Konzept des Sozialkapitals eine Abkürzung für die positiven ökonomischen Effekte, die sich aus sozialen Strukturen ergeben (vgl. Portes 1995: 14). Portes' soziales Kapital bezieht sich auf die Kapazität der Individuen, Ressourcen durch die Zugehörigkeit zu einem Netzwerk oder zu einer sozialen Struktur zu finden. Mit solchen Ressourcen sind entweder ökonomische Vorteile oder Informationsvorteile gemeint. Die Ressourcen selbst bilden nicht das soziale Kapital, jedoch nimmt Portes' Konzept Bezug auf die Fähigkeit der Individuen diese zu mobilisieren. Aufgrund dessen ist der Besitz von Sozialkapital nicht nur vom Individuum abhängig, sondern auch von den sozialen Beziehungen des Individuums zu anderen (vgl. ebd.: 12 f.).

Um mit dem Begriff Sozialkapital abzuschließen, soll hier noch Thomas Faist erwähnt werden, der das Hauptaugenmerk auf die sozialen Netzwerke legt, welche die unterschiedlichen Formen von Sozialkapital einordnen und zur Ansammlung und Nutzung von sozialem Kapital dienen. Er definierte Sozialkapital als: „ *the capacity to use social ties (weak and strong) to obtain scarce resources such as money, information, etc.* " (Faist 1995: 26).

Soziales Kapital wurde in der bisherigen Forschung auf unterschiedliche Arten verstanden und sowohl als unabhängige als auch als abhängige Variable verwendet. Als abhängige Variable in Fällen, in denen kulturelle Traditionen in der Regierungsführung und typische Kennzeichen der Moderne das Ausmaß des sozialen Kapitals einer Gesellschaft beeinflussen (Putnam 1995), oder in denen soziale Netzwerke, die Zugriff auf Zeit und Geld (Boisjoly et al. 1995) oder Unterstützungsleistungen (Bruckner et al. 1993) ermöglichen, als soziales Kapital betrachtet werden. Soziales Kapital wurde ebenso als unabhängige Variable eingesetzt. Klassische Beispiele der Behandlung von sozialem Kapital als unabhängige Variable sind die Studien von Bourdieu (2012[1983]) und Loury (1977), in denen der Effekt von Sozialkapital auf den Besitz von Humankapital zurückgeführt wird. Sozialkapital wurde ebenso in Studien zu Stellensuchen verwendet (Granovetter 1974). Des Weiteren wurde das Konzept in die Migrationsforschung integriert, etwa bei Integrationsstudien (Nauck/Kuhlmann 1998; Pusch 2010; Thomsen 2010) sowie in Bezug auf Erklärungen zu Migrationsentscheidungen (Faist 1995; Portes 1995; Meeteren van et al. 2009) herangezogen. Der Zusammenhang zwischen der Migrationsentscheidung und dem sozialen Kapital steht im Fokus der vorliegenden Arbeit. Dieser soll im Folgenden ausführlich dargestellt werden.

Die zwischen Landsleuten im Herkunftsort und im Ausland bestehenden
Migrationsnetzwerke werden für besonders wichtig gehalten.

> *„Persönliche Kontakte zu Freunden, Verwandten und Landsleuten helfen den Migran-*
> *ten, Arbeitsplätze und Wohnungen zu finden und geben finanzielle Unterstützungen.*
> *Insofern werden die Kosten der Migration reduziert und der Mangel an ökonomischen*
> *Ressourcen wird durch vielfältige nützliche soziale Beziehungen ausgeglichen (...) Das*
> *Konzept des sozialen Kapitals findet Anwendung im Rahmen einer ökonomisch ausge-*
> *richteten Migrationssoziologie, die den Aspekt des Eingebettetseins in soziale Netze*
> *besonders berücksichtigt."* (Haug 2000: 40).

Da die Pioniermigrant*innen einen wichtigen Anreiz für potenzielle
Migrant*innen im Rahmen der Kettenmigration geben und sie in der Lage
sind, neue Migrant*innen anzuziehen, ist das Konzept des sozialen Kapitals im
Rahmen der Migrationsforschung sehr eng mit der Kettenmigration verknüpft.
Das zielortspezifische soziale Kapital aufseiten der schon Ausgewanderten wirkt
durch die Bereitstellung von Informationen und Unterstützungsleistungen positiv
auf die Migrationsentscheidung potenzieller Migrant*innen im Herkunftsland.
Im Zeitverlauf akkumuliert sich das zielortspezifische Kapital durch die Pioniermigrant*innen am Zielort und es wird sehr attraktiv für die potenziellen
Migrant*innen des Herkunftslands (vgl. ebd.: 292). Dazu ist zu berücksichtigen,
was bereits im Zusammenhang mit dem Erwerb des sozialen Kapitals betont
wurde, dass es nur potenziell existiert und dass es von der Motivation und der
Kapazität des Individuums abhängt, inwiefern es seine sozialen Ressourcen bei
seinen Landsleuten im Ausland mobilisiert. Dies erfolgt durch seine Einbettung
in Netzwerke. Einen besonders großen Einfluss auf die Migrationsentscheidung
haben diese Netzwerke, wenn es sich um Verwandtschaftsnetzwerke handelt.
Aufgrund häufiger Kontakte, emotionaler Nähe sowie eines geringen Legitima-
tionsbedarfs werden die relevanten Transaktionskosten reduziert und wird somit
das soziale Kapital erhöht (vgl. ebd.: 105).

Die vorliegende Arbeit bezieht sich nicht nur auf die Migration, sondern
auch auf die Stellensuche der Migrant*innen auf dem Arbeitsmarkt. Arbeitsmarkt
und Stellensuche können mit der Migrationsentscheidung verkoppelt werden, da
soziale Kontakte oftmals eine Stellensuche erleichtern: *„Nicht nur in der Entschei-*
dung zu migrieren, sondern auch in der Wanderungsbewegung und in der Phase
des Ankommens im Ankunftsland kann soziales Kapital ein wichtiger Stützpfeiler
sein (z. B. bei der Wohnungssuche und bei der Arbeitsplatzvermittlung)" (Klein
2010: 274). Eine wichtige Voraussetzung für den Erwerb von sozialem Kapital
ist die Aufrechterhaltung einer Position der Individuen in bestimmten sozialen
Netzwerken. Besonders Granovetter (1974) sieht einen großen Wert in diesen

Netzwerken und Kontakten. „*(P)personal contacts are of paramount importance in connecting people with jobs. Better jobs are found through contacts, and the best jobs, the ones with the highest pay and prestige and affording the greatest satisfaction to those in them, are most apt to be filled in this way.*" (ebd.: 22). Granovetter betont, dass diese sozialen Kontakte am wichtigsten sind, wenn sie arbeitsmarktbezogen (*weak ties*) und nicht verwandtenbezogen (*strong ties*)[6] sind. Wie Haug erklärt, sind die nicht primär arbeitsmarktbezogenen sozialen Interaktionen und ihre sozialen Ressourcen zwar für die Mobilitätsprozesse relevant, aber für die Berufssuche sowie für die Karriere werden schwache Beziehungen als fruchtbarer betrachtet (vgl. ebd.: 85). Laut Thomsen lassen sich die beruflichen Kontakte mit arbeitsmarktrelevantem sozialen Kapital und mit einer hohen Rendite in drei Gruppen zusammenfassen: 1) Kontakte mit (unspezifischem) Berufsbezug, 2) am Arbeitsplatz auf- und ausgebaute Kontakte und 3) Kontakte zum Herkunftsland- und zu berufsbezogenen Organisationen (Thomsen 2010). Damit ist aber nicht gemeint, dass die Rolle von Pioniermigrant*innen und Verwandten am Zielort zu unterschätzen ist. Der Kontakt zu ihnen kann entweder ein arbeitsmarktrelevantes soziales Kapital mit beschränkter Rendite mit sich bringen oder eine indirekte Arbeitsmarktrelevanz beim Auf- und Ausbau von Ressourcen haben. Zudem kann er zu Unterstützungsleistungen zum Leben und Wohnen führen (vgl. ebd.: 261).

In der vorliegenden Arbeit wird das soziale Kapital aus Mikroperspektive als eine individuelle Ressource betrachtet, welche durch persönliche Beziehungen innerhalb von sozialen Netzwerken entsteht. Diese persönlichen Beziehungen können die Form ethnischer, familiärer oder arbeitsbezogener Netzwerke annehmen. Es ist somit davon auszugehen, dass die griechische Diaspora in Deutschland die erforderlichen Ressourcen (Informationen zum Leben und zur Arbeit, mögliche Vakanzen) bieten kann. Mit der Mobilisierung von Netzwerken und Ressourcen seitens der Individuen kann soziales Kapital produziert werden. Im hier untersuchten Fall – so wird vorläufig angenommen – spielt soziales Kapital während der Berufssuche, des Migrationsprozesses bzw. der Migrationsentscheidung oder auch während der Entscheidung für die Stasis in Griechenland eine relevante und damit entscheidende Rolle.

---

[6] Unter *strong ties* sind Kontakte mit Verwandten oder engen Freund*innen zu verstehen (Granovetter 1974).

3.9 Soziale Netzwerke bei der hochqualifizierten Migration und ihre Effekte

Migrationsnetzwerke entspringen den Kontakten der Emigrant*innen untereinander sowie der Rückkehr*innen aus dem Zielland, die aus derselben Herkunftsregion stammen oder eine ähnliche berufliche Orientierung haben. Die Migrationsnetzwerke tragen zur Zunahme der Wanderungsbewegungen bei (vgl. Sauer 2004: 70). Massey et al. (1993) definieren Migrationsnetzwerke als: „*…sets of interpersonal ties that connect migrants, former migrants, and non-migrants in origin and destination areas through ties of kinship, friendship, and shared community origin*" (ebd.: 448).

Des Weiteren geht Nancy Chau (1997) im Rahmen der Berufssuche, der Informationen zum Arbeitsmarkt und zu den Qualifikationsvoraussetzungen davon aus, dass die sozialen Netzwerke zur Verringerung der Migrationskosten und zum Erwerb potenzieller Profite beitragen (vgl. ebd.: 50). Migrationsnetzwerke spielen auch eine Rolle bei der Informationsbeschaffung bezüglich Visaregelungen und Reisewegen (vgl. Sauer 2004: 71) oder der Anpassung an die neue Umgebung (vgl. Heitmüller 2003: 2). Zudem wird behauptet, dass, je umfangreicher die Netzwerke im Zielland und je mehr Menschen in der ersten Periode dorthin ausgewandert sind, desto geringere Migrationskosten entstehen für die Migrant*innen der folgenden Perioden (vgl. Sauer 2004: 71).

Es lässt sich sagen, dass soziale Kontakte das Bindeglied zwischen Sozialkapital, Migrationsketten und sozialen Netzwerken sind. Jedoch unterscheiden sie sich darin, dass Sozialkapital aus einer geringen Anzahl von Kontakten besteht, während Migrationsnetzwerke wesentlich umfangreicher sind. Im Gegensatz dazu sind Migrationsketten ausgedehnter als soziales Kapital; sie basieren auf stärkeren Bindungen im Vergleich zu Migrationsnetzwerken (vgl. Düvell 2006: 108). Außerdem spielen die ersten Generationen der Migrant*innen in den Migrationsnetzwerken, wie auch bei der Kettenmigration, eine besondere Rolle. Der Unterschied zwischen diesen beiden Phänomenen liegt darin, dass die Migrationsnetzwerke die Determinanten einer Migration sind, während die Kettenmigration eine Form der Wanderung darstellt (vgl. Düvell 2006: 107). Darüber hinaus entsteht durch die Migrationsnetzwerke eine Selektionsfunktion, die die früheren Migrant*innen ausüben. Diese stellen ihre Informationen auch ihren direkten oder indirekten Bekannten zur Verfügung (vgl. Sauer 2004: 71). Die Pioniermigrant*innen sind in beiden Fällen durch neue Zuwanderer*innen begünstigt. Einerseits fühlen sie sich nicht so isoliert im fremden Land und gestalten neue Subkulturen und Infrastrukturen (*community effect*), andererseits kümmern sie sich um den Wohlstand ihrer Familienangehörigen und ihrer Freunde (*family* *effect*) (vgl. Heitmüller 2003: 2). Die Effekte der Migrationsnetzwerke wirken sich infolgedessen auf jede Migrationsgeneration aus.

Die bisherige Migrationsforschung hat zu mehreren Annahmen bezüglich der Wirkung der sozialen Netzwerke auf die Migrationsentscheidung geführt. Diese lassen sich laut Ritchey (1976) und Hugo (1981) in fünf Hypothesen zusammenfassen. Die *„Affinitätshypothese"* besagt, dass die Existenz von Verwandten und Freunden im Herkunftsort die Tendenz zur Migration mindert. Gemäß dieser Hypothese sind nichtökonomische Faktoren wie tiefe Verwurzelung im Herkunftsort, enge lokale Verwandtschaftsbeziehungen sowie erwartete Schwierigkeiten bei der Assimilation in einer neuen Gesellschaft zu berücksichtigen. Laut der *„Informationshypothese"* fördert der Aufenthalt von Verwandten und Familienangehörigen an anderen Orten einerseits die Tendenz zur Auswanderung. Andererseits richtet er die Migration aufgrund der bekannten Lebensbedingungen auf diese Orte. Die *„Erleichterungshypothese"* behauptet, dass Familienangehörige und Freunde die Migration zu ihren Aufenthaltsorten durch vielfältige Hilfen fördern. Hugo fügte noch zwei Hypothesen hinzu. Nach seiner *„Konflikthypothese"* kann eine Migration wegen intrafamiliärer Konflikte und Zerwürfnisse auch innerhalb einer Gesellschaft stattfinden. Die *„Ermutigungshypothese"* besagt zu guter Letzt, dass Migrant*innen aufgrund der Ermutigung zur Auswanderung durch Familienmitglieder abwandern. Ein Grund dafür kann die Sicherung des Familieneinkommens sein (vgl. Haug 2000: 123). Infolgedessen wird davon ausgegangen, dass die sozialen Netzwerke am Herkunftsort sowohl einen migrationsbegünstigenden als auch einen migrationshemmenden Einfluss haben können.

Zusammenfassend gesagt ist der Beitrag der sozialen Netzwerke zur Migrationsentscheidung und generell zum Prozess der Migration sehr bedeutsam. Die vorliegende Arbeit bedient sich bezüglich der Erklärung des Migrationsprozesses und der Migrationsentscheidung wichtiger Aspekte des Ansatzes zu sozialen Netzwerken und ihren Effekten. Einerseits ist zu erwarten, dass besonders die *„Affinitätshypothese"* (Ritchey 1976; Hugo 1981) in dem hier untersuchten Fall zur Erklärung der Hemmfaktoren für potenzielle Migrant*innen in Griechenland dienen wird, da die Bindung zur Institution Familie und die Verwurzelung in den Herkunftsort besonders wichtig für diesen Punkt der Arbeit sein können. Andererseits sind die relevanten Migrant*innen-Netzwerke als wichtig für die Realisierung der Migration anzusehen. Darüber hinaus scheint der Aspekt der sozialen Netzwerke und ihrer Effekte im Zusammenhang mit der hochqualifizierten Migration aus zwei Gründen besonders interessant zu sein: Erstens wurde behauptet, dass die Hochqualifizierten im Vergleich zu den Niedrigqualifizierten öfter aufgrund beruflicher und weniger aufgrund familiärer Netzwerke migrieren

(Vertovec 2002). Zweitens haben das Phänomen der hochqualifizierten Migration und die Effekte der Migrationsnetzwerke eine gemeinsame Eigenschaft, nämlich die Selektion. Im Hinblick auf die hochqualifizierte Migration wurde betont, dass es bei diesem Phänomen um einen Selektionsprozess des Ziellandes geht. Allerdings geht es ebenfalls um eine Auswahlfunktion seitens der früheren Migrant*innen im Rahmen der Auswirkungen, die sich durch die Migrationsnetzwerke ergeben, da sie über ihre Informationsbereitstellung die qualitativen und räumlichen Merkmale der nachfolgenden Auswander*innen bestimmen (vgl. Sauer 2004: 72). Im Hinblick auf das untersuchte Phänomen ist zu erwarten, dass die Netzwerkeffekte der (Trans-)Migrant*innen auch ihre zukünftigen Pläne nach der Migration beeinflussen werden, da sie entsprechend des Transnationalismus ihre Netzwerke auch weiterhin „*grenzüberschreitend*" gestalten (Warrach 2020: 19).

3.10 Ansätze zum politischen Faktor bei der hochqualifizierten Migration

Dass die internationale Migration ein Phänomen ist, das von den sozioökonomischen Umständen direkt beeinflusst wird, kann als unumstritten angesehen werden. Dies demonstrieren auch die oben dargestellten Theorien. Wer ist aber verantwortlich für die existierenden dominanten sozioökonomischen Umstände? Hier ist besonders die politische Ebene ins Auge zu fassen, da die internationale Migration innerhalb eines Nationalstaatensystems strukturiert, und somit von Natur aus eher politisch ist (vgl. Castles/Miller 2009: 295). Der Nationalstaat als die dominante Institution innerhalb eines bestimmten Gebiets kann über die Einreise von Individuen ohne die lokale Staatsbürgerschaft bestimmen bzw. sie erlauben. Somit ist es sinnvoll, nach den dargestellten Theorien zur sozialen und ökonomischen Ebene, die Ansätze zum politischen Faktor bei der Migration zu betrachten. Die Kernfrage aus der Sicht der Politikwissenschaft ist dabei, wie die Politik die Migration beeinflussen kann? Darauf soll sich die vorliegende Untersuchung konzentrieren und Anschluss an das hier untersuchte Thema schaffen, obwohl die Rolle des politischen Faktors bei der hochqualifizierten Migration bereits im Zusammenhang mit dem Brain-Drain-Ansatz (siehe Abschnitt 3.2) zum Teil diskutiert wurde.

Migration ist ein Phänomen, das die Prozesse eines Nationalstaates, und somit der politischen Dimension, maßgeblich beeinflussen kann. Migrant*innen können politische Akteure in ihren neuen Ländern werden. Selbst wenn Migrant*innen eine unpolitische Haltung einnehmen, kann das entscheidend für ihren Status quo sein. Gleichzeitig werden die Migrant*innen ebenso Subjekte, als Alliierte oder als Feinde, der politischen Kräfte eines Landes (vgl. Castles/Miller 2009: 277). Andererseits kann die politische Dimension den Migrationsprozess bestimmen. Aus verschiedenen Gründen kann ein Nationalstaat entsprechende Migrationspolitiken übernehmen, um bestimmte migrantische Zielgruppen anzuziehen. Entweder sind diese Zielgruppen niedrigqualifizierte Migrant*innen aus sozialen und politischen Gründen, oder hochqualifizierte aus ökonomischen Gründen (vgl. Sauer 2004: 66). Direkt, durch die erwähnten Migrationspolitiken, oder indirekt durch verschiedene Maßnahmen, so wie die Schaffung bzw. Abschaffung von sozialen Netzwerken zwischen potenziellen und faktischen Migrant*innen (vgl. Hollifield 2007: 147), versuchen die Staaten die Migration zu regulieren. Diese Regulierung kann sowohl einen migrationsbegünstigenden Charakter als auch einen migrationshemmenden Charakter haben. Infolgedessen adaptieren die Staaten entsprechende Maßnahmen der Rückkehrpolitik wie z. B. die Förderung von Rückkehrmotivationen. Solche Maßnahmen werden oft einerseits während Rezessionszeiten von Staaten populär (z. B. während der Ölkrise in den Jahren 1973 und 1974) (vgl. Holliefield 2004: 895) und andererseits in Zeiten, wenn die Staaten die Migrationskontrolle über Marktkräfte verloren haben und ihre Intervention notwendig erscheint (z. B. die entsprechende Reaktion der westeuropäischen Regierungen Ende der 1960er Jahre) (vgl. Hollifield 1992: 72). Als indirekte Maßnahmen zur Beschränkung der Zuwanderung sind Einschränkungsregelungen zur Staatsbürgerschaft und zur Einbürgerung zu berücksichtigen.

Verschiedene theoretische Schulen haben versucht, beim Thema Migration den politischen Faktor anzusetzen. Hierbei wird zunächst der Fokus auf Gary Freeman (1995) und James Hollifield (2004), die als Vertreter liberaler Ansätze gelten, gerichtet. Laut Freeman (1995) befindet sich der Staat mit seiner Migrationspolitik im Mittelpunkt diverser Interessen (vgl. ebd.: 885). Diese Interessen bestehen zum einen aufseiten der Arbeitgeber*innen, die von der Zuwanderung von Arbeitskräften profitieren würden, bei Unternehmern, die von einer Bevölkerungszunahme profitieren würden (Immobilien, Bauunternehmen, usw.) und aus sozialen Gruppen, die die Migration vorantreiben. Andererseits sind die Interessen der Gesellschaft als Ganzes, laut Freeman, gegen eine Zuwanderung gerichtet, da sie die mit einer Zuwanderung ansteigenden Kosten des Wohlfahrtsstaates trägt. Die Interessen der Gesellschaft auf diesem Themengebiet sind aber nicht so gut organisiert und so stark wie die Pro-Migrationsinteressen (vgl. ebd.). Freeman manifestiert somit, dass der Staat die dominante Rolle in diesem Zusammenhang einnimmt.

„To complete this model of immigration politics one needs only the state actors who make policy. If one assumes that they are vote-maximizers, then one predicts they will respond to the organized pressure of groups favorable to immigration, ignoring the widespread but poorly articulated opposition of the general public" (ebd.).

Die Migrationspolitik nach dem Ansatz von Freeman ist also gleichzeitig ein Beispiel einer Klientelpolitik und ein Themenfeld, in dem es um Wahlmaximierung geht. Sein Ansatz betrifft die liberalen Länder, wobei die Politiken rund um das Thema Migration liberaler als die öffentliche Meinung sind (vgl. ebd.: 882 f.).

Der Ansatz von Hollifield (2004), der als Vertreter der liberalen Schule gilt, wird im Rahmen des liberalen Staates entwickelt. Der Ansatz von Hollifield hierzu liegt darin, dass er eher als abhängige Variable die Migrationsströme (politische Ergebnisse) berücksichtigt und als unabhängige Variable die Migrationspolitik (ihre Nachfrage und ihr Angebot). Grob lässt sich sein Ansatz wie im folgenden Zitat zusammenfassen:

„The liberal state is key to understanding immigration and rights are the essence of the liberal state. One problem with this approach, however, is that liberal states are caught in a dilemma. International economics (markets) push liberal states toward greater openness for efficiency (allocational) reasons; whereas domestic political and legal forces push the same states toward greater closure, to protect the social contract and to preserve the institutions of citizenship and sovereignty. How can states escape from this dilemma or paradox?" (Hollifield/Brettell 2007: 175)

Hollifield erachtet in seinem Ansatz zur Migration die Rolle der Staaten und Märkte als sehr entscheidend. Die Migration steht im engen Zusammenhang mit den beiden Institutionen, da die Märkte die erforderlichen Umstände (Push-und Pull-Faktoren) für eine Migration bieten, die Staaten aber die erforderlichen rechtlichen Rahmen bestimmen (vgl. Hollifield 2004: 885). *„In fact, from a strategic, economic and demographic standpoint, trade and migration go hand in hand"* (ebd.: 903). Diese Entwicklung liegt an der historischen Staatsevolution, als mit der industriellen Revolution neben den grundsätzlichen Verantwortlichkeiten eines Staates, nämlich Kraftmaximierung, Schutz des Territoriums und des Volkes und Verfolgen der Nationalinteressen, eine ökonomische Funktion hinzugefügt wurde. Diese war die Versicherung von materialem Reichtum und von Kraft. Unter der daraus sich ergebenden Voraussetzung ökonomische Offenheit zu gewährleisten hat der Staat auch Freihandelspolitiken verfolgt. Darüber hinaus trägt der Freihandel, historisch gesehen, zur Zunahme von Migration bei (vgl. Hollifield/Brettell 2007: 151). Somit ist der Staat im Rahmen der Liberalisierung *„trading state"* geworden, was Hollifield auch *„migration state"* nennt, da das staatliche Interesse und die staatliche Kraft von Migration und von Finanzen abhängen (Hollifield 2004: 888). *Migration state* wird der liberale Staat von Hollifield genannt, weil: „*The migration state is almost by definition a liberal state inasmuch as it creates a legal and regulatory environment in which migrants can pursue individual strategies of accumulation*" (ebd.: 901).

Vor diesem Hintergrund befinden sich liberale Staaten in einer widersprüchlichen Situation, die von Hollifield als liberales Paradox bezeichnet wird. Das liberale Paradox liegt in der Natur des liberalen Staates, d. h. im Bedürfnis nach Offenheit der Märkte und somit an offenen Grenzen für Arbeitskräfte-Migrant*innen. Gleichzeitig sind aber mit der Ankunft von Migrant*innen die Souveränität des Staates und die Staatsbürgerschaft infrage gestellt. „*Hence the liberal paradox: the economic logic of liberalism is one of openness, but the political and legal logic is one of closure.*" (ebd.: 887). Wie kann der Staat eine Lösung für das liberale Paradox finden? Dazu betont Hollifield: „The *solution to the paradox depends upon the institutional and cultural arrangements that define the relationship between the individual and the state and in effect determine the political and economic dimensions of immigration*" (ebd.: 217).

Der politische Faktor kommt bei einem Migrationsprozess durch den rechtlichen Rahmen zum Ausdruck. Neben den ökonomischen Motiven und den Netzwerken spielen das Recht auf Migration bzw. zum Verbleiben der ausländischen Bevölkerung innerhalb eines Nationalstaats eine besondere Rolle. Wie das Beispiel des Anwerbeabkommens in der BRD zeigt, sind die rechtlichen Rahmenbedingungen die wesentlichen politischen und legalen Anlässe zur Einwanderung (vgl. ebd.: 148). Dieser Prozess entwickelt sich aber im Rahmen des Liberalismus, weil die Liberalisierung des Staates die Liberalisierung der Rechte von Migrant*innen voraussetzt. „*Rights-based liberalism goes hand-in-hand with the spread of market relations, and is closely associated with new ideas of social justice as well as individual and group entitlements*" (Hollifield 1992: 170). Werden die rechtlichen Rahmenbedingungen, die sich auf das Thema Migration beziehen,[7] heutzutage von Staaten nicht respektiert, so können sich daraus politische und soziale Probleme ergeben, indem in der Gesellschaft eine Position gegen Einwanderung bezogen wird (vgl. Hollifield 2004: 905). Hiermit konzentriert sich Hollifield auf zwei Aspekte, auf die Souveränität des Staates und die Staatsangehörigkeit, mit der Absicht, die Intervention des politischen Faktors erklären zu können.

---

[7] Dabei geht es um die Staatsangehörigkeitsrechte bzw. die Bürgerschaft, die die Mitgliedschaft in der lokalen Gesellschaft durch zivile, soziale, oder politische Rechte garantiert (vgl. Hollifield/Brettell 2007: 163).

Im Rahmen der Untersuchungen für diese Arbeit wird die Gruppe der hochqualifizierten Zuwander*innen aus Griechenland innerhalb der EU betrachtet. Das bedeutet, dass die besonderen, hier geltenden rechtlichen Rahmenbedingungen der EU berücksichtigt werden (siehe Abschnitt 4.1), um den Beitrag, den laut Hollifields Ansatz der politische Faktor dabei leistet, besser nachvollziehen zu können. Die EU erlaubt ihren Mitgliedsstaaten nicht nur den freien Handel, sondern gewährt auch die freie Mobilität ihrer Bürger*innen. Das versetzt Deutschland gegenüber den Hochqualifizierten automatisch an eine begünstigte Stelle im globalen Wettbewerb (vgl. Hollifield 2004: 903). Mit den Schengener Abkommen übernimmt die EU als eine interstaatliche Institution und im Rahmen des neoliberalistischen Ansatzes eine bedeutende Rolle bei der Migrationskontrolle (vgl. Hollifield/Brettell 2007: 163).

Der politische Ansatz soll in der vorliegenden Arbeit der Kernpunkt bei der Erklärung des untersuchten Migrationsgeschehens sein. Nicht nur, weil eine der zentralen Fragestellungen der Arbeit sich auf den Einfluss der politischen Rahmenbedingungen bei der Migrationsentscheidung konzentriert, sondern auch, weil die hochqualifizierte Migration oft durch bestimmte Migrationsmaßnahmen bzw. -politiken stattfindet. Ob der untersuchte Migrationsprozess sowohl vom Herkunftsland als auch vom Zielland, direkt oder indirekt begünstigt wird, soll in der vorliegenden Studie beleuchtet werden. Der Einfluss der liberalen EU soll dabei auch eine entscheidende Rolle einnehmen und ein Anknüpfungspunkt an Hollifields Ansatz bezüglich des Phänomens der hochqualifizierten Migration von Griechenland nach Deutschland sein.

3.11 Hirschmans Konzept von Abwanderung, Widerspruch und Loyalität

Das theoretische Konzept Hirschmans (1970; 1974) von Abwanderung, Widerspruch und Loyalität[8] ist ein weitbekannter Ansatz in der Migrationsforschung, der auch Anwendung in den Wirtschafts-, Sozial- und Politikwissenschaften findet. In seinem Konzept werden sowohl die Reaktionen der Mitglieder einer Organisation bzw. eines Staates als auch die Reaktionen der Kund*innen eines Unternehmens erklärt, wenn sich die Dienstleistungs- oder die Produktqualität

[8] Hirschmans Konzept lautet auf Englisch „Exit, Voice and Loyalty", wie es zuerst in sein Buch "Responses to decline in firms, organizations and states" (Hirschman 1970) dargestellt wurde. 1974 wurde Hirschmans Buch auch in die deutsche Sprache übertragen „Abwanderung und Widerspruch. Reaktionen auf Leistungsabfall bei Unternehmungen, Organisationen und Staaten"(Hirschman 1974).

seitens des Anbieters verschlechtert. Den Zusammenhang seiner Theorie mit dem Phänomen der Migration hat er auch sehr anschaulich in seinem Aufsatz über die Abwanderung von DDR-Bürger*innen präsentiert (Hirschman 1992).

Konkret kann laut Hirschmans Argumenten das Individuum bei Eintreten eines Qualitätsabfalls eines Produktes oder einer Dienstleistung durch eine Organisation bzw. einen Staat seine daraus entstehende Unzufriedenheit durch Widerspruch (*Voice*) äußern und sich somit für die Verbesserung der Qualität der angebotenen Leistungen oder Produkte mobilisieren. Dieser Widerspruch kann entweder über Beschwerden bei der Organisationsleitung oder über allgemeine Proteste bekundet werden (vgl. Hirschman 1974: 4). Eine andere Option, um diese Unzufriedenheit zum Ausdruck zu bringen, ist die Abwanderung (*Exit*) des Individuums, woraus sich eine Auflösung seiner Beziehung mit diesem Anbieter ergibt (vgl. Hirschman 1992: 332 f.). In der Praxis heißt das, dass die Person durch ihre Abwanderung einen anderen Leistungsanbieter bevorzugt bzw. aus seiner Organisation austritt (vgl. Hirschman 1974: 3 f.). Die Loyalität (*Loyalty*) ist aber der entscheidende Faktor, durch den eigentlich bestimmt wird, ob die Individuen den Widerspruch oder die Abwanderung auswählen werden (vgl. Laver 1976: 469 f.). Loyalität begründet sich im hier dargestellten Ansatz von Hirschman mit dem Grad der Anhängigkeit der Individuen an ihre Organisationen bzw. Staaten. Das Konzept von Loyalität wird aber im Vergleich zu den Optionen von *Exit* und *Voice* vernachlässigt, sodass Hirschman in die deutsche Version des Buchs das Loyalität-Konzept nicht in den Titel integriert hat (vgl. Hoffmann 2008: 7).

Da im Rahmen des hier vorliegenden Projekts die Auswanderung von Personen im Kontext von Staaten relevant ist, wird vor allem auf drei Werke von Hirschman[9], die sich damit auch ausführlich beschäftigen, besonders fokussiert. Um die Rahmenbedingungen dieser drei Faktoren besser nachvollziehen zu können, soll ihre Korrelation erklärt werden. Abwanderung und Widerspruch im Sinne des Konzepts von Hirschman sind gegensätzliche Reaktionen vonseiten der Individuen bei einer Verschlechterung der Qualität der angebotenen Produkte oder Dienstleistungen, aber gleichzeig konkurrieren sie miteinander, da jede Option versucht, die anderen zu unterminieren (vgl. Hirschman 1992: 333). In der Regel ist eine umgekehrte Relation bei diesen beiden Reaktionen feststellbar. Hirschman nennt diese Relation zwischen Abwanderung und Widerspruch „*hydraulisches Modell*" und macht die folgenden Feststellungen: „*Je mehr Druck durch Abwanderung entweicht, desto weniger steht zur Verfügung, um Widerspruch zu schüren*" (ebd.: 334). Darüber hinaus kann die E*xit*-Option von Bürger*innen

---

[9] Siehe Hirschman (1974; 1978; 1992).

als eine Alternative zu der konfliktbedingten Option der *Voice* betrachtet werden, oder anders gesagt: „*Das Vorhandensein der Alternative Abwanderung kann daher eine Tendenz zur Atrophie der Entwicklung der Kunst des Widerspruchs mit sich bringen*" (Hirschman 1974: 36).

Die *Voice*-Option kann im Kontext eines*einer mit den staatlichen Leistungen unzufriedenen Bürgers*in als Protest oder durch die Teilnahme an einer Demonstration artikuliert werden. Die Effektivität des Widerspruchs ist von der *Exit*-Option abhängig, zumal bei Fehlen einer offenstehenden *Exit*-Option Widerspruch kaum vorstellbar ist. Laut Andreas Hess (1996) kann Widerspruch nur effektiv unter Androhung einer Abwanderung sein (vgl. ebd.: 345), so wie Hirschman (1978) das auch manifestiert (vgl. ebd.: 95). Für Auswahl der beiden Optionen durch die unzufriedenen Bürger*innen sind aber die Rahmenbedingungen zur Auswanderung, die vom Staat bereitgestellt werden, entscheidend, wie am Beispiel der DDR laut Hirschman (1992) aufzeigt werden kann.

Jedoch unterscheiden sich die beiden Optionen in der Art ihrer Artikulation. Einerseits betrifft die Abwanderung-Option ausschließlich die private Sphäre, solange sie auf einer persönlichen Entscheidung beruht, was auch gleichzeitig keine dadurch bedingte Beteiligung anderer Personen voraussetzt. Andererseits kann die Widerspruch-Option nur bei Teilnahme einer größeren Gruppe von Menschen realisiert werden und kann sie allein damit sinnvoll und effektiv im Erreichen ihrer Ziele sein. *Voice* betrifft aus diesem Grund eine öffentliche Handlungsweise, die eine Organisierung und Aktionen auf kollektiver Ebene erfordert (vgl. ebd.: 351).

Hirschman hebt die Bedeutung der Widerspruch-Option im Vergleich zu der *Abwanderung*-Option hervor. Wenn ein*e Bürger*in sich für die Widerspruch-Option engagiert, kann der Leistungsanbieter – im Fall der vorliegenden Studie der Staat – wichtiges Feedback bekommen, um seine Leistungen zu verbessern (vgl. Hirschman 1974: 66), während die Kontakte zwischen dem Staat und dem*der Bürger*in bei einer *Exit*-Option direkt unterbrochen werden: „*Während die Abwanderung nur eine klare Entweder-oder-Entscheidung erfordert, ist also der Widerspruch seinem Wesen nach eine Kunst, die sich ständig in eine neue Richtung entwickelt*" (ebd.: 36). Laut Hess (1996) bietet dabei die *Voice*-Option den Bürger*innen die Möglichkeit, über die im Land verfügbaren Optionen nochmals nachzudenken (vgl. ebd.: 346), bevor es zur Abwanderung kommt.

Zu diesem Entscheidungsprozess zwischen Widerspruch und Abwanderung ist der Beitrag des Loyalität-Faktors sehr entscheidend. Die Loyalität scheint die Entscheidung für eine Abwanderung (oder auch einen Widerspruch) verschieben zu können. Wenn aber die Verschlechterung der angebotenen Leistungsqualität eine bestimmte Schwelle überschreitet, wird wahrscheinlich, dass die loyalen

Bürger*innen sich durch Widerspruch engagieren (vgl. Hirschman 1992: 354). Laut Hirschman gilt in der Regel: Je mehr Loyalität ein*e Bürger*in gegenüber dem Staat fühlt, desto wahrscheinlicher ist, dass er*sie den Widerspruch statt der Abwanderung auswählt, um die Bedingungen im Staat zu beeinflussen und zu verändern (vgl. ebd.). Somit kann das Loyalität-Konzept eine Erklärung liefern, warum eine Person angesichts eines Leistungsabfalls in den staatlichen Dienstleistungen entweder widerspricht oder abwandert. Es lässt sich implizieren, dass Loyalität ein Hemmfaktor für eine Abwanderung ist. Hirschman (1970; 1974) beschreibt im folgenden Zitat sehr anschaulich den Beitrag der Loyalität: *„In der Regel hemmt also die Loyalität die Neigung zur Abwanderung und aktiviert den Widerspruch"* (ebd.: 67). Jedoch zeigt Hirschman die Komplexität des Faktors Loyalität in seiner Analyse des Schicksals der DDR, da Loyalität auch mit einer *Apathie* verbunden werden kann, wenn die loyalen Bürger*innen nicht den Weg des Widerspruchs auswählen können (vgl. Hirschman 1992: 356). Das bedeutet, dass Loyalität auch die Möglichkeit widerspiegelt, apathisch zu handeln,[10] ohne dass ein*e Bürger*in Unzufriedenheit bzw. Widerspruch artikuliert (vgl. Hoffmann 2008: 6). Jedoch kann diese Position auch ein Ergebnis unbewussten loyalen Verhaltens sein (vgl. Hirschman 1974: 78).

Hirschmans Konzept von *Exit, Voice, Loyalty* (1970) hat zweifellos viele Anknüpfungspunkte mit dem hier untersuchten hochqualifizierten Migrationsfall von Griechenland nach Deutschland. Insbesondere steht dieses in engem Zusammenhang mit den potenziellen Migrant*innen, da das Konzept sich besonders auf den Zeitpunkt fokussiert, zu dem sich der*die Bürger*in der Möglichkeit einer Auswanderung aus dem Herkunftsstaat bewusst wird. Außerdem ist der Faktor Loyalität besonders wichtig für den hier vorliegenden Fall der potenziellen hochqualifizierten Migrant*innen aus Griechenland, da dieser eine theoretische Basis zur Erklärung einer Nicht-Migrationsentscheidung bereithält. Darüber hinaus können zwei Fokusgruppen dieser Studie (damit sind die Ärzt*innen und die Nachwuchswissenschaftler*innen gemeint) zu den Personen gehören, die laut Hirschman Konsument*innen sind, *„die über eine hohe Konsumentenrente verfügen"* (Hirschman 1974: 41), da sie durch eine Verschlechterung der Qualität von Dienstleistungen am meisten zu verlieren haben (vgl. ebd.). Dabei geht es um hochqualifizierte Personen, die persönlich oder deren Verwandte nicht nur

---

[10] Düvell (2006) behauptet sogar, dass die Apathie ein weiteres Handeln der Bürger*innen angesichts ihrer Unzufriedenheit mit ihrem Staat ist. Diese vierte Option, die Option der Apathie, bedeutet aber keine Strategie, die auf eine Verbesserung der Lebensumstände gerichtet ist (vgl. ebd.: 171).

von der Substanz der staatlichen Dienstleistungen im Gesundheits- und im Hochschulsektor betroffen sind, sondern sie selbst darin auch noch beschäftigt sind und somit von einem Leistungsabfall besonders beeinflusst werden können. Des Weiteren ist es mithilfe des Konzepts von Hirschman möglich, die Rolle, die die EU in der Migration von Hochqualifizierten aus Griechenland nach Deutschland einnimmt, zu beleuchten. Hirschman betont die Konsequenzen, die sich aus der Freizügigkeit von Kapitalien und Menschen – besonders von Hochqualifizierten – bei ‚kleineren' Ländern ergeben (vgl. Hirschman 1978: 105). Zur Bewältigung dieser Phänomene schlägt Hirschman vor, dass die Herkunftsländer der auswandernden Hochqualifizierten in „*öffentliche Güter*"[11] investieren sollen, um diese Auswanderung zu begrenzen (ebd.). Es ist jedoch interessant zu fragen, was passieren könnte, wenn die Mitgliedstaaten innerhalb der EU den Bürgern unterschiedliche Qualitäten „*öffentlicher Güter*" anbieten. Die EU-Bürger*innen haben in diesem Fall die freie Auswahl Vergleiche anzustellen, woanders eine bessere Qualität in staatlichen Leistungen (z. B. Ausbildungssystem, Gesundheitssystem) zu finden, und so zu agieren, wie Kund*innen auf der Suche nach der besten Qualität von Produkten. Genau diese Vergleichsüberlegungen sind der Schnittpunkt mit der *Exit*- oder *Voice*-Option und im Rahmen der Freizügigkeit stehen einem*einer EU-Bürger*in beide Optionen offen, d. h. die *Abwanderung* und die Bevorzugung der Dienstleistungen eines anderen Landes, aber ebenfalls die Externalisierung der *Widerspruch*-Option vom Ausland aus (vgl. Hoffmann 2008: 10).

Ein weiterer Aspekt, der auch mit der Rolle der EU im hier untersuchten Fall verknüpft werden kann, ist der Zusammenhang zwischen der EU-Bürgerschaft und der Abwanderung von griechischen Hochqualifizierten. Hirschman betont, dass die Möglichkeit, automatisch die BRD-Staatsangehörigkeit bei einer Ansiedlung der DDR-Bürger*innen dort zu erwerben, eine wichtige Rolle bei der Zunahme der „*Anziehungskraft des Umzugs von Ost nach West*" seitens der DDR-Bürger*innen gespielt hat (Hirschman 1992: 336). Es stellt sich somit die Frage, inwieweit die gegebene EU-Bürgerschaft für die hier untersuchten Hochqualifizierten mit der Migration zusammenhängt. Die Existenz der EU kann mit neuen Formen von Migration und neuen Regelungen diesbezüglich in Verbindung

---

[11] Als öffentliche Güter definiert Hirschman „*jene Güter, die von allen Mitgliedern einer bestimmten sozialen Gruppe, eines bestimmten Landes oder bestimmten geographischen Gebiets so verbraucht werden, daß [sic!] ihr Ver- oder Gebrauch durch ein Mitglied ihren Ver- oder Gebrauch ein anderes nicht schmälert*" (Hirschman 1974: 86). Zu öffentlichen Gütern gehören die Macht und das Prestige eines Landes, die soziale Gerechtigkeit und Gleichheit in einem Land, die Menschenrechte und die demokratischen Freiheiten des Landes (vgl. Hirschman 1978: 105).

gebracht werden. Das Konzept von *Exit, Voice and Loyalty* wurde im Rahmen der Idee eines Nationalstaates als eine geschlossene Einheit von Hirschman entwickelt, ohne die neuen Formen von Migration, wie die der transnationalen Migration, zu berücksichtigen. Jedoch heißt das nicht, dass das Konzept im Zusammenhang mit der EU-Migration nicht anwendbar sei, sondern vielmehr, dass es neue Perspektiven erlangt. Die EU erleichtert eine transnationale Migration und verstärkt die Bedeutsamkeit der Feststellung von Hirschman, dass eine vollständige *Abwanderung* weg vom eigenen Staat – besonders, wenn es um öffentliche Güter geht – nicht möglich ist (vgl. Hirschman 1974: 86).

Darüber hinaus kann das Konzept von Hirschman eine Erklärung liefern, warum eine Entscheidung zur Auswanderung aus dem Herkunftsland der Befragten getroffen wurde, und diese mit politischen Motiven verbinden. Die Motive, die zu einer Migrationsentscheidung im Rahmen des Konzepts von Hirschman geführt haben, hängen mit der Unzufriedenheit gegenüber der Qualität der staatlichen Dienstleistungen zusammen. Dementsprechend können sie auch relevant für die Befragten dieser Studie sein, wenn die umgesetzten Sparmaßnahmen im öffentlichen Sektor in Griechenland berücksichtigt werden (siehe dazu Markantonatou 2016). Die Abwanderung kann wohl aber auch von den besseren Dienstleistungen in anderen Ländern beeinflusst werden (vgl. Hirschman 1978: 95), um hier einen Bezug auch zur Rolle der Pull-Faktoren herzustellen. Außerdem kann der Ansatz von Hirschman als theoretische Grundlage zur Analyse des Umgangs der Befragten mit dem Brain-Drain-Phänomen (siehe Kapitel 8) dienen.

3.12 Bourdieu'sche Kapitaltheorien – Kulturelles Kapital in der hochqualifizierten Migration

In Kapitel 2 wurde aufgezeigt, dass Einflussfaktoren auf kultureller Ebene kaum mit Migration in Verbindung gebracht wurden. Diese Entwicklung kann dadurch erklärt werden, dass nur schwer definierbar ist, was eigentlich Kultur ist. Nach Rudolf Stichweh (2010) ist Kultur *„ein Synonym für die menschliche Lebensform überhaupt"* (ebd.: 199). Diese abstrakte Definition gibt eine Orientierung, was als Kultur zu betrachten ist. Frank-Olaf Radtke (2011) betont, dass Kulturen auf keinen Fall *„Akteure, die handeln könnten"*, sind (ebd.: 44). Damit will Radtke deutlich machen, dass Kultur – so wie Religion, Rasse und Sprache – *„eine Konstruktion des Beobachters"* ist (ebd.: 48) oder wie Niklas Luhmann sagt: *„eine Beschreibung des Systems durch sich selbst"* (Luhmann 1995: 398). Folglich hat die Beobachtung von kulturellen Praktiken die Konstruktion einer eigenen Kultur, die sich von anderen Kulturen unterscheiden soll, zur Folge (vgl. Radtke

2011: 50). In diesem Kontext charakterisierte Luhmann Kultur als *„einen der schlimmsten Begriffe"* (Luhmann 1995: 398) und erklärt dabei dessen historische Verbindung mit Nationalismus und Kolonialismus (vgl. Radtke 2011: 51).

Es lässt sich somit feststellen, dass die Bezugnahme auf Kultur vor dem Hintergrund einer – *„vorgestellten"* – Nation (Anderson 1992) zu kulturalistischen Ansichten führen kann, wie das bei Betrachtung der relevanten Studienergebnisse von Panagiotakopoulos (2020) und Sakellariou/Theodoridis (2021) in Abschnitt 2.2 aufgezeigt wurde. Aus diesem Grund wird in dieser Studie versucht, das Bourdieu'sche Konzept zu Kapitalien in die Untersuchung der hochqualifizierten Migration einzubeziehen, da das von Bourdieu beschriebene kulturelle Kapital (2012[1983]) eine theoretische Rahmensetzung für die kulturelle Ebene jenseits von kulturalistischen Perspektiven bietet.

Mit seiner Kapitaltheorie beabsichtigt Pierre Bourdieu zu demonstrieren, dass die *„Wechselspiele im gesellschaftlichen Leben"*, womit die (Macht-)Positionen der Individuen in der Gesellschaft gemeint sind, kein Glücksspiel sind (Bourdieu 2012[1983]: 229). Gleichzeitig wird mit der Kapitaltheorie die Rolle weiterer Kapitalformen in der Gesellschaft thematisiert, sodass nicht alle gesellschaftlichen Verhältnisse pauschal ökonomisiert werden (vgl. ebd.: 230).

Kapital definiert Bourdieu als: *„akkumulierte Arbeit, entweder in Form von Materie oder in verinnerlichter, ‚inkorporierter Form'"* (ebd.: 299). Nicht nur das ökonomische Kapital, sondern auch weitere Kapitalformen tragen dazu bei, unterschiedliche Positionen einzunehmen. Die Positionen werden innerhalb eines Feldes bezogen. Das Feld ist noch ein weiterer zentraler Begriff in der Sozialtheorie von Bourdieu. Bourdieu erkennt unterschiedliche Macht-Felder (z. B. universitäre, intellektuelle, politische usw.) (vgl. Speth 1997: 323). Ein Feld wird von unterschiedlichen Machtpositionen charakterisiert und jede Machtposition in diesem Feld kann nur von einem Individuum besetzt werden (vgl. ebd.: 325). Jedes Feld hat seine eigene Autonomie erreicht, sodass in jedem Feld unterschiedliche Werte und Spielregeln relevant sind (vgl. Fuchs-Heinritz/König 2005: 113). Das bedeutet, dass diese Spielregeln von Feld zu Feld variieren und je nach Feld spezifische Kapitalsorten erforderlich für die bessere Platzierung des Individuums sind (vgl. Speth 1997: 325). Die Wirkung jedes Kapitals, das ein Individuum zur besseren Platzierung in dem Macht-Feld führen kann, hängt auch von der ungleichen Verteilung des Kapitals, die wiederum die Struktur des gesamten Feldes bildet, ab (vgl. Bourdieu 2012[1983]: 234).

Bourdieu konzentriert sich im Wesentlichen auf das ökonomische, auf das soziale, auf das kulturelle und auf das symbolische Kapital. Während das soziale Kapital und seine Rolle bei der Migration bereits in Abschnitt 3.8 verdeutlicht wurde, definiert Bourdieu als ökonomisches Kapital das Kapital, das *„unmittelbar*

und direkt in Geld konvertierbar" ist und sich *„besonders zur Institutionali-*
sierung in der Form des Eigentumsrechts" eignet (Bourdieu 2012[1983]: 234).
Bourdieu betrachtet das ökonomische Kapital als die dominierende Kapitalform
(vgl. ebd.: 236). Gleichzeitig sind die anderen Kapitalarten nicht direkt auf das
ökonomische Kapital zurückzuführen, da sie *„dessen dominierende Rolle ver-*
schleiern wollen" (Fuchs-Heinritz/König 2005: 129). Das symbolische Kapital
hängt mit der sozialen Anerkennung und dem sozialen Prestige zusammen (vgl.
ebd.: 135). Es geht aber nicht um eine eigene und besondere Art von Kapital,
sondern darum, *„was aus jeder Art von Kapital wird, das als Kapital, das heißt als*
(aktuelle oder potenzielle) Kraft, Macht oder Fähigkeit zur Ausbeutung verkannt,
also als legitim anerkannt wird" (Bourdieu 2001: 311). Das symbolische Kapital
kann somit unterschiedliche Erscheinungsformen je nach dem Kontext des Feldes
haben (z. B. im Wissenschaftsfeld kann es mit der Anzahl der Publikationen in
renommierten Journalen eines*r Forschers*in verbunden sein).

Es wird deutlich, dass ein Kapital transformiert werden und in einer anderen Kapitalform erscheinen kann. Oft findet diese Kapitalumwandlung über
das ökonomische Kapital statt, dafür wird jedoch eine *„Transformationsarbeit"*
erforderlich (Bourdieu 2012[1983]: 239). Mit der Erklärung der Funktion und der Erscheinungsformen kulturellen Kapitals wird auch diese
„Transformationsarbeit" verdeutlicht.

Bourdieu (2012[1983]) bestimmt drei Formen von kulturellem Kapital. Diese
sind: das inkorporierte kulturelle Kapital, das objektivierte kulturelle Kaptal und
das kulturelle Kapital in institutionalisierter Form. Das inkorporierte Kulturkapital ist körpergebunden und setzt eine Verinnerlichung, die durch das Einbringen
von Arbeit und Zeit möglich ist, voraus. Eine Umwandlung des inkorporierten
Kulturkapitals in eine andere Form ist somit ausgeschlossen (vgl. ebd.: 232 f.).
Charakteristisch ist dafür zum Beispiel Bildung, die durch Investition von Zeit
und Arbeit erworben wird. Der Erwerb des kulturellen Kapitals in inkorporierter
Form beginnt schon mit der Primärerziehung in der Familie und entwickelt sich
im gesellschaftlichen Kontext weiter (vgl. ebd. 233). Jedoch handelt es sich dabei
nicht unbedingt um *„Erziehungsmaßnahmen"*; denn *„die Inkorporierung von kul-*
turellem Kapital kann sich – je nach Epoche, Gesellschaft und sozialer Klasse in
unterschiedlich starkem Maße – (…) völlig unbewußt [sic] *vollziehen. Verkörper-*
lichtes Kulturkapital bleibt immer von den Umständen seiner ersten Aneignung
geprägt – Sie hinterlassen mehr oder weniger sichtbare Spuren, z. B. die typische
Sprechweise einer Klasse oder Region" (ebd.: 233 f.).

Dabei wird auch deutlich, dass nach Bourdieu *Habitus* ebenso ein inkorporiertes kulturelles Kapital ist. *Habitus* ist ein weiterer zentraler Begriff in der
Sozialtheorie von Bourdieu und damit wird begründet, inwieweit die sozialen

Strukturen und die Bedingungen, unter denen er geschaffen wurde, tendenziell reproduziert werden. Über *Habitus* wird die aktive Präsenz individueller und kollektiver Praktiken auf Basis früherer Erfahrungen gewährleistet (vgl. Bourdieu 2018: 101). Unter *Habitus* lassen sich Dispositionen, die als *„strukturierte Strukturen"* ebenfalls *„strukturierende Strukturen"* sind, verstehen (ebd.: 98). Jedoch werden der *Habitus* und die Handlungen von Angehörigen einer Gruppe unter ähnlichen Bedingungen ausgebildet und somit tauchen beide unter ähnlichen Bedingungen auf (vgl. Rehbein 2011: 96). Dies erklärt, warum Angehörige der gleichen Klasse ähnlich handeln, zumal der individuelle *Habitus* eine *„Widerspiegelung der Klasse"* und von deren *Habitus* ist (Bourdieu 2018: 112). Es lässt sich somit feststellen, dass insbesondere das inkorporierte kulturelle Kapital eine wichtige Rolle in der Theorie von Bourdieu und bei der Reproduktion der Gesellschaft spielt.

Anders als beim inkorporierten kulturellen Kapital ist bei dem objektivierten kulturellen Kapital charakteristisch, dass es übertragbar (z. B. mittels ökonomischen Kapitals) ist, da es sich dabei um materielle kulturelle Güter handelt (etwa Schriften, Gemälde, Denkmäler, Instrumente usw.) (vgl. Bourdieu 2012[1983]: 235). Das objektivierte kulturelle Kapital kann aber sich symbolisch angeeignet werden und es setzt den Erwerb inkorporierten kulturellen Kapitals voraus (vgl. ebd.).

Das kulturelle Kapital in institutionalisierter Form symbolisiert die Institutionalisierung des erworbenen Wissens in Form von Titeln und Zeugnissen. Im Gegensatz zur eher autodidaktischen Form des Erwerbs von kulturellem Kapital in inkorporierter Form werden Titel rechtlich geregelt und über Bildungsinstitutionen erworben (vgl. ebd.: 236 f.). Der Zusammenhang mit dem symbolischen Kapital ist dabei deutlich, wenn berücksichtigt wird, dass eine bestimmte Person eine *„institutionelle Anerkennung"* für ihr *„besessenes Kulturkapital"* benötigt (ebd.: 237). Dieses institutionalisierte kulturelle Kapital hat mehr Wert, wenn die Herkunft des Titels von einer angesehenen Institution (z. B. der Oxford University) kommt. Hinsichtlich des institutionalisierten kulturellen Kapitals ist dessen enge Verbindung mit dem ökonomischen Kapital deutlich erkennbar, *„weil der Titel das Produkt einer Umwandlung von ökonomischem in kulturelles Kapital ist"* (ebd.). Gleichzeitig wird mit dem institutionalisierten kulturellen Kapital ökonomisches Kapital auf dem Arbeitsmarkt (z. B. der Arbeitslohn) erzielt.

Offensichtlich wird, dass die Formen des kulturellen Kapitals eng mit dem Thema der hochqualifizierten Migration verbunden sind. Hochqualifizierte Migrant*innen streben an, ihr in einem anderen gesellschaftlichen Kontext erworbenes Wissen und Können (kulturelles Kapital in inkorporierter Form) und die in einem anderen Land erworbenen akademischen Bildungstitel (kulturelles Kapital in institutionalisierter Form) anerkannt zu werden (vgl. Nohl et al. 2010). Diese *„Statuspassagen"* können Integrationshürden im Zielland aufgrund Desqualifizierung bedeuten (ebd.). Außerdem kann davon ausgegangen werden, dass selbst der Erwerb von kulturellem Kapital in institutionalisierter Form im Ausland eng mit dem Migrationsmotiv zusammenhängen kann, insbesondere wenn der Bildungstitel mit dem symbolischen Kapital in Verbindung steht (z. B. Erlangen des Doktortitels an einer namhaften deutschen Universität für eine*n geisteswissenschaftlichen Absolvent*in). Die Anerkennung von kulturellen Kapitalien kann auf dem Arbeitsmarkt im Ausland somit eine große Herausforderung für (hochqualifizierte) Migrant*innen darstellen und aus diesem Grund sollten nationale Besonderheiten des jeweiligen Bildungssystems und des jeweiligen Arbeitsmarkts von den Migrant*innen berücksichtigt werden (vgl. Nohl et al. 2010: 13). Charakteristisch ist auch dafür das Beispiel der Sprache für die untersuchte Migration. Während Griechisch die Muttersprache (inkorporiertes kulturelles Kapital) der – meisten – faktischen Migrant*innen ist, ist die Anerkennung von Deutschkenntnissen bzw. Sprachzeugnissen (symbolisches Kapital und kulturelles Kapital in institutionalisierter Form) insbesondere für die reglementierten Berufe (z. B. Ärzt*innen) erforderlich, damit sie Zugang zum deutschen Arbeitsmarkt erhalten. Aber auch hinsichtlich der potenziellen Migrant*innen und dem Ausschluss Deutschlands als Zielland ihrer Migration kann die Bourdieu'sche Theorie zu Kapitalien in dem Fall eine Erklärung liefern, wenn die Hochqualifizierten über kein entsprechendes, für eine Stelle in Deutschland benötigtes kulturelles Kapital in institutionalisierter Form verfügen.

3.13   Zwischenfazit

In diesem Kapitel wurden die Theorien, die zur Analyse des untersuchten Phänomens beitragen werden, dargestellt. Während am Anfang des Kapitels auf das Thema der Nicht-Migration fokussiert und das Konzept *Stasis* als theoretische Grundlage präsentiert wurde, wurden im Anschluss daran Ansätze, die die Migration aus unterschiedlichen Blickwinkeln beleuchten sowie aus unterschiedlichen Disziplinen stammen, vorgestellt.

Die berücksichtigten mikroökonomischen Migrationsansätze (Sjaastad 1962; Todaro 1969; Pissarides/Wadsworth 1989) betonen die mit einer Migrationsentscheidung verbundene einkommensmaximierende Perspektive. John Salts' Ansatz (1988) thematisiert zwar den Effekt der Migration im Zusammenhang mit dem Faktor Karriere bei den Hochqualifizierten, bringt aber auch die Rolle der

Unternehmen als Akteure bei der Migration von Hochqualifizierten in die migrationswissenschaftliche Diskussion. Sozialwissenschaftliche Ansätze thematisieren die Relevanz sozialer Interaktion über Netzwerke bzw. einzelner Menschen bei der Migration (siehe Abschnitt 3.7, 3.8, 3.9). Des Weiteren wurden auch Theorien, die die Migration aus politikwissenschaftlicher Perspektive beleuchten, einbezogen und sich auf die Migrationspolitik (Hollifield 2004) oder auch auf die Konsequenzen aus der hochqualifizierten Migration (Brain-Drain bzw. -Gain und -Circulation) (Hunger 2003) fokussiert. Auch der Ansatz von Hirschman (1970; 1974) lässt sich an der Schnittstelle zwischen Politik-, Wirtschafts- und Psychologiewissenschaft aufgrund seiner Fokussierung auf die Erklärung zur *Exit*-Option der Individuen verorten. Als letzte wurde auch die Kapitaltheorie von Bourdieu (2012[1983]) vorgestellt, nach der auf Grundlage des kulturellen Kapitals Zusammenhänge zwischen der Migration und der kulturellen Dimension hergestellt werden können.

Es lässt sich somit feststellen, dass die bisherige Forschung zur Migration vier Handlungsdimensionen aufseiten von Migrant*innen thematisiert hat. Diese Bereiche sind die Ökonomie, die Politik, die Gesellschaft und die Kultur. Auf diesen vier Ebenen und auf Grundlage der berücksichtigten theoretischen Ansätze werden die aus den Interviews mit den Befragten gewonnenen Daten analysiert und entsprechende Kategorien entwickelt, um Erklärungen für die (Nicht-)Migrationsentscheidung von Individuen zu bieten. Jedoch wird erst einmal im nächsten Kapitel auf die rechtlich-politischen Rahmenbedingungen der untersuchten Migration fokussiert.

Rechtlich-politischer Rahmen der hochqualifizierten Migration von Griechenland nach Deutschland

4

Die hochqualifizierte Migration von Griechenland nach Deutschland findet in einem konkreten rechtlich-politischen Rahmen statt. Ziel dieses Kapitels ist es, diesen bestehenden Rahmen vorzustellen. Die Analyse dieses Rahmens wird in zwei verschiedene Ebenen unterteilt: zum einen in die EU-Ebene (4.1) und zum anderen in die staatliche Ebene (4.2). Diese Unterteilung erfolgt, da es sich bei der Migration aus Griechenland nach Deutschland um eine EU-Binnenmigration handelt und somit die EU-rechtlichen Rahmenbedingungen dafür relevant sind. Von daher werden keine weiteren rechtlichen Bestimmungen auf staatlicher Ebene für ihre Realisierung benötigt, um ansonsten vorherrschende typische rechtliche Hürden bei einer Arbeitsmigration (z. B. Erteilung einer Arbeits- bzw. Aufenthaltserlaubnis) zu überwinden. Jedoch haben die EU-Mitgliedsstaaten als souveräne Staaten eine gewisse Freiheit hinsichtlich der Implementierung der Migrationspolitik und relevante EU-Richtlinien (z. B. die Blaue Karte) werden national unterschiedlich umgesetzt. Aus diesem Grund wird in Abschnitt 4.2 ein Überblick über die wichtigsten rechtlich-politischen Entwicklungen in Deutschland im Zusammenhang mit dem Thema hochqualifizierte Einwanderung gegeben. Im Anschluss daran werden die bedeutendsten politischen Initiativen in Deutschland in Bezug auf die EU-(hoch-)qualifizierte Einwanderung aus einem EU-Staat nach Deutschland dargestellt. Die politischen Entwicklungen in Griechenland in Verbindung mit der Auswanderung von Hochqualifizierten werden in Kapitel 9 skizziert.

4.1 EU-Ebene

Der untersuchte Fall von zugewanderten Hochqualifizierten aus Griechenland nach Deutschland findet im Rahmen der EU-Freizügigkeit und des Besitzes der

© Der/die Autor(en), exklusiv lizenziert an Springer Fachmedien Wiesbaden GmbH, ein Teil von Springer Nature 2022
A. Gkolfinopoulos, *Deutschland als Magnet für Hochqualifizierte aus Griechenland*, Interkulturelle Studien,
https://doi.org/10.1007/978-3-658-39985-6_4

Unionsbürgerschaft statt. Mit der Unionsbürgerschaft, die erst mit dem Vertrag von Maastricht 1992 eingeführt wurde, wird die EU-Freizügigkeit aller EU-Bürger*innen erweitert (vgl. Blauberger et al. 2020: 934). Die Freizügigkeit der Arbeitnehmer*innen und ihrer Familienmitglieder, die bereits im Vertrag von Rom[1] 1957 zwischen den – zu dieser Zeit nur sechs – Mitgliedsstaaten der Europäischen Wirtschaftsgemeinschaft (EWG) begründet wurde (vgl. Pascouau 2013: 9), ist eng verbunden mit dem obersten Ziel der EU, nämlich der Schaffung eines gemeinschaftlichen Arbeitsmarktes (vgl. Busch/Matthes 2020: 701) und umfasst *„einen Raum ohne Binnengrenzen, in dem der freie Verkehr von Waren, Personen, Dienstleistungen und Kapital gemäß den Bestimmungen der Verträge gewährleistet ist“* (Art. 26 des Vertrags über die Arbeitsweise der EU: AEU-Vertrag). Der Binnenmarkt sollte positive Wirkungen *„idealtypisch“* in *„Handelsgewinnen“*, *„Wettbewerbseffekten“*, *„Effizienzgewinnen“* und *„Innovationseffekten“* erbringen (Busch/Matthes 2020: 702). Dabei wird offenbar, dass die Wirtschaft und die Unternehmen mit dem Binnenmarkt gestärkt werden sollen.

Durch den Binnenmarkt profitieren alle Unionsbürger*innen von besseren Arbeitsbedingungen bzw. Erwerbsmöglichkeiten, zumal ihnen mit der Einsetzung der Unionsbürgerschaft das Recht, sich innerhalb des EU-Territoriums frei zu bewegen und aufzuhalten, gewährleistet wird. Um dieses Recht der Unionsbürger*innen vor Fällen von Diskriminierung auf dem Arbeitsmarkt zu schützen, gilt der Grundsatz der Gleichbehandlung, was bedeutet, dass alle Unionsbürger*innen unter gleichen Bedingungen nach Arbeit suchen und diese aufnehmen können (vgl. Teney et al. 2017: 14). Diese Bedingung wurde mit der 2004 erlassenen EU-Direktive zur Bewegungsfreiheit begründet (vgl. Barslund/Busse 2014: 17). Jedoch war – und ist teilweise immer noch – die Anerkennung von in einem anderen Mitgliedsstaat erworbenen Qualifikationen eine große Hürde hinsichtlich der Gleichbehandlung auf dem Arbeitsmarkt für Unionsbürger*innen. Diese Hemmnisse betreffen besonders die reglementierten Berufe, d. h. Berufe, für die eine Anerkennung ausländischer Qualifikationen zur Berufsausübung in einem Land notwendig ist. Für die Beseitigung dieser Barriere wurde die EU-Berufsanerkennungsrichtlinie 2005/36/EG zur Akzeptanz von Berufsqualifikationen zwischen den Mitgliedsstaaten für reglementierte Berufe eingeführt. Diese Richtlinie wurde später mit der Richtlinie 2013/55/EU reformiert.

---

[1] Der Europäische Gerichtshof erweiterte diese Rechte in den 1970er- und 1980er Jahren auch auf Selbstständige, Auszubildende und Saisonarbeiter*innen. Durch eine Reihe von Richtlinien wurde die Freizügigkeit im Jahr 1990 weiter auf Studierende und Rentner*innen ausgedehnt, unter der Voraussetzung, dass sie über ausreichende Mittel für ihren Aufenthalt verfügen (vgl. Barslund/Busse 2014: 17).

Die oben erwähnten rechtlichen Vorgaben regeln die EU-Binnenmigration. Hierzu soll nun der Fokus auf den Hochschulbereich gelegt werden, weil in diesem Sektor durch die EU zusätzliche Strategien zur Erhöhung der Chancen auf Mobilität entwickelt wurden. Die Bologna-Erklärung (1999) spielt dabei eine zentrale Rolle. Im Rahmen der Bologna-Erklärung wurden fünf Hauptziele gesetzt, wovon das oberste Ziel die Schaffung eines Europäischen Hochschulraums (EHEA) ist, der erreicht werden soll durch: das gemeinsame zweistufige Studienabschlusssystem, die Einführung eines Systems leicht lesbarer und vergleichbarer Abschlüsse, die europäische Zusammenarbeit für die Qualitätssicherung, die Mobilität von Studierenden, Lehrkräften, Forscher*innen und Verwaltungspersonal, sowie die Schaffung eines „Europas des Wissens" in der Hochschulbildung (vgl. European Commission, EACEA, Eurydice 2015: 25). Das Konzept „Europa des Wissens" deutet die enge Verbindung des Hochschulsektors mit dem Wirtschaftssektor an, damit Strategien für die bessere Qualifikation der Studierenden im Hinblick auf den Arbeitsmarkt ausgearbeitet werden (Pasias/Flouris 2005: 393). Das kann aber gleichzeitig heißen, dass dadurch bestimmte Fachdisziplinen, die nicht wirklich mit den Bedürfnissen des Markts verbunden sind – z. B. Geschichte, Politikwissenschaft, Kulturwissenschaften – nicht begünstigt werden (vgl. Lianos 2010: 202). Des Weiteren hängt das Konzept „Europa des Wissens" auch mit den Projekten zu EHEA und des Europäischen Forschungsraumes (EFR) zusammen. Aufgabe des EFR ist unter anderen die Schaffung eines europäischen Binnenmarkts für Forschung, um die Forschung zu fördern und die Abwanderung von Forscher*innen aus der EU durch die Förderung ihrer Mobilität innerhalb des Europäischen Forschungsraums zu verhindern (vgl. Simoleit 2016: 161). Außerdem hat die EU schon zu Beginn des Jahres 1994 mit dem Sokrates-Programm die Mobilität im Hochschulbereich zwischen den Mitgliedsstaaten und kooperierenden nicht-EU-Staaten gefördert. Aktuell wird mit dem Programm mit Namen Erasmus + die Mobilität im Hochschulbereich (auch von Nachwuchswissenschaftler*innen) für den Zeitraum von 2021 bis 2027 weiterhin (vorheriger zeitlicher Rahmen 2014 bis 2020) gefördert, wobei das Programm weitere Bereiche (u. a. Jugend, Bildung) fördert und bei der Verwirklichung der EU-politischen Agenda für Wachstum, Arbeitsplätze, Gerechtigkeit und soziale Integration helfen soll (Erasmus + o. D.).

Zweifellos werden die politischen Agenden der EU seit Jahrzehnten von Themen wie der Unionsbürgerschaft, der EU-Freizügigkeit und der Institutionalisierung der Bildungsmobilität im Hochschulbereich beherrscht. Dies zeigt die Prioritäten der EU hinsichtlich des Arbeitsmarkts innerhalb der EU auf (vgl. Teney 2015b: 5). Der Förderung der EU-Binnenmigration wurde mit der Strategie Europa 2020, als Agenda der EU für Wachstum und Beschäftigung im

Jahrzehnt zwischen 2010 und 2020, weiterhin Priorität beigemessen, zumal ‚Mobilität' im Zusammenhang mit zwei von ihren sieben Leitinitiativen („Jugend in Bewegung", „Agenda für neue Kompetenzen und neue Beschäftigungsmöglichkeiten")[2] erwähnt wird (European Commission 2010). Hinsichtlich des zentralen Bereichs von Forschung und Entwicklung in der Strategie „Europa 2020" wurde das Kernziel gesetzt, dass drei Prozent des BIPs der EU für Forschung und Entwicklung aufgewendet werden (ebd.). Der Schwerpunkt der Agenda, der auf intelligentem, nachhaltigem und integrativem Wachstum liegt, betont den Fokus der EU auf den Technologie- und Forschungsbereich.

Darüber hinaus soll in diesem Zusammenhang darauf hingewiesen werden, dass die Stärkung des Technologie- und Forschungssektors auf dem Arbeitsmarkt der EU nicht nur mit internen Hochqualifizierten sichergestellt werden soll. Dies ist eine relativ neue Entwicklung, zumal die migrationspolitische Zielsetzung der EU bis zum Gipfel von Tampere 1999 von Abwehr gegenüber der Migration von Drittstaatsangehörigen charakterisiert war (vgl. Kane 2019: 198). Dazu haben aber auch die sozialen und wirtschaftlichen Herausforderungen der europäischen Gesellschaften (u. a. demographische Probleme, Alterung der Gesellschaft, gebremstes Wirtschaftswachstum und Zweifel über die Nachhaltigkeit der Sozialversicherungssysteme) beigetragen. Durch die hochqualifizierte Immigration von Drittstaatsangehörigen könnten die europäischen Länder diese Herausforderungen bewältigen, so die Annahme (vgl. Kahanec/Zimmermann 2011: 1). Die bis 2000 praktizierte Migrationspolitik bzw. die „Politiken der Neuzuwanderung" in die EU wurde selbst von der Europäischen Kommission kritisiert (Europäische Kommission 2000). Jedoch ist in den folgenden Jahren eine offenere – im Vergleich zu den vorherigen Jahren – und gleichzeitig selektivere Politik hinsichtlich der Zulassung von Studierenden (Richtlinie 2004/114/EG des Rates), von Forschenden (Richtlinie 2005/71/EG des Rates) und von hochqualifizierten Migrant*innen aus Drittstaaten (Richtlinie 2009/50/EG des Rates) festzustellen (vgl. Pascouau 2013: 2).

Die Einführung der Blauen Karte (Richtlinie 2009/50/EG) bedeutet den Beginn einer neuen Ära in der Regulierung der Arbeitsmigration in der EU.

---

[2] Die anderen fünf Initiativen lauten: „Eine digitale Agenda für Europa", „Eine Industriepolitik im Zeitalter der Globalisierung", „Union der Innovation", „Europäische Plattform zur Bekämpfung der Armut", Ressourcenschonendes Europa" (European Commission 2010).

Dadurch wird impliziert, dass die EU in den „*global war for talents*"[3] eintritt und die Bedarfe auf ihrem Arbeitsmarkt nicht mit den verfügbaren EU-hochqualifizierten Arbeitskräften abzudecken sind. Die Blaue Karte ist eine EU-Arbeitserlaubnis für Hochqualifizierte aus Drittstaaten. Sie regelt die Bedingungen für die Einreise und den Aufenthalt von Hochqualifizierten und ihren mitmigrierenden Familienangehörigen in der EU. Diese Richtlinie legt jedoch auch einige Beschränkungen für die Freizügigkeit innerhalb der EU fest und erlaubt es den Mitgliedsstaaten, unterschiedliche Kriterien für die Erteilung der Blue Card festzulegen (z. B. Verdienstgrenze, Bildung, Quoten) (Pascouau 2013: 29 f.). Außerdem hat die EU 2014 ebenso die Richtlinie 2014/66/EU, auch als Intra-Corporate-Transfer (ICT)-Richtlinie bekannt, verabschiedet, die die Bedingungen für die Einreise und den befristeten Aufenthalt von Drittstaatsangehörigen im Rahmen eines unternehmensinternen Transfers regelt. Diese Richtlinie betrifft vor allem zugewanderte Hochqualifizierte im Unternehmensbereich, da sie die Einreise von Führungskräften, Spezialist*innen sowie Trainees in die EU im Rahmen der Wirtschaftsziele und denen des Arbeitsmarkts im Sinne der Strategie Europa 2020 erleichtert (Richtlinie 2014/66/EU). Die ICT-Karte wird nach einheitlichen Bedingungen von den jeweiligen EU-Mitgliedsstaaten ausgestellt; mit ihr besteht auch die Möglichkeit, Mobilität in allen anderen EU-Mitgliedsstaaten zu nutzen (BAMF 2020). Bei näherer Betrachtung wird deutlich, dass die Kommission mit dieser Richtlinie nicht nur unternehmensinterne Entsandte (Führungskräfte, Spezialist*innen und Trainees) von anderen Migrant*innen unterscheidet sowie zusätzliche Rahmenbedingungen neben der Blauen Karte schafft, sondern auch, dass dadurch die Entsendung von Arbeitskräften für multinationale Unternehmen erleichtert wird (vgl. Kane 2019: 282).

In Hinblick auf den dargestellten rechtlich-politischen Rahmen der EU ist somit festzustellen, dass die Migration von hochqualifizierten EU-Bürgerinnen durch verschiedene Strategien und Regelungen begünstigt wird. Dies hängt mit der Überzeugung der Entscheidungsträger*innen in der EU zusammen, dass die EU-Binnenmigration und die hochqualifizierte Migration aus Drittstaaten positive Folgen für ihre Wirtschaft hervorbringen.

---

[3] Der Begriff „*war of talents*" wurde 1998 zum ersten Mal von McKinsey & Company, eine Unternehmensberatungsfirma mit Sitz in den USA, verwendet (vgl. Beechler/Woodward 2008: 274).

4.2   Staatliche Ebene

Das Thema Einwanderung von Hochqualifizierten war in Deutschland lange Zeit ein ziemlich vernachlässigter Aspekt der Migrationspolitik, zumal bis 1998 der „Mythos vom *Nicht-Einwanderungsland*" dominierte (Baringhorst 2013: 47). Jedoch ist zu erwähnen, dass es durchaus rechtliche Ausnahmeregelungen bei der Erteilung von Arbeitserlaubnissen gab, so etwa Anfang der 1970er Jahre für bestimmte hochqualifizierte Gruppen ohne deutsche Staatsangehörigkeit (Lehrpersonen, wissenschaftliche Mitarbeiter*innen) und 1990 für Wissenschaftler*innen, Fachkräfte mit Hochschul-, Fachhochschulausbildung oder vergleichbarer Qualifikation (vgl. Kane 2019: 131). Diese Ausnahmeregelungen waren aber kein Signal für einen grundsätzlichen Politikwechsel in der Migrationspolitik in Deutschland. Erst mit dem Regierungswechsel von 1998 wird der obenerwähnte „*Mythos*" dekonstruiert und ein migrationspolitischer Paradigmenwechsel in Deutschland vollzogen (Baringhorst 2013: 47). Dieser zeigt sich etwa in der Einführung einer Greencard-Option sowie der Änderung des Staatsangehörigkeitsgesetzes (vgl. ebd.). Seit 1998 änderten sich die normativen und kognitiven Schemata in der deutschen Migrationspolitik grundlegend: Maßgeblich sind seitdem die folgenden Grundannahmen: „*Deutschland ist ein Einwanderungsland; Deutschland braucht hochqualifizierte Zuwanderer; Deutschland braucht eine systematische Integrationspolitik*" (ebd.: 48). Wesentlich beeinflusst wurde der Policy-Wechsel durch das demographische Problem der deutschen Gesellschaft und einen zunehmenden Mangel an hochqualifizierten Fachkräften (vgl. ebd.: 49). Der sich daraus ergebende Zuwanderungsbedarf hing gleichzeitig mit der Tertiarisierung der Wirtschaft und dem damit verbundenen Wachstumsdruck im Dienstleistungssektor wie auch mit der gestiegenen Bedeutung des Technologie- und des Informationssektors zusammen (vgl. Kane 2019: 133).

Die Greencard wurde 2000 – auch unter dem Druck von Interessengruppen im ITK-Bereich – eingeführt und zielte ab, den Mangel an Fachkräften im Informations- und Kommunikationstechnologien auf dem deutschen Arbeitsmarkt durch die Rekrutierung von drittstaatsangehörigen IT-Expert*innen abzudecken (Kolb 2005). Die Interessierten konnten bis Ende 2004 eine Arbeitserlaubnis, die für fünf Jahre gültig wäre, beantragen. Mit der Greencard war aber laut Kolb ein „*inszenierter Politikwechsel*" in Deutschland möglich (ebd.), da diese auf der bereits existierenden Rechtslogik beruhte und keine Integrationsaspekte, wie z. B. der Familiennachzug der zugewanderten IT-Kräfte oder ihre langfristige Aufenthaltsperspektive, berücksichtigte (Kolb 2004).

Auch im Zuwanderungsgesetz von 2004, das Bestimmungen der deutschen Migrations- und Integrationspolitik reformierte und das Aufenthaltsrecht für

Nichtdeutsche neu festsetzte, sind spezielle Regelungen zugunsten von Hochqualifizierten zu finden. Charakteristisch ist dabei, dass Hochqualifizierte (z. B. Wissenschaftler*innen, Ingenieur*innen und IT-Expert*innen) von den Voraussetzungen zur Erteilung der Niederlassungserlaubnis (z. B. Deutschkenntnisse, mindestens fünfjähriger vorheriger Besitz einer Aufenthaltserlaubnis) ausgenommen werden. Da eine Beantragung der Greencard bis 2004 möglich war, wird im Zuwanderungsgesetz der Fokus auf die IT-Expert*innen gelegt. In der Gesetzesbegründung wird betont, dass der Fokus darauf gerichtet ist, da *„sich Deutschland in einer ähnlichen Situation wie andere hochindustrialisierte Staaten befinde und den gestiegenen Bedarf an Fach- und Führungskräften der Informations- und Kommunikationstechnologien nicht durch das nationale Arbeitskräftepotenzial decken könne"* (Kane 2019: 138).

Darüber hinaus ist der Wille des deutschen Staates, Hochqualifizierte aus Drittstaaten anzuziehen, mit dem Arbeitsmigrationssteuerungsgesetz 2008 nochmals deutlich geworden, zumal seine Entstehung mit dem Ziel der Förderung des Zuzugs und Verbleibs von Fachkräften durch die Erweiterung aufenthaltsrechtlicher Perspektiven zusammenhängt. Zum ersten Mal nach 1973 wurde damit der Weg für einen permanenten Aufenthalt von – insb. hochqualifizierten – Arbeitskräften durch bessere Bedingungen (z. B. Senkung der Mindestverdienstgrenze) bereitet (vgl. Zotti 2021: 231). Das Arbeitsmigrationssteuerungsgesetz enthielt auch Bestimmungen zum Arbeitsmarktzugang für Hochqualifizierte aus den neuen EU-Mitgliedsstaaten und zu deren Familienangehörigen.

Außerdem durften laut § 19 AufenthG hochqualifizierte Drittstaatsangehörige eine sofortige Niederlassungserlaubnis beantragen. Die berechtigten Hochqualifizierten sollten Wissenschaftler*innen *„mit besonderen fachlichen Kenntnissen"*, Lehrpersonen oder wissenschaftliche Mitarbeiter*innen *„in herausgehobener Funktion"* umfassen (§ 18c Abs. 3 AufenthG). Eine Zustimmung der BA zur Erteilung einer (unbefristeten) Niederlassungserlaubnis für diese Personengruppe war nicht notwendig. Jedoch traf dieser Fall nur auf 31 Personen im Jahr 2015 zu (vgl. Hunger/Krannich 2017: 20).

Des Weiteren wurden rechtliche Verordnungen für Spezialist*innen und Führungskräfte bei internationalen Konzernen eingeführt. So sieht z. B. § 4 BeschV von 2005 die Befreiung von einer Zustimmungspflicht der BA vor, falls die Beschäftigung des leitenden Angestellten aus Drittstaaten im Rahmen des Personalaustausches zur Internationalisierung des Führungskreises erfolgt ist (vgl. Kane 2019: 147).

Die nächste wichtige rechtlich-politische Entwicklung in der deutschen Migrationspolitik in Bezug auf die hochqualifizierte Migration war die Umsetzung der EU-Richtlinie 2009/50/EG. Die Einführung der Blauen Karte sollte bis zum

19. Juni 2011 von den Mitgliedsstaaten umgesetzt werden, jedoch geschah das in Deutschland ein Jahr später (1. August 2012) (vgl. Kane 2019: 230). Die Blaue Karte (§ 19a AufenthG) bietet hochqualifizierten Drittstaatsangehörigen die Möglichkeit, als Wissenschaftler*innen (§ 19 AufenthG), als Forschende (§ 20 AufenthG) und als Selbstständige bzw. Freiberufler*innen (§ 21 AufenthG) nach Deutschland einzureisen (vgl. SVR 2019: 19 f.). Die Voraussetzung für die Beanspruchung einer Blauen Karte ist ein Hochschulabschluss, der entweder anerkannt oder mit einem deutschen Hochschulabschluss vergleichbar ist. Ein Kriterium, neben dem Nachweis des Hochschulabschlusses, zur Erteilung der Blauen Karte ist ein gewisses Mindesteinkommen. Dass dieses erzielt wird, muss belegt werden und beträgt 56.800 Euro jährliches Mindestbruttogehalt. Geht es allerdings – laut Festlegung der BA – um einen Mangelberuf (d. h. aus den Berufsfeldern Mathematik, Informatik, Naturwissenschaften, Ingenieurwesen und Humanmedizin – außer Zahnmedizin), so wird nur ein jährliches Mindestbruttogehalt von 44.304 Euro verlangt (Stand 2020). Die Bedingungen zur Erteilung der Blauen Karte waren in Deutschland im Vergleich etwa zu ost- und südeuropäischen Ländern liberaler, zumal keine Zulassungsquoten vorgesehen wurden (vgl. Kane 2019: 236). Die Blaue Karte hat jedoch eine befristete Dauer, die in Deutschland auf vier Jahre festgesetzt wurde. Inhaber*innen der Blauen Karte in Deutschland können nach 33 Monaten hochqualifizierter Beschäftigung eine Niederlassungserlaubnis erhalten (Stand 2020). Der deutsche Arbeitsmarkt scheint der Hauptgewinner in der EU im Vergleich zu anderen Mitgliedsstaaten von der Etablierung der mit der Blauen Karte verbundenen Regelung zu sein, zumal 2019 bei einer Gesamtheit von 36.806 ausgestellten Blauen Karten in der EU 28.858 in Deutschland erteilt wurden – und demgegenüber nur zwölf in Griechenland (vgl. Eurostat 2020a).

Außerdem wurde im August 2017 gemäß der Richtlinie 2014/66/EU die entsprechende ICT-Richtlinie von der deutschen Bundesregierung verabschiedet (vgl. Kane 2019: 313). In Deutschland wird die ICT-Karte für eine maximale Dauer von drei Jahren erteilt und betrifft einen unternehmensinternen Transfer eines Drittstaatsangehörigen. Jedoch ergeben sich unterschiedliche Bedingungen zur Dauer des Aufenthalts je nach Kategorie (maximal drei Jahre für Führungskräfte und Spezialist*innen und maximal ein Jahr für Trainees) (BAMF 2020). Dabei war zu beobachten, dass die Einführung der ICT-Karte in Deutschland deutlich weniger Medieninteresse fand, als dies im Vergleich dazu die Implementierung der Blauen Karte erweckte (vgl. Kane 2019: 315).

Die bereits vorgestellten Reformen im Migrations- und Integrationsrecht Deutschlands deuten einen Paradigmenwechsel in der deutschen Migrationspolitik an; Auslöser dafür war der Bedarf an hochqualifizierten Arbeitskräften. Trotz dieser Aktivierung der deutschen Politik, mit dem Ziel die Position Deutschlands im internationalen Wettbewerb der Talente zu stärken, bestand weiterhin Nachfrage nach mehr Fachkräften, insbesondere in den Mathematik, Informatik, Naturwissenschaft und Technik (MINT)-Berufen sowie in den Gesundheits- und Pflegeberufen. Angesichts dieses bestehenden Bedarfs wurde das Fachkräfteeinwanderungsgesetz im August 2019 durch den Bundestag beschlossen und im März 2020 in Kraft gesetzt (Zischke et al. 2020). Ziel des Fachkräfteeinwanderungsgesetzes ist die Erleichterung der Einwanderung von qualifizierten Fachkräften aus Nicht-EU-Ländern nach Deutschland. Das Fachkräfteeinwanderungsgesetz trat nun aber nicht anstelle der Blauen Karte für Hochschulabsolvent*innen aus Drittstaaten und so kann sie von Drittstaatsangehörigen Hochqualifizierten immer noch beantragt werden. Zur Neuerung im Fachkräfteeinwanderungsgesetz gehört die Aufklärung darüber, was unter einer Fachkraft zu verstehen ist, indem ein neuer Begriffsinhalt definiert wird. Als Fachkraft werden nicht nur Hochschulabsolventen betrachtet, sondern auch die Arbeitskräfte, die eine anerkannte nicht-deutsche Berufsqualifikation und somit eine gleichwertige qualifizierte Berufsausbildung besitzen (§ 18 Abs. 3 AufenthG). Zwei weitere Neuerungen des Fachkräfteeinwanderungsgesetzes sind, dass die Begrenzung der Einwanderung von Fachkräften mit einer Berufsausbildung aus einem Drittstaat bei Mangelberufen ausgesetzt wird, ebenso wie die Vorrangprüfung[4]. Mit dem Fachkräfteeinwanderungsgesetz wird es demnach auch Fachkräften mit anerkannter qualifizierter Berufsausbildung bzw. einem Hochschulabschluss erlaubt, für eine befristete Zeit (unter der Voraussetzung einer Lebensunterhaltssicherung und ausreichender Deutschkenntnisse) nach Deutschland zu kommen, um hier nach einer entsprechenden Arbeitsstelle zu suchen. Ebenfalls ist es mit dem neuen Fachkräfteeinwanderungsgesetz für drittstaatsangehörige Fachkräfte möglich, zum Zweck eines Ausbildungs- oder eines Studienplatzes für eine befristete Zeit zur Nachqualifikation nach Deutschland einzureisen (Kolb 2020). Obwohl das Fachkräfteeinwanderungsgesetz nicht als ‚revolutionär' betrachtet werden kann, *„werden jedoch die Rahmenbedingungen erheblich verändert und dies eindeutig im Sinne einer Öffnung des Landes für Drittstaatsangehörige, die zum Zweck der Aufnahme einer Erwerbstätigkeit nach Deutschland kommen wollen"* (ebd.).

Das neue Fachkräfteeinwanderungsgesetz hat die Einreisebedingungen besonders für Arbeitsausbildungsinteressierte deutlich vereinfacht. Günstigere Bedingungen sind aber auch für IT-Fachkräfte mit dem Fachkräfteeinwanderungsgesetz bemerkbar, da ein anerkannter Abschluss oder eine Ausbildung nicht mehr

---

[4] Laut der Vorrangprüfung sollte vor jeder Einstellung eines Drittstaatsangehörigen festgestellt werden, ob ein Bewerber mit deutscher oder EU-Bürgerschaft zur Verfügung steht.

Voraussetzung für die Einreise ist, wenn ausreichende Deutschkenntnisse und mindestens drei Jahre Berufserfahrung im ITK-Bereich innerhalb der letzten sieben Jahre nachgewiesen werden können. Dabei gilt allerdings die Einschränkung, dass ein Mindesteinkommen von 60 Prozent der jährlichen Beitragsbemessungsgrenze in der allgemeinen Rentenversicherung erzielt werden muss (Fachkräfteeinwanderungsgesetz § 51 Abs. 6).

Nunmehr sind die wichtigsten rechtlich-politischen Entwicklungen seitens des deutschen Staats, bei denen es um die Rekrutierung von hochqualifizierten Drittstaatsangehörigen geht, vorgestellt worden. Diese beziehen sich offenbar nicht direkt auf den untersuchten Fall von zugewanderten Hochqualifizierten aus Griechenland, da diese nicht zur Gruppe der Drittstaatsangehörigen zählen. Jedoch sind in den letzten Jahren auch wichtige Entwicklungen auf politischer Ebene in Bezug auf die EU-Hochqualifizierten-Einwanderung nach Deutschland zu erwähnen. Diese setzten zu einem Zeitpunkt ein, als die südeuropäischen Länder verstärkt unter der Finanzkrise und steigender Jugendarbeitslosigkeit litten und daher junge Hochqualifizierte aus Südeuropa massiv nach Deutschland zuwanderten (siehe Kapitel 2). Mitte 2012 artikulierte die damalige Bundesministerin für Arbeit und Soziales, Ursula von der Leyen, im Rahmen der Gespräche zum Thema „Stärkung des Europäischen Arbeitsmarktes" bereits, dass die *„Mobilität von jungen Menschen aus dem Süden Europas Richtung Norden"* – gemeint war Deutschland – *„gefördert werden sollte"* (BMF 2016: 123). In der Tat werden von dieser EU-internen hochqualifizierten Migration die Bedarfe an hochqualifizierten Fachkräften des deutschen Arbeitsmarkts abgedeckt (siehe Abschnitt 9.1).

Bereits im Jahr 2010 erschien das Wort „Willkommenskultur" in der politischen Debatte Deutschlands. Es bezieht sich ursprünglich auf die Bemühungen des deutschen Staats, eine attraktive Umgebung zu schaffen, um internationale Arbeitskräfte anzuziehen (vgl. Zotti 2021: 228), erst später wurde „Willkommenskultur" im Zusammenhang mit der Aufnahme von Geflüchteten während der Jahre 2015 und 2016 bekannter (vgl. Bertelsmann Stiftung 2017: 3). In Großstädten wurden „Willkommenszentren" eingerichtet und im Rahmen der Initiative *„jobofmylife"*, die von der Bundesregierung mit dem Bundesministerium für Arbeit und Soziales (BMAS) gegründet wurde, bot das Portal *„Make-it-in Germany"* Informationen über offene Stellen für interessierte nicht-deutsche Arbeitskräfte, u. a. auch für Unionsbürger*innen (vgl. Barslund/Busse 2014: 34) an. Diese Initiative ist Teil des Sonderprogramms des BMAS zur „Förderung der beruflichen Mobilität von ausbildungsinteressierten Jugendlichen aus Europa (MobiPro-EU)" und lässt sich in den Jahren seiner Umsetzung für Deutschland als eine zentrale Strategie zur Fachkräftesicherung durch EU-Arbeitnehmer*innen verstehen. Offiziell sollte das Sonderprogramm „MobiPro-EU" einen Beitrag zur

Bekämpfung der Jugendarbeitslosigkeit in ganz Europa leisten (BMF 2017). Jedoch ist es deutlich, dass sich dies in Hinblick auf die zunehmende Nachfrage nach „*qualifizierten Fachkräften*" in Deutschland entwickelte (BMF 2016: 123). „MobiPro-EU" zielte auf Ausbildungsinteressierte aus anderen EU-Ländern ab. Es hat individuell Interessierte zwischen 2013 und 2014 und ab 2015 auch Projekte gefördert und lief bis 2020 (vgl. ebd.). „MobiPro-EU" als „Rekrutierungs- und Matching Prozess" wurde gemeinsam von Projektträgern und dem Internationalen Personalservice (IPS) der Zentralen Auslands- und Fachvermittlung (ZAV) realisiert und hat Deutschkurse im Herkunftsland, ein sechswöchiges Betriebspraktikum von Ausbildungsinteressierten aus anderen EU-Ländern sowie Reise- bzw. Umzugskosten gefördert. Nach dem erfolgreichen Abschluss des Betriebspraktikums konnte sich die geförderte Person für einen Ausbildungsberuf und für eine drei- oder dreieinhalbjährige Berufsausbildung entscheiden (vgl. BA 2019c: 15). Jedoch hatte „MobiPro-EU" wenig Erfolg in den Kooperationen mit griechischen Trägern bzw. griechischen Ausbildungsinteressierten: Im Gegensatz zu Teilnehmenden aus Spanien, die den großen Mehrheitsanteil (65 %) der im Ausbildungsjahrgang 2015 insgesamt Teilnehmenden bildeten, war der Anteil von Teilnehmenden aus Griechenland deutlich niedriger (zwischen fünf Prozent und sieben Prozent) (vgl. BMF 2017: 12).

Offenbar bezieht sich das „MobiPro-EU" nicht auf die Hochqualifizierten-Fokusgruppe dieser Studie. Obwohl die oben erwähnten „Willkommenszentren" auch für sie eingerichtet wurden, wurde aber gleichzeitig auch deutlich, dass nur die Hochqualifizierten willkommen geheißen wurden, die den Bedarfen des deutschen Arbeitsmarktes entsprachen, wie aus der Stellungnahme des Arbeitsministeriums: „*wir wollen die Zuwanderung von Fachkräften, aber keine Zuwanderung in die Sozialsysteme*" (Wisdorff 2012) hinsichtlich des Zugangs von Neuzuwanderer*innen zu Sozialleistungen interpretiert werden kann. Dennoch finden Rekrutierungen von EU-Hochqualifizierten auf verschiedenen Ebenen vonseiten der Arbeitgeber selbst bis zur BA statt (vgl. Klekowski von Koppenfels/Höhne 2017: 166). Eine zentrale Rolle bei der Rekrutierung von hochqualifizierten Arbeitskräften aus der EU spielen die Zentrale Auslands- und Fachvermittlung der BA und das Info-Portal der BA „Make-it-in-Germany". Solche Rekrutierungen geschehen aber auch über Kommunen, Handelskammern, Berufsverbände, die – wie auch die BA – an Jobmessen in Südeuropa teilnehmen (vgl. Klekowski et al. 2017: 167).

Hinsichtlich der Rekrutierung auf deutscher Seite von Hochqualifizierten aus Griechenland können einige Beispiele je Sektor exemplarisch genannt werden.[5] Bei der Rekrutierung von Ärzt*innen aus Griechenland sind oft private Personalvermittler in beiden Ländern beteiligt. Sie unterstützen die Interessierten bei der Arbeitssuche und bei der Bewerbung, und nach der Einstellung bei den kooperierenden Kliniken bekommen sie einen Anteil vom Gehalt der beworbenen Ärzt*innen.[6] Ein Beispiel für die Rekrutierung von Ärzt*innen auf Berufsverbändeniveau ist die Kooperation zwischen der Ärztekammer Westfalen-Lippe und der Ärztekammer Thessaloniki. Sie ist 2012 nach einer Delegationsreise von Vertretern des Nordrhein-Westfälischen- (NRW)-Gesundheitswesens[7] entstanden.[8] Ziel der Kooperation war die Rekrutierung von Medizinabsolvent*innen aus der Region Thessaloniki, damit sie ihre fachärztliche Weiterbildung in NRW absolvieren. Der damalige Präsident der Ärztekammer Westfalen-Lippe (AEKWL) charakterisiert diese Kooperation als eine Win-win-Situation aufgrund der Arbeitslosigkeit von Ärzt*innen in der Thessaloniki-Region und der Hürden in Griechenland beim Zugang zu einer Facharzt*inausbildung, aber auch aufgrund der Bedarfe an Ärzt*innen in NRW (AEKWL 2012).

Im Hochschulbereich wird über Austauschprogramme (z. B. Erasmus +) die Mobilität von Hochschulbeschäftigten und Nachwuchswissenschaftler*innen zwischen Griechenland und Deutschland ermöglicht (siehe auch statistische Daten dazu in Abschnitt 5.2). Die Zusammenarbeit zwischen den beiden Ländern auf Hochschulniveau hat sich seit 2013, als die vom Auswärtigen Amt finanzierten Programme „Hochschuldialog mit Südeuropa" und „Hochschulpartnerschaften mit Griechenland" aufgelegt wurden, intensiviert. Das Programm „Hochschulpartnerschaften mit Griechenland" zielt auf die offensichtliche Förderung der partnerschaftlichen Beziehungen – auch mit langfristiger Intention – zwischen griechischen und deutschen Hochschulen ab, sowie auch auf die *„Stärkung der*

---

[5] Eine Auflistung von Programmen zur Rekrutierung griechischer Hochqualifizierter nach Deutschland ist hierbei hier nicht möglich, da es einerseits keine bisherige Forschung zu diesem konkreten Thema gibt und andererseits eine ausführliche Recherche zu diesem Thema nicht den Zielen dieser Studie dienen würde.

[6] Diese Informationen stammen aus einem Gespräch mit dem Leiter eines Personalvermittlungsbüros für die Rekrutierung von Ärzt*innen und Pflegekräften aus Griechenland und Zypern ins deutsche Gesundheitswesen.

[7] Dabei waren die damalige NRW-Gesundheitsstaatssekretärin Bredehorst, Vertreter von den Ärztekammern aus Münster und Düsseldorf, der Krankenhausgesellschaft NRW, des Bundesamts für Migration und Flüchtlinge (BAMF), der Zentralen Auslands- und Fachvermittlung der BA sowie des Goethe-Instituts Thessaloniki beteiligt (AEKWL 2012).

[8] Das Projekt ist abgeschlossen.

Beschäftigungsfähigkeit griechischer Hochschulabsolventen" und die nachhaltige strukturelle Verbesserung der Lehr- und Forschungsbedingungen in Griechenland (DAAD o. D.). Das Programm beinhaltete bis jetzt drei Phasen: von 2013 bis 2015, von 2016 bis 2019 und aktuell läuft die dritte Phase des Programms (2020 bis 2022). Wichtig für die Erweiterung der Kooperationen zwischen den Hochschulen der beiden Länder und für die Vermittlung von – meistens – griechischen und deutschen Forscher*innen und Nachwuchswissenschaftler*innen war das „Memorandum of Understanding" zur Hochschulkooperation, das 2014 von der Hochschulrektorenkonferenz (HRK) und der griechischen Rektorenkonferenz unterzeichnet wurde (HRK 2014a). Die HRK hat bis Dezember 2019 482 deutsch-griechische Kooperationsabkommen registriert (vgl. DAAD 2019: 6), nachdem das erwähnte „Memorandum of Understanding" aufgrund der Kürzungspolitiken an griechischen Hochschulen unterschrieben wurde (HRK 2014b). Es lässt sich somit sagen, dass durch Hochschulkooperationen zwischen Institutionen der beiden Länder Rekrutierungsoptionen für Forscher*innen aus Griechenland im deutschen Hochschulbereich entstehen.

Kaum Informationen stehen zur Verfügung über konkrete Rekrutierungsprogramme für griechische IT-Expert*innen, die nach Deutschland kommen wollen. Eine Befragung unter 98 IT-Unternehmen zur Rekrutierung von internationalen IT-Expert*innen, die 2013 von Software-Cluster durchgeführt wurde, hat gezeigt, dass IT-Expert*innen aus Griechenland und Italien[9] deutlich weniger im Vergleich zu IT-Expert*innen aus anderen Regionen (z. B. Osteuropa oder Österreich und der Schweiz) von den befragten Unternehmen rekrutiert wurden (vgl. Dirsch-Weigand et al. 2013: 21). Dieselbe Befragung zeigt, dass die am häufigsten genutzten Rekrutierungskanäle eigene Internetseiten der Firmen, Netzwerke von internationalen Mitarbeitern und internationale Jobbörsen sind (vgl. ebd.: 22).

Nach Vorstellung der rechtlich-politischen Rahmenbedingungen auf EU- und auf deutscher Ebene wird nun der Fokus auf die drei untersuchten Sektoren in beiden Ländern gerichtet, damit die besonderen ökonomischen und politischen Bedingungen von Migration in den jeweiligen Bereichen deutlich werden.

---

[9] In der Studie wurden die beiden Länder derselben Gruppe von Rekrutierungsländern zugeordnet.

Ökonomische und politische Rahmenbedingungen und Stand der Migration in ausgewählten Sektoren

5

Dieses Kapitel fokussiert sich auf die drei zu untersuchenden Sektoren (Gesundheitssektor, Wissenschaftssektor und ITK-Sektor) in Deutschland und in Griechenland. Zunächst wird die Migration hochqualifizierter griechischer Arbeitskräfte nach Deutschland in den drei untersuchten Sektoren auf der Grundlage statistischer Daten dargestellt. Hieraus wird deutlich, warum gerade diese drei Berufsgruppen für diese Studie ausgewählt wurden. Anschließend erfolgt ein Zwischenfazit, um die Ergebnisse der Analyse aus einer vergleichenden Perspektive zusammenzufassen.

5.1 Der Gesundheitssektor

Die Gesundheitssektoren in Deutschland und in Griechenland weisen entscheidende Unterschiede auf. Während der deutsche Gesundheitssektor dem klassischen Bismarck-Modell zugeordnet werden kann, existieren beim griechischen Gesundheitssystem Elemente sowohl des Beveridge-Modells als auch des Bismarck-Modells (Wendt 2013). Mit Blick auf Finanzierung, Regulierung und Leistungserbringung gehört der deutsche Gesundheitssektor den korporatistischen Gesundheitssystemen an, da Körperschaften des öffentlichen Rechts eine zentrale Rolle dabei spielen, und der griechische Gesundheitssektor wird zu den *„staatlich regulierten Gesundheitssystemen mit niedrigem Absicherungsniveau"* gezählt (Wendt 2013: 205). Außerdem sind bemerkenswerte Unterschiede hinsichtlich der finanziellen Ressourcen der beiden Gesundheitssektoren im Vergleich festzustellen, wie Tabelle 5.1 darstellt.

Diese Unterschiede zwischen den beiden Gesundheitssektoren lassen sich mit einem tieferen Blick in ihre Strukturen erklären. Beginnend mit dem deutschen

© Der/die Autor(en), exklusiv lizenziert an Springer Fachmedien Wiesbaden GmbH, ein Teil von Springer Nature 2022
A. Gkolfinopoulos, *Deutschland als Magnet für Hochqualifizierte aus Griechenland*, Interkulturelle Studien,
https://doi.org/10.1007/978-3-658-39985-6_5

Tabelle 5.1 Gesundheitsausgaben als Anteil am BIP (in Prozent) in Deutschland und in Griechenland (2009–2019)

	2009	2010	2011	2012	2013	2014	2015	2016	2017	2018	2019
Deutschland	11,2	11,1	10,8	10,8	11,0	11,0	11,2	11,2	11,4	11,5	11,7[v]
Griechenland	9,4	9,5	9,0	8,8	8,3	7,9	8,0	8,2	8,0	7,7	7,8[g]

[v] vorläufiger Wert
[g] geschätzter Wert

Quelle: Eigene Darstellung nach OECD (2021b)

Gesundheitssektor (5.1.1) und im Anschluss mit dem griechischen Gesundheits-sektor (5.1.2) wird dabei versucht, die als Folge der politischen Entwicklungen und Entscheidungen im jeweiligen Land zu verstehenden Akteurskonstellationen (vgl. Adel et al. 2004: 201) zu beleuchten. Außerdem werden aktuelle Fakten zu den beiden Gesundheitssektoren präsentiert, die sich als relevant für das hier untersuchte Thema (wie z. B. Arbeitsmarkt bzw. Personalbestand der Ärzt*innen, Ausbildung der Ärzt*innen) erweisen.

5.1.1 Der deutsche Gesundheitssektor

Organisation und Finanzierung
In Bezug auf die Regulierung des deutschen Gesundheitssystems ist der Staat *„die oberste und letztentscheidende Instanz"* (Simon 2013: 122), dennoch ist er *„auf eine allgemeine Rahmensetzung beschränkt"* (ebd.). Diese Beschränkung des Staates lässt sich durch das Bismarck-Modell erklären. Auch wenn der Bund die legalen Rahmenbedingungen setzt, übernehmen doch korporatistische Akteure des deutschen Gesundheitssystems die Organisation der gesundheitli-chen Versorgung im Rahmen der gesetzlichen Krankenversicherung (GKV) sowie die Sicherstellung ihrer Finanzierung. Charakteristisch für diese Struktur ist dabei, dass, obwohl die staatliche Steuerung in Deutschland im internationalen Vergleich als relativ hoch betrachtet werden kann (vgl. ebd.: 123), die gesetz-liche Krankenversicherung doch der Hauptfinancier medizinischer Leistungen ist. So waren 2019 88,09 Prozent (GKV-Spitzenverband 2020) der Bevölke-rung Deutschlands in der GKV versichert. Die Versicherungsbeiträge sind die Hauptfinanzierungsquelle des deutschen Gesundheitssystems, wie aktuelle Daten zu den Gesamtgesundheitsausgaben im Jahr 2020 des Statistischen Bundes-amts aufzeigen: Von den 425.117 Millionen Euro stammen 242.480 von der

GKV, 45.902 von der sozialen Pflegeversicherung, 6.489 von der gesetzlichen
Unfallversicherung und 4.782 von der gesetzlichen Rentenversicherung (Destatis
2021a). Aber auch die privaten Haushalte tragen zur Finanzierung des deutschen Gesundheitssystems durch Zuzahlungen im Rahmen der GKV bei, sowie
durch die individuelle Finanzierung, wenn Kosten für Arzneimittel oder Gesund-
heitsdienstleistungen nicht von Krankenkassen übernommen werden (vgl. Simon
2013: 133). Diese Quelle zusammen mit den Gesundheitsausgaben privater Organisationen ohne Erwerbszweck (z. B. Wohlfahrtsverbände, kirchliche Träger)
ist der zweitgrößte Finanzierungsträger (55.000 Millionen Euro) der Gesundheitsausgaben laut den Daten von Destatis (2021a). Die Ausgaben der privaten
Krankenversicherung (PKV) lagen 2020 bei 34.705 Millionen Euro (ebd.). Die
öffentlichen Haushalte haben zu den gesamten Gesundheitsausgaben mit 18.220
Millionen Euro 2019 beigetragen (ebd.). Diese Ausgaben beziehen sich auf Kosten der öffentlichen Verwaltung im Gesundheitsbereich, auf die Förderung von
Investitionen, auf die Vorhaltung von Ausbildungskapazitäten sowie auf die Kosten der Sozialhilfeleistung „Hilfe zur Pflege" (Simon 2013: 136). Die direkte
Finanzierung des deutschen Gesundheitssektors durch den Staat ist also eher
begrenzt. Des Weiteren sind auch die Gesundheitsausgaben vonseiten der Arbeitgeber, die direkte Aufwendungen betreffen, zu berücksichtigen. Diese liegen 2020
bei 17.538 Millionen Euro (Destatis 2021a).

Um die Akteurskonstellationen des deutschen Gesundheitssektors weiter zu
beleuchten, sollen die Träger der Leistungserbringung dargestellt werden. Dabei
geht es um eine Konstellation von öffentlichen, freigemeinnützigen und privaten
Trägern. Durch die Bundeswehrkrankenhäuser trägt der Bund z. B. ebenfalls zur
Gesundheitsleistung bei und die Länder beteiligen sich durch die Universitäts-
krankenhäuser und psychiatrischen Landeskrankenhäuser. Des Weiteren zählen
auch Gemeinden mit ihren eigenen Einrichtungen der stationären Krankenver-
sorgung und den Einrichtungen der ambulanten und stationären Pflege zu den
öffentlichen Trägern von Gesundheitsleistungen (vgl. Simon 2013: 137). Frei-
gemeinnützige Träger (Wohlfahrtsverbände, kirchliche Träger und Stiftungen)
sind durch ihre Krankenhäuser, Sozialstationen und Pflegeheime an der Gesundheitsleistung in Deutschland beteiligt. Die privaten Träger spielen eine zentrale
und vielfältige Rolle dabei, da unterschiedliche Träger dazuzuzählen sind, wie
z. B.: Apotheken, Praxen, das Gesundheitswerk, private Krankenhäuser, private
Pflegedienste und private Pflegeheime (vgl. ebd.: 138).

Jedoch sollte zu diesem Punkt auch ein Fokus auf die weiteren Akteure
des deutschen Gesundheitssektors gerichtet werden, da die Selbstverwaltung und
die korporatistischen Eigenschaften des deutschen Gesundheitssektors bei seiner

Organisation zentral sind. Hoesch betrachtet die ärztlichen Interessenvertretungen und Körperschaften sowie die Verbände der GKV als sehr dominierende Akteure des Gesundheitssystems (vgl. Hoesch 2009: 208). Besonders wichtig dabei sind die Verbände der Ärzt*innen, die doppelt durch die Kassenärztlichen Vereinigungen (KVen)[1] und durch die (Zahn-)Ärzt*innenkammer[2] vertreten werden. Neben den Verbänden von Ärzt*innen sollen auch diejenigen der Kran-. kenkassen erwähnt werden, da sie dank der Krankenversicherungspflicht in Deutschland und der Finanzierung des Gesundheitssystems auf Basis von Versicherungsbeiträgen wichtige Säulen seiner Strukturen sind, trotz ihrer sinkenden Zahl in den letzten Jahren als Folge des Inkrafttretens des Wettbewerbsverstärkungsgesetzes (vgl. Busse/Blümmel 2014: 39). Die gesetzlichen Kranken- und Pflegekassen werden auf Bundesebene von der zentralen Interessenvertretung des GKV-Spitzenverbands vertreten. Außerdem ist der Gemeinsame Bundesausschuss (G-BA) besonders wichtig im deutschen Gesundheitssystem, da in diesem Gremium Entscheidungen über die Leistungen und Vergütungen innerhalb der GKV getroffen werden (vgl. Hoesch 2009: 202). Der G-BA, der auch *„kleiner Gesetzgeber"* genannt wird (Simon 2013: 129), besteht aus Vertreter*innen der Kassenärztlichen und der Kassenzahnärztlichen Bundesvereinigungen, der Deutschen Krankenhausgesellschaft, des GKV-Spitzenverbandes der Krankenkassen sowie aus zwei unparteiischen Mitgliedern und einem unparteiischen Vorsitzenden. Bis zu fünf Vertreter*innen von Patientenorganisationen können an den Sitzungen des G-BA teilnehmen, obwohl sie dabei lediglich beratende Stimme haben. Es ist charakteristisch für die korporatistischen Eigenschaften des deutschen Gesundheitssektors, dass die wichtigsten Vereinbarungen über die Ausgestaltung und Vergütung der vertragsärztlichen Versorgung zwischen kassenärztlichen Vereinigungen und den entsprechenden Landesverbänden der Krankenkassen getroffen werden (vgl. ebd.: 22).

Darüber hinaus soll im Rahmen des untersuchten Themas auch auf die berufsrechtlichen Voraussetzungen des Arbeitsmarktzutritts internationaler Ärzt*innen und auf die beteiligten Akteure bei diesem Verfahren eingegangen werden. Mit dem Erhalt der Approbation (ÄApprO) wird den Ärzt*innen, die im Ausland

---

[1] Es geht um die Interessenvertretung niedergelassener (Zahn-)Ärzt*innen, die als Körperschaften öffentlichen Rechts Zwangsverbände für alle Vertragsärzt*innen sind.

[2] Es handelt sich auch um Zwangsverbände von allen (Zahn-)Ärzt*innen und nicht nur der Vertragsärzt*innen. Sie sind Körperschaften des öffentlichen Rechts und vertreten nicht nur die beruflichen Interessen der Ärzt*innen, sondern sie überwachen auch ihre Berufsausübung (vgl. Simon: 285). Jedoch wird die Bezeichnung als Interessenverbände kritisiert, da sie *„unter staatlicher Aufsicht und in Kooperation mit den Krankenkassen und dem Staat agieren"* (Bandelow 2004: 52).

ein Medizinstudium absolviert haben, ein uneingeschränkter *„Zugang zur Ausübung des ärztlichen Berufs"* gewährleistet (Hoesch 2009: 252). Die Approbation wird vom Bundesministerium für Gesundheit auf der Basis der Bundesärzteordnung (BÄO) erlassen (vgl. ebd.). Diese wird aber nach einem entsprechenden Antrag von den zuständigen Behörden auf Länderebene für die beantragenden nicht-deutschen Ärzt*innen erteilt. Für EU-Ärzt*innen mit EU-Diplomen gilt die Richtlinie 2005/36/EG (siehe Abschnitt 4.1), womit automatisch ihre Qualifikationen anerkannt werden, im Gegensatz zu ihren Kolleg*innen aus Drittstaaten, die den Anerkennungsprozess durchlaufen müssen (vgl. ebd.). Neben der Approbation ist auch der Nachweis von Deutsch-Sprachkenntnissen erforderlich (mindestens B2-Niveau, wobei in einigen Bundesländern C1-Niveau verlangt wird), sowie von Fachsprachkenntnissen, die nach der 87. Gesundheitsministerkonferenz 2014 durch die Teilnahme an Sprachfachprüfungen nachgewiesen werden sollen (vgl. Bayerische Landesärztekammer o. D.). Dabei sind auch die Ärzt*innenkammern beteiligt, da sie zuständig für die Fachsprachprüfungen, die erfolgreich bestanden werden müssen, sind. Jedoch gibt es Unterschiede zwischen den Bundesländern und den jeweiligen Ärzt*innenkammern hinsichtlich der Umsetzung eines einheitlichen Verfahrens bei den Sprachprüfungen.[3]

*Personalbestand und Entwicklungen in der Ärzt*innenschaft Deutschlands*
Bereits seit dem Jahr 2002 steht die Problematik des Ärzt*innenmangels in Deutschland, also der Personalbestand an Ärzt*innen im deutschen Gesundheitssektor, im Mittelpunkt des medialen Diskurses (vgl. Hoesch 2009: 231). Der Ärzt*innenmangel wird fortlaufend von deren Verbänden thematisiert (BÄK 2018a), obwohl beobachtet werden kann, dass die Anzahl der Ärzt*innen in Deutschland innerhalb der vergangenen Jahre ständig zunimmt. 2002 übten 301.060 Ärzt*innen (131.329 im ambulanten Bereich und 143.838 im stationären Bereich) diesen Beruf aus, im Jahr 2019 betrug ihre Zahl 409.121 (161.400 im ambulanten Bereich und 211.904 im stationären Bereich) (BÄK 2020a). Auch die Dichte von Ärzt*innen pro Einwohner*in hat sich verbessert (274,2 im Jahr 2002 und 203,3 achtzehn Jahre später 2020) (ebd.). Von einem Ärzt*innenmangel kann aber weiterhin aus verschiedenen Gründen die Rede sein. Eine Ursache dafür ist die alternde Bevölkerung in Deutschland, die laut der Prognose von Destatis (2019c) eine zunehmende Tendenz in den kommenden Jahren erwarten lässt und durch die sich folglich der Bedarf an Ärzt*innen erhöht. Ein weiterer Grund ist

---

[3] Das hat Phänomene von *„Approbationstourismus"* zur Folge, d. h. Erteilung der Approbation in einem anderen als dem Wohnort entsprechenden Bundesland, wo das Verfahren einfacher erscheint (Rosenthal 2018: 58). Das Phänomen wird auch in den Gesprächen mit den Befragten erwähnt.

auch die alternde Ärzt*innenschaft. Charakteristisch dafür ist, dass der Anteil der unter 35-jährigen Ärzt*innen an allen berufstätigen Ärzt*innen sich im Jahr 1995 auf 24,8 Prozent belief. Darauf setzte die Senkung dieses Anteils ein, sodass dieser im Jahr 2005 mit 15,4 die niedrigste Prozentzahl erreicht hat (BÄK 2020b). Von 2017 bis 2019 stagnierte der Anteil bei 18,9 Prozent und 2020 hatte er sich wieder erhöht und lag bei 19,1 Prozent (ebd.). Ein weiterer Indikator, der auf den höheren Bedarf an Ärzt*innen im deutschen Gesundheitssystem hinweist, ist an dem Anteil der Krankenhäuser mit Stellenbesetzungsproblemen im ärztlichen Dienst abzulesen. Dieser belief sich im Jahr 2011 auf 79,6 Prozent. Fünf Jahre später war er aber deutlich zurückgegangen (60,3 %). Allerdings erhöhte er sich 2019 wieder und betrug 75,8 Prozent (vgl. Blum et al. 2019: 30). Die Kassenärztliche Bundesvereinigung prognostiziert, dass bis 2030 ungefähr 4.800 Ärzt*innen im ambulanten Bereich und 1.500 Ärzt*innen im stationären Bereich fehlen werden (Aerzteblatt 2016).

Außerdem kommt als weitere Ursache für diesen zunehmenden Bedarf an Ärzt*innen im deutschen Gesundheitssystem ebenfalls eine Abwanderung aus Deutschland in Betracht. Wenn auch die Anzahl der ausgewanderten Ärzte aus Deutschland in den letzten Jahren deutlich zurückging: 2009 sind 2.486 Ärzt*innen aus Deutschland ausgewandert (BÄK 2010a), während 2014 2.364 Ärzt*innen (vgl. BÄK 2015a) und 2020 1.674 Ärzt*innen (vgl. BÄK 2020c) Deutschland verließen.

Dennoch schneidet Deutschland hinsichtlich der Ärzt*innendichte mit 42,49 Ärzt*innen pro 10.000 Einwohner*innen im Jahr 2017 laut *World Health Organization* (WHO)-Statistiken gut im internationalen Vergleich ab, wie Abbildung 5.1 zeigt.

Mit diesem Anteil weist Deutschland eine größere Ärzt*innendichte als andere OECD-Länder, wie z. B. Großbritannien (28,12 für das Jahr 2018), die USA (26,12 für das Jahr 2017) und Frankreich (32,67 für das Jahr 2018) auf (WHO 2020b). Unter Berücksichtigung dieser Entwicklung kann die Frage gestellt werden, inwieweit in Deutschland von einem Ärzt*innenmangel wirklich gesprochen werden kann. Während Stimmen laut werden, in denen von einem „gefühlten Ärztemangel" die Rede ist,[4] bezweifelt Hoesch (2009) jedoch, dass der Begriff ‚Mangel' in diesem Fall zutreffend ist (vgl. ebd.: 237 f.). Um diesen *drohenden*

---

[4] Gerlach (2018) konzentriert sich auf finanzielle Probleme, auf die geringe Anzahl von Generalisten in Deutschland und auf Strukturprobleme hinsichtlich der medizinischen Versorgung und der Fehlverteilung von Patienten zwischen medizinischen Einrichtungen.

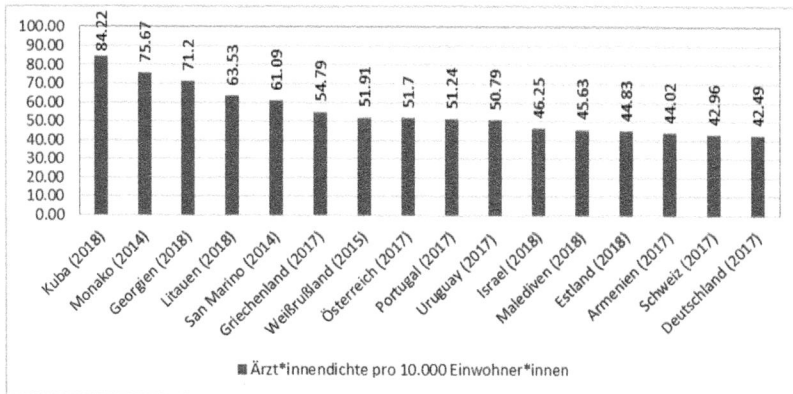

Bar chart showing values: 84.22, 75.67, 71.2, 63.53, 61.09, 54.79, 51.91, 51.7, 51.24, 50.79, 46.25, 45.63, 44.83, 44.02, 42.96, 42.49 for countries: Kuba (2018), Monako (2014), Georgien (2018), Litauen (2018), San Marino (2014), Griechenland (2017), Weißrußland (2017), Österreich (2017), Portugal (2017), Uruguay (2017), Israel (2018), Malediven (2018), Estland (2018), Armenien (2017), Schweiz (2017), Deutschland (2017).

■ Ärzt*innendichte pro 10.000 Einwohner*innen

Abbildung 5.1 Ärzt*innen pro 10.000 Einwohner*innen in ausgewählten Ländern.
(Quelle: Eigene Darstellung nach WHO (2020a))

Mangel' zu analysieren (ebd.: 237), fokussiert sich Hoesch auf die Machtver-
hältnisse bei der Arbeitskräftepolitik im deutschen Gesundheitssektor und auf die
Rolle der Ärzt*innenverbände:

> *„Durch die Einführung der Budgetierung [im Rahmen des Gesundheitsstrukturgeset-
> zes vom 21. Dezember 1992], d.h. der Festlegung einer Obergrenze des bis dahin nach
> oben offenen Leistungsvergütungskatalogs kam es zu einem drastischen Machtverlust
> der Ärzteschaft. Den Arzteinkommen wurde erstmals im vorhinein eine Obergrenze
> gesetzt. Auf diese Nachfragereduktion wurde mit Kontraktion des Angebots, d.h. einer
> Reduzierung der angebotenen Menge an medizinischen Angebotsleistungen, reagiert"*
> (Hoesch 2003:106).

Ein Mittel, um diese Reduzierung durchzusetzen, war die Verordnung zur Änderung der Approbationsordnung für Ärzt*innen (ÄApprO). Die ÄApprO regelt alle
Aspekte der ärztlichen Bildung und bestimmt über die abzulegenden Prüfungen
(vgl. Simon 2013: 285). Noch genauer sind die Richtlinien der Kapazitätsverord-
nung (KapVO), die die Anzahl der Studierenden durch die *Curricularnormwerte*
festlegen kann (vgl. Hoesch 2009: 226 f.). Eine Absenkung der Studienanfänger
im Fachbereich Medizin durch die Erhöhung des *Curricularnormwerts* geschah
bereits im Dezember 1989, d. h. vor der Einführung des Gesundheitsstrukturgesetzes, das eine qualitative und hochwertige Medizinausbildung gewährleisten
soll (vgl. ebd. 228 f.). Nach Einführung des Gesundheitsstrukturgesetzes hatte

die Ärzteschaft jedoch weiterhin Interesse an einer sinkenden Zahl von Medizinstudierenden, denn „*je weniger Ärzte, desto größer das Stück vom (…) Kuchen
der Leistungserbringung*" (ebd.: 228).Die Versuche der Ärzt*innenverbände,
eine weitere Senkung der Ausbildungskapazitäten von Ärzt*innen zu erreichen,
wurden durch die Länder abgewiesen (vgl. ebd.: 230). Gleichzeitig brachte
die Einführung der Budgetierung einen enormen Druck in den Bereich der
Arbeitsbedingungen der im Krankenhaus beschäftigten Ärzt*innen, woraus eine
Orientierung der Krankenhäuser an kostengünstigen Lösungen resultierte. Dies
war damit verbunden, dass der Ärzt*inberuf an Attraktivität verlor (vgl. Adel
et al. 2004: 215). Diese Entwicklung betrifft klar erkennbar die Medizinabsol-
vent*innen, die eine Fachärzt*inausbildung in einem Krankenhaus aufnehmen
möchten. Inzwischen ist die Senkung von Ausbildungskapazitäten offensichtlich nicht mehr geplant, da sich der Diskurs über den Bedarf an Ärzt*innen in
Deutschland ausgeweitet hat. Dies lässt sich auch an der Entwicklung der Zahl
der Medizinstudierenden in Deutschland bemerken, wie in Tabelle 5.2 dargestellt.

Tabelle 5.2 Anzahl der Medizinstudierenden in Deutschland (ausgewählte Jahre von 1992 bis 2019)

Jahr	Anzahl
2019	98.736
2016	92.011
2013	86.376
2010	80.574
2007	78.545
2004	79.866
2001	80.035
1998	82.333
1995	84.958
1992	93.198

Quelle: Eigene Darstellung nach Destatis (o. D.)

Tabelle 5.2 macht deutlich, dass nach den bereits erwähnten politischen Entwicklungen im Gesundheitssektor – d. h. nach Einführung der Budgetierung und
der *Curricularnormwerte* – eine Begrenzung der Zahl der Medizinstudierenden
in Deutschland im Vergleich zu ihrer Zahl im Jahr 1992 feststellbar ist. Seit
2010 ist laut den Daten aus Tabelle 5.2 wieder eine Zunahme der Anzahl der
Medizinstudierenden infolge des wachsenden Bedarfs an Ärzt*innen zu beobachten, sodass ihre Anzahl 2019 (98.736) die von 1992 (93.198) überholt hat. Der

Bedarf an Ärzt*innen scheint insbesondere im ländlichen Raum relevant zu sein
(vgl. Gerlach 2018), aber auch in Ostdeutschland im Vergleich zu den westdeut-
schen Bundesländern, wie die Daten der „Bundesärztekammer" (BÄK)[5] für das
Jahr 2020 zur Ärzt*innendichte in Deutschland zeigen.
Eine probate Strategie, um diesen erhöhten Bedarf an Ärzt*innen zu decken,
ist die Anwerbung von Ärzt*innen aus dem Ausland. Laut den Daten des Deutschen Krankenhausinstituts (DKI) ist die Anwerbung aus dem Ausland mit
43,9 Prozent die häufigste Methode zur Mitarbeitersuche für ein Krankenhaus,
falls das inländische Arbeitskräfteangebot nicht ausreicht (vgl. DKI 2018: 23).
Diese Entwicklung, die durch die rechtlichen Erleichterungen bei der Einwanderung von Hochqualifizierten gefördert wurde (siehe Kapitel 4), ist auch im
deutschen Gesundheitssektor, wie die Entwicklung der Zahlen von nichtdeutschen Ärzt*innen in den letzten Jahren belegt, feststellbar: Während 2000 11.651
nichtdeutsche Ärzt*innen berufstätig waren, ist ihre Zahl zehn Jahre später deutlich angestiegen (21.650) und wurde 2020 der bisher höchste Werte erreicht
(56.107) (BÄK 2020e). Interessant ist ein Blick auf die Herkunft der berufstätigen
nichtdeutschen Ärzt*innen in Deutschland (siehe Tabelle 5.3).

Tabelle 5.3 Nichtdeutsche Ärzt*innen in Deutschland (2020)

	Herkunftsland	Anzahl
1.	Syrien, arabische Republik	5.289
2.	Rumänien	4.916
3.	Griechenland	3.123
4.	Österreich	2.736
5.	Russische Föderation	2.615
6.	Polen	2.179
7.	Ukraine	1.929
8.	Bulgarien	1.883
9.	Ungarn	1.827
10.	Italien	1.718

Quelle: Eigene Darstellung nach BÄK (2020f)

---

[5] Charakteristisch ist, dass 2020 Brandenburg das Bundesland mit dem höchsten Verhältnis-
wert zwischen Einwohner*innen und berufstätigen Ärzt*innen (248) war. Darauf folgen Nie-
dersachsen (237), Sachsen-Anhalt (227), Thüringen (224), Sachsen (221). In Mecklenburg-
Vorpommern besteht aber ein niedrigeres Zahlenverhältnis (204) als in Rheinland-Pfalz
(215), Baden-Württemberg (211) und Schleswig-Holstein (208). Berlin hat die zweitniedrigste Quote (153) nach Hamburg (133) (vgl. BÄK 2020d).

Es kann festgestellt werden, dass der deutsche Gesundheitssektor besonders von der EU-Freizügigkeit bei medizinischem Personal profitiert, zumal sieben Herkunftsländer von berufstätigen nichtdeutschen Ärzt*innen in der oben dargestellten Tabelle EU-Länder betreffen. Die größte ausländische Gruppe von Ärzt*innen in Deutschland stammt aus Syrien (5.289 Ärzt*innen)[6]. Darauf folgen Ärzt*innen aus Rumänien (4.916), während 2020 Ärzt*innen aus Griechenland die drittgrößte ausländische Gruppe von Ärzt*innen in Deutschland darstellen. Die Tabelle 5.4 zeigt auf, wie sich die Anzahl griechischer Ärzt*innen im deutschen Gesundheitssektor von 2009 bis 2020 entwickelt hat.

Tabelle 5.4 Entwicklung der Zahl griechischer Ärzt*innen in Deutschland von 2009 bis 2020	Jahr	Anzahl	Veränderung zum Vorjahr in %
	2020	3.123	–3,0
	2019	3.216	1,5
	2018	3.169	0,7
	2017	3.147	0,9
	2016	3.118	3,3
	2015	3.017	0,2
	2014	3.011	5,8
	2013	2.847	11,4
	2012	2.556	14,9
	2011	2.224	10,3
	2010	2.016	8,2
	2009	1.863	9,1

Quelle: Eigene Darstellung nach BÄK (2020f; 2019a; 2018b; 2017a; 2016a; 2015b; 2014a; 2013a; 2012; 2011; 2010b; 2009)

Die Präsenz griechischer Ärzt*innen in Deutschland hat zwischen 2009 und 2020 in bemerkenswertem Maße zugenommen (+1.260). Die Spalte mit den Veränderungen der nummerischen Entwicklung im Vergleich zum Vorjahr zeigt auch, dass die Zunahme griechischer Ärzt*innen in Deutschland insbesondere bis 2014 intensiv war. Seit 2015 war diese Zunahme im Vergleich zu der Zeit davor

---

[6] Diese Entwicklung hängt offenbar mit dem syrischen Bürgerkrieg zusammen, da 2010, d. h. ein Jahr vor dem Ausbruch des syrischen Bürgerkriegs, nur 867 Ärzt*innen aus Syrien bei der Bundesärzt*innenkammer registriert waren (vgl. BÄK 2010b).

jedoch beschränkt. Die Werte zur jährlichen Entwicklung der Zahl der griechischen Ärzt*innen von 2015 bis 2019 blieben aber immer noch anwachsend. Im Gegensatz dazu wurde von 2019 auf 2020 zum ersten Mal in den letzten Jahren ein Rückgang der Anzahl der griechischen Ärzt*innen im deutschen Gesundheitssektor (93 Ärzt*innen weniger im Vergleich zu 2019) registriert.[7] Insgesamt lässt sich feststellen, dass diese Entwicklung mit einer Migration von Ärzt*innen aus Griechenland nach Deutschland verbunden werden kann. Diese Migrationsbewegung schien bereits eine besondere Dynamik vor dem Ausbruch der Finanzkrise zu haben (siehe die Veränderung zum Vorjahr im Jahr 2009 in Tabelle 5.4).

Warum der deutsche Gesundheitssektor für die einwandernden griechischen Ärzt*innen attraktiv ist, wird im Rahmen dieser Studie und in Kapitel 7 beantwortet. Es kann vermutet werden, dass eine Migration nach Deutschland nicht allein aufgrund der Beseitigung von rechtlichen Barrieren in Zusammenhang mit der EU-Freizügigkeit geschieht und nicht nur wegen der sicheren beruflichen Perspektiven, die sich angesichts des großen Bedarfs an Ärzt*innen im deutschen Gesundheitssektor ergeben, begünstigt wird, sondern auch durch die Verdienstmöglichkeiten im deutschen Gesundheitssektor. Mit Fokus auf die Einkommensmöglichkeiten der Assistenzärzt*innen lässt sich sagen, dass sie 2009 3.662,66 Euro bei einem kommunalen Krankenhaus und 3.845,79 Euro an einer Universitätsklinik betrugen. 2021 konnten Assistenzärzt*innen monatlich mit dem ersten Jahr ihrer Beschäftigung bereits 4.841,95 Euro an einer Universitätsklinik und 4.694 Euro bei einem kommunalen Krankenhaus verdienen. Im ersten Jahr der Beschäftigung erhielten 2009 Fachärzt*innen 5.075,82 Euro an einer Universitätsklinik und 4.834,11 Euro bei einem kommunalen Krankenhaus. Im Gegensatz dazu erzielen im Jahr 2021 mit ihrem ersten Jahr dieser Einstufung Fachärzt*innen 6.290,60 Euro an einer Universitätsklinik und 6.196,32 Euro bei einem kommunalen Krankenhaus (vgl. Öffentlicher Dienst.info o. D.).[8] Darüber hinaus betrifft die Arbeitslosenrate im Medizinbereich einen sehr kleinen Anteil der Ärzt*innen in Deutschland, da 2020 von den 127.817

---

[7] Jedoch wird 2020 insgesamt ein Rückgang von Erstzugängen von Ärzt*innen aus der EU in Deutschland im Vergleich zum Vorjahr registriert (−2,3 %) (vgl. BÄK 2020g). Dabei ist die Frage, ob diese Entwicklung einen weiteren Rückgang der Einwanderung von Ärzt*innen aus Griechenland in den kommenden Jahren bedeuten kann oder ob sie nur eine Ausnahme aufgrund der Folgen der Corona-Pandemie und der damit verbundenen Reisebeschränkungen darstellt, zumal im Schatten der Corona-Pandemie weniger Zuzüge nach Deutschland im Jahr 2020 (1.118.000) im Vergleich zu 2019 (1.543.000) registriert wurden (Destatis 2021b). Dieser Rückgang von Migrationszuzügen ist in allen OECD-Ländern zu beobachten (vgl. OECD 2020b).

[8] Die Beträge beziehen sich auf das Bruttoeinkommen ohne zusätzliche Leistungen (z. B. Nachtdienste).

registrierten Ärzt*innen, die laut BÄK keine ärztliche Tätigkeit ausüben, nur 6,7 Prozent als arbeitslos gelten (BÄK 2020h). Dieser Anteil hat leicht im Vergleich zu 2015 (6,5 %) zugenommen (BÄK 2015c). Inwieweit sich Struktur und Arbeitsmarktsituation des griechischen Gesundheitssektors von denen des deutschen Gesundheitssektors unterscheiden, soll in den nächsten Kapiteln beleuchtet werden.

5.1.2   Der griechische Gesundheitssektor

Organisation und Finanzierung
Das nationale Gesundheitssystem Griechenlands (ESY) wurde 1984 gegründet. Seitdem und bis zum Ausbruch der Finanzkrise wurde nur ein einziges Mal eine Reform versucht (vgl. Mosialos/Allin 2005: 420). Das ESY stand wegen einiger Fehlfunktionen in den Jahren vor der Krise in der Kritik und wurde als altmodisch hinsichtlich seiner Organisation betrachtet (vgl. Economou et al. 2014: 7). Hauptkritikpunkte betrafen seine Struktur und seine Organisation mit Fokus auf seine Finanzen.[9] Die mangelnde Kontrolle über die Finanzen der Krankenhäuser sowie die öffentlichen Gesundheitsausgaben wurden als Grund für die Finanzprobleme des griechischen Staates angesehen, sodass die durch die Troika im Rahmen der Memoranda empfohlenen Reformen und Austeritätsmaßnahmen besonders den Gesundheitsbereich betrafen (vgl. Petmetzidou et al. 2015: 95).

Es ist daher plausibel, dass die Jahre, in denen der griechische Staat unter enger monetärer Aufsicht stand, als besonders entscheidend für die heutige Struktur und für die aktuelle Akteurskonstellation des griechischen Gesundheitssektors betrachtet werden können. Ein charakteristisches Beispiel dieser Relation ist die Gründung der Organisation EOPYY (Nationale Organisation für die Bereitstellung von Gesundheitsdiensten), die laut Troika zur Lösung der strukturellen und finanziellen Probleme des griechischen Gesundheitssektors beitragen sollte. Unter

---

[9] Beispielsweise können die Ineffizienz öffentlicher Krankenhäuser, der große Anteil von privaten Gesundheitsausgaben, die illegalen Phänomene in öffentlichen Krankenhäusern und der Überschuss von Ärzt*innen, während gleichzeitig bei den Pflegekräften ein Mangel festzustellen war, erwähnt werden (vgl. Niakas 2013: 597). Economou et al. (2014) beziehen sich auf weitere Kritikpunkte am ESY: problematische Finanzmechanismen für die niedergelassenen Ärzt*innen, die auch mit den gesetzlichen Krankenkassen kooperiert haben, mangelhafte Transparenz hinsichtlich der Ausgaben der Krankenhäuser, Mängel im Überweisungssystem zwischen Grund- und sekundärer Versorgung, problematische Preis- und Finanzmechanismen der Dienstleistungsanbieter, großer Anteil von Zuzahlungen aus eigener Tasche (*out-of-pocket-money*) und das demographische Problem mit der alternden Bevölkerung Griechenlands (vgl. ebd.: 10).

der Führung der EOPYY wurden die wichtigsten gesetzlichen Krankenkassen, deren Zahl vor 2010 bei insgesamt über 30 lag und die jeweils Versicherungsbeiträge in unterschiedlicher Höhe erhoben, zusammengeschlossen (vgl. Kaltsouni/Kosma 2015: 46). Zwischen 2011 und 2014 wurde die EOPYY schrittweise zu einem einheitlichen Krankenversicherungsfond und wurde ihre Rolle als wichtigster Einkäufer von Gesundheitsdiensten konsolidiert. Seit 2017 werden die Versicherungsbeiträge von dem neu gegründeten nationalen Sozialversicherungsträger (EFKA) eingesammelt und wird durch sie ihre Höhe festgesetzt und an die EOPYY übermittelt (vgl. Economou et al.: 2017: 14). Die EOPYY, als wichtigster Käufer von Gesundheitsdiensten, verhandelt mit Anbietern über die Kosten und die Qualität von Dienstleistungen (vgl. ebd.: 56).

Durch die EOPYY-Fachärzt*innen wird ein Teil der ambulanten Versorgung in Griechenland abgedeckt. Dienste ambulanter Versorgung werden von weiteren Dienstleistern angeboten. Diese sind: i) die ländlichen Gesundheitszentren der ESY und ihre Gesundheitspraxen, Polikliniken und Ambulanzen in öffentlichen Krankenhäusern, aber auch die neu gegründeten TOMY (lokale Gesundheitsdienste), (ii) ambulante Kliniken und Sozialdienste, die von lokalen Behörden und NGOs angeboten werden und (iii) Diagnosezentren und ambulante medizinische Konsultationen des privaten Sektors. Die Grundversorgung wird im privaten und im öffentlichen Sektor angeboten. Jedoch wird die Grundversorgung in Griechenland als besonders problematisch betrachtet, da Patienten mit Problemen beim Zugang zu Gesundheitsdiensten und bei der Kontinuität bzw. Koordination der Versorgung konfrontiert werden (vgl. ebd.: xix). Zur Lösung dieses Problems sollten die TOMY, die 2017 gegründet wurden, beitragen. Ein weiterer Faktor, der zum problematischen Zugang zu Gesundheitsdiensten beiträgt, ist aber auch deren ungleiche Verteilung auf griechischem Gebiet, da sich die Mehrheit aller Klinikbetten (60 %) in der Region Attika, wozu Athen gehört, und in Zentralmakedonien, wozu die zweitgrößte Stadt Griechenlands, Thessaloniki, zählt, befindet (vgl. ebd.).

Diese geografische Zentralisierung der Gesundheitsdienste wird von einer organisatorischen Zentralisierung des Gesundheitssystems ergänzt. Durch die Gründung von EOPYY hat sich die organisatorische Zentralisierung des griechischen Gesundheitssektors, die bereits vor ihrer Gründung prägend war, verstärkt. Die EOPYY ist zwar eine selbstverwaltete öffentliche Einrichtung, sie arbeitet aber unter der Aufsicht des Gesundheitsministeriums (vgl. ebd.: 19). Der Staat ist der zentrale Akteur des griechischen Gesundheitssektors und dies wird durch die Beteiligung verschiedener staatlicher Organe auch offenbar. Das Gesundheitssystem ist für die Festsetzung der allgemeinen Ziele und Grundprinzipien von ESY und für die Sicherstellung eines freien und gerechten Zugangs zu

qualitativ hochwertigen Gesundheitsdiensten für alle Bürger*innen verantwortlich. Es entscheidet dazu über die Gesundheitspolitik, die Gesamtplanung und
die Umsetzung nationaler Gesundheitsstrategien. Ein weiteres wichtiges Mandat
des Gesundheitsministeriums ist die Einstellung von neuem Medizinpersonal für
ESY (vgl. ebd.: 15). Das „Ministerium für Bildung und religiöse Angelegenheiten" ist für die Ausbildung von Ärzt*innen und für die Verleihung akademischer
Abschlüsse zuständig (vgl. ebd.: 19). Während das Gesundheitsministerium die
Anzahl der Ärzt*innen in öffentlichen Krankenhäusern bestimmt, wird die Anzahl
der zugelassenen Medizinstudierenden an öffentlichen griechischen Universitäten
durch das „Ministerium für Bildung und religiöse Angelegenheiten" festgesetzt
(vgl. ebd.: 74). Des Weiteren ist das Finanzministerium für den Staatshaushalt
und somit für den vermittelten Anteil an ESY zuständig und deckt eventuelle
finanzielle Defizite der EOPYY ab (vgl. ebd.: 19).

Ein Versuch zur Begrenzung der Zentralisierung im griechischen Gesundheitssystem wurde mit Gründung von regionalen Gesundheitsbehörden (YPE)
angestrebt. Diese sind zuständig für regionale Aktivitäten, die Planung und Organisierung betreffen. Jedoch kann dieser Versuch als gescheitert betrachtet werden,
da YPE keine Macht haben und ihre Rolle bei der Ausführung eines im Voraus
festgelegten Haushalts durch das Gesundheitsministerium nur begrenzt sein kann
(vgl. ebd.: 57).

Die Zentralisierung des griechischen Gesundheitssektors wird auch an seinen Finanzierungsmechanismen sichtbar. Die öffentlichen Gesundheitsausgaben
im griechischen Gesundheitssektor stammen aus dem Staatshaushalt, also aus
Steuern, sowie aus den Sozialversicherungsbeiträgen an die Krankenkassen. 2018
belief sich der Anteil der Gesundheitsausgaben durch den Staatshaushalt im
Verhältnis zu den gesamten Gesundheitsausgaben auf 27,5 Prozent und derjenige durch die Sozialversicherungsbeiträge auf 31,3 Prozent (OECD 2020c). Der
Anteil der Gesundheitsausgaben durch den Staatshaushalt ist drastisch im Vergleich zu Mitte der 90er Jahre (um 75 %) zurückgegangen (vgl. Petmetzidou
et al. 2015: 137). Im Gegensatz dazu ist der Anteil privater Gesundheitsausgaben
im griechischen Gesundheitssektor im Vergleich zu anderen EU-Ländern relativ hoch: Mit 36,44 Prozent befindet sich Griechenland 2018 an dritter Stelle
unter den EU-Ländern, nach Zypern und Bulgarien, mit den höchsten prozentualen direkten Zahlungen für Gesundheitsausgaben laut Eurostat (2021c). Diese
direkten privaten Zahlungen betreffen vor allem die Kostenteilung bzw. die Beteiligung der Versicherten an Arzneimitteln (vgl. Economou et al. 2017: 58), aber
auch direkte Zahlungen für Gesundheitsdienste bzw. Arzneimittel, die nicht vom
Staat abgedeckt werden.

Des Weiteren sind auch informelle Zahlungen bei den privaten Gesundheitsausgaben miteinzurechnen. Das Phänomen direkter inoffizieller Zahlungen ist ein
Phänomen, das schon 74,4 Prozent der Frauen, die öffentliche Entbindungsdienste
in Anspruch nahmen (Kaitelidou et al. 2013) und im Allgemeinen fast jede*r
dritte Patient*in in Griechenland (vgl. Economou et al. 2017: 62) erfahren haben.
Einige Faktoren erläutern dieses Phänomen, wie z. B.:

> *„The lack of a functioning referral system between primary and higher level care, the
> fragmented primary/ambulatory health care and problematic pricing and provider-
> reimbursement mechanisms have resulted in large OOP payments and a sizable black
> economy, impeding the system's ability to deliver equitable financing and access to
> services even before the economic crisis"* (ebd.: 62).

Das Phänomen hängt mit den allgemeineren Finanzierungsproblemen im griechischen Gesundheitssektor zusammen und weil die inoffiziellen direkten Zahlungen
auf Verlangen der Krankenhausärzt*innen erfolgen, soll das Gehaltsniveau der
Krankenhausärzt*innen auch berücksichtigt werden. Die Assistenzärzt*innen, die
eine Facharzt*inausbildung im griechischen Gesundheitssektor beginnen, konnten zwischen 1.050 und 1.100 Euro netto monatlich ohne Bereitschaftsdienste
laut den Befragten der vorliegenden Studie bis 2016 verdienen. Das Nettoge-
halt der Assistenzärzt*innen hat sich aber seit 2017 erhöht und beläuft sich auf
1.199 Euro pro Monat (Msiaxos 2018). Das Gehalt der Facharzt*innen wurde
während der Finanzkrise deutlich gekürzt: von 58.000 Euro 2009 auf 42.000
Euro 2015 (vgl. Economou et al. 2017: 66). Diese Gehaltskürzungen der Krankenhausärzt*innen gehören zu den allgemeinen Kürzungen, die im Rahmen der
Austeritätsmaßnahmen für die Beschäftigten im öffentlichen Sektor eingeführt
wurden und bedeuteten eine Gehaltsminderung um 15 Prozent, die Abschaffung des Weihnachts- und Ostergeldes sowie die Reduzierung der Rente (vgl.
Simou/Koutsogeorgou 2014: 155 f.). Die Krankenhausärzt*innen erhalten ein
Monatsgehalt[10] und dürfen nicht niedergelassen beschäftigt sein. Im Gegensatz dazu werden die EOPYY-Ärzt*innen nach Einzelleistungsvergütung bezahlt
(vgl. Economou et al. 2017: 66). Mit Gründung der EOPYY waren sodann die
Ärzt*innen, die mit den damaligen Krankenkassen zusammengearbeitet haben
und gleichzeitig ihre eigenen Praxen hatten, mit einem Dilemma konfrontiert:
Entweder dürften sie als niedergelassene Ärzt*innen in ihren eigenen Praxen

---

[10] Das Monatsgehalt für die niedrigste Stufe nach der Facharzt*inausbildung
(επιμελητής/τρια B) entspricht der Stufe Facharzt*in in Deutschland. Es betrug 2019
1.484 Euro netto im ersten Jahr der Anstellung und es waren höchstens 2.268 Euro netto
nach dem 29. Jahr der Beschäftigung auf dieser Stufe zu erreichen (Msiaxos 2018).

arbeiten oder bei den Polikliniken der EOPYY weiterhin beschäftigt bleiben.[11] Alle diese Entwicklungen haben zu der Unattraktivität einer ärztlichen Tätigkeit im griechischen Gesundheitssektor in Bezug auf die Verdienstmöglichkeiten der Ärzt*innen geführt.

Diese Entwicklungen wurden vorangetrieben, und dies, obwohl neben der dominanten Rolle, die der Staat bei diesen Entscheidungen zum griechischen Gesundheitssektor sich aneignete, auch Ärzt*innen – historisch betrachtet – einen Einfluss auf die Entwicklungen im griechischen Gesundheitssektor hatten. Die Interessenvertretungen der Ärzt*innen übernahmen stets die Rolle der Vetospieler anlässlich jeder Reform im Gesundheitssektor, zumindest vor Einführung der Austeritätsmaßnahmen während der Finanzkrise. Dies war nicht nur dank ihrer mächtigen Interessenverbände möglich, sondern auch durch die starke Beteiligung vieler Ärzt*innen im Parlament als Abgeordnete oder als Minister*innen (vgl. Bardaros 2008: 9). Zur Wirkkraft der Interessen der Ärzt*innen trägt auch der Sachverhalt bei, dass alle Ärzt*innen Mitglieder ihrer regionalen Kammern sein müssen. Besonders wichtig im griechischen Gesundheitssektor sind die ISA und die panhellenische Ärzt*innenkammer (PIS), da sie eine Beratungsrolle bei den Entscheidungen des Gesundheitsministeriums haben können (vgl. Mosialos/Allin 2005: 434).

Die starken Interessenverbände der Ärzt*innen konnten dennoch nicht die Welle an Reformen im Gesundheitssektor verhindern, wie sie in einem solchen Ausmaß und in einer so kurzen Zeitspanne in noch keinem anderen EU-Land eingeführt wurden (vgl. Kouzis 2016: 10). Charakteristisch ist, dass die geplante Reform von 1984, die die Konsolidierung der Krankenkassen unter dem Dach einer Institution beabsichtigte, von Interessenverbänden blockiert wurde (vgl. Mosialos/Allin 2005: 422). Diese Reform wurde dann aber mit der Gründung der EOPYY 27 Jahre später, ohne eine Blockadehaltung vonseiten der Ärzt*inneninteressenvertretungen, umgesetzt. Zur Einführung dieser Reform trugen jedoch die besonderen Umstände dieser Zeit bei, so galt die Gründung der EOPYY als eine Maßnahme, die den staatlichen Haushalt entlasten sollte (vgl. Niakas 2013: 598) und wurde diese von der Troika im Rahmen der Memoranda vorgeschlagen und als ein Mittel zur ‚Rettung‘ der griechischen Wirtschaft vorgestellt. Dieses Konzept wird als eine positive Entwicklung der Maßnahmen, die im Gesundheitssektor während der Finanzkrise nach dem Diktat der Troika

---

[11] Jedoch war die zweite Option besonders ungünstig, da sie dabei automatisch der ersten und niedrigsten Gehaltsstufe zugeordnet werden müssten. Nur nach einer Auswertung ihrer Qualifikationen könnte eine bessere Einstufung graduell möglich sein (vgl. Petmetzidou et al. 2015: 107).

eingeführt wurden, von Maria Petmetzidou et al. (2015) angesehen (vgl. ebd.: 106).

Als positive Entwicklungen werden von den Autor*innen zudem weitere Schritte betrachtet: die Rationalisierung der Verwaltung und der Kostenrechnung der Gesundheitsdienste sowie die Verbesserung der Kontrollmechanismen bei der Arzneimittelausgabe (vgl. ebd.). Jedoch verfolgten insgesamt die von der Troika empfohlenen und von den griechischen Regierungen umgesetzten Reformen im Gesundheitssektor eher das Ziel, die staatlichen Finanzen zu verbessern und waren weniger gedacht, um den fairen Zugang von Patient*innen zu den Gesundheitsdiensten zu gewährleisten (vgl. Kaltsouni/Kosma 2015: 41). Die praktizierten Kürzungsstrategien bei all diesen Maßnahmen haben einerseits die finanzielle Effizenz des Gesundheitssystems gestärkt, andererseits sind aber auch die negativen Effekte zu erwähnen. Hierbei wird sich auf die Verschlechterung der Arbeitsbedingungen im Berufsfeld des medizinischen Personals (zusätzlich zu den bereits erwähnten Kürzungen der Gehälter des medizinischen Personals) im öffentlichen Gesundheitssektor fokussiert.[12] Darüber hinaus wurden im Jahr 2011 weitere, die Arbeitsbedingungen der Ärzt*innen im öffentlichen Gesundheitssektor erschwerende Maßnahmen eingeführt. Es ging um den Einstellungsstopp neuer Ärzt*innen an öffentlichen Krankenhäusern sowie um den Abbau öffentlicher Krankenhausbetten und die Schließung von Kliniken (vgl. Economou et al. 2014: 20). Gemäß der Kostenreduzierungsstrategie für Krankenhäuser wurde auch an medizinischer Ausrüstung gespart (vgl. ebd.). Das hatte zur Folge, dass in griechischen öffentlichen Krankenhäusern keine moderne Technologie mehr zur Verfügung stand (vgl. Labiris et al. 2014: 204). Die Unattraktivität der Beschäftigung im griechischen öffentlichen Sektor und besonders für neue Ärzt*innen durch diese Maßnahmen nahm zu, zumal seitdem nicht nur das Einkommen einer*s Assistenzärzt*in nicht mehr als ausreichend zu betrachten ist, sondern auch dadurch die Qualität der Facharzt*inausbildung infrage gestellt wird.

Personalbestand und Entwicklungen in der Ärzt*innenschaft Griechenlands
Trotz der Austeritätsmaßnahmen der letzten Jahre im griechischen Gesundheitssektor kann Griechenland die höchste Ärzt*innendichte pro 10.000 Einwohner*innen weltweit mit 54,79 im Jahr 2017 laut den OCED-Statistiken

---

[12] Auf diesen Aspekt soll sich aufgrund des Zusammenhangs mit dem hier untersuchten Phänomen fokussiert werden, obwohl nicht vernachlässigt werden darf, dass diese Reformen auch zur Erschwerung des Zugangs zu Gesundheitsdiensten – so wie auch die gesamten Austeritätsmaßnahmen – zu einer Verschlechterung des Gesundheitsniveaus der Bevölkerung in Griechenland beigetragen haben (siehe eine Zusammenfassung dieser negativen Folgen in Petmetzidou et al. 2015: 108–113).

vorweisen (siehe Diagramm 2). Ein Überangebot an Ärzt*innen in Griechenland existierte seit der Nachkriegszeit (vgl. Kalmatianou 1993: 292 f.). In Bezug
auf dieses Überangebot müssen einige weitere Aspekte berücksichtigt werden,
die die Überpräsenz von Ärzt*innen in Griechenland beleuchten. Die bereits
erwähnte ungleiche geografische Verteilung von Gesundheitsdiensten auf griechischem Gebiet wird zudem von einer ungleichen Verteilung des Medizinpersonals
ergänzt. Während es in den Großstädten Griechenlands ausreichendes Medizinpersonal gibt, herrscht in den ländlichen Regionen die gegenteilige Situation (vgl.
Economou et al. 2017: 69). Die ungleiche Verteilung der Ärzt*innen in Griechenland wird auch daran ersichtlich, dass 2019 46,1 Prozent aller Ärzt*innen
Griechenlands in der Attika-Region beschäftigt waren (ELSTAT 2020). Darüber hinaus sind auch weitere Faktoren, die das statistische Überangebot von
Ärzt*innen in Griechenland veranschaulichen können, zu erwähnen. Einer davon
ist der Überschuss bestimmter Fachärzt*innen und im Gegensatz dazu das relativ
geringe Angebot an Allgemeinärzt*innen im Vergleich mit anderen EU-Ländern
(vgl. Kaitelidou et al. 2012: 725). Erstaunlich ist, dass trotz des Überschusses an
Ärzt*innen in Griechenland einige Krankenhäuser, ihr Medizinpersonal betref-
fend, unterbesetzt sind (vgl. Economou 2017: 78). Charakteristisch ist, dass die
PIS 2018 die Einstellung von 6.500 neuen Ärtz*innen in griechischen Krankenhäusern gefordert hat (PIS 2008). Des Weiteren sehen sich Ärzt*innen in
Griechenland durch das Überangebot an Ärzt*innen und die Kürzungsstrategie
infolge der Austeritätsmaßnahmen von Arbeitslosigkeit bedroht. Obwohl keine
offiziellen diesbezüglichen Daten von ELSTAT zur Verfügung stehen, belief sich
2015 die Arbeitslosenrate der bei der Ärztekammer von Athen ISA gemeldeten
Ärzt*innen laut ihrer Schätzungen auf 11,48 Prozent, und dies betrifft vor allem
junge Ärzt*innen (ISA 2015).

Die Personalbestandsplanung im griechischen Gesundheitssektor, aus der
eine ungleiche Verteilung von Ärzt*innen und ein Überangebot an bestimmten
Fachärzt*innen resultiert, kann als das zentrale Problem und die Ursache des –
scheinbaren – Überangebots an Ärzt*innen in Griechenland betrachtet werden
(vgl. Kaitelidou et al. 2012: 729). Das „Ministerium für Bildung und religiöse Angelegenheiten" bestimmt die Zahl der Medizinstudent*innen, die sich an
den griechischen Universitäten neu einschreiben dürfen. Das Gesundheitsministerium bestimmt zwar die Höchstzahl von Ärzt*innen bei den Gesundheitsdiensten,
aber es reguliert nicht die regionale Verteilung des Personals im griechischen
Gesundheitssystem, sodass die erwähnte ungleiche geografische Verteilung von
Medizinpersonal zustande kommt (vgl. Kaitelidou et al. 2012: 730). Außerdem
fehlt es auch an einer zentralen Planung zur Regulierung der Bedarfe an Fach-
spezialisierungen (vgl. ebd.). Diese mangelnde zentrale Planung war bereits in den

90er Jahren feststellbar, da nur die medizinischen Absolvent*innen der Universitätsklinik von Athen die neuen Bedarfe, die an medizinischem Personal im ganzen
ESY für die nächsten Jahre bestehen, abdecken könnten (vgl. Kalamatianou 1993:
182).

Die Ausbildung der Ärzt*innen in Griechenland findet an sieben Universitäten statt und für die Zulassung der Kandidat*innen ist die Durchschnittsnote bei
den landesweiten Aufnahmeprüfungen (Panhellenische Prüfungen) in der letzten
Klasse des Lyzeums entscheidend. Für den Erwerb des Status einer*s Fach*ärztin
muss jede*r Medizinabsolvent*in eine Fachärzt*inausbildung an einem öffentlichen Krankenhaus abschließen. Für eine Fachärzt*innausbildungsstelle müssen
sich die Medizinabsolvent*innen beim griechischen Ministerium für Gesundheit anmelden. Da aufgrund der hohen Zahl an Medizinabsolvent*innen in
Griechenland bereits in den Jahren vor dem Ausbruch der Finanzkrise viele
Anmeldungen für eine Fachärzt*inausbildung im griechischen Gesundheitssystem
vorlagen, ergab sich für die angehenden Fachärzt*innen eine enorme Wartezeit
nach den Wartelisten, die vom griechischen Ministerium für Gesundheit erstellt
werden. Die Wartezeit für eine Anstellung zur Fachärzt*inausbildung variiert
je nach der gewünschten Fachärzt*inausbildung und je nach Verfügbarkeit von
dementsprechenden Arbeitsplätzen bei dem beworbenen Krankenhaus.[13] Für die
freie Praktizierung der medizinischen Tätigkeit müssen allerdings Medizinabsolvent*innen in Griechenland im Vorfeld stets ein Praktisches Jahr (PJ) in einer
ländlichen Region absolvieren.

Die mangelnde Verfügbarkeit von freien Plätzen für eine
Fachärzt*inausbildung an einem öffentlichen Krankenhaus in Griechenland
gilt als ein wichtiger Faktor für die Migrationsabsichten von Medizinabsolvent*innen in Griechenland (Labiris et al. 2014). Mit dem Ausbruch der
Finanzkrise konnte eine Zunahme der Auswanderungstendenz bei medizinischem
Personal in Griechenland festgestellt werden, somit kann die Auswanderung
von Ärzt*innen als eine aktuelle Tendenz im griechischen Gesundheitssektor
betrachtet werden. Dies geht aus den verfügbaren Daten der ISA zu den
ausgestellten Bescheinigungen der fachlichen Eignung der bei der ISA angemeldeten Ärzt*innen hervor, die nach einer Arbeitsstelle im Ausland gesucht
haben: Die Anzahl dieser ausgestellten Bescheinigungen betrug 2011 797 für
Fachärzt*innen und 483 für Assistenzärzt*innen. Ein Jahr später war diese
Anzahl deutlich gestiegen (1.166 für Fachärzt*innen und 642 für Assistenzärzt*innen). Die Anzahl der ausgestellten Bescheinigungen für Fachärzt*innen,
die eine Stelle im Ausland gesucht haben, lag sodann ständig über 1.000 in den

---

[13] In Kapitel 7 wird dieser Aspekt ausführlicher von den Befragten erwähnt.

Jahren von 2012 bis 2015, während 2016 um Ausstellung von 862 und 2018 von 823 entsprechenden Bescheinigungen ersucht wurde. Die entsprechende Anzahl ausgestellter Bescheinigungen bei Assistenzärzt*innen war deutlich niedriger als diejenigen für Fachärzt*innen: 642 Bescheinigungen im Jahr 2012, 402 Bescheinigungen im Jahr 2013 und seit 2014 (374 Bescheinigungen) fortlaufend unter 400 Bescheinigungen (306 im Jahr 2016 und 268 im Jahr 2018) (vgl. Mpoulouzta 2019). Diese Daten manifestieren, dass die Auswanderungstendenz von Ärzt*innen in Griechenland bei jeder Klassifizierung zu bemerken ist. Auf Basis der ausgestellten Bescheinigungen zur fachlichen Eignung durch die ISA ist erkennbar, dass die wichtigsten Zielländer der aus Athen ausgewanderten Ärzt*innen Großbritannien (478 Bescheinigungen), Deutschland (102 Bescheinigungen), Zypern (77 Bescheinigungen) und Frankreich (75 Bescheinigungen) sind (Mpoulountza 2016). Insgesamt waren 2020 1.723 griechische Ärzt*innen im britischen Gesundheitssystem registriert (Baker 2020: 13). Dies ist deutlich weniger als die 3.123 registrierten griechischen Ärzt*innen in Deutschland im selben Jahr (siehe Tabelle 5.4). Das deutsche Gesundheitssystem scheint somit ihr wichtigster Arbeitgeber außerhalb Griechenlands zu sein.

Unter diesen, aktuell im griechischen Gesundheitssektor vorherrschenden Bedingungen ist es interessant, die Entwicklung der Ärzt*innenzahl in den letzten Jahren in Griechenland zu beleuchten, wie in Abbildung 5.2 dargestellt.

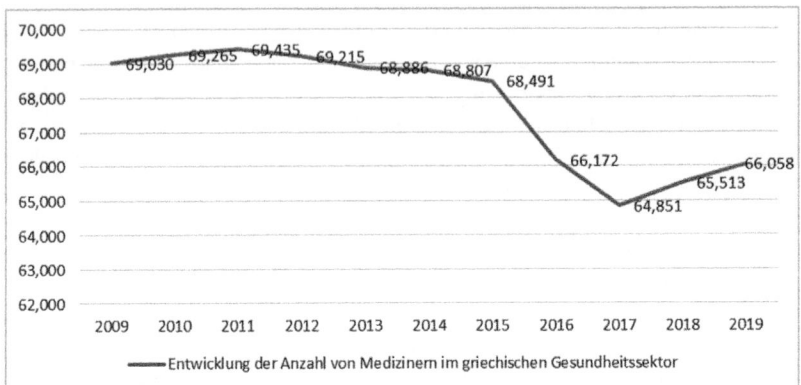

Abbildung 5.2 Entwicklung der Anzahl von Ärzt*innen im griechischen Gesundheitssektor (2009–2019). (Quelle: Eigene Darstellung nach ELSTAT (2020))

Offensichtlich wird der Rückgang der Anzahl der Ärzt*innen im Jahr 2018 (65.513) im Vergleich zum Jahr 2008 (67.795). Obwohl bei der Zahl der Ärzt*innen von 2008 bis 2012 eine Zunahme feststellbar ist, ist ihre Anzahl bis 2017 deutlich zurückgegangen. Dabei muss betont werden, dass der Bedarf an Ärzt*innen aufgrund der Alterung der Gesellschaft in Griechenland hoch ist, da der Anteil der Über-65-Jährigen in Griechenland bei 21,5 Prozent der Gesamtbevölkerung liegt (vgl. Kotzamanis et al. 2018: 37). Obwohl ELSTAT keine Erklärung dafür liefert, wieso eine Schrumpfung der Anzahl der Ärzt*innen in Griechenland in den vergangenen Jahren stattgefunden hat, lassen sich doch einige bereits erwähnte Faktoren damit in Zusammenhang bringen: restriktive Politiken hinsichtlich des Personalbestands im öffentlichen Sektor, Migration und folglich die ihr zugrunde liegende Finanzkrise.

5.1.3 Der deutsche und der griechische Gesundheitssektor aus vergleichender Perspektive

Vergleichend lässt sich sagen, dass sich die beiden Gesundheitssektoren im Bereich ihrer Organisation stark voneinander unterscheiden. Während die Zentralisierung des Gesundheitssektors in Griechenland besonders ausgeprägt ist, wird die zentrale Rolle des Staats im deutschen Gesundheitssektor von korporatistischen Akteuren (Ärzt*innenverbände und Krankenkassenverbände) eingerahmt. Die Rolle der Ärzt*innenverbände ist zum Beispiel beim „*drohenden Mangel*" an Ärzt*innen (Hoesch 2009: 237) und bei der Organisation der Sprachprüfungen in Bezug auf die Einwanderung von internationalen Ärzt*innen als ausschlaggebend zu betrachten. Im Gegensatz dazu haben die Ärzt*innenverbände in Griechenland, insbesondere bis zum Ausbruch der Finanzkrise, nur die Rolle von Vetospielern, etwa angesichts von auf das Gesundheitssystem zukommenden Reformen, übernommen.

Insbesondere aber auf dem Gebiet der finanziellen Indexe und konkret bei den Gesundheitsaufgaben lassen sich große Unterschiede zwischen den beiden Gesundheitssektoren bemerken (siehe Tabelle 5.1). Aus den Daten in Tabelle 5.1 geht zudem deutlich hervor, dass die Gesundheitsausgaben als Anteil am BIP in Griechenland während der Finanzkrise drastisch zurückgegangen sind. In Abschnitt 5.1.2 wurde dargestellt, welche Sparmaßnahmen im Gesundheitssektor unter dem Diktat der Troika eingeführt wurden. Diese hatten einerseits das Ziel, die staatlichen Finanzen zu rationalisieren und die vor der Finanzkrise bestehenden Fehlfunktionen im griechischen Gesundheitssektor zu beheben, aber andererseits riefen sie einige negative Konsequenzen für das Gesundheitssystem

(u. a. Personal- und Gehaltskürzungen, Verschlechterung von Ausstattung und Ausrüstung der Krankenhäuser) hervor.

Trotz dieser Unterschiede schneiden beide Länder hinsichtlich der Ärzt*innendichte pro 10.000 Einwohner*innen im internationalen Vergleich gut ab (siehe Diagramm 1). In Griechenland wird neben einem Überangebot bestimmter Fachärzt*innen (vgl. Katelidou et al. 2012: 725) auch seit den 90er Jahren ein Überangebot an Medizinabsolvent*innen (Kalamatianou 1993) beobachtet, sodass lange Wartezeiten auf eine Fachärzt*inausbildung an einem öffentlichen Krankenhaus die Folge sind. Hierzu haben die fehlerhafte Planung zur Entwicklung und Verteilung des Medizinpersonals seitens der zuständigen Ministerien geführt, zumal auch eine ungleiche Verteilung von Ärzt*innen innerhalb von Griechenland, von der vor allem die ländlichen Regionen Griechenlands betroffen sind (vgl. Economou et al. 2017: 69), feststellbar ist. Eine ungleiche Verteilung von Ärzt*innen lässt sich aber auch in Deutschland beobachten, und zwar vornehmlich in ländlichen Regionen (vgl. Gerlach 2008) und den meisten Bundesländer im Osten (vgl. BÄK 2020d). Außerdem weisen beide Länder eine fortschreitende Alterung ihrer Bevölkerung auf, und somit besteht ein höherer Bedarf an Ärzt*innen. Während jedoch in Deutschland die Anzahl von Medizinstudierenden die letzten Jahre anwächst (siehe Tabelle 5.2) und internationale Ärzt*innen für die Bedarfe des deutschen Gesundheitssektors rekrutiert werden, ist eine zunehmende Abwanderung von Ärzt*innen aus Griechenland in den letzten Jahren feststellbar. Deutschland scheint bereits vor dem Ausbruch der Finanzkrise ein wichtiges Zielland für die auswandernden griechischen Ärzt*innen gewesen zu sein (siehe Tabelle 5.4) und laut den verfügbaren Daten (Mpoulountza 2016; Baker 2020) ihr Hauptzielland innerhalb der letzten Jahre zu sein.

In Kapitel 7 werden die Ergebnisse der Erhebungen zu den befragten Ärzt*innen präsentiert und dabei wird deutlich, inwiefern die dargestellte Situation beider Gesundheitssektoren mit Blick auf die großen Unterschiede in den Einkommensmöglichkeiten, den Arbeitsbedingungen und den beruflichen Perspektiven während einer Fachärzt*inausbildung Einfluss auf die individuelle Migrationsentscheidung haben.

5.2 Der Wissenschaftssektor

Die zweite, in der empirischen Untersuchung dieser Studie behandelte Berufs-gruppe sind die geisteswissenschaftlichen Nachwuchswissenschaftler*innen[14]. Verständlicherweise wird sich auf die Wissenschaftssektoren zu den Ländern Deutschland (5.2.1) und Griechenland (5.2.2) fokussiert, um die entsprechenden strukturellen Bedingungen, die sich auf die Entscheidung zur Auswanderung bzw. zur *Stasis* auswirken, darzustellen.

Obwohl der Hochschulsektor besonders im Fokus dieses Kapitels steht, soll auch der außeruniversitäre Bereich, in dem ebenfalls Forschung von Nachwuchs-wissenschaftler*innen betrieben wird, beleuchtet werden. Die Entwicklungen und Fakten des Wissenschaftssektors in Deutschland und in Griechenland sollen aber mit Blick auf die Europäisierung[15] abgebildet werden, da beide Staaten die Bologna-Erklärung (siehe Abschnitt 4.1) unterzeichnet haben und deren Ziele verfolgen. Jedoch weisen die Wissenschaftssektoren beider Länder unterschiedli-che Strukturmerkmale auf. Auch bei Betrachtung der ökonomischen Indexe der Wissenschaftssektoren in beiden Ländern sind deren Unterschiede erkennbar, wie Tabelle 5.5 aufzeigt.

Es wird offensichtlich, dass in Deutschland dauerhaft von 2009 bis 2019 viel mehr im Vergleich zu Griechenland in Forschung und Entwicklung investiert wurde. Deutschland erreichte das 2002 durch die Kommission gesetzte EU-Ziel

---

[14] Dabei geht es um Doktorand*innen und Postdoktorand*innen, d. h. Personen, die sich im Anschluss an einen Studienabschluss durch wissenschaftliche Arbeit weiterqualifizieren. Laut European Science Foundation (ESF) gehören die Doktorand*innen zur ersten Stufe der akademischen Qualifikationsstufen und Postdoktorand*innen zur zweiten Stufe der aka-demischen Qualifikationsstufen (vgl. Konsortium Bundesbericht Wissenschaftlicher Nach-wuchs, 2013: 85). Diese Einordnung wird im Rahmen der vorliegenden Studie bevorzugt und nicht etwa diejenige laut jahresbestimmten Kriterien von Stufen hinsichtlich der Nachwuchs-forscher*innen vonseiten der EU-Kommission, wie sie in der „Europäischen Charta für For-scher: Verhaltenskodex zur Einstellung von Forschern" erschienen ist. Laut Letzterer wird zwischen Nachwuchswissenschaftler*innen – d. h. Wissenschaftler*innen in den ersten vier Jahren ihrer Forschungstätigkeit einschließlich ihrer Forschungsausbildungszeit – und „Er-fahrenen Forscher*innen" unterschieden, die mindestens eine vierjähriger Forschungstätig-keit nach dem Hochschulabschluss oder der Promotion aufweisen können (vgl. Europäische Kommission 2005: 30 f.).

[15] Laut Adrienne Héritier et al. (2001) bedeutet Europäisierung: *„the process of influence deriving from European decisions and impacting member states' policies and political and administrative structures. It comprises the following elements: the European decisions, the processes triggered by these decisions as well as the impacts of these processes on national policies, decision processes and institutional structures"* (ebd.: 3).

Tabelle 5.5 Ausgaben für Forschung und Entwicklung als Anteil des BIPs (in Prozent) in Deutschland und in Griechenland (2009–2019)

	2009	2010	2011	2012	2013	2014	2015	2016	2017	2018	2019
Deutschland	2,74	2,73	2,81	2,88	2,84	2,88	2,93	2,94	3,07	3,12	3,18[v]
Griechenland	0,63[g]	0,6[g]	0,67	0,7	0,81	0,83	0,96	0,99	1,13	1,21	1,27[v]
EU-28 (2013–2020)	1,93	1,92	1,96	2	2,02	2,03	2,04	2,04	2,08	2,11	2,14[v]

[v] vorläufiger Wert
[g] geschätzter Wert

Quelle: Eigene Darstellung nach Eurostat (2021d)

von drei Prozent hinsichtlich des Ausgabenanteils am BIP für Forschung und Ent-
wicklung bereits 2017, während Griechenland immer noch weit davon entfernt ist.
Der Anteil der Ausgaben für Forschung und Entwicklung in Deutschland überragt
während dieser zehn Jahre nicht nur den entsprechenden Anteil der Ausgaben in
Griechenland, sondern auch den EU-Durchschnitt, der 2019 für die 28 EU-Länder
bei 2,14 Prozent lag. Im Gegensatz dazu unterschritt permanent der Anteil der
Ausgaben für Forschung und Entwicklung in Griechenland den entsprechenden
EU-Anteil zwischen 2009 und 2019 (Eurostat 2021d). Trotzdem weisen beide
Länder eine relativ stabile Zunahme der Ausgaben für Forschung und Entwick-
lung in dieser Zeitspanne auf, und zwar trotz der kurzen Unterbrechung in der
Zunahme zwischen 2012 und 2013 in Deutschland und zwischen 2008 und 2010
in Griechenland.

Auch die Daten über den Stand des Forschungspersonals betonen den
großen Unterschied zwischen den Wissenschaftssektoren beider Länder (siehe
Tabelle 5.6).

Tabelle 5.6 Anzahl der Forscher*innen in Deutschland und in Griechenland nach Leistungssektor in ausgewählten Jahren

Leistungssektor	Land	2011	2013	2015	2017	2019
Unternehmenssektor	Deutschland	190.693	198.585	230.823	252.759	272.943[g]
	Griechenland	4.021[b]	4.197	5.035	9.660	10.252[v]
Staatssektor	Deutschland	54.185	56.755	54.011[a]	54.715[a]	59.221[a]
	Griechenland	4.370[b]	5.778	7.256	7.184	8.220[v]
Hochschulsektor	Deutschland	93.811	99.123	103.148	112.143	117.300[g]
	Griechenland	16.068[b]	18.957	22.149	17.853	21.319[v]
Pr. Organisationen ohne Erwerbszweck	Deutschland	–	–	–	–	–
	Griechenland	216	296	269	303	293[v]
Insgesamt	Deutschland	338.689	354.463	387.982	419.617	449.464[g]
	Griechenland	24.674[b]	29.228	34.708	35.000	40.084[v]

b: Bruch in den Zeitreihen
a: abweichende Definition
e: geschätzter Wert
v: vorläufiger Wert

Quelle: Eigene Darstellung nach Eurostat (2021e)

Es wird deutlich, dass die verfügbaren Humanressourcen in den Forschungs-
bereichen der beiden Länder quantitativ nicht verglichen werden können, wobei
der Unterschied in ihrer Anzahl dem nummerischen Unterschied der Bevöl-
kerungszahl der beiden Länder (ca. 1:10) entspricht. Interessant ist aber des
Weiteren, dass der Unterschied zwischen Deutschland und Griechenland beim
Forschungspersonal insbesondere im Unternehmenssektor ausgeprägt ist.

Die Analyse der beiden Wissenschaftssektoren, so wie sie in den folgenden
Abschnitten (5.2.1 und 5.2.2) vorgestellt werden, kann den Hintergrund dieser
Entwicklungen anschaulich beleuchten. Für die Analyse der Wissenschaftssekto-
renwird deren Organisation mit Blick auf ihre Finanzierung und ihre zentralen
Akteure berücksichtigt, so wie auch Aspekte der Europäisierung der tertiären
Bildungsbereiche in beiden Ländern miteinbezogen werden. Außerdem wird
sich auf aktuelle Entwicklungen im Forschungspersonalbestand mit Fokus auf
Aspekte der Förderung und der beruflichen Perspektiven von Nachwuchswis-
senschaftler*innen konzentriert, damit das Hauptaugenmerk dieser Studie auf
geisteswissenschaftliche Nachwuchswissenschaftler*innen begründet wird. Im
Anschluss daran werden in einem Zwischenfazit die wichtigsten, das untersuchte
Thema betreffenden Informationen zusammengefasst.

5.2.1 Der deutsche Wissenschaftssektor

In diesem Kapitel wird der deutsche Wissenschaftssektor, beginnend mit seinen
Organisations- und Finanzierungseigenschaften, dargestellt.

Organisation und Finanzierung
Neben den Hochschulen (Universitäten und Fachhochschulen) ist der Beitrag
des außeruniversitären Forschungssektors in Deutschland durch die vier großen
institutionellen Forschungsnetzwerke, d. h. die Max-Planck-Gesellschaft (MPG),
die Fraunhofer Gesellschaft (FhG), die Leibniz Gemeinschaft (WGL) und die
Helmholtz Gemeinschaft (HGF), zur Forschungsleistung in Deutschland wichtig.
Gerade deren Rolle wird als eine Besonderheit des deutschen Forschungssektors
betrachtet (vgl. Simoleit 2016: 194).

Allerdings ist der deutsche Staat auf dem Gebiet der Hochschul- und Forschungspolitik durch seine eigenen Organe und primär bei der Finanzierung der
deutschen Hochschulen der zentrale Akteur (vgl. Schulze 2013: 20). Auf Bundesebene spielen auch die drei Organe KMK, Gemeinsame Wissenschaftskonferenz
(GWK) und Wissenschaftsrat (WR) eine wichtige Rolle in der Hochschul-

und Forschungspolitik.[16] Die Präsenz des Staates in diesem Zusammenhang ist durch die föderalistischen Eigenschaften des deutschen Staates gekennzeichnet. Dadurch entsteht ein *„breit gefächertes und ausdifferenziertes Forschungssystem"*, in dem die Forschung arbeitsteilig zwischen Bund und Ländern gefördert wird (vgl. Hinze 2016: 414). Den Bundesländern kommen dabei die zentralen Aufgaben der Organisation der Universitäten und der Abdeckung ihres Personalbedarfs zu (vgl. Simoleit 2016: 196). Die Universitäten stehen unter der Aufsicht der Bundesländer und ihre primäre Finanzierung erfolgt durch einen jährlichen Gesamthaushalt vonseiten der entsprechenden Landesministerien. Jedoch wird den Universitäten eine gewisse Autonomie und Freiheit bei der Gestaltung ihrer Organisation gewährt.

Ihre Autonomie steigt noch an, da ihre Forschungsmöglichkeiten zunehmend von Drittmitteln abhängen, nachdem die Landesministerien dazu übergegangen sind, ihnen marktähnliche Impulse und eine Wettbewerbssteuerung einzuräumen (vgl. ebd.: 199). Die Finanzierung der Universitäten wird also zwischen Bund und Ländern aufgeteilt: Die Lehre an den Hochschulen wird, wie oben bereits erwähnt, durch den Hochschulhaushalt der Länder finanziert, während die Forschung an den Universitäten zunehmend durch Drittmittel, die primär aus Bundesquellen stammen, sichergestellt wird (vgl. Kreckel 2016: 66). Durch die Kooperation zwischen Bund und Ländern werden Forschungsprojekte für die Universitäten realisiert, wie zum Beispiel die „Exzellenzinitiative", der „Hochschulpakt 2020", der „Pakt für Forschung und Innovation" und die Bafög-Reform (vgl. ebd.). Diesbezüglich soll die Rolle der Deutschen Forschungsgemeinschaft (DFG) betont werden. Die DFG, als nicht-staatlicher Akteur, nimmt eine zentrale Aufgabe in der finanziellen Förderung aller Fachdisziplinen in Deutschland ein und kann als die wichtigste Drittmittelquelle für Forschungsprojekte an Universitäten betrachtet werden (vgl. Simoleit 2016: 198). Während die DFG 36,3 Prozent der Drittmittel für Forschung an den deutschen Universitäten von 2015 bis 2018 gewährt hat, muss außerdem der Beitrag von EU-Drittmitteln für die Forschungsaktivitäten an den deutschen Universitäten berücksichtigt werden. Ihr Anteil belief sich von 2015 bis 2018 auf 9,6 Prozent der gesamten Drittmittel für

---

[16] Die KMK ist für die Koordination der verschiedenen Länderpolitiken in den Bereichen Kultur und Bildung sowie für die Anerkennung von Abschlüssen und Qualitätsstandards zuständig (vgl. Simoleit 2016: 196). Die GWK koordiniert die Aktivitäten von Bund und Ländern im Bereich der Wissenschafts- und Forschungspolitik und fasst Beschlüsse über wichtige wissenschaftspolitische Fragestellungen zusammen. Der WR gibt Empfehlungen und gibt Stellungnahmen der Bundesregierung und der Regierungen der Länder zur Struktur, Entwicklung, Finanzierung und Leistungsfähigkeit von wissenschaftlichen Institutionen ab sowie auch zu Fragen des Wissenschaftssystems (vgl. Hinze 2016: 414 ff.).

Forschung und Entwicklung, über die öffentliche Universitäten in Deutschland verfügen konnten (vgl. Destatis 2020c: 197).

Bei einer weiteren Betrachtung der Finanzierungsquellen von Forschung in Deutschland werden die anderen beteiligten Akteure des Wissenschaftsbereichs ersichtlich. Laut Destatis (2021b) entstammten im Jahr 2019 14 Prozent der gesamten 109,5 Milliarden Euro, die für interne Ausgaben für Forschung und Entwicklung bereitstanden, dem Staatssektor sowie 17 Prozent dem Hochschulsektor und 69 Prozent dem *„Wirtschaftssektor"* (ebd.). Die staatlichen Mittel für Forschung und Entwicklung werden als institutionelle Förderung und als Projektförderung den Forschungseinrichtungen, z. B. den großen außeruniversitären Forschungsnetzwerken, zur Verfügung gestellt (vgl. Hinze 2016: 418 f.). Die zunehmende Bedeutsamkeit des Unternehmenssektors in der Forschung wird mit Blick auf die Beschäftigungsfelder der Forscher*innen in Deutschland deutlich. Wie die Daten in Tabelle 5.6 zeigen, überholt die Anzahl des Forschungspersonals im Unternehmenssektor ständig die der beschäftigten Forscher*innen im deutschen Hochschulsektor. Obschon in den beiden Leistungssektoren zwischen 2011 und 2019 eine Zunahme der beschäftigten Forscher*innen feststellbar war, stieg deren Zahl im Unternehmensbereich innerhalb dieser Jahre um 89.250, im Vergleich dazu aber im Hochschulsektor nur um 23.489 (siehe Tabelle 5.6). Der Unternehmenssektor ist somit der wichtigste Arbeitgeber für Forscher*innen in Deutschland.

Europäisierung und Exzellenz

Darüber hinaus sollen auch die Aspekte, die mit der Europäisierung des Forschungsbereichs in Deutschland zusammenhängen, Beachtung finden. Deutschland kann im Hinblick auf die Forschungsförderung durch EU-Mittel als Gewinner im Vergleich zu den anderen EU-Mitgliedsstaaten angesehen werden. Es ist charakteristisch, dass Deutschland von 2014 bis 2016 einen höheren Anteil (16,7 Prozent der gesamten Förderung) aus dem letzten EU-Förderprogramm für Forschung und Innovation, „Horizont 2020", bekommen hat als jeder andere Mitgliedsstaat (European Commission 2018a). Offensichtlich sind Entwicklungen und Entscheidungen auf EU-Ebene besonders für das Forschungs- und Bildungssystem in Deutschland relevant. Aspekte der Europäisierung rahmen die Diskussion über die Internationalisierung des Hochschulbereichs in Deutschland ein und werden vonseiten der Politik als Notwendigkeit verstanden (vgl. Simoleit 2016: 202). Entsprechende Organisationen und Institutionen wurden geschaffen,[17]

---

[17] Einige Beispiele dafür sind: die Kooperationsstelle EU der Wissenschaftsorganisationen (KoWi), die Nationale Kontaktstelle zu den Maßnahmen von Marie-Skłodowska-Curie

damit die Ziele, die mit der Mobilität von Wissenschaftler*innen bzw. Studierenden und der Förderung der Forschung zusammenhängen, erreicht werden. Zentral
ist dabei die Rolle des Deutschen Akademischen Austauschdiensts (DAAD),
der im Auftrag des Bundesministeriums für Bildung und Forschung (BMBF)
die Aufgaben einer Nationalen Agentur für EU-Hochschulzusammenarbeit realisiert. Außerdem wurden weitere Institutionen aufgebaut, die als Akteure für die
Europäisierung des deutschen Forschungssektors agieren (vgl. ebd.: 206).

Als Folge der Europäisierung, mit dem Ziel der Wettbewerbsstärkung im
Wissenschaftsbereich und somit der Verbesserung der Ausbildung des wissenschaftlichen Nachwuchses, kann die erst im Sommer 2005 geschlossene
Bund-Länder-Vereinbarung zur „Exzellenzinitiative"[18] verstanden werden. Das
Förderprogramm zur „Exzellenzinitiative" wurde 2017 durch die „Exzellenzstrategie"[19], die ebenfalls den Fokus auf die universitäre Spitzenforschung legt,
ersetzt.

Im Hinblick auf diesen Bereich der Europäisierung in Deutschland ist außerdem zu betonen, dass sich dadurch eine zunehmende Mobilität von Studierenden
und Forscher*innen entwickelt. Deutschland war 2018 das zweitbeliebteste Zielland für Erasmus-Studierende, so kamen 32.855 Studierende – unter ihnen 743

(MSC), die über die EU-Maßnahmen von „Horizont 2020" beraten und informieren. Ebenfalls bietet das EU-Büro des BMBF Beratungs- und Unterstützungsleistungen für die EU-
Rahmenprogramme für Forschung und Innovation und unterstützt das Bundesministerium
in der Wahrnehmung der Aufgaben hinsichtlich der europäischen Bildungszusammenarbeit,
des Europäischen Forschungsraums und der EU-Forschungs- und Innovationspolitik. Außerdem verfügen die Universitäten in Deutschland über EU-Referent*innen, die sich unterstützend für berechtigte Antragsteller*innen der Universitäten einsetzen (vgl. ebd.: 207).

[18] Durch diese Initiative wurden Projekte in drei Förderlinien ausgezeichnet: Graduiertenschulen zur Förderung des wissenschaftlichen Nachwuchses, Exzellenzcluster zur Förderung
der Spitzenforschung und Zukunftsprojekte zum projektbezogenen Ausbau der universitären
Forschung, um Spitzenforschung an den Universitäten zu schaffen und somit ausgezeichnete
Wissenschaftler*innen anzuziehen (vgl. BMBF o. D. a).

[19] Die Exzellenzstrategie hat zwei Förderlinien gesetzt. Diese sind die Förderung von Exzellenzclustern und die Förderung von Exzellenzuniversitäten. Im Rahmen der Exzellenzcluster
werden international wettbewerbsfähige Forschungsfelder an Universitäten bzw. in Universi-
tätsverbünden projektbezogen und interdisziplinär für die Dauer von sieben Jahren gefördert.
Im Zusammenhang mit den Exzellenzuniversitäten werden einzelne Universitäten bzw. ein
Verbund von Universitäten als Institutionen für sieben Jahre gefördert, um sie bei ihrer Stärkung zu unterstützen. Eine Voraussetzung für diese Förderlinie ist aber die Einwerbung von
zwei bzw. drei Exzellenzclustern der Universität bzw. der Universitätsverbünde. Jedes siebte
Jahr kann die Förderung verlängert werden (vgl. BMBF o. D. b).

aus Griechenland – über das Erasmus+-Programm nach Deutschland (vgl. European Commission 2020: 38). Gleichzeitig sammelten 5.154 Beschäftigte im tertiären Bildungssektor – darunter 84 aus Griechenland – im Jahr 2018 ebenfalls im Rahmen des Erasmus+-Programms berufliche Erfahrungen in Deutschland (vgl. ebd.: 40). Deutschland bildete das drittbeliebteste Zielland der Beschäftigten, die im Rahmen des Erasmus+-Programms berufliche Erfahrungen im Ausland machen wollten, hinter Spanien (8.372 Ankünfte von Erasmus+-Beschäftigten) und Italien (6.931 Ankünfte von Erasmus+-Beschäftigten) (vgl. ebd.: 40 f.).

Des Weiteren nimmt auch die Anzahl internationaler Wissenschaftler*innen im deutschen Bildungssektor zu. Diese Entwicklung ist ebenfalls als eine Folge der Internationalisierung bzw. Europäisierung der Universitäten zu verstehen. An deutschen Hochschulen war im Jahr 2017 46.553 wissenschaftliches und künstlerisches Personal[20] ohne deutsche Staatsangehörigkeit beschäftigt. Die entsprechende Anzahl dieser Gruppe an deutschen Hochschulen belief sich im Jahr 2012 auf 35.345 Personen (vgl. Wissenschaft weltoffen 2019a). Auch in den vier großen außeruniversitären Forschungseinrichtungen zeigt sich von 2012 (8.115) bis 2017 (11.830) ein bemerkenswerter Zuwachs an ausländischem Wissenschaftspersonal (+3.715) (vgl. Wissenschaft weltoffen 2019b). Diese Tendenz ist ebenso beim Wissenschaftspersonal mit griechischer Staatsangehörigkeit im deutschen Hochschulsektor feststellbar. Wie Tabelle 5.8 aufzeigt, hat sich die Zahl der Wissenschaftler*innen mit griechischer Staatsangehörigkeit innerhalb von zehn Jahren (2008–2018) fast verdoppelt (+686).

*Personalbestand und Arbeitsmarkt für Nachwuchswissenschaftler*innen*
In Zeiten der Internationalisierung und von ‚Exzellenz‘-Bestrebungen ergeben sich auch neue Herausforderungen im Bereich des wissenschaftlichen Zuwachses in Deutschland. Eine davon ist seine Stärkung durch strukturierte Doktorand*innenprogramme[21]. Dazu waren im Jahr 2014 207 Graduiertenkollegs der Deutschen Forschungsgemeinschaft (DFG) und 45 Graduiertenschulen der „Exzellenzinitiativen" registriert und wurden insgesamt 127 weitere ähnliche Strukturen für Promovierende von den vier großen Forschungsnetzwerken (FhG, HGF, MPG, WGL) finanziert (vgl. Konsortium Bundesbericht Wissenschaftlicher Nachwuchs 2017: 146). Unabhängig von den strukturierten Programmen

---

[20] Dazu gehören Professor*innen, Dozent*innen und Assistent*innen, wissenschaftliche und künstlerische Mitarbeiter*innen sowie Lehrkräfte für besondere Aufgaben.

[21] Als strukturierte Doktorand*innenprogramme verstehen sich systematisch aufgebaute Promotionsstudien mit verpflichtendem Ausbildungsprogramm, die in der Regel innerhalb eines bestimmten Zeitraumes abzuschließen sind (vgl. Konsortium Bundesbericht Wissenschaftlicher Nachwuchs 2017: 146).

für die Promovierenden stehen im deutschen Hochschulsektor weitere Wege zu einer Promotion zur Verfügung. Eine Möglichkeit ist die interne Promotion, bei der die Promovierenden ihre Promotion an der Universität, an der sie angestellt sind, anstreben. Zudem besteht auch die Möglichkeit, extern zu promovieren, d. h. an einer Universität, in der der*die betreuende Professor*in arbeitet, promotionszugelassen zu sein, ohne an der Universität der Promotion in einem Beschäftigungsverhältnis zu stehen. Die Mehrheit der Promovierenden im Wintersemester 2014/2015 in Deutschland strebten laut der Befragung von Destatis (2016a) eine Promotion im Rahmen einer internen Promotion (58 %) an (vgl. ebd.: 36). Der Anteil der Promovierenden über ein strukturiertes Promotionsprogramm belief sich auf 23 Prozent (vgl. ebd.: 34). Während bei der Anzahl der abgeschlossenen Doktorarbeiten in Deutschland von 2009 bis 2016 eine kontinuierliche Zunahme verzeichnet wurde – außer 2012, als 174 weniger Promotionen im Vergleich zu 2011 abgeschlossen wurden – wurde ein Rückgang von 2016 bis 2018 registriert. Während 2016 die höchste Anzahl von Promotionen in Deutschland (29.303) zu beobachten war, beliefen sich 2018 die Zahlen auf 27.838 und 2019 auf 28.690 abgeschlossene Promotionen (vgl. Destatis 2020d: 8). Eine große Veränderung in der Relation des Promovierten-Anteils pro 1.000 Personen in Deutschland ist aber nicht zu bemerken. Jedoch ist ein kleiner Rückgang in diesem Anteil zwischen 2015 (2,9 %) und 2018 (2,6 %) feststellbar (vgl. Hachmeister 2019: 4). Dabei gehören diese Anteile zu den höchsten in der EU und überschreiten sie deutlich den entsprechenden EU-28-Durchschnitt (2,0 für 2015 und 2,1 für 2018) (vgl. Eurostat 2020b).

Darüber hinaus müssen auch die aktuelle Situation im Personalbestand und bei den Rahmenbedingungen für die Postdoktorand*innen im deutschen Hochschulsektor präsentiert werden. Die Post-Doc-Phase schließt sich an die Promovierten-Phase für die Wissenschaftler*innen an. Sie zielt auf einen Ruf auf eine Professur oder auf eine andere wissenschaftliche Leitungsposition ab. Neben der Habilitation sind bis zu einer Professur weitere Beschäftigungsstufen (Juniorprofessur, Nachwuchsgruppenleitung) im deutschen Hochschulsektor entstanden. Diese eröffnen einerseits weitere Beschäftigungsmöglichkeiten für Wissenschaftler*innen, führen aber zu keiner Verbeamtung und sind zeitlich befristet.[22] Laut dem Wissenschaftszeitvertragsgesetz (WissZeitVG) dürfen sowohl die Promovierenden als auch die Postdoktorand*innen im Rahmen ihrer Qualifizierung bis

---

[22] Hierbei ist das Beispiel der Juniorprofessur charakteristisch. Bei einer Juniorprofessur wird keine Habilitation benötigt, wenn eine Berufung auf eine Professur beabsichtigt ist. Sie ist aber zeitlich befristet und es werden zusätzliche wissenschaftliche Leistungen während dieser Beschäftigung gefordert (vgl. Burkhardt: 239).

zu sechs Jahre beschäftigt sein. Die Postdoktorand*innen können auch als wissenschaftliche Mitarbeiter*innen an einer Universität angestellt sein. Die Anzahl der hauptberuflichen wissenschaftlichen und künstlerischen Mitarbeiter*innen an deutschen Hochschulen war von 2009 (insgesamt 146.127) bis 2019 (insgesamt 197.502) jährlich zunehmend, während die Anzahl wissenschaftlicher und künstlerischer Mitarbeiterinnen ebenfalls anstieg (von 56.920 im Jahr 2009 auf 85.107 im Jahr 2019) (vgl. Destatis 2019d: 19f; vgl. Destatis 2020d: 18). Dies bedeutet einen Rückgang des Gender-Gaps hinsichtlich der Beschäftigung von hauptberuflichen wissenschaftlichen und künstlerischen Mitarbeiter*innen an den deutschen Hochschulen, zumal sich die entsprechende Beschäftigungsrate von Mitarbeiterinnen zwischen 2009 (39 %) und 2019 (43 %)[23] erhöhte. Des Weiteren ist die Anzahl der angestellten Juniorprofessor*innen an deutschen Hochschulen die letzten Jahre nicht bemerkenswert gestiegen, da zum Jahr 2018 1.546 insgesamt registriert waren (vgl. Destatis 2020d: 46), also nicht deutlich mehr als die Anzahl der angestellten Juniorprofessor*innen (1.236) im Jahr 2010 (vgl. Destatis 2011: 53). In den vergangenen Jahren hat die Förderung der Postdoktorand*innen durch außeruniversitäre Mittel zugenommen. Laut dem Monitoring-Bericht der Gemeinsamen Wissenschaftskonferenz (GWK) zum Pakt für Forschung und Innovation waren 2018 8.033 Postdoktorand*innen und 14.113 Doktorand*innen registriert und wurden von den vier großen Förderungsnetzwerken (FhG, HGF, MPG, WGL) betreut, während 2010 fast zweimal weniger Postdoktorand*innen (4.452) registriert waren. Zum Jahr 2010 wurden auch weniger Doktorand*innen (9.269) im Vergleich zu 2018 von diesen vier Institutionen betreut (vgl. GWK 2019: 133).

Ein Problem für die weitere berufliche Perspektive der Nachwuchswissenschaftler*innen im deutschen Bildungssektor ist jedoch die geringe Anzahl freier Professur-Stellen für diejenigen, die auf eine Karriere an der Hochschule abzielen. Dies ist eine Folge der stetig wachsenden Anzahl von Nachwuchswissenschaftler*innen, während sich die Anzahl vakanter Professuren nicht entsprechend entwickelt hat (vgl. Konsortium Bundesbericht Wissenschaftlicher Nachwuchs 2017: 58). Darüber hinaus erschweren die Bedingungen im deutschen Bildungssektor den Zugang zu einer Professur-Stelle (u. a. differenzierte Wege – z. B. Habilitation, Juniorprofessur, Nachwuchsgruppenleitung –, für eine Professur-Stelle benötigte mehrjährige Erfahrung sowie zumindest ein einmaliger Arbeitgeberwechsel während der Qualifizierungsphase für einen Ruf auf eine Professur) und somit die Erreichung dieses Ziels vonseiten der Nachwuchswissenschaftler*innen (vgl. ebd.: 59). Außerdem werden diesbezüglich auch die relativ geringe Transparenz bei den Berufungsverfahren (ebd.) sowie die starren Hierarchiestrukturen im

---

[23] Eigene Berechnungen.

deutschen Hochschulsektor sehr kritisiert (vgl. Remhof 2008: 47). Ähnliche Faktoren des deutschen Hochschulsektors, die unter den Stichwörtern Bürokratie und ungünstige Karrieremöglichkeiten bzw. Arbeitsbedingungen von Remhof zusammengefasst werden, werden als bestimmend für Auswanderungsentscheidungen von Nachwuchswissenschaftler*innen aus Deutschland betrachtet (vgl. ebd.).

Im Anschluss sollen die Unterschiede zwischen den Fächergruppen hinsichtlich der Forschungsförderung sowie hinsichtlich des Personalbestands an wissenschaftlichem Nachwuchs dargestellt werden. Die folgende Tabelle (Tabelle 5.7) bildet die Entwicklung der angestellten wissenschaftlichen und künstlerischen Mitarbeiter*innen an deutschen Hochschulen in den letzten Jahren ab.

Die Daten der Tabelle 5.7 zeigen deutlich, in welchen Fächergruppen die Arbeitschancen an einer deutschen Hochschule für die Nachwuchswissenschaftler*innen – auch unter Berücksichtigung der neuen Zuordnung von Studienbereichen ab 2015 – während der angegebenen Jahre höher waren. Zweifellos waren die beruflichen Perspektiven der Ingenieurwissenschaftler*innen an deutschen Hochschulen besonders günstig, da der größte numerische Zuwachs bei angestelltem akademischen und künstlerischen Personal von 2009 bis 2019 sich in dieser Fachgruppe bemerkbar macht (+13.678). Ein ebenfalls beträchtlicher Zuwachs bei den angestellten wissenschaftlichen und künstlerischen Mitarbeiter*innen ist auch in den Fächergruppen Humanmedizin/Gesundheitswissenschaften (+12.003) und Rechts-, Wirtschafts- und Sozialwissenschaften[24] (+10.074) auffällig. Im Gegensatz dazu haben sich die Stellen an deutschen Hochschulen für die Zeitspanne von 2009 bis 2019 für die wissenschaftlichen und künstlerischen Mitarbeiter*innen in Mathematik, Naturwissenschaften (–2.541) und in Sprach- und Kulturwissenschaften (–2.400) reduziert. Jedoch war die Anzahl der Nachwuchswissenschaftler*innen aus den geisteswissenschaftlichen Disziplinen (in der Tabelle 5.7 unter Sprach-, Kulturwissenschaften und auch unter Rechts-, Wirtschafts- und Sozialwissenschaften) in den in der Tabelle 5.7 dargestellten Jahren an deutschen Hochschulen immer niedriger als diejenige in Humanmedizin/Gesundheitswissenschaften, Ingenieurwissenschaften und Naturwissenschaften und Mathematik, trotz der gesunkenen Anzahl in letzterer Fächergruppe.

---

[24] Der größte Anteil an wissenschaftlichen Mitarbeiter*innen dieser Fächergruppe bezieht sich auf Wirtschaftswissenschaftler*innen, wenn auch die ausführlichen Daten von Destatis aus dem Jahr 2019 zur Anzahl aller Angestellten an deutschen Hochschulen berücksichtigt werden, da von den insgesamt 103.929 Angestellten in Rechts-, Wirtschafts- und Sozialwissenschaften 42.850 zum Forschungsbereich der Wirtschaftswissenschaften und 2.139 dem Wirtschaftsingenieurwesen mit wirtschaftlichem Schwerpunkt zugeordnet sind (vgl. Destatis 2020d: 60).

Tabelle 5.7 Entwicklung der Anzahl wissenschaftlicher und künstlerischer Mitarbeiter*innen im Angestelltenverhältnis an deutschen Hochschulen nach Fächergruppen für ausgewählte Jahre

Fächergruppe	2009	2011	2013	2015[25]	2017	2019
Sprach- und Kulturwissenschaften (Geisteswissenschaften)	13.040	13.743	14.364	9.691	10.375	10.640
Sport	764	819	846	882	947	1.067
Rechts-, Wirtschafts- und Sozialwissenschaften	12.504	143.526	13.995	20.203	21.304	22.578
Mathematik, Naturwissenschaften	33.909	35.643	36.283	29.609	30.678	31.368
Humanmedizin/Gesundheitswissenschaften	39.632	41.886	44.562	46.003	48.351	51.635
Agrar-, Forst- und Ernährungswissenschaften, Veterinärmedizin	3.627	3.018	2.917	3.930	4.337	4.507
Ingenieurwissenschaften	20.309	23.330	25.310	30.426	32.055	33.987
Kunst, Kunstwissenschaften	1.613	1.762	1.923	2.003	2.005	2.095
Zentrale Einrichtungen (ohne klinikspez. Einrichtungen)	6.991	8.304	9.183	8.936	9.272	9.784
Zentrale Einrichtungen der Hochschulkliniken (nur Humanmedizin)	868	835	895	975	1.060	1.244
Insgesamt	133.257	143.825	151.250	152.658	160.384	168.905

Quelle: Eigene Darstellung nach Destatis, 2020d, 2018, 2016b, 2014, 2013b, 2010

[25] Seit 2015 wird der Studienbereich Informatik nicht mehr der Fächergruppe Mathematik und Naturwissenschaften zugeordnet, sondern den Ingenieurwissenschaften und die Studienbereiche Erziehungswissenschaften sowie Psychologie wechselten von den Geisteswissenschaften (Kultur- und Sprachwissenschaften) zu den Rechts-, Wirtschafts- und Sozialwissenschaften.

Ähnliche Tendenzen hinsichtlich der Abweichungen bei den unterschiedlichen Fächern sind auch mit Blick auf die Anteile der Promovierenden zu bemerken. Laut der Befragung durch Destatis (2016a) von Promovierenden zum Wintersemester 2014/2015 promovierte der größte Anteil der Doktorand*innen in Mathematik und Naturwissenschaften (30 %) (vgl. ebd.: 25). Darauf folgen die Doktorand*innen in Ingenieurwissenschaften (19 %), in Sprach- und Kulturwissenschaften (18 %) und in Rechts-, Wirtschafts- und Sozialwissenschaften (17 %) (vgl. ebd.). Interessant sind auch die Daten aus dieser Befragung zur Teilnahme der Promovierenden an strukturierten Promotionsprogrammen, die ebenfalls die Förderungsdynamik pro Fächergruppe aufzeigen. Der größte Anteil von Teilnehmenden an einem strukturierten Promotionsprogramm gehörte zu den Promovierenden aus den Bereichen Mathematik und Naturwissenschaften (33 %). Der Anteil derjenigen, die an einem strukturierten Programm für Doktorand*innen partizipierten betrug in Sprach- und Kulturwissenschaften 17 Prozent, in Rechts-, Wirtschafts- und Sozialwissenschaften 19 Prozent. Somit unterlagen diese Anteile dem Anteil der Ingenieurwissenschaften, der bei 21 Prozent lag (vgl. ebd.: 33). Auch in Bezug auf die strukturierte Förderung sind die Chancen für promovierende Geisteswissenschaftler*innen im Vergleich zu Doktorand*innen in Ingenieur- und Naturwissenschaften ungünstiger. Diese nachteilige Situation wiederholt sich aber nicht für Promovierende in Sprach- und Kulturwissenschaften bei der Stipendienvergabe. Sie erhalten mit einem Anteil von 21 Prozent der Promovierten in diesem Bereich im Vergleich zu den anderen Fächergruppen – Mathematik und Naturwissenschaften (20 %), Rechts-, Wirtschafts- und Sozialwissenschaften (14 %) und Ingenieurwissenschaften (11 %) – mehr Förderung (vgl. ebd.: 38).

Auch bei Betrachtung der durch die DFG bewilligten Projekte wird eine Ungleichheit zwischen den Fächergruppen sichtbar. Im Jahr 2019 hat die DFG Projekte für Lebenswissenschaften[26] am meisten gefördert (ein Anteil von 35,5 % aller bewilligten Projekte der DFG). Dieser Anteil belief sich auf 22,4 Prozent für Projekte im naturwissenschaftlichen Bereich, auf 19,5 Prozent für Projekte in Ingenieurwissenschaften und nur auf 15,0 Prozent für Projekte auf dem Gebiet der Sozial- und Geisteswissenschaften, gemäß der Einordnung von Fächergruppen der DFG. Ein Anteil von 7,7 Prozent konnte auf Grundlage der Daten der DFG fachlich nicht zugeordnet werden (DFG 2020). Eine ungleiche Verteilung von öffentlichen Geldern durch die verschiedenen Fächergruppen lässt sich auch mittels der internen Forschungs- und Entwicklungsausgaben des

---

[26] Dabei wird die Gruppierung der Fachdisziplinen von der DFG beibehalten.

Staatssektors von 2019 abbilden. 6,6 Milliarden Euro wurden für Naturwissenschaften, 4,2 Milliarden Euro für Ingenieurwissenschaften, 1,5 Milliarden Euro für Humanmedizin und – im Kontrast dazu – 1,1 Milliarden Euro für Geisteswissenschaften (d. h. Kultur- und Sprachwissenschaften) und 1,0 Milliarden Euro für Sozialwissenschaften ausgegeben (vgl. Destatis 2021c).

Bezüglich der beruflichen Chancen der Promovierten entsprechend ihrer Fächergruppen sind kleine Unterschiede zu bemerken. Laut der Kooperationsprojekt Absolventenstudie (KOAB) von 2011 belief sich die Erwerbslosenquote bei promovierten Geisteswissenschaftler*innen (d. h. Kultur- und Sprachwissenschaftler*innen und Psycholog*innen) 1,5 Jahre nach ihrem Abschluss im Jahr 2009 auf 3 Prozent. Dieser Anteil war höher als derjenige der befragten promovierten Wirtschafts- und Sozialwissenschaftler*innen (2 %), Rechtswissenschaftler*innen (1 %), Ingenieurwissenschaftler*innen (2 %), Ärzt*innen (1 %), Mathematiker*innen und Physiker*innen (1 %) und Biolog*innen (2 %), aber um ein Prozent niedriger als der der befragten Chemiker (4 %). Die durchschnittliche Arbeitslosenrate der 1.827 befragten Promovierten lag bei zwei Prozent (vgl. Konsortium Bundesbericht Wissenschaftlicher Nachwuchs 2013: 289). Somit lässt sich sagen, dass ein Doktortitel alles in allem die beruflichen Beschäftigungschancen erhöht. Im Jahr 2014 waren nur 1,8 Prozent der Promovierten im Alter von unter 65 Jahren in Deutschland erwerbslos (vgl. ebd.: 93), während die gesamte Erwerbslosenquote im selben Jahr in Deutschland fünf Prozent betrug (vgl. Eurostat 2020c).

Was jedoch die Verdienstmöglichkeiten betrifft, so gibt es zwischen den Fächergruppen keine Einkommensunterschiede unter den angestellten wissenschaftlichen Mitarbeiter*innen, da die Höhe ihres Einkommens nach einem bestimmten Tarifvertrag geregelt ist, wobei Unterschiede zwischen den Bundesländern existieren können.[27] Einkommensunterschiede zwischen den Fächergruppen der Promovierenden können bei unterschiedlichen Finanzierungs- und Beschäftigungskontexten aber entstehen. Als weniger begünstigt erweisen sich dabei die geistes- und kulturwissenschaftlichen Fächer (Kunstwissenschaft, Philosophie, Germanistik und Geschichte), bei denen ein höherer Anteil der Promovierenden ohne Beschäftigung ist, wie auch Stipendiat*innen, die ein geringeres

---

[27] Die zwei Tarifverträge, die die wissenschaftlichen Mitarbeiter*innen betreffen, sind der Tarifvertrag für den öffentlichen Dienst (TVöD) und der Tarifvertrag der Länder (TV-L). Während die Doktorand*innen der Entgeltgruppe 13 zugeordnet werden, können Postdoktorand*innen – je nach der genauen Stelle – den Entgeltgruppen 13 bis 15 angehören. Des Weiteren gibt es zusätzliche Stufen je nach Berufserfahrung der*s angestellten wissenschaftlichen Mitarbeiter*in.

Einkommen als angestellte Promovierende haben (vgl. Konsortium Bundesbericht Wissenschaftlicher Nachwuchs 2017: 135). Ein anderer Aspekt, der weitere Unterschiede im universitären Arbeitsmarkt der Nachwuchswissenschaftler*innen nach Fächergruppen erkennen lässt, ist der Beschäftigungsumfang des wissenschaftlichen Personals. Es zeigt sich, dass Vollzeitbeschäftigungen in den technischen und naturwissenschaftlichen Fächern deutlich häufiger anzutreffen sind als in den geistes- und kulturwissenschaftlichen Fächern (vgl. ebd.).

Abschließend zeigt sich diese Begünstigung bestimmter Fächergruppen auch bei einem Blick auf die Anzahl an wissenschaftlichem und künstlerischem Personal griechischer Staatsangehörigkeit an deutschen Hochschulen (siehe Tabelle 5.8).

Insgesamt lässt sich für die Zeitspanne 2009 bis 2019 eine deutliche Zunahme der Gesamtzahl angestellter griechischer Forscher*innen an deutschen Hochschulen in allen angegebenen Fächergruppen der Tabelle 5.8 feststellen, zumal 2019 als wissenschaftliches und künstlerisches Personal 586 mehr griechische Forscher*innen angestellt waren als im Jahr 2009. Dies ist eine prozentuale Zunahme von 75,13 Prozent innerhalb dieser zehn Jahre und diese Entwicklung lässt sich durch die Migration griechischer Hochqualifizierter nach Deutschland erklären. Jedoch tritt ein leichter nummerischer Rückgang bei der Anzahl griechischer Nachwuchswissenschaftler*innen an deutschen Hochschulen zum ersten Mal von 2009 bis 2019 auf, da 2019 im Vergleich zu 2018 385 Personen weniger als wissenschaftliches und künstlerisches Personal mit griechischer Staatsangehörigkeit registriert wurden. Die Zunahme beim wissenschaftlichen und künstlerischen Personal zwischen 2009 und 2019 war insbesondere hoch in den Fächergruppen der Rechts-, Wirtschafts- und Sozialwissenschaften (+98,18 %) und der Ingenieurwissenschaften (+137,78 %) – jedoch muss die seit 2015 praktizierte Zuordnungsänderung von Studienbereichen, die diese Fächergruppen betreffen, berücksichtigt werden. Es wird aber deutlich, dass die Mehrheit der griechischen Forscher*innen an deutschen Hochschulen sich in Humanmedizin/Gesundheitswissenschaft, in Naturwissenschaften mit Mathematik und in Ingenieurwissenschaften weiterqualifiziert hat (siehe Tabelle 5.8). Offensichtlich bestehen für sie mehrere berufliche Chancen an den deutschen Hochschulen in diesen Fächerbereichen, die auch – wie bereits aufgezeigt – verstärkt im Vergleich zu den geisteswissenschaftlichen Disziplinen gefördert werden.

Aber auch hinsichtlich der deutsch-griechischen Hochschulkooperationen und Austauschprogramme werden nicht-geisteswissenschaftliche Disziplinen im Vergleich zu anderen Disziplinen weniger begünstigt. Im Rahmen des aktuellen Förderprogramms „Hochschulpartnerschaften mit Griechenland" sind von den gesamten 18 aktuell geförderten Projekten nur fünf den Geisteswissenschaften

Tabelle 5.8 Entwicklung der Anzahl an wissenschaftlichem und künstlerischem Personal[28] griechischer Staatsangehörigkeit nach ausgewählten Fächergruppen an deutschen Hochschulen (2009–2019)[29]

Fächergruppe	2009	2010	2011	2012	2013	2014	2015	2016	2017	2018	2019
Kultur- und Sprachwissenschaften (Geisteswissenschaften)	84	95	104	104	141	136	131	122	130	141	140
Rechts-, Wirtschafts- und Sozialwissenschaften	55	55	58	64	75	85	115	125	111	117	109
Mathematik, Naturwissenschaften	152	168	192	183	196	214	184	186	220	224	215
Humanmedizin/Gesundheitswissenschaften	342	377	398	413	439	459	453	484	511	530	528
Ingenieurwissenschaften	90	88	103	115	133	139	177	199	214	231	214
Insgesamt	780	861	931	961	1.084	1.151	1.186	1.259	1.319	1.401	1.366
(darunter Professor*innen)	(53)	(53)	(55)	(60)	(63)	(62)	(70)	(74)	(76)	(89)	(-)

Quelle: Eigene Darstellung nach Destatis, 2019d, 2018, 2017, 2016b, 2015, 2014, 2013a, 2013b, 2011, 2010, 2009; Wissenschaft weltoffen 2020

[28] Da keine ausführlichen Daten zu den griechischen Nachwuchswissenschaftler*innen an deutschen Hochschulen zur Verfügung stehen, wird hier das gesamte wissenschaftliche und künstlerische Personal griechischer Herkunft an den deutschen Hochschulen präsentiert. Es ist aber offensichtlich, dass die Mehrheit dieses Personals Nachwuchswissenschaftler*innen – d. h. wissenschaftliche Mitarbeiter*innen – betrifft, zumal diese Gruppe die große Mehrheit des angestellten Personals an deutschen Hochschulen bildet. Charakteristisch für diese Analogie ihrer Mehrheit ist, dass 2018 von den gesamten 255.605 wissenschaftlichen und künstlerischen Angestellten, 193.494 wissenschaftliche Mitarbeiter*innen waren, 48.128 als Professor*innen, 10.268 als Lehrkräfte für besondere Aufgaben und nur 3.715 als Dozent*innen und Assistent*innen beschäftigt waren (vgl. Destatis 2019d). Angesichts der angegebenen Anzahl griechischer Professor*innen in der letzten Zeile in Klammern wird deutlich, dass die Anzahl der Lehrkräfte für besondere Aufgaben sowie der Dozent*innen und Assistent*innen griechischer Staatsangehörigkeit sehr gering ist.

[29] Auch hier ist seit 2015 der Studienbereich Informatik von der Fächergruppe Mathematik und Naturwissenschaften zu den Ingenieurwissenschaften und die Studienbereiche Erziehungswissenschaften sowie Psychologie von den Geisteswissenschaften (Kultur- und Sprachwissenschaften) zu den Rechts-, Wirtschafts- und Sozialwissenschaften zugeordnet.

(zwei den Geschichtswissenschaften, zwei den Rechtswissenschaften und eins der Psychologie) zugeordnet (vgl. DAAD 2020). Außerdem hat der DAAD im Jahr 2018 532 griechische Studierende und Forscher*innen mit einem Stipendium für einen Aufenthalt in Deutschland gefördert. Die Mehrheit dieser geförderten Personen sind fachlich den Naturwissenschaften und der Mathematik (119) und den Ingenieurwissenschaften (113) zuzuordnen. Im Vergleich dazu wurden weniger Studenten und Wissenschaftler*innen aus Griechenland im Bereich der Rechts-, Wirtschafts- und Sozialwissenschaften (96) und Geisteswissenschaften (95) gefördert (vgl. DAAD 2019: 19).

5.2.2 Der griechische Wissenschaftssektor

Mit Fokus auf den griechischen Wissenschaftssektor, so wie sich dieser nach Ausbruch der Finanzkrise herausgebildet hat, lassen sich die Hintergründe für die Platzierung Griechenlands unterhalb des EU-Durchschnitts beim Anteil am BIP für Aufwendungen für Forschung und Entwicklung (siehe Tabelle 5.5) und die Dynamiken der Leistungssektoren bei der Beschäftigung von Forschungspersonal in Griechenland (siehe Tabelle 5.6) beleuchten.

Organisation und Finanzierung
Die Hochschulen in Griechenland sind selbstverwaltete Institutionen und als juristische Personen öffentlichen Rechts unterstehen sie der Aufsicht des Staats (Griechische Verfassung § 16 Abs. 5). Die Fachhochschulen in Griechenland wurden nach dem Gesetz „Synergien zwischen Universitäten und Fachhochschulen in der Hochschulbildung, Experimentier-Schulen, Staatsarchiv und weitere Beschlüsse" (veröffentlicht am 7. Mai 2019 im Amtsblatt 4610) mit den bereits existierenden Universitäten zusammengelegt.[30] Aktuell gibt es in Griechenland 23 Universitäten und die Hochschule für Pädagogische und Technologische Bildung (ASPAITE).
    Die Planung und die Umsetzung der Bildungspolitik ist ein Mandat des „Ministeriums für Bildung und religiöse Angelegenheiten". Auch die Zulassungszahlen zu neuen Studierenden werden vom „Ministerium für Bildung und religiöse Angelegenheiten" in Absprache mit den Hochschulen bestimmt (vgl. Asderaki 2012: 473). Diese Zentralisierung der Bildungspolitik wird von

---

[30] Dies führte auch zur Gründung einer neuen Universität (Universität von Westattika), die aus der Zusammenlegung der Fachhochschule von Athen und der Fachhochschule von Piräus entstand.

der sekundären Rolle weiterer Schlüsselakteure eingerahmt. Dabei geht es um Akteure, die die Bildungspolitik beeinflussen und als Vetospieler agieren.[31] Hinsichtlich der Forschungspolitik ist das Fehlen eines Ministeriums für Forschung charakteristisch für die Vernachlässigung dieses Bereichs[32] seitens der griechischen Regierungen (vgl. Chrysomallidis 2012: 108). Jedoch ist das „Generalsekretariat für Forschung und Technologie" (GGET) zuständig für Planung und Koordinierung der Forschungspolitik, die technologische Entwicklung und für Innovation. Der Aufsicht des GGET unterstehen einige öffentliche Forschungs- und Technologieeinrichtungen (vgl. Chrysomallidis 2012: 109). Nichtsdestotrotz kann sich das GGET nicht der gesamten Forschung im öffentlichen Bereich annehmen, da einige dieser Einrichtungen unterschiedlichen Ministerien angegliedert sind und somit hat das GGET keinen Einfluss auf alle Forschungsplanungen (vgl. ebd.: 109).

Mit Blick auf die Leistungen und die finanziellen Entwicklungen im Forschungsbereich Griechenlands soll die Konstellation der beteiligten Akteure weiterführend beleuchtet werden. Dabei wird auch die Rolle des Unternehmenssektors sichtbar, dessen Rolle bei der Verteilung der Forschungsausgaben in Griechenland in den vergangenen Jahren merklich zugenommen hat, wie die Tabelle 5.9 aufzeigt.

Wie den Daten von Eurostat (2021d) zu entnehmen ist, wird vor allem die Beteiligung des Unternehmenssektors in Griechenland an den Ausgaben für Forschung und Entwicklung mit einem besonderen Anstieg ab dem Jahr 2015 immer ausgeprägter, wobei zugleich offensichtlich wird, dass auch der Ausgabenbeitrag des Hochschulsektors und des Staatssektors leicht gestiegen sind. Jedoch wird ebenso sichtbar, dass sich ab 2016 eine neue Entwicklung bei den wichtigsten Anbietern von Forschung in Griechenland abzeichnet: Die Ausgaben des Unternehmenssektors haben die des bis 2015 führenden Hochschulsektors überholt.

---

[31] George Stamelos und Aggelos Kavasakalis (2013) beziehen sich diesbezüglich auf das Beispiel der Umsetzung des Qualitätssicherungsprogramms durch die Rektorenkonferenz, die alle Universitäten vertritt und ihre Aktivitäten koordiniert, den SEV und seine Stiftung für ökonomische und industrielle Forschung (IOVE), die panhellenische Dachvereinigung von Vereinen des Lehr- und Forschungspersonals (POSDEP) und auf weitere Gewerkschaften (vgl. ebd.: 115).

[32] Diese Vernachlässigung hat zum Teil während der Finanzkrise abgenommen, zumal das Thema Forschung mit dem Brain-Drain-Phänomen durch die Medien und den politischen Diskus in Zusammenhang gebracht wurde (vgl. Chrysomallidis/Lykos 2019: 118 f.).

Tabelle 5.9 Ausgaben für Forschung und Entwicklung in Griechenland in Prozent des BIPs, nach Leistungssektor (2009–2019)

Leistungssektor	2009	2010	2011	2012	2013	2014	2015	2016	2017	2018	2019
Unternehmenssektor.	0,23[g]	0,24[g]	0,23	0,24	0,27	0,28	0,32	0,42	0,55	0,58	0,59[v]
Staatssektor	0,16[g]	0,14[g]	0,16	0,17	0,23	0,23	0,27	0,25	0,25	0,27	0,29[v]
Hochschulsektor	0,23[g]	0,21[g]	0,27	0,28	0,3	0,31	0,36	0,32	0,32	0,34	0,39[v]
Private Organisationen ohne Erwerbszweck	0,01[g]	0,01[g]	0,01	0,01	0,01	0,01	0,01	0,01	0,01	0,01	0,01[v]

[v] vorläufiger Wert
[g] geschätzter Wert

Quelle: Eigene Darstellung nach Eurostat (2021d)

Die Rolle des Staats wird jedoch bei Fokussierung auf die Ausgaben für Forschung und Entwicklung im tertiären Bildungsbereich sichtbar, wo sein Einfluss als dominant charakterisiert werden kann (vgl. Sachini et al. 2016: 14). Das „Ministerium für Bildung und religiöse Angelegenheiten" setzt einen Gesamthaushalt für die Hochschulen fest. Jede Universität wird jedoch unterschiedlich mit dem Budget aus dem Gesamthaushalt finanziert: 80 Prozent der Finanzierung werden entsprechend der Anzahl der Studierenden, den geschätzten jährlichen Ausgaben jedes Studiengangs pro Student*in, der Dauer der Studiengänge und dem Umfang der Universitäten verteilt und 20 Prozent der Finanzierung erfolgen entsprechend Qualitätsindexen[33] (vgl. Eurydice 2020). Besonderes für die Forschungsbedarfe werden in den letzten Jahren staatliche Mittel über das Programm ESPA[34] vergeben. Die konkreten Ausgaben für Forschung und Entwicklung veranschaulicht Tabelle 5.10.

Auch während der Finanzkrise sind die staatlichen Finanzmittel für die griechischen Hochschulen die wichtigsten Quellen für ihre Forschungsaktivitäten. Jedoch ist ein Rückgang bei den Beträgen aus dem Gesamthaushalt des Staates für Hochschulen von 2011 bis 2015 feststellbar. Die Zuwendungen aus dieser Quelle überholten erst 2019 – laut den vorläufigen Werten zu diesem Jahr (360,54 Mio. Euro) – den entsprechenden Betrag des Jahres 2011 (340,91 Mio. Euro). Interessant ist, dass bei den Zahlen zur Finanzierung durch den regulären Gesamthaushalt ein umgekehrtes Verhältnis in der Höhe der Finanzmittel aus dem Förderprogramm ESPA für die Forschungsausgaben im griechischen tertiären Bereich besteht, d. h. dass die Finanzmittel aus dem Förderprogramm ESPA allgemein anstiegen, als die Finanzierung durch den regulären Gesamthaushalt drastisch zurückging (siehe Daten von 2011 bis 2014 der Tabelle 5.10). 2015 ist eine Zunahme der Finanzmittelzuwendungen aus beiden Quellen festzustellen. Allerdings ist von 2016 bis 2019 eine Beschränkung in der Finanzierung aus dem Förderprogramm ESPA im Vergleich zur Zeitspanne 2013 bis 2015 offenkundig und gleichzeitig ist für Forschungsausgaben im tertiären Bereich

---

[33] Dabei spielt die neu gegründete (2020) „Nationale Behörde für die Hochschulbildung" (ETHAAE), die die „Behörde für die Sicherung und Zertifizierung der Qualität in der Hochschulbildung" (ADIP) ersetzt hat, eine zentrale Rolle als zuständiges unabhängiges – allerdings unter der Aufsicht des „Ministeriums für Bildung und religiöse Angelegenheiten" stehendes – Gremium für die Qualitätssicherung im griechischen Hochschulsystem.

[34] Das „Partnerschaftsabkommen Strategisches Rahmenplans" (ESPA) beinhaltet zwei Förderprogramme: Es geht um den nationalen strategischen Rahmenplan, der von 2007 bis 2013 in Kraft war, sowie um den nachfolgenden Partnerschaftspakt für den Wachstumsrahmenplan (2014–2020). Beide Förderprogramme beruhen auf EU-Mitteln und beabsichtigten – unter anderem – die Förderung von Forschung und Technologie (vgl. ESPA o. D.).

Tabelle 5.10 Finanzierungsquellen der Ausgaben für Forschung und Entwicklung im tertiären Bildungsbereich Griechenlands (in Mio. Euro), 2011–2019

Leistungssektor	2011	2012	2013	2014	2015	2016	2017	2018	2019[v]
Unternehmenssektor	50,12	42,10	30,00	33,01	48,77	40,77	48,17	52,36	56,35
Staatssektor	389,20	377,26	395,65	398,61	457,96	371,12	380,18	428,10	472,31
aus dem Gesamthaushalt	340,91	321,20	253,09	243,77	260,41	298,78	311,90	336,25	360,54
ESPA	41,54	49,76	125,51	133,85	171,42	33,07	17,77	45,69	68,75
weitere staatliche Quellen	6,75	6,30	17,05	20,97	26,13	39,27	50,51	46,16	43,02
eigene Quellen	30,93	25,70	37,67	41,02	41,74	39,22	43,86	41,16	50,52
Priv. Organisationen ohne Erwerbszweck	4,05	3,20	3,77	3,86	1,35	1,44	1,31	0,75	0,57
Ausland	85,23	86,00	81,51	76,70	93,95	106,80	103,33	96,21	136,80
EU	77,30	78,10	74,64	68,84	85,15	101,06	92,64	76,45	114,61
weitere ausländische Quellen	7,87	7,90	6,87	7,86	8,80	5,74	10,69	19,76	22,19
Insgesamt	559,53	534,26	548,60	553,20	643,77	559,35	576,85	618,58	716,55

[v] vorläufiger Werte für das Jahr 2019

Quelle: Eigene Darstellung nach EKT (2020a)

eine wachsende Verfügbarkeit von Finanzmitteln aus dem jährlichen regulären Gesamthaushalt erkennbar. Wie Tabelle 5.10 aufzeigt, ist bei den Finanzmitteln, die der Unternehmenssektor für Forschungs- und Entwicklungsaufgaben im griechischen Hochschulsektor beisteuert, in den letzten vier Jahren ein Wachstumstrend zu beobachten. Jedoch scheinen auch die ausländischen Finanzquellen, und dabei insbesondere diejenigen, die von der EU kommen, eine wichtige Rolle für Forschung und Entwicklung im griechischen Hochschulsektor zu spielen. Von 2011 bis 2019 stellen sie jedes Jahr die zweitwichtigste Finanzierungsquelle für den griechischen Hochschulsektor dar.

Auch was die Finanzierungsquellen von Ausgaben für Forschung und Entwicklung insgesamt in Griechenland betrifft, lassen sich ähnliche Tendenzen wie im Hochschulbereich bemerken. Dies verdeutlicht Tabelle 5.11.

Es lässt sich demnach eine allmähliche Zunahme in den gesamten Finanzierungsbeiträgen für Forschung und Entwicklung in Griechenland feststellen. Sie findet seit 2013 statt. Zweifellos ist auch der Anstieg der Finanzmittel im Unternehmenssektor im Bereich der Forschungs- und Entwicklungsausgaben in Griechenland bemerkenswert, haben sie doch seit 2017 die Beiträge aus staatlichen Mitteln für Forschungsausgaben überholt. Der Unternehmenssektor wurde somit seit 2017 zum wichtigsten Financier von Forschung und Entwicklung in Griechenland. Trotz der Finanzkrise erhöhte der Staatssektor dennoch seine Mittel für Forschung und Entwicklung seit 2011. Gleichzeitig etablieren sich die EU-Mittel dabei als drittwichtigste Quelle zur Finanzierung von Forschung im griechischen Wissenschaftssektor. Folglich tritt zutage, dass die Finanzkrise und die Rolle der EU wichtige Auswirkungen auf die aktuellen Bedingungen im griechischen Wissenschaftssektor haben. In den nächsten Zeilen soll der Fokus auf der Beleuchtung dieser zwei Aspekte liegen.

Europäisierung und Finanzkrise

Laut Charalampos Chrysomallidis (2012) hat sich das griechische Forschungssystem auf Grundlage der ersten EU-Forschungsförderungsprogramme entwickelt, da es vorher in Griechenland keine einheitlich organisierte Forschungspolitik gab, die nach einer bestimmten Strategie vorgegangen wäre (vgl. ebd.: 119 f.). Sogar die Ziele der griechischen Forschungspolitik wurden entsprechend den Förderbereichen der EU-Forschungsförderungsprogramme aufgestellt (vgl. ebd.: 120). Wie Tabelle 5.10 zeigt, ist der Beitrag durch EU-Mittel auch für den tertiären Bildungsbereich in Griechenland von besonderer Bedeutung, da ihre Mittel von 2011 bis 2019 immer die zweitwichtigste Finanzierungsquelle – hinter der Finanzierung durch den staatlichen Gesamthaushalt – für Forschungs- und

Tabelle 5.11 Finanzierungsquellen von Ausgaben für Forschung und Entwicklung insgesamt in Griechenland (in Mio. Euro), 2011–2019

Leistungssektor	2011	2012	2013	2014	2015	2016	2017	2018	2019[v]
Unternehmenssektor.	455,45	414,80	443,87	444,27	535,00	705,52	912,55	926,15	976,61
Staatssektor	684,98	673,60	766,14	793,24	903,98	746,76	766,92	885,28	949,58
Hochschulsektor	31,57	26,20	38,09	41,56	41,97	39,52	44,12	41,72	50,99
Private Organisationen ohne Erwerbszweck	13,92	12,10	12,64	12,88	7,13	7,08	9,53	13,59	14,18
Ausland	205,23	210,90	204,93	196,79	215,74	255,30	305,31	312,57	349,22
EU	165,26	164,60	167,44	155,70	170,97	208,48	225,07	224,76	269,75
Insgesamt	1.391, 16	1.337, 60	1.456, 67	1.488, 74	1.703, 82	1.754, 18	2.038, 43	2.179, 31	2.336, 58

[v] vorläufiger Wert für das Jahr 2019

Quelle: Eigene Darstellung nach EKT (2020b)

Entwicklungsausgaben der griechischen Hochschulen war. Ebenfalls sind die EU-Mittel für die Förderung einzelner Forscher*innen in Griechenland wesentlich. Ihr Beitrag über das EU-Programm „Horizont 2020" pro tausend Forscher*innen in Griechenland lag von 2014 bis 2016 bei 18,2 Millionen Euro, während der entsprechende Durchschnitt der 28 EU-Länder 12,3 Millionen Euro betrug (European Commission 2018a).

Ein weiterer Aspekt des Zusammenhangs zwischen dem griechischen Wissenschaftssektor und der EU ist die Europäisierung des griechischen Hochschulsektors, die sich im Hinblick auf die Umsetzung des Bologna-Prozesses bemerkenswert langsam entwickelte (vgl. Asderaki 2011: 312). Im Rahmen der Internationalisierung bzw. Europäisierung des griechischen Hochschulsystems hat auch die Mobilität von Studierenden und Nachwuchswissenschaftler*innen an Hochschulen in den letzten Jahren zugenommen. Somit haben 5.670 Studierende und Nachwuchswissenschaftler*innen aus Griechenland 2017/18 (+2.233 im Vergleich zu 2010/11) an einer ausländischen Hochschule im Rahmen des Programms Erasmus+ Auslandserfahrungen gesammelt (European Commission 2019). Hinsichtlich der Mobilität von Promovierten waren laut der Befragung vom griechischen nationalen Dokumentationszentrum (EKT) unter Promovierten aus dem Jahr 2018 die wichtigsten Zielländer ihres Aufenthalts Großbritannien (26,3 % der Befragten) und Deutschland (16,7 % der Befragten) (vgl. EKT 2019b: 22). Gleichzeitig waren 5.115 Erasmus-Studierende und Nachwuchswissenschaftler*innen im Zeitraum 2017/18 an einer griechischen Hochschule (+2.255 im Vergleich zu 2010/11) registriert (European Commission 2019). Jedoch ist der Internationalisierungsgrad des griechischen Hochschulsektors beim Anteil von internationalen Studierenden an griechischen Hochschulen besonders niedrig.[35] Ebenfalls ist ein niedriges Niveau der Internationalisierung beim Anteil internationaler wissenschaftlicher Hochschulbeschäftigter im griechischen Hochschulsektor festzustellen. 2017 hatten von den insgesamt 29.445 Forscher*innen an griechischen Hochschulen nur 656 keine griechische Staatsangehörigkeit (EKT 2017a).

Neben den oben erwähnten Entwicklungen, die stark mit der Umsetzung der Ziele des Bologna-Prozesses zusammenhängen, können andere aktuelle Fakten und Entwicklungen im griechischen Wissenschaftssektor mit der Periode der

---

[35] Dieser Anteil lag zwischen 2012 und 2017 bei 0,7 Prozent aller Studierenden in Griechenland. 47,2 Prozent der internationalen Studierenden kamen aus Zypern im Rahmen von bilateralen Abkommen zwischen den beiden Ländern und weitere 28,6 Prozent waren albanischer Herkunft. Er betrifft vor allem die zweite Generation von Migrant*innen in Griechenland (vgl. Mylonas 2017: 5).

Finanzkrise und mit den daraufhin angestoßenen politischen Maßnahmen in diesem Sektor verbunden werden. Der staatliche Hochschulsektor stand im Zentrum
der Reformwelle, weil seine Strukturen von mehreren Organisationen und von
sich mit dem Thema beschäftigenden Autor*innen als „*out-dated*" charakterisiert
wurden (Giousmpasoglou et al. 2016: 124). Die umgesetzten Reformen folgten
der Strategie der Sparpolitik, und dies obwohl 2011 die europäische Kommission Mitgliedsstaaten mit großem Defizit empfohlen hatte, dass die Kürzungen
staatlicher Ausgaben nicht den Bereich Forschung, Technologie und Innovation
betreffen sollen (vgl. Chrysomallidis 2012: 128). Das Paradoxe daran war aber,
dass zu diesem Zeitpunkt die Hochschulen wichtigste Anbieter von Forschung in
Griechenland waren (vgl. Chrysomallidis 2013: 9). Umgesetzte Austeritätsmaßnahmen, die im Rahmen des ersten Memorandums der Troika diktiert wurden,
wie zum Beispiel Kürzungen des Gesamthaushalts der Hochschulen und der
öffentlichen Forschungszentren, Nicht-Gründung von neuen Forschungszentren,
die Einführung der Verteilung eins zu fünf bei der Anstellung neuer Beschäftigter
an den Hochschulen (vgl. Chrysomallidis 2012: 125), erschwerten die Bedingungen in Lehre und Forschung an den Hochschulen. Des Weiteren können auch die
Einkommenskürzungen aller Beschäftigten an den Hochschulen (vgl. IOVE 2017:
38) sowie die drastischen Stellenkürzungen bei den meisten Teilzeitbeschäftigten oder derjenigen mit befristeten Verträgen an den griechischen Hochschulen
erwähnt werden (vgl. European Commission 2017: 67).

Neben den Austeritätsmaßnahmen, die insbesondere den Hochschulsektor
betrafen, wurden auch weitere Reformen, die die Bedingungen im griechischen
Wissenschaftsbereich beeinflussten, umgesetzt. Zu benennen sind Maßnahmen,
die im Rahmen des dritten Memorandums eingeführt wurden, die auf die Erweiterung der Kooperation zwischen den Hochschulen abzielten, um die Innovation
und das Unternehmertum zu fördern (vgl. IOVE 2017: 38 f.). Dazu lässt sich das
bereits erwähnte Gesetz zur Zusammenlegung von Fachhochschulen und Universitäten anführen, wobei dessen Umsetzung gleichfalls der Logik staatlicher
Ausgabenkürzungen folgte. Des Weiteren wurden in diesem Zusammenhang auch
neue Strukturen errichtet und Institutionen im griechischen Hochschulsektor neu
gegründet. Exzellenzzentren wurden erst 2019 an griechischen Hochschulen etabliert und müssen nach einer entsprechenden Beantragung bei der ETHAAE als
solche anerkannt werden. Sehr bedeutsam ist zudem die Gründung der „Griechische Stiftung für Forschung und Innovation" (ELIDEK) im Jahr 2016. Dabei geht
es um eine Fördereinrichtung für Forscher*innen, Forschungsprojekte sowie für
Start-ups, die mit der Forschung zusammenhängen.

*Personalbestand und Arbeitsmarkt für Nachwuchswissenschaftler*innen*

Folglich gerieten die Hochschulen in eine besonders schwierige Situation, in der nicht nur die ökonomischen Mittel reduziert wurden, sondern auch der Personalbestand. Charakteristisch ist, dass die erwähnten Sparmaßnahmen, wie z. B. die Relation eins zu fünf bei Neueinstellungen im öffentlichen Sektor und die Stellenkürzungen beim Lehrpersonal, zu einem negativen jährlichen Rückgang (−22 %) der Anzahl der Lehrkräfte an den griechischen Hochschulen geführt hat (vgl. Sachini et al. 2020: 7). Griechenland wies 2017 mit Abstand das höchste Verhältnis von Studierenden gegenüber dem akademischen Personal im Hochschulbereich (38,7) in der EU auf, während das entsprechende Verhältnis für die 28 anderen Unionsmitglieder durchschnittlich 15,4 betrug (vgl. Eurostat 2020be). Eine weitere Folge sind teilweise zudem der Ausschluss der jüngeren Generation von Forscher*innen aus dem Hochschulsektor sowie die Alterung des Hochschulpersonals: Der Anteil des akademischen Personals in der Altersgruppe 25 bis 34 Jahre entsprach 2017 nur 3,99 Prozent des ganzen akademischen Personals im Hochschulsektor Griechenlands. Dies war der zweitniedrigste Anteil nach Slowenien (3,91 %) in der EU im Jahr 2017 (vgl. ADIP 2019: 58).

Jedoch leistet der Hochschulsektor immer noch einen bedeutsamen Beitrag zur Beschäftigung von Forscher*innen in Griechenland und kann als der wichtigste Arbeitgeber im Vergleich zu den anderen Leistungssektoren (siehe Tabelle 5.6) gelten, wobei die Anzahl der angestellten Forscher*innen im griechischen Hochschulsektor 2019 (21.319) im Vergleich zu 2015 (22.149) zurückgegangen ist. Insgesamt ist eine Zunahme von beschäftigten Forscher*innen während dieser Zeitspanne auf dem griechischen Arbeitsmarkt festzustellen. Außerdem wird auch in Bezug auf das Beschäftigungsangebot für Forscher*innen deutlich, dass sich während der Finanzkrise der Unternehmenssektor im Forschungsbereich Griechenlands verstärkt hat, da das beschäftigte Forschungspersonal in diesem Sektor von 2011 (4.021) bis 2019 (10.252) eine Zunahme von 154,96 Prozent aufweist. Ein wesentlicher Anstieg der beschäftigten Forscher*innen ist auch im staatlichen Sektor festzustellen, da sich ihre Anzahl dort von 2011 (4.370) bis 2019 (8.220) verdoppelt hat (siehe Tabelle 5.6).

Unabhängig von dem Beschäftigungsangebot für Forscher*innen auf dem griechischen Arbeitsmarkt sollen weitere Bedingungen der Nachwuchswissenschaftler*innen im griechischen Wissenschaftssektor mit Fokus auf den Hochschulsektor beleuchtet werden. Beschäftigungen von Doktorand*innen an griechischen Universitäten sind eher selten und sie können nur als Labor- oder Lehrkraft (auf Griechisch: εργαστηριακό διδακτικό προσωπικό) angestellt sein. Kennzeichnend ist, dass 2015/16 nur 1.269 spezielle Labor- und Lehrkräfte registriert

waren (vgl. European Commission 2017: 119). In der Regel promovieren Doktorand*innen in Griechenland extern, d. h. dass sie als Doktorand*innen an
einer Universität unter der Betreuung einer*s Professor*in eingeschrieben sind,
ohne dass daraus ein Beschäftigungsverhältnis an der Universität entsteht. Oft
ist aber die Betreuung einer Doktorarbeit mit einer unentgeltlichen Mitwirkung
der Doktorand*innen bei Lehrveranstaltungen der betreuenden Professor*innen
verbunden. Die Mehrheit der Doktorand*innen in Griechenland müssen die Doktorarbeit aus eigenen Mitteln finanzieren. Charakteristisch sind die Ergebnisse
der Befragung von Promovierten des Jahres 2018, von denen 34,9 Prozent mithilfe ihrer eigenen Ersparnisse bzw. dank der Unterstützung durch ihre Familie
und 18,9 Prozent über andere finanzielle Mittel (ohne Stipendium bzw. Förderung
oder eine wissenschaftliche Stelle an der Universität) promoviert haben (vgl. EKT
2019b: 18). Bei den Finanzierungsquellen der bis zum Jahr 2013 Promovierten
waren die entsprechenden Anteile 23,6 Prozent (Angabe: persönliche Ersparnisse, Unterstützung der Familie und Kredit) und 22,3 Prozent (Angabe: durch
eine andere Beschäftigung und andere Quelle) (vgl. EKT 2015: 9)[36]. Außerdem
ist die Finanzierung der Doktorarbeit auch über eine Stipendienvergabe erreichbar, wobei diese Möglichkeit nur einen kleinen Anteil der Promovierenden in
Griechenland zu betreffen scheint: 25,1 Prozent der Promovierten im Jahr 2018
wurden durch ein Stipendium aus Griechenland und nur 2,6 Prozent durch ein
Stipendium aus dem Ausland gefördert (vgl. EKT 2019b: 18). Leicht höher war
insgesamt der Anteil der Stipendienvergabe für Doktorand*innen bis 2013 laut
der CDH-Studie: 23,1 Prozent hatten ein Stipendium aus Griechenland und 6,8
Prozent eins aus dem Ausland erhalten (vgl. EKT 2015: 9).

Neben den offensichtlich schwierigen Bedingungen der Finanzierung der
Promotionsphase müssen auch die mangelhaften Strukturen für die Abfassung
der Doktorarbeit in Griechenland berücksichtigt werden, da strukturierte Doktorand*innenstudien und ähnliche Formen im griechischen Hochschulsektor gar
nicht existieren oder zeitbefristet und abhängig von Drittmitteln sind. Trotzdem
war die jährliche Anzahl der beim „Nationalarchiv Doktorarbeit" (EADD) registrierten Promovierten von 2009 bis 2016 immer höher als deren jährliche Anzahl
vor 2008 (vgl. EKT 2019b: 3). Angesichts eines EU-Vergleichs liegt der Anteil
Promovierter in Griechenland pro 1.000 Einwohnern im Jahr 2018 (1,3) unter

---

[36] Die Ergebnisse stammen aus der CDH-Studie. Die Daten beziehen sich auf Doktorand*innen, die 2013 in Griechenland lebten und nicht nur auf die Promovierten dieses
Jahres.

dem EU-Durchschnitt aller 28 Mitgliedsstaaten (2,1) (vgl. Eurostat 2020d). Dieser Anteil bewegte sich in Griechenland im Jahr 2013 bei 1,0 und im Jahr 2016 bei 1,5 (vgl. ebd.).

Obwohl keine statistischen Daten zur Anzahl der Postdoktorand*innen in Griechenland zur Verfügung stehen, lässt sich sagen, dass die Möglichkeiten für Promovierte in Griechenland, sich als Postdoktorand*innen weiterzuqualifizieren, beschränkt sind, da keine strukturierten Postdoktorand*innen-Akademien an griechischen Hochschulen vorhanden sind. Postdoktorand*innen können somit eine weiterführende Qualifikation nur als externe Nachwuchswissenschaftler*innen erreichen und ihre Finanzierung hängt von Drittmitteln ab, die sich auf Antrag der*s betreuenden Professor*in eröffnen können. Dadurch wird bereits impliziert, dass die Vernetzung eines Promovierten mit einer*m Professor*in eine entscheidende Rolle dabei spielen kann. Wie die Befragung von EKT (2019c) unter Postdoktorand*innen, die durch das Programm ESPA „Unterstützung von postdoktorandischen Forschern/Forscherinnen" gefördert wurden, ergab, entsteht nur selten (bei 15 % der Befragten) eine allererste Kooperation mit den betreuenden Hochschulbeschäftigten im Rahmen einer Postdoktorand*innen-Forschung. Hinsichtlich der Förderung von Postdoktorand*innen ist der Beitrag der kürzlich gegründeten ELIDEK wichtig, da diese Fördereinrichtung sich insbesondere mit der Förderung von Nachwuchswissenschaftler*innen befasst und darauf abzielt, bis 2022 bis zu 4.000 Nachwuchswissenschaftler*innen zu fördern (vgl. DAAD 2019: 6).

Was weitere Karrierechancen für Nachwuchswissenschaftler*innen im griechischen Hochschulsektor betrifft, so benötigt die Berufung auf eine Professur einen Aufstieg auf einer Karriereskala, die sich durch starre Hierarchiestrukturen auszeichnet. Neben der Professur und der außerordentlichen Professur gibt es eine untergeordnete Stufe, in der die höhergestufte Assistenzprofessur und die Dozentur eingeordnet werden. Des Weiteren gehört zu der gleichen Stufe zusammen mit den Labor- und Lehrkräften die Kategorie des speziellen Bildungspersonals (auf Griechisch: ειδικό εκπαιδευτικό προσωπικό). Für letztere Kategorie waren 2015/16 nur 245 Stellen an griechischen Hochschulen registriert und diese können nur von Promovierten besetzt werden (vgl. European Commission 2017: 119). Jedoch erschweren die transparenten Beschäftigungschancen im griechischen Hochschulbereich vetternwirtschaftliche Phänomene bei denjenigen Hochschulangehörigen, die diesbezügliche Entscheidungen treffen (vgl. Giousmpasoglou et al. 2016: 125). Auch der Genderfaktor soll hinsichtlich der Beschäftigungschancen an griechischen Hochschulen berücksichtigt werden: 2017/2018 betrug der Anteil von Lehrpersonal weiblichen Geschlechts nur 5.994

von insgesamt 17.288 Personen, d. h. es wurde ein Anteil von 35 Prozent registriert (vgl. ELSTAT 2017).

Neben der knappen Verfügbarkeit von Stellen gilt es auch zu beachten, dass die Einkommensmöglichkeiten, die – wie bereits erwähnt – im Rahmen der Austeritätsmaßnahmen gekürzt wurden, im griechischen Hochschulbereich unattraktiv im Vergleich zu anderen und frei zugänglichen Hochschulsystemen der EU sind. Der durchschnittliche Lohn für Professor*innen im griechischen Hochschulsektor liegt etwa 35 Prozent unter dem EU-Durchschnitt und um 50 Prozent niedriger als in den USA und im Vereinigten Königreich, was vor allem auf das niedrigere Durchschnittslohnniveau im Land zurückzuführen ist (vgl. Mylonas 2017). Gehaltsunterschiede bei Hochschulbeschäftigten unterschiedlicher Disziplinen gleicher Stufe existieren im griechischen Hochschulbereich nicht.

An dieser Stelle, nachdem Informationen zum Personalbestand und den Karrierebedingungen von Nachwuchswissenschaftler*innen an griechischen Hochschulen dargestellt wurden, ist es interessant, die entsprechenden Aspekte mit Fokus auf die Fachdisziplinen zu präsentieren. Beginnend mit den Forschungs- und Entwicklungsausgaben 2017 insgesamt in Griechenland wird ersichtlich, dass fast die Hälfte der gesamten Ausgaben (2.038,43 Milliarden Euro) im Bereich der Ingenieurwissenschaften (1.007,11 Milliarden Euro) getätigt wurden und dagegen nur 260,78 Millionen Euro in den Bereich der Geisteswissenschaften (179,09 Mio. Euro für Sozialwissenschaften und 170,69 Mio. Euro für Humanwissenschaften) investiert wurden (vgl. EKT 2018a). Dieser große Unterschied zwischen den Fächergruppen ist aber nicht bei den entsprechenden Ausgaben im griechischen Hochschulbereich zu beobachten. Dort wurden zwar die höchsten Forschungs- und Entwicklungsausgaben im Bereich Ingenieurwissenschaften (145,39 Mio. Euro) eingesetzt, diese erweisen sich aber nicht als stark abweichend von denen im Bereich Medizin (141,94 Mio. Euro) und auch nicht von denjenigen im Bereich Sozialwissenschaften (111,49 Mio. Euro). Des Weiteren wurden 2017 83,93 Millionen Euro in den Bereich Naturwissenschaften, 67,25 Millionen Euro in den Bereich Humanwissenschaften und 26,85 Millionen Euro in den Bereich Agrarwissenschaften geleitet (vgl. EKT 2018b).

Unterschiede sind auch in der Entwicklung der Promoviertenzahlen in Griechenland zwischen den verschiedenen Fächergruppen festzustellen (siehe Tabelle 5.12 wird).

Aus Tabelle 5.12 wird ersichtlich, dass 2010 die meisten Promovierten in den Disziplinen der Ingenieurwissenschaften zu registrieren waren. In den darauffolgenden Jahren entstammten jedes Jahr die meisten Promovierten in Griechenland

Tabelle 5.12   Anzahl der Promovierten in Griechenland nach ausgewählten Fächergruppen und ausgewählten Jahren

Fächergruppe	2010	2012	2014	2016	2018
Human- und Bildungswissenschaften	299	334	315	396	234
Rechts- und Sozialwissenschaften (ohne Wirtschaftswissenschaften)	167	131	122	229	134
Naturwissenschaften und Mathematik	278	221	223	221	206
Ingenieurwissenschaften, Informatik und Telekommunikation	494	350	406	429	319
Medizin und Gesundheitswissenschaften	449	567	599	531	531

Quelle: Eigene Darstellung nach OECD (2020d)

dem Bereich Medizin und Gesundheitswissenschaften. Die Fächergruppe der Promovierten aus den Human- und Bildungsdisziplinen war immer die drittgrößte Gruppe der Promovierten innerhalb der Fächergruppen der Tabelle 5.12. Die am schwächsten vertretene Gruppe der Tabelle für fast alle angegebenen Jahre ist die Fächergruppe der Promovierten in Rechts- und Sozialwissenschaften. Allein im Jahr 2016 gab es weniger Promovierte in Naturwissenschaften und Mathematik als bei den Rechts- und Sozialwissenschaftler*innen (siehe Tabelle 5.12).

Informativ ist aber ein Blick auf die Unterschiede bei der Stipendienvergabe je nach Fächergruppe der Doktorand*innen. Laut der CDH-Studie wurde ein relativ großer Anteil von Promovierten in Agrarwissenschaften (43,5 %) und in Naturwissenschaften und Mathematik (43,2 %) mit einem Stipendium gefördert. Dahinter folgen die Doktorand*innen in humanwissenschaftlichen Disziplinen (29,9 %), die Doktorand*innen in Ingenieurwissenschaften und Technologie (29,4 %) und die Doktorand*innen in Sozialwissenschaften (26,4 %), die ein Stipendium für den Abschluss ihrer Doktorarbeit bekommen haben. Diejenigen, die am seltensten durch ein Stipendium gefördert wurden, waren laut der Studie die Ärzt*innen (19,2 %) (vgl. EKT 2015: 10). Ein Grund dafür sind die Rahmenbedingungen der Promotion in der Medizin, da einzig die Medizin-Doktorand*innen bereits während der Facharzt*inausbildung promovieren können. Das erklärt auch den großen Anteil von Promovierten, die ihre Promotion aus eigenen Mitteln (36,7 %) in dieser Fachdisziplin bestreiten konnten (vgl. ebd.). Interessant ist bei Betrachtung der Daten aus dieser Studie, die die Förderung von Doktorand*innen entsprechend ihrer jeweiligen Fächergruppe untersucht hat, dass anhand ihrer Ergebnisse offensichtlich wird, dass – im Vergleich mit anderen

Fächergruppen von Doktorand*innen – ein relativ großer Anteil von Doktorand*innen des Bereichs Ingenieurwissenschaften und Technologie (36,9 %)
sowie in Naturwissenschaften (23,5 %) während der Promotion in einem Arbeits-
verhältnis an der Universität standen. Folglich fällt auf, dass eine Promotion in
Sozial- und Humanwissenschaften in Griechenland im Vergleich zu den anderen
Fächergruppen – abgesehen von den besonderen Bedingungen der Promotion in
Medizin – am wenigsten gefördert wird. Außerdem ist bei Doktorand*innen dieser Fächergruppen der höchste Anteil von Personen anzutreffen, die neben der
Promotion gleichzeitig einer Beschäftigung nachgehen (28,2 % bei Sozialwis-
senschaftler*innen und 23,6 % bei Humanwissenschaftler*innen) und die eine
Finanzierung aus eigenen Mitteln (25,6 % bei Sozialwissenschaftler*innen und
22,4 % bei Humanwissenschaftler*innen) vorweisen können (vgl. ebd.).

Ähnliche Tendenzen sind auch bei der unterschiedlichen Förderung der
Postdoktorand*innen nach Fächergruppen feststellbar. Daten hierzu liefern die
Ergebnisse der Studie von EKT (2019c) zur Förderung von Postdoktorand*innen
mittels des Programms „Entwicklung des Personals, Ausbildung und lebens-
langes Lernen 2014–2020", das über staatliche und über EU-Mittel gefördert
wurde. Die Daten beziehen sich auf die erste Phase der Umsetzung des Pro-
grammes und zeigen, dass auch auf Postdoktorand*innen-Niveau zum einen die
Humanwissenschaftler*innen (12,6 % der Befragten) und zum anderen die Sozialwissenschaftler*innen (15,9 %) im Vergleich zu ihren befragten Kolleg*innen in
Naturwissenschaften und Mathematik (24,7 %), in Medizin und Gesundheitswissenschaften (24,3 %) und in Ingenieurwissenschaften und Technologie (18,4 %)
die geringste Förderung erfuhren (vgl. ebd.: 20).

Darüber hinaus ist auch zentral für die Zwecke der Studie, dass die Beschäftigungschancen der Doktorand*innen in Griechenland nach Fächergruppen aufgeteilt unterschieden werden. Mit Fokus auf die Arbeitslosenrate zeigte sich, dass
der höchste Anteil im Jahr 2013 laut der CDH-Studie auf promovierte Humanwissenschaftler*innen (5,7 %) entfiel. Für die promovierten Naturwissenschaftler*innen wurde aber ebenfalls eine relativ hohe Arbeitslosenrate (4,3 %) errechnet. Niedriger ist dieser Anteil bei promovierten Sozialwissenschaftler*innen
(3,6 %), bei promovierten Ärzt*innen und Gesundheitswissenschaftler*innen
(2,3 %); promovierte Ingenieurwissenschaftler*innen sind am wenigsten von
Arbeitslosigkeit (2,1 %) betroffen (vgl. EKT 2015: 17). Außerdem soll auch
die Anzahl der beschäftigten Forscher*innen unterteilt nach Fächergruppen auf
dem griechischen Arbeitsmarkt mit Blick auf die Beschäftigungschancen von
Nachwuchswissenschaftler*innen mithilfe der Tabelle 5.13 beleuchtet werden.

Tabelle 5.13   Anzahl von Forscher*innen in ausgewählten Sektoren nach Fächergruppen in Griechenland (2017)

Fächergruppe	Hochschulsektor	Staatssektor	Unternehmenssektor
Naturwissenschaften und Mathematik	4.539	1.579	1.454
Ingenieurwissenschaften und Technologie	6.525	1.737	11.412
Medizin und Gesundheitswissenschaften	5.234	9.051	1.376
Sozialwissenschaften	6.723	531	535
Humanwissenschaften	4.969	2.467	79

Quelle: Eigene Darstellung nach EKT 2017b

Die bereits aufgezeigte Begünstigung von nicht-geisteswissenschaftlichen Disziplinen in der Forschungsförderung, wie an Tabelle 5.13 erkennbar, bildet sich auch auf dem Arbeitsmarkt in Griechenland ab. Für die geisteswissenschaftlichen Nachwuchswissenschaftler*innen, die weiterhin im Bereich Forschung arbeiten möchten, stehen nur begrenzte Möglichkeiten außerhalb des Hochschulsektors zur Verfügung. Dies betrifft besonders die Sozialwissenschaftler*innen; für humanwissenschaftliche Forscher*innen ergeben sich auch einige Chancen im Staatssektor (2.467 Beschäftigte im Jahr 2017 in diesem Bereich). Während die Mehrheit der medizinischen Forscher*innen 2017 an staatlichen Krankenhäusern (9.051 registrierte Forscher*innen) beschäftigt waren, bestehen deutlich mehr Chancen für sie im Unternehmenssektor als für geisteswissenschaftliche Forscher*innen (614 insgesamt für beide geisteswissenschaftlichen Fächergruppen der Tabelle). Dagegen ist der Unternehmenssektor für Forscher*innen in Ingenieurwissenschaften und Technologie einer der wichtigsten Arbeitgeber. In diesem Bereich sind viele Forscher*innen aus Ingenieurwissenschaften und Technologie (6.525) tätig. Naturwissenschaftliche Forscher*innen sind meistens im Hochschulbereich in Griechenland beschäftigt (siehe Tabelle 5.13).

5.2.3   Der deutsche und der griechische Wissenschaftssektor aus vergleichender Perspektive

Zusammenfassend kann gesagt werden, dass in beiden Wissenschaftssektoren staatliche Akteure im Zentrum der Organisation des Wissenschaftsbereichs

stehen. Zweifellos haben Entwicklungen auf EU-Ebene – als Folge der Unterzeichnung der Erklärung zum Bologna-Prozess – beide Wissenschaftssektoren
beeinflusst. Zentral ist dabei die Umsetzung von EFR und EHEA zur allgemeinen Förderung der Forschung sowie zur Förderung der Mobilität von
Forscher*innen. Fakten, die das Anstreben dieser zwei Ziele implizieren, konnten
in beiden Wissenschaftssektoren herausgearbeitet werden. Eine Zunahme in For-
schungsförderungsaufwendungen ist trotz des Ausbruchs der Finanzkrise auch in
Griechenland zu beobachten (siehe Tabelle 5.5).

Die im Rahmen der Finanzkrise umgesetzten Austeritätsmaßnahmen im griechischen Wissenschaftssektor schufen jedoch neue Bedingungen, da die regulären
staatlichen Finanzierungsmittel für den Hochschulsektor zwischen 2011 und 2018
zurückgefahren wurden (siehe Tabelle 5.10). Das hat die Forschungsleistung im
Hochschulsektor beeinflusst und führte dazu, dass der Unternehmenssektor, der
insbesondere innerhalb der letzten Jahre seine entsprechenden Ausgaben erhöhte,
zum wichtigsten Leistungserbringer von Forschung und Entwicklung anstelle des
Staatssektors in Griechenland wurde (siehe Tabelle 5.11). Außerdem hat diese
Entwicklung dazu geführt, dass die Hochschulen sich insbesondere auf die Suche
nach neuen Forschungsmitteln machen müssen, da die Förderung von staatlicher
Seite nicht ausreicht (vgl. Sachini et al. 2016: 20).

In Hinblick auf den deutschen Wissenschaftssektor sind sowohl hohe Ausgaben für Forschung vor 2010 (siehe Tabelle 5.5) als auch ein hoher Anteil von
Promovierten im Vergleich zu anderen EU-Ländern zu beobachten (vgl. Eurostat
2020b). Auch der Unternehmenssektor spielte bereits 2011 in Deutschland eine
wichtige Rolle als Arbeitgeber; die letzten Jahre wurde er immer bedeutender,
wie Tabelle 5.6 abbildet. Ebenfalls ist in Deutschland festzustellen, dass Drittmittel für die Forschungsaktivitäten der Hochschulen immer mehr an Bedeutung
gewinnen.

Was den Personalbestand von Forscher*innen betrifft, so wurde deutlich,
dass sich diese Zahl insgesamt in beiden Ländern positiv entwickelt (siehe
Tabelle 5.6). Während aber ein Anstieg der Zahl der hochschulbeschäftigten
Forscher*innen in Deutschland feststellbar ist, gilt dieser Aufwärtstrend nicht
für deren Kolleg*innen an griechischen Hochschulen. Die Dynamik hinsichtlich des wissenschaftlichen Nachwuchses in Deutschland belegt, dass die Politik
in die Förderung von Nachwuchswissenschaftler*innen investiert und sich an
die dem Bologna-Prozess entsprechenden EU-Zielsetzungen angepasst hat. Dazu
haben die Schaffung von strukturierten Programmen zur Nachwuchswissenschaftler*innenbildung und die Zunahme ihrer Förderung durch eine Erhöhung
der finanziellen Mittel beigetragen. Im Gegensatz dazu wurde hinsichtlich der
Nachwuchswissenschaftler*innen in Griechenland deutlich, dass insgesamt ihre

Arbeitsbedingungen und ihre beruflichen Perspektiven an griechischen Hochschulen, speziell nach Einführung der Austeritätsmaßnahmen, unattraktiver wurden. Dies betrifft besonders die beruflichen Perspektiven und die Einkommensmöglichkeiten, während andere Phänomene, wie z. B. Vetternwirtschaft und ein Mangel an strukturierten Programmen für Nachwuchswissenschaftler*innen, sich bereits vor der Finanzkrise ungünstig auf ein benötigtes Wachstum bei Nachwuchswissenschaftler*innen in Griechenland auswirkten. Trotz allem ist die Promotionsmöglichkeit in Griechenland eine attraktive Option für Hochqualifizierte, da bei dieser eine geringe Arbeitslosenrate herrscht – wie in Abschnitt 5.1.2 aufgezeigt – und das in einer Zeit, in der die Arbeitslosenrate in der Altersgruppe der 15- bis 74-Jährigen im Land mit 27,5 Prozent besonders hoch war (Eurostat, 2020e). Dieser Sachverhalt kann den relativ hohen Anteil von Doktorand*innen erklären, die allein aus eigenen Mitteln in Griechenland promovieren, da die Promotion als eine Investition zur Minderung der Bedrohung arbeitslos zu werden betrachtet werden kann. Jedoch sind zweifellos in beiden Forschungssektoren die Karrierechancen an den Hochschulen begrenzt, weil eine wachsende Anzahl von Nachwuchswissenschaftler*innen – im Rahmen der Akademisierung der Gesellschaft – miteinander um knappe (Professur-)Stellen konkurrieren müssen. Nichtsdestotrotz sind dabei die Chancen im deutschen Hochschulsektor im Vergleich zum griechischen Hochschulsektor besser, wenn die absolute Anzahl an Stellen und die Schaffung von neuen Stufen (z. B. Juniorprofessuren) an deutschen Hochschulen der Betrachtung zugrunde gelegt werden.

Darüber hinaus konnte festgestellt werden, dass in beiden Wissenschaftssektoren insgesamt weniger Forschungsausgaben im Bereich der geisteswissenschaftlichen Disziplinen im Vergleich zu anderen Disziplinen aufgewendet werden. Diese Begünstigung von nicht-geisteswissenschaftlichen Disziplinen bestätigt sich auch beim Blick auf die beiden Arbeitsmärkte. Als Erklärung dafür kann die wachsende Rolle, die der Unternehmenssektor als Arbeitgeber auf beiden Arbeitsmärkten einnimmt, dienen. Offensichtlich steht diese Entwicklung im Zusammenhang mit Entscheidungen auf EU-Ebene sowie dem Bestreben, dem Konzept eines „Europa des Wissens" gerecht zu werden, das auf die enge Verbindung des Hochschulsektors mit dem Wirtschaftssektor abzielt. Dies führt folglich dazu, dass geisteswissenschaftliche Disziplinen vernachlässigt werden. Des Weiteren wurde auch aufgezeigt, dass in beiden Wissenschaftssektoren den nicht-geisteswissenschaftlichen Nachwuchswissenschaftler*innen im Vergleich zu geisteswissenschaftlichen Nachwuchswissenschaftler*innen mehr Mittel für ihre Qualifikation zur Verfügung stehen. Eine Ausnahme diesbezüglich bildet die Stipendienvergabe an Promovierende in Deutschland. Die Asymmetrie zwischen den Fächergruppen zugunsten von nicht-geisteswissenschaftlichen

Disziplinen ist gleichfalls bei den an deutschen Hochschulen beschäftigten Forscher*innen anzutreffen. Eine gleiche Asymmetrie war allerdings nicht im griechischen Hochschulsektor feststellbar (siehe Tabelle 5.13). Angesichts der Degradierung griechischer Hochschulen infolge der Austeritätsmaßnahmen reduzierten sich jedoch die Stellen für Forscher*innen im Hochschulbereich zwischen 2015 und 2017 (siehe Tabelle 5.6). Von dieser Entwicklung scheinen besonders die Beschäftigungschancen für geisteswissenschaftliche Forscher*innen negativ betroffen zu sein. Dies ergibt sich daraus, dass sie vom Wachstum des Unternehmenssektors im Forschungsbereich beruflich nicht besonders profitieren können (siehe Tabelle 5.13).

In diesem Rahmen ist auch die in den letzten Jahren zunehmende Anzahl griechischer Nachwuchswissenschaftler*innen im deutschen Hochschulsektor zu sehen, die offensichtlich mit dem hier untersuchten Migrationsphänomen zusammenhängt. Ihre mehr oder minder starke Präsenz, je nach ihrer disziplinären Herkunft, entspricht den asymmetrischen Konstellationen, die im deutschen Hochschulsektor zwischen den Fächergruppen zugunsten nicht-geisteswissenschaftlicher Nachwuchswissenschaftler*innen vorherrschen (siehe Tabelle 5.8). Zugenommen haben aber zugleich Hochschulkooperationen zwischen deutschen und griechischen Hochschulen seit 2013, die eventuell zur Migration von griechischen Wissenschaftler*innen nach Deutschland beitragen. Als entscheidend für die Zunahme dieser Hochschulkooperationen kann die Unterzeichnung des „Memorandum of Understanding" zwischen den Rektorenkonferenzen der beiden Länder betrachtet werden (siehe Abschnitt 4.2).

Abschließend wurde deutlich, dass geisteswissenschaftliche Nachwuchswissenschaftler*innen in beiden Ländern im Hinblick auf berufliche Perspektiven bzw. Arbeitsbedingungen und im Vergleich zu anderen Fächergruppen nicht begünstigt sind. Zum Verständnis dieser Entwicklung soll sich sowohl auf die EU- als auch auf die staatliche Ebene fokussiert werden, um die Rolle, die die politischen Rahmenbedingungen dabei spielen, zu beleuchten. Es stellen sich die Fragen: erstens, inwieweit diese beschriebenen ungünstigen Bedingungen, die im griechischen Wissenschaftssektor auftreten, von den befragten geisteswissenschaftlichen Nachwuchswissenschaftler*innen im Zusammenhang mit ihrer Migrationsentscheidung wahrgenommen werden, zweitens, wie die in Griechenland verbleibenden geisteswissenschaftlichen Nachwuchswissenschaftler*innen mit diesen Bedingungen umgehen, und drittens, was die eingewanderten geisteswissenschaftlichen Nachwuchswissenschaftler*innen aus Griechenland am deutschen Hochschulsektor anlockt, wenn dort die Bedingungen insgesamt ebenfalls als ungünstig beschrieben werden können.

5.3   Der ITK-Sektor

Abschließend erfolgt eine Fokussierung auf den ITK-Sektor sowohl in Griechenland (5.3.1) als auch in Deutschland (5.3.2), um die in Kapitel 7 und 8 untersuchten Aspekte in Bezug auf die befragten IT-Expert*innen nachvollziehen zu können. In Abschnitt 5.3.3 werden die dargestellten Informationen aus einer vergleichenden Perspektive zusammengefasst.

Laut der von der BA praktizierten KldB (2010) lassen sich die IT-Berufe (d. h. Informatik-, Informations- und Kommunikationstechnologieberufe) in vier Kernbereiche unterteilen: 1) Informatik (KldB 431), 2) IT-Systemanalyse, IT-Anwendungsberatung und IT-Vertrieb (KldB 432), 3) IT-Netzwerktechnik, IT-Koordination, IT-Administration und IT-Organisation (KldB 433), 4) Softwareentwicklung und Programmierung (KldB 434) (vgl. BA 2019d: 11). Trotzdem enthält der ITK-Sektor auch den Telekommunikationsbereich, der nicht unbedingt mit IT-Berufen zusammenhängt. Dementsprechend wertet Eurostat Daten zum gesamten ITK-Sektor und nicht ausschließlich zum IT-Sektor aus. Zu erwähnen sind auch die „Statistiken über die Hochtechnologieindustrie und wissensintensive Dienstleistungen" gemäß dem Sektoransatz, dem Produktansatz und dem Patentansatz, die von Eurostat erstellt wurden (2020e). Mithilfe des Klassifikationssystems *Nomenclature Générale des Activités Économiques dans la Communauté Européenne* (NACE) erfolgt im Rahmen des Sektoransatzes eine Kategorisierung entsprechend dem verarbeitenden Gewerbe nach Technologieintensität, dementsprechend wird die Produktionstätigkeit in Sektoren mit Spitzentechnologie, mit hochwertiger Technologie, mit mittlerem Technologieniveau und mit geringem Technologieniveau aufgeteilt, wobei für den ITK-Sektor nur die ersten zwei Kategorien relevant sind (vgl. Eurostat o. D. a; Eurostat o. D. b).

Zweifellos ist der ITK-Sektor im Vergleich zu den anderen hier untersuchten Sektoren stärker durch den privatwirtschaftlichen Bereich geprägt, staatliche Strukturen sind im Gegensatz zu den zwei anderen untersuchten Sektoren weniger wichtig. Trotzdem sind politische Entscheidungen zu Forschung und Entwicklung (siehe auch Abschnitt 5.2) auch für den ITK-Sektor relevant, da auch in diesem Bereich Unternehmen Innovationen und neue Technologien entwickeln können. In einer Ära, in der die Digitalisierung eine zentrale Rolle für die Wirtschaft und das Leben der Bürger*innen spielt, und die Digitalisierung des EU-Raums von der Europäischen Kommission als eine der Prioritäten für die Zeitspanne 2019 bis 2024 betrachtet wird (Europäische Kommission 2019), nimmt gleichzeitig der Bedarf an einer größeren Verfügbarkeit von IT-Expert*innen zu (vgl. Hofmann et al. 2019: 6). Obwohl bereits Richtlinien für die technologische Entwicklung der

Mitgliedsstaaten (mit der Einheitlichen Europäischen Akte) und die Förderung
einer Informations- und Kommunikationsgesellschaft auf EU-Ebene 1986 eingeführt wurden (vgl. Mărcuț 2017: 21), lassen sich große Disparitäten hinsichtlich
des Digitalisierungsprozesses innerhalb der EU feststellen, wie Tabelle 5.14 zum
DESI-Index[37] aufzeigt.

Tabelle 5.14   DESI-Index in Griechenland, Deutschland und der EU (2018–2020)

	Griechenland	**Deutschland**	**EU (28)**
	Wert des DESI-Indexes (Rang in der EU-28)	Wert des DESI-Indexes (Rang in der EU-28)	Wert des DESI-Indexes
DESI 2018	32,3 (28)	47,9 (14)	46,5
DESI 2019	35,1 (27)	51,2 (13)	49,4
DESI 2020	37,3 (27)	56,1 (12)	52,6

Quelle: Eigene Darstellung nach Europäische Kommission (2020a; 2020b)

Da Deutschland 2019 das größte nominale Bruttoinlandsprodukt in der EU
aufweist (Destatis 2020) und das Land über zwei der größten IT-Konzerne (SAP,
Siemens) weltweit verfügt, wäre eigentlich eine bessere Platzierung für Deutschland im EU-Vergleich als der dreizehnte Platz 2019 im DESI-Index zu erwarten
gewesen. Allerdings stieg der Wert des DESI-Indexes von Deutschland zwischen
2018 und 2020 deutlich an und lag in allen in der Tabelle 5.14 aufgeführten
Jahren über dem entsprechenden EU-Durchschnitt und dem von Griechenland.
Der Wert des DESI-Indexes von Griechenland war 2020 und 2019 nur höher als
der Wert des DESI-Indexes von Bulgarien, während 2018 Griechenland den letzten Platz auf der Liste der Mitgliedsstaaten beim DESI-Index erreicht hatte (vgl.
Europäische Kommission 2020b).
    Da die Digitalisierung stark mit dem ITK-Sektor verbunden ist, kann davon
ausgegangen werden, dass diesbezüglich auch deutliche Unterschiede zwischen
den ITK-Sektoren der beiden Länder existieren. Dies bestätigt sich beim Blick auf
den prozentualen Anteil des jeweiligen ITK-Sektors am BIP, wie die Tabelle 5.15
zeigt.

---

[37] Der Index für die digitale Wirtschaft und Gesellschaft (DESI) kombiniert unterschiedliche Indikatoren (u. a. Konnektivität, Humankapital, Internetnutzung, Integration der Digi-
taltechnik, digitale öffentliche Dienste) zum Messen der digitalen Leistungsfähigkeit der
EU-Mitgliedsstaaten. Die Werte bewegen sich zwischen 0 als Tiefst- und 100 als Höchstwert
(Europäische Kommission 2020a).

Tabelle 5.15 Prozentualer Anteil des ITK-Sektors am BIP in Griechenland und Deutschland (2011–2018)[38]

	2011	2012	2013	2014	2015	2016	2017	2018
Griechenland	2,11	2,08	1,99	1,96[bp]	2,18[p]	2,17[p]	1,95[p]	2,49[bp]
Deutschland	4,04	4,00	4,08	4,17	4,23	4,13	4,19	4,4[b]

[b]: Zeitreihenbruch
[p]: vorläufig

Quelle: Eigene Darstellung nach Eurostat 2021f

Offensichtlich wird daran, dass der Wert des Anteils, den der ITK-Sektor am BIP in Deutschland jedes Jahr für die Zeitspanne 2011 bis 2018 hat, fast doppelt so hoch wie der Anteil des griechischen ITK-Sektors am griechischen BIP war. Jedoch lag der prozentuale Anteil des deutschen ITK-Sektors am BIP im Jahr 2018 hinter diesen von Großbritannien 6,15, sowie von anderen EU-Mitgliedsstaaten (u. a. von Bulgarien – 6,1 Prozent – und Malta – 7,98 Prozent) (vgl. Eurostat 2021f). Im Folgenden wird aber auf den griechischen und den deutschen ITK-Sektor fokussiert, um herauszufinden, inwieweit dieser große Unterschied in dem prozentualen Anteil des jeweiligen ITK-Sektors am BIP weitere Disparitäten bei den IT-Arbeitskräften und im IT-Arbeitsmarkt in den beiden Ländern bedeutet.

5.3.1 Der deutsche ITK-Sektor

Im Kontext der Fachkräftesicherung steht der deutsche ITK-Sektor im Zentrum der politischen und wissenschaftlichen Diskussion, zumal erst mit der Einführung der Greencard-Regelung (2000) die systematische Rekrutierung von Hochqualifizierten im Rahmen des Fachkräftemangels in Deutschland in Angriff genommen wurde (vgl. Klekowski von Koppenfels/Höhne 2017: 165 f.). Da die Effekte der zwischen 2000 und 2004 geltenden Greencard-Regelung zur Anwerbung ausländischer IT-Arbeitskräfte als enttäuschend charakterisiert werden können (vgl. Kolb 2004: 34), führte die deutsche Politik weitere rechtliche Regelungen in den folgenden Jahren zur Erleichterung der Anwerbung von internationalen IT-Arbeitskräften ein (siehe Abschnitt 4.2; Hofmann et al. 2019).

---

[38] Eurostat stellt keine Daten für die Jahre vor 2011 für Griechenland und für den EU-Durchschnitt zu dieser Thematik zur Verfügung.

Lässt sich durch die Einführung der Greencard-Regelung auf einen Bedarf an internationalen IT-Arbeitskräften auf dem deutschen Arbeitsmarkt schließen, so existiert dieser Bedarf jedoch bereits seit mehr als 20 Jahren. Laut einer Studie für die Europäische Kommission im Jahr 2014 zum Bedarf an IT-Arbeitskräften in der EU mit dem Namen „Empirica" wurde prognostiziert, dass der deutsche IT-Arbeitsmarkt im Jahr 2015 145.000 potenzielle Vakanzen und im Jahr 2020 156.000 potenzielle Vakanzen aufweisen würde (vgl. Empirica 2014a: 8). Hofmann et al. (2019) demonstrieren jedoch in ihrer Studie, dass sich aktuell zwar ein regionaler, aber kein genereller bundesweiter Engpass bei IT-Fachkräften bemerkbar macht. Im Jahr 2019 wurde ein relativ großer Engpass bei IT-Berufen in Bayern (4,1 Prozent), Baden-Württemberg (3,7 Prozent), Hessen (3,5 Prozent), Hamburg (3,4 Prozent) und Bremen (3,2 Prozent) festgestellt, wobei laut den Berechnungen derselben Studie der Wert in allen diesen Bundesländern bis 2030 ansteigen soll und zusammen mit NRW, dem Saarland, Thüringen und Brandenburg die Fünf-Prozent-Schwelle überholen wird. Zudem wird Hessen bis 2030 am meisten von einem Engpass mit einem Wert bei 7,1 Prozent betroffen sein (vgl. ebd.: 35). Bundesweit wurde davon ausgegangen, dass 2019 ein Engpass mit 25.600 IT-Vakanzen (d. h. ein Engpass, der bei 3,1 Prozent liegt) existieren werde, während bis 2030 40.900 freie Stellen bei IT-Berufen (d. h. ein Wert des Engpasses von 5,4 Prozent) unbesetzt bleiben würden (vgl. ebd.: 16). Somit ist zu erwarten, dass die Notwendigkeit einer Rekrutierung von IT-Fachkräften aus dem Ausland bis 2030 aufgrund des errechneten steigenden Nachfragepotenzials bei IT-Fachkräften weiterhin zunehmen wird. Die BA (2019d) bemerkt auch eine lange Vakanzzeit[39] bei allen Ausschreibungen für Stellen von IT-Fachleuten und dass diese zwischen 2009 und 2018 deutlich zugenommen hat. Die Vakanzzeit belief sich im Jahr 2018 durchschnittlich auf 132 Tage für IT-Fachkräfte/Spezialist*innen und 126 Tage für IT-Expert*innen, während 2009 die Vakanzzeit deutlich niedriger war (83 Tage für IT-Fachkräfte/Spezialist*innen und 109 Tage für IT-Expert*innen) (vgl. ebd.: 12). Der Bedarf an IT-Fachleuten spiegelt sich auch in ihrer niedrigen Arbeitslosenquote, die 2018 bei nur 2,7 Prozent lag, während die Arbeitslosenquote bei hochqualifizierten IT-Fachleuten mit 2,6 Prozent noch niedriger war (vgl. ebd.: 14).

Zur Abdeckung der Bedarfe des ITK-Sektors tragen auch die seit 2008 stetig steigenden Zahlen von Informatik-Studierenden in Deutschland bei. Während 2008 125.00 eingeschriebene Informatik-Studierende registriert waren, war ihre gesamte Zahl im Jahr 2017 216.000 (ebd.: 16). Charakteristisch für diese

---

[39] Die Vakanzzeit bezieht sich auf „den Zeitraum vom geplanten Besetzungstermin bis zur Abmeldung des Stellenangebots" bei der BA (ebd.: 12).

Zunahme ist die Verdoppelung der Zahl der Erstsemester*innen im Fachbereich Informatik zwischen 2008 (34.000 Studierende im 1. Fachsemester) und 2017 (73.000 Studierende im 1. Fachsemester) (vgl. ebd.). Jedoch sollte dabei berücksichtigt werden, dass im Vergleich zu anderen Studiengängen ein relativ hoher Anteil von Informatikstudierenden ihr Studium vorzeitig abbrechen. Die Abbruchquote im Informatikstudium betrug 2010/2011 laut einer Studie des Deutschen Zentrums für Hochschul- und Wissenschaftsforschung (DZHW) 45 Prozent, während in anderen Studiengängen der Anteil bei 32 Prozent lag (Heublein et al. 2017: 264 f.).

Hinsichtlich des Personalstands im deutschen ITK-Sektor liegen aufschlussreiche Daten zum Wachstum des ITK-Sektors vor. Besonders deutlich ist der Anstieg der Zahl der ITK-Spezialist*innen laut den Daten von Eurostat (2020f) in den letzten Jahren, dieser hat von 2009 bis 2019 um 226.200 zugenommen. Mit Fokus auf bestimmte Eigenschaften von IT-Fachleuten in Deutschland zeigt sich, dass ebenfalls die Zahl der sozialversicherungspflichtig beschäftigten IT-Fachleute zwischen 2010 und 2018 um 248.000 zugenommen hat (vgl. BA 2019e: 5). Somit bilden die sozialversicherungspflichtig beschäftigten IT-Fachleute die Mehrheit der IT-Arbeitskräfte in Deutschland im Vergleich zu den Selbstständigen, Beamten und geringfügig Beschäftigten (vgl. ebd.). Der Löwenanteil der IT-Beschäftigten in Deutschland besteht aus Männern, im Jahr 2018 waren nur 16 Prozent der IT-Beschäftigten Frauen (vgl. BA 2019e: 7). Bezüglich des Einkommens der sozialversicherungspflichtig vollzeitbeschäftigten IT-Arbeitskräfte lag das durchschnittliche monatliche Bruttogehalt im Jahr 2017 bei 4.925 Euro. Jedoch gibt es einen signifikanten Unterschied in den Einkommen der IT-Beschäftigten zwischen West- und Ostdeutschland (5.072 Euro im Westen und 4.048 Euro im Osten), wobei ein Hochschulabschluss das Gehalt deutlich erhöhen kann. Bundesweit betrug das monatliche Bruttogehalt durchschnittlich 5.283 Euro für hochqualifizierte IT-Beschäftigte (vgl. BA 2019d: 77). Hinsichtlich des Bildungsniveaus der Beschäftigten im deutschen ITK-Sektor ist zu bemerken, dass der Anteil der Hochschulabsolvent*innen (50,1 %) seit 2017 höher ist als der Anteil der Beschäftigten ohne Hochschulabschluss, er ist jedoch trotz seiner Zunahme innerhalb der letzten Jahre immer noch niedriger als im EU-Durchschnitt (siehe Tabelle 5.18).

Zu den IT-Fachkräften in Deutschland gehören auch internationale IT-Fachleute, die im Rahmen der bereits erwähnten „Fachkräftesicherung" rekrutiert werden. In Tabelle 5.16 zu sozialversicherungspflichtig Beschäftigten im deutschen ITK-Sektor wird deutlich, dass die Zahl der Arbeitskräfte im deutschen ITK-Sektor zwischen 2015 und 2020 insgesamt zugenommen hat. Diese nummerische Steigerung betrifft alle Kategorien der Tabelle 5.16, wobei bemerkenswert

ist, dass die Zahl der sozialversicherungspflichtig Beschäftigten aus Drittstaaten
die Zahl der sozialversicherungspflichtig Beschäftigten aus EU-Ländern ab 2018
überholt hat und eine größere jährliche Zunahme als diejenige aus der Gruppe
der EU-Beschäftigten aufzeigt. Die nummerische Zunahme griechischer sozialversicherungspflichtig Beschäftigter im deutschen ITK-Sektor ist ebenfalls an
Tabelle 5.16 für die Zeitspanne von 2015 bis 2020 ablesbar.

Tabelle 5.16 Sozialversicherungspflichtig Beschäftigte im deutschen ITK-Sektor nach
ausgewählter Staatsangehörigkeit von 2015 bis 2020

	2015	2016	2017	2018	2019	2020
Griechisch	2.053	2.155	2.358	2.643	2.956	3.179
EU	37.043	40.216	43.782	47.409	52.183	56.195
Drittstaat	31.848	36.510	42.208	50.560	61.739	73.617
Insg.	937.952	967.766	1.015.022	1.062.409	1.120.793	1.171.648

Quelle: Eigene Darstellung nach BA (2020; 2019f; 2018; 2017; 2016; 2015)

Die Anzahl griechischer sozialversicherungspflichtiger Beschäftigter im deutschen ITK-Sektor hat innerhalb von fünf Jahren (2015–2020) beachtlich zugenommen (+1.126). Offensichtlich steht diese Entwicklung im Zusammenhang
mit der Einwanderung von Hochqualifizierten aus Griechenland. Im folgenden
Kapitel sollen die Bedingungen des griechischen ITK-Arbeitsmarkts dargestellt
werden, um die genaueren Umstände der Auswanderung von IT-Arbeitskräften
zu beleuchten.

5.3.2 Der griechische ITK-Sektor

Sowohl die Angaben in Tabelle 5.14 als auch die in Tabelle 5.15 kennzeich-
nen eine ungünstige Lage für den griechischen ITK-Sektor, da einerseits die
niedrigen Werte nach dem DESI-Index und andererseits der niedrige prozentuale Anteil des ITK-Sektors am BIP Griechenlands eine beschränkte Nachfrage
nach IT-Expert*innen bedeuten kann. Chrysomallidis (2012) ist der Ansicht, dass
ein Technologiebereich, der sich auf die Produktion von Spitzentechnologie und
auf wissensintensive Dienstleistungen spezialisiert, zum ökonomischen Wachstum
und gleichzeitig zur Bekämpfung der Finanzkrise beitragen kann. Dies manifestiert, dass der ITK-Sektor die Funktion eines wesentlichen Wirtschaftsbereichs
des griechischen Staats gegenwärtig ausüben kann.

Trotz der Finanzkrise hat die bereits erwähnte Studie von „Empirica" einen zunehmenden Bedarf an Personal im griechischen ITK-Sektor bis zum Jahr 2020 diagnostiziert (vgl. Empirica 2014b: 7). Die Studie ging nur von einem knappen Mangel an Personal im griechischen ITK-Sektor aus und schätzte 1.400 unbesetzte Stellen im Jahr 2016 und 1.800 Vakanzen bei ITK-Stellen in Griechenland im Jahr 2020 (ebd.). Es wird erwartet, dass die Zahlen zu diesem Bedarf auch weiterhin bestehen, wenn die Bedeutung der Digitalisierung und die Neuzugänge von Studierenden in den Informations- und Kommunikationstechnologien im tertiären Bereich Griechenlands Berücksichtigung finden. Die Anzahl dieser Neuzugänge scheint relativ stabil zu sein: 2014 wurden 3.992 Neuzugänge, 2017 2.695 neu angemeldete Studierende auf Bachelorniveau und 2019 3.042 Neuzugänge in diesen Studienrichtungen registriert (Eurostat 2021g).

Hinsichtlich des griechischen ITK-Sektors lassen sich einige positive Entwicklungen im Verlauf der Finanzkrise feststellen. Bemerkenswert ist, dass die kleinen und mittleren Unternehmen im IT-Bereich trotz der seit 2009 ungünstigen Wirtschaftslage in Griechenland ihre Verkäufe zwischen 2009 und 2014 jährlich um sechs Prozent steigern konnten (vgl. Mylonas/Tzakou-Lampropoulou 2016). Zusätzlich geben Daten zur Anzahl der Unternehmensgründungen und -auflösungen im ITK-Sektor einen weiteren Überblick über die Entwicklung im griechischen ITK-Sektor während der Finanzkrise. Einerseits war der Saldo von ITK-Unternehmensgründungen und -auflösungen im Bereich der Spitzentechnologie im verarbeitenden Gewerbe für die Zeitspanne 2011 bis 2016 positiv aufseiten der Gründungen gegenüber den Auflösungen (vgl. EKT 2018c: 20), andererseits lässt sich das Gegenteil hinsichtlich des Saldos von ITK-Unternehmensgründungen und -auflösungen im Bereich der Spitzentechnologie und bei wissensintensiven Dienstleistungen feststellen (vgl. ebd.: 22 f.). Obwohl 2016 die Anzahl der Unternehmensgründungen in letzterem Bereich im Vergleich zu 2011 höher war, hat sich die Anzahl der Unternehmensauflösungen von 2011 bis 2016 verdreifacht (vgl. ebd.: 26).

Beim Blick (siehe Tabelle 5.17) auf die Beschäftigungsquote im ITK-Sektor stellt sich eine gewisse Dynamik im Wachstum des griechischen ITK-Sektors trotz der Finanzkrise heraus.

Außer in den Jahren 2013 und 2016 ist eine jährliche Zunahme des prozentualen Anteils der Beschäftigten im griechischen ITK-Sektor laut den Daten von Eurostat für die Zeitspanne 2011 bis 2018 festzustellen. Dennoch ist der prozentuale Anstieg dieses Anteils in Griechenland relativ klein (nur +0,22 % von 2011 bis 2018) und bleibt der Anteil der Beschäftigten im ITK-Sektor an der Gesamtbeschäftigungszahl immer noch niedrig (bei 1,51 % im Jahr 2018), insbesondere wenn dieser mit dem entsprechenden Anteil in Deutschland (mehr als

Tabelle 5.17 Prozentualer Anteil der Beschäftigten im ITK-Sektor an der Gesamtbeschäftigungszahl (2010–2018) in Prozent der gesamten Beschäftigten im ITK-Sektor

	2010	2011	2012	2013	2014	2015	2016	2017	2018
Griechenland	–	1,29	1,37	1,23	1,48[bp]	1,44[p]	1,42[p]	1,44[p]	1,51[bp]
Deutschland	2,26	2,38	2,36	2,47	2,6	2,66	2,74	2,82	3,16[b]

[b]: Zeitreihenbruch
[p]: vorläufig

Quelle: Eigene Darstellung nach Eurostat 2021f

doppelt so hoher prozentualer Anteil im Jahr 2018) verglichen wird. Es muss aber trotzdem betont werden, dass die Änderungsrate in den Beschäftigungszahlen in den Wirtschaftszweigen mit Technologieintensität in Griechenland nur im Bereich der Spitzentechnologie zwischen 2008 und 2019 positiv war (+21,4 %) (vgl. Eustratoglou 2020: 3). Zu dieser Entwicklung hat insbesondere der ITK-Sektor beigetragen (vgl. ebd.: 4). Folglich besteht 2019 laut den Daten von Eurostat (2021d) eine relativ niedrige Arbeitslosenrate im Bereich der Spitzentechnologie (8,9 %) (ebd. 2020: 14) im Verhältnis zur gesamten Arbeitslosenrate im Jahr 2019 in Griechenland (17,3 %). Alle diese Daten zeigen, dass im ITK-Sektor trotz der Finanzkrise eine gewisse Dynamik in der Beschäftigung im Vergleich zu anderen Wirtschaftsbereichen herrscht.

Gleichzeitig mit der prozentualen Zunahme des Anteils der Beschäftigung im ITK-Sektor im Vergleich zu der gesamten Beschäftigung steigt aber laut den Daten von Eurostat auch der Anteil der hochqualifizierten erwerbstätigen ITK-Arbeitskräfte im griechischen ITK-Sektor (siehe Tabelle 5.18).

Tabelle 5.18 Erwerbstätige ITK-Arbeitskräfte mit Hochschulabschluss in Deutschland, in Griechenland und in der EU (2010–2019) in Prozent der gesamten Beschäftigten im ITK-Sektor

	2010	2011	2012	2013	2014	2015	2016	2017	2018	2019
EU-27	51,6[s]	54,8[bs]	55,1[s]	56,3[s]	58,4[bs]	59,7[s]	60,4[s]	61,8[s]	62,3[s]	63,4[s]
Griechenland	59,0[s]	69,8[bs]	68,9[s]	71,3[s]	72,5[bs]	68,8[s]	66,6[s]	70,8[s]	73,5[s]	73,7[s]
Deutschland	48,1[bs]	46,2[bs]	46,4[s]	46,0[s]	46,8[b]	48,1	49,6	50,1	50,2	51,2

[b]: Zeitreihenbruch
[s]: Eurostat Schätzungen

Quelle: Eigene Darstellung nach Eurostat 2021h

Die Daten der Tabelle 5.18 zeigen, dass bereits 2010 der Löwenanteil der ITK-Arbeitskräfte in Griechenland hochqualifiziert war. Jedoch hat der Anteil der ITK-Arbeitskräfte mit einem Hochschulabschluss in Griechenland um 24,92 Prozent von 2010 bis 2019 zugenommen, sodass 2019 fast drei Viertel der ITK-Arbeitskräfte in Griechenland aus Hochqualifizierten bestanden. Der Anteil der erwerbstätigen Hochqualifizierten im griechischen ITK-Sektor überwiegt sogar jährlich den entsprechenden Anteil in Deutschland und den entsprechenden durchschnittlichen Anteil in der EU. Diese deutliche Zunahme von Hochqualifizierten hängt aber nicht unbedingt allein mit einem erhöhten Bedarf des ITK-Sektors an Hochqualifizierten zusammen, sondern auch mit dem Überangebot an Personal mit diesen Eigenschaften in Griechenland (vgl. Eustratogolou 2020: 8). Darüber hinaus dominieren vor allem männliche Fachkräfte im ITK-Sektor. Ihr Anteil an den gesamten erwerbstätigen ITK-Spezialist*innen lag 2019 bei 79,8 Prozent (Eurostat 2021i). Ihr Anteil sank aber deutlich im Vergleich zu 2017 (84,8 %) und zu 2015 (84,3 %) (ebd.).

Neben den Beschäftigungsraten müssen auch die Arbeitsbedingungen der ITK-Beschäftigten in Griechenland berücksichtigt werden. Im Bereich der Spitzentechnologie des verarbeitenden Gewerbes wurde errechnet, dass 2017 der Anteil der Teilzeitbeschäftigten 2,3 Prozent betrug und der Anteil der befristeten Arbeitsverhältnisse bei vier Prozent lag, während im Bereich der hochwertigen Technologie im verarbeitenden Gewerbe der Teilzeitbeschäftigungsanteil nur 0,7 Prozent und der Anteil an befristeten Arbeitsverhältnissen deutlich höher (bei 6,8 %) war (vgl. Eustratogolou 2018: 9). In Bezug auf die Arbeitsbedingungen wurde in einer quantitativen Studie mit 110 Absolvent*innen von Informatikstudiengängen in Griechenland deutlich, dass IT-Expert*innen nur bedingt mit ihrer Beschäftigung zufrieden sind, 76 Prozent der Befragten äußern sich dahingehend, dass sie „mittelmäßig" bis „sehr wenig" zufrieden mit ihren aktuellen Stellen sind (Theou 2015: 68). Diese Unzufriedenheit spiegelt sich beim Thema Einkommen auch wider, laut derselben Studie waren 75 Prozent der Befragten ebenfalls „mittelmäßig" bis „sehr wenig" mit der Höhe ihres Einkommens zufrieden (ebd.: 70). Die Mehrheit der Befragten (40 %) verdienten 801 bis 1.500 Euro und 35 Prozent der Befragten erhielten 501 bis 800 Euro, während 20 Prozent der teilnehmenden Informatiker*innen für weniger als 500 Euro arbeiteten (vgl. ebd.). Aus diesem Grund gaben 63 Prozent der Befragten die geringen Einkommensmöglichkeiten als Grund für einen möglichen Arbeitswechsel an (vgl. ebd.: 72).

Die erwähnten unattraktiven Bedingungen im ITK-Sektor können mit der Auswanderung von IT-Expert*innen aus Griechenland in Verbindung gebracht werden. Wie im Forschungsstand aufgezeigt, besteht ein Teil der Neuzuwanderer*innen aus Griechenland aus IT-Expert*innen (siehe Triandafyllidou/Gropas 2014); ihre Auswanderungsentscheidung hängt tatsächlich mit dem niedrigen Einkommen in Griechenland und der Arbeitsunzufriedenheit wegen mangelnder Karriereperspektiven zusammen, wie Gropas und Bartolini (2016) in Bezug auf die zugewanderten IT-Expert*innen aus Griechenland darlegen. Deutschland kann als ein Zielland für zugewanderte IT-Expert*innen aus Griechenland betrachtet werden (siehe Tabelle 5.16).

5.3.3   Der deutsche und der griechische ITK-Sektor aus vergleichender Perspektive

Zusammenfassend kann gesagt werden, dass deutlich wurde, dass die beiden ITK-Sektoren sehr unterschiedliche Voraussetzungen bieten, und zwar nicht nur finanziell (siehe Tabelle 5.15), sondern auch in Bezug auf die Beschäftigungsrate (siehe Tabelle 5.17).

Die deutsche Politik hat bereits 2000 mit der Rekrutierung internationaler IT-Arbeitskräfte angesichts der Bedarfe des ITK-Arbeitsmarkts begonnen. Dieser Bedarf besteht immer noch, obwohl nicht von einem bundesweiten Engpass gesprochen werden kann (vgl. Hofmann et al. 2019). Es ist zu erwarten, dass die Nachfrage nach IT-Fachkräften weiterhin in den kommenden Jahren zunehmen wird (vgl. ebd.) und somit auch eine weitere Rekrutierung aus dem Ausland erforderlich sein wird. In diesem Rahmen wird vermutlich auch die Zuwanderung von IT-Fachkräften aus Griechenland zunehmen. Davon ist laut den Daten in Tabelle 5.16 auszugehen, obwohl für Griechenland ebenfalls ein wachsender Bedarf an IT-Fachkräften prognostiziert wurde (Empirica 2014b) und sich dort ihre Beschäftigungsrate während der Finanzkrise noch erhöht hat (siehe Tabelle 5.17). Eine wachsende Beschäftigungsrate bei den IT-Berufen ist auch in Deutschland feststellbar (ebd.). Diese Entwicklung der Beschäftigungsraten in den beiden Sektoren lässt sich u. a. erklären durch die zunehmende Nachfrage nach IT-Fachkräften im Rahmen der Digitalisierung aller gesellschaftlichen Bereiche, die von der EU als Priorität festgelegt wurde (vgl. Europäische Kommission 2019). Zwar nimmt der Anteil an hochqualifiziertem ITK-Personal in Deutschland in den letzten Jahren zu, seine prozentuale Zunahme lag von 2010 bis 2019 allerdings nur bei 6,44 Prozent. Daher ist der gegenwärtige Anteil deutlich niedriger als der entsprechende Anteil in der EU (siehe Tabelle 5.18). Im Gegensatz dazu weist Griechenland einen signifikanten prozentualen Anstieg seines hochqualifizierten ITK-Personals (24,92 % von 2010 bis 2019) in den vergangenen Jahren auf (ebd.).

Darüber hinaus wurde ersichtlich, dass die Verdienstmöglichkeiten der IT-Expert*innen in Deutschland im Vergleich zu denen in Griechenland viel höher sind. Außerdem werden die Arbeitsbedingungen im griechischen ITK-Sektor als unattraktiv beschrieben (Theou 2015). Im Gegensatz dazu herrschen im deutschen ITK-Sektor Bedingungen, die vielversprechend für IT-Expert*innen sind, wenn der erhöhte Bedarf an IT-Fachkräften berücksichtigt wird. Dies ist vermutlich ein zentraler Faktor, die dazu führt, dass der deutsche ITK-Sektor für einwanderungswillige IT-Expert*innen aus Griechenland attraktiv ist. Anhand der Ergebnisse aus den Datenauswertungen (siehe Abschnitt 7.1) wird deutlich, inwieweit sich die befragten IT-Expert*innen dieser Bedingungen in beiden Sektoren bei ihrer (Nicht-)Migrationsentscheidung bewusst sind.

5.4   Zwischenfazit

Abschließend wurde in Kapitel 5 dargestellt, welche Bedingungen in den jeweiligen untersuchten Sektoren in Deutschland und in Griechenland herrschen. Erkennbar wird dabei, dass nicht nur Disparitäten auf den Arbeitsmärkten jedes einzelnen untersuchten Sektors existieren, sondern dass diese auch zwischen den unterschiedlichen Sektoren im jeweiligen Land anzutreffen sind. Während die Arbeitschancen und die Einkommensmöglichkeiten im Gesundheitssektor und im ITK-Sektor von Deutschland auch für internationale Fachkräfte attraktiv erscheinen, gilt dies nicht für geisteswissenschaftliche Nachwuchswissenschaftler*innen, für die nur begrenzte Fördermittel im Vergleich zu anderen wissenschaftlichen Disziplinen zur Verfügung stehen. Dagegen herrscht eine andere Situation auf dem Arbeitsmarkt in den drei untersuchten Sektoren in Griechenland. Während im griechischen Gesundheitssektor zwar gewisse Arbeitschancen für Ärzt*innen bestehen, auch wenn die Arbeitsbedingungen dort ungünstiger sind, scheinen die Arbeitschancen im griechischen ITK-Sektor für hochqualifizierte IT-Expert*innen aufgrund des wachsenden Bedarfs an ITK-Arbeitskräften günstig. Dabei ist jedoch zu fragen, inwieweit die Arbeitsbedingungen im griechischen ITK-Sektor auch als attraktiv beschrieben werden können. Abschließend ist festzuhalten, dass weder die Beschäftigungsaussichten noch die Fördermöglichkeiten für geisteswissenschaftliche Nachwuchswissenschaftler*innen in Griechenland vielversprechend sind. Folglich lässt sich sagen, dass sich die Gruppe der Ärzt*innen und die Gruppe der IT-Expert*innen in beiden Ländern hinsichtlich der Arbeitsmarktchancen im Vergleich zu der Gruppe der geisteswissenschaftlichen Nachwuchswissenschaftler*innen als privilegiert betrachten können.

Forschungsdesign 6

6.1 Wahl der Methode: Qualitative Sozialforschung

Qualitative Forschung findet heutzutage Anwendung in unterschiedlichen Disziplinen und Fächern (vgl. Flick et al. 2017: 13), nachdem sie sich erst in den 1970er Jahren im deutschsprachigen Raum verbreitet hat, und zwar in der Absicht, Kritik an den davor dominierenden quantitativen Forschungsinstrumenten zu üben, verbreitet hatte (Mayring 2002: 9). Warum ist aber die qualitative Forschung besonders attraktiv in den sozialwissenschaftlichen Disziplinen? Das liegt am zentralen Gegenstand dieser Disziplinen, die den Menschen im Mittelpunkt ihres Interesses haben. Deuten und Erklären sind Hauptanliegen wissenschaftlicher Arbeit der Geisteswissenschaften. Insbesondere relevant ist die qualitative (Sozial-)Forschung für die Erforschung von Sozialphänomenen, denn

> *„qualitative Forschung hat den Anspruch, Lebenswelten von innen heraus aus der Sicht der handelnden Menschen zu beschreiben. Damit will sie zu einem besseren Verständnis sozialer Wirklichkeit(en) beitragen und auf Abläufe, Deutungsmuster und Strukturmerkmale aufmerksam machen"* (Flick et al. 2017: 14).

Philipp Mayring (2002) hat dazu die fünf zentralen Grundsätze qualitativer Ansätze so umfasst:

> *„die Forderung stärkerer Subjektbezogenheit der Forschung, die Betonung der Deskription und der Interpretation der Forschungssubjekte, die Forderung, die*

Ergänzende Information Die elektronische Version dieses Kapitels enthält Zusatzmaterial, auf das über folgenden Link zugegriffen werden kann https://doi.org/10.1007/978-3-658-39985-6_6.

A. Gkolfinopoulos, *Deutschland als Magnet für Hochqualifizierte aus Griechenland*, Interkulturelle Studien,
https://doi.org/10.1007/978-3-658-39985-6_6

Subjekte auch in ihrer natürlichen, alltäglichen Umgebung (statt im Labor) zu unter-
suchen, und schließlich die Auffassung von der Generalisierung der Ergebnisse als
Verallgemeinerungsprozess" (vgl. ebd.: 19).

In diesem Rahmen scheint die qualitative Forschung auch für die Erforschung
von Migrationsphänomenen geeignet zu sein. Das Feld der Migration bietet eine
große Herausforderung für die qualitative Forschung, um die Interaktionen von
Menschen mit anderen Menschen oder mit Institutionen, die an diesem Prozess
beteiligt sind, zu beleuchten und auch die Migrationsentscheidung seitens der
Subjekte zu verstehen. Diese Zusammenhänge können insbesondere durch den
Beitrag der qualitativen Forschung erhellt werden. Trotz der oben beschriebenen
Eignung der qualitativen Methoden für die Migrationsforschung[1] dominierten in
diesem Forschungsgebiet lange Zeit quantitative Forschungsmethoden und erst im
späteren Verlauf stieg das Interesse daran, Migrationsaspekte mithilfe qualitativer
Methoden zu erforschen (vgl. Iosifides 2011: 1).

Aaron Cicourel (1981) betonte den sinnvollen Zusammenhang zwischen
mikrosoziologischen Fragestellungen und qualitativen Methoden (vgl. ebd.: 42).
Das betrifft auch die vorliegende Studie. Ihre entsprechenden zentralen Fragestellungen lauten: Was sind die Beweggründe der Hochqualifizierten, die aus
Griechenland nach Deutschland auswandern? Welche Rolle spielen die politischen, ökonomischen und sozialen Rahmenbedingungen in beiden Ländern bei
der Migrationsentscheidung der zugewanderten Hochqualifizierten? Wie sind
die Bleibeperspektiven der migrierten Hochqualifizierten aus Griechenland in
Bezug auf Deutschland? Und welche Gründe begünstigen den Verbleib in
Deutschland oder wirken gegen diesen? Welche Hemmfaktoren sind relevant
für einen Verbleib der Hochqualifizierten in Griechenland? Inwieweit nehmen
die Hochqualifizierten das Phänomen des Brain-Drains wahr und wie bewerten
sie moralisch mögliche negative Konsequenzen ihrer Migrationsentscheidung für
das Herkunftsland? Im Gegensatz zu quantitativen Methoden bieten nur qualitative Methoden der Sozialforschung die Möglichkeit, diese Fragen angemessen
zu beantworten, da sie fall- und prozesszentriert sind und ein tiefes Verständnis der Bedeutungen, Repräsentationen, Praktiken, Aktionen, Erfahrungen und
Beziehungen der Akteure sicherstellen können (vgl. Iosifides 2011: 35).

Außerdem sind qualitative Methoden für diese Studie relevant, da bei der Auswertung des Forschungsstandes deutlich wurde, dass die bisherigen Erkenntnisse
zur Auswanderung von Hochqualifizierten aus Griechenland nach Deutschland

---

[1] Migrationsforschung wird als Oberbegriff für alle Migrations- und Integrationsprozesse in
den meisten Disziplinen verwendet (vgl. Brinkmann/Mähler 2016: 1).

lückenhaft sind. Daraus ergibt sich, dass offenbar viel Raum für weitere For-schung vorhanden ist und diese Lücke anfänglich am besten mit qualitativen Studien gefüllt werden kann, denn qualitative Studien sind empfehlenswert für die *„Erschließung eines bislang wenig erforschten Wirklichkeitsbereichs"* (Flick 2017 et al.: 25). Qualitative Sozialforschung entspricht den Zielen dieser Studie, zumal sie ein *„Entdeckungs-Verfahren"* ist und auf das Herausfinden von Neuem abzielt (Kleining 1982: 228). Qualitative Sozialforschung kann in Themenbereichen der empirischen Soziologie, die von quantitativer Methodik nicht greifbar sind, ange-wendet werden (vgl. ebd.: 224). Zudem benötigen quantitative Methoden stets Erkenntnisse aus qualitativen Methoden, um die *„festgestellten Zusammenhänge"* zu erklären (Flick 2016: 42). Trotzdem stehen quantitative Werkzeuge immer im Zusammenhang mit qualitativen Methoden, z. B. der Häufigkeit von bestimmten Codes bei der Datenerhebung, um Kategorien zu bilden.

Da es hierbei um die Untersuchung von unterschiedlichen Aspekten einer Migration geht, lässt sich diese Studie der qualitativen Migrationsforschung zuordnen. Unter Anwendung von qualitativen Methoden kann die qualitative Migrationsforschung neue Erkenntnisse gewinnen, da das Feld der hochquali-fizierten EU-Migration noch kaum mit qualitativen Sozialforschungsmethoden erforscht wurde (siehe auch Kapitel 2). Des Weiteren kategorisiert die bisherige qualitative Migrationsforschung im europäischen Raum vor allem die unter-suchten Migrant*innen besonders nach Staatsangehörigkeit und weniger nach beruflichem Status (vgl. Yalaz/Zapata-Barrero 2018: 18). Außerdem lässt sich sagen, dass sich die meisten Migrationsstudien auf die Herkunftsländer der Migrant*innen fokussieren (vgl. Carling et al. 2014: 38). Dies trifft allerdings nicht auf die vorliegende qualitative Untersuchung zu, da deren Fokus sich auch auf potenzielle Migrant*innen richtet und sich zudem mit dem Herkunftsland befasst.

6.2 Datenerhebung: Halbstandardisierte Interviews

Qualitative Sozialforschung bietet ein breites Spektrum an Methodenformen an. Jedoch sind in der qualitativen Migrationsforschung die qualitativen Interviews die am häufigsten verwendete Methodenform (vgl. Yalaz/Zapata-Barrero 2018: 14). Im Folgenden soll die Entscheidung für die Wahl qualitativer halbstandardi-sierter Interviews als Methode dieser Untersuchung begründet werden.

Die Erkenntnisziele, die bereits präsentiert wurden und nur durch empirische Werke aufgrund der Forschungslücke erfüllt werden könnten, orientierten die Studie an zwei Richtungen: Zum einen an der Sammlung verbaler Daten, d. h.

durch Interviews, und zum anderen an der Entwicklung eines Leitfadens, der eine zielorientierte „*Verfolgung von relevanten Frage- und Themenstellungen*" sicherstellen kann (El-Mafaalani et al. 2016: 71). Interviews mithilfe von Leitfäden garantieren außerdem eine Mischung aus Fokussierung und Offenheit, die offene Interviewformen, wie zum Beispiel narrative Interviews, nicht bieten (vgl. Kruse 2015: 224). Angesichts dieser Eigenschaften der halbstandardisierten Interviews erscheint diese Methodenform für die vorliegende Studie geeignet zu sein, zumal die Erkenntnisziele, die aus den Interviews entstehen sollen, bereits definiert sind.

Anhand eines entwickelten Leitfadens, der je nach Fallgruppe (faktische oder potenzielle Migrant*innen) variiert[2], werden die Interviews durchgeführt. Der Leitfaden beinhaltet drei Formen von Fragen: eine narrative Frage, offene Fragen und themenfokussierte Fragen.

Die narrative Frage wird zuallererst gestellt[3] und in indirekter Form formuliert (z. B. für die faktischen Migrant*innen: „Ich möchte Sie bitten, mir zu erzählen, was Sie zurzeit hier in Deutschland beruflich machen") und soll als Einstieg ins zentrale Thema verstanden werden. Daraus können unterschiedliche Aspekte zu jeder möglichen Thematik des Interviews seitens der Interviewpartner*innen erwähnt werden. Diese indirekte Frage kann auch ein angenehmes Klima schaffen, damit die Interviewpartner*innen nachvollziehen können, dass das Interview sie zwar als Protagonist*innen vorsieht, aber ihre Antworten nicht wissenschaftlich sein sollten.

Am Anfang jeder neuen Thematik und Dimension werden offene Fragen gestellt, um die Erzählmotivation der Befragten zu steigern. Im Anschluss daran werden themenfokussierte Fragen gestellt, die entsprechend den Thematiken und dem theoretischen Rahmen der Studie entwickelt wurden, um einen Fokus auf die Erkenntnisziele zu sicherzustellen. Fragen dieser Form sollten bei allen Interviewpartner*innen gestellt werden, damit von den Vorteilen des Leitfadens, d. h. von der „*Übersichtlichkeit, insbesondere der leichteren Vergleichbarkeit verschiedener Interviews, die durch vorstrukturierte Interviewführung gewährleistet wird*" (El-Mafaalani 2016: 71), profitiert werden kann.

Darüber hinaus werden Ad-hoc-Fragen, die nicht im Leitfaden beinhaltet sein können, gestellt. Die Ad-hoc-Fragen sind für die Themenstellung oder zur Aufrechterhaltung des Gesprächsflusses bedeutsam (Mayring 2002: 70). Solche

---

[2] Die zugehörigen Daten sind in Anhang 1 im elektronischen Zusatzmaterial einsehbar.

[3] Kurz vor dieser Fragestellung an die Interviewpartner findet die Vorbereitung des Interviews statt. Während dieser Zeitspanne wird der Interviewpartner auch über seine demographischen Daten befragt. Siehe das nächste Kapitel.

Fragen tauchen im Gespräch auf, wenn die Interviewpartner einen bestimmten Aspekt weiterführend oder prägnanter verdeutlichen sollen.

Die Entwicklung des Leitfadens basiert auf der Methode von Cornelia Helfferich (2009) (Sammeln Überprüfen Sortieren Subsumieren). Die theoretische Einrahmung der Studie (siehe Kapitel 3) hat auch zu der Entwicklung des Leitfadens beigetragen, damit bestimmte Aspekte bei den Interviews (z. B. Rolle des sozialen Kapitals) erwähnt werden. Neben den zwei unterschiedlichen Leitfäden wurde auch ein kurzer Fragebogen formuliert, um die demographischen Daten der Interviewpartner*innen vor Beginn jedes Gesprächs zu registrieren.

6.3 Festlegung und Begründung der Fallauswahl

Im Anschluss daran soll die Fallauswahl mit Rekurs auf die Erkenntnisziele dieser Arbeit begründet und erklärt werden, welches Profil von Interviewpartner*innen, aus welchem Grund und mit welcher Methode für die Studie berücksichtigt wurde.

Ziel der qualitativen Fallauswahl ist laut Kruse nicht nur die Sicherstellung von validen Aussagen über die Analyse der empirischen Fälle, sondern auch, dass durch diese bestimmte Fallauswahl Argumente für eine Reichweite der Ergebnisse vorgebracht werden können (vgl. Kruse 2015: 237). Dafür muss eine qualitative Studie durch die Fallauswahl eine *relative Verallgemeinerung* anstreben (vgl. ebd.: 241). Da diese *relative Verallgemeinerung* nicht aus einer quantitativen Sicht möglich ist, wird diese im Falle der qualitativen Sozialforschung durch die *Heterogenität des Untersuchungsfeldes* gewährleistet (ebd.). Dazu empfiehlt Helfferich ein dreistufiges Vorgehen, um die Verallgemeinerbarkeit einzuschätzen und die Fallauswahl festzulegen. Zusammenfassend geht es dabei um die Präzisierung des inhaltlichen Interesses an bestimmten Gruppen, die „innere Repräsentation", d. h. die Umfassung von maximal unterschiedlichen und typischen geltenden Fällen in der Fallauswahl, und die Prüfung der Konstellation der einbezogenen Fälle (vgl. Helfferich 2009: 173 f.).

Es lässt sich demnach festhalten, dass für die qualitative Fallauswahl die Heterogenität der Fälle von zentraler Bedeutung ist und die Kontrastierung der Fälle im Fokus des Fallauswahlprozesses stehen muss. Demographische Kriterien (z. B. Geschlecht, Alter) können als Eigenschaften für die Zusammenstellung der Fallauswahl festgesetzt werden, um die Heterogenität der miteinbezogenen Fälle sicherzustellen (vgl. Flick 2016: 155). Dieses Prinzip ist als *maximale strukturelle Variation* (Kleining 1982) oder als kontrastierendes Samplingverfahren bekannt (vgl. Kruse 2015: 242). Die Strategie der qualitativen Fallauswahl folgt einem

bestimmten Ablauf: erst *„eine enge Fassung der Gruppe,* [dann] *eine breite Variation innerhalb dieser Gruppe und zum Schluss möglicherweise noch einmal eine
Verengung der Gruppendefinition"* (Helfferich 2009: 174).

Anknüpfend an diese Informationen soll nun das berücksichtigte Samplingverfahren der Studie vorgestellt werden. Laut Kruse können zwei Verfahren das
kontrastierende Sampling erreichen: das Sampling mit vorab theoretisch begründeten Gruppen und das theoretische Sampling (vgl. Kruse 2015: 242), das als
Strategie im Rahmen der *Grounded Theory* von Glaser und Strauss (1988) kon-
zipiert wurde. Noch passgenauer ist zur Fallauswahl für die vorliegende Studie
das Verfahren von Flick (1996), das im Rahmen seiner Studie zum Thema *Psychologie des technisierten Alltags* mittels thematischen Kodierens angewendet
wurde.

Angesichts dieses Verfahrens, das auf vorab begründeten Gruppen basiert,
wurde aus der Literatur die Dimension des Berufs bzw. der Studienrichtung
abgeleitet. Wie in Kapitel 5 aufgezeigt, ist die Berücksichtigung der drei untersuchten Berufsgruppen für die Zwecke dieser qualitativen Studie bezüglich
der Kontrastierung und Vergleichsmöglichkeiten sinnvoll, da die diesbezüglichen Sektoren heterogene strukturelle Eigenschaften aufweisen und vor allem
unterschiedliche Berufsmöglichkeiten zwischen den beiden Ländern bestehen.
Während die Gruppe der Ärzt*innen massiv die letzten Jahre aus Griechenland nach Deutschland migrierte, macht sich diese massive Tendenz nicht in
der Gruppe der IT-Expert*innen aus Griechenland bemerkbar, obwohl IT-Berufe
als auch Ärzt*innen, als Engpassberufe in Deutschland eingestuft sind (BA
2019a). Theoretisch bestehen für diese beiden Berufsgruppen gute Chancen auf
eine Anstellung in Deutschland. Um den Kontrast zwischen den untersuchten
Berufsgruppen zu erhöhen, sollte eine dritte Berufsgruppe, die nicht die gleichen
‚guten' Chancen im deutschen Arbeitsmarkt hat, ausgewählt werden. Die Berücksichtigung von Nachwuchswissenschaftler*innen aus geisteswissenschaftlichen
Disziplinen kann diesem Zweck dienen, insofern dass ihre Beschäftigungsmöglichkeiten im deutschen Forschungssektor nicht mit denen der Nachwuchswissenschaftler*innen aus naturwissenschaftlichen Disziplinen verglichen werden
können (siehe Abschnitt 5.2). Im Anschluss daran wird die Hypothese, wie bereits
in Abschnitt 2.3 auf Grundlage der entsprechenden Forschungslücke begründet,
abgeleitet, dass die hochqualifizierten Migrant*innen nicht als eine homogene
Gruppe zu betrachten sind und die relevanten Beweggründe bzw. Migrationsmotive je nach Berufsgruppe variieren. Gerade für eine Überprüfung solch
vermuteter Unterschiede zwischen bestimmten Gruppen ist laut Flick (2016)
das Vorgehen des Samplings mit vorab festgelegten Gruppen geeignet (vgl.

ebd.: 158), während eine erforderliche Heterogenität der Fallauswahl gleichzeitig sichergestellt wird.

Eine weitere Dimension bildet der Status der Migrant*innen, der sie als faktische oder potenzielle Migrant*innen bezeichnet und wodurch die zwei Fallgruppen entstehen. Entscheidend ist dabei der zum Zeitpunkt des Interviews feste Wohnort der Befragten, der bei der Unterscheidung zwischen den beiden Fallgruppen helfen kann. Diese Dimension kann das Erkenntnisziel der Studie beleuchten, das darin besteht, herauszuarbeiten, welche Motive bzw. subjektiven Faktoren hemmend auf eine Migrationsoption wirken. Somit wird deutlich, warum einige Hochqualifizierte aus Griechenland migrieren und andere in einem Land, das unter einer sehr tief greifenden Finanzkrise leidet, bleiben. Das Ziel beider Fallauswahlen war, möglichst gleichmäßig Frauen und Männer als auch eine gleiche Anzahl von Fällen in den jeweiligen Sektor aufzunehmen (siehe die Tabellen 6.2 und 6.3).

Außerdem sind die zentralen Einschlusskriterien für das Sampling mit den befragten faktischen Migrant*innen in Deutschland ein Maximalalter von 36 Jahren und das Jahr der Einwanderung nach Deutschland. Einbezogen wurden Migrant*innen, die nach 2009 aus Griechenland nach Deutschland eingewandert sind. Das letztgenannte Kriterium konnte nicht auf das Sampling mit den potenziellen Migrant*innen zutreffen. Von daher wurde neben gleichem Maximalalter auch der aktuellere Berufsstatus als Kriterium gesetzt, um das Profil von potenziellen Migrant*innen abzubilden. Diesbezüglich wurden Personen, die sich in einer Weiterqualifikationsphase befinden oder diese beabsichtigen, d. h. Studierende kurz vor ihrem Abschluss, Doktorand*innen, Facharztauszubildende für die Studie befragt. Dieses Profil erlaubt der Studie, diese Befragten als potenzielle Migrant*innen zu betrachten, da sie über die nächste Phase ihrer beruflichen Laufbahn nachdenken müssen und somit eine Auswanderung infrage kommen kann. Für beide Fallgruppen wurden Bildungsinländer*innen befragt, d. h. Menschen, die im griechischen Bildungssystem Abitur gemacht oder ein Studium an einer griechischen Hochschule absolviert haben bzw. absolvieren möchten, damit ihr Umgang mit dem Phänomen Brain-Drain nachvollziehbar sein kann (siehe dazu 6.7).

Jedoch ist es wichtig zu erwähnen, dass bezüglich der Fallgruppe der potenziellen Migrant*innen versucht wurde, die Migrationsabsicht der Befragten herauszufinden und sie als kontrastierende Variable zu berücksichtigen. Somit sollten potenzielle Migrant*innen mit Migrationsabsicht (nach Deutschland oder in ein anderes Land) und solche mit Bleibeabsicht befragt werden, um die subjektiven Hemmfaktoren und die subjektiven Beweggründe aus einer vergleichenden Perspektive mit Bezug auf die Fallgruppe der potenzielle Migrant*innen zu verdeutlichen. Bei der Datenauswertung stellte sich jedoch heraus, dass sich die Migrationsmotive der potenziellen Migrant*innen mit Migrationsabsicht kaum von denen der faktischen Migrant*innen unterscheiden, sodass die Ergebnisse dieser Fallgruppe nicht in dieser Arbeit präsentiert werden. Außerdem wurden mehr potenzielle Migrant*innen als faktische Migrant*innen für die Studie aufgenommen, um eine genügende Anzahl von Fällen der potenziellen Migrant*innen mit Migrationsabsicht und von Fällen mit Bleibeabsicht zu gewährleisten. Die Einteilung der potenziellen Migrant*innen in eine der beiden Kategorien (entweder in die Kategorie mit Migrationsabsicht oder in die Kategorie mit Bleibeabsicht) war besonders anspruchsvoll, da die Fälle oft keine klare Position bezüglich einer Absicht einnahmen bzw. beide Absichten aufweisen konnten.

Zu der Herausforderung festzustellen, wann die Fallauswahl als abgeschlossen gelten kann und wann keine weitere Durchführung von Interviews mehr erfolgen soll, kann das theoretische Sampling einen Beitrag leisten. Das theoretische Sampling findet im Rahmen der Grounded Theory Anwendung:

> *„Das Kriterium, um zu beurteilen, wann mit dem Sampling je Kategorie aufgehört werden kann, ist die theoretische Sättigung der Kategorie. Sättigung heißt, daß [sic!] keine zusätzlichen Daten mehr gefunden werden können, mit deren Hilfe die Soziologie weitere Eigenschaften der Kategorie entwickeln kann"* (Glaser/Strauss 1998: 69).

Obwohl diese Strategie für die vorliegende Studie nicht angewendet wird, zumal die Kontrastierung der Fallauswahl durch die vorab begründete Gruppe sichergestellt wird, war beabsichtigt, eine theoretische Sättigung innerhalb der jeweiligen Untersuchungsgruppe anzustreben. Auf jedes Interview folgte eine erste Datenerhebung, sodass sich der nächste Interviewfall in der jeweiligen Untersuchungsgruppe datenbezogen stark unterscheidet oder aber stark den anderen Interviews ähnelt, damit eine mögliche theoretische Sättigung geprüft wird. Das theoretische Sampling findet somit innerhalb der Berufsgruppen bei der Auswahl der konkreten Fälle statt (vgl. Flick 1996: 161). Zu dieser Zielsetzung haben auch diejenigen Fälle, die nicht in die endgültige Auswertung einbezogen wurden, wie zum Beispiel die befragten potenziellen Migrant*innen mit Migrationsabsicht, beigetragen. Diese Fälle wurden ebenfalls nach dem Interview ausgewertet, um die theoretische Sättigung der gebildeten Kategorien zu verifizieren. Somit wird die Erfassung von – wenn möglich – maximal unterschiedlichen Fällen in jeder Gruppe erzielt, sodass die erwünschte Validierung der Ergebnisse erreicht wird. Daher werden beide erwähnten Vorgehensweisen zur Fallauswahl kombiniert und das kontrastierende Sampling wird auf zwei Ebenen sichergestellt.

Zusammenfassend betrifft die Fallauswahl der Studie vorab festgelegte Gruppen und wird laut unterschiedlicher Kriterien und Dimensionen bestimmt. Ein Überblick über die in die Auswertung einbezogenen Fälle (siehe Tabelle 6.1) zeigt, dass versucht wurde, die jeweiligen Gruppen möglichst gleichmäßig und ausreichend mit Fällen zu versehen.

Tabelle 6.1 Überblick über die in die Auswertung einbezogenen Fälle

Kontext	Deutschland	Griechenland	Σ
Sektor	Pseudonym	Pseudonym	
Medizinsektor	Eleni Giannis Klelia Kleomenis	Dafne Ektoras Fotini Ifigenia	8
Wissenschaftssektor	Aggeliki Eftichis Erato Kornilios	Dafne Diomidis Maria Petros Philippos	9
ITK-Sektor	Chara Dimos Eri Giorgos	Gaitanos Ira Marina Menios	9
Σ	12	14	26

Quelle: Eigene Darstellung

6.4 Die Rekrutierung der Interviewpartner*innen

Für den Zugang zu den passenden Interviewpartner*innen wurden unterschiedliche Strategien in Deutschland und in Griechenland verfolgt. Dank des Profils des Forschers[4] und dank seiner Vorarbeit zum Thema „Brain-Drain im Gesundheitssektor – am Beispiel griechischer Ärzte in Deutschland" im Rahmen seiner Masterarbeit an der Westfälische Wilhelms-Universität-Münster standen bereits

---

[4] Der Forscher hat, als jemand, der selbst Neuzuwanderer aus Griechenland ist, Kontakte zu weiteren griechischen Neuzuwanderer*innen in Deutschland (siehe auch dazu das Abschnitt 6.10 „Reflexion der eigenen Rolle im Forschungsprozess"). Außerdem war er Koordinator des „Netzwerks griechischer Akteure in NRW", das als „akute Hilfe für Neuzuwanderer aus Griechenland" gegründet wurde (Diakonie Rheinland-Westfalen-Lippe e. V. 2011: 4), wodurch auch weiterhin Kontakte zu Interviewpartner*innen aufgebaut wurden.

Kontakte zu hochqualifizierten Neuzugewanderten aus Griechenland zur Verfügung. Nicht nur Personen aus dem persönlichen Umfeld und dem damaligen
beruflichen Kreis des Forschers haben diesen Zugang ermöglicht, sondern auch
die bereits an der Studie teilgenommenen Personen, die als ‚Multiplikator*innen'
für die Studie und den Zugang zu weiteren Interviewpartner*innen gewirkt haben.
Somit war vor allem die Rekrutierung von Interviewpartner*innen in Deutschland
durch das Schneeballsystem möglich.

Für die Rekrutierung von Interviewpartner*innen in Griechenland war der
Zugang über „Türwächter" (vgl. Helfferich 2009: 175) dank der IPEGS-S-P-
Stipendien[5] und der daraus resultierenden Kontakte zu den Professor*innen der
Universität Piräus des Fachbereichs für Internationale und Europäische Stu-
dien besonders wichtig. Mittels der Kontaktanknüpfung mit den Professor*innen
des IT-Instituts dieser Universität war es möglich, viele Interviewpartner*innen
aus dem ITK-Bereich zu rekrutieren. Der Zugang zu den meisten befragten
Nachwuchswissenschaftler*innen aus geisteswissenschaftlichen Disziplinen des
Samples mit den potenziellen Migrant*innen wurde über einen Kontakt zum
Leiter des Büros des DAAD in Athen, der ebenfalls als ein „Türwächter"
agiert hat, erreicht. Ein von dem Forscher formulierter Aufruf wurde über die
Mailingliste des DAAD Athen weitergeleitet und somit konnten Interviewpartner*innen dieses Bereichs für die Fallauswahl sowohl potenzieller Migrant*innen
als auch faktischer Migrant*innen gewonnen werden. Die befragten potenziellen
Migrant*innen aus dem Medizinbereich konnten mittels des Schneeballsystems
über persönliche Kontakte in Athen und in der Geburtsstadt des Forschers[6],
wo auch eine Universität mit Studiengängen aller untersuchten Disziplinen existiert, rekrutiert werden. Eine kleine Anzahl potenzieller Migrant*innen aus dem
ITK-Bereich und aus dem Kreis von Nachwuchswissenschaftler*innen geisteswissenschaftlicher Disziplinen wurde ebenfalls über das Schneeballsystem
gewonnen.

6.5   Der Interviewverlauf

Insgesamt wurden 39 Interviews – 14 in Deutschland und 25 in Griechenland – durchgeführt und hierbei werden die Ergebnisse von 12 in Deutschland

---

[5] Im Rahmen des Projekts „Integrated Partnership European and Global Studies – Siegen –
Piräus (IPEGS-S-P)" zwischen der Universität Siegen und der Universität Piräus, koordiniert
von Prof. Dr. Raphaela Averkorn, wurden Forschungsstipendien an der Universität Piräus
ausgeschrieben.

[6] Kontaktaufnahmeversuche mit Professor*innen aus den Medizinfakultäten sind gescheitert.

durchgeführten Interviews und von 13 in Griechenland durchgeführten Interviews vorgestellt.[7] Alle Interviews wurden auf Griechisch geführt, da Griechisch die Muttersprache aller Interviewpartner*innen ist und somit sind sie in der Lage, *„ihre subjektiven Sichtweisen in der ihnen vertrauteren Sprache facettenreicher und differenzierter zum Ausdruck zu bringen"* (Brandmeier 2015: 132 f.). Alle Gespräche wurden aufgenommen und in griechischer Sprache transkribiert. Übersetzt auf Deutsch wurden nur die vorzulegenden Interviewausschnitte. Somit hat der Forscher eine „Doppelrolle" als Interviewer und Übersetzer eingenommen (Enzenhöfer/Resch 2011: 212).

Die Interviews fanden in drei Phasen statt. In einer ersten Phase wurden insgesamt vier griechische faktische Migrant*innen aus dem Medizinbereich im Frühjahr 2014 in Deutschland befragt, da es bereits Vorarbeiten des Forschers mit dieser untersuchten Gruppe gab. Die zweite Interviewphase bezieht sich auf Dezember 2014, als ein Teil der Interviews mit potenziellen Migrant*innen aus allen drei untersuchten Bereichen in Griechenland im Rahmen des Forschungsaufenthalts im Zusammenhang mit IPEGS-SP durchgeführt wurde. Die nächste Phase betraf die weiteren Interviews mit faktischen Migrant*innen und begann im Herbst 2015 in Deutschland, bevor der zweite Forschungsaufenthalt in Griechenland (November und Dezember 2015) stattfand, bei dem eine ausreichende Anzahl von Interviews mit potenziellen Migrant*innen erreicht wurde. Zwei weitere Befragte wurden im Januar 2016 in Griechenland interviewt.

Das Durchführen der Interviews in drei Phasen hat es der Studie ermöglicht, den Prozess der Motive der Befragten innerhalb von zwei Jahren zu verfolgen und eine interessante Umwandlung im Medizinbereich festzustellen (siehe Abschnitt 7.4). Außerdem hat diese Strategie der Studie erlaubt, nach einer ersten Auswertung der Daten aus den Interviews, die 2014 und 2015 durchgeführt wurden, weitere Befragte zu suchen, die die erforderlichen Merkmale und Kriterien erfüllt haben, was nicht während der ersten und zweiten Phase möglich war. Somit hat die Studie die gewünschte theoretische Sättigung erreicht, um die Daten endgültig auswerten zu können, d. h. keine weiteren theoretischen Ähnlichkeiten und Unterschiede im Datenmaterial (vgl. Kelle/Kluge 2010: 49).

Bezüglich des Interviewverlaufs wurde versucht, einen neutralen Ort für das Interview auszuwählen. Der Interviewort war in den meisten Fällen ein Café, wo die Interviewpartner von ihren persönlichen Räumen und ihren Arbeitsräumen

---

[7] Zehn Interviews mit Befragten aus Griechenland wurden ausgewertet, aber ihre Ergebnisse werden nicht dargestellt, da die Befragten potenziellen Migrant*innen mit Migrationsabsicht zugeordnet wurden. Vier weitere Interviews wurden aufgrund der theoretischen Sättigung und ähnlicher Merkmale und Kriterien mit anderen Interviews nicht berücksichtigt.

Abstand halten konnten. Das konnte ein angenehmes Klima für das Gespräch[8] gewährleisten. Andere Interviewpartner*innen wurden in einem Universitätsraum oder in einem Privatraum interviewt. Die Präsenz weiterer Personen während des Interviews wurde ausgeschlossen, damit sich die Interviewpartner*innen frei und neutral über die untersuchten Thematiken äußern konnten.

Alle Interviews wurden mit einem Rekorder aufgenommen. Vor Aufnahmebeginn wurden die Interviewten über die Zwecke und das Verfahren des Interviews informiert. In Anlehnung an die „*Regieanweisung zur Interviewführung*" von Harry Hermanns (2017) wurde seitens des Forschers versucht, ein Freiraum für die Äußerungen der Interviewten zu garantieren, wissenschaftliche Begriffe während des Gesprächs zu vermeiden und eine unkomplizierte Sprache zu verwenden, um die Lebenswelt der Interviewpartner*innen nachvollziehen zu können (vgl. ebd.: 367 f.).

6.6   Vorstellen der Interviewpartner*innen

Zunächst erfolgen tabellarisch einige Informationen zu den durchgeführten Interviews der zwei Fallgruppen, die ausgewertet wurden und für die vorgestellte Ergebnisse präsentiert werden. Dabei werden auch demographische Daten der Interviewpartner*innen dargestellt. Alle Namen sowie alle sensiblen Daten zu den Interviewten sind maskiert. Tabelle 6.2 stellt diese Informationen zu den Interviews mit den faktischen Migrant*innen dar.

---

[8] Zu diesem Zweck wurden auch weitere Techniken verwendet, wie Hermanns vorschlägt; „*Seien sie entspannt (…) und strahlen Sie dieses Gefühl aus (…) versuchen Sie die «Botschaft» des Gegenübers zu verstehen, er kommuniziert mehr als die reine «Information»*" (Hermanns 2017: 367).

Tabelle 6.2   Überblick über die Interviews mit den faktischen Migrant*innen

Pseudonym der Interviewperson und Geschlecht (m/w)	Alter zum Zeitpunkt des Interviews	Migrationsjahr	Ort und Datum des Interviews	Beruf
Eleni (w)	29	2010	Café in NRW, 27.05.2014	Ärztin in Fachärinausbildung
Giannis (m)	35	2010	Privatraum in NRW, 21.05.2014	Arzt in Facharzt*inausbildung
Klelia (w)	29	2013	Café in NRW, 11.10.2015	Ärztin in Facharzt*inausbildung
Kleomenis (m)	29	2009	Café in NRW, 29.05.2014	Arzt in Facharzt*inausbildung
Aggeliki (w)	27	2013	Café in Baden-Württemberg, 19.10.2015	Doktorandin in Jura
Eftichis (m)	34	2012	Universitätsraum in NRW, 15.10.2015	Doktorand in Archäologie
Erato (w)	31	2015	Café in Griechenland, 07.12.2015	Doktorandin in Kulturwissenschaften
Kornilios (m)	26	2015	Café in NRW, 18.10.2015	Doktorand in alter Geschichte
Chara (w)	28	2012	Café in Baden-Württemberg, 20.10.2015	IT-Expertin
Dimos (m)	33	2011	Café in NRW, 13.10.2015	IT-Experte
Eri (w)	28	2013	Café in Baden-Württemberg, 20.10.2015	IT-Expertin
Giorgos (m)	31	2014	Café in Baden-Württemberg, 19.10.2015	IT-Experte

Quelle: Eigene Darstellung

In Tabelle 6.3 werden wiederum die entsprechenden Informationen zu den Interviews mit den potenziellen Migrant*innen dargestellt.

Tabelle 6.3 Überblick über die Interviews mit den potenziellen Migrant*innen

Pseudonym der Interviewperson und Geschlecht (m/w)	Alter zum Zeitpunkt des Interviews	Ort und Datum des Interviews	Studium/Berufsstatus
Dafne (w)	23	Café in Athen, 03.01.2015	Medizinstudentin
Ektoras (m)	26	Café in Athen, 12.11.2015	Medizinabsolvent
Fotini (w)	28	Café in Giannena, 17.11.2015	Medizinabsolventin
Ifigenia (w)	25	Privatraum in Giannena, 06.01.2015	Medizinabsolventin
Danae (w)	29	Café in Athen, 20.12.2014	Doktorandin in Soziologie und Telefonistin
Diomidis (m)	34	Café in Athen, 11.12.2014	Doktorand in Europäischen Studien und Projektmitarbeiter
Maria (w)	31	Café in Athen, 12.12.2014	Masterabsolventin in europäischen Studien und arbeitslos
Petros (m)	31	Café in Athen, 18.12.2014	Doktorand in Urbanistik und Freiberufler
Philippos (m)	33	Café in Athen, 15.12.2014	Doktorand in Politikwissenschaft und Sozialarbeiter
Gaitanos (m)	32	Café in Athen, 20.12.2014	Doktorand in IT und Freiberufler
Ira (w)	32	Privatraum in Larisa, 6.1.2015	Studentin in IT
Marina (w)	28	Universitätsraum in Piräus, 09.12.2014	Doktorandin in IT und Projektmitarbeiterin
Menios (m)	26	Universitätsraum in Piräus, 09.12.2014	Doktorand in IT und Projektmitarbeiter

Quelle: Eigene Darstellung

6.7 Theoretische Anmerkungen zur Datenauswertung

Eines der zentralen Beobachtungsfelder der Migrationsforschung ist die Bestimmung der wanderungsbestimmten Motivationen (vgl. Bade 2002: 4). Daran orientiert sich die vorliegende Studie und bezweckt durch die Datenanalyse der Interviews und mithilfe des Motiv-Konzepts, wie aus motivationspsychologischer Perspektive begründet wird (vgl. Reisenzein 2006: 239), entsprechende Kategorien hinsichtlich der Migrationsentscheidung der Befragten zu entwickeln. Handlungen wie die Entscheidungen, die für die Migration, für die Bleibeperspektive in Bezug auf Deutschland von den faktischen Migrant*innen getroffen wurden bzw. getroffen werden sowie die Entscheidung von den potenziellen Migrant*innen für die *Stasis* in Griechenland können als „*zielgerichtete Verhaltensweisen und kognitive Prozesse*" verstanden werden (ebd.). Es wird deutlich, dass Handeln und somit die Entscheidung für eine (Nicht-)Migration auf individueller Ebene mit persönlichen Zielen assoziiert wird.

Um das Konzept des Motivs nachvollziehen zu können, soll zuerst verständlich gemacht werden, warum Handlungen ausgeführt werden. Handlungen erfolgen, wenn der Handelnde sich einen bestimmten Zustand wünscht, der durch diese Handlung erreichbar wird (vgl. ebd.). Personen, die eine Migrationsentscheidung treffen, befinden sich in spezifischen Zuständen und besetzen folglich Ziele, die mit bestimmten Wünschen zusammenhängen. Diese individuellen Wünsche verbinden sich bei der Migration mit den individuellen Motiven. Unabhängig von einer Migrationsentscheidung geht es beim Motiv um handlungsverursachende Wünsche, die sich entsprechend bestimmten Wertesetzungen entwickeln (vgl. ebd.). Der wertesetzende Charakter der Motive bedeutet, dass sie eine soziogene Herkunft haben und im Gegensatz zu den Trieben nicht in der menschlichen Natur angelegt sind, sondern individuell erworben werden (vgl. Bischof 2009: 143). Obwohl die Motive individuell aus der Lebensgeschichte des Individuums heraus erwachsen (vgl. ebd.: 441), entwickeln sie sich in einer konkreten Umwelt und sind Produkte einer *sinnstiftenden Sozialisation* (ebd.:143).

Motive werden in der Motivationspsychologie in unterschiedliche Untergruppen eingeteilt.[9] Relevant für diese Studie und für die Migrationsforschung sind aber die Motive, die mit Beweggründen des Handelns zusammenhängen und sowohl Basismotive als auch abgeleitete Motive betreffen.[10]

---

[9] Einige Beispiele zu Untergruppen von Motiven lauten: implizite und explizite Motive (siehe Brunstein 2018), Leistungsmotiv, hedonistisches Motiv (vgl. Reisenzein 2006: 239).

[10] Reisenzein erklärt den Unterschied zwischen Basismotiven und abgeleiteten Motiven wie folgt: „*Die Wünsche bzw. Motive, die Handlungen unmittelbar zugrunde liegen, sind typischerweise aus anderen, grundlegenderen Wünschen bzw. Motiven abgeleitet. Zum Beispiel*

Neben dem Begriff Motiv wird auch der Begriff Motivation in der Motivationspsychologie sowie in der Migrationsforschung oft verwendet. Unter Motivation werden die *„aktivierenden und richtungsgebenden inneren Prozesse, die für die Auswahl, Stärke und Ausdauer der Aktualisierung von Verhaltenstendenzen bestimmend sind"* verstanden (Maderthaner 2008: 243 f.). Oder anders formuliert, damit der Unterschied zwischen dem Begriff Motivation und dem Begriff Motiv deutlich wird, schließt die Motivation *„die Gesamtheit der Motive, die der Verwirklichung von Lebens-, Bedeutungs- und Sinnwerten dienen"* (Schürmann 2013: 30) ein.

Zentral bei beiden Begriffen ist das Setzen von Zielen. Außerdem soll betont werden, wie die individuellen Motive und Motivationen gebildet werden. Dabei spielen für die bestimmte Zielsetzung die personen- und situationsbezogenen Einflüsse eine Rolle. Zusammenfassend lässt sich die persönliche Bildung von Motivationen wie im Folgenden erklären:

> *„Die resultierende Motivationstendenz ist zusammengesetzt aus den verschiedenen nach dem persönlichen Motivprofil gewichteten Anreizen der Tätigkeit, des Handlungsergebnisses und sowohl von internen, die Selbstbewertung betreffenden, als auch von externen Folgen"* (Heckhausen/Heckhausen 2018: 7).

Gerade dies hebt die Rolle der externen Faktoren bei der Bestimmung der Ziele und beim Wachsen der Motive hervor und erklärt den Zusammenhang zwischen den Einflussfaktoren einer Migration und den Migrationsmotiven. Explizit bei einer Migration kann das Migrieren ein Mittel zur Erreichung bereits gesetzter Ziele sein. Da aber diese Ziele mit situativen Faktoren zusammenhängen, können solche Faktoren im Hinblick auf eine Migrationsoption und mithilfe des Push–Pull-Modells (siehe Abschnitt 3.3) wahrgenommen werden. Folglich sollten auch diese Einflussfaktoren, die von den Befragten wahrgenommen werden, bei der Datenanalyse zusammen mit ihren Motiven kategorisiert werden, da die Migrant*innen diese Einflussfaktoren, die auch in dieser Studie als Beweg- oder Migrationsgründe erwähnt werden, individuell anders wahrnehmen, um ihre entsprechenden Motive für die Migration zu bilden.[11]

---

ist der Wunsch nach Geld abgeleitet; denn Geld besitzen will man, weil man glaubt oder weiß, dass man sich damit verschiedene andere Wünsche erfüllen kann wie z. B. den Wunsch, einen Wagen zu besitzen. Und diese letzteren Wünsche sind meist ihrerseits wieder aus anderen Wünschen nach weiteren Zielen abgeleitet." (Reisenzein 2006: 243 f.).

[11] Das folgende Beispiel kann diesen Zusammenhang verdeutlichen: Die einkommensmaximierenden Motive für eine Migration, d. h. das Ziel und der Wunsch mehr Geld zu verdienen,

Han (2010) hebt die Rolle der Push-Faktoren hervor, wenn er beschreibt, dass die subjektive Wahrnehmung belastender makro-struktureller Umstände, die sich negativ auf die Lebenssituation auswirken und zu Alternativen, wie die Migration, führen, entscheidend ist (vgl. ebd.: 199). Die Phase dieser Wahrnehmung bezieht sich für Han auf die erste Phase der Migrationsentscheidung eines*r potenziellen Migrant*in. Die zweite Phase bezieht sich auf die prozesshafte Motivbildung zur Migration. Dabei geht es um die Erwartungen bezogen auf die Migration und die relevanten Ziele:

„a) ob die persönlich angestrebte Veränderung bzw. Verbesserung tatsächlich auch subjektiv für möglich gehalten wird (availability), b) ob die persönliche Zielvorstellung, nach der die einzelnen Entscheidungen gerichtet werden müssen, so stabil ist, dass man sich darauf stützen kann (personal strength of the goal), c) ob die Erreichung der gesetzten Ziele subjektiv auch als realistisch und möglich eingeschätzt wird (expectancy), d) ob von einer Reihe verfügbarer Handlungsmöglichkeiten ausgegangen werden kann, die auf die Zielverwirklichung positiv einwirken können (incentives)"(ebd. 200).

Im Anschluss daran präsentiert Han in seinem Buch „Soziologie der Migration" theoretische Modelle aus der Mikroperspektive, um die zweite Phase der Motivbildung der Migrationsentscheidung auf eine theoretische Basis zu stützen (vgl. ebd.: 200 ff.). Obwohl Han der Überzeugung ist, dass *die wirtschaftlichen Motive bei der individuellen Migration eine ausschlaggebende Rolle spielen* (ebd.: 200), ist die Relevanz weiterer Arten von Motiven entsprechend den Migrationsansätzen in Kapitel 3 zur Kenntnis zu nehmen. Es handelt sich dabei um politische, soziale und kulturelle Motive, aber auch um solche Einflussfaktoren, wie sie oben bereits erläutert wurden. Die sozialen Einflussfaktoren sind besonders in der dritten Phase der individuellen Migrationsentscheidung sichtbar, weil sie das Einholen und Auswerten von Informationen betrifft (vgl. ebd.: 202). Die vierte Phase des individuellen Entscheidungsprozesses zur Migration bezieht sich auf die innere Bereitschaft zur Migration, also auf die Wahrnehmung der Risiken, so Han, während es in der fünften Phase um die Migrationsentscheidung geht (vgl. ebd.: 203). Darunter sind auch Hemmfaktoren für eine Migrationsentscheidung zu verstehen, die in dieser Studie hinsichtlich der Erzählungen der potenziellen Migrant*innen auch ein Erkenntnisziel sind.

---

basieren auch auf wahrgenommenen niedrigen Einkommensmöglichkeiten im Herkunftsland im Vergleich zu den höheren erwarteten Einkommensmöglichkeiten des Ziellandes. Der niedrige Arbeitslohn und die möglichen Lohnkürzungen des Arbeitgebers wären dann die Migrationsgründe.

In Kapitel 7 erfolgt die Kategorisierung von Motiven und Einflussfakto-
ren der Migration bzw. der Bleibeperspektive in Deutschland für faktische
Migrant*innen und demgegenüber zur *Stasis* potenzieller Migrant*innen auf
Grundlage der Daten aus den Interviews. Noch konkreter wird angestrebt, Kategorien von Motiven und Einflussfaktoren für die jeweilige Handlungsdimension
(Wirtschaft, Gesellschaft, Politik und Kultur) unter den Gesichtspunkten der
Migrations-, Bleibeperspektiven- und *Stasis*-Frage zu bilden. Die Kategorisierung in eine dieser vier Dimensionen scheint plausibel zu sein, denn wie Geisen
(2019) treffend kommentiert, kann internationale Migration *„als ambivalentes
Spannungsverhältnis zwischen herrschenden ökonomischen, sozialen, kulturellen
und politischen Bedingungen in globalisierten Handlungskontexten einerseits und
subjektiven Handlungsmöglichkeiten andererseits angesehen werden"* (ebd.: 351).

Des Weiteren legt die vorliegende Studie einen Fokus auf den Umgang der
befragten Hochqualifizierten mit dem Brain-Drain. Dieser Umgang scheint einen
moralischen Aspekt, der sich aus den damit einhergehenden negativen Konsequenzen des Brain-Drains für die Herkunftsländer ergibt, zu haben, wenn die
Hochqualifizierten sich darüber im Klaren sind, dass ihrem Herkunftsland durch
ihre Abwanderung geschadet wird. Hierbei ist die Herausforderung, zu bestimmen, wann eine Person die Last der Moral spürt. Nach Levinas (1969) taucht
die Moral auf, *„when freedom, instead of being justified by itself, feels itself to
be arbitrary and violent"* (ebd.: 84). Das heißt, dass die Moral ins Spiel kommt,
wenn eine Person über ihr Handeln und die Konsequenzen dieses Handelns nachdenkt, weil dieses anderen Menschen schaden kann (vgl. Kirby/Siplon 2012:
164). Theoretisch kann dies alle faktischen Migrant*innen dieser Studie betreffen,
da die Bürger*innen Griechenlands laut dem Brain-Drain-Ansatz – wie weiter unten näher erläutert wird – durch ihre Migration indirekt belastet werden.
Jedoch ist eine zentrale Frage dabei, inwieweit die Befragten wahrnehmen bzw.
wahrgenommen haben, dass aus ihrem Handeln negative Konsequenzen für ihr
Herkunftsland entstehen und wie sie damit umgehen bzw. umgegangen sind, um
den moralischen Aspekt nachvollziehen zu können. Gillian Brock betrachtet die
Hochqualifizierten im Rahmen ihrer Analyse hinsichtlich der ethischen Aspekte
des Brain-Drains als *„community investments"* (Brock 2015a: 62). Mit diesem
Begriff ist der Zusammenhang zwischen den für die Hochqualifizierten aufge-
brachten Ausbildungskosten der beteiligten Gesellschaft gemeint. Des Weiteren
konzentriert sich Brock aus einer normativen Sichtweise heraus auf die Pflichten
und die Verantwortung der Hochqualifizierten, die sich im Falle einer Auswanderung gegenüber ihren verbliebenen Landsleuten und ihrem Staat ergeben (vgl.
ebd.: 65–68). Interessant dabei ist, herauszuarbeiten, ob die Befragten der Studie
ähnliche, moralbedingte Gedanken zu diesen beiden Aspekten thematisieren.

6.8 Methodische Anmerkungen zur Datenauswertung

Entsprechend der eingesetzten Methode zur Fallauswahl für diese Studie wurden die Daten aus den Interviews zum größten Teil anhand des Vorgangs des thematischen Kodierens nach Flick (1996) sowie ebenfalls mithilfe der MAXQDA-Software ausgewertet. Dieses Vorgehen wurde ausgewählt, da es für Studien mit vorab festgelegten Gruppen und deren Vergleich untereinander geeignet ist. Trotzdem hat das thematische Kodieren als Methode nur in wenigen Studien Anwendung gefunden.[12]

In einer ersten Phase der Datenerhebung findet die Einzelfallanalyse der einbezogenen Fälle statt.[13] Die Einzelfallanalyse erfolgt durch die Entwicklung eines Kategoriensystems, das sich an dem Kodierparadigma von Strauss (1987: 27 f.) orientiert. Dabei werden die Aspekte und Leitfragen für die Analyse der Einzelfälle[14] berücksichtigt, die sich um die Bedingungen (Warum? Was führte zu der Situation? Hintergrund? Verlauf?), um die Interaktion zwischen den Handelnden (Wer handelte? Was geschah?), um die Strategien und Taktiken (Welche Umgangsweisen?) und um die Konsequenzen (Was veränderte sich? Welche Folgen und Resultate?) drehen (vgl. Flick 1996: 162). Somit beginnt die Kodierung der Daten offen, um dann mit einer selektiven Kodierung fortzusetzen (vgl. ebd.). Die selektive Kodierung bezweckt eine Generierung thematischer Bereiche, um eine Kategorienbildung für die einzelnen Fälle zu ermöglichen und jedem Code und jeder Subkategorie eine Kategorie zuzuordnen. Absicht dieses Verfahrens ist die Sicherstellung der Vergleichsdimensionen der einbezogenen Fälle, wie dies Flick anmerkt:

> „Nach den ersten Fallanalysen werden die dabei entwickelten Kategorien und die thematischen Bereiche, auf die sie sich in den einzelnen Fällen beziehen, miteinander abgeglichen. Daraus resultiert eine thematische Struktur, die für die Analyse weiterer Fälle zugrundegelegt wird, um deren Vergleichbarkeit zu erhöhen" (ebd.).

Zu der Entwicklung der Struktur thematischer Bereiche hat bereits die Entwicklung des Leitfadens beigetragen, da dieser die Diskussionsverläufe und somit die

---

[12] Einige von ihnen sind: Barlösius, Eva/Grit, Fisser (2017); Wiesler/Wahl/Lucius-Hoene/Berner (2013); Roensch/Flick (2015).

[13] Einzelfallanalysen werden aber in der vorliegenden Arbeit nur zum Teil interpretiert, um zusammenfassende Schlussfolgerungen aus vergleichender Perspektive hinsichtlich der untersuchten Gruppen zu ziehen.

[14] In dieser Studie werden die Forschungsteilnehmenden als Einzelfälle verstanden, also die jeweiligen Interviewpartner*innen als Personen.

erwähnten Themen bestimmt (vgl. Kelle/Kluge 2010: 67). Tabelle 6.4 bildet die
Struktur der Fallanalysen der faktischen Migrant*innen ab.

Tabelle 6.4 Thematische Struktur der Fallanalysen faktischer Migrant*innen

1	Hauptmotivation zur Auswahl des Studienfachs
2	Subjektive Migrationsmotive und -gründe (in Bezug auf Griechenland, in Bezug auf Deutschland)
3	Bleibeperspektive in Deutschland (Eindrücke und Erfahrungen in Deutschland bzw. Integrationsbarrieren, Motive und Gründe für eine Rückkehr, Bleibeperspektive in Deutschland oder auch eine Migration in ein drittes Land)
4	Umgang mit dem Brain-Drain

Quelle: Eigene Darstellung

Die Struktur der Analysen der Fälle von potenziellen Migranten wird in
Tabelle 6.5 dargestellt.

Tabelle 6.5 Thematische Struktur der Fallanalysen potenzieller Migrant*innen

1	Hauptmotivation zur Auswahl des Studienfachs
2	Subjektive Bleibemotive und -gründe in Griechenland
3	Subjektive Migrationsmotive und -gründe
4	Umgang mit dem Brain-Drain

Quelle: Eigene Darstellung

Das bereits entwickelte Kategoriensystem, das dem Zweck des einheitlichen
Fallvergleichs dient, wird in der nächsten Phase um die theoretisch gehaltvollen Kategorien und Subkategorien hinsichtlich der Forschungsfrage zu den
Migrations-, Bleibeperspektive- und *Stasis*-Gründen ergänzt. Dabei findet die
Phase der Dimensionalisierung statt (vgl. Strauss 1991: 44 f.), d. h. die Bereiche-
rung der Kategorien mit theoretisch relevanten Merkmalen und die Identifizierung
ihrer Dimensionen (vgl. Kelle/Kluge 2010: 73). „*Die Suche nach Subkategorien und deren Dimensionen dient dazu, das empirische Spektrum zu erschließen,
das von den anfangs festgelegten Kodierkategorien aufgespannt wird und diese
damit zu konkretisieren bzw. empirisch anzureichern*" (ebd.). Ein weiteres Ziel
der Dimensionalisierung ist die Sicherstellung des Kontrasts in den Kategorien und Subkategorien, sodass in allen drei Untersuchungsgruppen vergleichbare
Kategorien und Subkategorien gebildet werden.

Das bedeutet, dass die thematischen Kategorien um theoretisch geleitete Kategorien und Subkategorien erweitert werden. Dazu sollen die vier Dimensionen (die ökonomische Dimension, die soziale Dimension, die politische Dimension und die kulturelle Dimension), die besonders relevant für die individuelle Migrationsentscheidung sind, einen Beitrag leisten. Mit dieser Vorgehensweise kann auch festgestellt werden, inwieweit die existierenden Migrationstheorien aus diesen vier Dimensionen anhand des untersuchten Falls Anwendung finden können, da das Feld der Migration von Hochqualifizierten aus Griechenland nach Deutschland noch nicht erforscht wurde. Somit entstehen die theoretisch geleiteten Subkategorien und Kategorien der Studie. Mithilfe der neuen, ergänzten Struktur wurden dann alle Interviews kodiert.

Bezüglich der Frage nach dem Umgang der Befragten mit dem Phänomen Brain-Drain wurde jedoch ein unterschiedlicher Kodierungsprozess verfolgt, zumal anzunehmen war, dass die vier erwähnten Handlungsdimensionen nicht relevant für dieses Thema sind. Dabei wurden keine theoretisch gehaltvollen Kategorien abgleitet, sondern – wie auch Flick (1996) in seiner Studie zum Thema *Psychologie des technisierten Alltags* vorgeht – nochmals thematisch kodiert und sodann entsprechende Kategorien bzw. Subkategorien entwickelt. In dieser zweiten Stufe der Auswertung wird auf die Gemeinsamkeiten und Differenzen zwischen den verschiedenen Untersuchungsgruppen fokussiert. Zweck dieses Prozesses ist, herauszufinden, welche Kategorien für welche Vergleichsgruppen relevant sind, um diese Ergebnisse tabellarisch darzustellen.

Insgesamt wird deutlich, dass sich die Ergebnisse der vorliegenden Studie aus einer Kombination induktiver und deduktiver Vorgehensweisen ergeben. Deduktives Vorgehen wird dadurch erklärt, dass eine der Fragestellungen auf einer Hypothese (unterschiedliche Beweggründe je nach Berufsgruppe) basiert und somit eine Überprüfung dieser Hypothese angestrebt wird. Das induktive Vorgehen ist aber auch präsent, da Konzepte und Kategorien aus dem Material mithilfe der deduktiven Konzeption der Fallauswahl und des thematischen Kodierens entstehen (vgl. ebd.: 163). Dieses induktive Vorgehen ist besonders hinsichtlich der Frage des Phänomens Brain-Drain prägend, zumal sich die Ergebnisse nicht mithilfe theoretischer Konzepte, wie bei der Frage nach den Beweggründen, herauskristallisiert haben.

6.9   Vorbemerkung zur Darstellung der Ergebnisse

In den nächsten zwei Kapiteln (7. und 8.) werden somit die gebildeten Kategorien mit ihren Subkategorien mithilfe von Interviewausschnitten, also Erzählungen der Interviewten, und von Tabellen vorgestellt, sodass die Unterschiedlichkeiten in den Untersuchungsgruppen bei jeder zentralen Handlung (Migration, Bleibeperspektive in Bezug auf Deutschland, *Stasis*) und beim Umgang der Befragten mit dem Brain-Drain deutlich hervortreten. Um diese Differenzen und Kontraste zwischen den Untersuchungsgruppen zu beleuchten, werden in der vorliegenden Studie neben dieser Strategie auch einzelne ausgewählte Fallanalysen pro Berufsgruppe bzw. pro Fallgruppe vorgestellt. Durch den zusätzlichen Fokus auf ausgewählte Fälle (faktische oder potenzielle Migrant*innen) und deren Analyse werden die Unterschiede im jeweiligen Bereich offensichtlicher. Dafür sollen die ausgewählten Fälle, die analysiert werden, als ‚typisch' für die jeweiligen Untersuchungsgruppen gelten. Das heißt, dass die Fälle die ‚typischen' Eigenschaften ihrer Untersuchungsgruppe vertreten sollen, um die Abweichungen zwischen den Untersuchungsgruppen bei den relevanten Fragestellungen demonstrativ darzustellen. Deswegen wird die Analyse der ausgewählten Fälle aus einer vergleichenden bzw. kontrastierenden Perspektive heraus untermauert und werden sie in Abhängigkeit von den gebildeten Kategorien interpretiert. Gleichzeitig wird das Besondere der analysierten Einzelfälle offenbart und dennoch das Allgemeine im Besonderen präsentiert (vgl. Kraimer 2000 zit. nach Siouti 2013: 104). Durch diese Methode können nicht nur die Motive bzw. Einflussfaktoren des Handelns und die bestehenden Zusammenhänge eingeordnet werden (vgl. Lamnek 2010: 42), sondern es kann auch die gewünschte Verallgemeinerung erreicht werden, da die Ergebnisse zu einem Fall auf andere Fälle unter vergleichbaren Kontextbedingungen übertragbar sind (vgl. Baur/Lamnek 2005: 246).

Außerdem wird eine Interpretation, die bereits durch die Kodierungsstrategie und die Phasen der Auswertung vorgegeben wird (vgl.: 377), für jede Einzelfallanalyse angestrebt, d. h. einzuschätzen, was die Daten für jeden Fall bedeuten (vgl. ebd.: 249). Auch dadurch werden die Besonderheiten jedes Falles, als einzelne Person, im Verhältnis zum Ganzen, d. h. in der jeweiligen Berufsgruppe trotz der Ähnlichkeiten mit den anderen Fällen jeder Berufsgruppe aufgezeigt. Durch eine ergebnisorientierte Darstellung der Fallanalysen wird sich besonders darauf fokussiert, die Migrations-, die Bleibe- bzw. Rückkehrmotive und den moralischen Umgang mit dem Phänomen Brain-Drain bei den Interviewten nach der Datenauswertung anhand der gebildeten Kategorien interpretieren zu können. Hinsichtlich dieser Aspekte werden Ausschnitte aus den Interviews der analysierten Einzelfälle präsentiert, um die Deutung des Forschers transparenter abzubilden und die intersubjektive Nachvollziehbarkeit sicherzustellen (vgl. Przyborski/Wohlrab-Sahr 2014: 409). Dabei erhält der Leser bzw. die Leserin die Chance, seine bzw. ihre eigene Interpretation vorzunehmen, wodurch auch den Erzählenden Platz eingeräumt wird. Gleichzeitig wird durch die Fallanalyse und die Deutung der Erzählungen das Verborgen-Gebliebene beleuchtet (vgl. Kraimer 2000: 36).

6.10   Reflexion der eigenen Rolle im Forschungsprozess

Insbesondere in qualitativ angelegten Forschungen kommt der Rolle der Forschenden eine besondere Bedeutung zu, da die Forschung maßgeblich von ihren individuellen Perspektiven beeinflusst wird (vgl. Flick 2016: 29). Diesen Aspekt betont auch Theodoros Iosifides (2018) in Bezug auf migrationswissenschaftliche Studien (vgl. ebd.: 103 f.). Oft wirkt sich dieser Einfluss schon bei der Wahl des Forschungsthemas aus, denn häufig entsteht das Interesse daran aus biographischen Verknüpfungen der Forschenden mit dem Untersuchungsfeld (Charmaz 2011: 183 f.). Dies ist dadurch gekennzeichnet, dass eine wachsende Zahl von Absolvierenden mit eigener Migrationsgeschichte in Geisteswissenschaften über Migrant*innengruppen, denen sie selbst angehören, forschen (vgl. Carling et al. 2014: 38). Dieser Gruppe von Forschenden lässt sich auch der Verfasser dieser Studie zuordnen, da er selbst das untersuchte Phänomen der hochqualifizierten Migration seit 2009, als er nach Deutschland migriert ist, miterlebt. Somit soll in diesem Kapitel die subjektive Rolle des Forschers im Zusammenhang mit dem Einfluss des erwähnten Hintergrunds auf das untersuchte Forschungsfeld sowie die Interviewpartner*innen reflektiert werden.

Obwohl der Verfasser ursprünglich nur zum Zweck einer Weiterqualifizierung (Masterstudiengang) aus Griechenland nach Deutschland migrierte, betrachtet er sich auch als Migrant[15], zumal der anfängliche Plan einer Rückkehr nach Griechenland nach Abschluss des Masterstudiengangs aufgrund der einsetzenden Finanzkrise gar nicht infrage kam. Somit war ihm bewusst, dass er seine erste Migrationsentscheidung im Unterschied zu vielen faktischen Migrant*innen eventuell nicht unter den gleichen ‚erzwungenen‘ Bedingungen getroffen hat. Jedoch war ihm klar, dass sein Profil als Migrant aus Griechenland in der konkreten Zeit der Finanzkrise ihm den Zugang zu den rekrutierten Interviewpartner*innen (siehe auch 6.4) erleichtert hat, da er mit den Interviewpartner*innen Gemeinsamkeiten teilt. Hierbei wird nicht auf die typische Teilung zwischen „insider" und „outsider" einer „community" fokussiert (Carling et al. 2014), um auch den „*methodological nationalism*" und die Gleichsetzung einer Gesellschaft mit einem Nationalstaat zu vermeiden (Wimmer/Glick-Schiller 2002), sondern auf

---

[15] Dazu siehe die Diskussion zum Begriff Migration in Abschnitt 1.2.

„multi-positionalities" (Ryan 2015). Dabei geht es um weitere Kategorien jenseits der nationalen Herkunft, obwohl schon erkennbar war, dass einige Befragte den Interviewenden auch als „insider" ansahen. Jedoch waren ebenfalls weitere *positionalities* für die Rekrutierung von Interviewpartner*innen entscheidend. Die jeweilige Kombination von verschiedenen *positionalities* hat Einfluss auf den Forschungsprozess (ebd.). Diese Positionalitäten sind in diesem Fall der Hochschulabschluss, die Muttersprache, die Migrationserfahrung und insbesondere das Alter, im Sinne der Zugehörigkeit zu einer konkreten jüngeren Generation, die nach ihrem Hochschulabschluss von der Finanzkrise und ihren Folgen geprägt wurde und deren Mitglieder gemeinsame Erfahrungen teilen. Im Rahmen solcher Gemeinsamkeiten können eine Vertrauensbasis, und in deren Folge Kooperations- und Gesprächsbereitschaft zwischen dem Forschenden und den Befragten entwickelt werden (vgl. Massumi 2018: 146).

Es lässt sich sagen, dass unter diesen Bedingungen die Interviewpartner*innen davon ausgehen, dass der Forschende ihre Erzählungen und ihre Erfahrungen nachvollziehen kann und sich mit ihnen identifiziert. Dies trifft insbesondere auf die Gruppe der Nachwuchswissenschaftler*innen in Geisteswissenschaften zu. Jedoch muss auch betont werden, dass es im Gegensatz zu anderen Migrationsstudien hierbei um Erfolgsgeschichten von Hochqualifizierten geht, die erfolgreich das Migrationsziel mit einem für das Zielland passenden Beruf erreicht haben. Dieser Sachverhalt erleichtert die Bereitschaft der Interviewpartner*innen darüber zu reden. Jedoch ist sich der Interviewer bewusst, dass die Migration von Hochqualifizierten nicht unbedingt als eine privilegierte Situation angesehen werden kann, da sie ebenfalls mit Rassismus- und Diskriminierungserfahrungen einhergeht. Obwohl er als Migrant selbst solche deprivilegierten Situationen kennt und deshalb entsprechende Erfahrungen bei der Analyse der Daten gut nachvollziehen und auch interpretieren kann, muss doch berücksichtigt werden, dass seine Perspektiven auf die Welt und somit auch auf den gesamten Forschungsprozess dieser Studie durch seinen Status als Mann in einer patriarchalen Gesellschaft geprägt sind. Dieser Aspekt muss in Hinblick auch auf die angebliche Neutralität der Ergebnisse bei Studien von Forscher*innen, die Personen anderen Geschlechts erforschen (vgl. Lefkowich 2019: 1 f.), bedacht werden. Dies gilt besonders in Griechenland, wo er im Vergleich zu Deutschland aufgrund seines Geschlechts und des Aufhebens des migrantischen Status in der Gesellschaft bessergestellt wäre. Es muss daher akzeptiert werden, dass dadurch die Gefahr besteht, dass bestimmte Perspektiven einer nicht-männlichen Sicht auf die Dinge nicht miteinbezogen werden und für ihn besondere Aspekte und Situationen aufseiten von Personen des anderen Geschlechts vielleicht nicht komplett nachvollziehbar sein können, da ihm der jeweilige Erfahrungswert und die gleichartige Sozialisation fehlen.

Motive für die Migration und für die *Stasis* 7

7.1 Motive für die Migration

Nachfolgend gilt es, bei den Interviewpartner*innen die Motive für die Migration anhand von Zitaten aus den mit den faktischen Migrant*innen geführten Interviews nachzuzeichnen. Auf Grundlage der wahrgenommenen Einflussfaktoren (Push- oder auch Pull-Faktoren) und der Motive für die Migration werden vier entsprechende Arten von Handlungsmotiven unterschieden, die sich jeweils auf verschiedengestaltige Handlungsdimensionen (Ökonomie, Gesellschaft, Politik und Kultur) beziehen.

7.1.1 Ökonomische Motive und Einflussfaktoren

In diesem Kapitel werden die ökonomischen Motive der Befragten bzw. die Einflussfaktoren, die bei ihrer Auswanderung nach Deutschland Wirkung zeigten, dargestellt. Diese werden in drei Kategorien von Motiven unterteilt: *einkommensmaximierende Motive, das Motiv, berufliche Sicherheit* zu erlangen und *karriereorientierte Motive*. Die Einordnung der Motive wird exemplarisch mithilfe von Interviewausschnitten vorgestellt.

Einkommensmaximierende Motive
Es handelt sich hierbei um Motive, die eng mit der Absicht bei der Migrationsentscheidung zusammenhängen, die eigene ökonomische Situation möglichst stark zu verbessern. Dabei ist erwartungsgemäß ein Vergleich zwischen der ökonomischen Situation, welche die Befragten in Griechenland hatten bzw. hätten,

A. Gkolfinopoulos, *Deutschland als Magnet für Hochqualifizierte aus Griechenland*, Interkulturelle Studien, https://doi.org/10.1007/978-3-658-39985-6_7

und der entsprechend erwarteten ökonomischen Situation in Deutschland als Migrationsmotiv entscheidend.

Von den Interviewpartner*innen aus dem Hochschulbereich betont Aggeliki, und besonders demonstrativ Kornilios[1], *Motive*, die mit der *Einkommensmaximierung* im Zuge der Migrationsentscheidung verbunden werden können. Aggeliki bezieht sich konkret diesbezüglich auf die *eingeschränkten Stipendienmöglichkeiten* in Griechenland:

> *„Außerdem waren die Stipendienmöglichkeiten in Griechenland sehr begrenzt und sie konnten nur einen Teil der Kosten abdecken. Somit hätte ich aktiv die Tätigkeit einer Rechtsanwältin ausüben sollen. Das bedeutet, dass ich einen von diesen beiden Aufträgen als Hobby ansehen sollte"* (Aggeliki, Z. 18–23).

Offensichtlich sieht Aggeliki die Aufnahme einer Doktorarbeit in Griechenland aufgrund der begrenzten Stipendienmöglichkeiten als eine unattraktive Option, bei der sie zwei anspruchsvolle Beschäftigungen gleichzeitig gehabt hätte. Dies würde ein begrenztes zu erwartendes Einkommen bedeuten. Diese wahrgenommene Situation hat bei Aggeliki zur Migrationsentscheidung geführt, da sie dadurch die Möglichkeit sah, ihre beruflichen Ziele zu erreichen.

Auch im ITK-Bereich beziehen sich zwei Befragte (Dimos und Chara) auf einkommensmaximierende Motive für ihre Auswanderung. Chara weist bei Begründung ihrer Migrationsentscheidung auf ökonomische Schwierigkeiten hin, die sie als Konsequenz der Finanzkrise in Griechenland interpretiert:

> *„In Griechenland arbeitete ich seit fünf Jahren im Informatik-Bereich. Irgendwann hat meine Firma aufgrund der Krise dichtgemacht. Ein Jahr lang war ich arbeitslos. Innerhalb dieses Jahres habe ich keinen Job gefunden und musste etwas tun. Dann habe ich die große Entscheidung getroffen, nach Deutschland zu gehen"* (Chara, Z. 8–11).

Es wird deutlich, dass die ökonomischen Schwierigkeiten als Folge von *Arbeitslosigkeit* Chara zu ihrer Auswanderungsentscheidung und zur Arbeitsstellensuche in Deutschland gedrängt haben, um dort ihren Lebensunterhalt zu verdienen.

Bisher wurden einkommensmaximierende Motive, die primär mit der Auswanderungsentscheidung in Bezug auf Griechenland zusammenhängen, vorgestellt. Jedoch ergeben sich weitere Motive dieser Kategorie aus den Interviews mit den Befragten auch hinsichtlich der Wahl von Deutschland als Zielland. Dabei geht es um die Berücksichtigung der *makroökonomischen Lage Deutschlands*, sowie um

---

[1] Siehe seine Falldarstellung.

das Realeinkommen in Deutschland. Diese Motive werden in den Fallanalysen der befragten faktischen Migrant*innen abgebildet.

Berufliche Sicherheit als Motiv für die Migration
Im Gegensatz zu den oben vorgestellten Motiven der Befragten, die auf eine Einkommensmaximierung durch die Migration abzielen, betrifft die vorliegende Kategorie Motive, die sich auf bessere berufliche (und somit auch Lebens-)Bedingungen beziehen. Die Fokussierung auf diese Gegebenheiten wird als Sicherheit gedeutet, da es dabei nicht nur um die temporäre Erfüllung relevanter Ziele (Finden eines Arbeitsplatzes) geht, sondern auch um langfristige persönliche Pläne (z. B. ökonomische Stabilisierung, Familienperspektive, Verbesserung des Lebensniveaus) mit Bezug auf berufliche Perspektiven.

Die *beschränkten Berufsperspektiven* auf dem griechischen Arbeitsmarkt werden von einigen Befragten als Auswanderungsgrund genannt und können somit als eines der wichtigsten konstituierenden Merkmale dieser Kategorie betrachtet werden. Mit Fokus auf Giorgos, einen IT-Experten, der momentan in einer süddeutschen Stadt arbeitet, wird dieser Aspekt als Auswanderungsgrund deutlich: „*Das war eine bewusste Entscheidung. Es war mir bewusst, da – wie bereits gesagt – momentan in Griechenland eine deutliche Unsicherheit herrscht. Man weiß nicht, ob man eine Arbeit finden kann, was für eine Arbeit und womit man sich genau beschäftigen wird*" (Giorgos, Z. 42–45). Obwohl Giorgos direkt nach seinem Masterabschluss in der Schweiz eine Praktikumsstelle in Deutschland fand, war er dennoch informiert über die Lage auf dem griechischen Arbeitsmarkt. Dies wiederum deutet auf ein mögliches Interesse an einer Rückkehr hin. Auf Grundlage der Informationen, die er zum griechischen Arbeitsmarkt hatte, hielt er die Situation jedoch für ungünstig: „*Während des Studiums habe ich versucht, über Freunde zu verfolgen, was wirklich auf dem griechischen Arbeitsmarkt passiert, aber ich habe nicht wirklich versucht, da eine Stelle zu finden*" (Giorgos, Z. 37–39) und „*Die Unsicherheit, die Arbeitsstellen sind knapp, die Menschen sind auf der Suche nach einer Arbeit und es herrscht große Arbeitslosigkeit. Das waren Faktoren, die mir gezeigt haben, bleib lieber im Ausland*" (Giorgos, Z. 50–53). Primär relevant für Giorgos' Entscheidung, nicht in Griechenland zu arbeiten, ist der subjektive Faktor der *beschränkten Berufsperspektiven*, und dies wird weiter konkretisiert: „*Ich glaube, dass für uns* [die IT-Expert*innen] *immer noch Zugänge zum Arbeitsmarkt zur Verfügung stehen. Freunde von mir, die im Informatik-Bereich tätig sind, schaffen es, was zu machen, aber sicherlich ist das nicht mit der Lage hier* [in Deutschland] *vergleichbar*" (Giorgos, Z. 58–61). In diesem Interviewausschnitt betont Giorgos, dass zwar mehr Beschäftigungschancen auf dem griechischen IT-Arbeitsmarkt im Vergleich zu anderen Berufssektoren bestehen, diese verlocken

ihn aber aufgrund der allgemein unsicheren Lage des griechischen Arbeitsmarkts
nicht dazu, sich eine Stelle dort zu suchen. Giorgos thematisiert in diesen Interviewausschnitten demonstrativ insbesondere das für seine Migration wesentliche
Motiv der beruflichen Sicherheit.

Die Situation auf dem griechischen Arbeitsmarkt wird von einigen Befragten mit einer allgemeinen *Perspektivlosigkeit* in Griechenland verbunden. Dieser
Faktor kann ebenfalls als besonders ausschlaggebend für die Auswanderung angesehen werden, wie das in Dimos' Fall[2] zu bemerken ist. Auch Erato, eine
Interviewpartnerin, die im Wissenschaftsbereich arbeitet, berücksichtigt die *Perspektivlosigkeit* in Griechenland als einen hemmenden Faktor für einen Verbleib
in Griechenland:

> *„Das war noch ein Grund für meine Auswanderung aus Griechenland, dass man hier*
> [in Griechenland] *keine Zukunft planen kann. Man weiß nie, was morgen auftaucht.*
> *Ich rede nicht über ordentliche Dinge, dass man eine Stelle haben, dies und jenes*
> *machen, eine Familie gründen oder verreisen kann. Hier kann man überhaupt keinen*
> *Plan machen"* (Erato, Z. 181–186).

Dabei wird deutlich, dass die thematisierte Unsicherheit auf dem Arbeitsmarkt
auch weitere Lebensdimensionen (Familiengründung, Reisemöglichkeiten) aus
Eratos Sicht betrifft. Außerdem bedeutet die Bezugnahme auf die beschränkten
zukünftigen Perspektiven, dass für Erato die Auswanderung einen langfristigen
Zeithorizont haben kann.

Es lässt sich feststellen, dass es bei dieser Kategorie von Motiven nicht direkt
um Arbeitslosigkeitsgründe bei der Migrationsentscheidung geht, sondern darum,
dass diese Interviewpartner*innen die Gefahr sehen, dass die Arbeitslosigkeit
wahrscheinlich langfristig andauern wird. Gerade diese Faktoren sind offensichtlich eine große Hürde dafür, langfristige Lebenspläne zu schmieden und sie
versprechen keinesfalls eine sichere Zukunft bei einem Verbleib in Griechenland,
insbesondere für junge hochqualifizierte Menschen nicht.

Aus Sicht der befragten faktischen Migrant*innen lassen sich auch daraus,
was die subjektiven Pull-Faktoren in Bezug auf Deutschland betrifft, Migrationsmotive ableiten, welche die berufliche Sicherheit zum Thema haben. Für die
Kategorie berufliche Sicherheit als Motiv ist erwartungsgemäß ein bereits abge-
sprochener *Arbeitsplatz* im Ausland ein ausschlaggebendes Motiv für die Migration. Dabei handelt es sich demnach vor allem um Fälle von Migrant*innen,[3]
die ohne Risiko migrieren, da ihre Arbeitsstelle im Zielland vor der Migration

---

[2] Siehe seine Fallanalyse.
[3] Siehe beispielsweise die Fallanalyse von Kornilios.

sichergestellt wurde. Dazu gehört auch Chara, der in einem Interview via Video-
konferenz während sie noch in Griechenland war, mitgeteilt wurde, dass sie eine
Stelle in Deutschland bekommt: *„Ich habe das Interview gegeben und sie sagten
mir, komm hierhin und wir stellen dich ein. Innerhalb von einem Monat sollte ich
wichtige Entscheidungen treffen. Alles hat gut geklappt und ich bin hierhin gekommen und habe mit der Arbeit begonnen"* (Chara, Z. 23–25). Diese Entscheidung ist
Chara jedoch nicht schwergefallen, da sie in Griechenland zu diesem Zeitpunkt
arbeitslos war und sie gute Deutschkenntnisse hatte.

Ein weiterer Einflussfaktor, der mit dem Motiv der beruflichen Sicherheit
für die Migration zusammenhängt, bezieht sich auf die *guten Arbeitsperspektiven auf dem deutschen Arbeitsmarkt.* Es lässt sich vermuten, dass die Interviewpartner*innen, die dieses Motiv für ihre Einwanderung nach Deutschland
thematisieren, auch ein Interesse an einem längeren Verbleib in Deutschland
aufweisen, wenn sie die allgemein sicheren Berufsperspektiven des deutschen
Arbeitsmarkts (zumindest aus ihrer Sicht) berücksichtigen. Repräsentativ für diesen Faktor scheint die folgende Ausführung von Eri zu sein: *„Das Wichtigste
war mir, eine Stelle zu finden, um zu arbeiten. Die Ruhe, die eine Stelle garantieren kann"* (Eri, Z. 41–21). Offensichtlich meint Eri mit dieser Aussage, dass
Deutschland ihr nicht nur sichere Arbeitsperspektiven bieten kann, sondern auch
eine sichere Zukunft durch einen stabilen und vielversprechenden Arbeitsmarkt.
Diese Erwartung kann als Beweggrund interpretiert werden, wenn die Migrationsentscheidung mit den *guten Arbeitsperspektiven auf dem deutschen Arbeitsmarkt*
begründet wird. Aus dem Kreis der befragten Ärzt*innen bezieht sich Giannis
ebenfalls darauf:

> *„Ich habe mir gedacht, dass im Vergleich zu skandinavischen Ländern Deutschland
> einen größeren Arbeitsmarkt hat. Die Beherrschung der deutschen Sprache könnte
> mir gute zukünftige Berufsperspektiven geben, da man mit dieser Sprache nicht nur in
> Deutschland, sondern auch in der Schweiz und in Österreich arbeiten kann"* (Giannis,
> Z. 53–57).

Giannis fokussiert dabei auf die Rolle der Sprache, die er als Kapital in seiner
Karriere wahrnimmt. Unter Berücksichtigung der Größe der Arbeitsmärkte der
erwähnten Länder hat er sich entschieden, die deutsche Sprache zu lernen und
nach Deutschland zu migrieren. Gleichzeitig wird aber deutlich, dass Giannis
mit seiner Migration nach Deutschland auch gute zukünftige Arbeitsperspektiven auf den Arbeitsmärkten anderer deutschsprachiger Länder erkennt. Jedoch ist
der Einflussfaktor der *guten Arbeitsperspektiven auf dem deutschen Arbeitsmarkt*
entscheidend für seine Einwanderung nach Deutschland.

Im Medizinbereich werden weitere subjektive Pull-Faktoren dieser Kategorie, die Deutschland betreffen, angeführt. Diese beziehen sich zwar auf die Weiterqualifizierungsphase, aber dennoch sind sie stark mit den Arbeitsperspektiven verbunden. Aufgrund der beschränkten Weiterqualifizierungsmöglichkeiten hinsichtlich der Fach*ärztinausbildung in Griechenland[4] werden die *guten Chancen für eine Fachärzt*inausbildungsstelle in Deutschland* als ein Hauptgrund für die Migration von den Interviewten genannt. Mit Blick auf die Interviews mit den Medizinabsolvent*innen aus Griechenland ist die folgende Aussage von Eleni dafür charakteristisch: *„Deutschland hat einen großen Mangel an Fachärzten und ich konnte da einfach eine Stelle finden"* (Eleni, Z. 43–44). Es wird deutlich, dass Eleni nicht direkt auf die Fachärzt*inausbildungsphase dabei fokussiert, sondern primär auf die Wahrscheinlichkeit, eine Stelle dafür zu finden. Dieser Einflussfaktor wird mit den allgemeinen Arbeitsperspektiven in Deutschland auf Grundlage des *„Mangels"* an Fachärzt*innen verbunden und deswegen liefern die *guten Chancen für eine Fachärzt*inausbildungsstelle in Deutschland* aufgrund der damit einhergehenden beruflichen Sicherheit das Motiv für ihre Migration. Andere Befragte des Medizinbereichs fokussieren für ihre Migration auf das *einfach zugängliche Einstellungssystem für die Fachärzt*inausbildung in Deutschland*, das wiederum auf die guten Chancen auf Einstellung eines*r Medizinabsolvent*in hinweist. Giannis bezieht sich ausdrücklich darauf:

> *„In Deutschland muss man als Facharztauszubildender für die Einstellung keine Prüfungen schreiben. In Frankreich ist das zum Beispiel nicht so (…). In Deutschland und in Skandinavien entscheidet der Direktor, ob er dich einstellt oder nicht. Voraussetzung ist also nur die Sprache"* (Giannis, Z. 46–51).

Giannis macht mit diesem Vergleich deutlich, dass das Kriterium für die Auswahl seines Ziellandes die Sicherheit bzw. Chancen auf eine Stelle für diese bestimmte Phase der Ärzt*inkarriere war.

Mit der beruflichen Sicherheit hängt auch der Aspekt des fachlichen Bezugs zu Deutschland, das von Aggeliki erwähnt wird: *„das größte Motiv für einen Juristen ist, dass das griechische Rechtssystem seine Wurzeln in deutschen Rechtssystem hat und besonders der Bereich, womit ich mich beschäftige, dieser des Strafrechts"* (Aggeliki, Z. 35–38). Damit begründet Aggeliki, aus welchem Grund sie sich entschieden hat, in Deutschland und nicht in einem anderen Land zu studieren und zu promovieren. Ihre fachliche Spezialisierung kann nicht nur eine Leichtigkeit sicherstellen, sondern auch gute Basis für zukünftige berufliche Perspektiven

---

[4] Siehe die Kategorien *Karriereorientierte Motive* und *Weiterqualifizierung als Motiv* für die Migration.

sowohl in Griechenland, als auch in Deutschland. Diese Basis könnte sie in keinem anderen Land sonst so gut erfüllt werden.

Karriereorientierte Motive
Zentral für die Motive dieser Kategorie sind die Migrationsmotive, die mit persönlichen Karriereaussichten zusammenhängen. Wenn eine Karriere in Griechenland nicht möglich oder aus der Sicht der Interviewpartner*innen nicht ideal erscheint, wird eine Auswanderung zu einer plausiblen Option.

Unattraktive Arbeitgeber in Griechenland wurden besonders von Giorgos in seinem Interview als Beweggrund betont, da er konkrete Vorstellungen direkt nach seinem Studium hatte: „*Es wäre sehr wichtig für meinen Lebenslauf, direkt nach dem Studium bei einer guten IT-Firma eine Arbeit aufzunehmen*" (Giorgos, Z. 29–31) und diese Vorstellungen könnten nicht in Griechenland aus seiner Sicht realisiert werden: „*Hätte ich eine Stelle in Griechenland bei einer großen Firma gefunden, die auch Stabilität garantieren kann, könnte ich nach Griechenland gehen. Aber das gibt es dort kaum*" (Giorgos, Z. 263–267). Diese Pauschalisierung gegenüber der Unattraktivität der Arbeitgeber in Griechenland in seinem Fachbereich hat ihn zu seiner Migrationsentscheidung gebracht.

Darüber hinaus gehören zu dieser Kategorie auch wahrgenommene *begrenzte akademische Karrieremöglichkeiten in Griechenland aufgrund von Vetternwirtschaft und Korruption* im Hochschulsystem und im Gesundheitssystem Griechenlands. Obwohl dieser Faktor sozialpolitische Aspekte beinhaltet, verbindet Erato sie mit ihren Karriereabsichten, die in Griechenland als nicht günstig erscheinen:

„*Ich könnte vielleicht auch eine akademische Karriere in Griechenland anstreben. Also an der Universität sein und auf einen bestimmten Lehrstuhl abzielen. Wir wissen aber alle, wie die Lehrstühle in Griechenland sind. Es herrscht Vetternwirtschaft und ich glaube, dass eine akademische Karriere da nicht der Mühe wert ist*" (Erato, Z. 56–59).

Somit betrachtet Erato Vetternwirtschaft nicht nur als eine etablierte Strukturform im griechischen Hochschulsystem, sondern auch als einen weiteren Grund für ihre Auswanderung aus ihrem Herkunftsland, zumal dieser Faktor sie an einem Einstieg in eine akademische Karriere hindern würde.

Auch im Medizinbereich werden begrenzte Karrieremöglichkeiten mit Fokus auf die bestimmte Phase der Fachärzt*inausbildung thematisiert. Die *Wartezeit für die Fachärzt*inausbildung* in Griechenland war zweifellos ein dominanter Einflussfaktor für die Auswanderungsentscheidung der ausgewanderten Ärzt*innen der Studie, da alle befragten faktischen Migrant*innen des Medizinbereichs der

Studie sich darauf bezogen haben. Giannis interpretiert seinen Migrationsprozess als *„den einzigen Weg"* (Giannis, Z. 10), der für ihn möglich war, und führt
dies auf die Wartezeit bis zur Eröffnung einer Fachärzt*inausbildungsstelle im
griechischen Gesundheitssektor zurück:

> *„Die Stelle für meine Facharztausbildung wäre erst ab 2019 für mich frei geworden.*
> *Das heißt, dass ich auf eine Stelle hätte warten müssen, obwohl ich zeitgleich im*
> *Ausland schon die Facharztausbildung bis 2019 absolvieren konnte"* (Giannis, Z. 3–9).

Es wird hierbei deutlich, dass der zügige Beginn der Fachärzt*inausbildung
zentral bei seiner Migrationsentscheidung ist. Giannis thematisiert jedoch auch
den Aspekt der Beschäftigung, zumal die Phase der Fachärzt*inausbildung auch
eine Arbeitsstelle bedeutet, womit die Ärzt*innen auch einen Teil des in ihr
Studium investierten Geldes amortisieren. Neben diesem ökonomischen Aspekt
soll auch die kulturelle Ebene mitberücksichtigt werden, da ein Abschluss der
Fachärzt*inausbildung den Erwerb eines spezialisierten kulturellen Kapitals in
inkorporierter – und in institutionalisierter Form bedeutet. Da aber hinsichtlich
des Push-Faktors *Wartezeit für eine Fachärzt*inausbildung* und, wie in Giannis
Interviewausschnitt deutlich wird, für die Migrationsentscheidung die Gefahr der
zeitlichen Verschiebung der Karriereplanung eines*einer Medizinabsolvent*in in
Griechenland relevant ist – wenn die Karriere als Streben nach sozialer Aufwärtsmobilität definiert wird (vgl. Hardil 2002: 4) – wird dieser Einflussfaktor
den karriereorientierten Motiven zugeordnet.

Ein weiterer Migrationsgrund, der mit karriereorientierten Motiven zusammenhängt, ist der Wunsch nach der *Sammlung von Auslandserfahrungen*. Gerade
dieser subjektive Faktor kann in Anlehnung an die Theorie von Salt (1988) zu
den karriereorientierten Faktoren gezählt werden, da er als Qualitätsmerkmal im
Lebenslauf aus der Sicht von Migrant*innen betrachtet wird. Das Motiv, Auslandserfahrungen sammeln zu wollen, wird von einigen Interviewten als kurzfristiges
Ziel mit der eigenen Weiterqualifikationsphase verbunden. Eri thematisiert diesen
Aspekt folgendermaßen:

> *„Das Praktikum habe ich hier absolviert, da ich immer kurzzeitig im Ausland leben*
> *wollte. Ich hatte eigentlich nicht vor, permanent zu migrieren. Dieses Praktikum wollte*
> *ich aber absolvieren, um diese Auslandserfahrung zu machen, eine neue Arbeitswelt zu*
> *sehen, die Arbeitsorganisation des Auslands zu entdecken und somit hat das Schicksal*
> *mich hierhin gebracht"* (Eri, Z. 13–17).

Der Bezug auf das Schicksal bedeutet, dass die permanente Migration und
Deutschland als Zielland von Eri nicht von vornherein erwünscht war. Diese

Entwicklung ist aber auf die zwingenden subjektiven Push-Faktoren des griechischen Arbeitsmarkts, die Eri anspricht, zurückzuführen. Es lässt sich feststellen, dass die Interviewten die Auslandserfahrung als Voraussetzung für eine bessere berufliche Zukunft sehen und als Erfahrung, die helfen kann, ihre Karriere voranzubringen. Darauf hat Giorgos auch in seinem Interview Bezug genommen. Giorgos' Absicht und Wunsch, internationale Erfahrungen zu sammeln, stehen sogar im Zusammenhang mit seinen Karriereabsichten, welche auch bei der Auswahl seines Arbeitgebers feststellbar sind. *„Meine Firma ist weltweit präsent. Wenn ich mich also in der Zukunft entscheide, dass ich irgendwo anders sein möchte, werde ich diese Möglichkeit durch meine Firma haben"*, so Giorgos (Z. 31–33). Dies zeigt einerseits, dass seine Beweggründe, nach Deutschland zu migrieren, mit dem *internationalen Profil des Arbeitgebers* und nicht direkt mit dem Land zusammenhängen, und andererseits, dass er für eine internationale Karriere optiert.

Der subjektive Faktor der *Arbeitsbedingungen* ist auch für die vorliegende Kategorie von Motiven relevant. Das wird bei Giorgos' Erzählungen offenkundig: *„Ja. Die Arbeitsbedingungen haben auch eine Rolle für meine Entscheidung gespielt"* (Giorgos, Z. 50). Er verweist zudem auf seinen *„attraktiven"* Arbeitgeber, der bei ihm während seines Praktikums hinsichtlich der *Arbeitsbedingungen* einen positiven Eindruck hinterlassen hat. Erato fokussiert ebenfalls auf diese Thematik und setzte sie zu ihren vorherigen Arbeitserfahrungen auf dem griechischen Arbeitsmarkt in Bezug: *„Ich hatte eine Stelle, die nur 30 Prozent meiner Fähigkeiten entsprach. Ich hatte das Gefühl, dass ich gar nicht kreativ war und in Griechenland meine Fähigkeit vergeude"* (Erato, Z. 71–73). Es lässt sich festhalten, dass die *Arbeitsbedingungen* ein Faktor sind, der eng mit der Karriereperspektive der Befragten zusammenhängt, da sie entweder für ihre Weiterqualifikationsphase (Klelia) oder für ihre Karriereaussichten (Erato, Giorgos) als relevant betrachtet werden.

Insgesamt ist deutlich geworden, dass die Kategorie der *karriereorientierten Motive* mit persönlicher beruflicher Besserstellung bzw. Selbstverwirklichung sowie mit einer inhaltlichen bereichernden Arbeitstätigkeit der Interviewten zusammenhängen. Interessant dabei ist, ob diese ursprünglichen Ziele realisiert werden können und ob diese Motivationen langfristig anhalten und zu permanenter Migration führen.

7.1.2 Soziale Motive und Einflussfaktoren

In diesem Kapitel wird die Rolle der sozialen Rahmenbedingungen für die Migration in dem hier untersuchten Phänomen hochqualifizierter Migration deutlich. Bei jedem einzelnen Interview konnte die zentrale Rolle der sozialen Motive bzw. Einflussfaktoren bei der Migrationsentscheidung festgestellt werden. Alle Befragten erklären – mittelbar oder unmittelbar –, dass die Zugehörigkeit zu einer Gruppe und die Effekte der Netzwerke sich auf ihre Migrationsentscheidung ausgewirkt haben, wie auch die sozialen Ansätze, die in Kapitel 3 vorgestellt wurden, darauf hinweisen. Im Folgenden werden vier Arten von Motiven unterschieden: soziales Kapital in Deutschland, soziales Kapital in Griechenland, transnationales Netzwerk und mitmigrierende Partner*innen und Angehörige.

Soziales Kapital in Deutschland
Soziales Kapital und Netzwerke in Deutschland sind ein wichtiger Einflussfaktor für die Entscheidung der Befragten, nach Deutschland zu migrieren. Wie aber deutlich wird, unterscheidet sich die Form der Vernetzung und die Form des sozialen Kapitals je nach Fall.

Besonders bemerkenswert ist die Rolle der *ethnischen bzw. beruflichen Netzwerke* bei den befragten Ärzt*innen der Fallauswahl: Drei (Klelia, Eleni und Giannis) der vier Ärzt*innen der Fallauswahl waren vor ihrer Migration mit Pioniermigrant*innen, d. h. griechischen Kolleg*innen, die bereits nach Deutschland migriert waren, vernetzt.[5] Diese haben durch die Bereitstellung von Informationen zum Leben in Deutschland und zur Arbeit im Gesundheitssektor einen positiven Einfluss auf die Migrationsentscheidung ausgeübt. Für Giannis hat seine Vernetzung mit einem ehemaligen Kommilitonen, der bereits eine Facharzt*inausbildung in Deutschland angefangen hatte, gewinnbringend gewirkt: *„Zum Glück war ein Freund von mir hier, der bereits den Prozess der Facharztausbildung durchgemacht hat und mir bei den Bewerbungen geholfen hat. (…) Ja. Er hat auch an derselben Universität mit mir studiert"* (Giannis, Z. 96–97). Offensichtlich sind die beruflichen – und sehr oft gleichzeitig ethnischen – Netzwerke besonders wichtig für die Auswanderung von Ärzt*innen aus Griechenland nach Deutschland.

Entscheidend für Kleomenis' Migration nach Deutschland war sein soziales Kapital in Form von *weak ties in Deutschland*, meist zu Professor*innen.

---

[5] Auch von den befragten potenziellen Migrant*innen aus dem Medizinbereich wird die Vernetzung der Ärzt*innen aus Griechenland mit den bereits ausgewanderten Ärzt*innen in Deutschland mehrmals erwähnt.

Diese Vernetzung entstand aus vorherigen persönlichen Erfahrungen in Deutschland, konkret durch einen Erasmus-Aufenthalt während des Studiums. Kleomenis betont diesen Aspekt besonders: „*Da ich bereits Kontakte zu der Klinik hatte, bei der ich während meines Erasmus-Austauschsemesters war, wollte ich diese zeitnah ausnutzen*" (Kleomenis, Z. 22–23). Obwohl Kleomenis ein breites Unterstützungsnetzwerk (neben *weak ties* auch berufliche Netzwerke) aufweisen kann, spielen offensichtlich diese privaten Kontakte mit arbeitsrelevanten Personen eine wesentliche Rolle für seine Entscheidung, in diese bestimmte Klinik zurückzukehren und dort zu arbeiten. Das impliziert, dass Kleomenis dadurch gute Chancen auf eine Fachärzt*inausbildungsstelle hatte.

Auch nicht-arbeitsrelevante Kontakte (d. h. *strong ties in Deutschland*) werden von Interviewpartner*innen als Unterstützungsnetzwerke ihrer Migration benannt. Diese betreffen Bekannte und Verwandte, wie der Fall von Dimos[6], aber auch der Fall von Chara aufzeigt:

Ch: „*Ich hatte eigentlich ein Vorstellungsgespräch über Skype aus Griechenland mit einer Firma hier [in Deutschland] (...)*"

A: „*Und wie bist du auf diese Firma aufmerksam geworden? Wie hast du von diesem Stellenangebot gehört?*"

Ch: „*Über einen Bekannten. Er hatte einige Bekannte bei dieser Firma. Er hat gefragt, ob sie Fachkräfte brauchen und ob sie Interesse an Fachkräften aus dem Ausland haben*" (Chara, Z. 22, 28–30).

Der Bekannte von Chara spielte eine entscheidende Rolle bei ihrer Verwirklichung der Migration, da er die Kontaktanknüpfungen zwischen der Firma und ihr bewerkstelligt hat. Das soziale Kapital trägt zu der Anstellung von Chara bei, bevor sie in Deutschland ankommt. Das bedeutet, dass es auch zu der Vermeidung jeglicher Risiken einer Migration beigetragen hat.

Soziales Kapital in Griechenland
Darüber hinaus kann auch soziales Kapital in Griechenland eine positive Wirkung auf die Entscheidung, nach Deutschland zu migrieren, haben. Jedoch war unter den Interviewpartner*innen das soziale Kapital in Deutschland insgesamt viel relevanter für die Migrationsentscheidung als dasjenige in Griechenland.

Für zwei faktische Migrant*innen erscheint die *Familie in Griechenland als migrationsfördernde Institution*. Bei Erato kann diese Rolle ihrer Familie bestätigt werden, wenn sie sagt:

---

[6] Zu der Rolle der *strong ties* bei Dimos' Migrationsentscheidung siehe seine Falldarstellung.

„*Meine Eltern haben mich immer bei allen meinen Wünschen unterstützt. (...) Sie sind dafür, dass ich hingehen soll, wo die Perspektiven gut sind. Mein Bruder ist auch im Ausland und es war sicherlich für meine Eltern schwer, ihre beiden Kinder im Ausland zu haben. (...) Im Endeffekt haben sie mir gesagt, dass ich nach Deutschland gehen soll und wenn es möglich ist, soll ich sie auch mitnehmen*" (Erato, Z. 284–291).

Obwohl Erato den Aufenthalt beider Kinder der Familie im Ausland als einen negativen Faktor im Umgang ihrer Eltern mit ihrer Migrationsentscheidung präsentiert, war deren positive Einstellung gegenüber der Notwendigkeit Griechenland zu verlassen vielleicht ein weiterer Grund, durch den sie Unterstützung in ihrer Migrationsentscheidung fand. Ihre Eltern zeigen sich erkennbar offen einer Migrationsoption eines weiteren Familienmitglieds gegenüber, da sie bereits mit der Migration ihres Sohns konfrontiert waren. In diesem Fall wirkt die Familien fördernd auf die Migrationsentscheidung ein, indem sie unterstützend bei den beruflichen Zielen von Erato agieren. Diese Haltung steht im Gegensatz zu den Aussagen der Mehrheit der Befragten, die eher eine neutrale bzw. negative Rolle der Familie bei ihrer Entscheidung, das Geburtsland zu verlassen, konstatieren, so wie das bei der Analyse von Hemmfaktoren deutlich wird. Außerdem ist die Rolle, die das soziale Kapital in Griechenland einnimmt, eher förderlich auf psychologischem Niveau und hat es nicht die gleiche Stellung wie das soziale Kapital in Deutschland, das eher dynamisch die Verwirklichung der Migration vorantreibt.

Transnationales Netzwerk

Darüber hinaus war es möglich, eine weitere Kategorie von Einflussfaktoren, die auf der Rolle der transnationalen Netzwerke beruht, zu bilden. Als *transnationale Netzwerke* sind Netzwerke zu verstehen, die für die Migration von Fachkräften auf inter- und transnationaler Ebene relevant sind (vgl. Vertovec 2002: 7). Wie in den folgenden Abschnitten gezeigt wird, werden vor allem universitäre und Firmen-Netzwerke von den Befragten erwähnt, die sich aufgrund ihrer Zugehörigkeit zu einer transnationalen *Community* von Akademiker*innen ergeben, konkret aus ihrer persönlichen Vernetzung mit einem Teil dieses transnationalen berufsbezogenen Netzwerks.

Berufsrelevante Kontakte in Griechenland, meist zu Professor*innen, haben auch Möglichkeiten für einige Interviewte geschaffen, Vernetzungen mit berufsrelevanten Kontakten in Deutschland herzustellen. Darauf, wie entscheidend diese Netzwerke für die Migration von Nachwuchswissenschaftler*innen sind, weist der Sachverhalt hin, dass drei der vier Befragten (Eftichis, Kornilios und Aggeliki) die Rolle dieser Netzwerke bei ihrer Migration hervorheben. Im

Fall von Eftichis bedingte seine Migration die Pflege der Vernetzung mit den Professor*innen in Griechenland:

I: *„Warum hast du denn eigentlich nicht in Griechenland promoviert?"*
E: *„Aus dem Grund, den ich bereits erwähnt habe. In Athen kenne ich, oder mindestens kannte ich noch einige Professoren aus unserer Fakultät, die mich unterstützt haben und mich hierhin geführt haben"* (Eftichis, Z. 30–34).

Diese Professor*innen-Netzwerke, die als *transnationale weak ties* zu interpretieren sind, sind offensichtlich die entscheidenden Faktoren für seine Einwanderung nach Deutschland, da sie sowohl die Promotionsgelegenheit als auch die Migration ermöglicht haben. Ihre zentrale Rolle erkennt er selbst darin, dass sie ihn nach Deutschland *„geführt haben"*. Eftichis hat in mehreren Städten Deutschlands versucht, eine Promotion zu beginnen; immer mithilfe der Professor*innen-Netzwerke aus Griechenland:

„Der Professor in Griechenland, der mich unterstützt hat, war mit meinem Professor hier befreundet. (...) dass es dann mit der Stelle hier geklappt hat, war im Endeffekt eine Entwicklung von Kontakten, weil meine Bewerbung in Hamburg unter komischen Umständen nicht erfolgreich war, obwohl ich diesbezüglich mit einem sehr bekannten Professor des Bereichs in Griechenland in Kontakt war, der wiederum mit diesem Professor in Hamburg befreundet war" (Eftichis, Z. 118–119, 124–127).

Offensichtlich wird, dass das transnationale Netzwerk von Eftichis einen großen Umfang hat. Auf Grundlage dieser Reichweite hat Eftichis seine Promotionsstelle in Deutschland bekommen.

Neben dem Kontakt zu Personen kann die Migration auch durch *Firmen- und universitäre Kanäle* ermöglicht werden. Besonders relevant scheint dies im ITK-Bereich zu sein, da zwei Befragte (Eri und Giorgos) durch diese Kanäle nach Deutschland migriert sind. Die Migration von Giorgos wurde über die Firmenkanäle und die Vernetzung der schweizerischen Universität mit dem internationalen Arbeitsmarkt verwirklicht.[7] Nach einem Praktikum bei seinem derzeitigen Arbeitgeber in Deutschland hat Giorgos aber im Anschluss daran über einen internen Weg eine Stelle bekommen: *Am Anfang bin ich gekommen, um mein sechsmonatiges Praktikum zu absolvieren. Nachdem ich dies absolviert*

---

[7] Im Rahmen seines Masterstudiums sollte Giorgos ein sechsmonatiges Pflichtpraktikum absolvieren. Seine Fakultät organisiert jedes Jahr ein Forum, an dem unterschiedliche internationale IT-Konzerne teilnehmen und wo sie sich vorstellen, um Fachkräfte aus der Universität zu gewinnen. Bereits während des Forums können die ersten Vorstellungsgespräche interessierter Praktikanten mit ihren möglichen Praktikumsgebern stattfinden.

hatte, habe ich ein Angebot von denen intern bekommen und direkt angenommen"
(Giorgos, Z. 12–14). Ähnlich lief der Migrationsprozess von Eri. Ihr folgendes
Zitat beleuchtet die Rolle der Firmen- und universitären Kanäle in ihrem Migrationsfall: *„Dass ich hier angekommen bin, ist ein bisschen zufällig. Ich habe ein
Praktikum gemacht, das ich über meinen Professor an der Universität gefunden
habe"* (Eri, Z. 6–8). Im Anschluss daran haben die internen Kanäle ihrer Firma
eine Rolle für ihre Anstellung gespielt:

> *„Ich habe also einige Sachen bei meiner Firma während des Praktikums gesehen, die
> mir gut gefallen haben und habe mir vorgestellt, dass ich da gerne für eine längere
> Zeitspanne arbeiten würde. Bei uns werden oft interne Stellen in anderen Abteilungen
> ausgeschrieben. Eine solche Ausschreibung habe ich gesehen. (...) Zwei Vorstellungs-
> gespräche haben stattgefunden und im Endeffekt habe ich die Stelle bekommen"* (Eri,
> Z. 61–64, 70–71).

So konnte über den internen Weg des Firmenkanals die temporäre Perspektive
ihrer Migration durch die Praktikumserfahrung in eine permanente Perspektive
transformiert werden. Die Verwirklichung ihrer Migration wurde somit in zwei
Phasen ermöglicht: die erste durch das Praktikum dank der *weak ties* und die
zweite durch ihre Einstellung mittels des Firmenkanals. Die Verwirklichung der
Migration von Eri war kein zufälliger Prozess, sondern eine Entwicklung aus
den Netzwerken von Eri und der Firma, womit aber auch die Erreichung der
persönlichen Ziele von Eri, d. h. eine sichere Arbeitsstelle, einherging.

Bei den letzten beiden Fällen (Eri, Giorgos) wird die Wirksamkeit der Firmen
erkennbar, die in Kooperation mit Universitätsstrukturen durch die Bereitstellung
von Praktikumsstellen transnationale Fachkräfteanwerbung betreiben. Über einen
internen Weg ermöglichen die Firmen eine Anstellung in derselben Firma, womit
der längere Aufenthalt der ehemaligen Praktikant*innen im Zielland angestoßen
wird und somit von einer Migration gesprochen werden kann. Dabei, und im Hinblick auf Salts Ansatz (1988), handelt es sich um eine erweiterte Rolle der Firmen
bei der Herbeiführung einer Migration, indem sie in Kooperation mit Hochschulen die entsprechenden Kanäle für die Migration öffnen. Diesen Aspekt und die
Rolle der Praktika bei Firmen, die durch deren Vernetzung mit Universitäten
zustande kommen, hat Pethe (2006) hervorgehoben.

Mitmigrierende Partner*innen und Angehörige
Eine weitere Kategorie sozialer Motive mit dem Titel *Mitmigrierende Part-
ner*innen und Angehörige* erfasst Personen, die nicht allein, sondern zusammen
mit anderen nach Deutschland gekommen sind. Nur zwei Befragte (Klelia und
Dimos) thematisieren diesen Aspekt, wie in ihren Fallanalysen explizit aufgezeigt

wird. Die Besonderheit dieser Kategorie liegt in der gegenseitigen Unterstützung zwischen den hochqualifizierten Migrant*innen und der mitmigrierten Person im Migrationsprozess – sowohl noch in Griechenland vor der Migration als auch während des Integrationsprozesses in Deutschland. In diesen Fällen lässt sich davon ausgehen, dass die Migrationsentscheidung gemeinsam von den migrierten Personen getroffen und beschlossen wird und dass die mitmigrierenden Personen gemeinsam mit den hochqualifizierten Migrant*innen diese Erfahrung teilen möchten. Dieser Wunsch kann ebenfalls als Motiv interpretiert werden.

Insgesamt lässt sich feststellen, dass die dargestellten sozialen Motive und die sozialen Einflussfaktoren eine zentrale Rolle bei der Migrationsentscheidung spielen. Besonders entscheidend sind soziale Faktoren bei der Verwirklichung der Migration, wenn sie zur Arbeitssuche bzw. zum Stellenfinden beitragen.

7.1.3 Politische Motive und Einflussfaktoren

Mit der Bildung der folgenden Kategorie wird darauf hingewiesen, dass die hochqualifizierten Migrant*innen der Fallauswahl auch politische Determinanten im Zuge ihrer Auswanderung berücksichtigen.

Auswanderung aufgrund soziopolitischer Faktoren in Griechenland
Wie deutlich in der Darstellung dieser Motivkategorie wird, beziehen sich die darin zusammengefassten Motive auf wahrgenommene Einflussfaktoren, die mit der soziopolitischen Lage in Griechenland zusammenhängen, und bei der Auswanderungsentscheidung der Subjekte in den Blick genommen werden.

Die wahrgenommene *Korruption und Vetternwirtschaft* innerhalb der Strukturen des griechischen Staats sind ein Faktor, der von mehreren Interviewpartner*innen als Auswanderungsgrund benannt wird. Wie bereits aufgezeigt, erwähnt Erato diesen Aspekt im Zusammenhang mit den beschränkten Karrieremöglichkeiten in Griechenland. Eftichis nimmt ebenfalls Bezug darauf:

„Mein Betreuer hat mir nach einem Monat eine Zusage für meine Zulassung als Doktorand gegeben. Dem Professor aus Griechenland bin ich aber gar nicht dankbar, da er nur seine eigenen Studierenden unterstützt hat. Auf eine sehr seltsame Weise. Er hat eine Stipendienstiftung so beeinflusst, dass nur ein Student von ihm sich bewerben konnte" (Eftichis, Z. 144–147).

Offensichtlich steht Eftichis dem Korruptionsphänomen im griechischen universitären Bereich kritisch gegenüber und diese Kritik wird nicht dadurch abgemildert, dass der Professor davon betroffen ist, der den Kontakt mit Eftichis' Betreuer in Deutschland aufgebaut hat.

Darüber hinaus betonen die Befragten die aktuelle Krisensituation Griechenlands, deren Effekte alle Ebenen des Soziallebens beeinflussen. Es wird deutlich, dass zwei Befragte aus dem Hochschulbereich (Eftichis und Erato) die aktuelle *soziopolitische Krisensituation in Griechenland* wahrnehmen und diese als Grund für ihre Auswanderung ansehen. Erato fokussiert bezüglich der Krise vor allem auf die Verarmung der Menschen, mit der sie jeden Tag konfrontiert war:

> *„Außerdem haben sich die Lebensumstände in den letzten fünf Jahren, von 2010 bis 2015, verschlechtert. Überall sind Bettler auf den Straßen aufgrund der steigenden Arbeitslosigkeit. Das kann man nicht ignorieren. Du kannst nämlich nicht so tun, als sähest du das Phänomen nicht. Ich zumindest kann nicht so tun, als ob ich das nicht sehe"* (Erato, Z. 88–91).

Obwohl Erato die anwachsende Verarmung, die sie in ihrem Alltag bemerkt hat, nicht mit sich persönlich verbindet, so lässt sich ihre Migrationsentscheidung doch so deuten, dass sie auf keinen Fall in eine solche Situation geraten möchte. Außerdem erwähnt Erato noch ein weiteres soziopolitisches Phänomen, das sie mit der Krise in Griechenland in Zusammenhang bringt, und welches sie ihre Auswanderungsentscheidung hat treffen lassen. Dabei geht es um die während der Krise sich ausbreitende *Ausbeutung von Frauen in Griechenland*:

> *„Die Ausbeutung von Frauen in der Arbeitswelt hat während der Finanzkrise zugenommen. Weil die Arbeitgeber aufgrund der hohen Arbeitslosigkeit einfach Arbeitskräfte finden können, haben sie die Möglichkeit, Gewalt gegen Frauen auszuüben, auf sexuelle oder psychologische Weise."* (Erato, Z. 121–124).

Es ist sicherlich kein Zufall, dass Erato das Phänomen der Ausbeutung von Frauen als Auswanderungsgrund aus Griechenland anführt. Erato hatte diesbezüglich eine relevante persönliche Erfahrung[8] gemacht und äußert während des Interviews deutlich feministische Überzeugungen[9]. Außerdem gibt sie sehr vielfältige Gründe für die Auswanderung aus Griechenland an. Die politischen

---

[8] Aus Datenschutzgründen kann dieser Ausschnitt des Interviews nicht erscheinen.

[9] Zu ihrer Entscheidung, ihre Doktorarbeit zu schreiben und ihr konkretes Thema zu erforschen, sagt sie: *„Ich wollte mich mit den Grundrechten der Frauen in Afrika beschäftigen. Sehr allgemein zusammengefasst, den schlechten Lebensbedingungen der Frauen da, über die ich während meines Masterstudiums informiert war. (…) Ich wollte nämlich nicht nur etwas zu meiner Person mitgeben, sondern auch zu der Verbesserung der Leben von Frauen in Afrika dadurch beitragen. Dafür engagiere ich mich sehr"* (Erato, Z. 42–44, 47–49).

Motive scheinen aber eine zentrale Rolle bei ihrer Migrationsentscheidung einzunehmen; der In-vivo-Code „*sie will nicht mehr*"[10] fasst sehr treffend ihren Migrationsfall und ihre Unzufriedenheit mit den politischen und sozialen Bedingungen in Griechenland zusammen.

Insgesamt ist feststellbar, dass die wahrgenommenen politischen Faktoren, die zur Migrationsentscheidung der Befragten geführt haben, sich ausschließlich auf Griechenland beziehen. Dementsprechend kommt ihnen die Rolle der Push-Faktoren bei der Migrationsentscheidung zu, womit die Hoffnung verbunden ist, dass im Zielland eine Gegensituation herrscht (z. B. meritokratische Gesellschaft statt Korruption und Wachstum statt Finanzkrise), wie das auch anhand von Äußerungen in Bezug auf die Bleibeoption von einigen Befragten deutlich wird.

7.1.4 Kulturelle Motive und Einflussfaktoren

Auch kulturbezogene Motive bzw. Einflussfaktoren werden von den Befragten als Gründe für die Migrationsentscheidung erwähnt. Diese lassen sich durch die Weiterqualifizierung als Motiv, die sprachbezogenen Einflussfaktoren und den Bezug zu Deutschland differenzieren.

Weiterqualifizierung als Motiv
In dieser Kategorie werden die Migrationsmotive der Befragten zusammengefasst, die sich um das Thema Weiterqualifizierung drehen. Auf Grundlage der Bourdieu'schen Kapitaltheorie (2012[1983]) können diese Motive der kulturellen Ebene zugeordnet werden, da alle Arten von Weiterqualifizierung und Weiterbildung als kulturelles Kapital inkorporierter Form hinsichtlich der erworbenen Kenntnisse und auch als kulturelles Kapital institutionalisierter Form aufgrund der damit zusammenhängenden Zeugnisse anzusehen sind. Das trifft besonders die Gruppe der untersuchten Ärzt*innen und Nachwuchswissenschaftler*innen, die sich genau in einer Weiterqualifizierungsphase befinden und den Erwerb von höherer Bildung und höheren Titeln im Anschluss an ihren bereits erworbenen akademischen Qualifikationen und Titel anstreben.

Einige Befragte dieser beiden Berufsgruppen bringen das Thema Weiterqualifizierung in Verbindung mit ihrer Entscheidung zu migrieren. Diesen Aspekt verdeutlicht Giannis: „*Von daher war das* [die Migration] *der einzige Weg für*

---

[10] Dieser In-vivo-Code stammt aus der folgenden Sequenz: „*Damals habe ich ein Interview für einen deutschen Sender gegeben und sie haben mich damit sehr gut beschrieben. Es hat so angefangen: ‚Sie will nicht mehr', dass ich nämlich tatsächlich alles lösche und vorangehe, ohne dass ich zurücksehe*", so Erato (Z. 278–280).

mich, da ich diese Fachärzt*inausbildung aufnehmen *wollte"* (Giannis, Z. 10–11). Die Option zu migrieren, dient offensichtlich dem Zweck der Weiterqualifizierung und hängt mit der Wartezeit für eine Fachärzt*inausbildungsstelle in Griechenland und somit mit der Verfolgung von Karrieremotiven zusammen. Giannis bezieht sich jedoch in diesem Interviewausschnitt konkret auf das kulturelle Kapital „Fachärzt*inausbildung" und deswegen wird in seinem Fall die *Migration als Mittel zur Weiterqualifizierung* betrachtet. Diese Anknüpfung lässt sich auch bei weiteren Befragten bemerken, die oft sogar für ihre Migrationsdauer einen temporären Zeithorizont, der mit dem Ablauf ihrer Ausbildung enden soll, setzen.[11]

Darüber hinaus wird von den Befragten ein weiterer Faktor im Zusammenhang mit Ausbildung und Migration erwähnt. Dieser bezieht sich auf das erwartete *hohe Niveau der Ausbildung in Deutschland* – so sagt zum Beispiel Giannis:

> *„Das Niveau der Ausbildung bezüglich der Dermatologie kann ich sagen, hat auch eine Rolle gespielt. In Deutschland ist diese qualitativ hochwertiger als in Griechenland. (…) Außerdem hat Dermatologie hier einen sehr guten Ruf als Facharztausbildung, weil sie im Zusammenhang mit Ergotherapie und Immunologie durchgeführt wird. Somit ist das Ausbildungsniveau hier sehr hoch"* (Giannis, Z. 14–20).

Ergänzend zu den bisher erwähnten Migrationsgründen von Giannis spielt auch die als qualitativ hochwertig angesehene Fachärzt*inausbildung des deutschen Gesundheitssektors eine entscheidende Rolle, sowohl für die Auswanderung aus Griechenland als auch für die Priorisierung einer Fachärzt*inausbildung in Deutschland und nicht in Schweden. Hierbei geht es um den Erwerb eines kulturellen Kapitals in institutionalisierter und in inkorporierter Form (Fachärzt*inausbildung), das gleichzeitig die Form eines symbolischen Kapitals (erwartetes hohes Niveau der Fachärzt*inausbildung) haben soll.

Auch die *Verschlechterung der Qualität der Promotionsbedingungen* ist für diese Kategorie relevant. Offensichtlich bezieht sich dieser Faktor auf die Erwartung der Interviewten, qualitativ hochwertige Promotionsbedingungen vorzufinden, die aus ihrer Sicht in Griechenland nicht gegeben sind. Diesen Aspekt beleuchtet Aggeliki:

> *„Im Verlauf der Zeit hat sich die Lage im griechischen Hochschulbereich geändert. Die staatliche Universität war in einer sehr schwierigen Situation und während ich davon überzeugt bin, dass diese nicht bezüglich des Personals unterlegen ist, hat es ab diesem Moment angefangen, dass sie bei den Ressourcen deutlich unterlegen war. Das*

---

[11] Siehe die Fallanalysen von Kornilios und von Klelia.

hat sich bei der Gruppe der Doktoranden bezüglich der Forschungsmöglichkeiten, in der Ausstattung der Bibliothek widergespiegelt. Stell dir eine Bibliothek vor, die keinen Zugang zu ausländischen Publikationen oder zu aktuellen griechischen Zeitschriften hat" (Aggeliki Z. 12–18).

Die Auswanderungsgründe von Aggeliki betreffen Faktoren (Mangel an Ressourcen und an Forschungsmaterial), die aus ihrer Sicht ihre mögliche Promotion in Griechenland beeinträchtigen: Diese Faktoren sind als Konsequenz der Krise zu verstehen, da diese Gründe eng mit den Austeritätsmaßnahmen im öffentlichen Hochschulbereich verbunden sind. Eine ähnliche, sich auf den Medizinbereich beziehende Situation, die der umgesetzten Austeritätspolitik geschuldet ist, beschreibt ebenfalls Klelia.[12]

Sprachbezogene Einflussfaktoren
Wie erwartet, stellt für die Befragten die Sprache einen Faktor dar, der sowohl als Instrument für ihren Alltag in Form des kulturellen Kapitals in inkorporierter Form als auch für den Zugang zum Arbeitsmarkt in Form des kulturellen Kapitals in institutionalisierter Form zentral ist, und daher die Migrationsentscheidung besonders beeinflusst. Für einige Interviewpartner*innen sind bereits vor der Migration erworbene elementare *Deutschkenntnisse* eine Qualifikation, die sich besonders positiv auf die Wahl Deutschlands als Migrationsland auswirkt. Das demonstriert das folgende Zitat von Giannis: *„Zusammenfassend war ein Grund der Umfang des Arbeitsmarkts und das zügige Einstellungssystem für eine Fachärzt*inausbildung, wenn man relativ gute Sprachkenntnisse hat"* (Giannis, Z. 56–57). Giannis nimmt, wie bereits erwähnt, Kompetenzen in der deutschen Sprache als ein Kapital für gute internationale Arbeitsperspektiven wahr. Im Hinblick auf seine Migrationsentscheidung hält er seine *Deutschkenntnisse* für eine wichtige Qualifikation, die ihm einen zügigen Beginn der Fachärzt*inausbildung im deutschen Gesundheitssystem garantiert und somit wird Deutschland für seine Migration priorisiert. Chara[13] fokussiert auch auf diesen Aspekt, um ihre Entscheidung gerade nach Deutschland zu kommen, zu begründen. *„Es war ein Vorteil für mich, dass ich die Sprache konnte, damit ich entspannt mit der Arbeit in Deutschland beginnen kann"* (Chara, Z. 17–18). Offensichtlich berücksichtigt Chara, dass diese Qualifikation ihr einen Zugang zum deutschen Arbeitsmarkt ermöglicht. Aggeliki thematisiert jedoch die Rolle ihrer

---

[12] Siehe die entsprechenden Interviewausschnitte bei ihrer Falldarstellung.

[13] Außer den Deutschkenntnissen von Chara soll auch ihr deutscher Hintergrund mitberücksichtigt werden, da ihre Mutter deutscher Herkunft ist. Jedoch hat Chara im Interview diesen Aspekt gar nicht für ihre Auswanderungsentscheidung erwähnt.

Familie dazu: *„Ich kenne den Grund nicht, aber meine Eltern haben mich bereits in der Grundschule zu einem Deutschkurs angemeldet"* (Aggeliki, Z. 41–42). Die erworbenen Deutschkenntnisse waren sicherlich ein wichtiges Asset und ein Faktor für die Wahl einer deutschen Hochschule als Arbeitgeber. Dieses Asset haben ursprünglich die Eltern von Aggeliki wahrgenommen, lange bevor Aggeliki ihre Migrationsentscheidung trifft.

Bezug zu Deutschland
Neben den Deutschkenntnissen und der Rolle, die die Sprache bei der Migrationsentscheidung einnimmt, gibt es weitere kulturelle Motive, die für die Wahl des Ziellands Deutschland wichtig sind. Hierbei geht es um die Befragten, die einen Bezug zu Deutschland beim Thema Migrationsentscheidung im Interview anführen und im Rahmen dieses Aspekts ihre Entscheidung, nach Deutschland zu migrieren, erklären.

Eine entscheidende Rolle für die Wahl Deutschlands als Zielland spielen aus Sicht einiger faktischer Migrant*innen vorhergehende Erfahrungen und Aufenthalte in Deutschland. Dies gilt zum Beispiel für Eleni, da sie ihren Erasmusaufenthalt in Deutschland als einen entscheidenden Faktor für ihre Migration nach Deutschland betrachtet: *„Mein Erasmusaufenthalt kann als wegbereitend betrachtet werden"* (Eleni, Z. 106–107). *„Wegbereitend"* war das für sie, da Eleni dabei wichtige Informationen zum Leben in Deutschland und zum deutschen Gesundheitssektor aus eigener Erfahrung erworben hatte. *Vorherige Aufenthalte* im Zielland Deutschland können demnach eine zentrale Rolle für einen Entschluss zur Migration in dieses Land haben, da daraus ein Bezug zu Deutschland entsteht, dadurch Vorkenntnisse über das Land erlangt werden und somit die Anpassung an dortige soziokulturelle Werte einfacher erscheint. In diesem Rahmen wird die Kategorie *Bezug zu Deutschland* den kulturellen Motiven zugeordnet. Dies ist auch bei Erato zu bemerken. Erato hat ihr Masterstudium in Deutschland absolviert und gerade dieser Aufenthalt war entscheidend für ihren Plan, nach Deutschland zu migrieren. Diese Erfahrung hat sie emotional mit Deutschland verbunden, sodass sie Deutschland als ein neues Zuhause wahrnimmt:

„Ich fühle mich in Deutschland wie zu Hause. Ich habe dort zwei Jahre lang gelebt und hatte überhaupt kein Problem. Deutschland passt zu mir. Auch mein Arbeitgeber in Griechenland, der 20 Jahre lang in Deutschland gelebt hat, sagte immer zu mir, dass ich sehr deutsch bin. Warum? Weil ich sehr konsequent und pünktlich bin und ich immer mache, was ich verspreche" (Erato, Z. 164–168).

Hiermit weist Erato auf, dass sie sich in Deutschland nicht nur zu Hause fühlt, sondern auch einen besonderen Bezug zu diesem Land aufgebaut hat, sodass sie *sich als ‚Deutsche' identifiziert*. Diese Identifikation basiert zum einen auf gesellschaftlichen Stereotypen über die ‚deutsche Kultur', die sie reproduziert, da sie relevante Stereotype (Pünktlichkeit, Konsequenz) als positiv betrachtet. Zum anderen basiert dieser Bezug auf ihren vorherigen – und anscheinend positiven – Erfahrungen, die sie während ihres Masterstudiums in Deutschland gemacht hat. Diese stellt sie ihren negativen Erfahrungen in ihrem Lebensalltag in Griechenland gegenüber, um zu bestätigen, dass Deutschland die geeignete Option für ihr Leben entsprechend ihren kulturellen Werten ist.

Der Bezug zu Deutschland kann nicht nur aus vorausgegangenen persönlichen Erfahrungen in Deutschland resultieren. Für Giannis beispielsweise entstammt dieser Bezug der *Migrationsgeschichte seiner Familie in Deutschland*. Dabei handelt es sich um einen früheren Aufenthalt seiner Eltern als Arbeitsmigrant*innen in Deutschland:

> *„Es war auch wichtig, dass meine Eltern in den Siebzigern in Deutschland gearbeitet haben. Man kann theoretisch sagen, dass ihr Eindruck von Deutschland mich teilweise beeinflusst hat, da es ihnen hier gut gefallen hat. Ich hatte somit schon als Kind ein gutes Bild von Deutschland verinnerlicht"* (Giannis, Z. 59–61).

Giannis' Fall zeigt, dass die Eltern auch der nächsten Generation ein positives Bild auf Basis ihrer Erfahrungen mit dem Zielland vermitteln können. Dieses Bild war aus seiner Sicht ein weiterer Einflussfaktor für seine Einwanderung nach Deutschland.

Im Allgemeinen befördern Kenntnisse kultureller Praktiken und sprachlicher Ausdrücke des Ziellands Deutschland sowie persönliche Übereinstimmungen oder Anpassungen an soziale und – so gesehen – ‚kulturelle' Werte die Migrationsentscheidung der Befragten. Zusammen mit der Rolle des kulturellen Kapitals bei der Migrationsentscheidung sind diese kulturellen Einflussfaktoren und Motive bei der hier untersuchten Migration relevant.

7.1.5 Fallanalysen

A. Klelia: Die ausgewanderte statusorientierte Ärztin
Klelia ist 29 Jahre alt und wohnt seit Oktober 2013 in Deutschland. Sie absolviert ihre Psychiatrie-Fachärztinausbildung im Krankenhaus einer Großstadt in Westdeutschland. Geboren und aufgewachsen ist sie in Athen. Ihr Medizinstudium

absolvierte sie an der medizinischen Fakultät einer Universität in Nordgriechen-land. Klelia wohnt in Deutschland zusammen mit ihrem Freund, der ebenfalls eine Fachärzt*inausbildung absolviert. Was ihre Entscheidung, Medizinerin zu werden, betrifft, so ist sie der fes-ten Überzeugung, dass Medizin zu ihr „*passt*". Außerdem stellt sie diese Entscheidung als eine „*bewusste*" Wahl dar:

> „*Als ich die dritte Klasse des Lyzeums besucht habe, habe ich die Liste der Studien-gänge in Griechenland bekommen und ich habe angefangen, Studiengänge auf der Liste zu streichen. Also, was ich machen könnte und was ich nicht machen könnte. Dann kam ich zum Schluss, dass Medizin zu mir passt. Das war also eine bewusste Entscheidung und ein persönliches Ziel*" (Klelia, Z. 4–7).

Jedoch hatte Klelia mit 18 Jahren keine berufliche Erfahrung, die ihr hätte helfen können, bewusst zu wissen, für welchen Beruf sie geeignet ist und für welchen nicht. Ihre Einschätzung, für ein Medizinstudium geeignet zu sein, kann jedoch auf ihre Eltern zurückgeführt werden, da sie Arzt und Ärztin sind und Klelia damit in einem Ärzt*innenhaushalt aufgewachsen ist: „*Ich habe erlebt, wie es ist, Nachtdienste zu haben und unter Stress zu arbeiten*" (Klelia, Z. 4). Medizin „*passt*" demnach zu ihr, weil sie in einer Medizinerfamilie groß geworden ist und somit über den entsprechenden *Habitus* verfügt. Dieser Beruf gewährt ihr ein ausrei-chendes ökonomisches Kapital – wegen der relativ guten Entlohnung – wie sie zu einem späteren Zeitpunkt des Interviews äußert: „*Wenn ich reich werden wollte, hätte ich etwas anderes studieren sollen. Ich wusste, dass du mit einem Medizinab-schluss nicht reich wirst. Du kannst aber Mittelschicht sein*" (Klelia, Z. 184–186). Gerade dieses Privilegs des Ärzt*inberufs ist Klelia sich aufgrund ihrer Familien-geschichte bewusst und dies scheint für sie ein Motiv zu sein, um die berufliche Tradition der Familie fortzusetzen. Des Weiteren ist auch das symbolische Kapi-tal, d. h. die soziale Anerkennung und der Status der Mittelschicht durch den Ärztinnenberuf für Klelia sichergestellt. Den Nutzen der sozialen Anerkennung erlebt sie bereits in der deutschen Gesellschaft, wie sie im Interview betont: „*Für die Deutschen bin ich die Frau Doktor, obwohl ich eine Ausländerin bin. Niemand hat etwas gegen meine Herkunft zu mir gesagt*" (Klelia, Z. 230–232). Damit wird angedeutet, dass sie aufgrund der sozialen Anerkennung, die mit ihrem Beruf ver-bunden ist, in Deutschland keine Diskriminierungserfahrungen hinsichtlich ihrer Herkunft gemacht hat.

Auswanderung als Mittel für eine (qualitativ hochwertige) Fachärztinausbildung
Eine relevante Frage ist, warum sie sich entschlossen hat, die genannten Privilegien des Ärzt*innenberufs – zumindest vorerst – in Deutschland zu genießen und nicht in Griechenland. Wie bei allen Befragten aus dem Medizinbereich dreht sich die Migrationsentscheidung von Klelia um die Fachärzt*inausbildung. Abweichend von den anderen Befragten betont Klelia jedoch, dass die Wartezeit für die Fachärzt*inausbildung in Griechenland nicht ausschlaggebend für ihre Entscheidung war, nach Deutschland zu migrieren:

K: *„Zuallererst gehöre ich nicht zu diesen Personen, die direkt nach dem Abschluss nach Deutschland oder England migriert sind, weil die Wartezeit für die Facharztausbildung so lang war. Ich habe ein Jahr lang in Griechenland gearbeitet und in Pyrgos mein praktisches Jahr absolviert. Nicht also in einem Dorf. Ich habe im Krankenhaus von Pyrgos gearbeitet und ich habe die großen Mängel der griechischen Krankenhäuser erlebt. Nach 24 Stunden Arbeit und Nachtdiensten sollte ich mit dem Auto zurück nach Hause, nach Patras fahren. Die Gefahr war groß, am Lenkrad einzuschlafen. Dann dachte ich mir, dass ich so was nicht möchte. Ich wollte etwas Besseres haben.“*

I: *„Also, du warst mit deiner Erfahrung nicht zufrieden.“*

K: *„Mit den Arbeitsbedingungen. Diese haben mich motiviert, Griechenland zu verlassen und natürlich die Facharztausbildung. Ich meine damit nicht, dass meine griechischen ehemaligen Chefärzte keine guten Kenntnisse hatten. Sie haben mir viele Sachen beigebracht und ich bin mit einem sicheren Gefühl nach Deutschland gekommen, um professionell zu arbeiten. Da fehlte aber viel Material und Ausstattung, die mein Leben viel einfacher gemacht hätten.“*

I: *„Redest du über deine Facharztausbildung?“*

K: *„Ja. Wir hatten zum Beispiel keine Computertomografie. (...) Für meine Facharztausbildung habe ich mich für das Krankenhaus Evangelismos beworben, das immer noch eine sehr gute Qualität bei der Facharztausbildung hat. Die Wartezeit da war vier bis fünf Jahre.“*

I: *„Hat das also keine Rolle gespielt?“*

K: *„Sicherlich ... Guck mal, diese Zeitspanne von vier bis fünf Jahren ist relevant, da die Wartezeit sich mit der Zeit verringert. Die Wartezeit, bis meine Stelle frei wird, wäre jetzt ungefähr zwei Jahre. Ich hätte dann noch ein praktisches Jahr machen oder bei einer Klinik arbeiten können. Es ging also nicht ums Überleben"* (Klelia, Z. 9–22, 31–37).

Die Push-Faktoren hängen in Klelias Fall eng mit den Bedingungen für die Fachärzt*inausbildung zusammen. Ein zentraler Aspekt dieses Faktors ist Klelias Wunsch nach einer qualitativ hochwertigen Fachärzt*inausbildung in einem gut ausgestatteten Krankenhaus. Die Erfüllung dieses Wunsches scheint für Klelia in Griechenland nur im Evangelismos-Krankenhaus in Athen realistisch zu sein, da sie die krisenhafte Situation des griechischen Gesundheitssektors in einem Krankenhaus der Peripherie erlebt hat. Jedoch ist auch zu fragen, ob Klelia tatsächlich davon ausgeht, dass die schlechten Arbeitsbedingungen, die sie beschreibt (Mangel an Material und Ausstattung), nicht auch im Evangelismos-Krankenhaus existieren. Die Sparmaßnahmen im griechischen Gesundheitssystem betrafen auch die großen Krankenhäuser in Athen, die ebenfalls einen großen Mangel an Personal und an Material aufweisen (vgl. Petmetzidou et al. 2015: 101). Des Weiteren bedeutet der beschriebene Mangel an Material und Ausstattung in griechischen Krankenhäusern neben den schlechten Arbeitsbedingungen auch eine *Verschlechterung der Qualität der (Fachärzt*in-)Ausbildung* – so ihre Deutung der Motive ihrer Migrationsentscheidung. Dies lässt sich mit der *Nachqualifizierung als Motiv* kultureller Art verbinden, wenn die Nachqualifizierung als kulturelles Kapital interpretiert wird.

Außerdem lässt sich feststellen, dass Klelia sich von ihren Kolleg*innen abgrenzt, die Griechenland direkt nach dem Abschluss des Medizinstudiums wegen der langen Wartezeit bis zur Fachärzt*inausbildung verlassen haben. Dadurch demonstriert sie, dass ihre Migrationsentscheidung nicht direkt mit zwingenden ökonomischen Motiven („*Überleben*") – wie bei den meisten ihrer Kolleg*innen, so ihre Sicht – zusammenhängt. Diese Abgrenzung von zwingenden ökonomischen Motiven bezweckt die Betonung des freiwilligen Charakters ihrer Migrationsentscheidung, die laut ihren Äußerungen von den Arbeitsbedingungen und der Qualität der Fachärzt*inausbildung bestimmt wurde. Dabei lässt sich eine Anknüpfung an die wissenschaftliche Debatte über die Begriffe Migration (erzwungener Charakter) und Mobilität (freiwillig und kurzfristig) bemerken (siehe dazu Abschnitt 2.1). Jedoch hängen die ökonomischen Aspekte der Migrationsentscheidung in ihrem Fall nicht mit zwingenden ökonomischen Gründen zusammen, sondern mit dem gezielt angestrebten – so wie das bei der Begründung ihrer Studienwahl angeführt wurde – *Mittelschichtseinkommen*, das in Griechenland aufgrund der Wartezeit für eine Fachärzt*inausbildungsstelle nicht zeitnah erreicht werden konnte.

Deutschland als Migrationsziel für eine zügige und qualitativ hochwertige Fachärztinausbildung
Obwohl die unattraktiven *Arbeitsbedingungen* im griechischen Gesundheitssektor, also „*24 Stunden Arbeit und Nachtdienste*", von Klelia als ein entscheidender Faktor für ihre Auswanderung aus Griechenland benannt werden, herrschen solche Arbeitsbedingungen auch in deutschen Krankenhäusern (Esser 2019). Ihre Entscheidung, nach Deutschland zu migrieren, kann somit als *Mittel zur Weiterqualifizierung* interpretiert werden. Dies wird zu einem späteren Zeitpunkt des Interviews deutlich, als sie gefragt wird, welche Pläne sie für die Zukunft hat: „*Um ehrlich zu sein, bin ich hierhin für die Facharztausbildung gekommen* (…)." Dass das Einstellungssystem in Deutschland *ein einfach zugängliches Einstellungssystem für die Fachärzt*inausbildung* im Vergleich zu anderen Ländern sicherstellt, wird von Klelia zusätzlich bei Begründung der Wahl des Ziellandes berücksichtigt und wird hier als Pull-Faktor interpretiert:

I: „*Und warum hast du dich dann für Deutschland entschieden?*"
K: „*Weil viele Freunde von mir versucht haben, direkt nach ihrem Abschluss nach England zu gehen. Das Einstellungssystem für eine Facharztausbildungsstelle ist da sehr kompliziert. (…).*"
I: „*Und wie du mir bereits gesagt hast, hattest du bereits während deines praktischen Jahrs Deutschland als Zielland im Kopf, da du einen Deutschkurs besucht hast?*"
K: „*Ja. Eigentlich war das eine Idee bereits während des Studiums, dass es nämlich möglich ist, nach dem Studium meine Facharztausbildung im Ausland zu machen. Ich habe auch an der Universität Deutschkurse besucht. (…) Das Einstellungssystem hier in Deutschland ist sehr fair, da man als Kandidat zu einem Vorstellungsgespräch eingeladen wird. Nicht wie in Griechenland mit dieser Warteliste*" (Klelia, Z. 47–56, 62–63).

Offensichtlich wird anhand dieses Interviewausschnitts, dass Klelia dabei durch die *Sammlung von Auslandserfahrungen* karriereorientierte Motive für ihre Migration thematisiert. Dank ihrer Vernetzung mit anderen griechischen ausgewanderten Ärzt*innen in England kann sie den deutschen mit dem englischen Gesundheitssektor vergleichen. Somit stellt sie fest, dass der deutsche Gesundheitssektor ihren Wunsch nach einem schnellen Einstieg in die Fachärzt*inausbildung besser als der englische Gesundheitssektor erfüllen kann. Ihre Investition von Geld und Zeit in Deutschkurse während des Studiums bestätigt, dass sie bereits vor ihrem praktischen Jahr über eine Auswanderung nach Deutschland nachgedacht hat, da ihr der Faktor Wartezeit bis zum Beginn der Fachärzt*inausbildung in Griechenland bereits während des Studiums bekannt war.

Darüber hinaus thematisiert Klelia einen weiteren Aspekt ihrer Entscheidung, nach Deutschland zu migrieren:

> *„Selbstverständlich habe ich auch an England gedacht, da meine Englischkenntnisse viel besser als meine Deutschkenntnisse waren. (...) Die Lage in England ist vor allem in den letzten vier Jahren für die Ärzte sehr schwierig geworden. Somit war Deutschland mit den zahlreichen freien Stellen – wie sie uns in der Universität erzählten – für mich die erste Option"* (Klelia, Z. 126–127, 131–133).

Sie erwartet, wegen der *„zahlreichen freien Stellen"* in Deutschland gute Chancen für eine Fachärzt*inausbildung vor Ort zu haben. Das zeigt sich nicht nur in ersten Gedanken über einen längeren Verbleib in Deutschland aufgrund der guten Berufsperspektiven auf dem deutschen Arbeitsmarkt, sondern ebenso in der damit zusammenhängenden Priorisierung von beruflicher Sicherheit bei ihren Migrationsmotiven. Das bedeutet, dass ihre Aussage, dass sie diese Information bereits während der Studienzeit hatte, auch ihre Entscheidung erklärt, in dieser Zeit Deutschkenntnisse zu erwerben und einen Deutschkurs zu besuchen. Gleichzeitig wird deutlich, dass Klelia Deutschland im Vergleich zu England unter Berücksichtigung der Motive des schnellen Einstiegs in die Fachärzt*inausbildung und der guten zukünftigen Berufsperspektiven priorisiert, trotz einiger erwarteter Vorteile bei einer Migration nach England aufgrund ihrer Englischkenntnisse. Obwohl Klelia hinsichtlich der Push-Faktoren die Wartezeit für die Fachärzt*inausbildung als nicht ausschlaggebend bewertet sowie zugleich ihre Entscheidung als andersgearteten Fall präsentiert, lässt sich im Zusammenhang mit den Pull-Faktoren feststellen, dass diese Entwicklung im griechischen Gesundheitssektor auch ihre Migrationsentscheidung beeinflusst hat. Dies demonstriert ihr Entschluss, die zügige Fachärzt*inausbildung im deutschen Gesundheitssektor vorzuziehen, anstatt sich für die ebenfalls qualitativ hochwertige Fachärzt*inausbildung im Evangelismos-Krankenhaus in Athen zu entscheiden, auf die sie jedoch mindestens zwei Jahre warten müsste. Hierbei werden in Bezug auf die *Wartezeit für die Fachärzt*inausbildung* die *karriereorientierten Motive* für Klelias Migration sichtbar, da sich dadurch ihre weiteren ökonomischen Motive (z. B. Erreichung des *Mittelschichtseinkommens*) zeitlich verschieben würden. Außerdem ist davon auszugehen, dass Klelia bereits vor ihrer Migration eine Fachärzt*inausbildung in Deutschland als vorteilhaft für ihren Lebenslauf gehalten hat und der Meinung war, dass eine Fachärzt*inausbildung in Deutschland ein höheres Niveau als eine in Griechenland sicherstellt.

Der Partner als Faktor bei der Migrationsentscheidung
Ein zentraler Faktor für Klelias Migrationsentscheidung war, dass ihr Partner sich in einer ähnlichen beruflichen Karrierephase befand, da er ebenfalls eine Fachärzt*inausbildung absolvieren wollte. Dieser Aspekt wird in den folgenden Ausführungen deutlich:

> *„Während meines praktischen Jahrs habe ich meinen Partner im Krankenhaus von Pyrgos kennengelernt. Er hatte sich auch beim Evangelismos-Krankenhaus für seine Facharztausbildung beworben und hatte gewartet, bis eine Stelle frei wird. Er hatte auch Deutschkurse besucht und wir haben zusammen die Entscheidung getroffen, nach Deutschland zu kommen und zusammen hier unsere Chancen auszutesten. Ich habe nämlich nicht ganz allein diese Entscheidung getroffen und ich weiß es ehrlich gesagt auch nicht, ob ich diese Entscheidung allein getroffen hätte"* (Klelia, Z. 41–46).

Hier wird erkennbar, dass Klelia und ihr Partner die sich auf ihre Zukunftsplanung beziehenden Entscheidungen gemeinsam treffen und dass beide gleiche Ziele verfolgen, indem sie zum Beispiel die Option der Auswanderung nach Deutschland oder der Aufnahme einer Fachärzt*inausbildung im Evangelismos-Krankenhaus in Betracht ziehen, um ein Zusammensein zu ermöglichen. Obwohl Klelia sich so präsentiert, als ob sie nicht sicher sei, ob sie die Entscheidung zur Auswanderung nach Deutschland ohne ihren Partner getroffen hätte, hat sie doch Voraussetzungen dafür (Deutschsprachkurs) bereits während des Studiums geschaffen. Klelias Partner fungiert als Mitwirkender bei ihrer Migrationsentscheidung. Allerdings bedeutet die gemeinsame Migration auch eine gegenseitige (psychische) Unterstützung im Migrationsprozess – sowohl in der Phase vor der Migration noch in Griechenland als auch während des Integrationsprozesses in Deutschland. Der *mitmigrierende Partner* kann somit als ein weiteres Motiv für ihre Migration betrachtet werden, da dabei ihr Wunsch deutlich wird, dass sie mit ihm zusammenleben kann und gemeinsam mit ihm die Migration erleben möchte.

*Ärzt*innenmigration aus Griechenland nach Deutschland als Netzwerkeffekt*
Eine Auswanderung scheint eine typische Strategie von Medizinabsolvent*innen aus Griechenland zu sein, um die lange Wartezeit bis zum Beginn einer Fachärzt*inausbildung in einem griechischen Krankenhaus zu vermeiden. Dementsprechend groß sind die Möglichkeiten von Medizinstudierenden bzw. -absolvent*innen in Griechenland, sich mit ihren ehemaligen Kommiliton*innen im Ausland zu vernetzen, um Informationen über den Medizinsektor und das

Leben im Ausland zu erhalten. Das kann auch bei Klelia festgestellt werden. Klelia war – wie bereits aufgezeigt – über *berufliche und ethnische Netzwerke* über die Bedingungen von Fachärzt*inausbildungen im britischen Gesundheitssystem informiert. Zudem war sie ebenfalls aufgrund solcher Netzwerke in der Lage, diese mit den entsprechenden Bedingungen in Deutschland zu vergleichen: *„Wir hatten schon Bekannte in Deutschland. Einer von denen ist kein Arzt, sondern Tierarzt, er ist auch zur Hälfte Deutscher und er konnte uns sehr bei dem ganzen bürokratischen Prozess für die Arbeit helfen"* (Klelia, Z. 84–86). Aber auch während Klelias erster Monate in Deutschland war die Vernetzung mit weiteren griechischen Ärzt*innen in Deutschland bedeutend für ihre berufliche Orientierung: *„Und dann haben wir einen Facharzt der Psychiatrie, auch ein Grieche, kennengelernt. Er hat uns sehr bei der Suche nach einer Arbeitsstelle geholfen"* (Klelia, Z. 97–98). Das *wir* zeigt, dass auch Klelias Partner von den Netzwerken profitiert hat. Im Endeffekt hat Klelia ihre Fachärztinausbildungsstelle mithilfe eines weiteren Kontakts gefunden:

> *„Ich hatte so viel Glück, da, wo ich momentan arbeite, waren 18 griechische Mediziner tätig und eine von denen, ist eine Bekannte von mir. Sie hat mich informiert, dass es dort freie Stellen gibt und ich mich dafür bewerben könnte. Sie haben mich dann zu einem Vorstellungsgespräch eingeladen"* (Klelia, Z. 104–107).

Zweifellos sind die Netzwerke griechischer Ärzt*innen in Deutschland durch Bereitstellung von Informationen zum Leben und zur Arbeit in Deutschland ein zentraler Faktor in Klelias Migrationsprozess und tragen sie entscheidend dazu bei, das primäre Ziel der zügigen Fachärzt*inausbildung zu erreichen.

Zusammenfassung
Zusammenfassend ist Klelias Migration durch den Wunsch nach einer qualitativ hochwertigen Fachärzt*inausbildung sowie nach einem schnellen Einstieg in den Ärzt*innenberuf geprägt. Für sie war eine von ihr angestrebte qualitativ hochwertige Fachärzt*inausbildung in Griechenland auf längere Zeit aufgrund der Wartezeiten versperrt und gleichzeitig hat sie auch deren Qualität wegen der Mängel im griechischen Gesundheitssektor infrage gestellt. Der Wunsch nach einer qualitativ hochwertigen Fachärzt*inausbildung entspricht ihrer statusorientierten Einstellung, wie bei der Erklärung ihrer Berufswahl gezeigt wurde, und wird mit kulturellen Motiven entsprechend dem kulturellen Kapital von Bourdieu (2012[1983]) assoziiert, wobei das symbolische Kapital (ebd.) aufgrund der Fokussierung auf die Qualität der Ausbildung auch relevant ist. Die Migration als eine Reaktion auf die Verschlechterung der Qualität eines vonseiten des

Staats angebotenen Produktes kann durch Hirschmans sich auf Abwanderung und Widerspruch (Hirschman 1970; 1974) gründenden Ansatz erklärt werden. Hirschmans Ansatz findet hinsichtlich dieses Aspekts somit auf Klelias Fall Anwendung, da sie während ihrer Tätigkeit im griechischen Gesundheitssystem negative Erkenntnisse zur Qualität der Fachärzt*inausbildung in Griechenland gesammelt hat. Wie Han (2010) in Bezug auf die erste Phase der Migrationsentscheidung betont, ist die Wahrnehmung *der Unzufriedenheit mit der eigenen Lebenssituation* der Anlass, über Migration nachzudenken (ebd.: 199). Für Klelia war diese Situation der beschränkten Möglichkeiten für eine qualitativ hochwertige Fachärzt*inausbildung in Griechenland ausschlaggebend für ihre Migrationsentscheidung.

Darüber hinaus wird die Fachärzt*inausbildung im Ausland von Klelia als Gewinn für ihren Lebenslauf angesehen, wie auch im theoretischen Ansatz von Salt (1988) dergleichen begründet ist. Ein weiterer Aspekt der Migrationsentscheidung sind die Entscheidungskriterien, die zur Wahl des Ziellands führen. Priorität scheint für Klelia in diesem Punkt der schnelle Einstieg in den Ärzt*innenberuf durch die Fachärzt*inausbildung und ihre Anstellung zu haben, da dieser Einstieg wegen der Wartezeit für die Fachärzt*inausbildung in Griechenland ihrer Karriere im Weg stand. Die Umsetzung dieser Priorität erscheint aus ihrer Sicht in Deutschland realistischer als in England und somit werden die *karriereorientierten Motive* und *die berufliche Sicherheit als Motiv* für ihre Migration erkennbar. Das *Motiv der Einkommensmaximierung*, wenn das ursprüngliche Motiv der Erreichung des *Mittelschichteinkommens* mitberücksichtigt wird, ergänzt die weiteren ökonomischen Motive sowie auch die kulturellen Motive hinsichtlich der *Weiterqualifizierung*. Was das Motiv der beruflichen Sicherheit im Migrationsfall von Klelia betrifft, dieses wird durch die Thematisierung des „*fairen*" *Einstellungssystems* und *der guten Berufsperspektiven auf dem deutschen Arbeitsmarkt* sichtbar und indem Klelia sowohl die diesbezüglichen Beschäftigungsmöglichkeiten im Herkunftsland als auch diejenigen in den möglichen Zielländern (Deutschland und England) bei ihrer Migrationsentscheidung berücksichtigt. Pissarides' und Wadsworths Ansatz (1989) kann somit den Migrationsfall von Klelia erklären, da sie in ihrem Ansatz den Faktor der Beschäftigungsmöglichkeiten im Zielland bei einer Migrationsentscheidung hervorheben.

Deutlich wird auch, dass die *ethnischen und beruflichen Netzwerke* sich positiv auf eine Einwanderung nach Deutschland auswirken und sehr unterstützend bei der Bereitstellung von Informationen über die Arbeit und das Leben in Deutschland sind. Dieser Sachverhalt belegt das Erklärungspotenzial von Migrationstheorien, die ihren Fokus auf soziale Faktoren legen, insbesondere wenn dazu auch die zentrale Rolle des Partners von Klelia bei der Migrationsent-scheidung und im Migrationsprozess in den Blick genommen wird. Sowohl die Netzwerktheorie (Heitmüller 2003) als auch der Bourdieu'sche Ansatz vom Sozi-alkapital (2012[1983]) sind in Klelias Fall relevant, weil sie ihre Kontakte in Deutschland mobilisiert, um Informationen und eine Arbeitsstelle zu erhalten. Bei diesem Fall handelt es sich ebenfalls – so wie bei den weiteren Fällen der befrag-ten Ärzt*innen – um eine Form von Kettenmigration (MacDonald/MacDonald 1964), da die bereits ausgewanderten Ärzt*innen aus Griechenland die Migration nach Deutschland unterstützen, sodass festzustellen ist, dass sich die Migration von Ärzt*innen aus Griechenland nach Deutschland fortsetzt.

Abschließend sind neben dem Sozialkapital von Bourdieu weitere Aspekte seiner Theorien in Klelias Fall bedeutsam. Mit Fokus auf ihre Entscheidung den Medizinberuf anzustreben, war offenbar, dass der durch ihre Ärzt*innen-Familie erworbene *Habitus* (Bourdieu 2018) dabei eine zentrale Rolle gespielt hat, zumal sie den Berufsalltag („*Stress*" und „*Nachtdienste*") dadurch bereits verinnerlicht hat. Im Rahmen dieses erworbenen *Habitus* zielt sie auf ent-sprechende sozioökonomische Bedingungen (der Mittelschicht angehören und ein *Mittelschichtseinkommen* erreichen) ab. Außerdem wurde deutlich, dass das inkorporierte kulturelle Kapital (Bourdieu 2012[1983]) in Bezug auf die Sprach-kompetenzen von Klelia ihre möglichen Zielländer (England oder Deutschland) bestimmt. Im Endeffekt hat Klelia sich für Deutschland entschieden, da sie dort durch ihre *Stelle zur Facharztinausbildung* zügiger ihr gesamtes inkorporiertes kulturelles Kapital in ökonomisches Kapital transformieren kann (und damit ein *Mittelschichtseinkommen* erlangt).

B. Kornilios: Weiterqualifizierender Migrant mit Rückkehrabsicht
Kornilios ist zum Zeitpunkt des Interviews 26 Jahre alt und Doktorand in alter Geschichte an einer deutschen Universität, an der er bereits eine Stelle als wissen-schaftlicher Mitarbeiter im Rahmen eines befristeten Forschungsprojekts innehat. 2015 ist er aus Griechenland migriert. Ein Jahr vor seiner Migration war er bereits als Gastwissenschaftler kurzzeitig im selben Institut mithilfe des Pro-gramms Erasmus + . Kornilios kommt aus einer Medizinerfamilie. Drei Jahre seiner Kindheit hat er in London verbracht, wo seine Eltern promoviert haben. Obwohl die familiäre Tradition in Medizin durch ihn gebrochen wird, hält er die akademische Tradition der Familie auf Doktorebene aufrecht. Seine beiden Stu-diengänge (Bachelor und Master) in Archäologie und Antiker Geschichte hat er in Athen, wo er auch geboren und aufgewachsen ist, absolviert.

Hinsichtlich seiner Wahl, diese Studienrichtung zu verfolgen, ist er der Über-zeugung, dass dieses Fach „*sein ganzes Leben und die Zukunft*" (Kornilios, Z.

3) für ihn ist. Damit will Kornilios hervorheben, dass die Geschichte der Antike mit seiner Selbstverwirklichung zusammenhängt. Außerdem fügt er hinzu, zu welchem Zweck er einen Doktortitel anstrebt: *„Wenn man nur einen Masterabschluss in Antiker Geschichte oder in irgendeinem Fach der Geschichte hat, hat man keine guten Beschäftigungsperspektiven ohne einen Doktortitel"* (Kornilios, Z. 4–6). Dadurch wird deutlich, dass sein Ziel, den Doktortitel zu erlangen, mit der Absicht, bessere Berufschancen auf dem Arbeitsmarkt zu haben, zusammenhängt. Gerade dieses Motiv hat er anhand von Beispielen aus den Lebenserfahrungen von Bekannten gebildet, wie das zu einem späteren Zeitpunkt des Interviews erkennbar wird:

> *„Eine Bekannte von mir, sehr intelligent und Masterstudentin meiner Studienrichtung, arbeitet jetzt als Telefonistin. Ich sage nicht, dass diese Arbeit minderwertiger ist. Sie entspricht aber ihren Qualifikationen nicht ... Ich bin mir sicher, dass diese Person keinen Spaß in ihrem Leben hat. Und sie ist 35 Jahre alt. Keine Ahnung, was sie in der Zukunft machen kann. Wird sie fertig mit der Masterarbeit und dann, wird sie weiter als Telefonistin arbeiten?"* (Kornilios, Z. 209–213).

Offensichtlich nimmt Kornilios die Situation seiner Bekannten als einen möglichen Zustand wahr, der ihn ebenfalls betreffen kann. Außerdem betont er, für wie wertvoll er es erachtet, wenn sich Qualifikationen mit einer ihnen entsprechenden Arbeit überschneiden. Neben der Selbstverwirklichung, die er durch seine Beschäftigung mit diesem Fach empfindet, wird also die Promotion zu einem Mittel, um seine Leistungen und Qualifikationen seinem Studium entsprechend auf den Arbeitsmarkt zu transformieren. Gleichzeitig ist der Doktortitel für Kornilios ein zusätzliches kulturelles Kapital in institutionalisierter Form, durch das er einer möglichen ungünstigen Situation auf dem Arbeitsmarkt entgeht und ein Mittel zur Aufrechterhaltung des sozialen Status auf der Doktorebene seiner Familie. Seine Familie scheint bei der Entscheidung, eine Promotion anzustreben, eine mitwirkende Rolle zu haben, wie das ebenfalls zu einem weiteren Zeitpunkt thematisiert wurde:

I: *„Hast du berufliche Erfahrungen aus Griechenland?"*

K: *„Nein, ich habe keine. Leider habe ich keine berufliche Erfahrung ... Äh, weil ich den Hinweisen meiner Eltern gefolgt bin"* (Kornilios, Z. 189–191).

Was hier ebenfalls deutlich hervortritt, ist, dass Kornilios gerne berufliche Erfahrungen in Griechenland gemacht hätte. Bedauern seinerseits ist hinsichtlich dieser Entwicklung festzustellen, mit der er aber auch seine Familie in Verbindung bringt und diese dafür verantwortlich macht.

Ökonomische Motive für die Auswanderung im Zentrum der Migrationsentscheidung

Antike Geschichte ist ein Bereich, der in Griechenland breit aufgestellte Forschungsperspektiven aufgrund der Zivilisationsgeschichte dieses Orts in der antiken Zeit bieten sollte. Jedoch hat Kornilios das Land mit den vielversprechenden Möglichkeiten für Feldforschung in diesem Bereich verlassen, um in Deutschland zu promovieren. Der zentrale Grund für diese Entscheidung von Kornilios sind die *begrenzten Stipendienmöglichkeiten* für Promovierende in Griechenland:

> *„In Griechenland können die Stipendien nicht die Bedarfe aller Doktoranden decken.*
> *Die letzte Stipendienausschreibung in Griechenland, mit der ein Doktorand ohne*
> *zusätzliche finanzielle Mittel leben könnte, war die von Saripoleio*[14]*. Neben die-*
> *ser Stiftung ist alles chaotisch. Die Stellen in unserem Bereich sind sehr begrenzt.*
> *Eine Bekannte von mir hat letztens eine Stelle bei der Nationalen Stipendienstiftung*
> *bekommen. Aber wie viele Stellen kann das Zentrum Greco-römischer Archäologie*
> *für Doktoranden eröffnen? Es kann nicht sein, dass alle Absolventen unseres Instituts*
> *da arbeiten können. Außerdem sind die verfügbaren Stellen für Forscher in unserem*
> *Bereich in Griechenland sehr begrenzt“* (Kornilios, Z. 13–20).

Nicht nur die begrenzten Finanzierungsmöglichkeiten der Doktorand*innen, sondern auch die *beschränkten Beschäftigungsperspektiven* werden von ihm bei seiner Auswanderungsentscheidung berücksichtigt. Die reale Lage der Beschäftigungs- und Stipendienmöglichkeiten für Geisteswissenschaftler*innen differenziert nicht von Kornilios' Beschreibung, wie bereits in Abschnitt 5.2.2 aufgezeigt wurde. Kornilios nimmt auch eine besonders schwierige Situation in Bezug auf die beruflichen Perspektiven in seinem Bereich wahr, weil mehrere Absolvent*innen seines Instituts um die knappen Stellen in nur in geringem Maße vorhandenen Einrichtungen seines Bereichs konkurrieren müssen. Es wird deutlich, dass die Auswanderungsentscheidung von Kornilios auf die Strukturen des Forschungsbereichs in Griechenland zurückzuführen ist.

Diese ungünstige Situation für eine*n Doktorand*in in Griechenland wird außerdem noch von der ökonomischen Situation von Kornilios' Familie ergänzt, um die Rolle der ökonomischen Motivationen in seiner Migrationsentscheidung deutlicher zu artikulieren:

> *„Die Lebensbedingungen in Griechenland, als ich geflohen bin, waren gar nicht gut.*
> *Wir haben gar nicht die Heizung angemacht, meiner Mutter war es kalt und wir sollten*

---

[14] Die Saripoleio Stiftung ist der Philosophischen Fakultät der Nationalen und Kapodistrischen Universität von Athen angegliedert und verleiht Stipendien für Forschende.

viele Kredite abbezahlen. Meine Mutter hat aber, da sie ist, wie sie ist, immer versucht, dass ich nicht davon betroffen werde. Dazu war die familiäre Situation ein bisschen kompliziert. Und du weißt, wie es ist: Wenn die familiäre Situation kompliziert ist, wird das ökonomische Problem noch intensiver. Von daher war es gar nicht schlecht, dass ich eine Stelle in Deutschland gefunden habe. In Griechenland war ich platt. Ich hatte nur 50 Euro pro Woche zur Verfügung" (Kornilios, Z. 193–200).

Kornilios beschreibt eine besonders *prekäre Situation*[15] seiner Familie, obwohl sie zur Mittelklasse gehört. Es zu vermeiden, während der kalten Jahreszeit die Heizung anzustellen, ist zu einer Strategie vieler Familienhaushalte während der Finanzkrise geworden, um Tageskosten zu reduzieren (Katsakos 2011). Dies zeigt, dass die Finanzkrise alle sozialen Klassen Griechenlands betroffen hat. Außerdem wird auch deutlich, dass Kornilios neben besseren Chancen auf dem Arbeitsmarkt auch ökonomische Unabhängigkeit erlangen wollte. *Die ökonomische Unabhängigkeit* bedeutet auch Unabhängigkeit von übertriebener familiärer bzw. mütterlicher Fürsorge – so wie dies aus seinen Erzählungen zu entnehmen ist –, aber auch einen Ausweg aus der *„komplizierten familiären Situation"*. Eine finanzierte Promotionsstelle im Ausland könnte für Kornilios ein Mittel zur Erfüllung dieser Motive sein. Die Wünsche nach *ökonomischer Unabhängigkeit*, nach Überwindung der *prekären Situation* sowie die wahrgenommenen Schwierigkeiten auf dem griechischen Arbeitsmarkt für Geisteswissenschaftler*innen (die *begrenzten Stipendienmöglichkeiten* und die *beschränkten Arbeitsperspektiven*) zeugen bei seiner Migrationsentscheidung von *einkommensmaximierenden Motiven* und von *Motiven*, die mit *beruflicher Sicherheit* zusammenhängen.

Die Wahrnehmung des deutschen Hochschulsektors als eine gute Option für die Promotion

Zu seiner Wahl, in Deutschland zu promovieren, thematisiert Kornilios besonders neben ökonomischen Gründen auch arbeitsrelevante Gründe, die mit guten Arbeitsperspektiven zusammenhängen:

„Hier gibt es offene Perspektiven. Ökonomische und wissenschaftliche. (...) Hier ist die Bibliothek zum Beispiel nicht so gut wie die der archäologischen Institute in Athen. Alle anderen Sachen sind aber schon besser hier. Das finanzielle sowie das wissenschaftliche Niveau. Vor allem die Wissenschaft. Hier kann man viel mehr entdecken und es gibt so viele laufende Forschungsprojekte, die in Griechenland gar nicht existieren (...) Hier kann man an einem Doktorandenprogramm, das strukturiert aufgebaut

---

[15] Als Prekarisierung wird eine Situation mit einer prozessualen *„Armutsdrohung"* bezeichnet, es handelt sich dabei nicht um eine konkrete Armutssituation (Riesinger 2017: 235).

ist und in dem man wissenschaftlich begleitet und betreut wird, teilnehmen. In Griechenland stehen solche Doktorandenprogramme nicht zur Verfügung" (Kornilios, Z. 21, 37–41).

Interessant bei diesem Interviewausschnitt ist, dass Kornilios für jedes Argument, das seine Entscheidung in Deutschland zu promovieren begründet, eine Gegensituation aus dem griechischen Hochschulsektor vorstellt. Dazu zeigt seine Wahrnehmung zu der besseren Ausstattung der archäologischen Institute in Athen im Vergleich zu derjenigen seines aktuellen Instituts und seine Wahrnehmung zu dem Mangel an strukturierten Doktorand*innenprogrammen in Griechenland, dass seine Migrationsentscheidung mit der ungünstigen Situation des griechischen Forschungsbereichs und besonders seinen Finanzierungsgegebenheiten zusammenhängt. Aus seiner Sicht bietet aber der deutsche Hochschulsektor gute Perspektiven für Forschende und ein hohes Niveau bei Promotionen. Das wissenschaftliche Niveau des deutschen Hochschulsektors bestimmt er anhand der großen Zahl an Forschungsprojekten. Dabei deutet sich an, dass Kornilios im Zuge seiner Migrationsentscheidung *gute berufliche Perspektiven* im deutschen Hochschulbereich zur Kenntnis nimmt.

Hinsichtlich des Kriteriums zur Auswahl des Ziellands bestätigt Kornilios ebenfalls, dass seine Auswanderungsentscheidung mit ökonomischen Motiven konnotiert ist: *„Ich habe mich für Deutschland entschieden, weil mein Fachbereich hier ein viel besseres Niveau hat und Deutschland ein Land ist, wo die Studiengebühren bei der Promotion nicht anfallen"* (Kornilios, Z. 97–98). Außerdem betont er: *„Sicherlich hat der ökonomische Faktor eine hemmende Rolle für England gespielt, mich also davon abgehalten, für meine Promotion dorthin zu gehen"* (Kornilios, Z. 133–134). Kornilios vergleicht die Lebenshaltungskosten in Deutschland und in England miteinander. Dabei berücksichtigt er den Kostenaspekt der Studiengebühren, welche im Verhältnis zum *Realeinkommen* gesehen werden müssen. Der 26-jährige Befragte hat sich also für sein Zielland auf Basis eines wirtschaftlichen Kosten-Nutzen-Kalküls entschieden, obwohl auch das Thema des Niveaus des Fachbereichs kurz angeschnitten wird. Zentral ist es für Kornilios dabei, seine Kosten zu minimieren, um möglichst viel Geld zu sparen, um die erlebte ökonomische Abhängigkeit von seiner Familie in Griechenland zu überwinden. Aus so einer Kalkül-Perspektive heraus hält Kornilios das Leben in Deutschland für eine günstige Option im Vergleich zum Leben in England, obwohl er sich in England wohlfühlen würde: *„England wäre eine sehr einfache Option für mich, was die Integration angeht. Englisch ist mehr oder weniger meine Muttersprache, da ich dort drei Jahre lang aufgewachsen bin"*, so Kornilios (Z. 127–129). Auch bezüglich des Aspekts der Wahl des Ziellandes für seine Promotion wird noch deutlicher, dass seine Migrationsentscheidung sich um ökonomische Motive dreht, aber auch um kulturelle Motive aufgrund der Erwartung des Erwerbs einer qualitativ hochwertigen Promotion in Deutschland. Anhand dieser Motive priorisiert Kornilios für seine Migration Deutschland, statt sich für England zu entscheiden, obwohl Kornilios bereits in England lebte und gute Englischkenntnisse hat.

Einwanderung nach Deutschland als Folge der transnationalen Netzwerke
Darüber hinaus erwähnt Kornilios für die Entscheidung für Deutschland als Zielland seiner Migration weitere Arten von Einflussfaktoren. Sehr zentral für die Migrationsentscheidung von Kornilios ist jedoch die Rolle seiner berufsrelevanten Kontakte (*weak ties*) in Griechenland, meist zu Professor*innen. Diese haben ihm die Möglichkeit geschaffen, Vernetzungen mit berufsrelevanten Kontakten in Deutschland herzustellen. Bei Kornilios stellten die transnationalen *weak ties* schon vor seiner Auswanderung nach Deutschland die entsprechenden Voraussetzungen dafür bereit, da er anfänglich mit dem Erasmus-Programm im deutschen Hochschulbereich Erfahrungen sammeln konnte und dann mit seiner Promotion in derselben Hochschulstruktur begann:

„Das Einzige, was ich machen sollte, war meine Kompetenzen zu zeigen. Sowohl bei meinem Spezialisierungsbereich als auch bei einer Präsentation, die ich vorgestellt habe. (...) Aber natürlich war meine Präsentation auf Englisch. (....) Als ich ihn über die Option einer Promotion bei ihm angesprochen habe, hatte er keinen Grund diese Option abzulehnen. Es sah so aus, dass die Chancen gut waren" (Kornilios, Z. 143–147, 149–151).

Das Erasmus-Semester war für Kornilios ein strategischer Zeitpunkt, um die Promotionsoption in Deutschland vorzubereiten. Dieser kurzzeitige *vorherige Aufenthalt in Deutschland* hat besonders positiv auf seine Migration und Promotion gewirkt. An dem letzten Zitat ist aber auch ein Selbstbewusstsein bei Kornilios hinsichtlich seiner Fähigkeiten zu bemerken, so wie eine Unsicherheit hinsichtlich seiner Deutschkenntnisse, da er betont hat, dass seine Präsentation auf Englisch war. Darüber hinaus hebt Kornilios die Rolle der Pflege dieser Kontakte während der Zeit seiner Rückkehr nach Griechenland im Anschluss an seinen Aufenthalt in Deutschland im Rahmen des Erasmus-Programms hervor:

„Warum ich Deutschland als Land für meine Promotion ausgewählt habe? Da ich bereits den Weg geebnet habe. Ich war in Kontakt mit dem Professor, den ich während des Erasmus-Semesters kennengelernt habe. Ich habe festgestellt, dass er sich sehr für mich interessiert, und er hat das auch bewiesen. Er hat zum Beispiel Verständnis für

die verspätete Abgabe meiner Masterarbeit gezeigt, als die Lage in Griechenland auf politischer Ebene im Juli 2015 chaotisch war " (Kornilios, Z. 114–119).

Der Fokus auf seinen Professor in den Erzählungen zu seiner Migrationsentscheidung weist auf sein Hauptmotiv hin, nach Deutschland zu migrieren. Dies ist die sichere Promotionsstelle, die er nirgendwo anders (weder in England, trotz seiner guten Englischkenntnisse, noch in Griechenland aufgrund der finanziellen Lage des dortigen Hochschulbereichs) haben könnte. Der sichere *Arbeitsplatz* ist auf die *transnationalen Netzwerke* (*weak ties*) der Professor*innen zurückzuführen. Diese Netzwerke sind die Mittel, die ihn nach Deutschland geführt haben. Zentral diesbezüglich war offensichtlich sein *vorheriger Aufenthalt in Deutschland* durch das Erasmus-Programm, der neben dem Beitrag zur Festigung berufsrelevanter Kontakte auch einen weiteren Aspekt hinsichtlich seiner Migrationsentscheidung hat: *„Ich war quasi schon mal hier. Die Stadt hat mir gut gefallen. Ich kann hier nämlich bleiben. Die Stadt ist angenehm und schön. Ich habe meinen Kumpel, Lampros, der mein Mitbewohner ist"* (Kornilios, Z. 106–108). Sein Erasmus-Aufenthalt hat zu seiner Überzeugung beigetragen, dass die Stadt ein angenehmes Leben – auch wegen der Präsenz von Freunden – bieten kann. Somit wird die Bildung kultureller Motive in der Kategorie *Bezug zu Deutschland* in Kornilios' Fall möglich.

Zusammenfassung
Insgesamt sind ökonomische Migrationsmotive besonders prägend in Kornilios' Fall. Selbst die Begründung seiner Entscheidung eine Doktorarbeit zu erstellen, enthält ökonomische Motive (*bessere berufliche Chancen*), wobei ebenso der Einfluss der Familie bei dieser Entscheidung zu berücksichtigen ist. Besonders wesentlich für die Migrationsentscheidung von Kornilios sind *einkommensmaximierende Motive*, die mit den *begrenzten Stipendienmöglichkeiten* in Griechenland, der prekären Situation seiner Familie und dem damit zusammenhängenden Wunsch nach *ökonomischer Unabhängigkeit* in Verbindung stehen. Die *einkommensmaximierenden Motive* von Kornilios waren auch für die Wahl des Ziellandes (größeres *Realeinkommen* in Deutschland als in England) entscheidend. Wichtig sind aber gleichfalls die *Motive*, die sich auf die *berufliche Sicherheit* beziehen und die u. a. auch über die Rolle der *transnationalen Kontakte* (*weak ties*) feststellbar waren. Es ist offensichtlich, dass Kornilios' Migration nach Deutschland über diese Kontakte (Professorennetzwerk zwischen Deutschland und Griechenland) angebahnt wurde. Für Kornilios war Deutschland die einzige Option zur Erreichung seines beruflichen Zieles, d. h. die Erlangung des Doktortitels. Weder

in England noch in Griechenland war das – zumindest mit zur Verfügung stehender finanzieller Förderung – möglich. Seine Aussage ist sehr treffend: *„Ich promoviere nicht in Griechenland, weil das Ausland viel mehr Chancen dafür bietet"* (Kornilios, Z. 11–12) und zeigt, dass die *Migration als Mittel für die Weiterqualifizierung* zu verstehen ist. Das bedeutet, dass das kulturelle *Motiv der Weiterqualifizierung* in Anlehnung an das bourdieusche kulturelle Kapital (2012[1983]) bei der Migration von Kornilios relevant ist. Der Erwerb des kulturellen Kapitals in institutionalisierter und in inkorporierter Form hat des Weiteren auch eine Form von symbolischem Kapital, wenn die bedeutende Rolle, die das *hohe Niveau der Promotion* im deutschen Hochschulsektor für Kornilios' Migrationsentscheidung spielt, berücksichtigt wird. Das *Motiv für die Weiterqualifizierung* ist somit präsent, auch wenn es von ökonomischen Motiven eingerahmt wird, da es sich um eine finanzierte Promotionsstelle in Kornilios' Fall handelt und somit der Erwerb des kulturellen Kapitals auch ökonomisches Kapital mit sich bringt.

Entscheidend dabei war auch sein Erasmus-Aufenthalt, in dessen Verlauf er den arbeitsrelevanten Kontakt (seinen Betreuer) von der Promotionsoption überzeugt hat. Kornilios' Migrationsfall lässt sich somit zum einen mit soziologischen Ansätzen erklären. Dabei geht es um die Ansätze, die sich auf *weak ties* (Granovetter 1974) und entsprechende *transnationale Netzwerke*, die als Determinanten für die Migration fungieren (Heitmüller 2003) beziehen. Zum anderen findet auch der mikroökonomische Ansatz von Todaro (1969) auf Kornilios' Fall Anwendung. Laut Todaro sind die Beschäftigungsraten im Zielland neben den Einkommensdifferenzialen zentral für die Migration. Diese Faktoren hat Kornilios für seine Migrationsentscheidung bedacht, und obwohl er auch die begrenzten Stellen in seinem Bereich auf dem griechischen Arbeitsmarkt thematisiert, wurde deutlich, dass er nicht wirklich angestrebt hat, an einer griechischen Universität zu promovieren. Grund dafür ist der Sachverhalt, dass er sich seine Stelle in Deutschland bereits vor seiner Migration und kurz vor seinem Masterabschluss gesichert hat. Die Einkommensdifferenziale sind dabei indirekt relevant, da eine Promotion in Griechenland auch ohne ein Stipendium möglich wäre. Außerdem wird deutlich, dass primär die oben erwähnten Push-Faktoren die Migrationsoption für ihn eröffnet haben. Laut Han (2010) sind es die Push-Faktoren und die Wahrnehmung der eigenen unbefriedigenden Lage im Geburtsland, die in der ersten Phase eines Migrationsprozesses zur Migrationsoption führen (vgl. ebd.: 199).

Dimos: Migration für eine bessere Zukunft

Dimos ist 33 Jahre alt und arbeitet als IT-Administrator bei einer Firma in einer Großstadt in Westdeutschland. Zum Zeitpunkt des Interviews wohnt er seit vier

Jahren in Deutschland. Im Jahr 2011 ist er zusammen mit seinem Bruder aus Griechenland migriert. Er ist in einer Stadt in Nordgriechenland aufgewachsen und dort hat er auch sein Studium in Informatik an einer Technischen Hochschule abgeschlossen. Dimos' Stiefmutter ist deutsche Staatsbürgerin und ihre Verwandten haben ihm und seinem Bruder besonders in ihrem Migrationsprozess geholfen.

Über seine Entscheidung, sich mit der Disziplin zu beschäftigen, erzählt er:

> *„Ich bin mit dem Computer aufgewachsen. Ich habe schon mit 13 einen Computer gehabt. Mir hat der Computer immer gefallen. Ich habe immer daran geglaubt, dass ich im Umgang mit PCs talentiert bin. In jedem Beruf muss man talentiert sein. Außerdem mag ich es, neue Kenntnisse zu erwerben. Ich bin nie beständig. (...) Ich mag es, wenn meine Beschäftigung abwechslungsreich ist. Ich könnte eine andere Art von Arbeit auswählen, in der ich mich nur mit fünf bestimmten Sachen beschäftige und nichts anderes im Leben mache. Das wäre aber langweilig. Mit Computern kannst du das nicht machen, da es immer Fortschritt gibt"* (Dimos, Z. 2–9).

Dimos charakterisiert sich selbst als ein IT-Talent. Seine frühe Beschäftigung mit dem Computer ist allerdings kein Beweis für ein Talent auf diesem Gebiet, sondern ein Zeichen dafür, dass die Beschäftigung mit dem Computer ihm bereits in seiner späten Kindheit Spaß gemacht hat. Seine Entscheidung, ein Studium im ITK-Bereich aufzunehmen, gründet vor allem auf dem Motiv der Selbstverwirklichung. Dieses Motiv hängt auch mit dem Wunsch nach kontinuierlichem Erwerb neuer Kenntnisse und ihrer Erweiterung zusammen, was ihm der ITK-Bereich aufgrund permanenter technologischer Fortschritte langfristig gewährleistet.

Ökonomische Motive führen zur Migration aus Griechenland nach Deutschland
Die subjektiven Gründe, die Dimos zur Auswanderung bewegt haben, beziehen sich grundsätzlich auf seine ökonomische Situation in Griechenland. Seine Ausführungen zu diesem Thema beginnen mit dem zentralen Satz: *„Ich bin weggegangen, da es dort keine Zukunft gibt"* (Dimos, Z. 11). Seine pessimistische Haltung gegenüber einer Zukunft in Griechenland basierte auf seinen Erfahrungen auf dem griechischen Arbeitsmarkt und deuten auf eine *Perspektivlosigkeit* hin. Das folgende Zitat beschreibt diese negativen Erlebnisse:

> *„Meine Lebenssituation war mit einer Hypothek belastet. Mein alter Arbeitgeber schuldete mir beträchtliche Beträge und somit hatte ich keine Perspektive. Das Geld habe ich noch nicht bekommen und werde es nie bekommen. Alle Jobs waren sehr schlecht bezahlt, oder mit vielen Überstunden, die aber nicht entsprechend bezahlt wurden. Oder sie waren voll irrelevant für meine Spezialisierung. Ich rede jetzt über die Situation vor vier Jahren. Mir war dank meiner Arbeitserfahrungen bewusst, dass*

die Lage sich in dieser Zeit nicht verbessern könnte. Ich musste die Entscheidung treffen, wegzugehen und was Neues zu lernen" (Dimos, Z. 11–20).

Dimos' subjektive Auswanderungsgründe beziehen sich grundsätzlich auf eine *prekäre Situation.* Die drohende Arbeitslosigkeit – und nicht nur diese per se – , der unattraktive IT-Arbeitsmarkt in Griechenland aufgrund unfairer Entlohnung und der Diskrepanz zwischen verfügbaren Stellen und seinen Qualifikationen sind die wahrgenommenen subjektiven Faktoren, die ihn dazu gebracht haben, einen Ausweg aus Griechenland zu suchen. Diese waren Zeichen für eine ungünstige *„Gegenwart und Zukunft"*[16] und auch für eine Situation der *Perspektivlosigkeit* in Griechenland. Die Migration war für Dimos einerseits eine Lösung, diese Situation zu überwinden, und andererseits eine Basis für eine bessere Zukunft, die in Griechenland nicht garantiert war. Es lässt sich also festhalten, dass er die Migration nicht als ein kurzfristiges Projekt betrachtet. Zentral sind offensichtlich die ökonomischen Motive hinsichtlich der subjektiven Push-Faktoren. Diese Art von Motiven wird ständig von ihm betont: *„Am Ende ist entscheidend, was in Erinnerung bleibt. Wenn man also weggeht und es werden einem 10.000 Euro geschuldet, bleibt keine gute Erinnerung, sondern nur ein leeres Portemonnaie"* (Dimos, Z. 172–174). Dimos verlässt also Griechenland unter dem Druck zwingender ökonomischer Gründe und in einer drohenden Armutssituation. Seine Auswanderung ist demnach von *einkommensmaximierenden Motiven* eingerahmt, um diese prekäre Lage zu überwinden.

Die nächste Phase in Dimos' Migrationsprozess betrifft die Entscheidung für sein Zielland. Dabei scheint Dimos u. a. auch ökonomische Motive zu berücksichtigen:

„Wieso dann also Deutschland? Man merkt das Wachstum hier. Ich habe an viele Länder gedacht. Ich wollte aber in Europa bleiben, damit ich nicht weit von Griechenland bin. Australien zum Beispiel wäre für mich zu weit, obwohl ich dank meinen Englischkenntnissen kaum Integrationsschwierigkeiten hätte. Ich könnte theoretisch nach England gehen, aber dort hatte ich keine Bekannten und alles ist sehr teuer. (...) Wir haben also berücksichtigt, welches Land sich entwickelt und welches gute Perspektive bietet. Das war Deutschland" (Dimos, Z. 27–31, 35–37).

Ergänzend zu der Thematik dieses Interviewausschnitts hat Dimos zu einem späteren Zeitpunkt des Interviews hinzugefügt:

---

[16] Dabei geht es um einen In-vivo-Code, der aus seinem folgenden Interviewausschnitt stammt: *„Ich habe festgestellt, dass es dort keine Zukunft und keine Gegenwart gibt. Das war das Wichtigste für mich: Meine Zukunft"* (Dimos, Z. 24–25).

„Ich rede über die Lebenshaltungs- und die Mietkosten. In England ist auch ein Zimmer in einer Wohngemeinschaft sehr teuer. Hier in Deutschland kann man diese sehr billige Option der Wohngemeinschaft wählen, so billig wie in Griechenland kann ich sagen. Diese Vorteile hat man in England nicht. Man muss außerhalb von London wohnen und dann zahlt man viel für die Transportkosten usw. Hier kann man eine Wohnung im Zentrum finden und alles zu Fuß erreichen" (Dimos, Z. 106–111).

Neben dem Kriterium der geografischen Nähe des Ziellandes zu Griechenland betont Dimos in beiden Zitaten zwei Aspekte von ökonomischen Motiven für seine Auswanderung nach Deutschland. Der erste bezieht sich wiederum auf einkommensmaximierende Motive, die mit dem erwarteten *Realeinkommen in Deutschland* zusammenhängen. Diese Erwartung eines höheren Realeinkommens in Deutschland als in England aufgrund der Alltags- und Lebenshaltungskosten zieht Dimos an Deutschland an. Das wahrgenommene bessere *Realeinkommen in Deutschland* überwiegt gleichzeitig gegenüber dem wahrgenommenen Risiko auf Integrationsschwierigkeiten zu stoßen, die in England oder in Australien aufgrund von Dimos' englischen Sprachkenntnissen im Vergleich zu Deutschland schnell überwindbar wären. Beim zweiten Aspekt dreht es sich um die *makroökonomische Lage Deutschlands*, d. h. das dortige „*Wachstum*". Damit ist gemeint, dass Dimos in Deutschland von einer ökonomischen Sicherheit und von *guten beruflichen Perspektiven* ausgeht. Eine Gegensituation verglichen mit seinen Erlebnissen in Griechenland. Die ökonomischen Motive in diesem Fall beziehen sich auf die Priorisierung der *beruflichen Sicherheit*. Ein weiterer Interviewausschnitt veranschaulicht dieses Motiv deutlicher:

„Das, was mich motiviert hat, hierhin zu kommen, war der Sachverhalt, dass man hier alles machen kann. So viele Chancen. (...) Du kannst als IT-Experte auch einen Masterstudiengang machen oder was anderes, damit du vorankommst. Ohne unnötige Schritte zu machen und auf bürokratische Probleme zu stoßen. Hier ist alles viel einfacher. Im Endeffekt kann man immer eine Ausbildung machen. In Griechenland gibt es das nicht" (Dimos, Z. 77–78, 82–85).

Dimos nimmt einen stabilen Arbeitsmarkt in Deutschland wahr, auf dem ihm viele Möglichkeiten offenstehen. Dies war seine Erwartung vor seiner Migration, bleibt aber auch sein Eindruck nach seiner Migration. Für Dimos scheint die erlebte beständig drohende Arbeitslosigkeit in Griechenland in Deutschland keinen Platz zu haben. Neben den guten Arbeitsperspektiven bemerkt er aber auch die ihm offenstehenden *Weiterbildungsmöglichkeiten* in Deutschland bei seiner Migration. Hierbei werden Motive des kulturellen Niveaus offensichtlich, die sich auf das kulturelle Kapital beziehen. Dimos erwartet Gelegenheiten zu *(Weiter-)*

Bildungsmöglichkeiten im deutschen Bildungssystem (Master, Ausbildung), d. h. dass er das kulturelle Kapital in institutionalisierter Form ausnutzen kann, um seine Kenntnisse, also das kulturelle Kapital in inkorporierter Form, zu erweitern und von der günstigen Lage des deutschen ITK-Arbeitsmarkts profitieren zu können.

Die Rolle des Sozialkapitals bei der Migrationsentscheidung und im Migrationsprozess
Neben den erwähnten ökonomischen Gründen wirken auch soziale Faktoren auf Dimos' Migrationsentscheidung. Seine Stiefmutter ist eine zentrale Person im Hinblick auf seine Migrationsentscheidung: *„Außerdem kommt meine Stiefmutter aus Deutschland. Sie wohnte aber in dieser Zeit in Griechenland. Ihr Bruder war aber hier* [in Deutschland] *und wir könnten eine Unterstützung bekommen. Deutschland war für uns also eine gute Option"* (Dimos, Z. 37–39). Über die Stiefmutter werden wichtige Kontaktpersonen für den Migrationsprozess der beiden Brüder (deswegen redet Dimos in der Wir-Form) bereitgestellt. Somit stellt das Sozialkapital in Deutschland in Form von *strong ties* (verwandtenbezogene Kontakte) einen weiteren Grund für Dimos' Migration gerade nach Deutschland dar, und nicht nach England, wo keine sozialen Bezüge für ihn verfügbar waren. Dabei scheint sein Bruder, als *Mitmigrierender Angehöriger*, eine aktive Rolle bei der von beiden Brüdern gemeinsam getroffenen Migrationsentscheidung sowie im Migrationsprozess einzunehmen. Das soziale Kapital hat aber auch einen finanziellen Aspekt, der von Dimos wahrgenommen wird:

> *„Sonst hatten wir keine weitere Hilfe. Zu 100 Prozent hatten wir die Unterstützung dieser Verwandten. Die ersten drei Monate durften wir bei denen bleiben. (...) Sonst hätten wir drei Monate lang 1.000 Euro jeden Monat für einen Raum in einem Hotel geben müssen, bis wir eine Wohnung finden"* (Dimos, Z. 129–130, 134–135).

Gerade dieses Zitat zeigt auf, dass Dimos für seine Migration kaum ökonomisches Kapital zur Verfügung stand und er primär aus einkommensmaximierenden Gründen nach Deutschland eingewandert ist. Sein soziales Kapital in Deutschland hilft ihm wesentlich dabei, Geld für die Miete zu sparen. Im Gegensatz zu den anderen faktischen Migrant*innen aus dem ITK-Bereich ist Dimos der Einzige der Befragten, der vor seiner Migration keine Stelle gefunden hatte. Dimos musste sowohl die Sprache lernen: *„Vor meiner Migration konnte ich wenig Deutsch. Wenn man nicht dazu die Sprache praktiziert, verlernt man diese. Ich habe auf dem Gymnasium Deutsch gelernt und als ich hierhin eingewandert bin, war ich 28 Jahre alt.*

Ich musste von Anfang an beginnen" (Dimos, Z. 49–51) als auch nach einer Arbeit suchen:

> „*die Wahrheit ist, dass die ersten zwei Sachen, die wir schnell und ziemlich einfach gemacht haben, das war uns für einen Deutschkurs anzumelden und eine Arbeit zu finden. Die Arbeit habe ich innerhalb von zwei Tagen gefunden. (...) Am Anfang habe ich eine andere Stelle gefunden. Voll irrelevant mit meiner Spezialisierung. Obwohl ich Bewerbungen an große IT-Firmen geschickt hatte, waren alle Rückmeldungen eher positiv und das Problem war die Sprache. (...) Somit habe ich obligatorisch angefangen etwas anderes zu arbeiten. (...) Ich war für zweieinhalb Jahre Hausmeister in Hochhäusern. Ich habe ein ausreichendes Niveau erreicht. Ungefähr das B2-Niveau. Irgendwann in dieser Zeit hat die Frau meines Onkels mich informiert, dass sie in ihrer Firma nach Technikern suchen. Ich habe meinen Lebenslauf geschickt und seit meiner Probezeit arbeite ich dort – bis heute"* (Dimos, Z. 55–57, 62–66, 69–73).

Offensichtlich war für ihn die Sprache (als kulturelles Kapital in institutionalisierter und in inkorporierter Form) eine große Barriere, die er im Lauf der Zeit und durch Arbeitserfahrungen in einem Arbeitsbereich für Niedrigqualifizierte überwunden hat. Vor seiner Migration hatte er die Erwartung, dass er in Deutschland auch mit seinen Englischkenntnissen arbeiten könnte[17]. Obwohl diese Barriere ihm vor seiner Migration bekannt war, hat er trotzdem die Entscheidung getroffen, nach Deutschland und nicht in ein englischsprachiges Land einzuwandern. Die Anstellung von Dimos in seinem Spezialisierungsbereich war zweieinhalb Jahre nach Beginn seines Aufenthalts in Deutschland über die *strong ties* möglich. Das Sozialkapital hat also in Dimos' Fall erstens positiv für die Wahl Deutschlands als Zielland, aber auch positiv bei der Arbeitssuche gewirkt. Der letzte Interviewausschnitt zeigt ebenfalls auf, dass Dimos aus *einkommensmaximierenden Motiven* aus Griechenland ausgewandert ist und dass Geldverdienen seine Priorität am Anfang seiner Migration war. Dies demonstriert der Sachverhalt, dass er nur zwei Tage nach seiner Ankunft in Deutschland mit der Arbeit begonnen hat, allerdings nicht im ITK-Bereich. Trotzdem betont Dimos, dass sein weiteres Ziel eine Arbeit in seinem studierten Fach war:

> „*Als Hausmeister habe ich viel Geld nach einem bestimmten Zeitpunkt verdient (...). Aber das war nicht das, was ich gerne machen möchte. Ich hatte keine Bekannten, keine Freunde. Ich hatte niemanden. Nur eine Freundin von mir. Ich hatte meine eigenen psychologischen Probleme. Dann plötzlich fand ich meinen neuen Job und Vicky* [seine

---

[17] In Bezug auf die Möglichkeit in Deutschland auch mit Englisch eine Arbeitsstelle zu finden, sagt er: „*Das wäre das Beste, aber wie gesagt, es gibt nur wenige englischsprachige Firmen in Deutschland. (...) Die Firmen hier suchen nach IT-Experten, aber mit Deutschkenntnissen*" (Dimos, Z. 92–95).

neue Partnerin]. *Sonst weiß ich nicht, ob ich das hätte weitermachen können"* (Dimos, Z. 160–161, 162–165).

Dabei können die Ziele von Dimos' Migration benannt werden: in erster Linie den Lebensunterhalt finanziell sicherzustellen und zweitens eine Stelle im studierten Fach zu finden. Um das zweite Ziel zu erreichen, brauchte Dimos Zeit aufgrund seines mangelhaften Sprachkapitals in der deutschen Sprache. Nur damit konnte sein Migrationsprozess auf Basis dieser Ziele abgeschlossen werden, um eine mögliche Rückkehr nach Griechenland ohne Erfüllung der Migrationsziele auszuschließen. Jedoch beschreibt Dimos eine Periode, die mit Schwierigkeiten im Integrationsprozess verbunden ist. Die mangelnden Deutschkenntnisse hatten sein soziales Umfeld beschränkt und die über einen längeren Zeitraum nicht realisierte Erreichung des zweiten Ziels hatte Auswirkungen auf seine Psyche zur Folge. Diese schwierige Zeit von zweieinhalb Jahren ist vorübergegangen. Ab dem Zeitpunkt der Aufnahme des Berufs im ITK-Bereich kann Dimos von einem neuen Punkt in seinem Leben in Deutschland starten und weiterführende Pläne machen, wie das an Gedanken zu seiner Bleibeperspektive in Deutschland erkennbar wird.

Zusammenfassung

Im Zentrum von Dimos' Migrationsentscheidung stehen ökonomische Motive, die besonders mit *einkommensmaximierenden* Aspekten zusammenhängen, wie das anhand seiner beschriebenen Situation in Griechenland vor der Migration deutlich wurde. Die *Prekarisierung*, die sich als Faktor in seinem Fall auf die drohende Arbeitslosigkeit in seinem studierten Fach bezieht, und die Perspektivlosigkeit führen Dimos dazu, einen Ausweg aus seinem Leben in Griechenland zu suchen. Gerade auf den Aspekt der Beschäftigungschancen im Herkunftsort fokussiert sich der Ansatz von Pissarides und Wadsworth (1989), demzufolge sich der Migrationsfall von Dimos begründen lässt.

Des Weiteren sind auch Pull-Faktoren ökonomischer Art beobachtbar, die ihn dazu motivieren, nach Deutschland einzuwandern. *Einkommensmaximierende Motive* (Erwartung eines höheren Realeinkommens in Deutschland als in anderen möglichen Zielländern, Berücksichtigung des Wachstums der deutschen Volkswirtschaft) und *Motive, die die berufliche Sicherheit* mit Fokus auf den stabilen deutschen IT-Arbeitsmarkt priorisieren, aber auch kulturelle Faktoren in Bezug auf die *Weiterbildungsmöglichkeiten* in Deutschland, ergänzen die Einwanderung von Dimos. Der Fokus der Migrant*innen auf die beruflichen Perspektiven im Zielland wird von Sjaastad (1962) betont. Jedoch zielt Dimos insgesamt darauf ab, durch seine Migration seine finanzielle Lage, jedoch auch seine Lebensperspektive auf langfristiger Basis zu verbessern. Deutschland wird als Zielland bevorzugt, da dieses Zielland die am besten geeignete Option – im Vergleich zu England – aus ökonomischen Aspekten war. Es lässt sich somit feststellen, dass alle drei mikroökonomischen Ansätze, die diese Studie berücksichtigt (Sjaastad 1962; Todaro 1969; Pissarides/Wadsworth 1989), den Migrationsfall von Dimos dementsprechend erklären können, da sie sich alle auf die Migrationsentscheidung aus der Perspektive der Einkommensmaximierung konzentrieren. Außerdem wurde auch erkennbar, dass die sozialen Rahmenbedingungen ebenso eine wichtige Rolle in seinem Fall spielen, da ohne den Bezug zu Deutschland durch seine Stiefmutter und ihre Kontakte in Deutschland, diese Migration kaum vorstellbar gewesen wäre. Die Theorie des Sozialkapitals findet somit in Dimos' Fall Anwendung, da diese familiären Kontakte eine wichtige Ressource für Dimos' Migration waren, aber auch für den späteren Arbeitsplatz von Dimos durch die *strong ties* darstellten. Diese Kontakte hingen jedoch ebenfalls mit ökonomischen Aspekten zusammen, womit deutlich wurde, dass das soziale Kapital in ökonomisches Kapital konvertierbar ist, um auf die Bourdieu'sche Kapital-Theorie (2012[1983]) auch diesbezüglich zurückzugreifen.

7.1.6   Zwischenfazit und vergleichende Analyse im beruflichen Kontext

Nach der Analyse ausgewählter Fälle erfolgt die Zusammenfassung der bisherigen Ergebnisse aus der Datenanalyse im Überblick, aber auch die Analyse der Ergebnisse im Hinblick auf den beruflichen Kontext. Die Tabelle 7.1 fassen diese Ergebnisse zusammen.

Insgesamt lässt sich festhalten, dass Faktoren und Motive aus den vier Handlungsdimensionen (Ökonomie, Gesellschaft, Politik und Kultur) von Vertreter*innen aller drei Berufsgruppen der Studie für die Migrationsentscheidung relevant sind. Einerseits wurde deutlich, dass Unterschiede bei den Push- und Pull-Faktoren im beruflichen Kontext erkennbar sind, sie können mit den Besonderheiten der jeweiligen Berufssektoren in Zusammenhang gebracht werden. Andererseits werden einige Motive und Einflussfaktoren berufsübergreifend erwähnt und lassen sich andere mit individuellen Eigenschaften verbinden, sodass keine Zusammenhänge mit den Besonderheiten in den jeweiligen Bereichen der Berufsgruppen hergestellt werden können.

Tabelle 7.1 Überblick über den Migrationsmotive und Einflussfaktoren von faktischen Migrant*innen (1/2)

	Ärzt*innen	Nachwuchswissenschaftler*innen	IT-Expert*innen
Ökonomische Motive und Einflussfaktoren			
Einkommensmaximierende Motive	*Mittelschichtseinkommen (Klelia)*	*Begrenzte Stipendienmöglichkeiten in Griechenland (Kornilios, Aggeliki)* *Prekäre Situation (Kornilios)* *ökonomische Unabhängigkeit (Kornilios)* *Realeinkommen in Deutschland (Kornilios)*	*Prekäre Situation (Dimos)* *Arbeitslosigkeit (Chara)* *makroökonomische Lage Deutschlands (Dimos)* *Realeinkommen in Deutschland (Dimos)*
Berufliche Sicherheit als Motiv	*Gute berufliche Perspektiven auf dem deutschen Arbeitsmarkt (Giannis, Klelia)* *gute Chancen für eine Facharzt*innausbildungsstelle in Deutschland (Eleni, Kleomenis, Klelia)* *einfach zugängliches Einstellungssystem für die Facharzt*innausbildung in Deutschland (Klelia, Giannis)*	*Beschränkte Berufsperspektiven (Kornilios, Erato)* *Perspektivlosigkeit (Erato)* *Arbeitsplatz (Kornilios)* *Fachlicher Bezug zu Deutschland (Aggeliki)* *Gute berufliche Perspektiven auf dem deutschen Arbeitsmarkt (Kornilios)*	*Beschränkte Berufsperspektiven (Eri, Giorgos)* *Perspektivlosigkeit (Dimos)* *Arbeitsplatz (Chara)* *Gute berufliche Perspektiven auf dem deutschen Arbeitsmarkt (Dimos, Eri)*
Karriereorientierende Motive	*Sammlung von Auslandserfahrungen (Kleomenis, Klelia)* *Arbeitsbedingungen (Klelia)* *Wartezeit für die Facharzt*innausbildung (Giannis, Eleni, Klelia, Kleomenis)*	*Begrenzte akademische Karrieremöglichkeiten aufgrund von Vetternwirtschaft und Korruption (Erato, Eftichis)* *Arbeitsbedingungen (Erato)*	*Unattraktive Arbeitgeber in Griechenland (Giorgos)* *Sammlung von Auslandserfahrungen (Eri, Giorgos)* *Internationales Profil des Arbeitgebers (Giorgos)* *Arbeitsbedingungen (Giorgos)*

(Fortsetzung)

Tabelle 7.1 (Fortsetzung)

	Ärzt*innen	Nachwuchswissenschaftler*innen	IT-Expert*innen
Soziale Motive und Einflussfaktoren			
Soziales Kapital in Deutschland	*Ethnische bzw. berufliche Netzwerke* (Giannis, Klelia, Eleni, Kleomenis) *Weak ties in Deutschland* (Kleomenis)		*Strong ties* (Dimos, Chara)
Soziales Kapital in Griechenland		*Migrationsfördernde Rolle der Familie* (Aggeliki, Erato)	
Transnationales Netzwerk		*Transnationale weak ties* (Kornilios, Aggeliki, Eftichis)	*Firmen- und universitäre Kanäle* (Giorgos, Eri)
*Mitmigrierende Partner*innen und Angehörige*	*Mitmigrierender Partner* (Klelia)		*Mitmigrierende Angehörige* (Dimos)
Politische Motive und Einflussfaktoren			
Soziopolitische Faktoren in Griechenland		*Korruption und Vetternwirtschaft* (Erato, Eftichis) *Soziopolitische Krisensituation in Griechenland* (Eftichis, Erato) *Ausbeutung von Frauen in Griechenland* (Erato)	

(Fortsetzung)

Tabelle 7.1 (Fortsetzung)

	Ärzt*innen	Nachwuchswissenschaftler*innen	IT-Expert*innen
Kulturelle Motive und Einflussfaktoren			
Weiterqualifizierung als Motiv	Verschlechterung der Qualität der Ausbildung (Klelia) Migration als Mittel zur Weiterqualifizierung (Klelia, Giannis) Hohes Niveau der Ausbildung in Deutschland (Giannis)	Verschlechterung der Qualität der Promotionsbedingungen (Aggeliki) Migration als Mittel zur Weiterqualifizierung (Kornilios) Hohes Niveau der Promotion in Deutschland (Kornilios)	Weiterbildungsmöglichkeiten (Dimos)
Sprachbezogene Einflussfaktoren	Deutschkenntnisse (Giannis, Eleni, Kleomenis, Klelia)	Deutschkenntnisse (Aggeliki)	Deutschkenntnisse (Chara)
Bezug zu Deutschland	Vorherige Erfahrungen und Aufenthalte in Deutschland (Kleomenis, Eleni) Migrationsgeschichte der Familie in Deutschland (Giannis)	Vorherige Erfahrungen und Aufenthalte in Deutschland (Erato, Eftichis, Kornilios) Selbstidentifikation als „Deutsche" (Erato)	

Quelle: Eigene Darstellung

Beginnend mit den ökonomischen Motiven lässt sich sagen, dass *einkommens-maximierende Motive und Einflussfaktoren* besonders für die Nachwuchswissen-schaftler*innen und die IT-Expert*innen der Fallauswahl und weniger für die Ärzt*innen angesichts ihrer Migrationsentscheidung relevant sind. Dieser Sach-verhalt kann durch den aktuellen Status der befragten Ärzt*innen erklärt werden. Die Ärzt*innen der Fallauswahl befinden sich in der Fachärzt*inausbildungsphase und im Hinblick auch auf die Wartezeit für eine entsprechende Stelle in Grie-chenland interessieren sie sich eher für den Abschluss dieser Phase und weniger für das Maximieren ihres Einkommens[18]. Im Gegensatz dazu scheinen aber die Nachwuchswissenschaftler*innen insbesondere von den knappen *Stipendienmög-lichkeiten* in Griechenland betroffen zu sein und somit thematisieren sie die einkommensmaximierenden Aspekte bei der Migration. Dabei zeigt sich die Rolle der politischen Rahmenbedingungen für ihre Auswanderung aus Griechenland, da neben den nur in begrenztem Maße vorhandenen finanzierten Stipendienmög-lichkeiten auch die Austeritätsmaßnahmen im staatlichen universitären Bereich angesprochen werden. *Einkommensmaximierende Motive* scheinen für die IT-Expert*innen relevant zu sein, obwohl die Rolle der *beruflichen Sicherheit als Motiv* für ihre Migrationsentscheidung als zentral zu interpretieren ist, da alle IT-Befragten sich auf diese wichtigen Motive und Einflussfaktoren beziehen. Diese Entwicklung lässt sich als Folge der Diskrepanzen in den Arbeitsperspektiven zwischen den beiden IT-Arbeitsmärkten verstehen. Es ist charakteristisch, dass der deutsche IT-Arbeitsmarkt als besonders attraktiv hinsichtlich seiner beruf-lichen Perspektiven wahrgenommen wird. Im Gegensatz dazu wird bezüglich der Push-Faktoren in Griechenland nicht direkt die Arbeitslosigkeit thematisiert, sondern die empfundene Bedrohung durch Arbeitslosigkeit und eine *Perspek-tivlosigkeit*, da die Befragten zugeben, dass sie in ihrem Bereich eine Stelle finden können. Diese Ergebnisse bestätigen diejenigen von Gropas und Barto-lini (2016) in Bezug auf die Auswanderungsgründe von IT-Expert*innen aus einem Mangel an beruflichen Perspektiven heraus und wegen niedrigen Ein-kommensmöglichkeiten. Die Motive dieser Kategorie werden zum Teil auch von den Nachwuchswissenschaftler*innen berücksichtigt, da sowohl wahrgenommene gute zukünftige berufliche Perspektiven in Deutschland als auch beschränkte Arbeitsperspektiven im universitären Bereich Griechenlands von den Befragten dieses Fachgebiets erwähnt werden. Bedeutsam ist die *berufliche Sicherheit als*

---

[18] Wie in der Fallanalyse von Klelia deutlich wurde, bestehen für die Ärzt*innen Alternativen beim Geldverdienen (ärztliche Tätigkeit in Kliniken), solange sie auf ihre Fachärztinausbil-dung in Griechenland warten müssen.

Motiv ebenfalls bei der Migration von Ärzt*innen. Bedacht bei ihrer Migrationsentscheidung werden die guten Arbeitsperspektiven im Rahmen des hohen Bedarfs an Ärzt*innen – einerseits langfristig gesehen und andererseits direkt in Verbindung mit ihrer Fachärzt*inausbildung –, da dies auch eine zügige Anstellung bedeutet. Die Migrationsmotive der Ärzt*innen betonen die Rolle der politischen Rahmenbedingungen bei ihrer Migration, da die Entwicklungen in der Personalbesetzung der Krankenhäuser in beiden staatlichen Gesundheitssystemen Folge der politischen Entscheidungen sind. Motive dieser beiden Kategorien können mithilfe mikroökonomischer Ansätze theoretisch eingerahmt werden, wie das in den Fallanalysen deutlich wurde. Bezüglich dieser Ergebnisse der Studie im Zusammenhang mit dem bisherigen Forschungsstand kann festgestellt werden, dass Einflussfaktoren und Motive, die die besseren Berufschancen betreffen und als wichtig für die hochqualifizierte Migration aus Griechenland gelten (Labrianidis/Pratsinakis 2016; Stavrianakis 2019), ebenso eine berufsübergreifende Rolle bei den hier untersuchten Berufsgruppen einnimmt. Darüber hinaus wurde festgestellt, dass die einkommensmaximierenden Motive nicht speziell für die bestimmte untersuchte Gruppe der Ärzt*innen (Ärzt*innen in Fachärzt*inausbildungsphase) relevant sind, obwohl solchen Motivationen in der Studie von Tolios/Thanos (2021) eine besonders wichtige Rolle von den befragten zugewanderten Hochqualifizierten zugeschrieben wird. Dieser Kontrast betont die Bedeutung der berufsvergleichenden Perspektive bei der Erforschung der hochqualifizierten Migration, um Pauschalisierungen im Bereich der Migrationsmotive aller Hochqualifizierten zu vermeiden.

Karriereorientierte Motive bei der Migrationsentscheidung wurden von Vertreter*innen jeder Berufsgruppe thematisiert. Jedoch war es primär möglich, vielfältige Aspekte dieser Motive im Zusammenhang mit dem ITK-Bereich zu erkennen, in besonderem Maße bei einem Befragten (Giorgos), der offenbar beabsichtigt, eine internationale Karriere einzuschlagen. Dabei werden Besonderheiten der jeweiligen Berufssektoren auch hinsichtlich dieser Art von Motiven erkennbar. Beispielsweise scheint die Rolle des Einflussfaktors *Wartezeit für eine Fachärzt*inausbildung* in Griechenland von besonderer Wichtigkeit bei der untersuchten Migration der Ärzt*innen zu sein,[19] da dieser Faktor die Karrierewege von Medizinabsolvent*innen in Griechenland versperrt. Die Rolle der Wartezeit

---

[19] Jedoch wurde in den Interviews mit den potenziellen Migrant*innen im Gesundheitssektor ein interessanter Wandel in ihren Migrationsgründen bzw. Motiven für ihre Migration festgestellt: Der Einflussfaktor *Verschlechterung der Qualität der Ausbildung* erscheint als zentraler Grund für eine mögliche Auswanderung aus Griechenland für die potenziellen Migrant*innen im Gesundheitssektor, obwohl die befragten faktischen Migrant*innen eher den Faktor *Wartezeit für die Fachärzt*inausbildung* betonen. Dies lässt sich durch

bis zur Aufnahme einer Fachärzt*inausbildung bestätigen auch Becker/Teney (2020) bei Betrachtung der Migration griechischer Ärzt*innen in Deutschland. Wahrgenommene Korruptionsphänomene sind für Erato und Eftichis für die begrenzten akademischen Karrieremöglichkeiten im griechischen Universitätsbereich zuständig und somit auch für ihre persönliche Migrationsentscheidung. Als berufsübergreifender Aspekt der *karriereorientierten Motive* soll der Faktor der *Arbeitsbedingungen* (als Push- und Pull-Faktor) betrachtet werden. Dieser wurde von Vertreter*innen jeder Berufsgruppe als Beweggrund genannt. Die *Sammlung von Auslandserfahrungen* wurde von keinem Befragten aus der Gruppe der Nachwuchswissenschaftler*innen thematisiert, obwohl dieser Faktor laut Salz (1988) als qualitatives Merkmal im Lebenslauf anzusehen ist. Insgesamt lässt sich hinsichtlich der *karriereorientierten Motive* und im Hinblick auf den entsprechenden bisherigen Forschungsstand sagen, dass die Rolle, die diese Motive für die hochqualifizierte Migration aus Griechenland spielen, von hoher Relevanz ist, wie in Studien (Triandafyllidou/Gropas 2014; Tasoulis et al. 2019; Tolios/Thanos 2021) dazu bereits argumentiert wurde. Diese Motive können aber aus unterschiedlichen Einflussfaktoren, je nach Berufssektor, stammen und können unterschiedliche Gewichtung in jedem Berufssektor bei der Migration aufweisen: Während die *Wartezeit für die Fachärzt*inausbildung* eine besonders zentrale Rolle bei der Migration von Ärzt*innen spielt, ist bei den anderen zwei untersuchten Berufsgruppen kein Einflussfaktor in Verbindung mit *karriereorientierten Motiven* von derartig hoher Bedeutung und von dieser Frequenz auszumachen. Zweifelsfrei ist aber, dass ökonomische Motive und Gründe zentral für die Migration aller drei untersuchten Berufsgruppen sind. Dies widerspricht den Ergebnissen der Studie von Panagiotakopoulos (2020), in der argumentiert wird, dass ökonomische Gründe nicht die Hauptursachen für die Auswanderung von Hochqualifizierten aus Griechenland sind.

Darüber hinaus wird offenbar, dass soziale Motive und Einflussfaktoren auch eine zentrale Rolle bei der Migrationsentscheidung der Befragten spielen. Im Gegensatz dazu hat die bisherige Migrationsforschung zur Auswanderung von Hochqualifizierten aus Griechenland nur teilweise den sozialen Aspekt miteinbezogen (Damanakis 2014; Triandafyllidou/Gropas 2014; Stavrianakis 2019). In den

---

den Wandel in den Bedingungen im griechischen Gesundheitssystem erklären, da aufgrund der Auswanderung von Ärzt*innen in den letzten Jahren sich die Warteliste für eine Fachärzt*inausbildung deutlich verkürzt hat (siehe auch Abschnitt 7.4). Gleichzeitig haben aber die Sparmaßnahmen die Arbeitsbedingungen im griechischen Gesundheitssektor verschlechtert, sodass die Qualität der Fachärzt*inausbildung infrage gestellt wird, wie anhand der Aussagen der befragten Ärzt*innen deutlich wurde.

dargestellten Fallanalysen wurde gezeigt, dass theoretische Ansätze sozialwissenschaftlicher Disziplinen (Granovetter 1974; Bourdieu 1983; Vertovec 2001) eine theoretische Basis für die Migrationsentscheidung der Befragten bieten. Die Rolle der sozialen Motive und Einflussfaktoren steht im engen Zusammenhang mit der Art und Weise der Verwirklichung dieser Migration. Außerdem sind hinsichtlich der sozialen Motive und Einflussfaktoren deutliche Unterschiede zwischen den untersuchten Berufsgruppen zu bemerken. Entscheidend für die Verwirklichung der Migration der Ärzt*innen scheinen die *ethnischen und beruflichen Netzwerke* zu sein, da alle Befragten sich darauf bezogen haben. Dieses Phänomen kann mit einer Kettenmigration assoziiert werden, bei der Pioniermigrant*innen im Medizinbereich zur Migration neu zugewanderter Ärzt*innen aus Griechenland entscheidend beitragen. Das bedeutet auch, dass die Migration von Ärzt*innen aus Griechenland nach Deutschland zum größten Teil eigenständig, also ohne institutionelle Hilfe erfolgt. Im Gegensatz dazu spielen bei der Migration von Nachwuchswissenschaftler*innen die *transnationalen Netzwerke* der Professor*innen, die bei der Verwirklichung der Migration in diesem Bereich oft mithelfen, eine zentrale Rolle. Entscheidend dabei sind auch vorherige Aufenthalte (z. B. über das Erasmus-Programm) im Zielland, in deren Verlauf Kontakte seitens der Migrant*innen zu Professor*innen im Zielland geknüpft werden, damit ein längerer Aufenthalt in Verbindung mit einer Doktorand*innenstelle möglich wird. Die Migration erfolgt dementsprechend in diesem Bereich über einen institutionellen Weg. Obschon im ITK-Bereich drei unterschiedliche Kategorien von sozialen Motiven bzw. Einflussfaktoren gebildet wurden, wird hierbei auf die Rolle der *transnationalen Netzwerke* fokussiert, da diese charakteristisch für den ITK-Bereich erscheinen. Die *transnationalen Netzwerke* beziehen sich auf Hochschulen und Firmen, die Kanäle zur Migration durch Praktikumsstellen schaffen und im Anschluss daran intern Stellen ausschreiben, damit die Migration der Betroffenen ermöglicht wird. Somit lässt sich feststellen, dass an den Migrationskanälen internationale Unternehmen (Salt 1988) sowie Universitäten durch ihre beiderseitigen Kooperationen während der Praktikumserfahrungen der Studierenden (Pethe 2006) beteiligt sind.

Politische Motive und Einflussfaktoren wurden ebenfalls im Hinblick auf die Migrationsentscheidung von zwei befragten Nachwuchswissenschaftler*innen thematisiert. Diese werden im Zusammenhang mit Griechenland, d. h. als Push-Faktoren, berücksichtigt. Darauf beziehen sich aber nur Nachwuchswissenschaftler*innen in dieser Studie. Eine Erklärung dafür ist möglicherweise, dass diese Gruppe – insbesondere die Geisteswissenschaftler*innen in Griechenland – hinsichtlich ihrer Arbeitsperspektiven von staatlichen Strukturen abhängig sind (siehe Abschnitt 5.2.2). Wie bei Darlegung des Forschungsstands (Kapitel 2) deutlich wurde, wurde die Rolle politischer Motive und Einflussfaktoren bisher in anderen Studien wenig beleuchtet.

Abschließend lässt sich sagen, dass hinsichtlich der Rolle, die kulturelle Motive bei der hochqualifizierten Migration spielen, ein enger Zusammenhang bei zwei Berufsgruppen der Fallauswahl besteht. Die Rolle, die der Weiterqualifizierungs- bzw. Weiterbildungswunsch als Migrationsmotiv einnimmt, ist besonders für die Migration der befragten Ärzt*innen und Nachwuchswissenschaftler*innen relevant, da diese beiden Gruppen sich in einer Weiterqualifizierungsphase befinden. Die Erwartung einer *qualitativen Ausbildung in Deutschland* und die Wahrnehmung der *Verschlechterung der Qualität der Ausbildung* in Griechenland während der Finanzkrise sind als Einflussfaktoren für die Migrationsentscheidung Hochqualifizierter charakteristische Beispiele für die bedeutende Rolle des kulturellen Kapitals in institutionalisierter und in inkorporierter Form (Bourdieu 2012[1983]). Somit kann die Migration einiger Befragter als Mittel zu ihrer Weiterqualifizierung interpretiert werden. Ein Zusammenhang zwischen dem (Weiter-)Bildungswillen von zugewanderten Hochqualifizierten aus Griechenland und kulturellen Motiven wurde von der bisherigen relevanten Forschung noch nicht hergestellt, obwohl der Bildungswille bei den Motiven der griechischen Hochqualifizierten aufgezeigt wurde (Koniordos 2017). Außerdem thematisieren alle befragten Ärzt*innen sprachbezogene Motive, d. h. die Beherrschung der deutschen Sprache für ihre Migration nach Deutschland, um ihr inkorporiertes kulturelles Kapital in ökonomisches Kapital transformieren zu können. Im Gegensatz dazu bezieht sich nur ein*e Vertreter*in in jeder der zwei anderen Berufsgruppen auf diesen Einflussfaktor für die Migration nach Deutschland. Grund dieser zentralen Thematisierung aufseiten der Ärzt*innen der Studie ist der Sachverhalt, dass sie nur mit fließenden Deutschkenntnissen ihre Facharzt*inausbildung im deutschen Bildungssystem aufnehmen können. Demgegenüber gibt es Fälle, sowohl von IT-Expert*innen als auch von Nachwuchswissenschaftler*innen, in denen davon ausgegangen wurde, dass ihre Englischkenntnisse für ihre Anstellung in Deutschland ausreichen könnten. Die zentrale Rolle der Sprache für die Migrationsentscheidung wurde auch in weiteren Studien zur hochqualifizierten Migration aus Griechenland bestätigt (Triandafyllidou/Gropas 2014; Stavrianakis 2019; Sakellariou/Theodoridis 2021; Tolios/Thanos 2021). Außerdem wurde zugleich ersichtlich, dass vorherige Erfahrungen bzw. Aufenthalte in Deutschland im Rahmen von vorangegangenen Studien oder eines Erasmus-Programms zu einer Bindung der Befragten an Deutschland führten, sodass in diesen Fällen eine Bindung an Deutschland als gegeben gedeutet werden kann. Diese Beziehung zu Deutschland wirkt aus Sicht einiger Befragter, die bei den Fallauswahlen der vorliegenden Studie aus dem Medizin- und Hochschulbereich stammen, in positivem Sinne bei der Entscheidung, nach Deutschland zu migrieren, da damit angedacht ist, dass bereits eine Anpassung an die in Deutschland vorherrschenden sozialen und ‚kulturellen' Werte stattgefunden hat.

7.2   Motive im Zusammenhang mit der Bleibeperspektive bezogen auf Deutschland

Im Hinblick auf die faktischen Migrant*innen ist neben der Frage nach ihren Migrationsgründen auch die Frage nach ihrer Bleibeperspektive bezogen auf Deutschland für die Erkenntnisziele des vorliegendes Projekts relevant, und zwar weil entsprechend dem Transnationalismus-Ansatz die Migration nicht unbedingt einmalig sei (Faist 2013). In diesem Kapitel erfolgt die Präsentation der Ergebnisse der Studie aus Sicht der faktischen Migrant*innen, die die Rückkehroption nach Griechenland bzw. den Verbleib in Deutschland oder auch eine Migration in ein anderes Land betreffen. Dies geschieht durch die Kategorisierung von relevanten Motiven und Einflussfaktoren im Rahmen der vier Handlungsdimensionen (ökonomische Dimension, soziale Dimension, politische Dimension und kulturelle Dimension).

7.2.1   Ökonomische Motive und Einflussfaktoren

Motive ökonomischer Art sind nicht nur für die Migrationsentscheidung von Bedeutung, sondern auch für die Bleibeperspektive bezogen auf Deutschland. Dabei wurden vier Kategorien von Motiven und Einflussfaktoren gebildet: eine Kategorie zu den *einkommensbezogenen Motiven*, die mit einer Absicht zum Verbleib in Deutschland zusammenhängen, zwei Kategorien mit Motiven, die die Priorisierung sicherer Berufsperspektiven in Deutschland, aber auch diejenigen in Griechenland thematisieren. In der vierten Kategorie beziehen sich die Motive auf die Verbesserung von Karrieremöglichkeiten, und sind also solche, die gegen eine Rückkehroption sprechen.

Einkommensbezogene Motive für den Verbleib in Deutschland
Hinsichtlich der Bleibeperspektive wird von einigen Interviewpartner*innen berücksichtigt, ob sie durch den weiteren Verbleib in Deutschland ein besseres Einkommen erzielen können. Chara bezieht sich darauf:

I: *„Hast du vor, irgendwann nach Griechenland zurückzukehren?"*
Ch: *„Ich glaube es nicht. Ehrlich gesagt eher nicht."*
I: *„Bist du davon überzeugt?"*
Ch: *„Ich bin davon überzeugt. Ich kann mir nicht vorstellen, wieder acht und zehn Stunden für ein Zehntel des deutschen Gehalts zu arbeiten. Ich sehe Griechenland nur als Urlaubsort und Deutschland als Ort zum Leben und Arbeiten"* (Chara, Z. 60–65).

Priorität scheint ein längerer Verbleib in Deutschland für Chara zu haben, da das *„ein Ort zum Leben und Arbeiten"* für sie ist. Demnach hängt die Ablehnung einer Rückkehr nach Griechenland mit ökonomischen Motiven und noch konkreter mit einkommensmaximierenden Motiven zusammen. Ein Grund für diese Haltung ist auch ihre aktuelle Zufriedenheit mit ihren Einkommensmöglichkeiten, wenn sie die Arbeitsbedingungen auf dem deutschen Arbeitsmarkt in Relation zu denen auf dem griechischen Arbeitsmarkt setzt.

Auch Giannis konzentriert sich bezüglich seiner zukünftigen Pläne auf den Aspekt des besseren Einkommens in Deutschland: *„Ja. Ich bin zufrieden sicherlich mit meinem Gehalt hier, wenn ich es mit dem entsprechenden Gehalt in Griechenland vergleiche"* (Giannis, Z. 133). Es wird deutlich, dass die Verdienstmöglichkeiten in Deutschland durch den Vergleich mit denjenigen in Griechenland aufgewertet werden. Allerdings wünscht sich Giannis eine Rückkehr nach Griechenland, wie das folgende Zitat zeigt:

„Wenn ich die Chance hätte, in Griechenland eine Arbeit für die Hälfte des Gehalts für die Facharztausbildung in Deutschland zu finden, vielleicht auch für ein bisschen mehr als die Hälfte des Gehalts, würde ich gerne nach dem Abschluss meiner Facharztausbildung nach Griechenland zurückkehren" (Giannis, Z. 184–186).

Dennoch könnte für Giannis eine deutliche Einkommensmaximierung entscheidend für seinen Verbleib in Deutschland sein: *„Im Fall von einer privaten Praxis würde ich noch mal viel mehr über eine Rückkehr nachdenken, da diese Option in Deutschland mir ein viel besseres Gehalt ermöglichen würde. Fünfmal oder siebenmal mehr als eine private Praxis in Griechenland"* (Giannis, Z. 200–203). Offensichtlich legt Giannis den Fokus hinsichtlich seiner Zukunft auf die Einkommensmaximierung und das diesbezügliche Motiv steht im Zentrum der Entscheidung über seine Bleibeperspektive.

Es lässt sich feststellen, dass die Befragten eine Neigung zu einem Verbleib in Deutschland aufweisen, wenn die Option des Verbleibs mit einem

Einkommensmaximierungs-Kalkül verbunden ist und somit entsprechende Motive für die Bleibeperspektive thematisiert werden.

Berufliche Sicherheit als Motiv für die Bleibe- bzw. gegen die Rückkehroption
Wie bereits in Abschnitt 6.1 gezeigt, migriert ein Teil der Befragten aus Gründen, die mit sicheren Berufsperspektiven zusammenhängen. Diese Gründe sind gleichfalls relevant für die Zukunftspläne der Migrant*innen, da die Wanderung, mit dem Ziel eine sichere Stelle zu finden und eine gesicherte Zukunft aufzubauen, einen langfristigen Horizont haben soll. Demnach kann diese Art von Motiven auch bezüglich der Bleibeperspektive einiger Befragte festgestellt werden.

Die *guten Berufsperspektiven in Deutschland* werden von Erato als Faktor berücksichtigt und mit ihren beruflichen Zielen verbunden: *„Ich glaube, dass ich nach der Promotion viele Jobmöglichkeiten in dem Bereich, in dem ich arbeiten möchte, finden kann"* (Erato Z. 253–254). Erato konzentriert sich dabei auf die beruflichen Perspektiven ihres Fachbereichs, um die wahrgenommene berufliche Sicherheit in Deutschland mit einer Bleibeabsicht zu thematisieren. Der Aspekt der *sicheren Berufsperspektiven* als Grund für den weiteren Verbleib in Deutschland ist in Eris Fall sehr ausgeprägt. Im folgenden Interviewausschnitt betont sie ihre Lebenseinstellung: *„Um ehrlich zu sein, will ich nicht viel Geld in meinem Leben verdienen. Ich brauche nur eine Stelle und meine Ruhe, damit ich mit meinem Alltag klarkommen kann. Ich übertreibe nicht, aber ich bin nicht ehrgeizig. Ich möchte einfach nicht den Stress haben, dass ich morgen arbeitslos werden kann"* (Eri, Z. 163–167). Vor dem Hintergrund ihrer vorherigen Erfahrungen in Griechenland sieht Eri die Vermeidung der Stresssituation in Griechenland, die aus drohender Arbeitslosigkeit entsteht, als Priorität. Diese Priorisierung begünstigt den Verbleib in Deutschland und beschränkt den Gedanken – zumindest momentan – an eine mögliche zukünftige Rückkehr nach Griechenland, obwohl diese für Eri wünschenswert wäre: *„Ich würde gerne zurückkehren, aber das scheint mir aufgrund der Lage in Griechenland eher schwierig. Das würde ich aber sehr gerne machen. Es scheint mir fast so, dass ich für immer hierbleibe"* (Eri, Z. 153–154). Besonders prägnant ist dieser Aspekt auch im Rahmen der wahrgenommenen *krisenbedingten Umstände in Griechenland*.

Das vorliegende Motiv, das in dem Wunsch nach beruflicher Sicherheit besteht, ist eng mit den guten beruflichen Perspektiven in Deutschland verbunden, aber auch mit dem unattraktiven griechischen Arbeitsmarkt. Die Priorisierung des Verbleibs in Deutschland kann folglich das Ergebnis der Zusammenwirkung dieser beiden Faktoren sein.

Berufliche Sicherheit als Motiv für die Rückkehroption
Jedoch ist in anderen Fällen die berufliche Sicherheit als Motiv mit einer Rückkehroption verbunden. Das betrifft vor allem Befragte, die von einer Rückkehrabsicht sprechen, wenn in Griechenland ein *sicherer Arbeitsplatz im studierten Fach* auftaucht. Dieses Motiv wird als ein Minimalkriterium für eine tatsächliche Rückkehr berücksichtigt. Diesen Aspekt betont Eleni: *„Im Allgemeinen ist mein Plan zurückzukehren. Nach der Facharztausbildung. Aber man weiß nie. Man weiß nie. Ich kann mir das aber nur vorstellen, wenn ich eine Arbeit im griechischen Gesundheitssystem finden kann"* (Eleni, Z. 173–175). Auf ähnliche Weise argumentiert auch Aggeliki für ihre Rückkehrabsicht und thematisiert eine sichere Arbeitsstelle für ihren Rückkehrwunsch: *„Obwohl es für eine Entscheidung noch sehr früh ist, kann ich dir eine ehrliche Antwort geben und dir sagen, dass ich mir das wünschte* [zurückzukehren]" (Aggeliki, Z. 151–152). Dazu ergänzt sie: *„Nur wenn ich meine ökonomische Unabhängigkeit sicherstellen könnte. Ich wäre nämlich nicht bereit, zurückzukehren, nur um da zu arbeiten, wo es mir Spaß macht, und meine Eltern mich gleichzeitig noch finanziell unterstützen müssten"* (Aggeliki, Z. 160–162). Hiermit meint Aggeliki, dass sie zukünftig gerne im Forschungsbereich Griechenlands arbeiten möchte und das Minimum dafür ist ein Einkommen, das zumindest ihren Lebensunterhalt jenseits einer Unterstützung durch ihre Familie sichern kann. Eine Einkommensmaximierung ist anscheinend nicht relevant für sie, sondern eine *Arbeitsstelle im studierten Fach*.

Es lässt sich feststellen, dass für diejenigen Befragten, die Motive dieser Kategorie thematisieren, eine Rückkehr nach Griechenland unter dem Minimalkriterium einer sicheren Stelle im studierten Fach vorstellbar ist.

Karriereorientierte Motive gegen eine Rückkehroption
Eine weitere Kategorie fasst die *karriereorientierten Motive* zusammen. Diese werden im Zusammenhang mit einer Ablehnung der Rückkehroption von den Interviewpartner*innen genannt. Kleomenis fokussiert sich bezüglich seiner zukünftigen Pläne auf die *aufgrund von Korruption beschränkten Karrieremöglichkeiten* in Griechenland und beschreibt sein karriereorientiertes Motiv folgendermaßen:

„Das Thema der Gesundheit der Bevölkerung in Verbindung mit der Kindermedizin interessiert mich sehr. Ich möchte gerne Innovationen in diesem Bereich nach Griechenland mitbringen (…). Diese Chance bekommt man aber in Griechenland nicht. Warum? Weil einige Chefs jeder Fachabteilung lebenslang Stellen im Gesundheitswesen besetzen und sie wollen durch niemanden, der Innovationen bringen könnte, ersetzt werden" (Kornilios, Z. 241–243, 245–248).

Es wird deutlich, dass Kleomenis sich eine Karriere im griechischen Gesundheits-system wünscht und ehrgeizige Pläne hinsichtlich einer entsprechenden Position hätte. Seine Einschätzung, dass dies aufgrund von Korruptionsmechanismen im griechischen Gesundheitssektor nicht realisierbar ist, scheint sich positiv auf einen weiteren Verbleib in Deutschland auszuwirken. Hierbei sind offensichtlich *karriererelevante Motive* wichtig.

Giorgos thematisiert ebenfalls karriereorientierte Motive und bezieht sich auf eine *Anstellung bei einer großen Firma hinsichtlich* einer Rückkehroption: „*Nur wenn sich eine Stelle in Griechenland bei einer großen Firma ergibt, die auch Beständigkeit bieten würde, würde ich das vielleicht probieren. Das gibt es aber nicht*" (Giorgos, Z. 263–266). Im letzten Kapitel ist deutlich geworden, dass Giorgos' Motive stark durch eine internationale Karriereorientierung gekennzeichnet sind. Durch sie lässt sich auch seine Migrationsentscheidung erklären. An diesem Zitat ist erkennbar, dass Giorgos auch hinsichtlich seiner Zukunftsplanung an seiner Karriere orientiert ist und somit der Verbleib als sehr wahrscheinlich erscheint, zumal in seinen Augen die ‚attraktiven' Arbeitgeber im griechischen Arbeitsmarkt nur begrenzt anzutreffen sind.

Darüber hinaus erwähnt Giorgos unter anderem bezüglich seiner Bleibeper-spektive in seinem Interview ein weiteres Motiv, das mit der beruflichen Situation zusammenhängt. Die *guten Arbeitsbedingungen*, die die Interviewpartner*innen in Deutschland haben, sind ein wichtiger Parameter, der sich positiv auf einen Verbleib in Deutschland auswirken könnte: „*Ja gut. Womit ich mich momentan beschäftige, ist das, was mir sehr gut gefällt. Ich sehe meine Arbeit nicht als eine läs-tige Pflicht. Zumindest zurzeit finde ich alles interessant. Ich habe keine Ahnung, was ich in Zukunft machen werde, aber das, was ich hier mache, mag ich gerne*" so Gior-gos (Z. 273–277). Es wird deutlich, dass die Arbeitsbedingungen stark mit der persönlichen und beruflichen Selbstverwirklichung zusammenhängen. Aus die-sem Grund ist der Faktor *gute Arbeitsbedingungen* für die vorliegende Kategorie relevant.

Die Befragten, die *karriereorientierte Motive* hinsichtlich ihrer Bleibeperspek-tive in Deutschland aufzeigen, haben bereits karriereorientierte Motive bezüglich ihrer Migrationsentscheidung thematisiert. Das legt dar, dass die ursprüngliche Motivation dieser Interviewpartner*innen, nach Deutschland zu kommen, um eine Karriere zu verfolgen, dauerhaft bestehen geblieben ist.

7.2.2   Soziale Motive und Einflussfaktoren

Neben ökonomischen Motiven sind auch Motive und Einflussfaktoren der sozialen Handlungsdimension bedeutsam für den weiteren Verbleib in Deutschland oder für eine Rückkehr nach Griechenland. Zentral sind dabei die Anwesenheit von Familienangehörigen bzw. Menschen aus dem Freundeskreis in Deutschland und in Griechenland sowie weitere soziale Faktoren in Deutschland, wie das in den folgenden Zeilen erklärt wird.

Soziale Motive und Einflussfaktoren für den Verbleib in Deutschland
Bei dieser Kategorie sind soziale Motive und Einflussfaktoren in Deutschland entscheidend für den Verbleib. Beispielsweise erwähnt Giannis in seinem Interview die mögliche Rolle der *Präsenz einer Partnerin* bei seiner Bleibeoption in Deutschland nach der Facharzt*inausbildung: *„Viele Faktoren spielen eine Rolle. Wie zum Beispiel mein persönliches Leben. Wenn ich eine Freundin in Deutschland habe, dann wird die Rückkehr dann schwieriger"* (Giannis, Z. 193–194). Obwohl Giannis zum Zeitpunkt des Interviews keine Partnerin hat, interpretiert er diese Entwicklung als hemmend für eine Rückkehr nach Griechenland. Dies hebt die Bedeutsamkeit der Rolle des Sozialkapitals für die zukünftigen Pläne von Giannis hervor.

Weitere Motive dieser Kategorie werden von anderen Befragten erwähnt, wie z. B. das Motiv der *Familiengründung* durch Dimos und der Einflussfaktor *Freundeskreis in Deutschland* durch Klelia, wie in ihren Fallanalysen deutlich wird. Auch diese Einflussfaktoren lassen sie ihrerseits eine permanente Migration in Deutschland priorisieren und sind in die sozialen Motive miteinbezogen.

Aber auch weitere soziale Einflussfaktoren können positiv für einen weiteren Verbleib in Deutschland wirken. Kleomenis bezieht sich auf eine wahrgenommene *Weltoffenheit der Gesellschaft in Deutschland*: *„Ich mag es hier, dass alle so kosmopolitisch sind (…). Wir sind außerdem tolerant gegenüber Unterschiedlichkeiten"* (Kleomenis, Z. 74,76). Diese wahrgenommene Weltoffenheit der Gesellschaft in Deutschland versteht er als eine kosmopolitische Eigenschaft, die aus seiner Sicht seinem Charakter offensichtlich entspricht. Es ist bezeichnend, dass Kleomenis in diesem Zitat in Wir-Form spricht, um die Toleranz der Gesellschaft in Deutschland, der er sich offensichtlich zugehörig fühlt, gegenüber Diversitäten zu thematisieren.

Keine Bleibeabsicht in Deutschland aufgrund von sozialen Einflussfaktoren
Im Gegensatz zur oben dargestellten Kategorie lassen sich in den Interviews mit den Befragten auch soziale Einflussfaktoren in Bezug auf Deutschland mit negativer Wirkung auf die Bleibeperspektive feststellen. Für diese Kategorie scheint der Faktor *Integrationsschwierigkeiten in Deutschland* eine nicht zu unterschätzende Rolle zu spielen. Neben Kornilios[20] äußert sich auch Eftichis in seinen Ausführungen dazu. Seine Haltung gegenüber seiner Integration ist eher skeptisch, da er unzufrieden mit seinem sozialen Umfeld in Deutschland wirkt: *„Ich glaube aber nicht, dass ich integriert bin. Niemand von uns ist eigentlich integriert, da die Gesellschaft das nicht möchte"* (Eftichis, Z. 204–205). Mit ähnlichen Problemen wird Eri in ihrem sozialen Alltag konfrontiert. Der folgende Interviewausschnitt beschreibt ihre Erfahrungen mit diesem Thema:

> *„In der Gesellschaft habe ich schon rassistische Reaktionen erlebt. Komische Blicke auf mich und so weiter und sofort. Nichts wirklich Schlimmes, aber diese Situation war am Anfang besonders unangenehm für mich. Außerdem ist es ein Problem, dass ich kein Deutsch kann. (...) Ich habe Schwierigkeiten mit Deutschen ins Gespräch zu kommen. Ich habe mit Menschen aus anderen Ländern mehr zu tun. Nicht unbedingt mit Griechen. Da sie gut Englisch können und da sie wissen, was es bedeutet, Migrant zu sein etc. Aber so allgemein: Es gibt eine Isolation"* (Eri, Z. 124–127, 128–131).

Dabei erwähnt Eri nicht nur Integrationsschwierigkeiten, die aus ihrer Sicht stark mit ihren mangelnden Sprachkenntnissen[21] zusammenhängen, sondern auch *Diskriminierungserfahrungen*, die im Widerspruch zu ihren guten Arbeitsbedingungen stehen und bei ihr zu einem Gefühl der Isolation geführt haben. Integrationsschwierigkeiten und insbesondere Diskriminierungserfahrungen können als ein negativer Parameter für den weiteren Verbleib der Betroffenen in Deutschland betrachtet werden, obwohl die Interviewpartner*innen beide Faktoren nicht explizit in Verbindung mit einer neuen Migrationsoption gebracht haben.

Soziale Einflussfaktoren in Griechenland für die Rückkehroption
Alle Interviewpartner*innen der Fallauswahl haben Familienangehörige in Griechenland. Jedoch werden die Familienangehörigen dort nur selten als Grund

---

[20] Siehe seine Fallanalyse.

[21] Das Thema der mangelnden Sprachkenntnisse wird bei der Analyse der Kategorie *Sprachbarrieren als Faktor gegen eine Bleibeperspektive* besonders berücksichtigt, da dieser Faktor von mehreren Interviewpartner*innen erwähnt wurde und mit dem Thema der Integration in Zusammenhang gebracht wurde.

für eine Rückkehr nach Griechenland angeführt. Erato gibt trotz ihrer Priorisierung des Verbleibs in Deutschland zu, dass ihre *Familie in Griechenland* in Zusammenhang mit einem Motiv für eine Rückkehr stehen könnte:

> *„Da ich niemals nie sagen kann, kann ich mir vorstellen, dass ich aus Gründen höherer Gewalt, die meine Bekannten oder meine eigene Familie betreffen könnten, zurückkehren würde. Nur wenn ein Problem in Verbindung mit ihnen auftritt, könnte ich es mir überlegen. Aber nur aus diesem Grund"* (Erato, Z. 322–325).

Diese Option stellt Erato als den einzigen Fall für eine Rückkehr vor und dieser Gedanke hängt mit der Notwendigkeit einer Unterstützung ihrer Familie durch sie zusammen. Dabei wird deutlich, dass soziale Motive den bisherigen Plan einer permanenten Migration in Deutschland von Erato verändern können, wodurch der Rückkehr zum Herkunftsort Priorität zukommen würde.

7.2.3 Politische Motive und Einflussfaktoren

Politische Motive sind ebenso relevant für die Bleibeperspektive der befragten Migrant*innen. Dabei handelt es sich um soziopolitische Faktoren, die Griechenland und Deutschland betreffen und eine wichtige Wirkung auf die Zukunftspläne der Interviewpersonen haben.

Verbleib in Deutschland aufgrund politischer Einflussfaktoren
Interviewpartner*innen, für die sich politische Einflussfaktoren hinsichtlich ihrer Bleibe- bzw. Rückkehrabsicht als wichtig erweisen, thematisieren vor allem derartige Faktoren in Bezug auf Griechenland und diese zeigen alle eine Tendenz zu einer ablehnenden Haltung gegenüber der Rückkehroption auf. Die *soziopolitische Krise in Griechenland* wirkt für Eftichis gegen eine Rückkehroption. In seinen Erzählungen fokussiert er sich in Bezug auf die Krise nicht nur auf die Rolle des Staats und auf seine Politik, sondern auch auf die der griechischen Gesellschaft:

> *„Griechenland hat sein europäisches Profil während der Krise verloren (...)Ich glaube, dass die Gesellschaft sehr problematisch ist. Sie ist aber so programmiert, weil der Staat grundsätzlich ebenfalls so gestaltet ist. Und auch weil die Bildung auch abgebaut wurde oder besser gesagt: Sie wird systematisch abgebaut. Die einzige Investition des Staates ist die in den Abbau von Bildungsmöglichkeiten"* (Eftichis, Z. 257, 261–264).

Offenbar existiert aus Eftichis' Perspektive ein Zusammenhang zwischen einem wahrgenommenen Abbau von Bildungsmöglichkeiten, die Griechenland für eine*n Geisteswissenschaftler*in unattraktiv macht, und der ökonomischen Krise des Landes. Diese sind besonders relevant für eine*n Forscher*in, die*der die Beschäftigungsmöglichkeiten nach der Promotion berücksichtigen muss. Außerdem werden dabei weitere soziale Faktoren anhand dieses Zitats erwähnt, wie zum Beispiel der Wandel der griechischen Gesellschaft in eine unerwünschte Richtung als Folge der Krise. Damit ist gemeint, dass er in einem Land mit einem europäischen Profil, das er offensichtlich mit der Bildung verbindet, leben möchte. Diese Bedingung wird aus seiner Sicht in Griechenland nicht erfüllt und somit wird die Option einer Rückkehr von ihm nicht priorisiert.

Aufgrund von vorherigen ähnlichen negativen Erfahrungen in Griechenland benennt Kleomenis soziopolitische Phänomene in Deutschland, die einen positiven Einfluss auf einen Verbleib haben: „*Das, was ich dir gesagt habe. Hier gibt es keine Vetternwirtschaft und Korruption, die deinen Alltag beeinflussen können*" (Kleomenis, Z. 75–76). Auch das *Fehlen von Korruption in Deutschland* trägt zu einer Bleibeoption von Kleomenis bei, da er Korruptionsmechanismen – wie bereits aufgezeigt – im griechischen Gesundheitssektor erlebt hat und besonders im Zusammenhang mit seiner Karriere berücksichtigt.

Außerdem nennt Kleomenis einen weiteren politischen Einflussfaktor, der sich als hemmend auf eine Rückkehr nach Griechenland auswirkt. Es geht um den *Rechtsruck in der griechischen Gesellschaft,* der ausdrücklich eine maßgebliche Rolle dafür spielt, dass er nicht nach Griechenland zurückkehrt: „*Ich kann jetzt nicht zurückkehren, wenn 15 Prozent der Griechen für die Goldene Morgenröte gestimmt haben. Es tut mir leid"* (Kleomenis, Z. 263–264). Auch diese Ausführung zeigt den weltoffenen und kosmopolitischen Charakter von Kleomenis, was er als ausschlaggebend für seine Bleibeperspektive und gegen eine Rückkehrentscheidung betont. Da die Partei Goldene Morgenröte nie so einen großen Wahlanteil[22] bisher hatte, übertreibt Kleomenis offensichtlich diesbezüglich, um seine Enttäuschung über den zunehmenden Einfluss dieser neonazistischen Partei auf die griechische Gesellschaft zum Ausdruck zu bringen. Diese Entwicklung mindert eine mögliche Rückkehroption seinerseits nach Griechenland.

---

[22] Die Goldene Morgenröte kommt zum ersten Mal nach der Parlamentswahl im Mai 2012 mit einem Anteil von 6,97 Prozent der Stimmen ins griechische Parlament. Der höchste Prozentsatz (6,99) von Stimmen für die neonazistische Partei im Rahmen von Parlamentswahlen wurde bei den Wahlen im September 2015 und im Rahmen von Europawahlen 2014 mit 9,39 erreicht (YPES o. D.).

Politische Motive für die Rückkehr nach Griechenland
Jedoch kann eine Rückkehr nach Griechenland auch mit politischen Motiven verbunden sein. Kornilios, dessen Fallanalyse vorgestellt wird, bezieht sich auf das Motiv für seine *utopische politische Selbstverwirklichung* in der Gesellschaft in Griechenland, zu der er ein Zugehörigkeitsgefühl aufweist. Lediglich in seinem Fall lässt sich eine positive Wirkung, die von politischen Motiven im Zusammenhang mit Griechenland ausgeht, auf eine Rückkehroption bemerken.

7.2.4 Kulturelle Motive und Einflussfaktoren

Des Weiteren sind auch kulturelle Motive und Einflussfaktoren (bezogen auf Deutschland oder auf Griechenland) wichtig für die Bleibeperspektive der befragten faktischen Migrant*innen in Deutschland. Im Folgenden werden diese nach drei Kategorien differenziert dargestellt.

Weiterbildung als Motiv für eine Bleibeoption in Deutschland
Im Hinblick auf die Bleibeperspektive war es möglich, eine Kategorie betreffs der Weiterbildung zu entwerfen und sie der kulturellen Handlungsdimension mithilfe des kulturellen Kapitals (Bourdieu 2012[1983]) zuzuordnen. Dieses Motiv ist im Fall von Klelia und Dimos in Bezug auf *Weiterbildungsangebote* in Deutschland relevant und wirkt sich positiv auf die Bleibeoption in Deutschland aus, wie in den entsprechenden Fallanalysen aufgezeigt wird.

Sprachbarrieren als Faktor gegen eine Bleibeperspektive
Für diejenigen, die die deutsche Sprache noch nicht hinreichend beherrschen und dennoch eine Arbeitsstelle in Deutschland haben,[23] hat diese Situation Kommunikationsbarrieren und Sozialisationsschwierigkeiten im Alltag zur Folge,[24] wie das in Eris Fall bereits dargelegt wurde. Dieser Aspekt wird nochmals von ihr thematisiert:

> *„Aber das ist ein Problem. Das ist ein Problem, da ich mich nicht leicht integrieren kann, zumal ich die Sprache nicht gut kann. Ich bemühe mich darum, aber das ist nicht leicht. Ich habe auch Schwierigkeiten mit der Bürokratie in Deutschland. Das benötigt viel Sucherei und sie benötigen unglaublich viele Dokumente etc. Ich sage nicht, dass das in Griechenland nicht passiert, aber da kann ich die Sprache“* (Eri, Z. 134–139).

---

[23] Gemeint sind Interviewpartner*innen, die auf ihrer Arbeitsstelle ausschließlich auf Englisch kommunizieren.

[24] Siehe auch die Fallanalyse von Kornilios.

Plausibel ist, dass diese Kommunikationsschwierigkeiten eine negative Wirkung auf ihren sozialen Alltag haben und somit ihre Entscheidung über ihren zukünftigen Aufenthalt beeinflussen können. Dabei wird deutlich, dass die Sprachbarrieren aufgrund von *mangelnden Deutschkenntnissen* zu einem Fremdheitsgefühl führen können. In diesem Fall hat dieser Faktor einen besonders negativen Einfluss auf die Bleibeperspektive in Deutschland. Nur durch das ggf. langwierige Erlernen der deutschen Sprache kann diese Barriere für diejenigen, die einen weiteren Verbleib in Deutschland wünschen, beseitigt werden.

Stereotypische[25] *Einflussfaktoren gegen eine Bleibeoption in Deutschland*
Eine weitere Kategorie verweist auf kulturelle Einflussfaktoren, die gegen eine Bleibeoption in Deutschland wirken. Ein zentraler Faktor dieser Kategorie bezieht sich auf die wahrgenommenen *kulturellen Mentalitätsunterschiede* zwischen den ‚Deutschen‘ und den ‚Griech*innen‘. Wie in Abschnitt 3.12 gezeigt, führt Pauschalisierungen gegenüber einer Kultur zur Unterscheidung von einer anderen Kultur (Radtke 2011). Dies ist hierbei bei Fokussierung auf die Sichtweise, dass in einer Nation auch eine einheitliche Mentalität existiert, feststellbar. Giorgos thematisiert diesen Aspekt in Verbindung mit dem wahrgenommenen Fremdheitsgefühl: „*Wenn du dich in einem Land befindest, dessen Sprache du nicht beherrschst, fühlst du dich automatisch fremd. Gar keine Frage. Die Mentalität hier* [in Deutschland] *ist ganz anders im Vergleich zu der meines Landes*" (Giorgos, Z. 351–354). Dabei soll berücksichtigt werden, dass Giorgos auf Englisch bei seiner Arbeit und mit seinem sozialen Umfeld kommuniziert. Offenbar steht die Thematisierung von wahrgenommenen Mentalitätsunterschieden im Zusammenhang mit dem Sachverhalt, dass Giorgos mangelnde Deutschkenntnisse hat. Dies ist auch bei der Fallanalyse von Kornilios festzustellen. Aggeliki thematisiert ebenfalls Mentalitätsunterschiede – auf Grundlage einer Pauschalisierung von einheitlichen Handlungen von ‚Griechen‘, die sich von denen der ‚Deutschen‘ unterscheiden – im Hinblick auf ihre Sozialisierung bei ihrer Arbeit in Deutschland:

---

[25] Hier wird der Begriff stereotypisch als Synonym für Vorurteil und Klischee verwendet. Stereotyp ist laut Uta Quasthoff: „*der verbale Ausdruck einer auf soziale Gruppen oder einzelne Personen als deren Mitglieder gerichteten Überzeugung. Es hat die logische Form eines Urteils, das in ungerechtfertigt vereinfachender und generalisierender Weise, mit emotional-wertender Tendenz, einer Klasse von Personen bestimmte Eigenschaften oder Verhaltensweisen zu- oder abspricht*" (Quasthoff 1987: 786). Wie aus den Erzählungen der Befragten deutlich wird, thematisieren dabei die Befragten Aspekte, die mit solchen flachen Pauschalisierungen zusammenhängen.

„Ich glaube, dass wir Griechen im Vergleich zu den Deutschen spontaner sind. Wir knüpfen einfacher Kontakte zu unseren Kollegen und zu unseren Kommilitonen. Wir betrachten es als selbstverständlich, dass wir in diesem Kontext von anderen gefragt werden, wie es uns geht und welche Neuigkeiten es gibt" (Aggeliki, Z. 120–123).

Die Wahrnehmung von Mentalitätsunterschieden werden ihrerseits mit Schwierigkeiten in Sozialisierungsprozessen verbunden und diese können, wie bereits erwähnt, negativ auf eine Bleibeoption in Deutschland wirken.

7.2.5   Fallanalysen

A. Klelia: Infragestellung der zeitlich begrenzten Migrationspläne
Nach der Fallanalyse von Klelia hinsichtlich ihrer Motive für die Auswanderung soll in diesem Abschnitt die Deutung ihrer Motive für die Bleibeperspektive in Deutschland erfolgen. Klelia hatte zuerst kurzfristige Pläne für ihren Aufenthalt in Deutschland, ihre Migration sollte sich nur über die Zeitspanne der Fachärztinausbildung erstrecken. Dieses Vorhaben wird jedoch während des Interviews von ihr selbst infrage gestellt: *„Keine Ahnung aber, was die Zukunft bringt. Ich habe aufgehört, zu planen"* (Klelia, Z. 145–146).

Positive Wirkung von sozialen und einkommensbezogenen Motiven für einen Verbleib in Deutschland
Als entscheidend für das Überdenken ihrer Pläne benennt Klelia ihre Zufriedenheit mit ihrer Lebenssituation in Deutschland, die auf mehreren Faktoren basiert und sich graduell entwickelte:

K: *„Hättest du mich vor einem Jahr gefragt, würde ich dir sagen, definitiv ja [zur Rückkehr]. Jetzt glaube ich, dass die Chancen bei 80 Prozent liegen und mit der Zeit immer geringer werden."*

I: *„Was war das, was deine Meinung geändert hat?"*

K: *„Ich fühle mich wie zu Hause hier. Ich kann mir selber eine Wohnung leisten und ökonomisch bin ich unabhängig. Ich habe auch viele Freunde hier. Im September hatte ich Geburtstag und habe 20 Personen eingeladen. Wäre ich in Griechenland, hätte ich nicht so viele Menschen einladen können. Dabei spielt auch mein Verdienst eine Rolle. Ich sage nicht, dass ich mich im Verhältnis zu den Lebenshaltungskosten in Deutschland als reich betrachte. Aber ich habe die Möglichkeit, zu reisen, alles einzukaufen, was ich möchte, und nach Griechenland zu fliegen, dort lässig und sorgenfrei Spaß zu haben. Die*

Überstunden, die ich gemacht habe, kann ich abfeiern. Ich kann viel reisen und nach Griechenland fahren, wenn ich möchte" (Klelia, Z. 148–160).

Obwohl ihre Zufriedenheit und ihr Wohlbefinden zum einen mit ihrem großen Freundes- und Bekanntenkreis – so ihre Interpretation vom Gefühl „zu Hause" zu sein – zusammenhängen, benennt sie zum anderen zusätzliche entscheidende Faktoren für die positive Bewertung ihrer Lebenssituation in Deutschland. Ihr Einkommen kann als ein wichtiger Faktor für die Priorisierung des Verbleibs in Deutschland betrachtet werden, da sie dadurch einige finanzielle Vorteile für sich sicherstellt. Dabei geht es um ökonomische Unabhängigkeit, Kaufkraft und Reisen, die für Fachärzt*inauzubildende aufgrund ihrer Verdienstmöglichkeiten in Griechenland kaum vorstellbar sind. Weiterhin ist es Klelia hinsichtlich der Zeit nach der Fachärztinausbildung bewusst, dass die Einkommensunterschiede zwischen Fachärzt*innen in Griechenland und in Deutschland groß bleiben. Jedoch ist dieses Thema im Interview ein Anlass für sie, die Möglichkeit einer Rückkehr nach Griechenland in diesem Rahmen erneut zu thematisieren:

> *„(...) Es ist für mich das Gleiche, hier zu arbeiten, 3.000 Euro zu verdienen und dazu die Miete zu zahlen, wie die Situation in Griechenland, also 1.500 Euro zu verdienen, aber dort keine Miete zu bezahlen. Nach der Arbeit werde ich wohl Ouzo trinken und das Meer sehen. Daran denke ich und ich vergleiche die Situation."*

I: *„Und zu welchem Schluss kommst du?"*
K: *„Wahrscheinlich werde ich den Ouzo und das Meer bevorzugen"* (Klelia, Z. 185–190).

Klelia geht davon aus, dass sich ihr Realeinkommen in Griechenland aufgrund ihrer Eigentumswohnung in Athen kaum von dem in Deutschland unterscheiden würde. Durch den Vergleich der Realeinkommensunterschiede zwischen Deutschland und Griechenland möchte sie demonstrieren, dass eine Rückkehr für sie nicht ausgeschlossen ist, obwohl die Einkommensunterschiede zwischen dem deutschen und dem griechischen Gesundheitssystem größer als ihre Schätzungen sind (siehe Abschnitt 5.1). Dazu wird aber auch deutlich, dass einkommensmaximierende Motive für eine Rückkehr nicht relevant wären. Wie bereits gezeigt, ist unter Berücksichtigung ihrer Zufriedenheit mit ihrer aktuellen Einkommenssituation davon auszugehen, dass sie einen Verbleib in Deutschland aufgrund der *Erfüllung der Einkommensvorstellungen* priorisiert. Während aber ein Verbleib in Deutschland mit guten Verdienstmöglichkeiten und einem breiten sozialen Kreis verbunden ist, bezieht sie sich für eine Rückkehr auf zwei nicht-arbeitsrelevante Einflussfaktoren: den Ouzo und das Meer, die aus einer stereotypischen Sicht den *griechischen Lebensstil* symbolisieren. Es lässt sich jedoch bezweifeln, ob sich dies als entscheidend für eine mögliche Rückkehr von Klelia herausstellen wird, da Klelia sich stattdessen als eine Person präsentiert hat, für die arbeitsrelevante Faktoren auf kultureller und symbolischer Ebene (z. B. Qualität der Fachärzt*inausbildung) von zentraler Bedeutung sind. Dieser Sachverhalt widerspricht einer Priorisierung der Vergnügungen (und der Rückkehr nach Griechenland), anstatt sich für die guten Arbeitsbedingungen (und den weiteren Verbleib in Deutschland) zu entscheiden. Darüber hinaus lässt sich sagen, dass die Bezugnahme auf den Ouzo und die Sehnsucht nach dem Meer von Heimweh zeugt. Jedoch kann Klelia auch in Deutschland Ouzo trinken und – wie sie betont hat – dank ihres Einkommens, so oft sie möchte, nach Griechenland reisen, um die Sehnsucht nach dem (Mittel-)Meer zu stillen. Das Heimweh erklärt nicht nur die regelmäßigen Reisen nach Griechenland, sondern auch die Zusammensetzung ihres sozialen Kreises in Deutschland, der vor allem aus Menschen griechischer Herkunft besteht. Nicht nur ihr Partner ist Grieche, sondern auch 18 Personen aus ihrem Kollegium im Krankenhaus sind griechischer Herkunft. Zusätzlich engagiert sie sich in einem Verein griechischer Ärzt*innen in ihrem Wohnort:

> *„(...) Wir haben einen Verein gegründet und wir sind ungefähr 90 griechische Ärzte in unserem Bundesland. Wir organisieren verschiedene Veranstaltungen, um für unterschiedliche Einrichtungen und Sozialzentren in Griechenland zu spenden. Wir helfen den griechischen Bürgern aus der Distanz"* (Klelia, Z. 241–245).[26]

Insgesamt wird deutlich, dass Klelia auf einer ‚griechischen Insel' in Deutschland lebt und ihr soziales Umfeld von Menschen griechischer Herkunft geprägt ist. Ihr *Freundeskreis in Deutschland* erscheint als ein wichtiger Einflussfaktor für ihre Bleibeoption in Deutschland. Während es den Eindruck erweckt, dass für die Bleibeperspektive bezogen auf Deutschland *einkommensbezogene und soziale Motive* relevant sind, werden von Klelia für eine Rückkehroption stereotypische Motive kultureller Handlungsdimension in ihre Überlegungen miteinbezogen.

Weiterbildungsangebote und Arbeitsbedingungen positiv für einen Verbleib, aber auch gegebenenfalls vorteilhaft für eine Rückkehr
Ein weiterer Faktor, der sich in Klelias Fall positiv auf die Bleibeoption auswirkt, hängt mit einem ihrer ursprünglichen Motive für die Migration zusammen.

---

[26] Diesen Aspekt benennt sie während des Interviews im Rahmen der Forschungsfrage nach den moralischen Bedenken bezüglich des Brain-Drain-Phänomens. Weiteres wird im betreffenden Kapitel näher ausgeführt.

Gemeint sind die kulturellen Motive in Bezug auf die Weiterbildung. Zentral für eine Bleibeoption in Deutschland scheinen für Klelia die *Weiterbildungsangebote in Deutschland* zu sein:

> *„Hier kann ich viele Fortbildungsseminare, Konferenzen besuchen. In Griechenland hat man keinen Zugang dazu. Nicht nur wirtschaftlich geht das nicht, sondern auch praktisch ist das unmöglich, weil man nicht freibekommt, um Seminare im Ausland zu besuchen. Man hat keine Zeit dafür"* (Klelia, Z. 160–163).

Mit diesem Vergleich erläutert Klelia die Vorteile, die aus ihrer Sicht das deutsche Gesundheitssystem ihr bietet. Diese beziehen sich auf die Möglichkeit der Erweiterung ihres kulturellen Kapitals. Des Weiteren betrachtet sie ihre Arbeitserfahrungen im deutschen Krankenhaus als begünstigend für eine mögliche Rückkehr nach Griechenland. Sie sieht sich im Vorteil gegenüber den Ärzt*innen, die ihre Fachärzt*inausbildung in Griechenland absolvieren:

> *„In Griechenland könnte ich nie so ausgebildet werden wie hier. Ich arbeite in einem Krankenhaus, das 600 Betten für Patienten hat. Das ist das größte Krankenhaus in Dortmund. Jeden Tag haben wir 50 Patientenanmeldungen. Du kannst dir vorstellen, dass ich hinsichtlich der Facharztausbildung alle möglichen Fälle sehen kann. Wenn ich nach Griechenland zurückkehre, wird mein Niveau besser sein als das Niveau meiner Kollegen, die in Griechenland als Psychiater arbeiten"* (Klelia, Z. 196–201).

Klelia erwartet eine für sie vorteilhafte Situation bei einer möglichen Rückkehr nach Griechenland, da sie ihre Kenntnisse durch ihre Fachärztinausbildung in Deutschland im Vergleich zu den in Griechenland erworbenen Qualifikationen ihrer Kolleg*innen als qualitativ hochwertiger betrachtet. Sie geht davon aus, dass sie in Griechenland eine bessere Anerkennung (symbolisches Kapital) aufgrund ihrer Qualifikationen (kulturelles Kapital in inkorporierter Form), die eigentlich ein translokales kulturelles Kapital sind, haben wird. Für eine mögliche Rückkehr setzt sie jedoch ein paar Bedingungen voraus, die ihren Arbeitserfahrungen in Deutschland entspringen:

> K: *„In Griechenland ist die Arbeit eines Psychiaters in einer Praxis wie folgt: Die Patienten kommen, du beschäftigst dich mit denen maximal 20 Minuten und du verschreibst ihnen die Behandlung. Hier ist das Konzept voll anders. Der Psychiater arbeitet nie allein. Dabei sind ein Psychologe, ein Soziologe und ein Logotherapeut. Die Arbeit ist wirklich gut. Falls ich nach Griechenland zurückkehre, würde ich gerne so ein Konzept entwickeln und unter diesen Bedingungen arbeiten, die ich hier kennengelernt habe"* (Klelia, Z. 167–175).

Klelia äußert sich positiv über ihre *Arbeitsbedingungen* und -erfahrungen in ihrem Krankenhaus, diese können entscheidend für ihren Verbleib in Deutschland sein. Wie in der Fallanalyse bezüglich ihrer Migrationsentscheidung deutlich wurde, ist ein ‚gutes' Arbeitsumfeld, das eine qualitativ hochwertige Fachärzt*inausbildung garantieren kann, wichtig für ihre berufliche Biographie und deswegen lassen sich die wahrgenommenen guten Arbeitsbedingungen mit karriereorientierten Motiven verbinden. Da sie die Arbeitsbedingungen im griechischen Gesundheitssektor aufgrund ihrer Arbeitserfahrungen infrage gestellt hat und sie ihre aktuellen Arbeitsbedingungen beibehalten möchte, kann sie sich eine Rückkehr nach Griechenland nur unter diesen Bedingungen vorstellen.

Zusammenfassung
Als Klelia die Migrationsentscheidung zusammen mit ihrem Partner getroffen hat, hat sie als gegeben betrachtet, dass sie nach der Fachärztinausbildung nach Griechenland zurückkehren wird. Während ihrer Fachärztinausbildung hat Klelia ihre Meinung dazu tendenziell geändert. Soziale, kulturelle und ökonomische Motive scheinen für einen weiteren Verbleib Klelias in Deutschland relevant zu sein: Inzwischen hat Klelia einen großen Freundeskreis, der zusammen mit ihrem Einkommen und den aktuellen Arbeitsbedingungen für einen permanenten Verbleib in Deutschland spricht. Die Affinitätshypothese (Ritchey 1976; Hugo 1981) bestätigt sich in diesem Fall hinsichtlich der Minderung der Rückkehrtendenz aufgrund der sozialen Kontakte (Partner*innen und Freund*innen) in Klelias Wohnort. Im Hinblick auf die mikroökonomischen Ansätze zu einer Migration (Sjaastad 1962; Todaro 1969; Pissarides/Wadsworth 1989) und hinsichtlich Klelias Vergleich der Realeinkommensmöglichkeiten zwischen Deutschland und Griechenland lässt sich sagen, dass die Option der Rückkehr nach Griechenland aufgrund einer fehlenden Perspektive auf eine Einkommensmaximierung daher nicht als Priorität gesetzt wird. Somit werden *einkommensbezogene Motive in Bezug auf die Bleibeperspektive in Deutschland* thematisiert, zumal Klelia mit ihren aktuellen Einkommensmöglichkeiten zufrieden ist und sie keine wahrgenommene Unzufriedenheit in Deutschland, die laut Han (2010) zu einer Migrationsüberlegung führen kann, anspricht. Darüber hinaus wurde offenbar, dass Klelia an Heimweh leidet. Ihr Heimweh artikuliert sich in der Thematisierung von Stereotypen zum *griechischen Lebensstil* (Ouzo und Meer), welche den kulturellen Motiven zuzuordnen sind. Trotzdem können diese kulturellen Einflussfaktoren nicht als entscheidend für eine Rückkehr nach Griechenland betrachtet werden. Es können nämlich bei Klelia in Anlehnung an eins ihrer anfänglichen Migrationsmotive (*Weiterqualifizierung als Motiv*) im Zusammenhang mit ihren Äußerungen zu einem weiteren

Verbleib in Deutschland ebenfalls kulturelle Motive in Hinblick auf die *Weiterbildungsangebote* im deutschen Gesundheitssektor ausgemacht werden, die theoretisch mithilfe des Bourdieu'schen kulturellen Kapitals (2012) eingerahmt werden können. Auch diese Motive widersprechen der Rolle der thematisierten stereotypischen Faktoren in Bezug auf Griechenland.

Die Migration von Klelia wurde ebenso als ein Mittel zum Abschluss der Fachärztinausbildung interpretiert, die es ihr gleichzeitig ermöglicht, eine transnationale berufliche Biographie zu verfolgen. Die durch ihr Medizinstudium in Griechenland erworbenen Kenntnisse ergänzt sie um die Fachärztinausbildung in Deutschland und um wichtige Arbeitserfahrungen in einem – so ihrerseits wahrgenommenen – qualitativ hochwertigen Gesundheitssystem. Mit diesen Fachkenntnissen kann sie in der Zukunft sowohl in Deutschland als auch in Griechenland als Fachärztin arbeiten und neben dem ökonomischen Kapital nach Bourdieu'scher Kapitaltheorie (2012[1983]) ein symbolisches Kapital (in Form von Anerkennung als eine bessere, in Deutschland qualifizierte Fachärztin) gewährleistet bekommen. In Klelias' Fall ist festzustellen, dass gewinnbringende transnationale berufliche Chancen aus ihrer translokalen Biographie und ihren Erfahrungen entstehen und wahrgenommen werden. Eine Strategie, die laut Irini Siouti (2019) aus der Perspektive des Transnationalismus auch bei anderen Migrant*innen griechischer Herkunft in Deutschland bemerkbar ist. Während die Arbeits- und Weiterbildungsbedingungen für eine Bleibeoption in Deutschland von Klelia sprechen, würden die in Deutschland erworbenen Kenntnisse vorteilhaft bei einer Rückkehr nach Griechenland wirken. In welchem Land aber Klelia von dieser transnationale Biographie weiterhin profitieren wird, bleibt noch offen. Jedoch ist zu erwarten, dass ihr Partner im Entscheidungsprozess zu den zukünftigen Plänen – ebenso wie bei der Migrationsentscheidung – auch eine aktive und mitwirkende Rolle bei der möglichen Bleibeentscheidung spielen wird.

B. Kornilios: Überdenken der Rückkehrabsicht
Bei der Fallanalyse von Kornilios wurde offensichtlich, dass die ungünstigen Arbeits- und Finanzierungsperspektiven der Doktorand*innen im Bereich Alter Geschichte eine zentrale Rolle für seine Migrationsentscheidung spielen. Bis zu der Frage nach seiner Migrationsentscheidung stellt Kornilios während des Interviews ein unattraktives Bild seines persönlichen Lebens in Griechenland (ökonomische Schwierigkeiten, familiäre Probleme, ungünstiger Arbeitsmarkt) vor. Der Zeithorizont seiner Migration wird jedoch von ihm mit der Dauer seiner Promotion verbunden: *„Meine Erwartungen an Deutschland betrafen nur die Promotion"* (Kornilios, Z. 168). Damit meint Kornilios nicht nur einen zeitbegrenzten, auf seine Promotionsdauer ausgerichteten Aufenthalt in Deutschland,

sondern auch die Betrachtung seiner Migration als Mittel zum Promovieren. Interessant ist an dieser Stelle, ob die Absicht der temporären Migration einige Monaten nach seinem Aufenthalt in Deutschland[27] immer noch aus seiner Sicht bestehen bleibt.

Eine ambivalente Priorität: Rückkehr aus politischen und sozialen Motiven oder berufliche Sicherheit im Ausland?
Angesichts der Frage nach seinen zukünftigen Plänen setzt Kornilios sehr demonstrativ die Rückkehr als Priorität:

> *„Ich habe die Absicht, nach Griechenland zurückzukehren und mich bei jeder möglichen Stelle dort zu bewerben. Auch wenn ich keine Forschungsstelle finde, sondern eine Lehrerstelle. Wenn das nicht klappt ... Wenn ich keine entsprechende Stelle finde, durch die ich als Lehrer am Gymnasium oder Lyzeum meine Kenntnisse, die ich erworben habe, vermitteln kann, dann wäre es notwendig, wieder in Deutschland zu landen, oder irgendwo im Ausland, wo eine Stelle für mich frei wäre, damit ich meinen Lebensunterhalt verdienen kann"* (Kornilios, Z. 59–65).

Kornilios bestätigt hiermit, dass er immer noch seinen anfänglichen Plan von vor der Migration verfolgen möchte. Die Auswanderung nach Deutschland wird von ihm als temporär wahrgenommen. Prioritär scheint hiermit zwar die Rückkehr nach Griechenland zu sein, diese wird aber nur unter der Voraussetzung einer erlangten Lehrerstelle ermöglicht werden. Kornilios beabsichtigt, die Investitionen in seine langjährige Bildung auf dem Gebiet Geschichte mit einer entsprechenden Stelle – aber nicht unbedingt im universitären Bereich – abzugelten. Gerade dieses Ziel kann ihn, falls es bei den knappen Stellen für Lehrende in Griechenland bleibt,[28] entweder weiterhin in Deutschland verweilen lassen oder in ein anderes Land führen. Es kann somit festgehalten werden, dass für Kornilios nicht die bedingungslose Rückkehr nach Griechenland Priorität hat, sondern eine *Stelle in seinem studierten Fach* zu erlangen. Sein Fokus auf das Motiv der beruflichen Sicherheit bestätigt sich ebenfalls anhand seiner bisherigen beruflichen Biographie, da die sichere Promotionsstelle ihn dazu motiviert hat, nach Deutschland zu migrieren.

---

[27] Kornilios befindet sich zum Zeitpunkt des Interviews erst seit drei Monaten in Deutschland. Er war aber davor bis Mai 2015 im Rahmen des Erasmus-Programms für acht Monate in der Stadt, in der er momentan wohnt. Das bedeutet, dass er bereits ausreichende Erfahrungen gesammelt hat, um eine Zukunft in Deutschland zu beurteilen.

[28] Hochschulabsolvent*innen in Geschichte können als Lehrkraft im schulischen Bildungssektor in Griechenland arbeiten. Jedoch ist die entsprechende Arbeitslosenrate für Lehrer*innen in Geschichte ebenfalls hoch (vgl. Lakasas 2019a: 12).

Interessant dazu ist aber auch, welche weiteren Faktoren und Motive Kornilios für die Rückkehr nach Griechenland erwähnt:

> *„Im Ausland zu leben, war eine schwierige Option für mich. Ich wollte meinen Ort nicht verlassen. Um das verständlicher zu machen: Solange ich in Deutschland bin, denke ich nicht zurück an Erlebnisse in Griechenland, da die Tatsache, dass ich weit weg von Griechenland bin, mich traurig macht. Es geht nicht um meine Mutter, meinen Vater noch um die Bindung an die Nation. Ich bin einfach mit dem Land, mit der Erde dieses Lands, nämlich mit seiner Natur, aber natürlich auch mit den Menschen und mit der ganzen Atmosphäre verbunden. Alles von Griechenland ist ein untrennbarer Teil von mir. Das kann nicht von mir getrennt sein. Ich kann nicht langfristig weit von meinem Ort leben* " (Kornilios, Z. 76–84).

Kornilios' beschreibt seine Unzufriedenheit darüber, weit von seinem Geburtsland zu leben und dadurch wird ein Heimweh skizziert. Dieses Gefühl erklärt er durch seine persönliche Bindung an seinen Geburtsort und fokussiert sich auf die Natur und die Menschen. Jedoch kann die Bindung an die Natur Griechenlands nicht als Motiv für eine Rückkehr nach Griechenland betrachtet werden, wenn berücksichtigt wird, dass Kornilios nach Deutschland migriert ist, um zu promovieren und seine beruflichen Ziele zu verfolgen. Ein Grund für diese Heimweh von Kornilios ist aber die relativ neue Erfahrung der Migration für ihn, zumal das Interview erst drei Monate nach seiner Auswanderung aus Griechenland stattfindet. In diesem Zitat betont Kornilios hinsichtlich seines Rückkehrwunsches seinen Abstand von zwei Faktoren. Zum einen geht es um den Abstand von seinen Eltern – trotz der erwähnten Bindung an die Menschen in Griechenland – aufgrund der bereits angesprochenen familiären Probleme[29] und zum anderen handelt es sich um den Abstand von seiner Bindung an Griechenland als Nation, um hinsichtlich seiner politischen Ideologie von konservativen Ideologien Abstand zu halten. Bezüglich seiner politischen Einstellung erzählt Kornilios zu einem späteren Zeitpunkt des Interviews in Bezug auf das Thema Brain-Drain:

> *„Ich möchte mich auf politischer, sozialer und ökonomischer Ebene für die Abschaffung des Staats einsetzen. Für eine selbstregulierende Gesellschaft. Das ist vielleicht der Hauptgrund, warum ich nach Griechenland zurückkehren möchte. Ich habe wahrgenommen, dass, wenn wir nicht gemeinsam mit den Menschen unseres Geburtsortes zusammenkämpfen, sonst niemand dafür kämpfen wird"* (Kornilios, Z. 265–269).

Dabei werden demzufolge auch politische Motive, die mit seiner *utopischen politischen Selbstverwirklichung* zusammenhängen, für seine Rückkehr thematisiert.

---

[29] Siehe die Fallanalyse zu seinen Migrationsmotiven (Abschnitt 7.1.6).

Durch dieses Zitat wird aber deutlich, dass Kornilios' Position zu der Abschaffung des Staats der anarchistischen Ideologie zugeschrieben werden kann (vgl.
Remley 2018: 18) und dies veranschaulicht seine erwähnte Distanz zum Begriff
des Nationalstaats im Zusammenhang mit seiner Rückkehrmotivation. Obwohl
in Deutschland auch der Nationalstaat als Staatsform herrscht, ist Kornilios das
Engagement für seine politische Ideologie in Griechenland wichtig. Diese Haltung wird von ihm derart begründet: *„Ja gut. Man muss auch in Deutschland
kämpfen. Der Kampf geht weiter. Mehr oder weniger haben wir in jedem Land
ähnliche Situationen. Man muss aber da kämpfen, wo man zugehört"* (Kornilios,
Z. 289–292). Fokussierend auf die Bleibeoption von Kornilios in Bezug auf
Deutschland lässt sich dabei feststellen, dass er ein Zugehörigkeitsgefühl zu Griechenland auf gesellschaftlichem Niveau aufweist, das die erwähnte Bindung an
Griechenland erklären kann. Dieses *Zugehörigkeitsgefühl zur Gesellschaft in Griechenland* kann den sozialen Motiven zugeordnet werden und lässt sich weiterhin
durch den Fokus auf seine aktuellen Erfahrungen in Deutschland, wie anhand der
folgenden Zeilen gezeigt wird, erklären.

Kulturelle und soziale Barrieren für einen weiteren Verbleib in Deutschland
Gleichzeitig wirken sich kulturelle und soziale Barrieren bei Kornilios besonders
negativ auf eine Bleibeperspektive in Deutschland aus, trotz seiner kontrastierenden Erwartungen im Moment seiner Migrationsentscheidung gegenüber
dem Leben in seinem Wohnort, die er aufgrund seiner vorherigen Aufent-
haltserfahrung im Rahmen des Erasmus-Programms entwickelt hatte. Bezüglich
seines aktuellen Aufenthalts in Deutschland spricht Kornilios von deutlichen
Integrationsschwierigkeiten:

> *„Der Bereich der Integration ist ein schwieriges Thema. Besonders in einer Gesell-
> schaft, die ist ... In jeder fremden Gesellschaft ... Gute Anpassungschancen hätte ich
> in England. Da wäre es nach einem gewissen Zeitpunkt nicht wirklich different. Aus-
> nahme wäre mein Name. Die Gesellschaft dort ist aber viel mehr multikulti. Hier haben
> die Menschen eine ganz andere soziale Mentalität, die nicht hilfreich für die Menschen
> aus dem Mittelmeerraum ist. Es gibt ja nicht diese spontane Überschwänglichkeit, die
> uns kennzeichnet, sowie diese Tendenz zu einem gesellschaftlichen Leben"* (Kornilios,
> Z. 170–176).

Die Integrationsschwierigkeiten erklärt Kornilios durch die Mentalitätsunterschiede zwischen den Menschen in Deutschland und den Menschen in der Mittel-
meerregion. Kornilios pauschalisiert die Mentalität der Menschen in Deutschland
auf nationalem Niveau und betrachtet sie als einheitlich und gleichzeitig abweichend von der ebenfalls einheitlichen Mentalität der Menschen in Südeuropa.

Dabei geht es um *wahrgenommene Mentalitätsunterschiede*, die als stereotypisierte Einflussfaktoren kultureller Niveaus anzusehen sind und sich gleichzeitig negativ auf eine Bleibeoption in Deutschland auswirken. Den Kontrast zu seiner Integration in Deutschland setzt England für Kornilios. Er ist der festen Überzeugung, dass er kaum Integrationsschwierigkeiten dort hätte, obwohl England ebenfalls nicht zum Mittelmeerraum gehört und er nur drei Jahre in seiner Kindheit in England verbracht hat. Zentral für diese Überzeugung scheinen seine guten Englischkenntnisse zu sein, da er besonders die Rolle, die die Kommunikation einnimmt, in Bezug auf seine Integration in Deutschland thematisiert:

> *„Für diejenigen, die hierhin kommen, ohne dass sie die deutsche Sprache gut beherrschen, ist das Thema Integration ein riesiges Problem. Das führt zu intensivem Stress. Denn wenn man die Sprache nicht beherrscht, weiß man manchmal nicht, wie man nach einer bestimmten Sache fragen kann. Ich habe immer die Angst, dass ich kritisiert werde, wenn ich rede. Und sehr häufig passiert das auch"* (Kornilios, Z. 180–184).

Obwohl Kornilios über Deutschkenntnisse auf B2 Niveau bereits vor seiner Migration nach Deutschland verfügte, sind diese nicht auf einem verhandlungssicheren Niveau. Seine Promotion schreibt er auf Englisch und die Kommunikation mit seinen Kolleg*innen und seinem Betreuer findet ebenfalls in englischer Sprache statt. Auch in seiner Wohngemeinschaft verwendet er die deutsche Sprache nicht, da sein Mitbewohner gleichfalls ein Doktorand aus Griechenland ist und da nur Griechisch gesprochen wird. Aufgrund der Angst vor Kritik praktiziert Kornilios seine Deutschkenntnisse nicht oft. Das Niveau seiner *Deutschkenntnisse* lässt sich als ein wichtiger Einflussfaktor ansehen, der gegen eine Bleibeoption in Deutschland nach seiner Promotion spricht.

Die beschriebenen Barrieren in Kornilios' Alltag beziehen sich auf die kulturelle Ebene, die mit dem Sprachkapital in seinem Fall zusammenhängt und Folgen auf sozialer Ebene hat, auf der er mit Sozialisations- und folglich Integrationsschwierigkeiten konfrontiert ist. Anhand dieser Situation fühlt sich Kornilios *„fremd"* in der deutschen Gesellschaft. Diese Barrieren können sich auch negativ auf die Bleibeoption in Deutschland nach Kornilios' Promotionsabschluss auswirken, aber gleichzeitig positiv auf die bereits dargestellte Rückkehrtendenz. Jedoch ist zu erwarten, dass sich im Lauf der Zeit seiner Promotion seine Deutschkenntnisse verbessern und somit auch die thematisierten Integrationsschwierigkeiten beseitigt werden.

Zusammenfassung

Kornilios steht seinen Plänen für die Zukunft ambivalent gegenüber. Obwohl er ein Heimweh thematisiert und eine Rückkehr seinerseits sehr erwünscht ist, ist ihm gleichzeitig bekannt, dass sich ihm keine guten Chancen bieten, eine Stelle in seinem studierten Fach in Griechenland zu bekommen. Somit kommt wiederum der weitere Verbleib in Deutschland oder eine mögliche neue Migration in ein anderes Land infrage. Kornilios muss also aufgrund seines *Motivs*, das mit *beruflicher Sicherheit* zusammenhängt und in dessen Fokus der Faktor einer Anstellung in seinem studierten Fach steht, bezüglich seines zukünftigen Arbeitsorts flexibel sein, um einen passenden Arbeitsplatz entsprechend seinen erworbenen Qualifikationen und seinen Leistungsfähigkeiten zu finden. Kornilios kann also als *liquid migrant*, in Anlehnung an Engbersen (2012), d. h. als individualisierter Unionsbürger betrachtet werden, der aufgrund seiner Ausbildung und seiner Arbeit temporär und spontan migriert, um seine wirtschaftliche Situation zu verbessern.

Des Weiteren sind für Kornilios' Rückkehroption nach Griechenland auch *politische und soziale Motive* relevant. Diese stehen im Zusammenhang mit seiner politischen Überzeugung und mit seiner Bindung an die Gesellschaft in Griechenland. Es wurde aufgezeigt, dass sich diese Bindung auch durch seine aktuellen Erfahrungen in Deutschland erklären lässt, da er Integrations- und Sozialisierungsschwierigkeiten artikuliert. Die Thematisierung von Mentalitätsunterschieden dabei sind auf seine mangelnden Sprachkompetenzen zurückzuführen, wie bereits rekonstruiert wurde. Diese Barrieren auf sozialer und kultureller Ebene wirken sicherlich negativ auf eine Bleibeoption von Kornilios in Deutschland, obwohl sie im Laufe der Zeit überwunden werden können. Offensichtlich sind für die Rückkehrabsicht von Kornilios nicht-ökonomische Motive relevant. Die Rückkehrabsicht von Kornilios in diesem Kontext lässt sich mit dem Bourdieu'schen Konzept zu Kapitalien (2012[1983]) analysieren: Das Gefühl des „Fremd"-Seins in Deutschland zeigt, dass Kornilios vor Ort nicht über den gleichen Wert an symbolischem Kapital auf sozialer Ebene verfügt, den er in Griechenland – und aus seiner Sicht auch in England – hätte. Außerdem spielt offensichtlich für Kornilios das kulturelle Kapital in inkorporierter Form (Sprachkenntnisse) eine Rolle für seinen Wunsch nach einer Rückkehr, wenn die erwähnten Barrieren auf sozialer und kultureller Ebene in Deutschland aufgrund seiner Deutschkenntnisse berücksichtigt werden.

Jedoch bleibt offen, wo Kornilios nach seinem Promotionsabschluss sein wird, solange alle möglichen Optionen (Rückkehr nach Griechenland, Verbleib in Deutschland, Migration in ein drittes Land) nicht von ihm ausgeschlossen wurden. Das *Motiv*, das bestimmen wird, für welche Option sich Kornilios entscheidet, bezieht sich auf die *berufliche Sicherheit* im studierten Fach. Mikroökonomische Ansätze, die sich auf die Beschäftigungsmöglichkeiten zur Erklärung der Migration fokussieren, werden im Fall von Kornilios hinsichtlich seiner Bleibeperspektive in Deutschland auch ansetzbar. Das betrifft den Ansatz von Todaro (1969), der die Beschäftigungsrate im Zielland unter anderen als Faktor der Migrationsentscheidung berücksichtigt, da Kornilios primär die Rückkehr nach Griechenland priorisiert und gleichzeitig die knappen Beschäftigungschancen dort zur Kenntnis nimmt. Gerade das Motiv der beruflichen Sicherheit ist in der beruflichen Biographie von Kornilios besonders dominant und war auch zentral bei seiner Migrationsentscheidung, also dem Entschluss nach Deutschland einzuwandern.

C. Dimos: Migration, ein langjähriges Projekt für Dimos?

Bereits bei der Analyse von Dimos' Migrationsmotiven ist eine Neigung in seinem Migrationsprojekt zu einer permanenten Migration in Deutschland erkennbar, da er sein Leben nach seinen beruflichen Erfahrungen in Griechenland neu beginnen und damit in die Zukunft investieren wollte. Jedoch ist eine Rückkehr nach Griechenland nicht ganz ausgeschlossen: *„Wir haben alle den Gedanken der Rückkehr im Hinterkopf. Ich kann eine Rückkehr nicht für uns ganz ausschließen. Wie die Lage aber in Griechenland sich entwickelt ... Ich glaube, es kann auch schlimmer kommen, dann würde ich nicht zurückkehren"* (Dimos, Z. 179–182). Offensichtlich trifft aber diese Option auf wenig Chancen und ist seine Priorität immer noch der Verbleib in Deutschland. Im Folgenden werden die diesbezüglichen Motive dargestellt.

Die Perspektive einer Familiengründung im Zentrum der Bleibeoption in Deutschland

Die Gründe für die Priorisierung der Bleibeperspektive in Deutschland werden von Dimos bereits im folgenden Zitat gezeichnet:

„Nur wenn auch in Deutschland die Lage ganz schlimm wird, würden wir rückkehren. Da haben wir zumindest ein Grundstück, um davon zu leben. (...) Nun haben wir aber unser Leben hier aufgebaut, wir haben eine Arbeit und diese Möglichkeiten in Griechenland sind nicht immer realistisch. Und wenn die Kinder und die Familie dazukommen, wird die Rückkehr noch komplizierter sein" (Dimos, Z. 182–187).

Prinzipiell schließt Dimos die Rückkehr nach Griechenland unter den *krisenbedingten Umständen in Griechenland* aus, da er sich nicht nur seine eigene Zukunft in Deutschland vorstellt, sondern auch die seiner (möglichen) zukünftigen Familie. Offensichtlich möchte Dimos das Risiko eines neuen Lebens in einer unsicheren Volkswirtschaft vermeiden, da er sich bereits viel Mühe gegeben hat, Fuß in Deutschland zu fassen. Falls auch eine Finanzkrise in Deutschland ausbricht, würde er nach Griechenland zurückkehren. Dieser Schritt käme infrage, da er dort die Sicherheit als Eigentümer eines Grundstücks hat, wovon er – so seine Vorstellung – leben könnte. Das primäre Motiv für einen weiteren Verbleib in Deutschland bezieht sich demzufolge auf die Wahrnehmung von *sicheren Berufsperspektiven*, so wie das bereits anlässlich seiner Migration zentral war. Dimos spricht aber diesbezüglich im Plural (*„wir haben eine Arbeit"*), da er in seine Zukunftsplanung auch die Perspektiven seiner Kinder mitberücksichtigt, obwohl er während des Interviews noch keine Familie gegründet hat:

> *„Die entsprechenden Umstände für eine Rückkehr müssten Wachstumsperspektiven in Griechenland sein. Das bedeutet gute Arbeitschancen. Das wird in den nächsten Jahren nicht passieren. Es soll keine Angst vor Arbeitslosigkeit oder Verspätungen in meiner Lohnzahlung existieren. Und auch, dass die Schule für meine Kinder funktionieren kann. Diese Umstände sind für junge Leute wichtig, deswegen sind so viele ausgewandert"* (Dimos, Z. 191–196).

Es ist offenbar, dass Dimos eine familienorientierte Person ist und in diesem Rahmen setzt er als Priorität nochmals die *berufliche Sicherheit* (*„gute Arbeitschancen"*), um die guten Lebensperspektiven für die Familie sicherstellen zu können. Dabei berücksichtigt er für zukünftige Planungen auch das nationale Bildungssystem im Hinblick auf die Bildung der Nachfolgegeneration. Außerdem besteht hier ein deutlicher Zusammenhang zwischen seiner Absicht, nicht zurückzukehren, und der Finanzkrise in Griechenland, die auch auf keine Wachstumsperspektive hinweist. Die Kontinuität der Krise ist aus Dimos' Sicht, ein Zeichen, dass Griechenland kein geeignetes Land für seine gesetzten Prioritäten ist:

> *„Wenn man älter als 28 Jahre alt und in einer Beziehung mit Familienperspektiven ist, denkt man schon über das Beste für seine Familie und seine Kinder nach. Also Griechenland ist ausgeschlossen. Besonders für uns, da wir so viel Zeit und Kraft in ein neues Leben hier investiert haben"* (Dimos, Z. 198–201).

Im Rahmen der erwünschten *Familiengründung* wird nochmals Deutschland statt Griechenland von Dimos priorisiert, damit auch die in die Migration investierte *„Zeit und Kraft"* nicht umsonst war. Somit lässt sich feststellen, dass Dimos seine Migration als eine langjährige Investition, die sich immer noch auszahlen muss, betrachtet. Seine Absicht, weiterhin in Deutschland zu verbleiben, kann aus mikro-ökonomischen Perspektiven betrachtet werden, da er sich auf den Faktor Beschäftigungschancen in Deutschland, als seinem aktuellen Wohnort (siehe Pissarides/Wadsworth 1989), fokussiert.

Außerdem äußert sich Dimos über seine aktuelle Beschäftigung sehr positiv: „*Gott sei Dank gehen wir bei meiner Arbeit immer voran, wir erwerben neue Kenntnisse. Die Ausbildung habe ich also durch meine Arbeit. Aber dazu lese ich natürlich auch selbst*" (Dimos, Z. 88–90). Die beruflichen Ziele von Dimos in Verbindung mit seiner Migrationsentscheidung waren die sichere Stelle in seinem Fachbereich und die *Weiterbildungsangebote in Deutschland*. Durch seine aktuelle Arbeitsstelle hat Dimos diese beiden Ziele aus seiner Sicht erreicht und scheint zum Zeitpunkt des Interviews mit seinem Leben in Deutschland zufrieden zu sein, seitdem er diese Stelle bekommen und seine Partnerin kennengelernt hat. Besonders wichtig ist für Dimos das Motiv des Erwerbs von neuen Kenntnissen, da dies ihn u. a. motiviert hat, ein IT-Studium abzuschließen. Seine aktuelle Stelle kann somit auch als ein weiterer Faktor für seine Bleibeoption betrachtet werden, zumal neben dem ökonomischen Motiv der beruflichen Sicherheit auch dadurch die *Weiterbildung als* kulturelles *Motiv* abgedeckt wird.

Politische Einflussfaktoren gegen die Rückkehroption
Darüber hinaus thematisiert Dimos weitere Aspekte, die gegen seine Rückkehr nach Griechenland sprechen, und zwar zu dem Zeitpunkt, als im Interview sein persönlicher Umgang mit dem Brain-Drain-Phänomen Thema ist:

> „*Ja gut. Ich liebe Griechenland und ich möchte gerne zurückkehren, aber ich hoffe, dass die Griechen aus dieser ganzen Geschichte etwas lernen werden, da die gegenwärtige Generation verloren ist. Unsere Eltern haben dazu beigetragen. Sie haben uns alle diese Korruptionsmechanismen beigebracht. Wir haben diese Mentalität immer noch in Griechenland. (...) Ich habe viele Bekannte, die mir sagen, dass sie zurückkehren werden. Wir sehen aber dann, dass es nicht funktioniert. Was sollen wir machen, wenn wir zurückkehren? Einige von meinen Bekannten hier verdienen 5.000 bis 7.000 Euro. Was sollen sie in Griechenland machen? Mit 500 Euro können sie nicht leben. Und das Krankenhaus neben ihnen wird gar nicht funktional für ihre älteren Mütter sein. Es ist besser für sie, hierzubleiben und 5.000 Euro Lohn zu haben und falls ihre Mutter was braucht, können sie sie nach Deutschland holen. Sie werden zumindest gutes Geld verdienen können*" (Dimos, Z. 250–254, 264–269).

Es lässt sich feststellen, dass Dimos sich auf bestimmte politische Faktoren fokussiert, die negativ für eine Rückkehroption wirken. Dabei geht es um *Korruptionsmechanismen*, die aus seiner Sicht tief in der Gesellschaft Griechenlands verwurzelt sind. Die Bezugnahme auf seine Eltern hinsichtlich der Vermittlung einer Korruptionsmentalität zeigt, dass er auch sie als Mitverantwortliche betrachtet. Dabei kann interpretiert werden, dass Dimos Abstand zu seiner Familie in Griechenland halten möchte. Im Gegensatz dazu scheint die *Präsenz seiner Partnerin* in Deutschland ein wichtigerer sozialer Bezug für Dimos zu sein, wenn er die Bleibeoption in Deutschland in Verbindung mit der erwünschten *Familiengründung* priorisiert. Darüber hinaus redet Dimos über Bekannte, die eine Rückkehr nach Griechenland infrage gestellt haben. In dieses Beispiel ist auch seine Person eingeschlossen, um eine ihn betreffende zukünftige Rückkehroption zu thematisieren und nochmals seine Bleibeabsicht in Deutschland stärker zu betonen. Entscheidend ist somit das *bessere Einkommen* als Motiv, aber auch die guten Lebensperspektiven für die Familie, bei denen dieses Mal nicht das Bildungssystem für die Kinder thematisiert wird, sondern mit dem Gesundheitssystem argumentiert wird. Es lässt sich somit sagen, dass die guten Familienperspektiven, die aus Dimos' Erzählungen zu deuten sind, wichtig für eine Bleibeoption in Deutschland zu sein scheinen. Außerdem lassen sich die guten Familienperspektiven auch mit politischen Motiven verbinden, wenn erkennbar wird, dass sich Dimos mit seiner Bleibeoption in Deutschland Zugang zu *guten öffentlichen Gütern*, d. h. Bildung und Gesundheit, durch das staatliche System wünscht.

Zusammenfassung

Dimos' Migration hatte auf Basis seiner Entscheidung eine langfristige Perspektive, da sie mit der Verbesserung des Lebensstandards in der „Gegenwart" und der „Zukunft" und mit sicheren beruflichen Perspektiven neben den einkommensmaximierenden Motiven verbunden war. Diese Faktoren führen zu der Annahme, dass Dimos zu einer Bleibetendenz in Deutschland neigt, was durch Dimos' Erzählungen hinsichtlich seiner zukünftigen Pläne bestätigt werden konnte. Obwohl eine Rückkehr seitens von Dimos als erwünscht genannt wurde, weist der Mangel an diesbezüglichen Motiven darauf hin, dass es unwahrscheinlich ist, dass sich für diese Option entschieden wird. Es scheint, dass die Rückkehr nur infrage käme, wenn krisenbedingte Umstände in Deutschland herrschten und somit bei Dimos eine Unzufriedenheit mit seinem Wohnort wahrgenommen würde, so wie dies die These von Han in Bezug auf potenzielle Migrant*innen darlegt (2010).

Insgesamt lässt sich feststellen, dass zentral in Dimos Erzählungen zu seiner Bleibeoption Argumente für die Nicht-Rückkehr sind und ein besonders entscheidender Punkt dabei die Familiengründung ist. Beim Fokus auf das soziale Motiv für die Familienperspektive lässt sich vermuten – obwohl diese gar nicht anlässlich der Migrationsentscheidung thematisiert wurde – dass sie auch eine

Rolle für die Auswanderung von Dimos gespielt hat, solange keine guten Voraussetzungen für eine Familiengründung in Griechenland gegeben waren. Die Perspektiven der Familiengründung bringt Dimos in Zusammenhang mit politischen Motiven in Hinblick auf *öffentliche Güter* (Bildung und Gesundheit). Dies bestätigt die These von Hirschman (1974), dass Hochqualifizierte sich besonders für die Sicherstellung öffentlicher Güter interessieren (vgl. ebd.: 86).

Faktoren, die mit den guten Lebensperspektiven zusammenhängen, überzeugen Dimos davon, sich für einen langfristigen Verbleib in Deutschland zu entscheiden. Die Wachstumsperspektive, Einkommensdifferenziale und sichere Berufsperspektiven wurden von Dimos bei der Priorisierung einer Bleibeoption in Deutschland berücksichtigt und beziehen sich auf *einkommensbezogene Motive* sowie auf die *berufliche Sicherheit* als Motiv. Es lässt sich feststellen, dass in seinem Fall bezüglich seiner Bleibeoption mikroökonomische Ansätze (Sjaastad 1962; Todaro 1969; Pissarides/Wadsworth 1989) Anwendung finden können, da er realistisch aus einer Kosten-Nutzen-Analyse heraus im Hinblick auf Einkommens- und Beschäftigungsmöglichkeiten seinen Verbleib in Deutschland gegenüber einer Rückkehr nach Griechenland priorisiert. Außerdem zeigt Dimos, dass er wichtigere soziale Bezüge momentan in Deutschland (seine Partnerin) als in Griechenland (seine Familie, die aufgrund der Korruption in Griechenland kritisiert wird) hat. Die Affinitätshypothese (Ritchey 1976; Hugo 1981) bestätigt sich aufgrund der *Präsenz seiner Partnerin* in Deutschland und im Hinblick auf die Priorisierung eines weiteren Verbleibs durch Dimos. Insgesamt weist Dimos keinen Grund für eine Rückkehr auf, da alle gesetzten persönlichen und beruflichen Ziele von ihm in Deutschland erfüllt sind. Seine Arbeitsstelle bietet ihm die Möglichkeit, neue Kenntnisse zu erwerben, die deutsche Volkswirtschaft garantiert Stabilität und die Familiengründung ist bereits angebahnt.

7.2.6 Zusammenfassung und vergleichende Analyse im beruflichen Kontext

Zusammenfassend kann festgehalten werden, dass ähnliche Kategorien von Motiven für die Bleibeperspektive der faktischen Migrant*innen, wie auch die Kategorien von Motiven, die mit ihrer Migrationsentscheidung zusammenhängen, gebildet wurden. Die Kategorien wurden anhand von vier Handlungsdimensionen (der ökonomischen, der sozialen, der politischen und der kulturellen Handlungsdimension) und in Verbindung mit der Bleibe- oder Rückkehrabsicht der Befragten gebildet. Die Motive der Befragten bezüglich ihrer Bleibeperspektive in Deutschland kann in Tabelle 7.2 zusammengefasst werden.

Tabelle 7.2 Überblick über die Motive von faktischen Migrant*innen hinsichtlich der Bleibeperspektive in Deutschland

	Ärzt*innen	Nachwuchswissenschaftler*innen	IT-Expert*innen
Ökonomische Motive und Einflussfaktoren			
Einkommensbezogene Motive für den Verbleib in Deutschland	*Besseres Einkommen* (Giannis) *Erfüllung der Einkommensvorstellungen* (Klelia)		*Besseres Einkommen* (Chara, Dimos)
Berufliche Sicherheit als Motiv für die Bleibe- bzw. gegen die Rückkehroption		*Gute Berufsperspektiven in Deutschland* (Erato)	*Sichere Berufsperspektiven* (Eri, Dimos) *Krisenbedingte Umstände in Griechenland* (Dimos, Eri)
Berufliche Sicherheit als Motiv für die Rückkehroption	*sicherer Arbeitsplatz im studierten Fach* (Eleni)	*sicherer Arbeitsplatz im studierten Fach* (Kornilios, Aggeliki)	
Karriereorientierte Motive gegen eine Rückkehroption	*aufgrund von Korruption beschränkten Karrieremöglichkeiten in Griechenland* (Kleomenis) *gute Arbeitsbedingungen* (Klelia, Kleomenis)		*gute Arbeitsbedingungen* (Giorgos, Eri) *Anstellung bei einer großen Firma* (Giorgos)
Soziale Motive und Einflussfaktoren			
Soziale Motive und Einflussfaktoren für den Verbleib in Deutschland	*Präsenz von Partnerin* (Giannis) *Freundeskreis in Deutschland* (Klelia) *Weltoffenheit der Gesellschaft in Deutschland* (Kleomenis)		*Präsenz von Partnerin* (Dimos) *Familiengründung* (Dimos)

(Fortsetzung)

Tabelle 7.2 (Fortsetzung)

	Ärzt*innen	Nachwuchswissenschaftler*innen	IT-Expert*innen
Keine Bleibeabsicht in Deutschland aufgrund von sozialen Einflussfaktoren		*Integrationsschwierigkeiten in Deutschland* (Eftichis, Kornilios)	*Integrationsschwierigkeiten in Deutschland* (Eri) *Diskriminierungserfahrungen* (Eri)
Soziale Einflussfaktoren in Griechenland für die Rückkehroption		*Präsenz der Familie in Griechenland* (Erato, Aggeliki) *Zugehörigkeitsgefühl zur Gesellschaft in Griechenland* (Kornilios)	
Politische Motive und Einflussfaktoren			
Verbleib in Deutschland aufgrund politischer Einflussfaktoren	*Fehlen von Korruption in Deutschland* (Kleomenis) *Rechtsruck in der griechischen Gesellschaft* (Kleomenis)	*Soziopolitische Krise in Griechenland* (Eftichis)	*Korruptionsmechanismen* (Dimos) *gute öffentliche Güter* (Dimos)
Politische Motive für die Rückkehr nach Griechenland		*utopisch politische Selbstverwirklichung* (Kornilios)	
Kulturelle Motive und Einflussfaktoren			
Weiterbildung als Motiv	*Weiterbildungsangebote* (Klelia)		*Weiterbildungsangebote* (Dimos)

(Fortsetzung)

Tabelle 7.2 (Fortsetzung)

	Ärzt*innen	Nachwuchswissenschaftler*innen	IT-Expert*innen
Sprachbarrieren als Faktor gegen eine Bleibeperspektive		Mangelnde Deutschkenntnisse (Kornilios)	Mangelnde *Deutschkenntnisse* (Giorgos, Eri)
Stereotypische Einflussfaktoren gegen eine Bleibeoption in Deutschland	*griechischer Lebensstil (Klelia)*	*Kulturelle Mentalitätsunterschiede* (Kornilios, Aggeliki)	*Kulturelle Mentalitätsunterschiede* (Giorgos)

Quelle: Eigene Darstellung

Es fällt schwer, eine eindeutige Tendenz bei den befragten faktischen Migrant*innen zu erkennen, hinsichtlich der Frage, ob sie nun die Absicht haben, in Deutschland zu bleiben oder nach Griechenland zurückzukehren. Dies ist deshalb der Fall, weil sich diese Absichten entweder überschneiden – in einigen Fällen ist es zum Beispiel so, dass aus kulturellen Gründen die Rückkehr zwar ein großes Anliegen ist, dass aber aus ökonomischen Gründen eine Bleibetendenz auszumachen ist – oder auch weitere Tendenzen vorherrschen, wie etwa der Wunsch nach Migration in ein anderes Land. Außerdem kann sich eine Rückkehrabsicht im Lauf der Zeit verändern und können Migrant*innen der Optionen eines Verbleibs in Deutschland nach einem gewissen Zeitraum mehr Chancen geben (siehe Klelias Fall).

Allerdings zeigt sich, dass insgesamt ökonomische Motive entscheidend für die zukunftsbezogenen Bleibeoptionen der Interviewpartner*innen sind. Die Mehrheit der befragten faktischen Migrant*innen nimmt Bezug darauf. *Einkommensbezogene Motive* werden mit der Bleibeoption nur teilweise als wichtig angesehen und gar nicht mit der Rückkehroption in Zusammenhang gebracht, zumal als gegeben betrachtet werden soll, dass eine Rückkehr der ausgewanderten Hochqualifizierten nach Griechenland ein niedrigeres Einkommen nach sich zieht (vgl. Labrianidis 2014: 331). Somit geben nur vier Befragte einkommensbezogene Motive beim Thema Verbleib in Deutschland an, und dies, obwohl die Unterschiede in den Einkommensniveaus zwischen Griechenland und Deutschland und in den hier untersuchten Sektoren groß sind (siehe Kapitel 5). Wie sich herausstellte, werden die besseren Einkommensmöglichkeiten aber im Zusammenhang mit der Bleibeperspektive von einem Arzt und zwei IT-Expert*innen der Fallauswahl genannt. Im Gegensatz dazu wird dieser Faktor von keinem*r Nachwuchswissenschaftler*in der Fallauswahl als relevantes Kriterium für die Wahl des zukünftigen Wohnorts geäußert. Das Ergebnis der Studie, dass einkommensbezogene Motive nicht zentral für die Rückkehrperspektive der ausgewanderten hochqualifizierten Befragten sind, widerspricht nicht den Ergebnissen anderer Studien, die aufzeigen, dass eine Rückkehr unter der Bedingung eines ausreichenden Gehalts vorstellbar ist (wie in Abschnitt 2.2 gezeigt: Labrianidis/Pratsinakis 2016; KapaResearch 2018; Iliopoulou 2019; Stavrianakis 2019; Tolios/Thanos 2021), da der *sichere Arbeitsplatz im studierten Fach* in Griechenland womöglich mit einem dort ausreichenden Gehalt verbunden ist. Auf letzteren Einflussfaktor legen drei Nachwuchswissenschaftler*innen der Studie für ihre zuküunftige berufliche Perspektive hinsichtlich ihrer Bleibeoption bzw. Rückkehroption Wert und somit auch auf die berufliche Sicherheit, die als ein wichtiges Motiv für ihre Bleibe- oder ihre Rückkehroption erscheint. Die *berufliche Sicherheit als Motiv* in Bezug auf die Bleibeperspektive in Deutschland wird ebenso von zwei der vier befragten IT-Expert*innen der Fallauswahl angeführt. Diese Art von Motiv ist merklich unbedeutender für die Gruppe der Ärzt*innen. Dies lässt sich dadurch erklären, dass die Ärzt*innen gute berufliche Perspektiven in Deutschland nach ihrer Fachärzt*inausbildung für selbstverständlich halten und sie daher gar nicht erwähnen. Das erläutert auch die Thematisierung von *einkommensbezogenen Motiven* seitens eines Teils der befragten Ärzt*innen, wenn die beruflichen Perspektiven, sowohl in Deutschland als auch in Griechenland, als gut bewertet werden. Ein weiteres interessantes Ergebnis ist, dass der Einflussfaktor *sicherer Arbeitsplatz im studierten Fach* für Befragte relevant ist, die eine starke Rückkehrabsicht aufweisen. Hinsichtlich des theoretischen Rückbezugs dieser Motive wurde in den Fallanalysen deutlich, dass die mikroökonomischen Ansätze aus den Theorien von Sjaastad (1962), Todaro (1969), Pissarides/Wadsworth (1989) die Bleibe- bzw. die Rückkehroption der Befragten einrahmen können, wenn sie einkommensbezogene Motive und berufliche Sicherheit als Motiv anführen.

Karriererelevante Motive sind im Kontext der Bleibeoption nur teilweise von Bedeutung. Lediglich Kleomenis und Klelia, aus dem Medizinbereich, sowie Eri und Giorgos, Letzterer eine Person mit deutlichen (internationalen) Karriereabsichten, aus dem ITK-Bereich, thematisieren *karriererelevante Motive* als Begründung für ihren Wunsch, in Deutschland zu bleiben. Interessant dabei ist, dass keiner der befragten Nachwuchswissenschaftler*innen den Aspekt guter Karrieremöglichkeiten als Grund für einen Verbleib in Deutschland bzw. für die Rückkehr nach Griechenland angab.

Obwohl einige Studien zeigen, dass familienrelevante Gründe für die Rückkehr nach Griechenland entscheidend sein können (wie in Kapitel 2 dargelegt: Labrianidis /Pratsinakis 2016; Tolios/Thanos 2021), soll gleichfalls berücksichtigt werden, dass die hochqualifizierten Migrant*innen im Ausland auch einen neuen sozialen Kreis entwickeln, der teilweise dann zur Neugründung einer Familie dort führen kann. Somit können sich soziale Motive bzw. Einflussfaktoren auf die Bleibeperspektive der Befragten in Deutschland sowohl positiv auswirken (z. B. für Giannis, Dimos und Klelia) und in diesem Rahmen die Affinitätshypothese (Ritchey 1976; Hugo 1981) bestätigen, als auch negativ (z. B. für Kornilios, Eftichis, Eri). Der Einfluss, den die sozialen Rahmenbedingungen auf die Bleibeperspektive der Befragten ausübt, scheint berufsübergreifend vorhanden zu sein, da die sozialen Rahmenbedingungen eher persönliche Bezüge haben und somit nicht direkt mit jeglichem Berufssektor zusammenhängen. Es kann aber festgestellt werden, dass in den Interviews das *soziale Kapital* in Griechenland im Zusammenhang mit einer Rückkehrabsicht thematisiert wird.

Hinsichtlich der politischen Motive lässt sich sagen, dass die meisten Befragten, die diese Art von Faktoren bezüglich ihrer Auswanderung angesprochen haben, diese ebenfalls im Zusammenhang mit der Bleibeperspektive erwähnen. Hierzu kann eine interessante Schlussfolgerung gezogen werden: Die genannten politischen Faktoren beziehen sich meistens auf Griechenland (z. B. *Rechtsruck in der griechischen Gesellschaft, soziopolitische Krise in Griechenland, Korruptionsmechanismen*) und nicht auf Deutschland. Das bedeutet, dass sich eher auf die (negativen) politischen Prozesse in Griechenland konzentriert wird, wenn es um die Frage nach ihrer Bleibeperspektive in Deutschland geht. Die negative Wirkung der politischen Faktoren für eine Rückkehroption wird in anderen Studien ebenfalls in Bezug auf den Mangel an Leistungsprinzipien des griechischen Staats bzw. der Gesellschaft dort thematisiert (Labrianidis 2011; Iliopoulou 2019; Stavrianakis 2019). Außerdem verbindet nur Kornilios von der Fallauswahl zu den faktischen Migrant*innen seine Rückkehrabsicht mit politischen Motiven.

Des Weiteren scheint die Wirkung, die von kulturellen Motiven im Bereich der Rückkehr- bzw. Bleibeoption der Befragten ausgeht, insgesamt wichtig zu sein. Dabei kann auch ein Zusammenhang mit der Rolle der sozialen Rahmenbedingungen festgestellt werden, da es durch die mangelnde Beherrschung der deutschen Sprache zu Integrationsschwierigkeiten in Deutschland oder auch zur Wahrnehmung von kulturellen Mentalitätsunterschieden kommen kann. In der Folge entwickelt sich eine negative Haltung gegenüber einem weiteren Verbleib in Deutschland. Sprachbarrieren betreffen Einzelfälle aus dem ITK-Bereich (Eri und Giorgos) und aus dem Hochschulbereich (Kornilios), bei denen die Englischkenntnisse ausreichend für ihre aktuelle Anstellung waren. Für die befragten Ärzt*innen sind solche kulturellen Einflussfaktoren jedoch nicht ausschlaggebend. Diese Erkenntnis lässt sich dadurch erklären, dass die Ärzt*innen in ihrem beruflichen Alltag fließend Deutsch sprechen müssen. Im Gegensatz zu den Befragten, die auf Englisch in ihrem Alltag kommunizieren, sind die Ärzt*innen aufgrund ihrer Sprachkompetenzen nicht mit Sozialisationsschwierigkeiten konfrontiert. Es wurde auch aufgezeigt, dass die erwähnten Einflussfaktoren kulturellen Niveaus (*wahrgenommene kulturelle Mentalitätsunterschiede, griechischer Lebensstil*) eher stereotypisch erscheinen und ausschließlich negativ auf eine Bleibeoption in Deutschland wirken. Gleichzeitig war es möglich, zudem eine weitere Kategorie kultureller Motive zu bilden, die sich auf die *Weiterbildung als Motiv* sowie im Zusammenhang mit einer positiven Bleibeperspektive auf Deutschland beziehen, da im Fokus des Interesses die Erweiterung des kulturellen Kapitals in inkorporierter Form (Bourdieu 2012[1983]) über die Wahrnehmung von *Weiterbildungsangeboten* in Deutschland steht. Interessant ist, dass diese kulturellen Motive und Einflussfaktoren kaum von der bisherigen Forschung thematisiert wurden (siehe Abschnitt 2.2).

7.3   Motive für die *Stasis*

Trotz der Finanzkrise und deren Effekten entscheiden sich viele Hochqualifizierte, die in Griechenland ausgebildet wurden, gegen eine Migration. Mittels der Datenauswertung aus den Interviews mit potenziellen Migrant*innen aus allen drei untersuchten Berufsgruppen dieser Studie wird ersichtlich, was diese Befragten motiviert hat, eine *Stasis* in Griechenland zu priorisieren bzw. keinen Gebrauch von einer Migrationsoption zu machen. Dabei werden die Daten der Befragten, die eine deutliche Bleibeabsicht äußern, präsentiert. Außerdem war es möglich, in diesem Kapitel auch die Daten der Befragten, die einer Migrations- und einer *Stasis*-Option noch ambivalent gegenüberstehen, zu erfassen, da sie Argumente zu ihren Motiven für die *Stasis* vortragen können. Nicht berücksichtigt werden die Daten der befragten potenziellen Migrant*innen, bei denen eine deutliche Migrationsabsicht bemerkbar war und somit keine Kategorie von Motiven für eine *Stasis* gebildet werden konnte.

Nach der Darstellung der Kategorien derjenigen Motive, die eine *Stasis* in Griechenland betreffen, werden drei Fälle pro Fokusgruppe näher betrachtet, um im Anschluss daran eine Analyse im beruflichen Kontext vorzunehmen, damit die eventuellen Diskrepanzen in den Motiven der unterschiedlichen Berufsgruppen diskutiert werden können.

7.3.1   Ökonomische Motive

Eine *Stasis* in Griechenland während der Finanzkrise lässt sich für einige Befragte durch einen ökonomischen Aspekt erklären. Bei dieser Kategorie geht es um Motive und Faktoren ökonomischer Art, die gegen eine Migrationsentscheidung sprechen und sich somit auf die *Stasis* in Griechenland auswirken.

Einkommensbezogene Motive
Diese Kategorie bezieht sich auf Motive, bei denen die *Stasis* in Griechenland im Zusammenhang mit einem ökonomischen Nutzen der Befragten priorisiert wird. Ein Motiv für die *Stasis*, das in diese Kategorie eingeordnet werden kann, ist beispielsweise die realisierte *Erfüllung der Einkommensvorstellung* der Befragten in Griechenland. Darauf bezieht sich Ifigenia aus dem Medizinbereich: *„Im Allgemeinen glaube ich, dass das Gehalt für griechische Verhältnisse gut ist"* (Ifigenia, Z. 78–79). Ifigenia hat Arbeitserfahrungen im britischen Gesundheitssystem gesammelt und somit ist ihr bewusst, dass sie im Ausland als Ärztin mehr verdienen kann. Aus Ifigenias Sicht ist demnach ein Verbleib in Griechenland mit einem

guten Einkommen *„für griechische Verhältnisse"*, das ihre Einkommensvorstellungen erfüllt, wichtiger als die Einkommensmaximierung durch eine Migration ins Ausland.

Weitere Motive, die aus einkommensbezogener Sicht für eine *Stasis* in Griechenland von den Befragten berücksichtigt werden, betreffen die *ökonomische Sicherheit* in Griechenland und die hohen *Kosten einer Migration,* wie das im Fall von Ektoras deutlich wird. Aber auch Daphne thematisiert solche Kosten als Grund für ihre *Stasis* in Griechenland: *„Auch finanziell. Wenn ich ins Ausland gehe, muss ich zuerst meine eigenen Ersparnisse haben"* (Daphne, Z. 21–22). Obwohl Daphne in ihrem Interview eine Auswanderung nicht ausschließt, priorisiert sie die *Stasis* in Griechenland. Angesichts einer Auswanderungsoption sieht sie die Migrationskosten aus einem Nutzen-Kosten-Kalkül als einen Hemmfaktor an, da sie dafür zuerst Ersparnisse für die mit der Migration verbundenen Kosten ansammeln muss.

Berufliche Sicherheit als Motiv
Eine weitere Kategorie von Motiven, die sich an die ökonomischen Motive anschließen, sind die, die mit der Priorisierung *beruflicher Sicherheit* in Griechenland zusammenhängen. Dabei geht es um die Hoffnung oder die Überzeugung der Befragten, dass eine Stelle im studierten Bereich der jeweiligen Befragten nach dem Abschluss des Studiums bzw. der Nachqualifizierung in Griechenland hochwahrscheinlich ist. Diese Hoffnung zeichnet sich in den Erzählungen von Ira ab: *„Eigentlich habe ich mein zweites Studium verfolgt, damit ich in Griechenland bleiben kann und die Geschäfte meines Vaters fortsetzen kann. Er ist Bauingenieur und ich als ITlerin. Zusammen können wir öffentliche Bauaufträge bekommen"* (Ira, Z. 3–5). Die Entscheidung Iras ein IT-Studium aufzunehmen, ist gezielt getroffen worden, da aus ihrer Sicht daraus *gute berufliche Chancen* dank der Firma ihres Vaters entstehen. Offensichtlich ist diese Umorientierung zum zweiten Studium eine Strategie von Ira, um die drohende Arbeitslosigkeit im Zusammenhang mit ihrem ersten Studium zu überwinden und um in Griechenland bleiben zu können.

Neben den guten beruflichen Chancen wurden weitere Faktoren für die *Stasis*-Entscheidung von zwei Befragten aus dem Hochschulbereich genannt, die als Motiv in die vorliegende Kategorie einer Priorisierung beruflicher Sicherheit in Griechenland einzuordnen sind. Petros, ein Doktorand in Geisteswissenschaften, thematisiert seinen *Forschungsbezug zu Griechenland,* bei dem plausibel ist, dass seine Forschungsarbeit in Griechenland mit besseren beruflichen Perspektiven einhergeht als im Ausland:

„Zuallererst das, was ich mache, benötigt Feldkenntnisse bis zu einem gewissen Punkt. Das untergräbt vielleicht die Objektivität der Forschung, aber die Feldkenntnisse und der Aufbau eines Netzwerks von Kontakten sind sicherlich hilfreich (...). Wenn ich in ein anderes Land gehe, muss ich erneut solche Kontakte aufbauen" (Petros, Z. 3–6).

Neben den guten zukünftigen Forschungsperspektiven in Griechenland wird auch die zeitaufwendige Arbeit im Ausland, die er für den Aufbau einer neuen Basis für sein Spezialisierungsgebiet aufwenden müsste, von ihm berücksichtigt. Nur wenn dies gelingen würde, könnten gute berufliche Perspektiven auch im Ausland aus seiner Sicht für ihn bestehen.

Die Priorisierung beruflicher Sicherheit als Motiv wird im ganzen Spektrum der aktuellen Arbeitsstelle von Philippos zur Kenntnis genommen, um gegen eine Migrationsoption zu argumentieren: *„Ja gut, sicherlich spielt eine Rolle, dass ich hier eine stabile Arbeitsstelle habe. Hätte ich diese nicht, weiß ich nicht, welche meine Pläne wären"* (Philippos, Z. 44–45). Philippos promoviert nebenbei und arbeitet als Sozialarbeiter. Sein aktueller *fester Arbeitsplatz* ist keine Situation, die für alle Hochqualifizierten in Griechenland als gegeben angesehen werden kann und diesen Aspekt betont er als einen zentralen Faktor für seine Bleibeabsicht.

Darüber hinaus äußert sich auch Petros über die Option, die Postdoc-Phase in Griechenland zu verbringen:

„Meine berufliche Zukunft soll an der Universität sein und somit werde ich auf jede Postdoktorandenstelle in einem Forschungsinstitut oder an einer Universität oder auch eine Stelle als Dozent, die besonders schwer ergattert werden kann, abzielen. Ich möchte in Athen arbeiten, die nächste Option ist irgendwo sonst in Griechenland und die dritte Option irgendwo in Europa" (Petros, Z. 3–6).

Obwohl hierbei Petros u. a. karriereorientierte und kulturelle (bezüglich einer Weiterqualifikation im Wissenschaftsbereich) Aspekte thematisiert, ist zentral für seine *Stasis* die Fokussierung auf die Anstellung und nicht direkt der Erwerb des kulturellen Kapitals. Es ist offenbar, dass, nur wenn die *Postdoc-Phase in Verbindung mit einer Stelle* im Wissenschaftsbereich – bevorzugt in Griechenland – infrage kommt, wird Petros eine Postdoc-Option wahrnehmen. In diesem Rahmen erscheint die *Stasis* mit dem Motiv der beruflichen Sicherheit im engen Zusammenhang für Petros zu stehen.

Karriereorientierte Motive

Eine wahrgenommene offene Karriereoption in Griechenland kann für karriereorientierte Personen ein Faktor sein, der gegen eine Auswanderungsoption spricht.

Daraus entstehen die *karriereorientierten Motive*, denen entsprechend die *Stasis* in Griechenland priorisiert wird.

Besonders wichtig scheint für die Ärzt*innen eine Fachärzt*inausbildung in einem ‚guten‘ Krankenhaus zu sein. Diese Option, z. B. eine absolvierte Fachärzt*inausbildung an einer Universitätsklinik, kann als ein qualitatives Merkmal im Lebenslauf einer*s Ärzt*in gelten und somit der Karriere einen Anschub geben. Wenn diese Option in Griechenland zur Verfügung steht, wird die Auswanderung nicht in Betracht gezogen, wie im Fall von Fotini zu bemerken ist:

I: „*Hattest du nicht die Möglichkeit, diese bestimmte Spezialisierung in Deutschland zu machen?*"

F: „*Ja. Ich hatte sie, aber bei einem mittelkleinen Krankenhaus in Deutschland. Begrenzte Möglichkeiten. Jetzt bin ich zurückgekommen und ich kann zu einer Universitätsklinik und in die Radiologie-Abteilung, die europäisch anerkennt ist. Mit europäischen Auszeichnungen*" (Fotini, Z. 55–58).

Obwohl Fotini eine Fachärzt*inausbildungsstelle in Deutschland hatte, hat sie die Entscheidung getroffen, diese zu unterbrechen und nach Griechenland zurückzukehren, als sie erfuhr, dass es eine Stelle im gewünschten Fachärzt*inausbildungsbereich in Griechenland gab. Ihr Fokus liegt aber dabei auf dem *Status des Krankenhauses*, der als das Hauptmotiv für ihre Rückkehr nach Griechenland zu betrachten ist. Aus Fotinis Erzählungen wird deutlich, dass sie eine karriereorientierte Person ist: „*(…) da ich glaube, dass wir in dieser Phase, in der wir uns momentan befinden, zuerst lernen müssen, damit wir unsere Zukunft unabhängig von Kosten aufbauen können. Das Mehr-Verdienen kommt danach*" (Fotini, Z. 72–74). Priorität für Fotini hat offensichtlich der Aufbau einer Karriere und diese kann auf einer Fachärzt*inausbildung in einer Universitätsklinik in Griechenland basieren, auch wenn andere Kolleg*innen von ihr aus dem gleichen Grund nach Deutschland migrieren.

Auch weitere Einflussfaktoren lassen sich im Zusammenhang mit *karriereorientierten Motiven* mit einer *Stasis* von befragten Ärzt*innen verbinden. Daphne konzentriert sich diesbezüglich auf einen weiteren Aspekt hinsichtlich der Fachärzt*inausbildung im griechischen Gesundheitssystem: „*(…) Das hängt vor allem von der Wartezeit meiner Facharztausbildung ab. Weil, wenn ich fertig* [mit dem praktischen Jahr] *bin und mir gesagt wird, dass ich nach einem Jahr bei einer Universitätsklinik in Athen beginnen kann, werde ich nicht fliehen*" (Daphne, Z. 25–27). Neben dem zentralen Punkt, dass es die Universitätsklinik

in Athen sein muss, die einen höheren Status verglichen mit anderen Kranken-
häusern haben soll, ist dabei die *kurze Wartezeit* für den zügigen Beginn ihrer
Facharztinausbildung und somit für ihre Medizinkarriere in Griechenland für ihre
Stasis zentral.

Auch für die Nachwuchswissenschaftler*innen der Fallauswahl werden karriereorientierte Motive für eine *Stasis* thematisiert. Gaitanos bezieht sich auf die
Karriereoption in Griechenland als Grund für eine *Stasis* bei der Darlegung seiner zukünftigen Pläne: *„Ich bin davon überzeugt, dass ein Postdoc ein zusätzlicher
Asset bei meinem Lebenslauf wäre, damit ich Stellen auch im universitären Bereich
erreichen kann"* (Gaitanos, Z. 13–15). Diese Karriere soll aber entsprechend
dem Wunsch von Gaitanos in Griechenland sein, wie das aus seinen weiteren
Interviewausschnitten deutlich wird.

7.3.2   Soziale Motive und Einflussfaktoren

Es wird erwartet, dass soziale Motive in Anlehnung an die Affinitätshypothese
(Ritchey 1976; Hugo 1981) eine erhebliche Rolle bei der *Stasis*-Entscheidung
der Befragten spielen. Die Wirkung der sozialen Rahmenbedingungen auf die
Entscheidung zur *Stasis* der Befragten wird im Folgenden beleuchtet.

Soziales Kapital in Griechenland
Wie erwartet, hat die Mehrheit der Befragten mit einer Bleibetendenz in Griechenland besonders ihre Freunde und Familienangehörigen, die in Griechenland
leben, in Bezug auf ihre *Stasis*-Entscheidung thematisiert. Charakteristisch dabei
ist, dass alle Befragten aus dem Hochschulbereich diesen Faktor für ihre *Stasis*
erwähnen. Aber auch bei Vertreter*innen der anderen Berufsgruppen sind diese
Einflüsse sozialer Faktoren feststellbar. Ein derartiger Einfluss der Familie ist bei
Ifigenias *Stasis*-Entscheidung zu bemerken:

I: *„Du hast mir gesagt, dass du in Ioannina bleiben möchtest, obwohl die War-
tezeit für die Facharztausbildung in der Allgemeinmedizin zwei Jahre beträgt.
Was ist das, was dich zwingt, das als Priorität zu setzen?"*
If: *„Das ist meine Familie hier. Kein anderer Grund sonst"* (Ifigenia, Z. 37–39).

Obwohl die Familie von Ifigenia nicht der einzige Grund für ihre *Stasis*-
Entscheidung ist, wird deutlich in ihrem Interview, dass ihre Familie eine wichtige
Rolle bei Ifigenias Lebensentscheidungen spielt. Auch bei der Studienauswahl

von Ifigenia hat ihre Familie ihren Standpunkt durchgesetzt, sodass Ifigenia Medizin studiert. Aber ebenso bezieht sich eine ITlerin, Marina, auf die Rolle der Familie und weiterer Personen, die sie bei ihrer Entscheidung für ihre *Stasis* in Griechenland spielen: *„In Griechenland werde ich nur von meinem persönlichen Leben gehalten. Nichts anderes hält mich hier. (…) Beziehung, Familie, Freunde. Das"* (Marina, Z. 30–31). Marina hebt die Rolle ihrer *Familienangehörigen*, aber auch ihres *Partners* und *Freundeskreises* für ihre Nicht-Migration hervor, obwohl sie weitere Gründe für ihre *Stasis* thematisiert hat.

Als weiteren Aspekt, der von der Wirkung des Sozialkapitals in Griechenland ausgeht und gegen eine Migrationsentscheidung für die Befragten spricht, ist die beabsichtigte Familiengründung. Die *Stasis* in Griechenland wird auf jeden Fall dann priorisiert, wenn die Partner*innen der Befragten nicht mitmigrieren können. Neben Menios und Danae, deren Fälle analysiert werden, thematisiert auch Maria diesen Aspekt:

„nochmals aus persönlichen Gründen, eher erweiterten dieses Mal, ist es mir lieber, nicht aus Griechenland auszuwandern. Ich bin nicht mal seit einem Monat verheiratet. Das ist aber nicht eigentlich der Grund. Bereits vorher wollte ich nicht weggehen. Ich wollte nicht meine Freunde und meine Familie verlassen" (Maria, Z. 52–55).

Obwohl Maria bereits im Ausland in der Vergangenheit war, hat sie beschlossen, aus persönlichen Gründen zurückzukehren. Diese persönlichen Gründe beziehen sich auf soziale Faktoren. Die *Familiengründung* ist offensichtlich ein Einflussfaktor für ihre *Stasis* in Griechenland. Außerdem ist ein zusätzlicher Aspekt sozialer Faktoren als zuständig für die *Stasis* von Maria in Griechenland zur Kenntnis zu nehmen. Dieser betrifft die berufliche Perspektive der Masterabsolventin:

„Ich entscheide mich für [die Universität von] *Athen, weil ich da Menschen kennengelernt habe, mit denen ich gut zusammenarbeiten kann. Offensichtlich sind die Sachen nicht ideal, aber da kenne ich Menschen, mit denen ich gut zusammenarbeiten kann und ich glaube, dass daraus was Gutes entstehen kann"* (Maria, Z. 55–58).

Folglich gibt es neben Marias persönlichem sozialen Kreis auch einen weiteren sozialen Kreis in Form von berufsbezogenen Kontakten (*weak ties*), die ebenfalls zu der Ablehnung einer Migrationsoption für Maria beitragen. Diese Kontakte sind offensichtlich Professor*innen, mit denen sie das Exposé ihrer Doktorarbeit bereits abgesprochen hat. Für Maria lassen sich neben dem Motiv zur Weiterqualifizierung diese *weak ties* auch als Motiv verstehen, da deutlich wird, dass Maria mit diesen bestimmten „*Menschen*" zusammenarbeiten möchte. Jedoch bedeutet das nicht, dass Maria eine Stelle an der Universität oder eine finanzierte Dok-torarbeit („*nicht ideal*") bekommt. Maria hat aber die Hoffnung, dass neben der guten Kooperation auch berufliche Chancen sich daraus in der Zukunft („*was Gutes*") ergeben können.

Soziale Rahmenbedingungen im Ausland
Für einige Befragte wirken die sozialen Rahmenbedingungen im Ausland als Hemmfaktoren angesichts einer Migrationsoption. Dies betrifft zwei Ärztinnen der Fallauswahl, die Auslandserfahrungen in ihren Bereichen gesammelt haben. Sowohl Ifigenia in Bezug auf England als auch Fotini mit ihrer Erfahrung in Deutschland beziehen sich auf die *Integrationsschwierigkeiten,* die sie während ihrer kurzzeitigen Auslandsaufenthalte hatten. Diese haben auch eine zusätzliche Rolle bei ihrer Entscheidung gespielt, in Griechenland ihre Fachärztinausbildung zu beginnen, wie Fotini betont: *„Ähhh. Ich war nicht bereit. Ähh. Die Einsamkeit hatte viel damit zu tun. Alles ist sehr eilig passiert. Das Studium zu absolvieren, das dreimonatige Praktikum zu machen und ich bin allein hingegangen"* (Fotini, Z. 38–40). Obwohl das Thema der Diskussion zu diesem Zeitpunkt des Inter-views ihre Arbeitserfahrungen in Deutschland waren, fokussiert sich Fotini auf das Einsamkeitsgefühl, das aus ihrem beschränkten sozialen Kreis dort resultierte. Offensichtlich hat dieser Faktor im Zusammenhang mit der Möglichkeit, eine Stelle in Griechenland zu bekommen, dazu beigetragen, dass Fotini die Option eine Ausbildung zur Fachärztin im deutschen Gesundheitssystem aufzunehmen, abgelehnt hat.

Insgesamt ist deutlich geworden, dass die *sozialen Motive und Einfluss-faktoren* zu einem zentralen Hemmfaktor bei einer Migrationsoption werden können. Insbesondere in der Fallauswahl der potenziellen Migrant*innen ist das soziale Kapital in Griechenland in unterschiedlicher Form als ein entscheidender Hemmfaktor zu betrachten.

7.3.3   Politische Motive und Einflussfaktoren

Im Rahmen von Handlungsdimension der Politik können sich aus Sicht der Befragten auch entsprechende Motive und Einflussfaktoren für eine *Stasis* in Griechenland ergeben. Diese beziehen sich dabei auf subjektive politische Motive, die mit ihrer persönlichen soziopolitischen Einstellung zusammenhängen.

Subjektive politische Motive für die Stasis in Griechenland
Auch politische Entwicklungen können zur Verstärkung der *Stasis*-Absicht von potenziellen Migrant*innen beitragen. In einem von Petros' Interviewausschnitten ist dieser Zusammenhang festzustellen: „*Hinsichtlich der Politik würde ich sicherlich hierbleiben, wenn eine Transformation auf politischer Ebene in Richtung meiner eigenen persönlichen politischen Einstellung und Theorie realisierbar wäre*" (Petros, Z. 119–121). Obwohl Petros die *Stasis* in Griechenland priorisiert, lässt er sich die Migrationsoption offen und argumentiert er damit, dass eine entsprechende politische Entwicklung in Griechenland ein zusätzlicher Faktor wäre, der gegen die Migration spräche.[30] Was für eine „*politische Richtung*" Petros darunter versteht, konnte zu einem früheren Zeitpunkt des Interviews geklärt werden: „*Während Gehälter und Stellen an der Universität gekürzt werden, wird mehr Geld an die mpatsoi*[31] *gegeben*" (Petros, Z. 101–102). Seine Kritik an der Finanzpolitik und der Vergabe staatlicher Gelder und die Gegenüberstellung einer Investition in Bildung vs. Investitionen in die Gewaltmechanismen des Staates zeichnen das Bild eines linksorientierten politischen Denkens. Aus Petros' Sicht könnte eine Überschneidung der politischen Prozesse mit seiner politischen Ideologie ein zusätzlicher Faktor für seine *Stasis* in Griechenland sein. Folglich kann die *politische Selbstverwirklichung* als Motiv für seine *Stasis* verstanden und als politisches Motiv interpretiert werden.

Im Gegensatz zu der progressiven Ideologie von Petros werden aber auch von einem Befragten aus dem ITK-Bereich konservative Ideologie mit einer *Stasis* verbunden. Gaitanos äußert sich positiv zu einer Bleibeperspektive im Hinblick auf eine Postdoc-Qualifizierung sowie auf eine Karriereoption in Griechenland. Jedoch erklärt sich das bisherige *Stasis*-Handeln von Gaitanos hierdurch:

„*Das ist, was mich hier gehalten hat und mich weder im Jahr 2001, als ich zuerst studiert habe, noch im Jahr 2007 für mein Masterstudium und im Jahr 2010 für die Doktorarbeit veranlasst hat, auszuwandern. Ich glaube an die griechische Bildung. Ich glaube, dass wir eine richtige griechische Bildung, eine gute griechische Bildung, gute Forscher haben. Deswegen bleibe ich an den griechischen Universitäten*" (Gaitanos, Z. 19–23).

---

[30] Zum Zeitpunkt des Interviews wurden die Regierungsgeschäfte des griechischen Staats von einem Kabinett unter Antonis Samaras von der Koalition der konservativen Nea Dimokratia und der sozialdemokratischen PASOK getragen.

[31] Das Wort „mpatsoi" (im Plural, auf Griechisch μπάτσοι) bedeutet umgangssprachlich Polizisten und kann im Deutschen mit ‚Bullen' übersetzt werden. Obwohl das Wort „mpatsoi" im Alltag verwendet wird, hat das Wort eine diffamierende Konnotation, um die autoritäre Rolle und die Gewaltausübung von Polizisten gegenüber Unschuldigen zu betonen (Mpampiniotis 2008).

Obwohl Gaitanos seine Überzeugung von der – so von ihm gesehenen – guten Qualität der griechischen Bildung hervorheben möchte, wird sich bei der Erklärung seiner Motivation dabei nicht auf diese Qualität fokussiert, sondern auf seine Sichtweise zur ‚griechischen' Identität der Bildung. Es lässt sich feststellen, dass Gaitanos aus einer konservativen *patriotischen Ideologie* heraus, die in Bezug auf die Bildung zum Ausdruck kommt, für seine *Stasis* in Griechenland motiviert ist. Gaitanos betont diesen Aspekt, obwohl er die negative Konnotation dabei wahrnimmt:

> *„Der einzige Grund für eine Auswanderung wäre nur ein Postdoc. Dann nämlich könnte ich gezielt auswandern und nach dem Abschluss würde ich zurückkehren. Ich könnte nicht permanent weggehen. Über eine permanente Option könnte ich nicht mal nachdenken. Ich habe das bewusst abgelehnt, da ich in Griechenland bleiben möchte. Ich kann sagen, obwohl dieses Wort missverstanden wird, dass ich ein Patriot bin. Ich glaube einfach an Griechenland, an seine Fähigkeiten, an das, was Griechenland machen kann und irgendwann schafft. Davon bin ich überzeugt"* (Gaitanos, Z. 116–120).

Die Vorstellung von einer Nation, die einer patriotischen Sicht entsprechend über übergeordnete Bildungs-*„Fähigkeiten"* verfügt, trägt zu der *Stasis* von Gaitanos in Griechenland bei. Jedoch hält er es für nicht ausgeschlossen, eine temporäre Migrationsoption in Verbindung mit einem Postdoc wahrzunehmen, falls diese Weiterqualifizierung in Griechenland nicht möglich wäre.[32]

7.3.4 Kulturelle Motive und Einflussfaktoren

Als letzte Kategorie von Motiven und Einflussfaktoren für einen Verbleib in Griechenland kann die der kulturellen Handlungsdimension gebildet werden. Ihre Bedeutung für die Priorisierung der *Stasis* in Griechenland, statt einer Migrationsoption nachzugehen, spielt bei den Befragten offenbar eine weitere Rolle neben den anderen berücksichtigten Handlungsdimensionen.

Motive für die Weiterqualifizierung
Die *Option einer Weiterqualifizierung in Griechenland* kann ein Motiv für die *Stasis* sein. Dies wurde bereits am Beispiel von Maria, die trotz mangelnder

---

[32] Charakteristisch dafür ist das folgende Zitat von ihm: *„Die Hauptidee momentan ist ein Postdoc, bevorzugt in Griechenland. Wenn dies im schlimmsten Fall nicht in Griechenland möglich wird, werde ich schauen, wo ich was in meinem Bereich im Ausland finden kann (…)"* (Gaitanos, Z. 2–5).

Finanzierung ihrer Doktorarbeit in Griechenland promovieren wird, und am Beispiel von Gaitanos deutlich, da er im Rahmen seiner patriotischen Überzeugungen (siehe die letzte Kategorie *subjektive politische Motive für die Stasis in Griechenland*), den Erwerb dieses kulturellen Kapitals in inkorporierter Form und in institutionalisierte Form in Griechenland als besonders wichtig und gewinnbringend für seine Karriere ansieht. Diese Kategorie von Motiven ist insbesondere für die Ärzt*innen der Fallauswahl relevant, da sie als Medizinabsolvent*innen diese Weiterqualifizierung abschließen müssen, um Fachärzt*innen zu werden. Die *Option der Fachärzt*inausbildung in Griechenland* kann somit ein wichtiger Einflussfaktor für die *Stasis* in Griechenland sein, wie das bereits im Fall von Fotini gezeigt wurde und noch in der Fallanalyse von Ektoras dargestellt wird.

Sprachbezogene Barrieren
Sprache als Kommunikationsmittel kann zu einer erheblichen Barriere für eine Migrationsoption werden, wenn die Sprachkenntnisse des Ziellandes fehlen. Dies erwähnen beispielsweise Ifigenia und Ektoras[33] in Bezug auf eine Migrationsoption Richtung Deutschland. Fotini bezieht sich auch auf *sprachbezogene Barrieren* hinsichtlich einer Fachärzt*inausbildungsstelle an einer Universitätsklinik in Deutschland: *„Ich könnte nie diese Möglichkeit bei einer entsprechenden Klinik in Deutschland haben. Aufgrund der … Ehrlich gesagt, aufgrund des Niveaus meiner Deutschkenntnisse"* (Fotini, Z. 58–60). Fotini war in Deutschland und hatte genügend Deutschkenntnisse, um die Approbation zu bekommen und mit ihrer Fachärztinausbildung im deutschen Gesundheitssystem beginnen zu können. Trotzdem fühlte sie sich unsicher wegen ihrer Sprachkenntnisse, sodass sie davon ausgeht, dass eine Fachärzt*inausbildungsstelle an einer deutschen Universitätsklinik unmöglich für sie wäre. Die Sprachbarrieren werden von ihr als ein Hemmfaktor für die Verfolgung ihrer Karriereziele in Deutschland wahrgenommen. Im Gegensatz dazu ist eine *Fachärzt*inausbildung in der Muttersprache* eine Erleichterung während der Fachärzt*inausbildungsphase und das wird von Daphne thematisiert: *„Es kann sein, dass ich irgendwo in Athen sein werde. Es ist viel einfacher, wenn alles auf deiner Sprache ist. In diesem Fall werde ich nachdenken, ob ich ins Ausland gehe"* (Daphne, Z. 43–44). Daphne argumentiert, dass eventuell diese Option sich negativ auf eine Fachärzt*inausbildung im Ausland auswirken könnte. Obwohl die meistens Befragten der Fallauswahl sich nicht zu diesem Aspekt geäußert haben, ist zu vermuten, dass die Möglichkeit der Kommunikation bei der Arbeit in der Muttersprache ein wichtiger Faktor für die *Stasis*-Entscheidung ist.

---

[33] Siehe seine Fallanalyse.

Stereotypische Einflussfaktoren

Außerdem werden weitere Einflussfaktoren der kulturellen Handlungsdimension als Argumente für die *Stasis* in Griechenland von den Befragten der Fallauswahl erwähnt. Einige Befragte betonen *die klimatischen Bedingungen* Griechenlands als Hemmfaktor für eine Migrationsoption. Charakteristisch ist das folgende Zitat von Ifigenia dazu: *„Ich mag das Leben im Ausland nicht. Es ist furchtbar. Es wird sehr früh dunkel. Ich bin an die Sonne und an das Ausgehen gewöhnt"* (Ifigenia, Z. 115–117). Offensichtlich war für Ifigenia ihre Auslandserfahrung in England eine neue, aber kurzzeitige Erfahrung, da sie nur zwei Monate dort verbracht hat. Es stellt sich die Frage, inwieweit diese Zeitspanne für eine Anpassung an neue klimatische Bedingungen und an neue Lebensrhythmen ausreichend ist, wodurch ihre Integrationsschwierigkeiten während ihres Aufenthalts in England erklärt werden können.

Weitere Befragte thematisieren einen angeblich griechischen Lebensstil, den sie als Hemmfaktor für eine Auswanderung berücksichtigt. Darauf bezieht sich Marina aus dem ITK-Bereich demonstrativ: *„Ich glaube, dass wir ein bisschen Griechen sind und nicht einfach auswandern. Wir nehmen den leichten Weg"* (Marina, Z. 35–36). Marina fokussiert sich auf ihre griechische Herkunft, um ihre *Stasis* in Griechenland zu erklären. Im Rahmen einer Pauschalisierung meint sie, dass das Nicht-*Migrieren* ein Merkmal von Griech*innen ist. Offensichtlich geht es hierbei um eine Stereotypisierung ihrerseits. Paradoxerweise kann Marina selbst eine temporäre Migration für die Postdoc-Phase wahrnehmen und beabsichtigt sie eine akademische Karriere im universitären Bereich zu verfolgen, die nicht als ein einfacher Weg betrachtet werden kann. Wichtigere Motive für ihre *Stasis* sind folglich eher *karriereorientierte Motive, kulturelle Motive* in Bezug auf die *Weiterqualifizierung* und soziale Motive aufgrund der *Präsenz ihrer Familie* und ihres *Partners in Griechenland*.

Es wird deutlich, dass die Kategorie mit stereotypischen Einflussfaktoren, obwohl sie von einigen Befragten erwähnt werden, nur ungenügend das *Stasis*-Handeln der Befragten erklären können. Außerdem kann ein Mangel an Auslandserfahrungen (im Fall von Danae) bzw. eine kurzzeitige Auslandserfahrung (im Fall von Ifigenia) zu der Thematisierung dieser Aspekte durch die Befragten führen.

7.3.5 Fallanalysen

A. Ektoras: Ökonomisch und politisch motiviert für die *Stasis*

Ektoras ist 26 Jahre alt zum Zeitpunkt des Interviews und hat seinen Medizin-studiengang an einer Universität Nordgriechenlands abgeschlossen. Er kommt aus Thessaloniki und hat erste Erfahrungen im griechischen Gesundheitssystem bereits durch sein praktisches Jahr und durch seine einjährige Facharztausbil-dung gesammelt. Beide beruflichen Erfahrungen machte er in Krankenhäusern von zwei kleineren Städten in Nordgriechenland. Nach seiner einjährigen Pra-xiserfahrung in Allgemeinmedizin in einem Krankenhaus, beabsichtigt er eine vollständige Fachärzt*inausbildung in dieser Spezialisierung in Thessaloniki abzuschließen und sich des Weiteren in Infektiologie zu spezialisieren. Obwohl Ektoras momentan arbeitslos ist, hat er einen bestimmten Plan zu seiner Karriere im Medizinbereich entwickelt. Seinen Erzählungen zufolge ist die Option, ein Medizinstudium aufzunehmen, jedoch unerwartet für ihn aufgetaucht:

> *„Eigentlich hatte ich vor, Pharmazie zu studieren. Das beabsichtigte ich laut meiner erwarteten Note. Ich war an Gesundheitsstudiengängen orientiert. Das hatte aber nichts mit meinen Fähigkeiten zu tun, sondern mit den Arbeitsperspektiven. Ich wusste, dass diese Studiengänge gute Arbeitsperspektiven haben. Auf jeden Fall habe ich geschätzt, dass ich eher Pharmazie mit meiner Note studieren würde. Ich habe aber eine bessere Note bekommen, als ich erwartet habe. Das Medizinstudium war also möglich. Die Arbeitsperspektiven waren gut und ich habe mich für dieses Studium eingeschrieben. Das war eher ein Zufall. Das war nicht mein Hauptziel also und das, was mir immer sozusagen gefallen hat"* (Ektoras, Z. 32–39).

Obwohl das griechische Hochschulzugangssystem die Kandidierenden zu ande-ren Studiengängen als denen der eigentlichen Prioritätenwünsche führen kann,[34] ist das kein (Zu-)Fall bei Ektoras. Ektoras hat sich das Ziel gesetzt, Studiengänge des Gesundheitswesens zu verfolgen. Anscheinend hat er in seinem Antragsfor-mular (*„michanografiko"*) das Medizinstudium höher als das Pharmaziestudium

---

[34] So fasst der DAAD (2018) das griechische Hochschulzugangssystem zusammen: *„Studieninteressenten bewerben sich mit ihren in den landesweiten Aufnahmeprüfungen erworbenen Noten nicht direkt bei den Hochschulen, sondern füllen ein Antragsformu-lar zur Studienwahl aus, das sogenannte „Michanografiko". Die Studienplätze werden dann je nach Bewerberzahl und freien Studienplätzen zentral vom Bildungsministerium vergeben"* (ebd.). Entscheidend für die Zuteilung der Studienplätze sind die Noten der Bewerber*innen bei den landesweiten Hochschulzugangsprüfungen (Panhellenische Prü-fungen) und nicht die Abiturnote. Die Kandidierenden sollen das Antragsformular beim Bildungsministerium einreichen, nachdem sie ihre Noten erfahren haben, aber bevor die Zulassungsnotenbeschränkungen der jeweiligen Fakultäten mitgeteilt werden.

in seiner Liste angesetzt, um einen entsprechenden Studienplatz zu bekommen. Das bedeutet, dass er das Medizinstudium priorisierte, obwohl er vielleicht mit diesem Ergebnis bei der Ausfüllung des Antrags nicht gerechnet hat. Doch das Motiv für dieses Ziel wird von ihm deutlich formuliert: Es geht um die berufliche Sicherheit, da seine Entscheidung, Medizin zu studieren, entsprechend den guten Arbeitsperspektiven, die mit diesen Studiengängen verbunden sind, getroffen wurde.

Es stellt sich aber die Frage, warum ein EU-Arzt, der an beruflicher Sicherheit orientiert ist, die Fachärzt*inausbildung nach drei Jahren im Geburtsland und nicht in einem anderen Gesundheitssystem der EU mit besseren beruflichen Perspektiven fortsetzen möchte. Dies wird im Folgenden beantwortet.

Ökonomische Motive und Weiterqualifizierung für die Stasis
Um seine Entscheidung für die Absolvierung der Fachärzt*inausbildung im griechischen Gesundheitssystem zu begründen, soll der Fokus auf die weiteren Pläne von Ektoras gelegt werden:

> *„Jetzt habe ich Wartezeit. Ich rechne mit einer Wartezeit von drei Jahren ungefähr. Das bei dem großen Krankenhaus von Thessaloniki. (...) Ich muss aber einige Pflichten noch erledigen. Ich muss noch mein praktisches Jahr abschließen. Ich habe noch fünf Monate übrig. Dazu muss ich meinen Wehrdienst leisten und das dauert neun Monate.[35] Also, sind schon 14 Monate genannt. Außerdem habe ich weitere Ziele. Ich möchte eigentlich, solange ich in Thessaloniki bin, da die Stadt groß ist und viele Möglichkeiten bietet, meine Doktorarbeit da während dieser Zeit schreiben. Gleichzeitig kann ich auf Teilzeit beschäftigt sein, zum Beispiel Erfahrungen bei Kliniken sammeln, um extra Geld zu verdienen, oder bei verschiedenen Sportevents als Arzt arbeiten. So, Gelegenheitsjobs sozusagen. Ich wohne in Thessaloniki, ich habe dort eine Wohnung, ich komme daher und folglich werde ich dort nur wenige Kosten haben"* (Ektoras, Z. 10–11, 27–26).

Ektoras hat bereits einen festen Plan für seine Zukunft, um die dreijährige Lücke durch die Wartezeit bis zum Antritt der erwünschten Stelle für eine Fachärzt*inausbildung abzudecken. Während dieser Zeit wird Ektoras seinen Lebenslauf aufwerten, indem er Arbeitserfahrung sammelt (auch während des Wehrdiensts kann er – so wie jeder Medizinabsolvent im Wehrdienst – seine medizinischen Kenntnisse einsetzen) und sich weiterqualifizieren (Promotion) nutzt. Am Ende dieses Zitats kommt aber die Begründung für seine Entscheidung, weiterhin in Thessaloniki zu leben. Diese hängt mit ökonomischen Gründen

---

[35] In Griechenland besteht eine Wehrpflicht für alle Männer mit griechischer Staatsangehörigkeit. Beim griechischen Heer dauert der Dienst neun Monate, aber bei den Luftstreitkräften sowie bei der Marine ist der Wehrdienst auf zwölf Monate angesetzt.

zusammen, da die Alltagskosten so niedrig wie nirgendwo anders (weder in anderen griechischen Städten noch im Ausland) sein werden. Seine Eigentumswohnung trägt dazu bei, die Alltagskosten auf das niedrigste Niveau zu minimieren. Thessaloniki ist für ihn aus ökonomischer Perspektive eine sehr attraktive Option und die Motive für die *Stasis* sind hierbei einkommensbezogen. Dies wird nochmals im folgenden Zitat von ihm thematisiert:

> *„Zweitens geht es um meine Facharztausbildung. Es reicht mir aus, was hier angebo-*
> *ten wird. Ich habe mich bei einem Universitätsklinikum beworben. Das ist gut. Diese*
> *Option gibt mir Forschungs- und Promotionsmöglichkeit. Meine wissenschaftlichen*
> *Anforderungen werden also erfüllt. Aber auch die finanziellen Anforderungen wer-*
> *den erfüllt. Ich habe mich in Thessaloniki beworben, wo ich meine eigene Wohnung*
> *habe. Somit bin ich finanziell auch abgesichert. Wäre ich aus einer Peripherie-Stadt*
> *gekommen, könnte ich mit meinen Finanzen nicht klarkommen, da man die Fach-*
> *arztausbildung in einer großen Stadt machen muss. Nur in so einem Fall würde ich*
> *vielleicht die Migration erneut bedenken. Auf jeden Fall bin ich finanziell mit dieser*
> *Option abgesichert und ich habe keinen Grund auszuwandern, da alle auswandern.*
> *Ich habe keinen bestimmten Grund dafür"* (Ektoras, Z. 54–62).

Ektoras handelt bezüglich der Option seiner Facharztausbildung realistisch nach einem Nutzen-Kosten-Kalkül. Seine einkommensbezogenen Motive überschneiden sich mit der beruflichen Sicherheit als Motiv, was angesichts der Begründung seiner Studienauswahl ersichtlich wurde. Neben der *ökonomischen Sicherheit durch die Kostenminimierung* in Thessaloniki können dort auch seine beruflichen Ziele erreicht werden. Es geht dabei um die Fachärzt*inausbildung, die Ektoras trotz der Wartezeit von drei Jahren in Griechenland aufnehmen will, da ihm diese Möglichkeit an einem Universitätsklinikum eröffnet wird und sich somit seine Karriereziele erfüllen können. Es lässt sich feststellen, dass Ektoras von dem *Status des Krankenhauses,* das ein Universitätsklinikum ist, als Arbeitgeber angezogen wird. Somit wird seine Entscheidung für die *Stasis* neben ökonomischen Motiven auch von kulturellen Motiven bestimmt, da auch die *Option der Fachärzt*inausbildung in Griechenland* und der Erwerb dieses kulturellen Kapitals in inkorporierter und in institutionalisierter Form an einem Universitätsklinikum (deswegen auch symbolisches Kapital) von ihm berücksichtigt wird. Gleichzeitig zeigt Ektoras eine kritische Position gegenüber der Migration als Trend in seinem Bereich, da der Bezug darauf (*„da alle auswandern"*) eher ironisch gemeint ist, wie das auch im Folgenden dargestellt wird. Aus Ektoras' Sicht käme die Auswanderungsoption dennoch aus finanziellen Gründen für ihn in Betracht. Diese betrifft ihn momentan aber nicht, da er ökonomisch auch in Griechenland abgesichert sein kann. Gleichzeitig erkennt er dazu doch eine Situation, die bei ihm eventuell zur Migration führen könnte:

> „Ja, gut... Es hat nichts damit zu tun, dass ich unbedingt in Griechenland bleiben und nicht ins Ausland gehen möchte. Ich könnte theoretisch ins Ausland gehen. Aber dann nur mit einem bestimmten Zweck. Ich muss wissen, warum ich hingehe. Zum Beispiel wenn ich meine Facharztausbildung absolviere. Ich habe doch gesagt, dass ich eine weitere Ausbildung in Infektiologie machen möchte. Es gibt Krankenhäuser im Ausland, die solche Facharztausbildungen anbieten, da diese hier nicht oft ist. Es gibt noch eine Warteliste dazu. Ich könnte ins Ausland für eine Weiterbildung gehen. Eine weitere Spezialisierung. Sowas in die Richtung. Es gibt also kein Tabu diesbezüglich. Ich könnte migrieren. Dass ich ins Ausland gehe, ohne zu wissen warum ... Weil vielleicht alle auswandern oder weil das eine Mode ist oder aus Abenteuerlust. So was würde ich nicht machen"* (Ektoras, Z. 45–53).

So betrachtet es Ektoras auch für sich für möglich, dass er sich der ‚Auswanderungsmode' der Ärzt*innen aus Griechenland anschließt, falls der Weg zu einer bestimmten von ihm angestrebten Spezialisierung in Griechenland für ihn versperrt wäre. Die Migration, zum Zwecke einer konkreten Weiterqualifizierung im Ausland, lässt sich Ektoras für die Zukunft offen. Diese zweckorientierte Migration zum Zwecke der Weiterqualifizierung bedeutet neben der Karriereorientierung auch, dass er nicht vorhat, permanent zu migrieren. Obwohl für viele ausgewanderte Ärzt*innen die Migrationsoption eine notgedrungene Entscheidung aufgrund der Warteliste war, interpretiert Ektoras das Phänomen als „*Mode*" und charakterisiert die Migrationsentscheidung einiger ausgewanderter Ärzt*innen indirekt als zwecklos. In seiner Fallanalyse wird bei Äußerungen zu seiner Einstellung zum Brain-Drain-Phänomen (siehe Abschnitt 8.2.1) deutlich, dass seine diesbezügliche Kritik sich gegen die staatlichen Politiken und die ausgewanderten Ärzt*innen richtet, die trotz eines finanziell gesicherten Lebens in Griechenland aus einkommensmaximierenden Gründen auswandern. Ektoras versucht aber, sich dabei als Ausnahmefall darzustellen und seine *Stasis als Haltung gegen den Auswanderungstrend* von Ärzt*innen aus Griechenland, der von ihm als „*Mode*" bezeichnet wird, zu interpretieren (siehe dazu auch die Zusammenfassung).

*Ausgeglichene Fachärzt*inausbildungsbedingungen zwischen Griechenland und Ausland als Faktor für die Stasis*
Um seine *Stasis*-Entscheidung zu begründen, präsentiert Ektoras die Fachärzt*inausbildungsbedingungen in Griechenland als äquivalent zu denen anderer Gesundheitssysteme. Dies betrifft sowohl die Arbeitsbedingungen als

auch die Realeinkommensunterschiede, wie das im folgenden Interviewausschnitt deutlich wird, nachdem er zuvor die Arbeitsbedingungen im griechischen
Gesundheitssektor als „*elend*"[36] charakterisiert hat:

> „*Ich weiß, dass ich für die nächsten fünf Jahre darunter leiden werde, aber ich werde
> was lernen. Erstens werde ich was lernen und zweitens geht es nur um fünf Jahre. Sie
> gehen irgendwann vorbei. Das wäre kein Grund, zu migrieren. Sicherlich ist das nicht
> das Beste, was man haben kann. Das wird anstrengend sein, aber ich glaube nicht, dass
> im Ausland und in Deutschland ein Arbeitsparadies ist. Ich glaube nämlich nicht, dass
> sie dort ausschließlich 40 Stunden die Woche arbeiten. Keine Ahnung, aber das ist,
> was ich von meinen Kollegen, die hingegangen sind, mitbekommen habe. Mehr oder
> weniger herrscht also die gleiche Situation in Griechenland und in Deutschland. Kein
> riesiger Unterschied. Der einzige Unterschied ist die bessere Entlohnung dort. Aber
> andersrum weiß ich nicht, wie unterschiedlich die Lebenshaltungskosten im Ausland im
> Vergleich zu Griechenland sind. (...) Ich bin davon überzeugt, dass ich in einer großen
> Stadt, wo ich meine Facharztausbildung absolvieren werde, ich die Möglichkeit haben
> werde, nicht nur mit dem Geld klarzukommen. (...) Das Gehalt wird ungefähr 1.600
> Euro sein. Mit diesem Geld kann man nicht nur gut leben, sondern auch eine Familie
> gründen"* (Ektoras, Z. 109–119, 123–128).

Der Vergleich der Arbeitsbedingungen zwischen Griechenland und Deutschland basiert auf den Erzählungen von Kolleg*innen von ihm, die ausgewandert
sind. Im Gegensatz zu den Erwartungen anderer Befragter aus dem Medizinbereich, die von besseren Arbeitsbedingungen hinsichtlich der Arbeitszeiten
im deutschen Gesundheitssystem ausgehen, betont Ektoras, dass diesbezüglich
ähnliche Arbeitsrhythmen bei den Fachärzt*inauszubildenden in beiden Gesundheitssystemen herrschen. Die „*elenden*" Arbeitsbedingungen im griechischen
Gesundheitssektor führen Ektoras nicht zur Migration, da er sie im Ausland
als nicht besser bewertet. Zu den möglichen Einkommensdifferenzialen stellt
Ektoras durch eine Kosten-Nutzen-Überlegung fest, dass die hohen Lebenshaltungskosten im Ausland die besseren Gehälter im Ausland (dabei geht es
ausschließlich um Deutschland, da dort die ausgewanderten Kolleg*innen von
ihm arbeiten) kompensieren. Um das Handeln von Ektoras zusammenzufassen,
bei ihm heißt es, dass es sich nicht lohnt zu migrieren, wenn gute Einkommensmöglichkeiten im Herkunftsort gesichert sind. Es ist offensichtlich, dass
Ektoras dabei eine Erfüllung seiner Einkommensvorstellungen unter den gesamten beschriebenen Bedingungen im griechischen Gesundheitssektor aufzeigt und
somit bestätigt sich, dass insbesondere *einkommensbezogene Motive* für seine
Stasis in Griechenland relevant sind.

---

[36] Siehe seinen entsprechenden Interviewausschnitt in der Einheit *Politisch-soziale Motive
für die Stasis* (Z. 93).

Kulturelle und ökonomische Barrieren gegen eine Migration

Neben den erwähnten Einflussfaktoren, die einen Verbleib in Griechenland begünstigen, nimmt Ektoras auch Hemmfaktoren wahr, die als Barrieren gegen eine Migration erscheinen. Ektoras konzentriert sich diesbezüglich auf die Sprache, nachdem er über eine potenzielle Auswanderung zur Weiterspezialisierung nach seiner Facharztausbildung in Griechenland gesprochen hat:

> *„Das ist ja ein Risiko. Ähhh, also eine Investition. Man muss die Sprache lernen, die ich nicht kann. Ich kann gut Englisch. Englischkenntnisse haben doch aber alle mehr oder weniger. Deutschkenntnisse habe ich gar nicht. Und nach Deutschland gehen doch alle. Ich muss also viel Zeit aufbringen dafür. Wie lange überhaupt? Sechs Monate vielleicht, um die Sprache zu lernen. Das ist eine Investition also für den Anfang. Was noch dazu? Ich habe gehört, dass die meisten eine Stelle haben. Immer noch. Ich habe aber gehört, dass einige Mediziner da Schwierigkeiten haben, eine Stelle zu finden. Dies betrifft vor allem aber große Städte. (...) Auf jeden Fall gibt es ein Risiko dabei am Anfang"* (Ektoras, Z. 71–77, 82).

Die zwei Barrieren, die einer Migration entgegenstehen und die Ektoras als Risiken erwähnt, beziehen sich auf ökonomische und kulturelle Faktoren. Zuerst geht es um *sprachbezogene Barrieren*. Das Erlernen der Sprache stellt für ihn eine Investition dar. Eine Investition heißt vor allem, dass Zeit und Kosten erbracht werden müssen, die zu den Kosten einer Migration hinzuzuzählen sind. Gleichzeitig nimmt er wahr, dass seine Kenntnisse aufgrund seines mangelnden Sprachkapitals nicht automatisch in Deutschland anerkannt werden. Es geht also nochmals um einen Kosten-Nutzen-Aspekt, durch den die Migration als ein zeit- und kostenaufwendiger Prozess gesehen wird und weswegen die *Stasis* priorisiert wird, zumal auch eine Fachärzt*inausbildungsstelle in einem Krankenhaus von Thessaloniki ihm als sicher erscheint. Die zweite Barriere ist die Ungewissheit über seine berufliche Sicherheit in Deutschland, besonders in Verbindung mit einer möglichen Beschäftigung in einer großen Stadt. Diese wird von ihm infrage gestellt („immer noch"). Es bestätigt sich dadurch nochmals, dass es für Ektoras wichtig ist, in einer großen Stadt zu wohnen. Dieser Faktor wirkt auch positiv für seine *Stasis* in Griechenland und in Thessaloniki. Außerdem kann davon ausgegangen werden, dass Ektoras Deutschland als bei seinen aus Griechenland ausgewanderten Kolleg*innen in „*Mode*" gekommenes Zentrum betrachtet, da offensichtlich viele seiner Kolleg*innen, mit denen er in Kontakt steht, dorthin migriert sind. Aus diesem Grund bezieht Ektoras sich auf Deutschland als sein mögliches Zielland, obwohl er nicht über Deutschkenntnisse verfügt.

Politisch-soziale Motive für die Stasis

Darüber hinaus erwähnt Ektoras in seinem Interview weitere Faktoren, die mit seiner *Stasis* in Griechenland zusammenhängen, zumal diese ebenfalls als Kontrast zu den Arbeitsbedingungen im Ausland thematisiert werden:

> „*Ja. Jetzt zum Thema Arbeitsbedingungen. Dieses Thema hat zwei Seiten. Meinen Anteil, also den des Arbeitnehmers und den Anteil der Patienten, die ins Krankenhaus kommen, um behandelt zu werden. Für uns sind die Arbeitsbedingungen elend. Wir haben eine bessere Entlohnung im Vergleich zu anderen Berufsgruppen. (...) Mit mehr Überstunden, mit mehreren Diensten und Verspätungen bei der Entlohnung etc. Man kann nicht richtig aufgrund eines Mangels an medizinischem Material, an dem es wirklich fehlt, arbeiten. Auf jeden Fall sind die Arbeitsbedingungen für uns elend. Deswegen verlassen viele Ärzte die Krankenhäuser und sie werden viele zu niedergelassenen Ärzten. Das ist logisch. Hinsichtlich der Patienten sehe ich die positive Seite dabei. Es gibt, wenn auch nicht einen ganz freien, dann doch sehr kostengünstigen Zugang für den größten Teil der Bevölkerung. Ich halte die Gesundheitsdienste für hochqualitativ, aber das System sollte besser seine Strukturen aufbauen und eine Krankenpflege ersten Grades anbieten, damit nicht alle zu den Krankenhäusern kommen. (...) Trotz der Probleme bin ich der Meinung, dass das Niveau der angebotenen Gesundheitsdienste sehr hoch ist. Die Patienten warten ein bisschen länger, sie werden ein bisschen sauer, aber sie werden sicherlich geheilt*" (Ektoras, Z. 86–99, 104–106).

Obwohl Ektoras die Arbeitsbedingungen in einem griechischen Krankenhaus als „elend" charakterisiert, entscheidet er sich trotzdem da zu arbeiten. Der Mangel an medizinischem Material, was sowohl auf die Arbeitsbedingungen als auch folglich auf das Niveau der Fachärztin*ausbildung negativ wirkt, wird von Ektoras durch den doppelten Bezug darauf besonders zur Kenntnis genommen. Ektoras berücksichtigt aber auch den mit den Patient*innen im Zusammenhang stehenden Aspekt der Frage nach seinen Arbeitsbedingungen mit. Trotz der erwähnten Fehlfunktion des Gesundheitssystems in Griechenland wird von „*hochqualitativen*" Gesundheitsdiensten gesprochen. Diese widersprüchliche Aussage wird unter Bezugnahme auf den „*freien*" und „*kostengünstigen Zugang*" der Patient*innen zu den Gesundheitsdiensten ergänzt. Dieser Punkt als Argument scheint dabei zentral zu sein, weil der freie Zugang der Patient*innen zu Gesundheitsleistungen seiner politischen Ansicht entspricht. Ektoras ist Mitglied einer marxistischen Partei.[37] Seine politische Ausrichtung kann seine klare Positionierung für den freien Zugang der Patient*innen zu den Gesundheitsdiensten

---

[37] Nach dem Ende des Interviews mit Ektoras hat eine Diskussion zwischen dem Befragten und dem Forscher über die politische Lage in Griechenland stattgefunden. Während dieser hat sich Ektoras über seine politische Überzeugung und über seine parteiliche Mitgliedschaft geäußert. Die Diskussion zu diesem Thema wurde nicht aufgezeichnet.

erklären: Mit diesem Beruf erreicht er somit im Rahmen seines *sozialpolitischen Engagements* auch seine Selbstverwirklichung, da durch seinen Beitrag
zum „*freien*" und „*kostengünstigen Zugang*" der Patient*innen die „elenden"
Arbeitsbedingungen kompensiert werden. Folglich kann sein *sozialpolitisches
Engagement* auch als ein Motiv für die *Stasis* von Ektoras in Griechenland
betrachtet werden. Gleichzeitig kritisiert er die Organisation des Gesundheitssystems. Diese Kritik an der Gesundheitspolitik nimmt aber weiter zu, als das
Gespräch sich um das Brain-Drain-Phänomen dreht (siehe seine Fallanalyse in
Abschnitt 8.2.1).

Zusammenfassung
Durch die Fallanalyse zu Ektoras wurde deutlich, dass die realistische ökonomische Logik eines Homo oeconomicus zentral in seinem Handeln ist. Aus dieser
Perspektive kann seine Entscheidung für die *Stasis* erklärt werden. Außerdem
ist für seine *Stasis* die erwartete Eröffnung einer Fachärzt*inausbildungsstelle
an einer Universitätsklinik in seiner Geburtsstadt entscheidend, da die auch
mit kulturellen Motiven verbunden ist, weil dadurch kulturelles Kapital in
inkorporierter Form und in institutionalisierter Form (Bourdieu 2012[1983])
erworben wird. Zudem werden die *einkommensbezogenen Motive* bei seiner *Stasis*-Entscheidung ebenso deutlich: Aus Ektoras' Sicht reicht das Einkommen
eines Fachärzt*inauszubildenden in Griechenland aufgrund der Minimierung der
Alltagskosten, die durch seine Eigentumswohnung möglich wird, und bei der
Kalkulation des Realeinkommens im Ausland aus, um dazu zu führen nicht
zu migrieren. Wenn also das Einkommen am aktuellen Ort genügt, hat eine
Migration aus Ektoras' Sicht keinen Wert. Der Ansatz von Todaro (1969) findet
somit anhand dieses Falls Anwendung als Beispiel für eine Entscheidung gegen
die Migration, da Ektoras sowohl die Realeinkommensdifferenziale zwischen
Griechenland und Deutschland, die Beschäftigungsmöglichkeiten in Deutschland
sowie seine individuellen Merkmale, die seine Fremdsprachenkenntnisse betreffen, berücksichtigt, um keinen Grund für eine Migration zu sehen. Hinsichtlich
Sjaastads Ansatz (1962) lässt sich sagen, auch wenn das Erwerbsalter als Faktor
in den Erzählungen von Ektoras nicht thematisiert wird, werden doch Wanderungskosten durch die Investition in die Erlernung der deutschen Sprache von
ihm zur Kenntnis genommen. Ergänzend dazu kann der Ansatz von Pissarides und Wadsworth (1989) mit dem Faktor der Beschäftigungsmöglichkeiten
im Zielland in den Blick genommen werden, so wie Ektoras ihn bei seiner
Stasis-Entscheidung berücksichtigt hat.

Gleichzeitig bezeichnet Ektoras zum Teil die Auswanderung von Ärzt*innen
aus Griechenland als „*Mode*". Dieser Trend wird auch als zwecklos angesehen,

wobei dahinter die Logik der Einkommensmaximierung bei ihrer Migrations-entscheidung und die entsprechenden staatlichen Politiken im Gesundheitssystem kritisiert werden (siehe seine Fallanalyse in Abschnitt 8.2.1). Dadurch zeigt Ekto-ras, dass seine *Stasis eine Haltung gegen den Auswanderungstrend*, also eine aktive Stellungnahme statt einer statischen Entscheidung für eine Immobilität in Grie-chenland ist. Diese Haltung wird als Motiv für seine Stasis präsentiert und lässt sich den politischen Motiven zuordnen, weil dabei sozialpolitische Aspekte zu seinem Wunsch in Griechenland zu bleiben thematisiert werden – auch unter Berücksichtigung von Ektoras' politischer Überzeugung, die weiterhin in seiner Haltung zum Ausdruck kommt, wenn er sich gegen die erwähnte Auswanderungs-mode positioniert. Seine marxistische geprägte politische Einstellung entspricht den Prinzipien des *„freien"* bzw. *„kostengünstigen"* Zugangs der Patient*innen zu staatlichen Gesundheitsdiensten, die das griechische Gesundheitssystem anbietet. Durch seine *Stasis* in Griechenland in diesem Gesundheitssystem und durch sein *sozialpolitisches Engagement* kann Ektoras seine Selbstverwirklichung erfüllen. Damit wird auch klar, was Ektoras mit der Kontrastierung zwischen seiner *Sta-sis* und der beschriebenen Auswanderungsmode anderer Ärzt*innen demonstriert: die Verteidigung des *„freien"* Zugangs der Patient*innen zu Gesundheitsdiensten in Griechenland statt des Verlassens dieses Modells durch die Migration aus ein-kommensmaximierenden Gründen. Im Hinblick auf das Engagement bei seiner Partei und unter Berücksichtigung seiner Kritik an der Finanzpolitik des Staates im Gesundheitssystem,[38] kann davon ausgegangen werden, dass Ektoras' *Stasis* mit Widerspruch (Hirschman 1970; 1974) verbunden ist. Obwohl während des Interviews kein Widerspruchshandeln (z. B. Teilnahme an einem Streik oder an Protesten) von Ektoras thematisiert wird, lässt sich vermuten, dass er im Rahmen seines Engagements bei seiner Partei sehr wohl Widerspruch artikuliert.

Als wahrgenommene Faktoren, die gegen die Migration wirken, werden von Ektoras kulturelle und ökonomische Barrieren erwähnt. Da Deutschland anschei-nend als mögliches Zielland aufgrund auch der beruflichen-ethnischen Netzwerke, die nach dort bestehen, für Ektoras wahrgenommen wird, wird die Nicht-Beherrschung der deutschen Sprache als Gegenfaktor einer Migrationsoption berücksichtigt. Diese Barrieren betreffen also zum einen das in die Betrach-tung einbezogene zeit- und kostenaufwendige Erlernen der deutschen Sprache und zum anderen in Deutschland die Nicht-Anerkennung seines bereits erworbe-nen Wissens und Könnens aufgrund des fehlenden Sprachkapitals, die weiterhin das Fehlen des entsprechenden symbolisches Kapitals bedeutet, um auf Bourdieu (2012 [1983]) zurückzugreifen.

---

[38] Siehe seine Fallanalyse in Abschnitt 8.2.1.

B. Danae: Priorisierung der *Stasis* trotz der Barrieren für die Erreichung der Karriereziele
Die befragte Soziologin ist 29 Jahre alt und promoviert seit 2011 an einer Universität in Athen, wo sie auch geboren wurde und aufgewachsen ist. Da Danae kein Stipendium für ihre Doktorarbeit bekommt, muss sie nebenbei arbeiten. Die letzten vier Jahre arbeitete sie als Telefonistin bei einer Hotline für soziale Fragen und außerdem bietet sie Privatkurse für Schüler*innen an. Ihre Stelle bei der Hotline ist in Teilzeit und befristet. Die Privatkurse sind typisch für eine selbstständige Beschäftigung in der Schattenwirtschaft für viele Hochschulabsolvent*innen in Griechenland, die ansonsten arbeits- und einkommenslos wären (vgl. Kassotakis/Verdis 2013: 107 zit. n. Athanasouli 2009). Danae charakterisiert ihr Einkommen als niedrig und wohnt bei ihrem verwitweten Vater.

Für ihre Entscheidung, sich mit der Forschung zu beschäftigen und eine Doktorarbeit zu schreiben, hat ihre Praktikumserfahrung eine Rolle gespielt:

„Die Soziologie war für mich die erste Priorität und während der ersten zweieinhalb Jahre des Studiums habe ich das Fach mehr und mehr gemocht. Mein Praktikum habe ich bei der griechischen Abteilung des Internationalen Sozialdiensts gemacht. Dies hat mir den Anlass gegeben, mich mit der Forschung zu beschäftigen" (Danae, Z. 5–9).

Des Weiteren ist die Beschäftigung mit der Forschung im Lauf der Zeit zu einer Selbstverwirklichung für Danae geworden: *„Während meines Masterstudiums habe ich es interessant gefunden, zu recherchieren, an der Feldforschung teilzunehmen, Fakten zu registrieren, Leute zu beobachten und die Daten zu bewerten. Den ganzen Teil der Forschung finde ich magisch"* (Danae, Z. 39–42). Die Entscheidung, zu promovieren, scheint viel mehr mit ihrer Selbstverwirklichung und der Begeisterung für die Forschungstätigkeit durch ihre Erfahrungen zusammenzuhängen und weniger mit ökonomischen Motiven, wie zum Beispiel ein gutes Einkommen sicherzustellen, obwohl sie nicht aus einem privilegierten sozialen Milieu kommt. Trotzdem ist bei Danae eine Hoffnung auf eine Karriere im universitären Bereich zu bemerken, wie im Folgenden gezeigt wird.

Absicht für Stasis trotz der wahrgenommenen eingeschränkten beruflichen Chancen in Griechenland
Die Schwierigkeiten, eine Beschäftigung im Forschungsbereich Griechenlands zu finden, sind Danae bewusst und darauf bezieht sie sich: *„Das Ideal wäre also für mich eine Arbeit, die mit der Forschung zu tun hat. Als Forscherin nämlich und vielleicht in der Zukunft eine akademische Karriere, wenn ich immer noch Interesse daran haben werde, da der universitäre Bereich ein bisschen komisch ist"*

(Danae, Z. 10–13). Danae wünscht sich eine Karriere im universitären Bereich Griechenlands, wobei sie aber Zweifel hat, ob sie dafür Realisierungschancen in der Zukunft hat. Das meint mit der Charakterisierung des universitären Bereichs als „*komisch*". In ihren weiteren Erzählungen fasst sie wahrgenommene Barrieren einer akademischen Karriere im universitären Bereich explizit zusammen. Die wichtigste Barriere zur Erfüllung dieses karriereorientierten Wunsches betrifft aus ihrer Sicht die knappen beruflichen Perspektiven in Griechenland:

> „*Wir gehören zu einer Berufsgruppe, die den Schauspielern ähnelt, da man am nächsten Tag arbeitslos werden kann. Die Arbeitslosenrate ist enorm. Meine Arbeit, die, die ich jetzt habe, ist relevant für meinen Bereich und total sinnvoll. Sie macht mir relativ viel Spaß. Ich sage dir nicht, dass die Forschung ideal ist. Ich würde mich aber sehr freuen, in diesem Bereich zu arbeiten. Über meine Zukunft habe ich keine Ahnung. Ich sage dir, was ich mir idealerweise wünsche. Ich kann mir gut vorstellen, dass ich in einem Jahr vom Arbeitslosengeld leben werde, da mein Arbeitsvertrag dann ausläuft. Dann werde ich wieder auf der Suche nach einer Arbeitsstelle sein*" (Danae, Z. 14–21).

Offensichtlich ist Pessimismus bezüglich der beruflichen Chancen bei Danae festzustellen. Dieser Pessimismus ihrerseits basiert auf dem ungünstigen griechischen Arbeitsmarkt im universitären Bereich. Das gilt aus ihrer Sicht nicht nur für eine Karriere im universitären Bereich, sondern im Allgemeinen für jeden Beruf, der mit der Soziologie zusammenhängt. Diese prekäre Situation, bezogen auf die andauernde drohende Arbeitslosigkeit, ist eng mit einer unplanbaren Zukunft ihrerseits verbunden, in der sie psychologisch bereits darauf vorbereitet ist, mit Arbeitslosigkeit konfrontiert zu sein. Die Charakterisierung der Verfolgung einer Karriere im universitären Bereich als „*ideal*" – im letzten Interviewabschnitt doppelt und widersprüchlich erwähnt – bedeutet, dass ihr die Erreichung dieses Ziels als eine idealistische – im Sinne einer fantastischen bzw. unrealistischen – Situation erscheint. „*Ideal*" ist die Forschung, da sie ihr persönliches Ziel ist, aber auch weil sie den Eindruck hat, dass es fast unmöglich ist, eine Stelle in diesem Bereich zu finden. Gleichzeitig scheint Danae mit ihrer aktuellen Arbeitsstelle relativ zufrieden zu sein, da diese für den von ihr studierten Fachbereich relevant ist, auch wenn sie nicht unbedingt zu einer Karriere im Forschungsbereich führt. Das bestätigt, dass das Motiv für ihre Promotion keine einkommensmaximierenden Aspekte hat, sondern mit ihrer Selbstverwirklichung zusammenhängt. Neben den geringen Arbeitschancen erwähnt Danae bezogen auf eine Karriere im universitären Bereich weitere Barrieren:

I: *„Du hast vorhin gesagt, dass der universitäre Bereich ein bisschen komisch*
       ist. Was meintest du damit?"

D: *„Ja ... Ich meinte, dass ... So wie in vielen Bereichen eigentlich ... Das ist im*
       universitären Bereich prägender, da man vielleicht das relativ früh erlebt. Man
       nimmt unterschiedliche Situationen wahr. Dieser Bereich ist besonders. Sehr
       parteipolitisch. Wenn man kein Mitglied in einer Partei oder in einer Clique
       ist, die dich unterstützt, bekommt man keine Chance" (Danae, Z. 101–106).

Obwohl Danae die Vetternwirtschaft auf dem griechischen Arbeitsmarkt verallgemeinert, macht sie deren besondere Bedeutung im Zusammenhang mit dem
universitären Bereich deutlich. Laut ihren Erfahrungen als Studentin hat sie den
universitären Bereich als besonders geschlossen und korrupt hinsichtlich der ver-
meintlich meritokratischen Herangehensweise an Einstellungen wahrgenommen.
Diese Art der Herangehensweise wird auch bei der Analyse zum griechischen
Hochschulsektor von Giousmpasoglou et al. (2016) thematisiert (vgl. ebd.: 125).
Doch bezüglich ihrer Zukunft ist ihr bewusst, wo diese sein wird:

I: *„Ich wollte eigentlich auch wissen, wo du dir deine Zukunft vorstellen kannst."*
D: *„Das wird in Griechenland sein"* (Danae, Z. 22–23).

Demzufolge stellt sich die plausible Frage, was diese hochqualifizierte Person dazu treibt, in Griechenland zu bleiben, obwohl ihre beruflichen Ziele
für sie versperrt scheinen und dazu auch noch eine wahrgenommene drohende
Arbeitslosigkeit dominiert. Deshalb wurde auch die Frage gestellt, warum eine
Migrationsoption nicht attraktiv für sie ist.

Biographische, soziale und stereotypische Hemmfaktoren gegen die Migrationsop-
tion
Danae thematisiert primär kulturelle Faktoren im Zusammenhang mit ihrer
Bleibeabsicht in Griechenland: *„Ich glaube, dass die Lebensweise mich hier in*
Griechenland hält. Ich könnte nirgendwo anders außerhalb Griechenlands leben.
Ich mag das Leben hier. Ich mag das Klima und unsere Inseln. Somit wäre es mir sehr
schwergefallen, zu sagen, dass ich weggehe" (Danae, Z. 30–33). Der *griechische*
Lebensstil wird von Danae als Bleibegrund präsentiert. Obwohl die Argumen-
tation bezüglich ihrer Bleibemotive klischeehaft und stereotypisch gegenüber
Griechenland zu sein scheint, betont Danae nochmals ihre Überzeugung, wie zentral die Rolle des Klimas und des griechischen Lebensstils für ihre Bleibeabsicht
ist:

I: „*Was ist das aber, was dich motiviert, in Griechenland zu bleiben und der Grund für die Ablehnung einer Migration ist?*"

D: „*Das Leben. Das Klima. Im Ausland wäre es schön, ein Land, wie ... Schottland. Das. Aber so ein Land ist eher zum Vergnügen.*"

I: „*Schottland?*"

D: „*Schottland und Irland. Das Klima ist besonders schwer. Die ganze Zeit schneit es und regnet es. Ich weiß nicht, ob ein Grieche in so einem Land permanent leben könnte. Ich rede jetzt in Stereotypen. Neben der Lebensweise hat das auch damit zu tun, dass mir niemand die Migration als Idee nahegebracht hat*" (Danae, Z. 30–33).

Zweifellos ist Danae eine Person, die an die *klimatischen Bedingungen* Griechenlands und den griechischen Lebensstil bzw. „*die griechische Lebensweise*" gewohnt ist. Die Nennung von Schottland als einem möglichen Zielland nach ihrer Argumentation zum griechischen Klima ist irritierend und irrelevant, wenn die Klimabedingungen dieses nordwesteuropäischen Landes berücksichtigt werden. Dies hebt das, was Danae am Ende dieses Zitats thematisiert, hervor: dass sie sich kognitiv mit dem Thema Migration kaum als Option auseinandergesetzt hat. Dabei ist vor allem der Mangel an persönlichen Auslandserfahrungen zu berücksichtigen, wobei Danae auch ihr enges soziales Umfeld dafür verantwortlich macht, indem sie sagt, dass niemand ihr die Idee des Migrierens nahegebracht hat, sodass sie sich damit hätte auseinandersetzen können. Charakteristisch ist, dass eine Migrationsoption eher als eine vorübergehende, kurzzeitige Erfahrung ihrerseits gesehen wird: „*Die Option des Auslands hätte ich als eine Erfahrung für einige Monate gewählt. Vor allem in einem jüngeren Alter. Eine Erasmus-Erfahrung zum Beispiel. Um zu sehen, wie das Leben im Ausland ist*" (Danae, Z. 23–25). Interessant dabei ist auch, dass Danae eine Auslandserfahrung nicht mehr als für sie aktuell und geeignet in ihrem Alter wahrnimmt. Die Betrachtungsweise, dass Auslandserfahrungen ein kulturelles Erlebnis sind, um das Leben im Ausland für sich zu entdecken, kann auch als eine kritische Selbstreflexion ihrerseits zu ihrem monokulturellen ‚griechischen' *Habitus*, der eine Migrationsoption behindert, interpretiert werden.

Darüber hinaus werden zudem weitere Hemmfaktoren, die eine *Stasis* in Griechenland priorisieren lassen, erwähnt:

„*Hier sind meine Freunde, meine Familie. Und ich denke mir, dass ich gerne noch ein paar Sachen machen möchte. (...) Natürlich spielen die Familie, meine Freunde und mein Partner, den ich haben werde, eine Rolle. Das wird aber keine Rolle bei ... Ich meine, falls ich eine gute Arbeitsstelle im Ausland finde und dazu meinen Mann*" *kennengelernt haben werde, können wir unsere Kinder mitnehmen und alle zusammen auswandern"* (Danae, Z. 73–74, 77–79).

Die Bindung an ihren sozialen Kreis (*Familienangehörige und Freundeskreis*) in Griechenland scheint sehr wichtig für ihre *Stasis* in Griechenland zu sein. Von besonderer Bedeutung ist die Bindung an ihren Vater, da ihre Mutter gestorben ist und sie immer noch bei ihm wohnt. Eine Migration würde in diesem Fall bedeuten, dass ihr Vater allein in Athen bleibt, da Danae Einzelkind ist. Die Institution Familie ist in diesem Fall ein zentraler Faktor. Dieser Faktor beeinflusst sowohl ihre Gegenwart als auch ihre Zukunft, da Danae beabsichtigt, eine Familie zu gründen. Diese Option präsentiert sie als eine Priorität in ihrem Leben, obwohl sie zum Zeitpunkt des Interviews keinen Partner hat. Ein *Partner* und die *Familiengründung* können somit als hemmende Faktoren für die Migration betrachtet werden.

Die Migrationsoption bleibt für Danae als *Ultima Ratio* bestehen: „*Ich bin jetzt 29 Jahre alt, wenn ich mit 31 seit drei Jahren arbeitslos sein werde, wird die Migration eine Überlebensstrategie, aber das wird nicht meine eigene gewünschte Option sein*" (Danae, Z. 33–35). Hiermit macht Danae nochmals deutlich, dass der Verbleib in Griechenland ihre Priorität ist und dass die Migration lediglich eine notgedrungene Situation betreffen könnte. Sogar die Bestimmung der maximalen Dauer einer Situation der Arbeitslosigkeit bestätigt nochmals, dass Danae darauf vorbereitet ist, mit dieser Situation konfrontiert zu sein und sie für lange Zeit zu tolerieren. Diese psychologische Bereitschaft zeigt auch, dass Danae ein relativ hohes Niveau an Frustrationstoleranz im Hinblick auf die drohende Arbeitslosigkeit und das Nicht-Erreichen primärer beruflicher Ziele hat. Laut Düvell (2006) sind Menschen mit relativ hohem Niveau an Frustrationstoleranz in der Lage, unangenehme Lebensumstände zu akzeptieren (vgl. ebd.: 124).

Zusammenfassung

Die ökonomischen Motive für die Bleibeabsicht von Danae in Griechenland sind nicht zentral, wie in ihrer Fallanalyse skizziert wurde. Sogar ihre Promotion hängt nicht mit ökonomischen Motiven, sondern mit ihrer Selbstverwirklichung zusammen. Obwohl eine akademische Karriere im universitären Bereich erwünscht ist, beschreibt Danae diese als „*ideal*". Dieses Schlüsselwort hat eine doppelte Bedeutung, da zum einen dieser Wunsch als idealistisch in einem unrealistischen Sinne aufgrund der knappen Beschäftigungsmöglichkeiten und der Vetternwirtschaft an den griechischen Hochschulen präsentiert wird, aber auch als „ideal" aufgrund von Danaes Vorstellung, Selbstverwirklichung im Hochschulbereich finden zu können.

Jedoch besitzt die *Stasis* in Griechenland Priorität für die 29-jährige Soziologin, auch wenn sie mit drei Jahren Arbeitslosigkeit konfrontiert sein wird. Dies lässt sich mit einem hohem Niveau an Frustrationstoleranz (vgl. ebd.) ihrerseits erklären. Die *stereotypischen Einflussfaktoren* wurden von Danae als primär für ihre Absicht, nicht zu migrieren und in Griechenland zu bleiben, thematisiert. Dabei werden Einflussfaktoren wie die *klimatischen Bedingungen* und *der griechische Lebensstil* genannt, die sich aus Danaes Sicht negativ auf eine Migrationsoption auswirken. Unter Berücksichtigung ihrer Biographie lässt sich diese Argumentation für ihre *Stasis* durch den Mangel an Auslandserfahrungen und durch den erworbenen *Habitus* (Bourdieu 2018), der keine Migrationsdisposition hinweist, erklären.

Eine zentrale Rolle bei dieser Absicht spielen auch soziale Motive. Zum einen die Bindung an ihren sozialen Kreis in Griechenland und vor allem an ihren Vater aufgrund des Familienstands der beiden und zum anderen die angestrebte *Familiengründung*, die Danae als Priorität für sich setzt, sprechen für sie gegen eine Migrationsoption. Dadurch bestätigt sich auch in Danaes Fall die Affinitätshypothese (Ritchey 1976; Hugo 1981), weil ihr sozialer Kreis ihre *Stasis* begünstigt.

Es lässt sich feststellen, dass Danae die *Stasis* in Griechenland – im Rahmen der obenerwähnten relevanten Motive und Barrieren für eine Migration – gegenüber einer möglichen Erreichung ihrer Karriereziele im universitären Bereich im Ausland priorisiert. Die Idee des Migrierens ist gar nicht in Danaes Gedanken präsent, sodass sie darüber kaum argumentieren kann. Migration wird dadurch zur *Ultima Ratio*, sobald das Überleben in Griechenland nach drei Jahren Arbeitslosigkeit nicht mehr möglich ist.

C. Menios' Fallanalyse: Loyalität im Zentrum der *Stasis*-Entscheidung

Menios ist ein 26-jähriger IT-Experte und promoviert momentan an einer IT-Fakultät in der Region von Athen. Er ist in einer kleinen Stadt außerhalb von Athen geboren, wo er immer noch lebt. Seine Spezialisierung liegt im Bereich Informatik und drahtlose Netzwerke. An der Fakultät, wo er arbeitet, hängt sein Einkommen von den jeweiligen geförderten Projekten ab. Zu seinen zukünftigen Plänen und seiner Entscheidung zu promovieren, erzählt er:

„Für die Zukunft plane ich nichts Bestimmtes. Mal gucken. Ich muss in den kommenden Jahren mit der Doktorarbeit fertig werden und dann, wenn es möglich ist, nach Stellen an einer Universität suchen. Im Allgemeinen im universitären Bereich oder bei einer Firma in Griechenland. Entweder im Wissenschaftsbereich Griechenlands oder an einer Universität in Griechenland. Ich habe nicht vor, ins Ausland zu gehen" (Menios, Z. 3–7).

Menios' Motiv für die Promotion hängt also von der Absicht ab, eine *Karriere im universitären Forschungsbereich* zu verfolgen. Dieser Wunsch wird um eine Beschäftigung bei einer Firma in Griechenland als Alternative ergänzt, falls eine Anstellung im universitären Forschungsbereich nicht möglich ist. Priorität, jenseits des zukünftigen Arbeitgebers von Menios, haben aber der Verbleib in Griechenland in Verbindung mit den *Karrieremöglichkeiten in Griechenland* und der Verzicht auf eine Auswanderungsoption. Menios scheint ziemlich optimistisch zu sein bezüglich der Chancen auf eine Arbeitsstelle im Forschungsbereich Griechenlands zu finden, um die entsprechende Wiederholung in seiner Erzählung zu deuten.

Stasis in Griechenland als Priorität trotz schwieriger Arbeitsbedingungen
Die klare Priorisierung des Verbleibs in Griechenland auch in Zukunft widerspricht den Arbeitsbedingungen, mit denen er momentan in seinem Alltag konfrontiert ist:

> *„So generell kann ich sagen, dass wir viel zu tun haben. Wir haben viele Projekte. Für einige werden wir bezahlt und für andere nicht. Einige Projekte helfen uns dabei, uns zu entwickeln. Ich meine bezüglich der Doktorarbeit und des Erreichens einer Arbeit in der Zukunft. Neben dem technischen Aspekt helfen sie uns auch beim Verhandlungsaspekt, also wie wir unsere Person vorstellen können. Wir haben viel Arbeit. Für einige Projekte bekommen wir sogar gutes Geld im Verhältnis zu unseren Leistungen. Bei anderen Projekten steht kein Geld zur Verfügung. Von daher entsteht eine Balance. Es gibt Zeiten, in denen es uns finanziell ganz gut geht. Es gibt aber auch Zeiten, in denen wir finanziell kaum zurechtkommen, in denen es kein stabiles Einkommen gibt. Das ist es, was das Thema Arbeitsbelastung und Entlohnung angeht"* (Menios, Z. 48–58).

Es lässt sich feststellen, dass Menios eine unsichere finanzielle Lage in seiner IT-Fakultät erlebt, zumal die Entlohnung schwankend ist. Gleichzeitig wird eine hohe Arbeitsbelastung beschrieben, die nicht immer der Entlohnung der Forscher*innen des Instituts entspricht, da die durchgeführten Projekte nicht immer finanziert werden. Trotzdem betrachtet Menios die Einkommenssituation als ausbalanciert und betont weitere positive Aspekte dabei, die mit der persönlichen Entwicklung durch die Beschäftigung in diesen Projekten zusammenhängen. Menios versucht hierbei, positive Aspekte aus seinen ungünstigen Arbeitsbedingungen zu betrachten.

Dazu werden weitere Nachteile des Verbleibs in Griechenland in Bezug auf die Arbeitsperspektiven berücksichtigt: *„Man kann die sehr guten Firmen in Griechenland besonders im ITK-Bereich an einer Hand abzählen. Das als Vergleich hinsichtlich der Anzahl der guten Firmen im Ausland"* (Menios, Z. 67–69). Menios nimmt offenbar eine ungünstige Lage des griechischen ITK-Arbeitsmarktes hinsichtlich des ‚guten' Arbeitgebers wahr. Insgesamt beschreibt Menios eher einen unattraktiven ITK-Sektor in Griechenland, indem er die guten Berufschancen infrage stellt und die Arbeitsbedingungen im Hochschulbereich, der als mögliches zukünftiges Arbeitsfeld seinerseits erwünscht ist, nicht die besten Erfahrungen bei ihm hinterlassen haben. Menios priorisiert dennoch die *Stasis* und lässt nur eine Option offen für eine mögliche Auswanderung: *„Ich denke nur an Griechenland. Nur wenn etwas sich total tragisch ändert und ich keine andere Option haben werde* [‚werde ich auswandern]" (Menios, Z. 12–13). Charakteristisch für seine Überzeugung in Griechenland zu bleiben, ist es, dass er die Auswanderung als die letzte Option interpretiert. Als eine *„tragische"* Situation lässt sich eine potenzielle Arbeitslosigkeit verstehen, da sich das Gesprächsthema zu diesem Zeitpunkt um die zukünftigen Arbeitsoptionen in Griechenland gedreht hat.

Soziale und politische Motive für seine Stasis
Zu beantworten bleibt also die Frage, was Menios motiviert, in Griechenland zu bleiben, wenn die beruflichen Perspektiven nicht als ideal wahrgenommen werden. Im folgenden Interviewausschnitt werden seine Motive hinsichtlich seiner *Stasis* thematisiert:

M: *„Ich möchte im Allgemeinen nicht auswandern. Es geht um die Arbeit. So sehe ich das. Wenn es ein Problem gibt und eine Person was zu seiner Lösung beitragen kann, sollte sie nicht auswandern, sondern sie sollte sich damit auseinandersetzen. So sehe ich das. Aber auch aus persönlichen Gründen."*

I: *„Persönliche? Familiäre? Oder aus weiteren Gründen, persönlichen, die du nicht benennen willst?"*

M: *„Äh, eigentlich, wenn ich fertig mit der Doktorarbeit bin, werde ich wahrscheinlich offizieller mit meiner Partnerin zusammen sein. Also, auch aus diesem Grund denke ich, nicht auszuwandern."*

A: *„Ist das, was dich eigentlich motiviert, hierzubleiben?"*

M: *„Grundsätzlich beides. Auch wenn ich Single wäre, würde ich so denken."*

A: *„Hat deine Familie, außer deiner Partnerin, was damit zu tun? Um in Griechenland zu bleiben?"*

M: *„Nein. Da sie mir vorgeschlagen hat, in die USA zu gehen. Es gab familiäre Freunde, die zufällig da einige Jahre verbracht haben. Sie haben mir gesagt, dass es mehrere berufliche Chancen gibt etc. Meine Familie ist kein hemmender Grund. Es geht um meine Person. Wenn ich ihnen mitteile, dass ich auswandern werde, denke ich nicht, dass sie mir was dagegen sagen werden"* (Menios, Z. 15–27).

Menios konzentriert sich zum einen auf seine *Partnerin*, die als Hemmfaktor für eine Auswanderungsoption wirkt. Die geplante *Familiengründung* („*werde ich wahrscheinlich offizieller mit meiner Partnerin zusammen sein*") mit seiner Lebensgefährtin wird von Menios als ein Motiv für seine *Stasis* dargestellt. Sozialkapital hat in diesem Fall eine hemmende Rolle in Anlehnung an die Affinitätshypothese (Ritchey 1976; Hugo 1981), die familiäre und soziale Gründe als entscheidend für die Nicht-Migration ausmacht. Gleichzeitig distanziert sich Menios von der Rolle, die seine eigene Familie bei seiner Absicht spielt, in Griechenland zu bleiben. Jedoch ist festzustellen, dass er die Option der Auswanderung mit seiner Familie bisher gar nicht diskutiert hat und die These, dass sie nichts gegen eine Auswanderungsoption hätte, nur seine Interpretation ist.

Zum anderen wird ein weiterer Aspekt für seine *Stasis* in Griechenland erwähnt. Dabei geht es um die Herausforderung der ‚*Lösung eines Problems*', so Menios. Gerade diese Herausforderung wird als ein persönlicher Auftrag interpretiert und mit seiner Bleibeabsicht verknüpft. Seine Überlegungen dazu werden im folgenden Zitat weiter ergänzt und erklärt:

M: „*Die Wirtschaftskrise hat mich beeinflusst, zu bleiben. Ich sehe das ein bisschen andersrum.*"

I: „*Kannst du mir das erklären?*"

M: „*Ja, aber ich kritisiere niemanden, der auswandert. Jeder hat sein eigenes Leben und beurteilt, was besser für ihn ist. Ich halte es für wichtig, wenn es ein Problem gibt, nicht wegzugehen. Viele sagen doch, dass es in Griechenland nicht viele Wissenschaftler gibt und alle Guten* [Wissenschaftler*innen] *ins Ausland gegangen sind. Wenn sie ein Interesse hätten, das Problem zu lösen und alle Guten* [Wissenschaftler*innen] *auswandern, wird es nie eine Lösung geben*" (Menios, Z. 29–35).

Laut den Erzählungen von Menios betrachtet er seine Entscheidung für die Nicht-Migration als eine Pflicht, nicht sein Land in der bestehenden finanziellen Lage während der Finanzkrise zu verlassen, um persönlich etwas zur Lösung dieses ökonomischen und gesellschaftlichen Problems beizutragen. Gerade diese Pflicht betrifft aus seiner Sicht auch alle Hochqualifizierten in Griechenland. Die Finanzkrise wird somit für ihn zu einem Hemmfaktor für eine Migrationsoption. Durch die Bereitschaft, seine Kenntnisse mit einzubringen, glaubt Menios, dass er zur ‚Lösung des Problems' beitragen kann, d. h. zur Bekämpfung der Finanzkrise und ihrer Folgen. Menios identifiziert sich damit, dass es der ‚Lösung dieses Problems' für Griechenland bedarf, zumal die Zeit nach ‚Lösung des Problems' auch bessere Arbeitsperspektiven für ihn persönlich bedeuten könnten. Diese Identifikation impliziert aber ebenfalls eine *Loyalität gegenüber Griechenland*[39] und in Anlehnung an die Theorie von Hirschman (1970; 1974) kann seine Entscheidung für die *Stasis* durch diese Loyalität erklärt werden. Seine Verbundenheit mit Griechenland wird auch besonders deutlich, zumal er die Option der Abwanderung ablehnt und in Zusammenhang mit der ‚Lösung des Problems‘ bringt, d. h. der Bekämpfung der Finanzkrise. Jedoch ist auch klar, dass Menios keinen Widerspruch artikulieren will. Seine Loyalität bezieht sich auf eine aktive Art, in der er durch die Bereitstellung seiner Kenntnisse zur Erholung der Wirtschaft Griechenlands beitragen und nicht apathisch bleiben will. Obwohl keine wahrgenommene Verschlechterung eines bestimmten, vom Staat angebotenen Produkts thematisiert wird – worauf Hirschmans Theorie hinweist (ebd.) –, wird die Finanzkrise von Menios als eine Notstandssituation für Griechenland verstanden und als Grund für seine *Stasis*. *Stasis* ist in diesem Fall nicht nur ein Verbleib, sondern vielmehr eine dynamische Stellungnahme, durch seine Absicht, zur ‚Lösung des Problems‘ beizutragen.

Außerdem meint Menios im letzten Zitat auch, dass er seine Person zu den guten Wissenschaftler*innen zählt. Von daher lässt sich sagen, dass er, was seine Kenntnisse und Fähigkeiten betrifft, eine selbstbewusste Person ist. Seine Überzeugung von seiner Qualifikation wird von dem bereits erwähnten Optimismus, eine wissenschaftliche Stelle im universitären Bereich Griechenlands nach seiner Doktorarbeit zu bekommen, ergänzt. Obwohl Menios es nicht direkt in seinen Erzählungen erwähnt, wird ersichtlich, dass er auch *gute berufliche Chancen* im universitären Bereich Griechenlands im Zusammenhang mit seiner *Stasis* anspricht.

Zusammenfassung

Demonstrativ äußert sich Menios zu seiner Priorisierung, in Griechenland nach seiner Promotion zu bleiben. Trotz der unattraktiven Arbeitsbedingungen (schwankendes Einkommen, Arbeitsbelastung) im universitären Bereich zieht er eine Beschäftigung im griechischen universitären Bereich einer Migration vor und verbindet er neben seiner Promotion auch seine *Stasis* damit. Diesbezüglich zeichnet sich ein Optimismus gegenüber der Erreichung dieses Ziels ab, der auf seinem Selbstbewusstsein aufgrund seiner Qualifikationen beruht. Folglich

---

[39] Ob unter Griechenland der Staat oder die Gesellschaft (oder auch beides) für die Loyalität von Menios gemeint ist, wird in seinen Erzählungen nicht deutlich. Sowohl der griechische Staat als auch die griechische Gesellschaft, die von der Finanzkrise betroffen wurden, können die Akteure sein, mit denen er sich hinsichtlich des erwähnten „*Problems*" identifiziert.

sind im Rahmen seiner *Stasis karriereorientierte Motive* relevant, die bei Begründung des Motivs zur Promotion ersichtlich wurden und das *Motiv der beruflichen Sicherheit* betreffen.

Für seine *Stasis* in Griechenland werden neben seiner Erwartung dieser erwähnten Anstellung noch zwei weitere Faktoren von ihm berücksichtigt. Der erste Faktor bezieht sich auf die soziale Ebene und konkret auf seine Partnerin, mit der er eine Eheschließung nach der Promotion plant. Das Sozialkapital spielt dabei eine zentrale Rolle bei der Entscheidung zur *Stasis* und in diesem Fall bestätigt sich die Affinitätshypothese (Ritchey 1976; Hugo 1981).

Ein weiterer Faktor bezieht sich auf die aktuelle Finanzkrise in Griechenland. Sein diesbezügliches Motiv hängt mit seinem Wunsch nach einem persönlichen Beitrag zur Bekämpfung der Finanzkrise in Griechenland zusammen und deswegen kann es den politischen Motiven zugeordnet werden. Den Beitrag leistet er durch die Bereitstellung seines kulturellen Kapitals (Bourdieu 2012[1983]). Seine persönliche Identifikation mit diesem staatlichen Problem kann theoretisch von Hirschmans Ansatz (1970; 1974) eingerahmt werden, so wie das bereits gezeigt wurde. Seine Loyalität gegenüber Griechenland erklärt seine Überzeugung, dass es richtig ist zu bleiben, trotz der wahrgenommenen schwierigen Arbeitsbedingungen. Es stellt sich natürlich die Frage, ob er nach seiner Promotion aufgrund der knappen Beschäftigungsmöglichkeiten im universitären Bereich Griechenlands Gelegenheit haben wird, sein kulturelles Kapital in inkorporierter Form in diesem Bereich zu diesem Zweck einzusetzen.

7.3.6 Zusammenfassung und vergleichende Analyse im beruflichen Kontext

In diesem Kapitel wurden die Motive der potenziellen Migrant*innen der Fallauswahl hinsichtlich einer erwünschten *Stasis* in Griechenland präsentiert. Im Folgenden findet die zusammenfassende Diskussion über diese Ergebnisse statt, damit eine Analyse im beruflichen Kontext ermöglicht wird und eventuelle Diskrepanzen zwischen den Berufsgruppen in den Motiven für die *Stasis* beleuchtet werden. Die Ergebnisse aus der Datenerhebung bezüglich der zur *Stasis* in Griechenland führenden Motive werden in Tabelle 7.3 zusammengefasst.

Besonders deutlich ist die Relevanz der einkommensbezogenen Motive bei den Befragten aus dem Medizinbereich der Fallauswahl. Das Gehalt von Ärzt*innen in der Fachärzt*inausbildungsphase grenzt an das durchschnittliche Einkommen

Tabelle 7.3 Überblick über die Motive für die Stasis von potenziellen Migrant*innen

	Ärzt*innen	Nachwuchswissenschaftler*innen	IT-Expert*innen
Ökonomische Motive und Einflussfaktoren			
Einkommensbezogene Motive	*Erfüllung der Einkommensvorstellungen* (Ektoras, Ifigenia) *Ökonomische Sicherheit durch Kostenminimierung* (Ektoras) *Kosten einer Migration* (Daphne, Ektoras)		
Berufliche Sicherheit als Motiv		*Forschungsbezug zu Griechenland* (Petros) *Postdoc-Phase in Verbindung mit einer Stelle* (Petros) *Fester Arbeitsplatz* (Philippos)	*Gute berufliche Chancen* (Menios, Ira, Marina)
Karriereorientierte Motive	*Status des Krankenhauses* (Ektoras, Fotini, Daphne) *kurze Wartezeit* (Daphne, Fotini)	*Karriere in Griechenland als ideale Option* (Danae)	*Karrieremöglichkeiten in Griechenland* (Gaitanos, Marina, Menios)
Soziale Motive und Einflussfaktoren			
Soziales Kapital in Griechenland	*Familienangehörige und Freundeskreis* (Ifigenia, Daphne)	*Familienangehörige und Freundeskreis* (Danae, Diomidis, Maria, Petros, Philippos) *Familiengründung* (Danae, Maria, Petros) *Partner*in* (Danae, Maria, Petros) *Weak ties in Griechenland* (Maria)	*Familienangehörige und Freundeskreis* (Marina) *Familiengründung* (Menios) *Partner*in* (Menios, Marina)
Soziale Rahmenbedingungen im Ausland	*Integrationsschwierigkeiten im Ausland* (Fotini, Ifigenia)		

(Fortsetzung)

Tabelle 7.3 (Fortsetzung)

	Ärzt*innen	Nachwuchswissenschaftler*innen	IT-Expert*innen
Politische Motive und Einflussfaktoren			
Subjektive politische Motive für die Stasis in Griechenland	*Sozialpolitisches Engagement* (Ektoras) *Stasis als Haltung gegen den Auswanderungstrend* (Ektoras, Daphne)	*Politische Selbstverwirklichung*(Petros)	*Patriotismus* (Gaitanos) *Loyalität gegenüber Griechenland* (Menios)
Kulturelle Motive und Einflussfaktoren			
Motive für die Weiterqualifizierung	*Option der Fachärzt*inausbildung* (Ektoras, Ifigenia, Fotini)	*Option einer Weiterqualifizierung* (Maria, Diomidis)	*Option einer Weiterqualifizierung* (Gaitanos, Marina)
Sprachbezogene Motive	*Sprachbezogene Barrieren* (Ektoras, Ifigenia, Fotini) *Fachärzt*inausbildung in der Muttersprache* (Daphne)		
Stereotypische Einflussfaktoren	*Klimatische Bedingungen* (Ifigenia, Daphne) *Griechischer Lebensstil* (Ifigenia, Daphne)	*Griechischer Lebensstil* (Danae, Diomidis, Philippos) *Klimatische Bedingungen* (Danae)	*Griechischer Lebensstil* (Marina)

Quelle: Eigene Darstellung

in Griechenland.[40] Das bedeutet, dass diese Einkommensmöglichkeiten als ausreichend von den Medizinabsolvent*innen angesehen werden können, wie die
Fälle von Ektoras und Ifigenia aufzeigen. Darüber hinaus sind karriereorientierte Motive und das kulturelle Motiv für die Weiterqualifizierung zentral für
die Ärtz*innen der Fallauswahl, da sie mit der konkreten Karrierephase ihrer
Fachärzt*inausbildung verbunden sind.

Jedoch thematisieren die Ärzt*innen keine Priorisierung beruflicher Sicherheit in Bezug auf ihre *Stasis*, da sie sich als Medizinabsolvent*innen primär
in dieser Phase ihrer beruflichen Laufbahn für die Fachärzt*inausbildung interessieren müssen, um sich nach dem Abschluss dieser Qualifikationsphase mit
einer langfristigen und sicheren Arbeitsstelle zu beschäftigen. *Motive* für die
Priorisierung von *beruflicher Sicherheit* hinsichtlich der *Stasis* in Griechenland
sind besonders für die IT-Expert*innen der Fallauswahl relevant, da sie bessere berufliche Chancen in Griechenland im Vergleich zu der Berufsgruppe der
Nachwuchswissenschaftler*innen für sich wahrnehmen. Die *guten beruflichen
Chancen* der IT-Expert*innen auf dem griechischen Arbeitsmarkt konnten auch
in Abschnitt 5.3.2 bestätigt werden. Diese *guten beruflichen Chancen* erklären
zugleich die Thematisierung von *karriereorientierten Motiven* von Vertreter*innen
dieses Bereichs bezüglich ihrer *Stasis* in Griechenland.

Ökonomische Motive für die *Stasis* der Nachwuchswissenschaftler*innen in
Geisteswissenschaften werden nur zum Teil hinsichtlich ihrer *Stasis* in Griechenland angesprochen. Es ist charakteristisch für diese Gruppe der Fallauswahl,
dass die meisten erwähnten ökonomischen Motive die Kategorie der beruflichen Sicherheit betreffen. Die Fokussierung darauf als Motiv für eine *Stasis*
lässt sich – wie die Fallanalyse von Danae aufgezeigt hat – dadurch erklären,
dass die Nachwuchswissenschaftler*innen beschränkte Berufs- und Karrieremöglichkeiten in Griechenland für sich erkennen. Auch die wichtige Rolle sozialer
Motive für die Bleibeabsicht der Nachwuchswissenschaftler*innen der Fallauswahl wird anhand dieser Entwicklung auf dem Arbeitsmarkt erkennbar, da die
Familie als ein Ersatz für den schwachen Sozialstaat in Griechenland anzusehen
ist (vgl. Moreno/Mari-Klosé 2013: 494). Als besonders wichtig kann dabei die
Rolle der Familie betrachtet werden, wenn neben den knappen beruflichen Chancen in diesem Bereich der Abbau des Sozialstaats während der Finanzkrise durch
die umgesetzten Sparmaßnahmen berücksichtigt wird (vgl. Kosyfologou 2018:
17).

---

[40] Ein*e Ärzt*in, der*die seine*ihre Fachärzt*inausbildung beginnt, bekommt 1.199€ pro
Monat (Msiaxos 2018), während der durchschnittliche Lohn in Griechenland 1.200 € laut
den Schätzungen der griechischen Unternehmerföderation (SEV) in der vierten Ausgabe von
How's Life? der OECD aus dem Jahr 2017 beträgt (SEV 2019).

Nichtsdestotrotz werden soziale Motive von Vertreter*innen alle Berufsgruppen erwähnt. Ihre Bedeutsamkeit hinsichtlich der *Stasis* in Griechenland ist berufsübergreifend und somit kann die Affinitätshypothese (Ritchey 1976; Hugo 1981) bei einem großen Teil der Fallauswahl bestätigt werden. Die zentrale Thematisierung von sozialen Motiven bei einer *Stasis*-Entscheidung zeigt besonders demonstrativ, dass trotz der wahrgenommenen schwierigen ökonomischen Bedingungen auf dem griechischen Arbeitsmarkt nicht alle Hochqualifizierten ökonomisch-maximierend handeln. Die zentrale Rolle sozialer Faktoren für die Nicht-Migration aus Griechenland belegen auch die Ergebnisse anderer Studien (Htouris 2012; KapaResearch 2018; Sakellariou/Theodoridis 2021).

Ebenfalls berufsunabhängig scheinen die politischen Motive für die Ablehnung einer Migrationsoption zu sein, zumal offenbar die persönliche politische Haltung die Entwicklung solcher Motive beeinflusst. Trotzdem ist eine Besonderheit hinsichtlich der politischen Motive bezüglich der *Stasis* in Griechenland bei den Ärzt*innen zu bemerken. Diese bezieht sich auf den Umfang der Auswanderung von Ärzt*innen aus Griechenland, sodass zwei potenzielle Migrant*innen (Daphne und Ektoras) sich mit diesem Phänomen auseinandersetzen und relevante politische Motive im Hinblick auf ihre *Stasis* thematisieren.

Abschließend lässt sich feststellen, dass kulturelle Einflussfaktoren und Motive, auch wenn diese zum Teil aus einer stereotypischen Sicht von Befragten wahrgenommen werden, eine Rolle bei der *Stasis*-Absicht aller drei Berufsgruppen spielen. Die Rolle von kulturellen Faktoren für die *Stasis* in Griechenland wurde zuvor kaum in der bisherigen Forschung beleuchtet (siehe Abschnitt 2.2). Und wenn dies doch geschah, führte es zu verwirrenden Ergebnissen.[41] Mithilfe der Bourdieu'schen Kapitaltheorie (2012[1983]) war es in der vorliegenden Studie möglich, einen neuen Aspekt zur Rolle von kulturellen Einflussfaktoren und Motiven bei der *Stasis* von Hochqualifizierten in Griechenland ins Gespräch zu bringen. Das *Motiv der Weiterqualifizierung* wurde von Vertreter*innen aller drei untersuchten Berufsgruppen in Bezug auf ihre *Stasis* in Griechenland thematisiert. Außerdem wurde deutlich, dass die Rolle der Sprachbarrieren besonders als Einflussfaktor gegen eine Migrationsoption wirken kann. Thematisiert wurde dieser Aspekt insbesondere von den Ärzt*innen, da sie für eine Fachärzt*inausbildung im Ausland gute Sprachkenntnisse des Ziellandes benötigen. Im Gegensatz dazu

---

[41] Siehe die Kritik in Abschnitt 2.2 an der von Sakellariou/Theodoridis (2021) gebildeten Gruppe von „Bleibenden" in Griechenland aus „Überzeugung" oder aus „ideologischen" Gründen.

erwähnen diesen Einflussfaktor die Nachwuchswissenschaftler*innen und die IT-Expert*innen nicht, da es für sie in jedem Land die Möglichkeit geben kann, auf Englisch zu arbeiten.

7.4 Zwischenfazit

In Kapitel 7 wurde gezeigt, was Hochqualifizierte aus Griechenland und aus drei unterschiedlichen Berufsgruppen motiviert, nach Deutschland zu migrieren (7.1) und im Anschluss daran, weiterhin in Deutschland zu bleiben oder aber nach Griechenland zurückzukehren (7.2). Des Weiteren wurden auch die zentralen Motive und die Einflussfaktoren für die *Stasis* der potenziellen hochqualifizierten Migrant*innen in Griechenland beleuchtet (7.3). Mithilfe der vier Handlungsdimensionen wurde deutlich, welche Motive und Einflussfaktoren für die (Re-)Migrations- bzw. *Stasis*-Entscheidung der Befragten relevant sind. Obwohl die Ergebnisse der Studie auf einer begrenzten Fallauswahl beruhen, wurden bestimmte Tendenzen in den jeweiligen Berufssektoren festgestellt, die eine relevante Validierung haben können.

Im Hinblick auf die Haupthypothese der Studie zeigte sich, dass aufgrund der Besonderheiten jedes untersuchten Sektors pro Fallgruppe unterschiedliche Beweggründe und Motive für die Migration entstehen. Charakteristisch ist die Rolle von einkommensbezogenen Motiven für die Nachwuchswissenschaftler*innen der Fallauswahl: Während die Kategorie von *einkommensmaximierenden Motiven* in dieser Berufsgruppe für die Migrationsentscheidung relevant war, wurden Motive dieser Kategorie bei der *Stasis* oder der Bleibeperspektive in Bezug auf Deutschland gar nicht thematisiert. Des Weiteren scheint unter Berücksichtigung auch derjenigen Motive, die mit *beruflicher Sicherheit* zusammenhängen und von befragten Nachwuchswissenschaftler*innen hinsichtlich aller drei Handlungen (Migration, Bleibe- bzw. Rückkehroption, *Stasis*) erwähnt wurden, die Migration als eine wichtige Option aufgrund der knappen Finanzierungsmöglichkeiten (Stipendium oder Arbeitsplatz im Kontext einer Nachqualifizierungsphase) im griechischen Hochschulbereich. Wie bei der Fallanalyse von Danae besonders deutlich wird, aber auch aus den Erzählungen weiterer Befragter (z. B. Philippos), ist die Promotionsphase für Nachwuchswissenschaftler*innen dieser Disziplinen in Griechenland eine mittellose Nebenbeschäftigung, die durch andere Beschäftigungen finanziert wird. Somit sind *einkommensmaximierende Motive* für diese Fallgruppe hinsichtlich einer Migrationsentscheidung relevant, wenn eine finanzierte Promotionsstelle im

Ausland angetreten werden kann, während die *berufliche Sicherheit* für diese Berufsgruppe als ein langfristiges *Motiv* erscheint.

Eine andere Perspektive des Faktors Einkommen ist hinsichtlich der (Re)-Migrationsentscheidung der befragten Ärzt*innen zu bemerken. Obwohl die Einkommensdifferenzen zwischen Griechenland und Deutschland bei den Ärzt*innen in der Fachärzt*inausbildungsphase beträchtlich sind (siehe Abschnitt 5.1), scheinen sie dennoch bei einem Teil der Befragten eine sekundäre Rolle bezüglich ihrer Migrationsentscheidung zu spielen, zumal die meisten Befragten als Auswanderungsgrund aus Griechenland die Wartezeit und weitere Bedingungen für eine Fachärzt*inausbildungsstelle im griechischen Gesundheitssektor erwähnen. Während sich aber die Migration von Medizinabsolvent*innen aus Griechenland nach Deutschland ununterbrochen fortsetzt (siehe Abschnitt 5.2), hat sich die Wartezeit für eine Fachärzt*inausbildungsstelle im griechischen Gesundheitssystem verkürzt, wie befragte potenzielle Migrant*innen aus dem Medizinbereich und Klelia[42] bestätigt haben. *Einkommensbezogene Motive* sind jedoch für die *Stasis* von Ärzt*innen relevant, wenn die Einkommensmaximierung aus der Sicht der Befragten nicht durch die Migration realisierbar ist oder wenn ihre Einkommensvorstellungen in Griechenland erfüllt werden (z. B. Ektoras). Deutschland scheint ein wichtiges Zielland der ausgewanderten Medizinabsolvent*innen aus Griechenland zu sein (siehe Tabelle 5.3 und Tabelle 5.4). Es wurde deutlich, dass der deutsche Gesundheitssektor nach Meinung der Medizinabsolvent*innen, die nach einer Stelle für eine Fachärzt*inausbildung suchen, eine Reihe von Vorteilen bietet: ein einfaches Einstellungssystem für die Fachärzt*inausbildung im Gegensatz zu anderen europäischen Ländern, eine wahrgenommene hochqualitative Bildung und gute zukünftige Berufsperspektiven aufgrund des hohen Bedarfs an Ärzt*innen. Somit sind das kulturelle *Motiv für die Weiterqualifizierung*, *karriereorientierte Motive* und die *berufliche Sicherheit als Motiv* erfüllt. Im Hinblick auf Zukunftspläne der Ärzt*innen kann jedoch das Einkommen bei den Verdienstmöglichkeiten in den Ländern ein Kriterium für die Rückkehroption sein (z. B. Giannis, Klelia).

Außerdem lässt sich feststellen, dass in beiden staatlichen Bereichen, dem Medizin- und dem Hochschulbereich, sowohl die ökonomischen, wie bereits aufgezeigt, als auch die politischen Rahmenbedingungen für die Migration und die Rückkehroption der Hochqualifizierten zentral erscheinen. Die politischen Rahmenbedingungen werden besonders im Kontext von Griechenland thematisiert, wenn es um wahrgenommene Push-Faktoren geht, die zum einen als Folge der Austeritätsmaßnahmen in diesen staatlichen Bereichen (z. B. *Verschlechterung*

---

[42] Siehe ihren Interviewausschnitt (Z. 35–36).

der Qualität der Ausbildung) zu verstehen sind, und die zum anderen mit ihren Strukturen (z. B. *versperrte Karrieremöglichkeiten aufgrund von Korruption und Vetternwirtschaft)* zusammenhängen. Aber auch der erwähnte hohe Bedarf an Ärzt*innen in Deutschland lässt sich durch politische Spannungsverhältnisse in den Interessen im deutschen Gesundheitssektor erklären (Hoesch 2009), um die Rolle der politischen Rahmenbedingungen auch damit zu assoziieren.

Die IT-Expert*innen der Fallauswahl haben *die einkommensmaximierenden und -bezogenen Motive* und die Motive, die mit der *beruflichen Sicherheit* zusammenhängen, im Vergleich zu den Befragten der zwei anderen Berufsgruppen in einem unterschiedlichen Kontext erwähnt. Der große Unterschied ist dabei, dass die IT-Expert*innen Chancen für Beschäftigung und Karriere auf dem griechischen IT-Arbeitsmarkt wahrnehmen, wie das sowohl in Äußerungen von faktischen Migrant*innen als auch von potenziellen Migrant*innen der Fallauswahl im ITK-Bereich ersichtlich wurde. Da aber die entsprechenden IT-Stellen in Deutschland ein besseres Einkommen bieten, sind *einkommensmaximierende Motive* für eine Migration im ITK-Bereich relevant. Jedoch scheint besonders der stabile IT-Arbeitsmarkt in Deutschland in Kontrast zu der Unsicherheit des griechischen IT-Arbeitsmarktes dabei eine Rolle im Zusammenhang mit den *Motiven für die berufliche Sicherheit* hinsichtlich der Migration, aber auch hinsichtlich der Bleibeoption in Deutschland zu spielen. Es wird klar, dass die ökonomischen Rahmenbedingungen in den beiden Ländern die Migration im ITK-Bereich beeinflussen.

Außerdem scheinen *karriereorientierte Motive* (hinsichtlich der Migration, der *Stasis* und der Bleibeoption in Deutschland) für die IT-Expert*innen und die Ärzt*innen besonders relevant zu sein. Die Fallauswahl der Nachwuchswissenschaftler*innen kontrastiert den Zusammenhang, der in den zwei anderen Berufsgruppen hinsichtlich der karriereorientierten Motive besteht, da diese Kategorie von Motiven, wie es scheint nur im Kontext der Migration eine entscheidende Rolle spielt. Dies lässt sich mit den politischen Rahmenbedingungen im Hochschulbereich Griechenlands erklären, da die karriereorientierten Motive mit wahrgenommenen begrenzten Karrieremöglichkeiten thematisiert wurden.

Bezüglich der sozialen Motive bzw. Einflussfaktoren wurde bereits deren zentrale Rolle im Entscheidungsprozess der Befragten betont. Hinsichtlich der Migrationsentscheidung der befragten faktischen Migrant*innen wurde aufgezeigt, dass sie komplementär zu den ökonomischen Motiven gewirkt hat, um entscheidend zu der Auswahl des Ziellands der Migrant*innen beizutragen. Insbesondere was die Rolle der sozialen Motive bei der Migration betrifft, sind deutliche Unterschiede zwischen den drei Berufssektoren festzustellen. Im Medizinbereich entfalten *ethnische bzw. berufliche Netzwerke* eine sehr entscheidende

Wirkung im Zusammenhang mit der Realisierung der Migration der Ärzt*innen aus Griechenland, da die griechischen *Pionier*-Migrant*innen des Medizinbereichs in Deutschland als *Gatekeeper* (Haug 2000) für die neu zuwandernden Ärzt*innen aus Griechenland fungieren, sodass von einer Kettenmigration und von „*chain occupations*" (MacDonald/MacDonald 1964) gesprochen werden kann. Für die Nachwuchswissenschaftler*innen waren transnationale *weak ties* besonders ausschlaggebend für die Einwanderung nach Deutschland. Und für die IT-Expert*innen der Fallauswahl waren die Firmen- und universitären Kanäle für die Anbahnung ihrer Migration nach Deutschland relevant. In Anlehnung an die Affinitätshypothese (Ritchey 1976; Hugo 1981) wurde festgestellt, dass *das soziale Kapital (Familienangehörige, Partner*innen und Freundeskreis)* als ein hemmender Faktor in Bezug auf eine mögliche Rückkehr der faktischen Migrant*innen nach Griechenland, aber auch und zugunsten einer *Stasis* bei den potenziellen Migrant*innen wirkt. Diese Feststellung scheint in keinerlei Verbindung zu den Berufssektoren zu stehen, da dieser Einflussfaktor von Befragten aller Berufsgruppen der Fallauswahl thematisiert wurde. Außerdem wurde auch von faktischen und potenziellen Migrant*innen angeführt, dass bestimmte soziale Rahmenbedingungen im Zielland negativ auf einen weiteren Verbleib bzw. eine Migrationsoption wirken, wenn diese mit befürchteten *Integrationsschwierigkeiten* der Subjekte zusammenhängen.

Darüber hinaus wurde herausgearbeitet, dass sich diese wahrgenommene negative Situation für die Befragten aus kulturellen Aspekten im Hinblick auf die Sprachkenntnisse ergeben kann. Befragte, die sich mit Integrationsschwierigkeiten konfrontiert sehen, beherrschen die deutsche Sprache nicht auf einem fließenden Niveau und verwenden die englische Sprache in ihrer beruflichen Kommunikation. Bei diesen Befragten handelte es sich um Migrant*innen aus dem Hochschul- und dem ITK-Bereich der Fallauswahl. Im Gegensatz dazu bezogen sich die Ärzt*innen der Fallauswahl nicht darauf, da sie gute (Fach-)Deutschkenntnisse für ihre Fachärzt*inausbildung vorweisen müssen. Dieser Aspekt ist auch für die Priorisierung der *Stasis* der Ärzt*innen relevant, da einige Befragte die erforderliche Beherrschung einer Fremdsprache als Hemmfaktor für eine Fachärzt*inausbildung im Ausland wahrnehmen. Der Einflussfaktor der Sprache nimmt somit eine zentrale Rolle bei der Auswahl des Ziellandes ein, wie das aus den Erzählungen der Befragten klar wurde, da Vorkenntnisse in der deutschen Sprache oft ein Kriterium für die mögliche Einwanderung nach Deutschland sind. Des Weiteren wurden *Motive für eine Weiterqualifizierung* mit kulturellen Motiven in Anlehnung an das kulturelle Kapital nach Bourdieu (2012[1983]) verbunden. Die *Weiterqualifizierung als Motiv* spielt eine zentrale Rolle für die Entscheidung zu einer Migration oder auch einer *Stasis* in der Gruppe der befragten Ärzt*innen sowie der befragten Nachwuchswissen-schaftler*innen, da sie eine Weiterqualifizierung anstreben. Die *Migration* einiger Interviewpartner*innen wurde *als Mittel zu ihrer Weiterqualifizierung* interpretiert, sodass sich eine zeitbestimmte Migration nach Deutschland bei diesen Befragten, abhängig von der Dauer ihrer Weiterqualifizierung deuten lässt. Jedoch wird dieser Plan im Lauf der Zeit oftmals infrage gestellt, wenn die erwünschten Motive in Bezug auf ihre Zukunftsplanung nicht mit der Rückkehr nach Griechenland erfüllt werden können, wie die Fallanalysen auch von Klelia und Kornilios aufzeigen. Im Vergleich zu Nachwuchswissenschaftler*innen und Ärzt*innen haben insgesamt gesehen weniger IT-Expert*innen der Fallauswahl dieses Motiv thematisiert. Ein weiterer Aspekt der kulturellen Motive, der mit einem politischen Faktor zusammenhängt, betrifft den vorhandenen Bezug zu Deutschland. Ein Bezug zu Deutschland wird insbesondere von Befragten mit vorherigen Erasmus-Erfahrungen in Deutschland erwähnt und er wird als positiver Einflussfaktor für die Einwanderung nach Deutschland erachtet. Außerdem war es auch möglich, eine Kategorie kultureller Einflussfaktoren, die eine berufsübergreifende Rolle bei einer Migrations- und *Stasis*-Entscheidung haben, aufzustellen. Diese bezieht sich auf von den Befragten wahrgenommene stereotypische Einflussfaktoren, die zumeist als Hemmfaktoren für eine Migrationsoption bzw. für einen weiteren Verbleib in Bezug auf Deutschland wirken.

Des Weiteren hat eine kleine Anzahl von befragten faktischen Migrant*innen *politische Einflussfaktoren bzw. Motive* thematisiert. Diese *politischen Einflussfaktoren bzw. Motive* beziehen sich eher auf Griechenland und wurden im Kontext der Migrationsentscheidung meistens als Push-Faktoren und im Kontext der Bleibeperspektive in Deutschland als hemmende Faktoren für eine Rückkehr artikuliert. Jedoch wurde festgestellt, dass vor allem Nachwuchswissenschaftler*innen der Fallauswahl der faktischen Migrant*innen politische Einflussfaktoren mit ihren Migrationsentscheidungen verbinden, da sie, was ihre beruflichen Perspektiven angeht, besonders von den staatlichen Strukturen in Griechenland abhängig sind. Obwohl die potenziellen Migrant*innen auch von negativen politischen Prozessen (z. B. der Finanzkrise) betroffen sind, sind diese Einflussfaktoren für sie oft irrelevant im Zusammenhang mit einer Migration. Demgegenüber sprechen die potenziellen Migrant*innen von ihrer persönlichen politischen Haltung im Zusammenhang mit der Finanzkrise bei Begründung ihrer Motive für ihre *Stasis*-Entscheidung (z. B. Menios, Ektoras).

Abschließend lässt sich im Hinblick auf die bisherigen Ergebnisse der Studie sagen, dass die untersuchten hochqualifizierter Migrant*innen in ihren Migrationsmotiven nicht als eine homogene Gruppe zu betrachten sind, da sich herausgestellt hat, dass es unterschiedliche Migrationsmotive je nach Berufs-gruppe gibt. Außerdem wurde aufgezeigt, dass die Finanzkrise in Griechenland nicht direkt mit der Auswanderung der Ärzt*innen und der Nachwuchswissen-schaftler*innen der Fallauswahl zusammenhängt, da zentrale Push-Faktoren, z. B. die *Wartelisten für eine Fachärzt*inausbildungsstelle* und die *begrenzten Stipen-dienmöglichkeiten* in Griechenland, bereits vor dem Ausbruch der Finanzkrise in Griechenland existierten. Die Finanzkrise hat aber mehr Auswanderungs-druck auf die untersuchten Hochqualifizierten hervorgebracht, wie auch in den Erzählungen der Befragten (z. B. *Verschlechterung der Qualität der Ausbildung* und drohende Arbeitslosigkeit im ITK-Bereich) dargestellt wurde. Im Gegen-satz dazu priorisieren andere Hochqualifizierte trotz der Finanzkrise und trotz der großen Einkommensdifferenzen verglichen mit Deutschland eine *Stasis* in Griechenland. Jedoch wurde offenbar, dass, auch wenn einige Befragte eine starke *Stasis*-Absicht aufweisen, doch die Nutzung der Migrationsoption von ihnen nicht ganz ausgeschlossen wird. Die Migrationsoption kann dann als eine *Ultima-Ratio-Option* (siehe die Fallanalyse von Danae) oder als eine temporäre Option im Rahmen einer Weiterqualifizierung (siehe die Fallanalyse von Ekto-ras) wahrgenommen werden. Diese Feststellung erklärt die Charakterisierung der in Griechenland befragten Fallgruppenangehörigen als potenzielle Migrant*innen und bestätigt die These von Rochel (2017), nach der „*wir alle potenzielle Migrant*innen*" sind.

Der Umgang der befragten Hochqualifizierten mit dem Brain-Drain

8

In Kapitel 8 wird der Fokus auf die letzte Forschungsfrage der Studie gelegt, um den Umgang der befragten Hochqualifizierten mit dem Brain-Drain und die damit verbundenen möglichen moralischen Aspekte zu beleuchten. Neben dem Ansatz zum Brain-Drain (Hunger 2003; Brock 2015a) ist für die Untersuchung dieser Aspekte auch der Ansatz Levinas' (1961) von Bedeutung, da dadurch begründet wird, unter welchen Bedingungen sich bei einer Person die Moral herausbildet (siehe Abschnitt 6.7). In den folgenden Kapiteln werden der Umgang – und die möglichen daraus resultierten moralischen Aspekte – mit dem Brain-Drain aus Sicht der befragten faktischen Migrant*innen (8.1) sowie aus der Sicht der potenziellen Migrant*innen (8.2) dargestellt. Interessant ist bei der Beleuchtung des Umgangs der Hochqualifizierten mit dem Brain-Drain auch die Frage, auf wen (eventuelle) moralische Bedenken oder auch die Kritik an der hochqualifizierten Migration in Griechenland aus dem Kreis der befragten Hochqualifizierten ausgerichtet sind. Mithilfe von ausgewählten Fallanalysen pro Berufs- und Fallgruppe werden die hier untersuchten Aspekte weiterführend beleuchtet, um die möglichen Unterschiede im Umgang mit dem Brain-Drain zwischen den Vergleichsgruppen besser zu verdeutlichen. Eine zusammenfassende und vergleichende Analyse wird bei Vorstellung der entsprechenden Ergebnisse jeder Fallgruppe erfolgen. Das Kapitel 8 wird mit einem Zwischenfazit (8.3) abgeschlossen.

8.1 Sichtweise der faktischen Migrant*innen

Die Besonderheit dieser Fallgruppe lässt sich an dem Sachverhalt festmachen, dass die faktischen Migrant*innen sowohl im Zuge der Migrationsentscheidung als auch im Nachhinein über ihren Umgang mit dem Brain-Drain reflektieren

© Der/die Autor(en), exklusiv lizenziert an Springer Fachmedien Wiesbaden GmbH, ein Teil von Springer Nature 2022
A. Gkolfinopoulos, *Deutschland als Magnet für Hochqualifizierte aus Griechenland*, Interkulturelle Studien,
https://doi.org/10.1007/978-3-658-39985-6_8

335

können, da sie beides erlebt haben. In den folgenden Abschnitten werden die diesbezüglich gebildeten Kategorien aus der Erhebung der Interviews mit den Befragten auch mithilfe von Interviewausschnitten dargestellt.

Ausgeglichene Bewertung der Konsequenzen der Auswanderung von Hochqualifizierten für Griechenland

Die Herausstellung der positiven Effekte der Auswanderung von Hochqualifizierten für Griechenland durch die Befragten spielt eine Rolle hinsichtlich ihres Umgangs damit. Beispielsweise benennt Giannis aus dem Medizinbereich zwar negative Effekte des Phänomens, er betont aber gleichzeitig positive Effekte für den Staat: „*Der Staat sieht das Phänomen eher als … als … nicht als eine Erlösung, sondern als eine Erleichterung, da er die Arbeitskräfte nicht bezahlen will. Das ist aber ein Paradox, weil der Staat Geld für mein Studium ausgegeben hat*" (Giannis, Z. 223–225). Diese ‚paradoxe' Situation führt zu einer – nach Ansicht Giannis' – ausgeglichenen Bewertung der Konsequenzen der Migration von Hochqualifizierten aus Griechenland für das Land. Während Giannis deutlich demonstriert, dass er im Zuge seiner Migrationsentscheidung „*überhaupt kein schlechtes Gewissen*" (Giannis, Z. 236) verspürte, lässt sich davon ausgehen, dass die als ausgeglichen wahrgenommene Bewertung der Konsequenzen der Migration auch dazu beigetragen hat.

Bei Erato ist diese ausgeglichene Bewertung der Konsequenzen der Auswanderung von Hochqualifizierten für Griechenland ebenfalls feststellbar. Einerseits berücksichtigt sie zwar negative Aspekte des Brain-Drains: „*Es ist sicherlich negativ für das Land, wenn die Fähigen eines Landes auswandern*" (Erato, Z. 327–328). Andererseits sieht sie als Konsequenz aus der Abwanderung eine Erleichterung für den griechischen Staat: „*Im Gegenteil sie* [die Regierenden] *müssen weniger für Arbeitslosengeld ausgeben*" (Erato, Z. 313–314). Offensichtlich pauschalisiert Erato ihre Behauptung hinsichtlich der positiven Konsequenzen für Griechenland, da nicht alle ausgewanderten Hochqualifizierten arbeitslos sind. Gleichzeitig distanziert sie sich von möglichen moralischen Bedenken hinsichtlich ihrer Migrationsentscheidung: „*Nein, ich habe kein schlechtes Gewissen*" (Erato, Z. 327–328).

Dabei ist feststellbar, dass beide Befragten versuchen, neben den *negativen Effekten*, die die Auswanderung von Hochqualifizierten für das Land mit sich bringen, auch positive Effekte mit Fokus auf eine *Erleichterung* infolgedessen für den Staat zu thematisieren. Diese Denkweise kann als ein Mittel zur Rechtfertigung ihrer Migrationsentscheidung verstanden werden. Somit werden auch mögliche moralische Bedenken im Zuge der Migrationsentscheidung zur Seite geschoben, da eine ausschließliche Erörterung von negativen Konsequenzen des

Brain-Drains zur Wahrnehmung von entsprechenden moralischen Bedenken beitragen könnte, wenn der Ansatz von Levinas (1961) zu den Bedingungen der
Entwicklung von Moral berücksichtigt wird.

Einnahme einer individuellen Position trotz der Wahrnehmung des Brain-Drains
Im Zentrum einer Migrationsentscheidung stehen die erwarteten jeweiligen
individuellen Gewinnvorstellungen aller Art, die die gelegentlich auftretenden
moralischen Bedenken hinsichtlich der Migration einer Person verdrängen können. Einige Befragte haben eine individuelle Position im Zusammenhang mit
ihrer Migrationsentscheidung eingenommen, wie das anhand ihrer Ausführungen
zu ihrem Umgang mit dem Thema Brain-Drain deutlich geworden ist.

Von zentraler Bedeutung bei einer *individuellen Position* ist die Priorisierung
der Verfolgung von persönlichen bzw. *individuellen Interessen* und Zielen. Im
Zusammenhang mit dem hier untersuchten Phänomen werden die individuellen
Interessen trotz der Wahrnehmung der damit einhergehenden negativen Effekte
für das Herkunftsland priorisiert. Auf persönliches und *individuelles Interesse*
bezieht sich Giannis, neben der Bewertung ausgeglichener Konsequenzen des
Brain-Drains für Griechenland, als er über seinen Umgang mit dem untersuchten
Phänomen spricht: „*Als ich ausgewandert bin, hatte ich kein schlechtes Gewissen, da dabei die Ambition als Gefühl da war. Ich wollte was Besseres erreichen.
Ich habe individualistisch, utilitaristisch und weniger patriotisch agiert und mein
eigenes Interesse in diesem Moment berücksichtigt*" (Giannis, Z. 236–238). Im
Zitat von Giannis wird deutlich, dass auch die eigene Ambition und das eigene
individuelle Interesse, das als ein utilitaristisches Agieren von ihm interpretiert
wird, ihm nicht erlaubt haben, „*patriotisch*" zu handeln, d. h. im Land zu bleiben, und folglich mögliche moralische Bedenken gegenüber dem Land bei seiner
Migrationsentscheidung zu haben.

Die Priorisierung *individueller Interessen* bezüglich des persönlichen Umgangs
mit dem Brain-Drain in Griechenland wurde auch von drei der vier IT-
Expert*innen[1] thematisiert. Die Befragten, die eine individuelle Position vertreten, priorisieren ihre eigenen Ziele und Interessen vs. des kollektiven Interesses
des griechischen Staats bzw. der griechischen Gesellschaft, zumal ihnen bewusst
ist, dass ihre Migrationsentscheidung auch negative Folgen für das Land hat.

---

[1] Siehe exemplarisch dazu die Fallanalyse von Dimos in Abschnitt 8.1.1.

Abwälzen der Verantwortung für das Brain-Drain-Phänomen auf den Staat[2]
Viele Interviewte erwähnen den Staat bei Thematisierung ihrer Abstandnahme
von moralischen Bedenken bezüglich ihrer Migration. Sie kritisieren den Staat
wegen der von ihm umgesetzten Politik und wälzen die Verantwortung für ihre
Migrationsentscheidung darauf ab. Diese Haltung ist bei Eri festzustellen:

> *„Das* [die negativen Konsequenzen des Phänomens für das Land] *habe ich mir gar
> nicht so überlegt. Und ich glaube, dass niemand sich das so überlegt, da es den Bedarf
> an Beschäftigung gibt und niemand an den Staat denkt. Denn der Staat hat sie* [die
> ausgewanderten Hochqualifizierten] *auch nicht gut behandelt und er wird sie weiterhin
> nicht gut behandeln"* (Eri, Z. 211–213).

Offensichtlich bezieht sich Eri hinsichtlich dieser Missachtung der staatlichen
Politik von Hochqualifizierten auch auf ihre Person, als ausgewanderte Akade-
mikerin, und nimmt somit ein *Desinteresse des Staats* an den Hochqualifizierten
des Landes wahr. Diese Haltung ist auch eine Kritik am Staat und an seiner Politik gegenüber den Hochqualifizierten, um ihre Migrationsentscheidung und die
der Ausgewanderten zu rechtfertigen. Ein *Desinteresse des Staates* wird auch von
mehreren anderen Befragten in allen drei untersuchten Berufssektoren[3] erwähnt.

Kleomenis thematisiert aber einen weiteren Aspekt im Zusammenhang mit der
Kritik und dem Abwälzen der Verantwortung auf den Staat hinsichtlich seiner
Migrationsentscheidung:

> *„Ich kenne die negativen Konsequenzen. Aber ... Ich hatte aber nie die Chancen, dort
> was anderes zu tun. Ich habe aber niemanden geschädigt, sondern mein Land hat
> mich geschädigt. Dass ... Es gibt keine Perspektive, um dort zu arbeiten, wo es mir
> versprochen wurde. Ja, okay. Niemand hat mir das versprochen, aber ich habe im
> Rahmen dieses Systems, dieses Schulsystems, das in Griechenland die Schüler für nur
> zehn konkrete Berufe fördert, davon geträumt, meine beruflichen Ziele zu erreichen"*
> (Kleomenis, Z. 207–212).

Die Wahrnehmung von Kleomenis einer *mangelnden Unterstützung durch den
Staat* verhindert die Entwicklung eines schlechten Gewissens gegenüber ihm,
da der Staat nicht die entsprechenden Arbeitsperspektiven im Anschluss an

---

[2] Hierbei (sowie in der entsprechenden Kategorie im Abschnitt 8.2) wird der Begriff Staat
in seinem weiten, institutionellen Sinne verwendet (Brinkmann et al. 2014[2000]: 656),
da die Befragten sich primär auf den Staatsapparat und die umgesetzte Politik bei ihren
Argumentationen hinsichtlich der Verantwortlichkeit für den Brain Drain beziehen.

[3] Siehe dazu die Tabelle 8.1 sowie die ausgewählten Fallanalysen von Klelia aus dem Medizinbereich und von Kornilios aus dem Wissenschaftsbereich, die ebenfalls ein *Desinteresse
des Staats*, was auf ein Abwälzen der Verantwortung auf den Staat hinweist, formulieren.

sein Studium anbietet. Offensichtlich kritisiert Kleomenis den Staat und interpretiert ihn als den Hauptverantwortlichen für seine Auswanderung, da er ihn
„geschädigt" hat. Diese wahrgenommene Situation rechtfertigt die Migrationsentscheidung aus Sicht von Kleomenis, auch wenn ihm die mit seiner Auswanderung
einhergehenden negativen Konsequenzen bewusst sind.

Neben der angedeuteten mangelnden Unterstützung durch den Staat sprechen
andere Befragte von einem *staatlichen Auswanderungsdruck*. Dabei geht es um
das Empfinden seitens der Befragten einer aktiven Rolle des Staats bei ihrer
Migrationsentscheidung. Auch bei Einnahme dieser Position wird impliziert, dass
die Personen dadurch keine eigene Verantwortung für diese Entwicklung tragen,
sondern sie denken, dass es der Staat ist, der diese Auswanderung von Hochqualifizierten vorangetrieben hat. Diese Position wird in den Erzählungen von Eftichis
deutlich:

> „Egal, wo man sich befindet, wenn man da verarscht[4] wird, kann man nicht länger
> dortbleiben. Ich meine, dass nicht nur der Staat mich verarscht, sondern auch alle
> diese Faktoren. Warum soll ich denn dableiben? (...) Ich finde keinen Grund, etwas zu
> unterstützen, das alles ermöglicht, um mich zu vertreiben" (Eftichis, Z. 290–293).

Eftichis spürte im Rahmen seiner Migrationsentscheidung einen direkten Druck
vonseiten des Staats, das Land zu verlassen. Unter diesen Bedingungen können
keine moralischen Bedenken in ihm aufkommen, obwohl er die Folgen des Brain-
Drains als „sehr negativ" (Eftichis, Z. 273) für das Land betrachtet. Außerdem
verlagert er die Verantwortung für seine Abwanderung nicht nur auf den Staat,
sondern macht dafür weitere „Faktoren" verantwortlich[5]. Dieser wahrgenommene
staatliche Auswanderungsdruck ist auch bei Giorgos zu bemerken. Die negativen
Effekte der Massenauswanderung von Hochqualifizierten für sein Herkunftsland
werden von Giorgos mit Fokus auf die ökonomischen Aspekte berücksichtigt:
„Überleg dir mal, dass Griechenland in dich investiert hat. Du studierst in Griechenland. Der Staat stellt dir Universitäten, die Bücher bereit und du studierst"
(Giorgos, Z. 286–288). Er betrachtet aber den griechischen Staat, der durch dieses
Phänomen ökonomisch belastet wird, als verantwortlich für diese Entwicklung:
„Wenn du Lust auf Arbeit hast, Kenntnisse und Laune auf neue Sachen hast. Zu
programmieren usw. In Griechenland steht das ganze System gegen diese Lust und
sagt dir, wandere aus" (Giorgos, Z. 290–293). Somit kann festgestellt werden,

---

[4] Das Wort hat sich hier geändert, da im originellen Interview stattdessen ein sexistisches
Wort, das der Forscher nicht reproduzieren möchte, von dem Befragten verwendet
wurde.

[5] Siehe dazu die nächste Kategorie.

dass auch Giorgos seine Entscheidung im Abwälzen der Verantwortlichkeit auf den griechischen Staat rechtfertigt, da der Staat den Auswanderungsdruck auf ihn und auf andere IT-Expert*innen ausgeübt hat.

Es bestätigt sich, dass der größte Teil der Befragten aus der Gruppe der faktischen Migrant*innen[6] stark den Staat kritisiert und diesen als den Hauptverantwortlichen für ihre Migration betrachtet. Primär erfolgt dies wegen des unterstellten *Desinteresses des Staats* an ihnen persönlich, insgesamt an den Hochqualifizierten. Betont werden aber auch eine *mangelnde Unterstützung durch den Staat* sowie ein *staatlicher Auswanderungsdruck*. Damit argumentieren die Befragten, wenn sie ihre Migrationsentscheidung rechtfertigen und mögliche moralische Bedenken gegenüber dem Staat angesichts des Brain-Drain-Phänomens ablehnen, obwohl sie sich der negativen Folgen des Brain-Drains bewusst sind.

Abwälzen der Verantwortung auf die Gesellschaft[7]
Aus Sicht von zwei Befragten trägt nicht ausschließlich der Staat die Verantwortung für den Brain-Drain, sondern auch die Gesellschaft in Griechenland dazu bei, die in den Augen von Klelia[8] und Eftichis als Mitverantwortliche für ihre Migrationsentscheidung zu betrachten ist. Das führt wiederum zum Abwälzen der Verantwortung für ihre Migrationsentscheidung auf andere Menschen. In der vorherigen Kategorie wurde zudem aufgezeigt, dass Eftichis neben dem Staat auch „*alle diese Faktoren*" (Eftichis, Z. 291) für seine Migrationsentscheidung als mitverantwortlich ansieht. Damit bezieht er sich vor allem auf soziale Faktoren, die die griechische Gesellschaft (*Korruptionsphänomene* und *die soziopolitische Krisensituation in Griechenland*) betreffen, wie diese auch in Abschnitt 7.1.3 vorgestellt wurden.

Moralische Bedenken gegenüber sozialen Gruppen
Im Gegensatz zu den im Vorfeld geschilderten Aspekten hat ein kleiner Anteil der Befragten eine andere Position eingenommen. Sie sprechen über wahrgenommene moralische Bedenken angesichts ihrer Auswanderung.

An erster Stelle stehen bei diesen Befragten moralische Bedenken gegenüber der *griechischen Gesellschaft* sowie ihren *Familien*, die weiterhin in Griechenland leben und durch die Folgen der Auswanderung von Hochqualifizierten geschädigt

---

[6] Siehe den Überblick über die entsprechenden Ergebnisse in der Tabelle 8.1.

[7] Der Begriff Gesellschaft wird hier in der Sinne der Gesamtgesellschaft in Griechenland verwendet.

[8] In ihrer Fallanalyse wird dieser Aspekt ausführlich erklärt.

werden. Das bedeutet, dass diese Befragten ihre Migrationsentscheidung gegenüber den sozialen Akteuren ihres Herkunftslandes moralisch infrage stellen. Eleni thematisiert ihren persönlichen *Beitrag zu der Pflege ihrer Familie* hinsichtlich des moralischen Aspekts ihrer Migrationsentscheidung. Dies geht aus ihrer folgenden Aussage hervor:

> *„(...) Ich meine, dass ich zu meinem Land nichts beitragen kann, da ich momentan meine Leistungen in Deutschland anbiete. Ich will die Menschen nicht nach ihrer Herkunft bewerten, aber ich denke einfach an meine Familie in Griechenland und ich würde gerne wissen, dass meine Familie die entsprechende Pflege, die die Menschen in Deutschland haben, auch hat"* (Eleni, Z. 197–200).

Gerade dieser Aspekt offenbart, dass Eleni ein schlechtes Gewissen im Zusammenhang mit ihrer Migration hat, nachdem sie nach Deutschland migriert ist:

> *„Nein, aber ich denke daran jetzt. Wenn du weggehst, siehst du diesen Aspekt* [negative Konsequenzen für Griechenland] *nicht. Ich kann mir nicht vorstellen, dass die meisten diesen Aspekt wahrgenommen haben. Aber jetzt nehme ich das wahr, wenn ich zum Beispiel die Mängel des Gesundheitssystems in Griechenland sehe. (...) Ich glaube, dass mein Land verloren hat, mich nicht zu haben. Nicht nur mich, aber so im Allgemeinen. Ich halte es schon für einen Schlag für Griechenland, so viele Wissenschaftler in dieser Zeit zu verlieren."* (Eleni, Z. 185–191).

Zusammen mit der Wahrnehmung der negativen Konsequenzen tauchen moralische Bedenken (siehe Levinas 1969) bei Eleni auf, die sie noch nicht im Zuge der Migrationsentscheidung verspürt hatte. Diese richten sich selektiv nicht an den griechischen Staat, sondern an ihre Familie, die aufgrund der Auswanderung von Ärzt*innen von dem Leistungsabfall der staatlichen gesundheitlichen Dienste beeinflusst wird. An dieser Haltung Elenis lässt sich festmachen, dass ihrerseits immer noch ein Interesse am griechischen Gesundheitssystem besteht. Das erklärt sich dadurch, dass sie eine Rückkehrtendenz nach Griechenland aufweist und sich besonders für ihre Familie und deren Pflegeversorgung interessiert. Dies bestätigt die These von Hirschman (1970; 1974), dass eine vollständige *Abwanderung* von öffentlichen Gütern, wie denen des Gesundheitssystems, nicht möglich ist (vgl. ebd.: 86).

Einen weiteren Aspekt moralischer Bedenken gegenüber sozialen Gruppen benennen Kornilios und Klelia, wobei sie sich im Hinblick auf ihre Entscheidung nicht auf bestimmte soziale Gruppen, sondern auf die gesamte griechische Gesellschaft konzentrieren.[9]

Moralische Bedenken gegenüber dem Land[10]

Zwei Befragte äußern moralische Bedenken gegenüber Griechenland hinsichtlich ihrer Migrationsentscheidung zu haben. So zum Beispiel Giannis, der unterschiedliche Aspekte[11] zum Thema Umgang mit dem Brain-Drain-Phänomen erwähnt. Diese unterschiedlichen Aspekte bildeten sich im Verlauf seines Migrationsprozesses heraus und weisen eine Wandlung auf – von der anfänglichen Abwesenheit moralischer Bedenken hin zur Entwicklung von Gewissenskonflikten angesichts der Migration. Das folgende Zitat von ihm macht deutlich, welche moralischen Bedenken er gegenüber dem griechischen Staat empfindet: „*Als ich hierhergekommen bin und alle diese Erfahrungen gesammelt habe, bildete ich die Meinung, dass ich lieber dieses Know-how, das ich erwerbe, lieber meinem Staat durch meine sozialen und beruflichen Leistungen vermitteln sollte, und nicht dem deutschen Staat*" (Giannis, Z. 238–241). Obwohl Giannis zum Zeitpunkt seiner Migrationsentscheidung individualistisch trotz der wahrgenommenen negativen Effekte für das Land positioniert war und die Verantwortung dafür auf den Staat abwälzt, thematisiert er in diesem Zitat, dass bei ihm Hintergedanken hinsichtlich dieser Entscheidung aufgekommen sind. Grund dafür ist seine Wahrnehmung im Nachhinein, dass er sein „*Know-how*" dem griechischen Staat, womit auch die Bürger*innen Griechenlands als Empfänger*innen seiner Kenntnisse im Rahmen einer Beschäftigung im griechischen Gesundheitssystem gemeint sind, zur Verfügung stellen möchte. Der Gedanke, der dahintersteckt, kann als wahrgenommene moralische Bedenken gegenüber dem griechischen Staat gedeutet werden, zumal die *Gegenleistung an den griechischen Staat*, der ihm die Bildung bis zum Abschluss seines Medizinstudiums ermöglicht hat, von ihm thematisiert wird. Charakteristisch ist, dass Giannis sich auf das Thema der Ausbildungskosten

---

[9] In ihren Fallanalysen wird dieser Aspekt ausführlich erläutert.

[10] Um deutlich zu machen, dass die Befragten sich hierbei nicht explizit auf den Staat beziehen, sondern auf die Dyas von Staat und Gesellschaft, wird dafür das Wort Land verwendet, so wie auch in der entsprechenden Kategorie in Abschnitt 8.2.

[11] Giannis erkennt sowohl positive als auch negative Effekte des Phänomens und gleichzeitig weist er eine individuelle Position auf, die ausschlaggebend dafür war, dass er keine moralischen Bedenken anlässlich seiner Migrationsentscheidung hatte.

bezüglich der negativen Konsequenzen des Brain-Drains fokussiert.[12] Es lässt sich somit feststellen, dass dieser Hintergedanke mit moralischen Bedenken für Giannis in Zusammenhang steht, da er wahrnimmt, dass dem griechischen Staat und den verbliebenen Bürger*innen durch seine Auswanderung geschadet wurde und dass er ihnen nun durch die Vermittlung seiner Kenntnisse, die er den Bildungskosten des griechischen Staats verdankt, helfen möchte. So wie Kirby und Siplon (2012) in Anlehnung an Levinas betonen, taucht Moral auf, wenn eine Person über die Konsequenzen ihres Handelns nachdenkt, und erkennt, dass dieses anderen Menschen schaden kann (vgl. ebd.: 164).

Aggelikis Fall ist ähnlich, wobei sie bereits im Zuge ihrer Migrationsentscheidung moralischen Skrupel aufweist. Hinsichtlich der negativen Konsequenzen der Auswanderung von Hochqualifizierten betont sie den Innovationsmangel und Forschungslücken in Griechenland: *„Die jungen Personen, die die Innovation bringen könnten, sind weg"* (Aggeliki, Z. 168–169). In Bezug auf ihren persönlichen Umgang mit den wahrgenommenen negativen Konsequenzen für ihr Herkunftsland reflektiert sie:

„Natürlich hatte ich moralischen Skrupel. Und als ich mit Freunden darüber diskutiert habe, besonders mit Freunden, die in Griechenland geblieben sind, habe ich mich ein bisschen kurios gefühlt. Ich habe mir gedacht: Gut, alle, die sich mit der Forschung beschäftigen wollen, wandern aus. Wer übernimmt dann die Forschung für Griechenland? Nur zehn ältere Menschen" (Aggeliki, Z. 187–191).

Im Anschluss konkretisiert Aggeliki ihre Gedanken zu ihren moralischen Bedenken hinsichtlich dieser Effekte:

„Ich entschuldige mich nicht [für die Migrationsentscheidung], da es im Endeffekt auch Menschen in Griechenland gibt, die trotz der Schwierigkeiten selber die Kosten für Forschungsaufenthalte im Ausland tragen und sie wieder zurückkommen. Somit kann ich keine Ausrede für meine Entscheidung entdecken, da diese sich graduell entwickelt hat" (Aggeliki, Z. 197–200).

Offensichtlich wird hieran die Bejahung Aggelikis, moralische Bedenken hinsichtlich ihrer Migrationsentscheidung zu haben, die aus ihrer Sicht Effekte auf die Forschung in Griechenland hat. Diese moralischen Bedenken richten sich auf den Wissenschaftsbereich Griechenlands, d. h. sowohl auf den griechischen Staat als auch auf die Forschenden, da Aggeliki nicht zu deren Fortschritt beitragen kann. Obwohl Aggeliki nicht direkt äußert, dass sie ihre Migration

---

[12] Siehe sein Zitat (Giannis, Z. 223–225) in der Kategorie *Ausgeglichene Bewertung der Konsequenzen des Brain-Drain-Phänomens für Griechenland*.

revidieren will, wird der Wunsch, einen Beitrag zum Wissenschaftsbereich Griechenlands zu leisten, schon deutlich. Dies könnte durch eine Rückkehr nach Griechenland, die von ihr gewünscht wird, ermöglicht werden[13]. Des Weiteren nimmt Aggeliki neben moralischen Bedenken angesichts ihrer Migration auch ihre *Migrationsentscheidung als ungerechtfertigt* wahr.

8.1.1   Fallanalysen

Im Folgenden wird die Sicht der faktischen Migrant*innen hinsichtlich des Umgangs mit dem Brain-Drain mithilfe von ausgewählten Fallanalysen in jedem untersuchten Berufssektor weiterhin dargestellt.

A. Klelia: Moralische Bedenken hinsichtlich der Auswanderung nach der Migrationsentscheidung

Klelia hat Griechenland verlassen, um ihre Fachärztinausbildung in Deutschland abzuschließen. Wie aufgezeigt wurde, ist sie noch unentschieden hinsichtlich ihres weiteren Verbleibs in Deutschland nach dem Abschluss ihrer Fachärztinausbildung. Laut dem Brain-Drain-Ansatz (Hunger 2003; Brock 2015a) sind mit der Abwanderung von Hochqualifizierten negative Konsequenzen für das Herkunftsland verbunden; solche Konsequenzen nimmt auch Klelia verbunden mit ihrer Migration wahr:

„Es ist eigentlich eine große Schande, was da passiert. Nämlich, dass der griechische Staat seine eigenen Wissenschaftler vertreibt, die er selber bezahlt hat, um sie eigentlich zu haben. Momentan bekommt Deutschland hochqualifiziertes Personal. Nicht nur Ärzte, sondern wir reden über alle möglichen Spezialisierungen, Hochqualifizierte, für deren Ausbildung der deutsche Staat gar nicht bezahlt hat, obwohl diese jetzt da sind. Deutschland bekommt sie kostenlos und in Griechenland bleiben Ärzte, die in anderen Ländern mit niedrigerem Ausbildungsniveau studiert haben" (Klelia, Z. 204–209).

Klelia fokussiert hinsichtlich der negativen Konsequenzen des Brain-Drains auf den ökonomischen Verlust Griechenlands. Sie beschreibt, dass sich die Investition Griechenlands in die Ausbildung der ausgewanderten Hochqualifizierten für das Land nicht auszahlt. Neben diesem ökonomischen Aspekt betont sie auch eine Konsequenz für das griechische Gesundheitssystem. Sie geht davon aus, dass in Griechenland nur noch Ärzt*innen aus anderen Ländern zur Verfügung stehen

---

[13] Siehe ihr Zitat (Z. 151–152) in der Einheit *Berufliche Sicherheit als Motiv für die Bleibe-* bzw. *gegen die Rückkehroption.*

werden, die schlechter qualifiziert sind als die ausgewanderten Ärzt*innen, die in Griechenland ihr Medizinstudium abgeschlossen haben. Als Beispiele benennt sie in Bulgarien und Rumänien ausgebildete Ärzt*innen: *„Ich will mich nicht rassistisch ausdrücken. Ich meine diejenigen, die in Bulgarien und in Rumänien studiert haben"* (Klelia, Z. 209–210).

Diese von ihr *wahrgenommenen Konsequenzen für ihr Herkunftsland* haben sich jedoch nicht hemmend auf ihre Entscheidung auszuwandern ausgewirkt. Klelia beschreibt keine bei sich wahrgenommenen moralischen Bedenken gegenüber Griechenland bezüglich dieser Konsequenzen und im Zuge ihrer Migrationsentscheidung. Diese Haltung wird dadurch bestätigt, dass sie die *Verantwortung für die Migrationsentscheidung auf den Staat und auf* einen Teil *der Gesellschaft*, d. h. die Patient*innen, abwälzt:

„Der Staat und die Gesellschaft (...). Die Patienten könnten zu Hausärzten gehen, aber nein. Sie kamen zu uns ins Krankenhaus, obwohl wir uns mit Notfällen beschäftigen sollten. Sie waren der Ansicht, dass wir ihnen dienen sollen, da sie dafür zahlen. Außerdem haben sie geschrien. Das hat mit der Erziehung der Menschen in Griechenland zu 'tun. Und diese Erziehung hat leider ein sehr niedriges Niveau. Sie haben uns so weit gebracht, dass wir auswandern. Das habe ich in Deutschland nicht erlebt" (Klelia, Z. 219, 223–229).*

Insbesondere die Patient*innen haben aus ihrer Sicht durch ihr Verhalten die Arbeit der Ärzt*innen erschwert und sie auch dazu gebracht auszuwandern. Dabei verallgemeinert sie diese wahrgenommene Situation und überträgt sie auf alle ausgewanderten Ärzt*innen und auf alle Patient*innen. Sie begründet dieses Verhalten der Patienten pauschalisierend mit *„der Erziehung der Menschen in Griechenland"*. Somit kann rekonstruiert werden, dass Klelia eigentlich betonen möchte, dass sie nicht nur eine bessere Erziehung als die Patient*innen und ein höheres Bildungsniveau als die Ärzt*innen, die in Bulgarien und Rumänien studiert haben, aufweist, sondern auch, dass die Bedingungen im griechischen Gesundheitssystem nicht ihrem Qualitätsanspruch entsprechen. Vor diesem Hintergrund hat ihre Abwanderung stattgefunden und für diese macht sie die Patient*innen verantwortlich wegen der durch sie verursachten Erschwerung der Arbeitsbedingungen durch ihr unpassendes Verhalten sowie auch den Staat aufgrund des nicht-leistungsorientierten Einstellungssystems: *„Das Einstellungssystem in Griechenland ist nicht meritokratisch"* (Klelia, Z. 212–213). Damit bezieht sie sich auf die Anstellung von in Bulgarien und Rumänien ausgebildeten Ärzt*innen im griechischen Gesundheitssektor anstatt von Medizinabsolvent*innen, die in Griechenland studiert haben.

Klelia skizziert auch ein *Desinteresse des Staats* gegenüber dem Phänomen der hochqualifizierten Migration und sie fokussiert sich weiterhin auf dessen Verantwortung für den Brain-Drain im Gesundheitssektor: *„Was?* (Lachen) *Interesse des Staates an uns? Das gibt es nicht"* (Klelia, Z. 249). Des Weiteren beschreibt Klelia einen von ihr wahrgenommenen, von staatlicher Seite verursachten *Auswanderungsdruck* auf sie und die übrigen Medizinabsolvent*innen: *„An der Universität gab es schon überall Plakate, die Werbung für die Facharztausbildung in Deutschland und in England gemacht haben. Das System wollte uns aus Griechenland verjagen"* (Klelia, Z. 249–251). Aus diesen Interviewausschnitten wird zudem ersichtlich, dass Klelia ihre Migrationsentscheidung durch das *Abwälzen der Verantwortung für den Brain-Drain auf den Staat* rechtfertigt. Die Werbung in den Universitätsräumen hat sie bereits während des Studiums als ein Signal für diesen Auswanderungsdruck, der aus ihrer Sicht auch Wirkung auf weitere Ärzt*innen (*„uns"*) ausübte, empfangen.

Trotz dieser Einstellung und im Zusammenhang mit ihrer Wahrnehmung, dass ihre Auswanderung negative Konsequenzen für Griechenland zur Folge hat, äußert sie zu einem späteren Zeitpunkt des Interviews moralische Bedenken bezüglich ihrer Migrationsentscheidung: *„Ja. Das* [die negativen Konsequenzen für das Herkunftsland] *habe ich berücksichtigt und deswegen engagiere ich mich gerade freiwillig in einem Verein. Dabei versuchen wir, von hier aus natürlich und spezifisch in meinem Bereich, Menschen in Griechenland, die in Not sind, zu unterstützen"* (Klelia, Z. 239–241). An dieser Stelle ist ein *Wunsch nach Hilfsleistung an die griechische Gesellschaft* zu deuten. Dieser Wunsch zeigt die Absicht von Klelia, sich mit den moralischen Bedenken auseinanderzusetzen, zumal ihr bewusst ist, dass negative Konsequenzen für die Bürger*innen in Griechenland durch ihre Auswanderung verursacht werden und somit moralische Aspekte dabei auftauchen.[14] Klelia kann durch das Engagement in ihrem Verein, den *Bürger*innen in Griechenland* helfen und *ihre moralischen Bedenken gegenüber ihnen* aufgrund der negativen Konsequenzen, die sich aus ihrer Migration für sie ergeben, zerstreuen. Die moralischen Bedenken beziehen sich jedoch auf die Gesellschaft in Griechenland und somit auf Patient*innen, obwohl Klelia sie zuvor kritisiert hat und sie als mitverantwortlich für ihre Migration betrachtet. Dass Klelia ihre moralischen Bedenken erst nach ihrer Migration und ihrer Anstellung in Deutschland entwickelt hat, erklärt diesen Widerspruch zwischen der negativen Beurteilung der Patient*innen in Griechenland einerseits und ihrem Wunsch, ihnen Hilfsleistung zukommen zu lassen.

---

[14] Siehe die These von Kirby/Siplon (2012) im Zusammenhang mit Levinas' Theorie hinsichtlich der Entstehung von Moral (vgl. ebd.: 164).

Zusammenfassend lässt sich sagen, dass Klelia auswandert, obwohl sie sich der negativen Konsequenzen des Phänomens für ihr Herkunftsland bewusst ist. Mit dem *Abwälzen der Verantwortung für die Auswanderung* von Ärzt*innen *auf den Staat und auf die Patient*innen* in Griechenland wird ihre Migrationsentscheidung gerechtfertigt und somit entwickeln sich keine moralischen Skrupel bei Klelia. Diese Bedenken tauchen jedoch zu einem späteren Zeitpunkt auf, d. h. nach ihrer Migrationsentscheidung und nach ihrer Anstellung in Deutschland. Sie beziehen sich auf die Gesellschaft in Griechenland und somit auch die Patient*innen, die z. B. in sozialen Zentren Unterstützung suchen, obwohl Klelia gerade diese Gruppe der Patient*innen als mitverantwortlich für ihre Migrationsentscheidung betrachtet. Allerdings erwähnt sie keine moralischen Bedenken gegenüber dem griechischen Staat, der aus ihrer Sicht aufgrund des *Desinteresses des Staats*, des *staatlichen Auswanderungsdrucks* und des *unfairen bzw. nicht-meritokratischen Einstellungssystems* die Hauptverantwortung für die Auswanderung der Ärzt*innen trägt. Die Haltung von Klelia, die im Abwälzen der Verantwortung für ihre Auswanderung aus Griechenland und die ihrer Kolleg*innen zutage tritt, lässt sich mit dem Ansatz von Hirschman (1970; 1974) erklären. Dieses Abwälzen liegt in der Unzufriedenheit Klelias mit dem staatlichen Gesundheitssektor und seiner sinkenden Qualität, die mit dem Niveau ihrer Fachärzt*inausbildung und mit einem Teil der dortigen angestellten Ärzt*innen zusammenhängt, begründet. Dabei zeigt die vermehrte Kritik am griechischen Staat keine Loyalität aufseiten Klelias gegenüber ihm. Diese fehlende Loyalität kann die Distanzierung von eigenen moralischen Bedenken anlässlich ihrer Migrationsentscheidung erläutern und die Artikulation dieser erwähnten Unzufriedenheit in Form von Abwanderung und nicht von Widerspruch – nach der Theorie von Hirschman (ebd.) – veranschaulichen. Die nachträgliche Entwicklung von moralischen Bedenken gegenüber der griechischen Gesellschaft bei Klelia kann damit gedeutet werden, dass trotz der Abwanderung bei ihr weiterhin Interesse an der Qualität der griechischen Dienste besteht – insbesondere wenn diese Dienste als öffentliche Güter betrachtet werden können (vgl. Hirschman 1974: 86) und somit Einfluss auf die Gesundheit ihrer in Griechenland verbliebenen Familienangehörigen und eventuell auf ihre eigene Gesundheit im Falle einer Rückkehr ausüben können. Dies zeigt, dass in diesem Kontext eine vollständige Abwanderung von einem Staat unmöglich ist (vgl. ebd.). Das gilt insbesondere, wenn berücksichtigt wird, dass die Rückkehr nach Griechenland immer noch bei Klelia ins Spiel kommt[15] und sie folglich weiterhin Interesse als Ärztin – und

---

[15] Siehe ihre Fallanalyse in Abschnitt 7.2.5.

somit als Person mit hoher Konsumentenrente (Hirschman 1974: 41) – an der Qualität des griechischen Gesundheitssystems hat.

B. Kornilios: Moralische Bedenken gegenüber der Gesellschaft aus einer politischen Perspektive

Wie bereits in seiner Fallanalyse (siehe Abschnitt 7.2.5) aufgezeigt, ist in Kornilios' Fall sein *Zugehörigkeitsgefühl zur Gesellschaft in Griechenland* zentral. Jedoch hat das *Motiv der Weiterqualifizierung* bei ihm zur Auswanderung geführt, da die Bedingungen für Doktorand*innen in Griechenland als ungünstig wahrgenommen wurden. Der Aspekt des Umgangs mit dem Brain-Drain und die Frage, ob er moralische Bedenken im Zuge seiner Auswanderungsentscheidung hatte bzw. ob er diese später während seines Aufenthalts in Deutschland entwickelt hat, ist somit interessant in Kornilios' Fall aufgrund seines *Zugehörigkeitsgefühls zur Gesellschaft in Griechenland*.

Die Auswanderung von Hochqualifizierten betrachtet Kornilios als *„sicherlich negativ"* (Kornilios, Z. 241) für Griechenland. Hinsichtlich der negativen Konsequenzen, die sich aus dem Phänomen ergeben, fügt er hinzu:

> *„Auf jeden Fall gibt es unter den Hochqualifizierten Menschen, die aktiv sind, viele Kenntnisse haben, um den Unterschied für das Land zu machen. Viele von denen haben aufgrund ihrer Beschäftigung und Bildung besondere Vorzüge. (...) Die ökonomischen Konsequenzen sind also, wie bereits gesagt, sehr bedeutend. Denn die Möglichkeiten durch innovative Produkte nehmen seitens Griechenlands ab. Wenn Griechenland, oder ein Ort, seine Menschen, die Wissen produzieren können, im Endeffekt verliert, hat das Land wenige Chancen, eine Gesamtgesellschaft mit hohem Selbstbewusstsein zu haben. Egal ob das die Ebene des Parlamentarismus oder die Ebene der sozialen Wende betrifft"* (Kornilios, Z. 246–249, 251–258).

Kornilios betont dabei einerseits die ökonomischen Konsequenzen, die das Phänomen nach sich zieht, die aus seiner Sicht mit dem *Innovationsmangel* aufgrund der Abwanderung von Menschen mit besonderen Qualifikationen, die zu innovativer Produktion beitragen könnten, zusammenhängt. Darüber hinaus fokussiert er andererseits auf die sozialen Konsequenzen durch die Auswanderung dieser Menschen, die neben der Einführung von innovativen Produkten auch einen Beitrag zur Innovation auf sozialer Ebene leisten könnten. Offensichtlich personifiziert Kornilios die Konsequenzen für Griechenland ·durch seine Auswanderung, und aufgrund seiner politischen Einstellung berücksichtigt er auch die sozialpolitischen Folgen für die Gesellschaft. Bei den ausgewanderten Hochqualifizierten sieht er eine *verlorene Avantgarde* für Griechenland, die soziale und politische Innovation auf unterschiedlichen Ebenen hätte hervorrufen können. Außer auf die parlamentarische Ebene bezieht sich Kornilios auch auf die soziale Wende, die er sich für Griechenland wünscht, wie bereits hinsichtlich seiner Bleibe-perspektive bezogen auf Deutschland gezeigt. Der erwähnte Innovationsmangel betrifft also aus seiner Sicht nicht nur die griechische Wirtschaft, sondern auch die Gesellschaft.

Darüber hinaus thematisiert Kornilios eine wahrgenommene *Unfähigkeit des Staats* von den Qualifikationen der Hochqualifizierten zu profitieren. Dies weist auf eine Kritik am Staat und seiner Politik hin, die weiterhin in seinen Erzäh-lungen zentral ist. Dazu nimmt Kornilios ein *Desinteresse des Staats* wahr: *„Wie kann sich der Staat dafür interessieren? Er sorgt nicht für seine eigenen Einwohner. Warum soll er sich für die Ausgewanderten interessieren? Auf keinen Fall"* (Kor-nilios, Z. 222–224). Dieses wahrgenommene *Desinteresse des Staats* thematisiert er weiterhin:

> *„Die Auswanderung dieses ganzen qualifizierten Personals aus einem Land macht deutlich, dass es [das Land] es nicht draufhat. Auch wenn es das natürlich wollte. Auch wenn diese Menschen [die ausgewanderten Hochqualifizierten] in Griechenland geblieben wären, gibt es den politischen Willen nicht, sie zu betätigen"* (Kornilios, Z. 241–244).

Es wird deutlich, dass Kornilios ein *Desinteresse des Staats* nicht nur bezüg-lich der hochqualifizierten Migrant*innen erkennt, sondern auch aufseiten der in Griechenland verbliebenen Bürger*innen. Es kann somit festgestellt werden, dass Kornilios die Verantwortung für den Brain-Drain auf den Staat abwälzt, da der Staat aus seiner Sicht gar nicht beabsichtigt, die Auswanderung zu begrenzen. Offenbar betrachtet Kornilios *„den politischen Willen"* und somit den Staat als verantwortlich für den Brain-Drain.

Die Haltung des *Abwälzens der Verantwortung auf den Staat* trägt zur Rechtfer-tigung seiner Migrationsentscheidung und zur Absenz von moralischen Bedenken hinsichtlich der Auswanderungsentscheidung gegenüber dem Staat bei. Dazu kommt noch ein anderer Faktor:

> *„Überhaupt kein schlechtes Gewissen. Ich persönlich will einen großen Abstand von dieser sogenannten Rettung Griechenlands als Staat halten. Was mich interessiert, sind hauptsächlich die Menschen, die Menschen dieses Landes. Das ist vielleicht ein wichtiger Grund für meine Absicht zurückzukehren, da ich im Wesentlichen diesen Menschen helfen möchte. Wie? Durch meine Kenntnisse, die ich bisher erworben habe"* (Kornilios, Z. 261–265).

Hiermit wird deutlich, dass Kornilios sich von moralischen Bedenken gegen-über dem griechischen Staat aussagekräftig distanzieren will. Der Fokus seiner

Kritik und die im Besonderen manifestierte Verantwortung, die er beim Staat sieht, erklärt sich somit auch durch seine bereits beschriebene *politische Einstellung*, die der anarchistischen Ideologie zuzuordnen ist[16]. Gleichzeitig betont er in Bezug auf die negativen Konsequenzen des Brain-Drains seine *moralischen Bedenken*, die er aufgrund seiner Migration *gegenüber der Gesellschaft in Griechenland* hat. Dieser möchte er mit seiner möglichen zukünftigen Rückkehr, ebenfalls im Rahmen seiner persönlichen politischen Ideologie,[17] aber auch durch die Vermittlung seines kulturellen Kapitals helfen. Seine moralischen Bedenken beziehen sich somit auf seinen *Wunsch nach Hilfsleistung für die Gesellschaft in Griechenland*, die durch seine Auswanderung auf sozialer Ebene, so Kornilios, geschädigt wurde. Seine Konkretisierung der moralischen Bedenken gegenüber der Gesellschaft in Griechenland wird auch aufgrund seines empfundenen Zugehörigkeitsgefühls zu ihr begründet.

Zusammenfassend gesagt berücksichtigt Kornilios die negativen Konsequenzen seiner Auswanderung und der von anderen Hochqualifizierten für Griechenland. Die Spuren seiner politischen Ideologie werden besonders in Kornilios' Erzählungen zum Brain-Drain offenbar und in seinem persönlichen Umgang damit. Er beschreibt die sozialpolitischen Konsequenzen im Anschluss an die ökonomischen Auswirkungen auf das Land, um die damit einhergehende Einschränkung der Chancen auf Herbeiführung einer sozialen Wende in der Gesellschaft zu betonen. Außerdem hebt er seine Distanzierung vom griechischen Staat hervor, den er in erster Linie als zuständig für die Auswanderung ansieht, und zwar durch dessen Unwillen, das Phänomen einzugrenzen, und dessen *Desinteresse* sowohl gegenüber den ausgewanderten als auch den nicht-ausgewanderten Bürger*innen. Die fehlende Loyalität (Hirschman (1970; 1974) von Kornilios gegenüber dem griechischen Staat erklärt sich durch seine anarchistische Einstellung und die damit zusammenhängende Distanz gegenüber dem Nationalstaat.[18] In diesem Rahmen *wälzt* Kornilios die *Verantwortung für die Abwanderung der Hochqualifizierten auf den griechischen Staat* ab. Das Zugehörigkeitsgefühl von Kornilios zur Gesellschaft in Griechenland – wie in Abschnitt 7.2.5 aufgezeigt – kann als eine Loyalität gegenüber der Gesellschaft in Griechenland interpretiert werden. Außerdem wurde deutlich, dass die moralischen Bedenken von Kornilios ausschließlich die Gesellschaft Griechenlands und nicht den griechischen Staat betreffen. Genau diesen Punkt vernachlässigt der Ansatz von Hirschman

---

[16] Siehe die Fallanalyse von Kornilios in Abschnitt 7.2.5.

[17] Siehe das entsprechende Zitat (Kornilios, Z. 265–269) in seiner Fallanalyse in Abschnitt 7.2.5.

[18] Siehe seine Fallanalyse in Abschnitt 7.2.5.

(ebd.), der eine Loyalität von Bürger*innen nur gegenüber der Organisation des Staats thematisiert, obwohl Bürger*innen – wie der Fall von Kornilios aufzeigt – auch eine Loyalität gegenüber der Gesellschaft getrennt von der Organisation des Staats artikulieren können.

C. Dimos: Individualistische Position und Abwanderung statt Widerspruch
Es wurde bereits gezeigt, dass Dimos' Migration eher eine permanente Perspektive in Deutschland hat. Unter Berücksichtigung seiner Push-Faktoren, dem Verlassen Griechenlands in einer prekären Situation und nach negativen Arbeitserfahrungen, lässt sich die Frage stellen, inwieweit er moralische Bedenken hinsichtlich seiner Migrationsentscheidung entwickelt hat. Um diese Frage zu beantworten, muss zuerst seine Beurteilung der Folgen der hochqualifizierten Migration aus Griechenland interpretiert werden. Dimos schließt positive Aspekte bei der Auswanderung von Hochqualifizierten für Griechenland aus: *„Es gibt gar keinen positiven Effekt dabei"* (Dimos, Z. 225). Des Weiteren konkretisiert er die negativen Konsequenzen des Brain-Drains für das Land mit Fokus auf die verlorene Investition des Staats in die Bildung der Ausgewanderten:

> D: *„Jeder Staat investiert in seine Jugend. Dass die Bildung in den Schulen kostenlos ist, das ist eine Investition. Der Staat investiert in mich und in jeden, der zehn Jahre alt ist, mit der Hoffnung, dass in der Zukunft durch die Besteuerung einen Anteil von dieser Investition zurückkommt, usw. Jeder dieser Jugendlichen, der – nicht mal studiert hat, sondern eine Ausbildung absolviert hat –, migriert nach Deutschland und in jedes andere Land, wo sie ihre Kenntnisse und ihre Kräfte vermitteln werden. Vergiss nicht, dass die besten produktiven Jahre eines Menschen die 20 Jahre nach dem dreißigsten Lebensjahr sind"* (Dimos, Z. 205-212).

Es wird deutlich, dass Dimos die hochqualifizierte Migration aus einer Brain-Drain-Perspektive betrachtet, nämlich im Hinblick auf die negativen Konsequenzen für das Herkunftsland der Ausgewanderten. Die positiven Effekte des Phänomens gelten dann für das Zielland, so Dimos. Darüber hinaus personifiziert er die Diskussion zum Brain-Drain-Phänomen und dessen Effekte, indem er sich auf die mitteljährigen Ausgewanderten (30- bis 50-Jährige) bezieht. Offensichtlich spricht er seinen eigenen Fall an und dass er seine Kenntnisse während seiner ‚produktivsten' Jahre des Lebens nicht Griechenland zur Verfügung stellt.

Unter Berücksichtigung seiner *Wahrnehmung von negativen Auswirkungen* auf das Land wird sein persönlicher Umgang mit dem Brain-Drain rekonstruiert. Dimos betont seine subjektive Einstellung dazu: *„Meiner Meinung nach, und persönlich gesehen, hat mein Land mich nicht geschützt. Ich muss an mich denken. Wir essen nicht alle aus dem gleichen Kühlschrank. Ich esse aus meinem*

Kühlschrank und du aus deinem Kühlschrank" (Dimos, Z. 228–230). An dieser Stelle wird eine *mangelnde Unterstützung durch den Staat* angedeutet. Diese wird auf Basis persönlicher Erfahrungen von Dimos in Griechenland untermauert, wie das bereits in seiner Fallanalyse bezüglich seiner Migrationsmotive gezeigt wurde und nochmals von ihm hinsichtlich seines Umgangs mit dem Brain-Drain-Phänomen thematisiert wird: *„Wo war der Staat, als mein alter Arbeitgeber mir Geld schuldete und immer noch schuldet?"* (Dimos, Z. 246–247). Dabei ist nicht nur eine *mangelnde Unterstützung durch den Staat* gemeint, sondern auch dadurch ein *Abwälzen der Verantwortung* für seine Migrationsentscheidung *auf den griechischen Staat*, da er nicht vom Staat ‚geschützt' wurde, als er seine Hilfe brauchte. Auf die wahrgenommene mangelnde Unterstützung durch den Staat bezieht Dimos sich nochmals nachdrücklich im folgenden Interviewausschnitt:

> *„(...) Ohne Arbeit, ohne Arbeitsförderung, ohne Förderung für die Arbeitssuche. Wenn ich mich entscheide, in Griechenland zu investieren, um mein eigenes Unternehmen zu gründen, kann ich keine Unterstützung vom Staat bekommen. Ich habe sogar versucht, nach Hilfe zu fragen und der Staat hat mir nicht geholfen. (...) Aber warum soll ich hungernd in meinem Land bleiben? Um nur zu sagen, dass ich es unterstütze und dableibe? Das Land will selber nicht was ändern. Das Land wird sich nicht verändern"* (Dimos, Z. 232–239).

Dimos konzentriert sich auf den Bereich der Arbeitsmarktförderung, um die *mangelnde Unterstützung durch den Staat* zu konkretisieren. Neben dem *Abwälzen der Verantwortung auf den Staat* wird jedoch das persönliche bzw. *individuelle Interesse* von Dimos als Rechtfertigung seiner Migrationsentscheidung dazu thematisiert. Der Bezug auf sein persönliches Interesse in Verbindung mit dem Abwälzen versperrt offensichtlich die Entwicklung von moralischen Bedenken bezüglich der Migrationsentscheidung von Dimos. Die Entscheidung nicht *„hungernd"* zu sein und die Bemerkung sich um seinen eigenen *„Kühlschrank"* zu sorgen rechtfertigt aus seiner Sicht seine Migrationsentscheidung. Es handelt sich deutlich um eine individuelle Position (*„ich muss an mich denken"* Dimos, Z. 229), mit der Dimos jegliche wahrgenommenen negativen Konsequenzen des Brain-Drains vernachlässigt. *„Individualistisch"* handeln aber aus seiner Sicht zudem einige andere Bürger*innen in Griechenland, was er anspricht, als er sozialpolitische Aspekte in der Diskussion zu seinem Umgang mit dem Brain-Drain-Phänomen erwähnt:

> *„Nach vier Jahren merke ich, dass immer noch die gleichen Menschen das Land regieren. (...) Ich wähle nicht mehr, nachdem ich drei Mal gewählt habe. Sie haben nicht mal 500 Menschen zusammengesetzt – ich rede nicht über zehn Millionen, sondern*

über 500 Menschen – um zu sagen, das und das ist zu machen, damit wir weitergehen
können. Das bedeutet, dass jeder doch individualistisch handelt. Ich könnte dableiben
und mich erheben, aber niemand erhebt sich sonst. Wenn einige gefüttert werden und
die anderen diese füttern, warum soll ich mitmachen?" (Dimos, Z. 240–245).

Dimos thematisiert eine individuelle Haltung der Gesellschaft in Griechenland auf
politischer Ebene und übt Kritik an den Gesellschaftsstrukturen Griechenlands.
Diese Kritik hängt offensichtlich mit den bereits erwähnten Korruptionsmechanismen[19] auf politischem Niveau zusammen, die im Beispiel des ‚Fütterns'
gemeint sind, um die Aufrechthaltung der politischen Macht durch gegenseitige
Unterstützung untereinander und der Wähler*innen dieser Macht zu beschreiben.
Außerdem distanziert sich Dimos von der Option des Widerstands – auch durch
die Wahlmöglichkeit – aufgrund dieser Korruptionsmechanismen und wegen der
erkannten Individualisierung der Menschen auf politisch-gesellschaftlicher Ebene.
Dabei wird der zentrale Punkt seiner Position in seinem Umgang mit dem Brain-
Drain-Aspekt ersichtlich, d. h. dass sich Dimos für die Option der Abwanderung
statt die der Erhebung bzw. des Widerspruchs – gemäß dem Ansatz von Hirschman (1970; 1974) – entscheidet. In Dimos' Fall werden diese beiden Optionen
deutlich thematisiert.

Zusammenfassend gesagt, wälzt Dimos die Verantwortung für seine Migrationsentscheidung auf den griechischen Staat ab. Dieses Abwälzen beruht auf einer
wahrgenommenen mangelnden Unterstützung durch den Staat, so wie Dimos
das in persönlichen Erfahrungen erlebt hat. Diese Erfahrungen und vor allem
die erwähnten Korruptionsmechanismen der Gesellschaftsstrukturen in Griechenland, die er besonders kritisiert, zeigen auf, dass Dimos Griechenland nicht loyal
gegenübersteht. Außerdem wird auch deutlich, dass Dimos unzufrieden mit den
Lebensbedingungen und Dienstleistungen in Griechenland, die vom Staat (z. B.
Arbeitsförderung) bereitgestellt werden, war. Jedoch äußert Dimos eine Absicht
zum Widerspruch (von ihm als Erhebung bezeichnet), die aber gleichzeitig nicht
von ihm in Betracht gezogen wird, da die Option des Widerspruchs ein gemeinschaftliches Handeln voraussetzt – so auch die These von Hirschman (vgl. 1992:
333). Dieses gemeinschaftliche Handeln kommt aus Dimos' Sicht aufgrund der
Individualisierung der Bürger*innen auf politisch-gesellschaftlicher Ebene nicht
zustande und deswegen priorisierte er auch die Abwanderung. Trotz dieser Kritik
an dem Individualisierungsverhalten der griechischen Gesellschaft nimmt Dimos
dennoch ebenfalls eine individuelle Haltung im Rahmen der Sicherung seines

---

[19] Siehe seine Fallanalyse in Abschnitt 7.2.5.

eigenen Lebensunterhalts ein. Seine individuelle Haltung steht mit der Abwanderung in Verbindung und nicht mit einer Passivität, die die Aufrechterhaltung der politischen Macht durch Korruptionsmechanismen bezweckt.

Insgesamt lässt sich in Dimos' Fall feststellen, dass das *Abwälzen der Verantwortung* für seine Migrationsentscheidung *auf den Staat*, zu einer *individuellen Position* hinsichtlich des Brain-Drain-Aspekts, zur Abwesenheit von *Loyalität* gegenüber Griechenland beiträgt, wie auch zur Abwesenheit von moralischen Barrieren im Hinblick auf die wahrgenommenen Konsequenzen, die sich aus der Auswanderung von Hochqualifizierten für Griechenland ergeben.

8.1.2 Zusammenfassung und vergleichende Analyse im beruflichen Kontext

Die Ergebnisse der Datenerhebung von den Interviews mit den faktischen Migrant*innen hinsichtlich ihres Umgangs mit dem Brain-Drain im Zusammenhang mit der hier untersuchten Berufssektoren lassen sich in Tabelle 8.1 zusammenfassend darstellen.

Nur die faktischen Migrantinnen Eleni und Aggeliki thematisieren in ihren Ausführungen moralische Skrupel im Zusammenhang mit ihrer Migration, ohne dass sie gleichzeitig ihre Entscheidung rechtfertigten. In anderen drei Fällen (Kornilios, Klelia und Giannis) wird die Migrationsentscheidung verteidigt, obwohl sie auch moralische Bedenken hinsichtlich ihrer Migration und der diesbezüglich *wahrnehmbaren negativen Konsequenzen* erwähnen. Ein interessantes Ergebnis dabei ist, dass der Faktor Zeit für ihre moralische Reflexion eine wichtige Rolle spielt. Giannis' und Klelias moralische Bedenken tauchen erst nach ihrer Migration nach Deutschland auf. Beim moralischen Skrupel auf persönlicher Ebene kann somit die vorübergegangene Zeit relevant sein.

Hingegen wurde deutlich, dass sich die Mehrheit (zehn von zwölf) der Befragten – teilweise oder vollständig – davon distanzieren, dass moralische Bedenken bezogen auf ihre Migration ihre Berechtigung haben. Aufschlussreich ist dabei, dass vier Befragte eine individuelle Position einnehmen und ihr persönliches Interesse in den Vordergrund stellen, um ihre Migrationsentscheidung trotz der wahrgenommenen Konsequenzen für das Land Griechenland zu verteidigen. Diese Position scheint besonders die befragten IT-Expert*innen (drei der vier Befragten) zu betreffen. Diese Feststellung lässt sich dadurch erklären, dass der ITK-Sektor stärker durch den privatwirtschaftlichen Bereich geprägt ist und somit weniger in Verbindung mit dem Staatsapparat steht. Das Gegenteil tritt im Fall von Ärzt*innen und Nachwuchswissenschaftler*innen zutage, da ihre Sektoren

Tabelle 8.1   Überblick über den Umgang der faktischen Migrant*innen mit dem Brain-Drain

	Ärzt*innen	Nachwuchswissen-schaftler*innen	IT-Expert*innen
Ausgeglichene Bewertung der Konsequenzen der Auswanderung von Hochqualifizierten für Griechenland	Erleichterung für den Staat vs. negative Effekte (Giannis)	Erleichterung für den Staat vs. negative Effekte (Erato)	
Einnahme einer individuellen Position trotz der Wahrnehmung des Brain-Drains	Individuelle Interessen (Giannis)		Individuelle Interessen (Dimos, Chara, Eri)
Abwälzen der Verantwortung auf den Staat	Desinteresse des Staats (Kleomenis, Giannis, Klelia) mangelnde Unterstützung durch den Staat (Kleomenis) Staatlicher Auswanderungsdruck (Klelia) Nicht-leistungsorientierte Einstellungssystem (Klelia)	Desinteresse des Staats (Kornilios, Eftichis, Erato) Staatlicher Auswanderungsdruck (Eftichis) staatliche Unfähigkeit (Kornilios) Politische Einstellung (Kleomenis)	Desinteresse des Staats (Giorgos, Eri, Chara) mangelnde Unterstützung durch den Staat (Dimos) Staatlicher Auswanderungsdruck (Giorgos)
Abwälzen der Verantwortung auf die Gesellschaft	Patient*innen (Klelia)	Korruptionsphänomene und die soziale Krise (Eftichis)	

(Fortsetzung)

Tabelle 8.1 (Fortsetzung)

	Ärzt*innen	Nachwuchswissen-schaftler*innen	IT-Expert*innen
Moralische Bedenken gegenüber sozialen Gruppen	*Beitrag zu der Pflege ihrer Familie (Eleni)* *Wunsch nach Hilfsleistung für die griechische Gesellschaft (Klelia)*	*Wunsch nach Hilfsleistung für die Gesellschaft in Griechenland (Kornilios)*	
Moralische Bedenken gegenüber dem Land	*Gegenleistung an den griechischen Staat (Giannis)*	*Beitrag zum Forschungsbereich Griechenlands, ungerechtfertigte Migrationsentscheidung (Aggeliki)*	

Quelle: Eigene Darstellung

in engerer Verbindung zum jeweiligen Staatsapparat stehen. Folglich sind die Folgen ihrer Auswanderung für den Staat in diesen beiden Bereichen transparenter. Somit nehmen Befragte in diesen beiden Berufsgruppen *moralische Bedenken gegenüber sozialen Gruppen* oder auch *gegenüber ihrem Land* wahr. Diese Befragten halten die Realisierung der Rückkehroption in ihrem Fall für wahrscheinlich. Das bedeutet, dass ihrerseits immer noch Interesse an einer guten Qualität der einheimischen Dienstleistungen besteht, da sie als Ärzt*innen und Nachwuchswissenschaftler*innen *über eine hohe Konsumentenrente verfügen"* (Hirschman 1974: 41) und immer noch die staatlichen Strukturen im griechischen Gesundheitssektor und des Hochschulsektors als mögliche Arbeitgeber betrachten. Ein weiterer klarer Zusammenhang zwischen den gebildeten Kategorien zum Umgang mit dem Brain-Drain und den hier untersuchten Berufssektoren konnte nicht festgestellt werden.

Eine zentrale Rolle in den Erzählungen der Befragten und im Hinblick auf den individuellen Umgang mit dem Brain-Drain spielt der Staat. Dieser steht im Mittelpunkt der Kritik der Befragten, zumal acht der zwölf befragten faktischen Migrant*innen den Staat als hauptverantwortlichen Akteur des Brain-Drain-Phänomens ansehen. Das Abwälzen der Verantwortung auf den Staat wird berufsübergreifend thematisiert und fungiert als Rechtfertigung der Migration(-sentscheidung) aus der Sicht der Befragten. Jedoch muss an dieser Stelle betont werden, dass die Befragten meistens sich auf den Staat im institutionellen Sinne, also als Staatsapparat fokussieren und sich seltener auf die gesellschaftliche Ebene beziehen (siehe die Fälle von Klelia und Eftichis). Die kritische Haltung seitens der Befragten gegenüber dem Staat, die im Zusammenhang mit ihrer Auswanderung mithilfe von Hirschmans' Konzept von Abwanderung, Widerspruch und Loyalität (1970; 1974) theoretisch eingerahmt werden kann (siehe auch die Fallanalysen dazu), erklärt auch, warum nur zwei Interviewpartner*innen (Giannis und Aggeliki), ihren moralischen Skrupel mit diesem Akteur in Verbindung bringen, während zwei Befragte (Kornilios, Klelia) sich sogar ausdrücklich von moralischen Bedenken gegenüber dem Staat distanzieren. Drei der fünf Befragten mit moralischen Bedenken hinsichtlich ihrer Migration beziehen sich auf weitere soziale Gruppen in Griechenland. Es scheint somit, dass moralische Aspekte aufseiten der Migrant*innen gegenüber dem Staat oder der Gesellschaft bzw. sozialen Gruppen vor dem Hintergrund der Auswanderung entstehen können, während Brock (2015a) mit Pflichten der Migrant*innen gegenüber diesen, dem Staat und der Gesellschaft argumentiert hat (vgl. ebd.: 65–68).

Außerdem kann durch die zentrale Bedeutung der Kategorie des *Abwälzens der Verantwortung für den Brain-Drain auf den Staat* durch die faktischen Migrant*innen der Studie, eine interessante Schlussfolgerung gezogen werden.

Es scheint, dass die Befragten durch ihre Reflexion über die Konsequenzen ihrer Auswanderung für das Herkunftsland die Ursachen der Migration politisieren, d. h. sie nehmen für ihre Migrationsentscheidung politische Einflussfaktoren wahr, was angesichts der Frage nach ihren Migrationsgründen und -motiven im Rahmen der dementsprechenden Analyse der Studie jedoch nicht insbesondere erkennbar war. Charakteristisch dafür ist, dass nur zwei Befragte (Erato und Eftichis) Push-Faktoren bzw. Migrationsmotive der politischen Dimension bezogen auf Strukturen des griechischen Staats erwähnt haben (siehe auch Tabelle 7.1) und drei Befragte (Kleomenis, Eftichis und Dimos) sich hinsichtlich ihrer Bleibeperspektive in Bezug auf Deutschland darauf beziehen (siehe auch die Tabelle 7.2).

8.2   Sichtweise der potenziellen Migrant*innenen

Die hier untersuchte Sichtweise der potenziellen Migrant*innen unterscheidet sich von derjenigen der faktischen Migrant*innen, da sie noch in Griechenland leben und einige von ihnen sogar keine Migration priorisieren. Das bedeutet, dass sie nicht in der Lage der Auswander*innen sind, sich mit ihrem Umgang mit dem Brain-Drain aus eigener Erfahrung auseinanderzusetzen. Jedoch positionieren sie sich diesbezüglich als potenzielle Migrant*innen, da alle Befragten der Fallauswahl das Ergreifen einer Migrationsoption – auch wenn dies nur temporär angedacht ist – nicht ganz ausschließen. Außerdem positionieren sie sich dazu auch als Bleibende, die in Griechenland das Phänomen der Auswanderung von Hochqualifizierten verfolgen. Darüber hinaus haben einige der Befragten bereits eine Migration unternommen.[20] Auch ihre Sichtweise ist an dieser Stelle von Interesse und wird in diesem Kapitel dargestellt. Im Folgenden werden die Kategorien aus der Datenerhebung der Interviews mit den potenziellen Migrant*innen zum Thema Umgang mit dem Brain-Drain vorgestellt.

Erkennung positiver Effekte des Phänomens der Auswanderung von Hochqualifizierten
Diomidis, ein Doktorand, thematisiert in seinen Erzählungen über die Auswanderung von Hochqualifizierten nur positive Effekte für Griechenland. Seine Behauptung begründet er so:

---

[20] Diese sind Ifigenia, Dimi, Fotini, Ektoras, Maria, Petros.

„*Ich glaube nicht, dass das* [die Auswanderung von Hochqualifizierten] *negativ ist. Aus welchem Aspekt? Wir haben einen Überschuss an Diplomen und Wissenschaftlern in diesem Land und ich glaube, dass dieser Abfluss im Endeffekt nicht so groß ist, wie die Medien sagen. (...) Ich glaube nicht, dass dieser Abfluss so groß ist, sodass das Land von Gehirnen und Kenntnissen ausgetrocknet wird. Ganz im Gegenteil dazu können diejenigen, die ins Ausland gehen, positive Wirkungen für das Land vielleicht hervorbringen. Durch Kooperationen oder durch ihre Rückkehr. (...) Ich glaube nicht, dass es schlecht ist*" (Diomidis, Z. 97–103).

Deutlich wird der Versuch von Diomidis nach einem *Dekonstruieren der Debatte über die negativen Effekte des Brain-Drain-Phänomens*, zumal er bezweifelt, dass das Ausmaß des Phänomens wirklich bedeutsam ist und dass die Verfügbarkeit von Hochqualifizierten in Griechenland aufgrund der Auswanderung knapp wird. Im Gegensatz dazu betont er die positiven Effekte (eventuelle Rückkehr der Auswanderer und Kooperationen zwischen Griechenland und dem Ausland durch Auswanderer), die mit der *Brain-Gain-Perspektive* zusammenhängt. In diesem Rahmen steht eine Migrationsentscheidung eines*r Hochqualifizierten nicht mit moralischen Skrupeln im Zusammenhang, da dabei nur positive Folgen von Diomidis thematisiert werden. Dies betrifft auch seine mögliche Migrationsoption: „*Nein, ich bin nicht der Meinung, dass ich meinem Land schade, wenn ich weiß, dass 100 Arbeitslose mit vierfach besseren Qualifikationen hinter mir auf eine Stelle warten*" (Diomidis, Z. 114–116). Es lässt sich feststellen, dass Diomidis neben dem Staat auch einen Teil der griechischen Gesellschaft (hochqualifizierte Arbeitslose) als Gewinner*innen durch die hochqualifizierte Migration aus Griechenland betrachtet. Folglich wird bei einer Migration aus seiner Sicht keine moralische Frage gegenüber dem Land und der Gesellschaft aufgeworfen.

Thematisierung einer individuellen Position trotz der Wahrnehmung des Brain-Drains

Der Fokus auf die eigenen Interessen bei den ausgewanderten Hochqualifizierten, um ihre Auswanderungsentscheidung trotz der negativen Effekte für ihr Land zu rechtfertigen, ist ein Handeln, das auch die befragten potenziellen Migrant*innen umsetzen. Somit wird Verständnis für eine Migrationsentscheidung seitens dieser potenziellen Migrant*innen geäußert. Ira, eine IT-Expertin, bezieht sich auf *wahrgenommene negative Konsequenzen* für das Land hinsichtlich der hochqualifizierten Migration: „*Ich betrachte das* [die Auswanderung von Hochqualifizierten] *als ein negatives Phänomen, da alle jungen Wissenschaftler auswandern. Andererseits stehen für sie nicht so viele Berufsangebote in Griechenland zur Verfügung*" (Ira, Z. 73–74). Mit der Erwähnung der knappen Berufsangebote möchte sie die Migrationsentscheidung der Hochqualifizierten rechtfertigen. Diese Rechtfertigung beruht auf der Priorisierung von *individuellen Interessen* bei den Hochqualifizierten. Darauf bezieht sie sich nochmals angesichts ihrer eigenen möglichen Migrationsoption: *„Ein schlechtes Gewissen habe ich nicht. Ich versuche in Griechenland zu bleiben, wenn das aber nicht klappt, werde ich ins Ausland gehen. Ich denke nicht, dass ich moralische Bedenken haben müsste"* (Ira, Z. 86–88). Dabei wird angedeutet: Sobald in Griechenland die Suche nach der angestrebten Arbeitsstelle keine Früchte trägt, ist die Migrationsentscheidung gerechtfertigt. Offensichtlich priorisiert Ira die Verfolgung ihrer *individuellen Interessen* gegenüber dem kollektiven Interesse der Bürger*innen in Griechenland, die mit den Folgen des Brain-Drains konfrontiert werden.[21] Diese These bestätigt die Feststellung von Hirschman (1992), dass die Abwanderung – im Gegensatz zum Widerspruch – die private Sphäre betrifft (vgl. ebd.: 351). Somit werden moralische Bedenken hinsichtlich der aus der hochqualifizierten Migration resultierenden und wahrgenommenen negativen Effekte als zu vernachlässigen betrachtet oder sie wird gar nicht erst hinterfragt.

Die Fokussierung der Befragten auf die individuelle bzw. private Sphäre statt auf die kollektive Sphäre ist weitverbreitete Praxis bei den befragten potenziellen Migrant*innen der Fallauswahl, da die Mehrheit sich darauf bezieht (zehn der 13 Befragten dieser Fallauswahl – siehe auch Tabelle 8.2). Die *Einnahme dieser individuellen Position* führt dazu, dass jegliche Kritik an der Migrationsentscheidung vermieden wird. Mit dem Aspekt der Thematisierung der individualistischen Position wird sich weiterführend in den Fallanalysen von Ektoras und von Danae auseinandergesetzt, um diese auch aus den Perspektiven der Befragten im Medizinbereich und im Wissenschaftsbereich in Bezug auf ihren Umgang mit dem Brain-Drain aufzuzeigen.

Abwälzen der Verantwortung auf den Staat
Eine weitere Kategorie hinsichtlich des Umgangs der potenziellen Migrant*innen der Fallauswahl mit dem Brain-Drain bezieht sich auf die Rolle des griechischen Staats, den einige Befragte kritisieren und als verantwortlich für die Migrationsentscheidung der Auswanderer betrachten. Dieser Umgang ist in Petros' Fall festzustellen. Die Folgen der hochqualifizierten Migration aus Griechenland betrachtet er aber durchaus als negativ:

---

[21] Ira fokussiert sich dabei auf die verlorene Investition in die Bildungskosten der Ausgewanderten: *„Der größte Nachteil dabei, glaube ich, ist, dass sie in Griechenland studiert haben. Die Bildung in Griechenland ist frei und somit gibt der Staat Ressourcen, damit einige Kinder in Griechenland studieren"* (Ira, Z. 76–78).

„Schau dir mal den Anteil der zugelassenen griechischen Absolventen im Ausland, die promovieren oder einen Masterstudiengang absolvieren, an. Die Bildung ist aber offenbar in Griechenland finanziert und sie gehen weg und produzieren Wert in einem anderen Land. Das hinsichtlich des ökonomischen Niveaus. Auf politischem Niveau ist in gewissem Maße die Entwicklung rückläufig. Ich meine nicht, dass alle, die weggehen und studiert haben, intelligenter sind, aber von denen geht ein Teil, der Träger von Änderungen sein könnte, weg" (Petros, Z. 72–77).

Hinsichtlich des Brain-Drains fokussiert sich Petros auf verlorene Bildungskosten für Griechenland, die in die Bildung der ausgewanderten Akademiker*innen zuvor investiert wurden. Außerdem konzentriert er sich auch auf die daraus resultierenden sozialen Effekte, zumal einige der Ausgewanderten zu sozialen und politischen Änderungen beitragen könnten. Das Interesse an den sozialpolitischen Folgen des Phänomens lässt sich durch seine politische Einstellung[22] und das damit zusammenhängende Interesse an politischen Prozessen erklären. Des Weiteren wälzt er die Verantwortung für den Brain-Drain auf den griechischen Staat ab:

„Es hat nicht damit zu tun, dass es mir egal ist, aber das Land macht nichts dafür [die Auswanderung von Hochqualifizierten zu vermeiden]. *Während Gehälter und Stellen an der Universität gekürzt werden, wird mehr Geld an die Bullen gegeben. Damit will ich sagen, dass es nicht nur eine Frage des Mangels an Geld ist, sondern auch eine Frage der Verwaltung dieser Finanzen. Was als Priorität gesetzt wird. Griechenland könnte durch die Unterstützung der Universitäten ein Raum der Forschung sein. (...) Die Universitäten werden andauernd degradiert und geringer finanziert"* (Petros, Z. 101–107).

Es wird deutlich, dass Petros durch die Kritik an der bestehenden Investitionspolitik den Staat als Verantwortlichen für ergriffene Migrationsoptionen aus Griechenland betrachtet. Zentral dabei ist das *Desinteresse des Staats* an der Forschung und den Forschenden in Griechenland. Das *Abwälzen der Verantwortung auf den Staat* zusammen mit der Priorisierung von *individuellen Interessen*[23] tragen zu der Rechtfertigung der hochqualifizierten Migration aus Griechenland und zur Absenz jeglicher Art moralischer Bedenken im Fall einer persönlichen Migrationsentscheidung bei, auch wenn das Phänomen negative Effekte auf das Land ausübt.

---

[22] Siehe dazu die politischen Motive bzw. Einflussfaktoren für eine *Stasis* in Abschnitt 7.3.3.

[23] Der folgende Interviewausschnitt von ihm ist charakteristisch dafür:
I: *„Und hinsichtlich der negativen Effekte für dein Land?"*
P: *„Ich kann nichts dafür machen. Die Entscheidung betrifft das individuelle Niveau"*
(Petros, Z. 94–95).

Ein weiterer Aspekt der Verantwortung des Staates für den Brain-Drain lässt sich in den Erzählungen von Marina aus dem ITK-Bereich deuten:

„Im Grunde genommen halte ich das [die Auswanderung von Hochqualifizierten] *für negativ. Da ich glaube, dass Griechenland seine Kinder verjagt und Griechenland könnte durch diese Wissenschaftler viel mehr entwickelt werden. Die Bildung könnte mehr entwickelt werden. Und nicht nur die Bildung. Viele andere Bereiche, wie zum Beispiel die Gesundheit etc. Wie aber die Bedingungen momentan in Griechenland sind, sehe ich das als positiv. Da ein Mensch, der etwas studiert und einige Fähigkeiten hat, vorwärtsgehen und etwas in seinem Leben schaffen kann, zumal Griechenland ihn frisst, metaphorisch gesagt"* (Marina, Z. 88–94).

Marina bewertet das Phänomen der Auswanderung als negativ für das Land. Im Gegensatz dazu entstehen aber aus ihrer Sicht positive Aspekte für die Individuen, da sie im Ausland ihre Fähigkeiten entfalten können. Sie fokussiert sich somit auch auf das individuelle Interesse der Einzelnen trotz der wahrgenommenen negativen Effekte für den Staat. Der Staat ist aber für sie ein zentraler Akteur bei diesem Phänomen, da ein *staatlicher Auswanderungsdruck* auf die Wissenschaftler*innen ausgemacht wird. Über die Wahrnehmung einer Vernachlässigung der Sektoren von Hochqualifizierten durch den Staat wird auch ein *Desinteresse des Staates* an den Hochqualifizierten gesehen. Marina *wälzt somit die Verantwortung für dieses Phänomen auf den Staat ab*, obwohl sie auch ein schlechtes Gewissen angesichts einer möglichen Auswanderung erwähnt:

"Natürlich spürst du ein schlechtes Gewissen diesbezüglich [bezüglich der negativen Konsequenzen für das Land]. *Da du wissentlich dein Land verlässt, während du dafür kämpfen könntest, dein Land zu entwickeln. Jedoch verspürt Griechenland kein schlechtes Gewissen gegenüber seinen Kindern. Folglich, wenn du darüber nachdenkst, muss Griechenland ein größeres schlechtes Gewissen als wir Einzelnen verspüren"* (Marina, Z. 108–111).

Offensichtlich thematisiert Marina wieder ein *Desinteresse des Staates* an den Ausgewanderten und widerspricht sich selbst bezüglich der Entwicklung eines schlechten Gewissens angesichts einer Auswanderungsoption, die sie mehrmals rechtfertigt. Ihre feste Überzeugung, dass der Staat eine solch zentrale Rolle bei der Auswanderung der Hochqualifizierten hat, verhindert die Entwicklung eines schlechten Gewissens ihm gegenüber. Außerdem gibt es keine Kontextualisierung der moralischen Bedenken mit der Gesellschaft in ihren Erzählungen, um die Gesellschaft eventuell mit diesem schlechten Gewissen verbinden zu können.

Mit Fokus auf den staatlichen Auswanderungsdruck ist auch in den Erzählungen von Befragten des Medizinbereichs das Abwälzen der Verantwortung auf den Staat als eine Umgangsart anzutreffen, um die Migrationsentscheidung von Hochqualifizierten oder die eventuelle eigene Migrationsentscheidung zu rechtfertigen. Diese Einstellung wird auch in der Fallanalyse von Ektoras dargestellt (siehe in Abschnitt 8.2.1).

Kritische Haltung gegenüber hochqualifizierter Auswanderung
Im Gegensatz zu der Haltung der meisten Befragten, die eher Verständnis für die Auswanderungsentscheidung der Hochqualifizierten aufweisen, lässt sich bei zwei Befragten aus dem ITK-Bereich eine *kritische Positionierung gegenüber den hochqualifizierten Migrant*innen* feststellen. Gaitanos beschreibt die Konsequenzen des Brain-Drains als durchaus negativ für Griechenland: *„Selbstverständlich ist das* [die Auswanderung von Hochqualifizierten] *negativ für das Land. Zumal Gehirne, wichtige Gehirne ins Ausland gehen, damit ihre Karriere und ihre Forschung verfolgen"* (Gaitanos, Z. 90–91). Des Weiteren fügt er hinzu: *„Für die Forschung ist es gut, dass sie diese dort machen können. Aber für Griechenland ist es, dass ... Die Forschung findet nicht an den griechischen Universitäten oder bei Firmen, die erforschen, statt und somit bleiben sie technologisch zurück"* (Gaitanos, Z. 98–101). Gaitanos fokussiert sich auf die negativen Effekte im Technologiebereich hinsichtlich des Brain-Drains. Jedoch betont er trotz seiner Loyalität gegenüber Griechenland, die dem Patriotismus entspringt,[24] die positiven Effekte für ihn persönlich durch den aktuellen Brain-Drain aus Griechenland:

I: *„Wie findest du trotzdem die Entscheidung einiger* [Hochqualifizierter], *zu migrieren?"*

G: *„Schau mal, ich stehe auf Griechenland und ich will hierbleiben und mache alles, damit ich hierbleiben kann. Aus meiner Sicht, aus meinem Interesse sehe ich das* [Auswanderung von Hochqualifizierten] *als positiv. Die Stellen verändern sich und ich habe dabei weniger Konkurrenten. Aus dieser Sicht sehe ich das positiv, aber wenn wir aus der Sicht des Landes reden, ist das negativ."*

I: *„Trotzdem findest du ihre Entscheidung, zu migrieren, gerechtfertigt?*

G: *„Jeder hat seinen eigenen Willen und seine eigenen Kriterien, um die Entscheidung für die Auswanderung zu treffen. Wenn sie glauben, dass sie die entsprechenden Kriterien erfüllen und diese in den Ländern, wohin sie gehen, zur Verfügung stehen, ist das eine richtige Entscheidung. Aus meiner Sicht stellt Griechenland alle diese Kriterien bereit"* (Gaitanos, Z. 102–111).

---

[24] Siehe dazu die politischen Motive bzw. Einflussfaktoren für eine *Stasis* in Abschnitt 7.3.3.

Offensichtlich vermeidet es Gaitanos, eine direkte Antwort auf die Frage des Forschers hinsichtlich der Rechtfertigung der Migrationsentscheidung zu geben. Einerseits bezieht er sich auf seine politische Überzeugung, um seine Entscheidung für seine *Stasis* in Griechenland zu begründen. Andererseits ist eine opportunistische Haltung bei ihm festzustellen, da er sich auf bessere Chancen auf dem Arbeitsmarkt bei einer Auswanderung von Hochqualifizierten in seinem Bereich bezieht und somit die negativen Effekte des Phänomens für seine ‚Heimat' durch die positiven Effekte für ihn persönlich trotz seiner patriotischen Einstellung aufgewogen werden. Darüber hinaus wird in seiner zweiten Antwort bestätigt, dass er eine direkte Zustimmung zu einer Rechtfertigung der Migrationsentscheidung vermeidet. Auch dass er die Kriterien, die zur Wahl des Lands für die Beschäftigung durch die ausgewanderten Hochqualifizierten geführt haben, seinen Kriterien für seine Entscheidung für Griechenland gegenüberstellt, zeigt, dass er die Migrationsentscheidung der Ausgewanderten indirekt kritisiert. Diese Kritik an der hochqualifizierten Migration aus Griechenland kann durch seine *patriotische Haltung* erklärt werden.

Moralische Bedenken gegenüber dem Land
Moralische Bedenken hinsichtlich der Migration aus Griechenland tauchen nur bei einer kleinen Anzahl von potenziellen Migrant*innen der Fallauswahl auf. Dabei geht es um Menios (siehe seine Fallanalyse) und Daphne, die eine Migration als Option noch nicht ausgeschlossen hat, obwohl sie die *Stasis* in Griechenland priorisiert. Daphne fokussiert sich auf die sozialpolitischen Folgen für Griechenland durch die Auswanderung der Hochqualifizierten: „(…) *alle diese Menschen* [die ausgewanderten Hochqualifizierten] *könnten zu einer Wende beitragen*" (Daphne, Z. 491–492). Dabei wird eine negative Folge von ihr betont und gleichzeitig ein Wunsch nach einer politischen *Wende in Griechenland*. Im folgenden Interviewausschnitt reflektiert sie über die Migration der bereits Migrierten, aber auch über eine mögliche Migrationsoption ihrerseits:

> „*Du kannst niemandem sagen, bleib doch. Quasi habe ich zwar die Gedanken* [des Verbleibs], *wenn es aber notwendig ist, wegzugehen, gehe ich weg. (...) Ich weiß, dass das negativ ist, aber ich werde weggehen. Wenn alles zu meiner Auswanderung beiträgt und so die Umstände sind. Ich werde einfach weggehen. Vielleicht werde ich mit der Vorstellung beruhigt weggehen, dass es eventuell mit meiner Rückkehr hier besser sein wird und ich dann stärker sein werde, um hier zu helfen. Dies wäre vielleicht nur ein Gedanke, aber vielleicht ist das eine Rechtfertigung in diesem Moment. Du weißt, was ich meine. Wegen meinem schlechten Gewissen*" (Daphne, Z. 498–499, 503–508).

Daphne äußert sich hierbei über ihre moralischen Bedenken auf Basis der wahrgenommenen negativen Folgen für das Land durch ihre mögliche Auswanderung.
Der *Wunsch nach einer Hilfeleistung* mit ihrer möglichen Rückkehr bestätigt
die Existenz von moralischen Bedenken ihrerseits, womit sie die negativen
Auswirkungen ihrer Auswanderung berichtigen würde. Dieser Wunsch und die
moralischen Bedenken richten sich auf das Land, da die negativen Konsequenzen
der Auswanderung sowohl die Gesellschaft als auch den Staat betreffen:

> „*Das* [schlechte Gewissen] *ist sehr intensiv bei mir. Anstatt nämlich gemeinsam im
> Rahmen eines Kampfs mit und ohne Anführungszeichen zu sein, sowie jeder das Wort
> Kampf verstehen kann, kümmern wir uns nur um uns selbst. (...) Hinsichtlich dem Land
> habe ich diesen moralischen Aspekt sehr intensiv*" (Daphne, Z. 513–515, 528).

Der erwähnte „*Kampf*" lässt sich mit einer *Wende in Griechenland,* die in Bezug
auf die negativen Folgen der Auswanderung thematisiert wurde, verbinden. Dazu
möchte sie beitragen, und weil eine eventuelle Auswanderung ihren Beitrag dazu
verhindern würde, entwickeln sich moralische Bedenken, die aber zur Erreichung ihrer beruflichen Ziele beiseitegeschoben werden müssen. Folglich scheint
Daphne ebenfalls ihr *individuelles Interesse,* statt des kollektiven Interesses der
Gesellschaft in Griechenland („*Wende*") zu priorisieren, obgleich ihre moralischen Bedenken gegenüber ihrem Land auch bei einer möglichen Auswanderung
bestehen bleiben können. Eine Rückkehr könnte aber zu einer Berichtigung dieses Problems führen, sodass Daphne zuerst etwas tut, um ihre beruflichen Ziele
zu erreichen, und dann etwas gegen ihre *moralischen Bedenken* unternimmt, die
durch das Verlassen von Griechenland hervorrufen werden.

8.2.1 Fallanalysen

A. Ektoras: Abwälzen der Verantwortung auf den Staat und Einnahme einer
individuellen Position zur Rechtfertigung der Migrationsentscheidung im Medizinbereich

Ektoras ist ein Arzt, der entgegen der von ihm wahrgenommenen „*Mode*"
der Auswanderung von Ärzt*innen aus Griechenland eine Fachärzt*inausbildung
im griechischen Gesundheitssektor absolvieren möchte. Die Auswanderung von
Ärzt*innen aus Griechenland sieht Ektoras durchaus als eine negative Entwicklung: „*Das Phänomen ist absolut negativ. Absolut negativ. Nicht nur für diejenigen,
die mit 25 auswandern, sondern auch für diejenigen, die bleiben. Wir sind nicht*

mehr viele Ärzte geblieben und wir machen viele zusätzliche Schichten. Außerordentlich negativ" (Ektoras, Z. 151–154). Hinsichtlich der *negativen Konsequenzen durch die Auswanderung* der Ärzt*innen konzentriert sich Ektoras auf die Ärzteschaft, die weiterhin in Griechenland verbleibt. Ektoras spricht vor allem über die Verschlechterung der Arbeitsbedingungen der Ärzt*innen in Griechenland, die er als Folge der massiven Auswanderung von Ärzt*innen versteht. Er personifiziert somit die negativen Konsequenzen des Phänomens als Arzt im griechischen Gesundheitssystem, ohne direkt die weiteren negativen Konsequenzen für das griechische Gesundheitssystem zu erwähnen.

Jedoch richtet sich seine Kritik zu diesem Phänomen nicht an die ausgewanderten Ärzt*innen:

„Ich sehe das so: Wenn du die Ärzte für 70 und 80 Stunden oft unbezahlt einsetzt und dazu die Gehälter kürzt, verhältst du dich, da es um ein allgemeines Phänomen geht, unsozial. Die Ärzte verlangen für ihre Arbeitsstunden bezahlt zu werden und sie [die Regierenden] sagen, dass sie keine bezahlte Schicht bekommen. (...) Es geht um eine geplante Politik, die der Gesundheit der Bevölkerung schadet, und solange sie fortgesetzt wird, werden die jungen Leute auswandern, da sie hier nichts zu tun haben. (...) Das Negative dabei ist, dass es zu einer Mode geworden ist. Abgesehen von denen, die ... Dies ist die Mehrheit offensichtlich. Die große Mehrheit von denen. Die Mode ist einfach ein Teil davon. Ich rede nicht über diese Menschen, die aus finanziellen Gründen oder aufgrund der Familie etc. auswandern. Es ist logisch, dass sie auswandern, oder? Diese enorme Welle von Auswanderern wird reproduziert. Jeder sieht, dass ein anderer, der in Deutschland arbeitet, 4.000 Euro mehr als er verdient und er denkt: Na, gut. Ich wandere dann auch aus. Auch wenn er finanziell hier zurechtkommt. Das ist ein Niedergang, der nie aufhört, solange diese Politiken der Memoranda umgesetzt werden" (Ektoras, Z. 134–149).

Obwohl Ektoras auch Folgen auf gesellschaftlicher Ebene (*„Gesundheit der Bevölkerung"*) durch die Auswanderung von Ärzt*innen thematisiert, fokussiert er sich besonders auf die Finanzpolitik im Gesundheitssektor. Sie steht im Zentrum seiner Kritik hinsichtlich der Auswanderung von Ärzt*innen aus Griechenland. Folglich impliziert Ektoras einen *staatlichen Auswanderungsdruck* auf die Ärzt*innen und *wälzt die Verantwortung* für diese Entwicklung *auf den Staat ab*. Außerdem verbindet er die Finanzpolitik mit den eingeführten Memoranda während der Finanzkrise. Seine kurzgefasste Analyse dazu entspringt deutlich seinem politischen linkradikalen Denken und somit fokussiert er sich auf die neoliberalen Politiken des griechischen Staats, die als Maßnahme für den Ausweg aus der Krise umgesetzt wurden (siehe dazu auch Abschnitt 5.1.2).

Des Weiteren bezieht er sich nochmals auf die ‚Mode der Auswanderung' und bringt diese mit den umgesetzten Politiken zusammen. Somit wird ergänzt, was er unter dieser „*Mode*" versteht: Es geht um die Auswanderung der Ärzt*innen aus Griechenland nach Deutschland, die sich mithilfe der beruflichen Netzwerke zwischen Deutschland und Griechenland fortsetzt und aus finanziellen Gründen stattfindet. Dabei richtet sich seine Kritik an dieser „*Mode*" nicht nur an den Staat als Verursacher dieser Entwicklung durch seine Politik im Gesundheitssystem, sondern auch an diejenigen, die, obwohl sie finanziell in Griechenland zurechtkommen, dennoch aus einkommensmaximierenden Gründen auswandern. Allerdings wird die Migrationsentscheidung der Hochqualifizierten als „*logisch*" betrachtet, wenn sie aus erzwungenen ökonomischen Gründen erfolgt. Ektoras rechtfertigt somit die Migrationsentscheidung durch die Thematisierung der individuellen Position der Migrant*innen, da er sich dabei auf die individuellen Interessen (Sicherung des Lebensunterhalts) der Ärzt*innen fokussiert.

Zusammenfassend betrachtet Ektoras mit Fokus auf die Ärzt*innen den Brain-Drain als negativ für den Gesundheitssektor und insbesondere für die verbliebenen Ärzt*innen, deren Arbeitsbedingungen sich durch den Mangel an Personal verschlechtern, so Ektoras. Ektoras wälzt die Verantwortung für dieses Phänomen deutlich auf den griechischen Staat ab, da er es auf dessen umgesetzte Politiken im Gesundheitssektor zurückführt. Diese Kritik an den Sparmaßnahmen aufgrund der Memoranda entspricht auch seiner politischen Gesinnung. Des Weiteren richtet sich seine *Kritik auch an die Ärzt*innen*, die im Rahmen der von ihm charakterisierten ,Auswanderungsmode' *aus einkommensmaximierenden Gründen* und nicht aus zwingenden ökonomischen Gründen auswandern. Gegenüber diesen Ärzt*innen nimmt er eine kritische Position ein und betont seine *Stasis* als Widerstand gegen dieses Handeln. In Anbetracht des Ansatzes von Hirschman (1970; 1974) lässt sich bezüglich Ektoras' Fall sagen, dass keine Loyalität gegenüber dem Staat seinerseits festzustellen ist. Durch Ektoras' Einnahme einer individualistischen Position hinsichtlich der Priorisierung von individuellen Interessen aufseiten der ausgewanderten Ärzt*innen wird aber deutlich, dass er ihre Abwanderung als individuelle Praxis nachvollziehen kann, die den Zweck hat, zwingende ökonomische Gründe zu überwinden, und dass er sie trotz der negativen Konsequenzen für das griechische Gesundheitssystem rechtfertigen kann. In diesem Fall zeigt er Verständnis für die Priorisierung der Verfolgung individueller Interessen, anstatt kollektive Interessen, nämlich die „*Gesundheit der Bevölkerung*" in den Vordergrund zu stellen.

B. Danae: Ablehnung moralischer Bedenken durch Einnahme einer individuellen Position

Danae ist bei der Fallauswahl als potenzielle Migrantin eingruppiert. Jedoch ist sie in der Lage, sich hinsichtlich des Umgangs mit dem Brain-Drain auch für eine Auswanderungsentscheidung zu positionieren. Danae betont die negativen Aspekte des Brain-Drains für Griechenland:

> *„Ich betrachte das* [das Brain-Drain-Phänomen] *als negativ. Du hast ins Land investiert und das Land hat in dich investiert. Du hast in der Tat kostenfrei durch die Bereitstellung von einigen Sachen, durch die Besteuerung und den Staat studiert. In der Tat geht das ganze Kapital, das kulturelle und wissenschaftliche Kapital, verloren. Diese Menschen bieten ihre Leistungen, ihre Kenntnisse und die Innovationen einem anderen Land an, das nichts zu ihrer Ausbildung als Wissenschaftler beigetragen hat. Das ist das Negative dabei"* (Danae, Z. 118–124).

Sie fokussiert sich auf einen finanziellen Aspekt hinsichtlich der negativen Konsequenzen dieses Phänomens: Dabei geht es um die verloren gehende Investition, die der griechische Staat mit der Ausbildung der ausgewanderten Hochqualifizierten getätigt hat. Als Soziologin kann Danae auch den Verlust Griechenlands im Bereich des kulturellen Kapitals der Hochqualifizierten erkennen. Neben der negativen Seite des Phänomens sieht sie ebenso eine positive Entwicklung, die aber nur die Auswanderer*innen betrifft *„Das Positive dabei ist, dass die Menschen eine Stelle finden. Somit kannst du ihnen nichts vorwerfen"* (Danae, Z. 124–125). Was die Priorisierung aufseiten der ausgewanderten Hochqualifizierten angeht, *individuellen Interessen* nachzugehen, indem sie sich für eine Beschäftigung im Ausland entscheiden, so zeigt Danae Verständnis für die Migrationsentscheidung trotz ihrer *Wahrnehmung von negativen Folgen* durch diese Migration für das Land. Dies wird auch durch ihre weiteren Erzählungen bestätigt:

> *„Ich kann diese Menschen insbesondere die letzten Jahre nicht kritisieren, solange diese Finanzkrise dominant ist und sie gezwungen sind, auszuwandern, um zu überleben. Selbstverständlich sollen sie auswandern. (...) Ich glaube nicht, dass ein moralischer Aspekt entsteht, falls ich mein Land verlasse. Wenn ich überleben muss, werde ich hingehen, wo es eine Arbeitsstelle gibt. Vielleicht gäbe es ein moralisches Dilemma, wenn ich hier nicht nach einer Arbeitsstelle suchen würde und sagte: Griechenland? Auf keinen Fall. Zum Müll. Ich haue von hier ins Ausland ab. Das würde ich kritisieren, wenn jemand nicht für eine Stelle hier kämpfen würde. Aber wenn man sieht, dass es keine Lösung gibt und es nicht mehr geht, dann kann man weggehen"* (Danae, Z. 137–139, 143–148).

Danae verneint die Existenz von moralischen Aspekten gegenüber dem Staat hinsichtlich der Auswanderungsentscheidung und fokussiert sich diesbezüglich auch auf die Finanzkrise. Aus ihrer Sicht ist es gerechtfertigt, dass mit einer Auswanderung keine moralischen Bedenken auftreten, sobald es um die Sicherung des Lebensunterhalts einer Person – insbesondere während der Finanzkrise – geht, obwohl ihr die negativen Konsequenzen für das Land bewusst sind. Es geht dann nämlich um die *Einnahme einer individuellen Position* angesichts einer Migrationsoption, womit dieses Handeln gedeutet werden kann. Jedoch setzt sie sich mit den moralischen Aspekten auseinander und erkennt sie die Suche nach einer Arbeitsstelle in Griechenland vor einer Migrationsentscheidung als einen Beweis an, dass diese Person zumindest versucht hat, dem Land die Ausbildungsinvestition zurückzugeben, um die Pflicht gegenüber dem Land zu erfüllen. Offensichtlich identifiziert sich Danae (deswegen redet sie in der *Ich*-Form) mit den ausgewanderten Hochqualifizierten. Obwohl sie die *Stasis* für sich als Priorität setzt, wurde auch in ihrer Fallanalyse hinsichtlich ihrer *Stasis* gezeigt, dass eine Migration für sie infrage käme, nachdem sie drei Jahre lang in Griechenland arbeitslos gewesen wäre. Somit beschreibt sie eine, ihrem persönlichen Zustand entsprechende Situation, in der eine Auswanderung auf keinerlei moralische Skrupel stößt, wenn es bei ihr um zwingende ökonomische Gründe geht. Es handelt sich somit um eine Priorisierung von *individuellen Interessen* – nämlich denen des „Überlebens" – und somit um eine *individuelle Position,* die die Auswanderung von moralischen Bedenken entbindet angesichts der wahrgenommenen negativen Folgen der Migration für das Land.

In Anbetracht der Theorie von Hirschman (1970; 1974) kann diese Haltung von Danae somit folgendermaßen interpretiert werden: Aufgrund der Unzufriedenheit der Menschen mit der Finanzkrise und den staatlichen Politiken wird sich für eine Abwanderungsoption entschieden. Jedoch hat Danae trotz drohender Arbeitslosigkeit primär nicht vor, diese Option zu wählen. Danae vertritt eine apathische Haltung, die eventuell eine Loyalität oder eine *„unbewusste Loyalität"* bedeuten kann (Hirschman 1974: 78), da sie ihre Unzufriedenheit nicht in Widerspruch oder in Abwanderung transformiert, obwohl sie diese Unzufriedenheit wahrnimmt.

C. Menios: Loyalität gegenüber Griechenland im Zentrum des Umgangs mit dem Brain-Drain

In der Fallanalyse von Menios wurde hinsichtlich seiner *Stasis* in Griechenland deutlich, dass Menios diese mit dem Brain-Drain verbindet. Noch konkreter war erkennbar, dass für Menios' *Stasis* sein Fokus auf seinen persönlichen Beitrag zur ‚Lösung des Problems' entscheidend war. Gerade der Aspekt des Beitrags zur ‚Lösung des Problems' wird als eine ‚Pflicht' jedes Hochqualifizierten gegenüber Griechenland, d. h. sowohl gegenüber dem Staat als auch der Gesellschaft, von ihm angesehen.[25]

---

[25] Siehe dazu seine Fallanalyse in Abschnitt 7.3.5.

Diese Aspekte werden von Menios auch zum Teil im folgenden Zitat angeführt, in dem er seine Meinung zu den Effekten der aktuellen Auswanderung der
Hochqualifizierten auf Griechenland thematisiert:

> *„Das ist gut* [Brain-Drain], *wenn jemand zurückkehrt und das Know-how aus dem
> Ausland mitbringt. Wenn jemand aber permanent im Ausland bleibt, glaube ich nicht,
> dass er was zu seinem Land beiträgt. Vielleicht profitiert er selber. "*

I: *„Und was sein Land angeht? "*

M: *„Was sein Land angeht, kann es positiv sein, wenn er zurückkehrt. Fünf oder
        zehn Jahre nach seiner Auswanderung. "*

I: *„Und wenn er im Ausland bleibt? "*

M: *„Das ist dann negativ. "*

I: *„Warum? "*

M: *„Da das Land Gehirne verliert. Ausnahme ist, wenn er im Ausland bleibt und
        internationale Beziehungen zu Griechenland schafft und dadurch Koopera-
        tionen zwischen Unternehmen entstehen. Das betrachte ich als eine Zwischen-
        lösung, also als eine positive Entwicklung. Wenn er nie zurückkommt, ist das
        absolut negativ"* (Menios, Z. 74–85).

Offensichtlich fokussiert sich Menios auf den Beitrag der Migrant*innen für ihr
Land, um die Effekte des Phänomens für Griechenland zu bewerten und den
moralischen Aspekt bei der Auswanderung von Hochqualifizierten für Griechenland damit zu assoziieren, zumal er persönlich nicht vorhat, auszuwandern. Die
Effekte der Auswanderung können positiv oder negativ sein und das jeweilige
Vorzeichen im Zusammenhang mit den Effekten beeinflusst auch die Bewertung
der Migrationsentscheidung einer Person aus Menios' Sicht. Die *Stasis* wird aber
von ihm als eine positive Entwicklung gesehen, da dadurch die Hochqualifizierten
etwas für Griechenland, d. h. zur ‚Lösung des Problems' und zur Überwindung
der Finanzkrise, beitragen können. Jedoch werden arbeitslose Hochqualifizierte
in Griechenland von ihm gar nicht thematisiert. Die Migrationsentscheidung wird
grundsätzlich als eine negative Entwicklung von Menios angesehen, da dadurch
meistens keinen *Beitrag zur ‚Lösung des Problems' von Griechenland* geleistet
wird. Jedoch erkennt er dabei auch positive Seiten (z. B. das Know-how aus dem
Ausland bei einer Rückkehr, die Schaffung von unternehmerischen Netzwerken
aus dem Ausland heraus). Diese Aspekte beziehen sich auf die *Brain-Gain-
Perspektive* für Griechenland. Menios vermittelt den Eindruck, dass er sich mit
dem Thema Brain-Drain auseinandergesetzt hat und den medialen Diskurs über

die Konsequenzen des Phänomens für das Land verfolgt hat. Das kann dadurch vorausgesetzt werden, da die Medien in Griechenland während der Finanzkrise ständig mit diesem Phänomen beschäftigt sind.[26] Die hochqualifizierte Migration, die aus Menios' Sicht positive Effekte für Griechenland hervorrufen kann, wird von ihm nicht kritisiert. Das gilt aber nicht für diejenigen, die permanent auswandern und somit einen negativen Beitrag für ihr Land leisten:

> *„Wer will nicht zu Hause bleiben und da arbeiten? So sehe ich das zumindest. Vielleicht gibt es aber einige Personen, die es nicht wollen. Keine Ahnung. Ob ich positiv oder negativ diese Menschen sehe... Ich bin eher neutral, da sicherlich jeder, der auswandert, seine eigenen Gründe dafür hat. Ich kann nicht sagen, ob die Auswanderung eine gute Entscheidung war oder das Gegenteil. (...) Ich sehe es als negativ, wenn diese Person auswandert und nie wieder zurückkommt. In Anführungszeichen oder auch ohne Anführungszeichen darf sie nicht sagen, dass zum Beispiel wir alle in Griechenland unfähig sind. Da sie, als Fähige, weggegangen ist. Sie sollte hierbleiben und zeigen, inwieweit sie fähig ist"* (Menios, Z. 95–99, 105–107).

Obwohl Menios systematisch versucht, zu verneinen, dass er die ausgewanderten Migrant*innen wegen ihrer Migrationsentscheidung kritisiert,[27] lässt sich insgesamt ein *kritischer Blick* gegenüber diesen deuten, zumal er die Migration als ein unfreiwilliges Handeln bei der Mehrheit der Menschen pauschalisiert, und zwar in dem Sinne, dass eigentlich alle in ihren Herkunftsländern bleiben möchten. Diese Vermeidung ist auch als Höflichkeit gegenüber dem Interviewer, der das Profil des ausgewanderten Hochqualifizierten erfüllt, zu verstehen. Die Neutralität, die er erwähnt, entspricht somit nicht der Wahrheit, da eine kritische Haltung gegenüber der Migrationsentscheidung der ausgewanderten ,*Fähigen*' bei ihm aufgrund seiner Loyalität gegenüber Griechenland zu deuten ist.

Es lässt sich feststellen, dass Menios zur Rechtfertigung der Migrationsentscheidung der ausgewanderten Hochqualifizierten aus Griechenland ihren Beitrag für das Land berücksichtigt. Der geleistete Beitrag beinhaltet somit moralische Aspekte, da er die negativen Konsequenzen, die durch eine persönliche Auswanderung hervorgerufen werden, für das Land ausgleichen kann. Den *Beitrag* nimmt Menios als eine *Pflicht* der „*Fähigen*" gegenüber Griechenland wahr. Dabei kann nochmals auf Hirschmans Theorie (1970; 1974) zurückgegriffen werden, um die Denkweise von Menios zu erklären. Es kann interpretiert werden, dass Menios, da er – wie bereits rekonstruiert – eine aktive *Loyalität gegenüber Griechenland* aufweist, ein gleiches Handelsrepertoire von anderen griechischen Hochqualifizierten

---

[26] Siehe exemplarisch die entsprechenden Zeitungstitel in der Einleitung.

[27] Wie bereits in seiner Fallanalyse in Abschnitt 7.3.5 gezeigt, sagt er: „*Ja, aber ich kritisiere niemanden, der auswandert*" (Menios, Z. 31).

erwartet. Aus seiner Sicht ist die Migration dann kritisch zu sehen, da sie trotz der Herausforderung der ,Lösung des Problems' abwandern und somit Griechenland nicht loyal gegenüberstehen. Damit kann seine Kritik an den Migrant*innen, die keinen Beitrag an ihr Land leisten, erklärt werden. Jedoch nimmt Menios von dieser Kritik diejenigen aus, die trotz ihrer Abwanderung ihrem Land loyal gegenüberstehen, d. h. dass sie das im Ausland erworbene Know-how mit ihrer Rückkehr einbringen oder indem sie unternehmerische Netzwerke zwischen dem In- und Ausland schaffen. Im Hinblick auf die Theorie von Hirschman geht es um eine erwünschte Externalisierung der Loyalität aus dem Ausland heraus (vgl. Hoffmann 2008: 10), damit Griechenland von dieser Abwanderung auch profitiert.

8.2.2　Zusammenfassung und vergleichende Analyse im beruflichen Kontext

Fünf Kategorien wurden aus der Datenerhebung gebildet. Die ersten drei Kategorien, also *Thematisierung der individuellen Position trotz wahrgenommenen Brain-Drain-Phänomens, Abwälzen der Verantwortung auf den Staat, Erkennung nur positiver Effekte des Phänomens der Auswanderung von Hochqualifizierten* beziehen sich auf Haltungen, die eine Migrationsentscheidung nicht kritisieren und moralische Aspekte dabei nicht thematisieren. Dahingegen erfasst die Kategorie *kritische Haltung gegenüber hochqualifizierter Auswanderung* kritische Einstellungen in Verbindung mit einer Auswanderungsentscheidung von Hochqualifizierten aus Griechenland und enthält die Kategorie *moralische Bedenken gegenüber dem Land* moralische Bedenken der Befragten hinsichtlich des Brain-Drains. In Tabelle 8.2 werden diese Kategorien entsprechend den Berufsgruppen und den Fällen abgebildet, bevor die vergleichende Analyse im beruflichen Kontext dargestellt wird.

Insgesamt lässt sich zusammenfassen, dass die meisten potenziellen Migrant*innen der Studie eine Migrationsentscheidung rechtfertigen und sich von moralischen Bedenken hinsichtlich des Brain-Drains distanzieren, obwohl sie gleichzeitig die negativen Folgen des Brain-Drain-Phänomens für das Land wahrnehmen. Nur zwei Befragte der Fallauswahl, die eine *Stasis* in Griechenland priorisieren, äußern sich zu moralischen Aspekten im Zusammenhang mit dem Brain-Drain. Diese werden aber aus unterschiedlichen Perspektiven von den beiden Befragten thematisiert. Eine Erklärung für diese eingeschränkte Wahrnehmung moralischer Bedenken in dieser Fallgruppe könnte ihr Status sein. Die potenziellen Migrant*innen haben nicht den Status der faktischen Migrant*innen

Tabelle 8.2 Überblick über den Umgang der potenziellen Migrant*innen mit dem Brain-Drain

	Ärzt*innen	Nachwuchswissenschaftler*innen	IT-Experte*innen
Erkennung positiver Effekte des Phänomens der Auswanderung von Hochqualifizierten		Dekonstruieren der Debatte über die negativen Effekte des Brain-Drain-Phänomens, Brain-Gain-Perspektive (Diomidis)	Brain-Gain-Perspektive (Menios)
Thematisierung einer individuellen Position trotz der Wahrnehmung des Brain-Drains	Individuelle Interessen (Ektoras, Ifigenia, Fei, Daphne)	Individuelle Interessen (Maria, Danae, Petros, Philippos)	Individuelle Interessen (Ira, Marina)
Abwälzen der Verantwortung auf den Staat	Staatlicher Auswanderungsdruck (Ektoras, Ifigenia)	Desinteresse des Staats (Petros, Philippos) Politische Einstellung (Petros)	Staatlicher Auswanderungsdruck, Desinteresse des Staats (Marina)
Kritische Haltung gegenüber hochqualifizierter Auswanderung	Medizinische Auswanderungsmode aus einkommensmaximierenden Gründen (Ektoras)		Patriotische Haltung (Gaitanos) Loyalität gegenüber Griechenland (Menios)
Moralische Bedenken gegenüber dem Land	Wunsch auf eine Hilfeleistung, Wende in Griechenland (Daphne)		Beitrag zur ‚Lösung des Problems' als Pflicht (Menios)

Quelle: Eigene Darstellung

und somit können sie sich zum Zeitpunkt des Interviews nicht aus Erfahrung mit der Frage nach dem Umgang mit dem Brain-Drain und mit damit einhergehenden möglichen moralischen Bedenken auseinandersetzen.

Aufgrund dieser Besonderheit bei den potenziellen Migrant*innen, fällt es ihnen auch schwer, eine Migrationsentscheidung trotz der – von den meisten – wahrgenommenen negativen Konsequenzen für Griechenland zu kritisieren, da sie für sich selbst eine kurz- oder langfristige Migration nicht ausschließen und zum Zeitpunkt des Interviews in Griechenland wohnen. Folglich fokussieren sich viele der befragten potenziellen Migrant*innen in Bezug auf den Brain-Drain auf die *individuellen Interessen* der Hochqualifizierten. Der Fokus auf die individuellen Interessen führt zur *Einnahme einer individuellen Position* und somit werden die kollektiven Interessen der Gesellschaft in Griechenland, die mit den *wahrgenommenen negativen Konsequenzen* für Griechenland zusammenhängen, vernachlässigt.

Ein weiterer zentraler Punkt hinsichtlich des Umgangs der befragten potenziellen Migrant*innen mit dem Brain-Drain bezieht sich auf das *Abwälzen der Verantwortung für dieses Phänomen auf den Staat*, um somit auch eine Migrationsentscheidung zu rechtfertigen. Obwohl dabei eine gedeutete Unzufriedenheit der Befragten mit dem Staat gemeint ist, scheint sie für die Befragten dieser Fallgruppe zum Zeitpunkt des Interviews nicht ausreichend für eine Priorisierung der Abwanderung, in Anlehnung an Hirschmans Ansatz (1970; 1974), zu sein. Jedoch ist auch nur begrenzt eine Tendenz zu Widerspruch im Rahmen der Artikulierung dieser Unzufriedenheit seitens der Befragten festzustellen.[28] Während bei Danae eine Apathie trotz ihrer wahrgenommenen Unzufriedenheit mit dem Staat erkennbar ist, ist bei Menios eine Loyalität gegenüber Griechenland zu bemerken.

Darüber hinaus lässt sich kein deutlicher Zusammenhang der hier untersuchten Berufssektoren mit den gebildeten Kategorien beim Thema Umgang mit dem Brain-Drain herstellen. Die individuelle Haltung hinsichtlich des Brain-Drains wird von Vertreter*innen aller drei Berufsgruppen thematisiert sowie auch das Abwälzen der Verantwortung auf den Staat, wobei diese nur von einer Vertreterin aus dem ITK-Bereich (Marina) erwähnt wird. Jedoch kann keine gesicherte Schlussfolgerung zu ihrer Relevanz gezogen werden. Trotzdem lässt sich ein erhöhtes Auftreten einer Kategorie in einer bestimmten Gruppe bemerken: Dabei

---

[28] Während eine Tendenz zum *Widerspruch* nur bei Ektoras' Fallanalyse gedeutet werden kann, ist dieses Handeln nicht in den anderen Interviews festzustellen, da dieser Aspekt kein zentrales Ziel der vorliegenden Studie ist. Jedoch lässt sich vermuten, dass Petros und Daphne zu einem *Widerspruch* neigen: Daphne aufgrund der Thematisierung der „Wende" und Petros wegen seiner politischen Überzeugung.

handelt es sich um die kritische Haltung gegenüber hochqualifizierter Auswanderung und die ‚loyalen' Bürger der Fallauswahl (Menios, Gaitanos), die besonders ihre Entscheidung zur *Stasis* verteidigen und zudem die Migrationsentscheidung von ausgewanderten Hochqualifizierten kritisch sehen. Es scheint, dass die Loyalität eine Rolle spielt bei diesem kritischen Blick auf die hochqualifizierten Migrant*innen, die sich ihrem Land gegenüber nicht ‚loyal' verhalten, sondern das Land durch ihre Auswanderung schädigen.

8.3 Zusammenfassung und vergleichende Analyse zwischen faktischen- und potenziellen Migrant*innen

In diesem Kapitel erfolgt aus einer vergleichenden Sicht die Darstellung der zusammenfassenden Ergebnisse, die der Datenerhebung aus den Interviews mit den faktischen und potenziellen Migrant*innen zu ihrem Umgang mit dem Brain-Drain entstammen. Während einige Kategorien eine Abstandnahme der Befragten von moralischen Bedenken sowie eine Rechtfertigung der Migration aufzeigen, betreffen andere gebildete Kategorien moralische Bedenken aufseiten der Befragten gegenüber unterschiedlichen Empfängergruppen in Griechenland.

In den Kapiteln 8.1 und 8.2 wurde deutlich, dass zum Teil ähnliche Haltungen zwischen den beiden Fallgruppen mit Blick auf die gebildeten Kategorien feststellbar sind. Die Bildung einer Kategorie zur *Einnahme einer individuellen Position* war bei Befragten der beiden Fallgruppen möglich. Jedoch ist die Thematisierung von *individuellen Interessen* im Umgang mit dem Brain-Drain besonders zentral bei den potenziellen Migrant*innen, da zehn Befragte dieser Fallauswahl sich darauf beziehen, um die Migrationsentscheidung der Ausgewanderten bzw. ihre persönliche mögliche Migration im Zusammenhang mit den wahrgenommenen negativen Konsequenzen des Phänomens für Griechenland rechtfertigen. Bei den befragten faktischen Migrant*innen war die Priorisierung der *individuellen Interessen* nur bei vier Befragten feststellbar, während niemand bei den befragten Nachwuchswissenschaftler*innen dieser Fallgruppe sich darauf bezogen hat. Hinsichtlich dieser Kategorie und mit Blick auf die beiden Fallgruppen wird aber deutlich, dass die Befragten ihre *individuellen Interessen* hervorheben, anstatt die kollektiven Interessen des Staats und der Verbliebenen in Griechenland, die durch die Auswanderung von Hochqualifizierten geschädigt werden, zu thematisieren. Wie in der Fallanalyse von Dimos aufgezeigt (siehe 8.1.1), setzt die Option des Widerspruchs ein gemeinschaftliches Handeln voraus, während die Option der Abwanderung leichter realisierbar ist, da sie die private Sphäre (vgl. Hirschman 1992: 351) und somit auch die Priorisierung der individuellen Interessen betrifft.

Darüber hinaus wurde deutlich, dass Befragte aus beiden Fallgruppen oft den Staat kritisieren und ihn als Verantwortlichen für den Brain-Drain betrachten, sodass eine entsprechende Kategorie in beiden Fallgruppen gebildet werden konnte. Der Staat wird in diesem Fall im weiteren institutionellen Sinne thematisiert, da sich dabei besonders auf die umgesetzte Politik und auf den Staatsapparat fokussiert wird. *Das Abwälzen der Verantwortung* für die negativen Folgen des Brain-Drains *auf den Staat* kann zu der Rechtfertigung der Migrationsentscheidung beitragen. Jedoch sind es besonders die faktischen Migrant*innen der Fallauswahl, die die Verantwortung für dieses Phänomen auf den Staat abwälzen, im Vergleich zu den potenziellen Migrant*innen der Fallauswahl (zehn faktische Migrant*innen vs. fünf potenzielle Migrant*innen). Dies lässt sich durch ihre unterschiedlichen Migrationsphasen erklären, wobei die faktischen Migrant*innen im Zielland sind und somit einen kritischeren Blick auf den Staat – den Verantwortlichen für ihre Migration – im Vergleich zu den potenziellen Migrant*innen, die noch in Griechenland leben und oft eine *Stasis* priorisieren, werfen. In der Darstellung dieser Kategorie, sowohl für die faktischen Migrant*innen als auch für die potenziellen Migrant*innen, wurde gezeigt, dass auf Grundlage dieses Abwälzens der Verantwortung für den Brain-Drain auf den Staat ein entsprechender Rückbezug auf die theoretische Einbettung mit Hirschmans Konzept zu Abwanderung, Widerspruch und Loyalität (1970; 1974) möglich war.

Darüber hinaus *wälzen* nur zwei Befragte der Fallauswahl der faktischen Migrant*innen *die Verantwortung* für ihre Migrationsentscheidung neben dem Staat auch *auf die Gesellschaft* ab. Diese Kategorie konnte nicht bei der Fallauswahl der potenziellen Migrant*innen gebildet werden.

Ein besonderer Bezug lässt sich für die Kategorien *Ausgeglichene Bewertung der Konsequenzen der Auswanderung von Hochqualifizierten für Griechenland* bei den faktischen Migrant*innen und *Erkennung positiver Effekte des Phänomens der Auswanderung von Hochqualifizierten* bei den potenziellen Migrant*innen herstellen. Obwohl die beiden Kategorien den Fokus auf positive Effekte der Auswanderung von Hochqualifizierten thematisieren, sind sie differenziert betitelt, um den unterschiedlichen Kontext zu betonen. Giannis und Erato sprechen von den positiven Effekten im Kontrast zu den wahrgenommenen negativen Effekten des Brain-Drains, um auch ihre Migrationsentscheidung zu rechtfertigen. Im Gegensatz dazu werden die positiven Effekte von Diomidis aus einem unterschiedlichen Blickwinkel gesehen, da er das Phänomen durchaus positiv bewertet und Menios aufzeigt, dass er sich mit dem Brain-Drain-Diskurs gut auskennt und nicht die Absicht hat, eine Migrationsentscheidung zu rechtfertigen.

Außerdem wurden andere Kategorien in Bezug auf die Thematisierung von moralischen Bedenken nur bei einer Fallgruppe gebildet. Beispielsweise erscheint die Kategorie *moralische Bedenken gegenüber sozialen Gruppen* nur bei den faktischen Migrant*innen und die Kategorie *kritische Haltung gegenüber hochqualifizierter Auswanderung* allein bei den potenziellen Migrant*innen.

Abschließend kann nach Analyse der Sichtweisen der Befragten aus beiden Fallgruppen die Schlussfolgerung gezogen werden, dass die Hochqualifizierten die negativen Folgen des Brain-Drains für Griechenland wahrnehmen. Charakteristisch ist, dass nur ein Interviewpartner (Diomidis) ausschließlich positive Effekte für Griechenland thematisiert. Im Rahmen des Ansatzes von Levinas (1969) und auf Basis der weiteren Deutung dazu von Kirby und Siplon (2012) lässt sich sagen, dass bei der Mehrheit der Ausgewanderten theoretisch moralische Bedenken Relevanz haben. Es wurde aber gezeigt, dass die Mehrheit der Befragten trotz der wahrgenommenen negativen Effekte der hochqualifizierten Migration für Griechenland dennoch eine Migration rechtfertigen und nur ein kleiner Anteil sich persönlich damit auseinandersetzt und zugibt, dass moralische Bedenken hinsichtlich der (persönlichen) Migration verspürt werden. Moralische Bedenken werden öfter von faktischen Migrant*innen thematisiert, da für sie die Migration zu einer Erfahrung geworden ist und sie sich deshalb auf einem anderen Niveau mit ihrem Umgang mit dem Brain-Drain verglichen mit den faktischen Migrant*innen auseinandersetzen können.

Migrationspolitische Herausforderungen und Auswirkungen

9

Nach der Präsentation der Ergebnisse dieser Studie soll der Fokus des vorliegenden Kapitels auf den Folgen liegen, die das untersuchte Phänomen auf politischer Ebene hat. Konkret wird hierbei diskutiert, welche Auswirkungen auf und Herausforderungen für die deutsche Migrations- und Integrationspolitik (9.1) und zum anderen für den griechischen Staat (9.2) aus der Migration von Hochqualifizierten aus Griechenland nach Deutschland entstehen. Dieses Kapitel wird mit einem Zwischenfazit (9.3) abgeschlossen.

9.1 Herausforderungen für und Auswirkungen auf die deutsche Migrations- und Integrationspolitik

Die Auswirkungen des hier untersuchten Migrationsphänomens auf die deutsche Migrations- und Integrationspolitik können aus der Perspektive der Fachkräftesicherung, die im Zentrum der deutschen Politik die letzten Jahre lag, beleuchtet werden. Da es sich aber hierbei um EU-Binnenmigration handelt, sollen diese Auswirkungen und Herausforderungen unter Berücksichtigung der EU-Freizügigkeit dargestellt werden.

Wie bereits in der Einleitung und im Forschungsstand (siehe Abschnitt 2.1) gezeigt, ist Deutschland insbesondere nach 2009 (vgl. Klekowski von Koppenfels/Höhne 2017: 152) zu einem der Hauptzielländer von EU-Migrant*innen geworden (vgl. Teney/Siemsen 2015: 13). Durch die EU-Migration profitiert Deutschland in doppelter Weise, da sowohl die Bedarfe an niedrigqualifizierten Arbeitskräften als auch die Nachfrage nach qualifizierten Fachkräften des deutschen Arbeitsmarktes abgedeckt werden (vgl. SVR 2019: 18 f.).

Im Hinblick auf die Migration von EU-Hochqualifizierten nach Deutschland geht Teney (2015a) von einem Brain-Gain in Deutschland aus (vgl. ebd.: 88).

© Der/die Autor(en), exklusiv lizenziert an Springer Fachmedien Wiesbaden GmbH, ein Teil von Springer Nature 2022
A. Gkolfinopoulos, *Deutschland als Magnet für Hochqualifizierte aus Griechenland*, Interkulturelle Studien,
https://doi.org/10.1007/978-3-658-39985-6_9

Von einem Brain-Gain für Deutschland lässt sich auch im Kontext des untersuchten Falls ausgehen, da weniger Ärzt*innen aus Deutschland nach Griechenland migrieren als umgekehrt (siehe Tabelle 5.4 und Tabelle 9.1), wie auch keine wichtige Anzahl von migrierten Nachwuchswissenschaftler*innen aus Deutschland nach Griechenland feststellbar ist, wenn der geringe Anteil von Angestellten ohne griechische Staatsangehörigkeit an den griechischen Hochschulen berücksichtigt wird (siehe EKT 2017a). Im ITK-Bereich ist eine quantitativ bedeutendere Migration von IT-Expert*innen aus Deutschland nach Griechenland unter den aktuellen Bedingungen des griechischen Arbeitsmarkts kaum vorstellbar und dies ist gleichzeitig aufgrund mangelnder verfügbarer statistischer Daten nicht überprüfbar. Somit scheint im untersuchten Fall in allen drei Branchen ein Brain-Gain aus Griechenland zu existieren. Das ist insbesondere für den deutschen Medizin- und im ITK-Bereich wichtig, da Informatiker*innen und Ärzt*innen als Engpassberufe von der BA eingestuft sind (BA 2019a). Der große Vorteil für die deutsche Wirtschaft ist dabei, dass der deutsche Staat gar nicht finanziell mit der Qualifizierung dieses Personals belastet wird, da dieses in Griechenland ausgebildet worden ist.

Insgesamt lässt sich feststellen, dass sich Deutschland in einer vorteilhaften Situation befindet, da Deutschland – zusammen mit Großbritannien bis zum Austritt aus der EU – die meisten Fachkräfte aus anderen EU-Ländern anziehen konnte (vgl. Teney 2017a: 88). Die große Herausforderung für Deutschland ist es nun, diese vorteilhafte Position aufrechtzuerhalten und das Hauptzielland für EU-Migrant*innen nach dem Brexit zu werden (Gkolfinopoulos 2019). Um dies zu erreichen, sollten von der Politik durchaus bestehende Probleme bei der Einwanderung von Hochqualifizierten beachtet werden. Anhand einiger Beispiele im Zusammenhang mit dem hier untersuchten Fall werden exemplarisch entsprechende Schwierigkeiten im jeweiligen untersuchten Sektor dargestellt und im Anschluss daran werden weitere Herausforderungen für und Auswirkungen auf die deutsche Migrations- und Integrationspolitik mit Blick auf die hochqualifizierte Migration thematisiert.

Gesundheitssektor

Die deutsche Migrations- und Integrationspolitik ist mit Herausforderungen im Gesundheitssektor konfrontiert, obwohl das Gesundheitssystem in den letzten Jahren erfolgreich zunehmend internationale Ärzt*innen anziehen konnte. Bei Beantragung der Approbation der internationalen Medizinabsolvent*innen werden in den verschiedenen Bundesländern unterschiedliche Sprachkenntnisse (zwischen B2-Zertifikat und C1-Zertifikat) verlangt und das hat das Phänomen von „*Approbationstourismus*"zur Folge (vgl. Rosenthal 2018: 58). Eine einheitliche Regelung der Anforderungen auf Bundesebene und das damit verbundene, transparente und gleichberechtigte Verfahren bezüglich der Approbation könnten dem entgegenwirken und positive Auswirkungen auf das Anziehen weiterer internationaler Ärzt*innen haben. Darüber hinaus wurde bereits erwähnt, dass neben der Einwanderung von Ärzt*innen nach Deutschland auch eine sinkende Abwanderung von Ärzt*innen aus Deutschland beobachtbar ist (siehe 5.2.1). Diese Abwanderung wurde früher mit den gemessen am Lohn relativ schlechten Arbeitsbedingungen verbunden (vgl. Kopetsch 2009: 33). Die unzulänglichen Arbeitsbedingungen wurden aber von den befragten Ärzt*innen dieser Studie ebenfalls thematisiert.[1] Das könnte bedeuten, dass nach dem Abschluss der Fachärzt*inausbildung auch eine weitere Migration in ein Land mit besseren Einkommensmöglichkeiten und besseren Arbeitsbedingungen infrage kommen könnte.[2] Um dies zu vermeiden, könnten die Arbeitsbedingungen für die Ärzt*innen im deutschen Gesundheitssystem verbessert werden, damit es seine Attraktivität für internationale Ärzt*innen behält und somit die internationalen, in Deutschland ausgebildeten Fachärzt*innen nicht auswandern. Zu erwähnen ist auch die wahrgenommene Benachteiligung am Arbeitsplatz seitens Ärzt*innen mit einer nicht-deutschen Staatsangehörigkeit trotz ihres Berufsstatus. Dabei spielt die Herkunft eine wesentliche Rolle, so die Studie von Teney et al. (2017): Ärzt*innen aus EU-Süd fühlen sich im Vergleich zu anderen Ärzt*innen aus anderen Regionen häufiger benachteiligt (20,36 % bei Ärzt*innen aus EU-Süd, 19,08 % bei Ärzt*innen aus EU-Ost 2007/13, 14,99 % bei Ärzt*innen aus EU-Ost 2004 und nur 6,57 % bei Ärzt*innen aus EU-Nord/West) (vgl. ebd.: 34). Diese Entwicklung hängt aber nicht direkt mit dem Gesundheitssektor zusammen, sondern mit den medialen Debatten über „*Armutszuwanderung*" und „*Krisenmigration*" (ebd.). Dabei geht es allerdings um den Umgang der Gesellschaft in Deutschland mit dem Thema Migration. Die Verbreitung des medialen und politischen Diskurses über den Bedarf an internationalen Ärzt*innen und über ihre Bedeutung für den deutschen Gesundheitssektor könnten zu einer Reduzierung von Benachteiligungen nicht-deutscher Ärzt*innen beitragen.

---

[1] Beispielsweise erzählt Giannis: „*... ich denke, für die Stunden, die ich sowohl in der Pathologie als auch in der Dermatologie gearbeitet habe, ist die Bezahlung unverhältnismäßig. Denn es gibt zu viele Stunden, zu viele Überstunden, die wir nicht einmal vergütet bekommen*" (Giannis, Z. 134–136).

[2] Das erklärt auch den Sachverhalt, dass das Hauptzielland der abgewanderten Ärzt*innen aus Deutschland die Schweiz ist (BÄK 2020i).

Wissenschaftssektor

Damanakis (2014) stellt in seiner Studie fest, dass es unter den Neuzugewanderten aus Griechenland in Deutschland eine hochqualifizierte Gruppe mit einem „schwierigen" Zugang zum deutschen Arbeitsmarkt gibt. Diese Gruppe betrifft vor allem geisteswissenschaftliche Hochschulabsolvent*innen (vgl. 2014: 144). Diese Gruppe von Hochqualifizierten – und insbesondere wenn sie über mangelhafte Deutschkenntnisse verfügen – übernehmen auch niedrigqualifizierte Stellen, die nicht ihrer Qualifikation entsprechen (vgl. ebd.: 152). Dabei ist die Herausforderung für den deutschen Staat, auch diese Fachkräfte ihren Qualifikationen entsprechend in den Arbeitsmarkt einzubeziehen. Eine Lösung dabei könnten Nach- und Weiterqualifizierungsprogramme für zugewanderte Akademiker*innen an Universitäten sein. Solche Programme wurden bis jetzt „*temporär und regional verstreut*" angeboten (Graevskaia et al. 2018: 144) und deswegen ist es empfehlenswert, dass solche Angebote von Universitäten (weiter-)entwickelt und in den Regelstrukturen der Hochschulen verstetigt werden (vgl. ebd.: 133 f.). Besonders Geisteswissenschaftler*innen aus dem Ausland, die keine ihren Qualifikationen entsprechende Stelle finden können, können durch solche Programme fachlich und sprachlich auf den deutschen Arbeitsmarkt vorbereitet werden und sich eventuell anhand seiner Bedarfe neu orientieren. Des Weiteren ist es auch von den Ergebnissen der Interviews mit den befragten geisteswissenschaftlichen Nachwuchswissenschaftler*innen deutlich geworden, dass das Thema berufliche Sicherheit eine zentrale Bedeutung sowohl für ihre Migration als auch für ihre Bleibeperspektive hat. Langfristige Arbeitsperspektiven, die Schaffung von mehreren Arbeitsplätzen für geisteswissenschaftliche Forscher*innen, mehr Förderung geisteswissenschaftlicher Forschungsprojekte und Abschaffung der starren Hierarchien im deutschen Hochschulbereich könnten mehrere internationale Forscher*innen anziehen und die Abwanderung aus Deutschland von internationalen Wissenschaftler*innen verhindern. Außerdem wurde im Hinblick auf die Rolle der sozialen Einflussfaktoren bei der Migrationsentscheidung der befragten Nachwuchswissenschaftler*innen deutlich, dass der deutsche Hochschulsektor durch Austauschprogramme potenzielles Forschungspersonal zukünftig gewinnen kann. Von daher wäre es sinnvoll, wenn Austauschprogramme für Studierende und Nachwuchswissenschaftler*innen im Hochschulbereich stärker gefördert würden.

ITK-Sektor

Die neuesten rechtlichen Regelungen (siehe die spezielle Regelung für IT-Fachkräfte im neuen Fachkräfteeinwanderungsgesetz in Kapitel 4) zeigen erneut, dass der ITK-Sektor ein Kernbereich der deutschen Politik hinsichtlich der Fachkräftesicherung des deutschen Arbeitsmarkts ist. Die befragten IT-Expert*innen aus Griechenland wandern primär aufgrund der größeren beruflichen Sicherheit nach Deutschland ein. Der aktuelle regionale Fachkräfteengpass im deutschen IT-Bereich bedeutet automatisch einen attraktiven Arbeitsmarkt für IT-Expert*innen aus Griechenland. Jedoch verstärkt sich dieser Fachkräfteengpass laut Prognosen von Hofmann et al. (2019) bundesweit (siehe Abschnitt 5.3.2) und somit wird diese Attraktivität des deutschen IT-Arbeitsmarktes auch im Verlauf der kommenden Jahre bestehen bleiben. Die Herausforderung ist dabei aber, diese Attraktivität auch in Bezug auf die Einkommensmöglichkeiten der IT-Fachkräfte sicherzustellen, so wie diese in den Motiven der befragten IT-Expert*innen in Bezug auf ihre Motive hinsichtlich ihrer Bleibeperspektive in Bezug auf Deutschland thematisiert wurde (siehe Abschnitt 7.2). Ein interessanter Aspekt, der auch von befragten IT-Expert*innen erwähnt wurde, ist die Möglichkeit für internationale IT-Fachkräfte, bei internationalen Konzernen im deutschen ITK-Bereich auch nur mit Englischkenntnissen eingestellt zu werden. Diese IT-Expert*innen verfügen dann oft lediglich über wenige Deutschkenntnisse und können mit Integrationsschwierigkeiten aufgrund von Sprachbarrieren konfrontiert werden. Das kann sie in der Zukunft zu einer Auswanderung aus Deutschland bewegen. Um diese Entwicklung zu verhindern, könnte der deutsche Staat Arbeitgeber fördern, die Sprachkurse für diese Mitarbeiter*innen anbieten, damit sich ihre soziale Teilhabe verbessert. Außerdem könnte die Rekrutierung von IT-Fachkräften seitens deutscher Unternehmen verbessert werden. In diesem Rahmen könnten Beratungsstrukturen geschaffen und Messen für Interessierte in Griechenland organisiert werden.

9.2 Herausforderungen für und Auswirkungen auf den griechischen Staat

Die Auswirkungen des untersuchten Falls auf den griechischen Staat können eher als negativ bewertet werden. In Anlehnung an den Brain-Drain-Ansatz (siehe Abschnitt 3.2) und an das Bourdieu'sche Konzept zu Kapitalien (siehe Abschnitt 3.12) sollen einige Folgen des hier erwähnten Phänomens für Griechenland beleuchtet werden. Da die Auswanderung von Hochqualifizierten die Flucht eines wertvollen Kulturkapitals in inkorporierter Form impliziert (vgl. Gkolfinopoulos 2016: 168), ist auch die Wirtschaft des Landes betroffen, da diese Ressource zu den wichtigsten Indikatoren des Wachstums eines Landes zu zählen ist (vgl. Labrianidis 2011: 49). Gleichzeitig kann neben der Flucht von Kulturkapital in inkorporierter Form auch die Flucht des kulturellen Kapitals in institutionalisierter Form (Bourdieu 2012[1983]) festgestellt werden. Da aber

Letzteres durch öffentliche Mittel und durch die finanzielle Beteiligung der ganzen Gesellschaft in Griechenland produziert wurde, handelt es sich dabei auch um „*community investments*" (Brock 2015a: 62). Diese Investitionen der Gesellschaft in die Ausbildung der Hochqualifizierten werden aufgrund ihrer Auswanderung, solange sie im Ausland arbeiten, nicht abgeschrieben. Charakteristisch für die Belastung des öffentlichen Haushalts durch diese „verlorenen" Investitionen ist das Ausmaß der Kosten, die für den griechischen Staat bei der Ausbildung der ausgewanderten Hochqualifizierten entstanden sind. Diese beliefen sich laut Schätzungen von Apostolos Lakasas (2019b) für die Zeitspanne 2008 bis 2016 insgesamt auf 16,5 Milliarden Euro (ebd.). Besonders belastend für den öffentlichen Haushalt ist aber die Auswanderung von Ärzt*innen, da ihre Ausbildung für einen Staat als die kostenintensivste betrachtet werden kann (vgl. Hoesch 2009: 29). Außerdem sinken auch die Einnahmen des Staates, weil sich seine Steuereinnahmen durch die Auswanderung von Hochqualifizierten stark verringern (vgl. Sauer 2009: 107).

Obwohl es behauptet wird, dass die Überweisungen der hochqualifizierten Ausgewanderten die Verluste durch den Brain-Drain kompensieren können (vgl. Schipulle 1973: 342), zeigen Labrianidis und Pratsinakis (2016), dass ihr ökonomischer Beitrag zur Wirtschaft Griechenlands eher unbedeutend zu sein scheint: 68 Prozent der griechischen Migrant*innen bekommen oder senden keine Überweisung und nur 19 Prozent der Ausgewanderten schicken Überweisungen nach Griechenland (vgl. 19 f.). Die Gelbüberweisungen nach Griechenland werden vor allem von Migrant*innen niedriger Sozialschichten, die ihre verbliebenen Familien in Griechenland finanziell unterstützen, getätigt (Stavrianakis 2019; Koniordos i. E.). Eine weitere Folge des untersuchten Phänomens hängt mit dem demographischen Problem der Gesellschaft in Griechenland zusammen, womit sie bereits vor dem Ausbruch der Finanzkrise konfrontiert war (vgl. Gkolfinopoulos 2016: 168). Da aber die aktuelle Auswanderung aus Griechenland nicht nur Hochqualifizierte, sondern auch junge Migrant*innen betrifft (vgl. Labrianidis/Pratsinakis 2016: 32), trägt das Phänomen zur Intensivierung der Alterung der griechischen Gesellschaft bei. Diese Entwicklung hat noch weitere wirtschaftliche Folgen, wie das Bericht der Bank von Griechenland (Trapeza tis Ellados 2019) darlegt: Anstieg der Relation zwischen Beschäftigten und Pensionierten (von 3:1 im Jahr 2017 zu 2:1 bis zum Jahr 2040), Bedrohung des Rentenversicherungssystems, Bedarf an weiteren Besteuerungsformen, Rückgang der Produktivität sowie andere negative makrowirtschaftliche Konsequenzen für die griechische Wirtschaft (vgl. ebd.: 95 f.).

Alle diese Folgen hängen mit der Hypothese einer permanenten Migration von Hochqualifizierten zusammen. Jedoch ist es möglich, dass ein Teil der ausgewanderten Hochqualifizierten zurückkehrt. Diese Rückkehr kann im hier untersuchten Fall eine offene Option sein, zumal die EU-Freizügigkeit die Mobilität von EU-Bürger*innen begünstigt. Dadurch wird eine Brain-Circulation möglich und der bisherige Brain-Drain kann in einen Brain-Gain transformiert werden (siehe auch Abschnitt 3.2). Da aber ein Brain-Gain nicht nur über die Rückkehr der ausgewanderten Hochqualifizierten möglich ist, sollte der griechische Staat auf die Alternativen zu einem Brain-Gain fokussiert sein. Die Umkehrung des Brain-Drains kann als die große Herausforderung für den griechischen Staats hinsichtlich der Auswanderung seiner Hochqualifizierten betrachtet werden. An diesem Punkt sollte diskutiert werden, welche Maßnahmen umgesetzt werden könnten, damit der griechische Staat an dieses Ziel gelangen kann. Hier gibt es bereits erste Schritte zur Eindämmung der Auswanderung von Hochqualifizierten bzw. zur Förderung des Brain-Gains, die nachfolgend vorgestellt werden sollen.

Bisherige Initiativen für einen Brain-Gain in Griechenland
Bis zum Jahr 2017 konstatierten Georgia Mavrodi und Michalis Moutselos (2017) nur vereinzelte Maßnahmen und noch keine systematische Politik des griechischen Staats, die auf eine Rückkehr von ausgewanderten Hochqualifizierten nach Griechenland abzielte (vgl. ebd.: 42). Ein erster Versuch einer Netzwerk- und Diasporapolitik war 2011 die Auflegung einer sog. Diaspora-Anleihe, die sich vor allem an wohlhabende Mitglieder der griechischen Diaspora in den USA richtete. Dieser Versuch scheiterte damals daran, dass die griechischen Staatsanleihen zu dieser Zeit durch Ratingagenturen herabgestuft wurden (vgl. Cavounidis 2016: 89). Jedoch waren nicht-staatliche Akteure bereits vor 2017 in der Förderung einer Brain-Gain-Perspektive aktiv. In diesem Rahmen entstanden in Eigeninitiative Netzwerke von im Ausland und in Griechenland lebenden Hochqualifizierten bzw. Unternehmer*innen (z. B. „Reload Greece", „Conference on Research on Economic Theory and Econometrics", „Greek Economists for Reform") (vgl. ebd.: 109 f.).

Eine systematische Reaktion in Griechenland auf politischer Ebene ist aber erst mit der Regierung von SYRIZA-ANEL[3] bemerkbar. Die stärkste Koalitionspartei der griechischen Regierung, SYRIZA, thematisierte das Problem besonders

---

[3] Das linke Bündnis SYRIZA und die konservative Partei von ANEL haben erst im Januar 2015 eine Koalition als *Anti-Austeritätsparteien* gebildet (vgl. Agridopoulos 2016: 285).

während ihrer Wahlkampfkampagne zu den Wahlen im Januar 2015 und im September 2015, sowohl über TV-Spots[4] als auch in ihren Wahlprogrammen – und zwar sowohl in ihrem Wahlprogramm zu den Januar-Wahlen, die sogenannte „Agenda von Thessaloniki" (Syirza 2014), als auch in ihrem Wahlprogramm zu den September-Wahlen (SYRIZA 2015a). Das Bestreben seitens der damaligen griechischen Regierung nach Begrenzung des Brain-Drains und nach seiner möglichen Transformation in ein Brain-Gain bestätigt sich durch die Einsetzung von Lois Labrianidis[5] im April 2015 als Generalsekretär für private und strategische Investitionen.

Im Fokus der umgesetzten Politik der SYRIZA-ANEL-Regierung stand nicht direkt die Rückkehr der ausgewanderten Hochqualifizierten, sondern die Netzwerk- und Diasporapolitik, die zu alternativen Profiten für den griechischen Staat führen könnte. Als Eckstein dieser Politik lässt sich die Initiative „Knowledge and Partnership Bridges", die 2017 begründet wurde, verstehen. Die Initiative wurde vom Generalsekretariat für private und strategische Investitionen entwickelt und wurde mit der Unterstützung vom EKT angeboten. Es geht um eine Internetplattform, die die globale Vernetzung von Wissenschaftler*innen, Fachleuten und Unternehmer*innen, die Bereitstellung von Informationen zu Finanzierungs- und Unternehmensmöglichkeiten in Griechenland und die Kartierung der Hochqualifizierten Griech*innen im Ausland bezweckt, damit diese Netzwerke langfristig zum Wachstum Griechenlands beitragen (Knowledgebridges o. D.). Außerdem dient dieser Initiative der Aufrechterhaltung der Kontakte mit den ausgewanderten Hochqualifizierten griechischer Herkunft, damit Perspektiven für die mögliche Rückkehr und der Transfer von Kenntnissen und Technologien geschaffen werden (Labrianidis et al. 2019). Offensichtlich wird aber auch, dass durch diese Initiative die Förderung von Investitionen aus dem Ausland in Griechenland beabsichtigt wird.

Darüber hinaus wurden einige Maßnahmen, die einer allgemeineren Politik zur Senkung der Emigrationsanreize für Hochqualifizierte in Griechenland zugeordnet werden können, umgesetzt. Hierzu werden einige Programme und Initiativen exemplarisch erwähnt. Im Forschungsbereich lässt sich die Gründung der ELIDEK hervorheben (siehe Abschnitt 5.1.2), einer Fördereinrichtung für

---

[4] Kennzeichnend ist ein TV-Spots von SYRIZA vor den Wahlen im Januar 2015 mit deutlichem Bezug auf das Thema Auswanderung der Jugend. Dabei geht es um das Gespräch zwischen jungen Personen, das lautet:
P1: „Ich möchte das Land wechseln."
P2: „Ich möchte mein Land wechseln" (SYRIZA 2015b).
[5] Labrianidis ist ein Professor und Brain-Drain-Experte, der mehrmals in dieser Dissertation zitiert wird.

Forschung – wie etwa die DFG in Deutschland –, die durch die Förderung und durch Stipendien für Nachwuchswissenschaftler*innen als eine entscheidende Unternehmung zur Beschränkung der Auswanderungstendenz aus Griechenland betrachtet werden kann. Außerdem erfolgte im Wissenschaftsbereich durch Mittel des Europäischen Sozialfonds und im Rahmen von ESPA 2014–2020 die Auflegung von Förderprogrammen für Forscher*innen und Nachwuchswissenschaftler*innen, die auch gegen ihre Auswanderungstendenz wirken sollen. Diese bestehen im „Förderprogramm für neue promovierte Wissenschaftler zum Sammeln akademischer Lehrerfahrungen", im „Programm zur Förderung von Arbeitskräften zur Doktorarbeitsforschung", im „Förderprogramm von Postdoktorand*innen" und im „Förderforschungsprogramm von neuen Forscher*innen".[6] Im Medizinbereich wurden dagegen lediglich einige örtliche Gesundheitseinheiten mit Namen TOMY neu gegründet (siehe Abschnitt 5.2.2), um durch die Schaffung neuer Stellen eine weitere Auswanderung von Ärzt*innen zu verhindern. Im ITK-Sektor wurden Unternehmensgründungen gefördert. Exemplarisch können hier folgende Programme erwähnt werden: die Förderung von neuen Unternehmen bzw. Start-up-Programme über die Plattform „EquiFund" und durch ELIDEK, die Erleichterung von Investitionen durch das neue Gesetz 4399/2016 zum regionalen und wirtschaftlichen Wachstum des Lands sowie das Förderprogramm „Erevno-Dimiourgo-Kainotomo"[7], das die Verbindung von Forschung und Unternehmen fördern sollte, um die Produktion im Forschungs- und Technologiebereich zu unterstützen (Labrianidis et al. 2019). Abschließend zu den Maßnahmen mit der Absicht der Senkung der Auswanderung von Hochqualifizierten aus Griechenland kann auch das Förderprogramm des griechischen Arbeitsamts (OAED) zur Beschäftigung von 6.000 hochqualifizierten Arbeitslosen, die jünger als 39 Jahre alt sind, bei Unternehmen im Bereich der Spitzentechnologie und für 15 Monate genannt werden (Odigos tou politi 2018).

Als eine weitere Strategie der griechischen Politik mit langfristigen Zielen zur Bekämpfung des Brain-Drains lässt sich der Versuch interpretieren, eine Umwandlung des Wirtschaftsmodells in eine wissensbasierte Wirtschaft zu

---

[6] Die Effektivität dieser Programme in Bezug auf ihre Ziele gegen die Auswanderung lässt sich zum Teil bestätigen. Laut einer Befragung von EKT unter Forscher*innen, die in einem dieser Programme gefördert wurden, glauben 39,4 Prozent der befragten Personen, dass diese Programme negativ auf eine Migrationsperspektive gewirkt haben (vgl. EKT 2019a: 15).

[7] Wörtlich übersetzt ins Deutsche: „Forschen, Gestalten, Innovieren".

erreichen (Labrianidis/Pratsinakis 2017; Labrianidis 2018). Das bisherige Wirtschaftsmodell Griechenlands, das an der Produktion von nur wenigen wertschöpfungsintensiven Produkten[8] orientiert ist (vgl. Kritikos/Konrad 2016: 82), ist laut Labrianidis (2011) ein Grund für den aktuellen Brain-Drain aus Griechenland, da der griechische Arbeitsmarkt nicht alle inländischen Spitzenkräfte beschäftigen kann (vgl. ebd.: 348; vgl. Labrianidis/Pratsinakis 2017: 2; Labrianidis et al. 2019). In diesem Rahmen wurde auch das neue Wachstumsgesetz (4499/2016) eingeführt, um langfristig die Basis für eine wissensbasierte Wirtschaft zu schaffen und somit zur Bekämpfung der Auswanderung von Hochqualifizierten aus dem Land beizutragen (vgl. Griechische Regierung 2018: 27; Labrianidis 2018).

Auf die Regierung von SYRIZA-ANEL folgte im Juli 2019 die Regierung der liberal-konservativen Partei Nea Dimokratia. Bisher lassen sich nur wenige Maßnahmen zur Politik der Bekämpfung des Brain-Drains bzw. zur Förderung eines Brain-Gains feststellen. Jedoch sind bereits zwei interessante Entwicklungen der neuen Regierung zu erwähnen: Erstens stellte der damalige Arbeits- und Sozialminister, Giannis Vroutsis, im Dezember 2019 die Initiative „Rebrain Greece"[9] vor, in der unterschiedliche (private und staatliche) Akteure mitmachen und die die Bekämpfung des Brain-Drains aus Griechenland bezweckt. Im Rahmen dieser Initiative sind bis jetzt zwei Pilotprogramme entwickelt worden: Das Pilotprogramm „Ellada … Ksana", d. h. „*Griechenland …Wieder*", das die Rückkehr ausgewanderter Hochqualifizierter aus Griechenland beabsichtigt[10], sowie das Pilotprogramm „*Mechanismus zur Vernetzung*", das eine

---

[8] Darunter kann auch die Tourismusbranche eingeordnet werden. Die Tourismusbranche zählt schon ab Mitte der 1990er Jahre zu den wichtigsten Branchen, da sie zum wirtschaftlichen Wachstum Griechenlands beigetragen hat (vgl. Kompsopoulos 2016: 97). Die Tourismusbranche in Griechenland hat sich auch besonders während der Finanzkrise verstärkt und 2019 kam der Tourismus auf ein Rekordniveau und erreichte 31,3 Millionen Touristen und 17,7 Milliarden Euro an Einnahmen (INSETE 2020a). An erster Stelle bei der Herkunft der Einreisetouristen in Griechenland befinden sich sowohl 2018 als auch 2019 die deutschen Tourist*innen (INSETE 2020b). Wenn berücksichtigt wird, dass die direkten Einnahmen durch die Tourismusbranche Griechenlands 2019 einem Anteil von 20,8 Prozent des gesamten BIP des Landes entsprechen (INSETE o. D.) lässt sich feststellen, wie abhängig die griechische Wirtschaft von deutschen Einreisetourist*innen ist. Die Rolle des Tourismus neben der Rolle der Migrationsströme von der Peripherie ins Zentrum Europas unter Betrachtung der Abhängigkeit europäischer Peripherie-Staaten (u. a. Griechenland) von Staaten des europäischen Zentrums (u. a. BRD) in den 70er Jahren wurde von Seers et al. (1979) thematisiert.

[9] Die Initiative hat erst seit April 2021 ihre eigene Internetseite, auf der nur das neue Pilotprogramm „Mechanismus zur Vernetzung" vorgestellt wird (siehe Rebrain Greece o. D.).

[10] Es ist das erste Mal, dass ein Programm nach dem Ausbruch der Krise direkt als Ziel die Rückkehr der ausgewanderten Hochqualifizierten gesetzt hat. Das Konzept des Programms

Internetplattform ist und das Ziel der Vernetzung von im Ausland lebenden Wissenschaftler*innen, Expert*innen und Forscher*innen mit in Griechenland tätigen Unternehmen gesetzt hat (Rebrain Greece, o. D.). Der Unterschied zwischen dieser Plattform und der bereits bestehenden Internetplattform „Knowledge and Partnership Bridges" ist, dass die neu gegründete einen „Mechanismus zur Vernetzung" von Informationen zu Vakanzen in Griechenland bereitstellt. Außerdem wurde im Rahmen der Initiative „Rebrain Greece" eine Kooperation mit der Präfektur von Westgriechenland eingegangen, wodurch konkrete Maßnahmen zur Umwandlung der regionalen Wirtschaft in ein technologiebasiertes Modell entwickelt werden sollen (Rebrain Westerngreece o. D.). Zweitens dürfen die Wahlberechtigten mit griechischer Staatsangehörigkeit seit der Änderung des Wahlrechts durch das griechische Parlament im November 2019 an griechischen Wahlen teilnehmen, auch wenn sie außerhalb des griechischen Territoriums leben. Diese Entwicklung bedeutet nicht nur auf parlamentarischem Weg die Möglichkeit zur Artikulierung der Interessen ausgewanderter Hochqualifizierter, sondern ist auch ein Versuch, die Beziehung zwischen dem griechischen Staat und den Migrant*innen zu verbessern, zumal zu beobachten ist, dass sie oft eine negative Einstellung ihm gegenüber äußern, wie dies auch bei den Befragten dieser Studie unter Bezug auf die politischen Einflussfaktoren für ihre Migrationsentscheidung und ihre Rückkehrperspektive erkennbar wurde.

Insgesamt lässt sich feststellen, dass sich vor allem die SYRIZA-ANEL-Regierung an einer Diaspora- und Netzwerkpolitik orientiert hat. Ob die neue Regierung der Nea Dimokratia – beginnend mit dem Programm „*Griechenland ... Wieder*" – diese bisherige Politikausrichtung ändert und den Fokus auf die Rückkehr der ausgewanderten Akademiker*innen nach Griechenland legt, bleibt noch offen und wird erst in den kommenden Jahren zu beurteilen sein. Wäre aber diese neue Orientierung eine realistische Strategie? Die Ergebnisse der vorliegenden Studie zu der Rückkehrabsicht der befragten Migrant*innen zeigen, dass sich einige Befragte positiv zu einer Rückkehroption äußern (siehe Abschnitt 7.2). Eine Rückkehrabsicht der Befragten bedeutet aber nicht unbedingt, dass sie auch wirklich rückkehren werden, zumal diese Absicht sich im Verlauf des Migrationsprozesses verändern kann und unterschiedliche Einflussfaktoren und Motive auf ökonomischer, sozialer, politischer und kultureller Ebene aus Sicht der Befragten bei der Rückkehroption zusammenwirken und ihre Entscheidung beeinflussen können. Wie im Rahmen der Ausführungen zum Forschungsstand

---

zur Rückkehr scheint aber auf Kritikpunkte zu stoßen, zumal das Programm für jede Einstellung von ausgewanderten Hochqualifizierten im privaten Bereich eine Finanzierung nur für ein Jahr und ein Monatsgehalt von 3.000 Euro vorsieht, wovon der Staat 2.000 Euro abdeckt (Höhler 2019).

(siehe Kapitel 2) bereits gesagt, zeigen Studien, dass fast die Hälfte der befragten ausgewanderten Hochqualifizierten zurückkehren würden (vgl. KapaResearch 2018; EKT 2019: 19; Tolios/Thanos 2020). Diese Ergebnisse dokumentieren ein gewisses Rückkehrpotenzial und bestärken somit eine mögliche Brain-Gain-Perspektive für den griechischen Staat. Offen bleibt jedoch, ob und wie viele von den ausgewanderten Hochqualifizierten wirklich zurückkehren werden, zumal kaum statistische Daten zur Verfügung stehen, aus denen ersichtlich wird, welches Ausbildungsniveau bisher nach Griechenland zurückgekehrte Migrant*innen aufweisen. Die Befragung durch das Dokumentationszentrum EKT (2019) mit Postdoktorand*innen, die vom „Förderprogramm von Postdoktorand*innen" zwischen 2017 und 2019 gefördert wurden, zeigt jedoch, dass nur 12,1 Prozent der Befragten ihren Doktortitel an einer nicht-griechischen Hochschule erlangt haben (vgl. ebd.: 16). Anhand von Daten der BÄK lässt sich auch feststellen, dass die Rückkehr von Ärzt*innen aus Deutschland nach Griechenland tendenziell zurückgeht, wie Tabelle 9.1 aufzeigt.

Tabelle 9.1 Abwanderung von Ärzt*innen aus Deutschland nach Griechenland von 2013 bis 2020

Jahr	Anzahl der migrierten Ärzt*innen (davon mit deutscher Staatsangehörigkeit)
2013	84 (12)
2014	97 (12)
2015	86 (7)
2016	66 (6)
2017	69 (7)
2018	65 (4)
2019	50 (9)
2020	61 (8)

Quelle: Eigene Darstellung nach BÄK 2020i; 2019b; 2018c; 2017b; 2016b; 2015a; 2014b; 2013b

Während 2013 84 Ärzt*innen aus Deutschland zurück nach Griechenland migriert sind, lag ihre Anzahl im Jahr 2016 bei 66 und 2020 bei 61. Es kann davon ausgegangen werden, dass es unter den aktuellen Bedingungen auf dem griechischen Arbeitsmarkt unwahrscheinlich ist, dass ein großer Teil der ausgewanderten Hochqualifizierten wirklich zurückkehrt. Dies betonten Labrianidis und Pratsinakis schon im Jahr 2016 (vgl. ebd.: 33). Die Rückkehroption von ausgewanderten Hochqualifizierten scheint insbesondere nach der Pandemie, die laut dem Volkswirtschaftswissenschaftler Nikos Bettas eine neue krisenbedingte Situation auf dem griechischen Arbeitsmarkt verursachen wird, noch unwahrscheinlicher (vgl. Georgakopoulos 2021). Folglich wäre der griechische Staat gut beraten, sich in Bezug auf die Brain-Gain-Perspektive weiterhin an einer Diaspora- bzw. Netzwerkpolitik zu orientieren und langfristige Ziele für die Verbesserung des Arbeitsmarkts in hochqualifizierten Sektoren aufzustellen (vgl. Labrianidis 2014: 331). Die Herausforderung für den griechischen Staat bleibt somit, entsprechende Maßnahmen für die Förderung von Alternativen zur Rückkehr der Ausgewanderten einzuleiten, aber auch die Bedingungen für die Einführung einer zukünftigen Rückkehrpolitik vorzubereiten. Mögliche Maßnahmen, die diesem Zweck dienen sollen, werden in den folgenden Abschnitten diskutiert.

Initiativen und Maßnahmen für einen möglichen Brain-Gain
Als Ergänzung zu der bereits umgesetzten Netzwerk- und Diasporapolitik durch die Internetplattform „Knowledge and Partnership Bridges" könnte der griechische Staat den Aufbau von Netzwerken durch Migrant*innen bestimmter hochqualifizierter Berufsgruppen noch stärker fördern, da diese Netzwerke positive Folgen für das Herkunftsland haben können (vgl. Hunger 2003: 15). Netzwerke aus bestimmten hochqualifizierten Berufsgruppen können nicht nur zu Investitionen und zum Wissens- bzw. Geldtransfer ins Herkunftsland beitragen, sondern auch dazu genutzt werden, dass der griechische Staat über vertrauliche Berater*innen und Gesprächspartner*innen im Ausland verfügt (vgl. Sauer 2004: 209). Ein Beispiel dafür in Bezug auf griechische Ärzt*innen in Deutschland ist der Verein griechischer und zypriotischer Ärzt*innen in NRW „Genesis e. V.", der im Dezember 2014 gegründet wurde. Laut dem Vorsitzenden des Vereins[11] agiert „Genesis e. V." als Berater der griechischen Behörden in Deutschland in medizinischen Angelegenheiten und kooperiert mit Ärztevereinen aus Griechenland (z. B. für Konferenzen), wodurch ein Wissensaustausch gefördert wird. Außerdem betreibt der Verein philanthropische Aktivitäten in Griechenland, sowohl während der Pandemie (z. B. Versand von Masken nach Griechenland) als auch vor der Pandemie (z. B. Spenden für soziale Einrichtungen in Griechenland). Das Beispiel des Vereins „Genesis e. V." zeigt, dass die Unterstützung durch solche Vereine, die sich aus migrierten Hochqualifizierten bilden, gewinnbringend für

---

[11] Im Rahmen der Forschung für dieses Projekt wurde auch ein Hintergrundgespräch mit dem Vorsitzenden des Vereins im Juni 2020 durchgeführt, um aktuelle Informationen zur Migration von Ärzt*innen aus Griechenland nach Deutschland zu sammeln. Zu dem Interview wurde ein Gedächtnisprotokoll geschrieben.

den griechischen Staat sein kann. Derartige Vereine können als Netzwerke agieren und nicht nur zum Transfer von Wissen, sondern auch zur finanziellen und materiellen Unterstützung Griechenlands beitragen. Obwohl durch solche Netzwerke Chancen für eine mögliche Rückkehr infolge der Kontaktaufnahme mit Berufsgruppen in Griechenland entstehen, muss auch berücksichtigt werden, dass sie gleichzeitig auch zur Fortsetzung der Einwanderung von Griechen nach Deutschland beitragen können und somit der deutsche Staat auch Interesse daran hätte, die Gründung solcher Vereine zu fördern.

Des Weiteren ist die Aufrechterhaltung von Kontakten zwischen dem griechischen Staat und den ausgewanderten Hochqualifizierten für eine Brain-Gain-Perspektive wichtig. Damit ist nicht nur die mögliche Rückkehr gemeint, sondern auch der Transfer des im Ausland erworbenen Know-hows. Letzteres kann beispielsweise durch die Einladung von ausgewanderten Wissenschaftler*innen aus der Diaspora zu Konferenzen und Tagungen in Griechenland erfolgen. Diese Maßnahme betrifft besonders den Medizin- und den Hochschulbereich. Bedeutsam ist dafür aber die weitere Erfassung dieser Wissenschaftler*innen, was auch Ziel der Plattform „Knowledge and Partnership Bridges" ist. Hierbei können auch die griechischen Hochschulen aktiv sein, wenn Alumni-Vereinigungen mit den Absolvent*innen der Hochschulen gegründet werden (vgl. Sauer 2004: 172). Als gelungenes Beispiel einer solchen Strategie kann das im Jahr 2013 erfolgreich aufgelegte israelische Programm „Israel National Brain Gain Program" genannt werden. Das Projekt hatte zum Ziel, die Schaffung einer Datenbank zu im Ausland lebenden israelischen Professor*innen und im Anschluss daran reguläre Kontakte mit diesen zu halten, um ihnen Workshops anzubieten und Unterstützung für ihre Rückkehr bereitzustellen. Durch dieses Projekt sind ca. 500 Professor*innen nach Israel zurückgekehrt (vgl. Mylonas 2017: 19). Ergänzend dazu sollte das Phänomen der Auswanderung von Hochqualifizierten vom griechischen statistischen Amt (EL.STAT.) gezielter analysiert werden, damit relevante statistische Daten zu ihrer Aus- und Einwanderung zur Verfügung stehen, um einen besseren Überblick über den Umfang des Phänomens zu erzielen.

Darüber hinaus empfiehlt es sich, auf eine familienfreundliche Arbeitspolitik zu achten. In Anbetracht des erwähnten demographischen Problems sollten insbesondere junge hochqualifizierte Arbeitskräfte in Griechenland unterstützt werden, zumal die begrenzten Perspektiven zur Gründung einer Familie in Griechenland auch als Grund für die Auswanderungsentscheidungen der Hochqualifizierten zu betrachten sind (siehe Fall Dimos). Eine familienfreundliche Arbeitspolitik kann mit den folgenden Maßnahmen erfolgen: Steuererleichterungen für Haushalte mit Kindern, Anreize für die Gründung einer Familie, Stärkung der kostenfreien frühkindlichen Bildung und Betreuung (vgl. Bank von Griechenland 2019: 97) sowie mehr Urlaubstage für beschäftigte Eltern und Erhöhung des Kindergeldes. Mit einer familienfreundlichen Arbeitsmarktpolitik wird sowohl das demographische Problem bekämpft wie auch Emigrationsanreize für junge Hochqualifizierte in Griechenland gesenkt. Mit Fokus auf eine familienfreundlichere Politik können Projekte zur Förderung der Rückkehr von ausgewanderten Hochqualifizierten entwickelt werden. Charakteristisch ist das Projekt „Plan for Return of Talent" der Kommune Valladolid in Spanien, das Hochqualifizierte anziehen soll. Die Kommune Valladolid übernimmt nicht nur einen Teil der Migrationskosten (Reisekosten, temporäre Mietkosten), sondern sie fördert auch Spanischsprachkurse für die Partner*innen der Rückkehrenden (vgl. European Commission 2018b: 135). Letztere Maßnahme eignet sich besonders für Fälle, in denen es um die Rückkehr von ausgewanderten Hochqualifizierten mit ausländischen Partner*innen geht. Hier ist zu bedenken, dass die Möglichkeiten, eine Stelle auf dem griechischen Arbeitsmarkt zu bekommen, ohne Griechischkenntnisse im öffentlichen Bereich begrenzt sind.

Eins ist durch die Analyse der Motive und der Einflussfaktoren der Migration (Abschnitt 7.1) herausgearbeitet worden: Der Einfluss des Motivs mit der Migration berufliche Sicherheit zu erlangen, ist von zentraler Bedeutung. Eine Strategie zur Senkung des Emigrationsanreizes, als auch als eine Bedingung zur Rückkehr von ausgewanderten Hochqualifizierten, ist ein Angebot von sicheren Arbeitsperspektiven auf dem griechischen Arbeitsmarkt und das ist mit der Schaffung einer größeren Anzahl von Arbeitsplätzen möglich. Nur so kann ein entscheidender Rückkehranreiz entstehen und langfristig eine Wende einläuten. Wie dies und die Begünstigung von Brain-Gain-Perspektiven in jedem untersuchten Sektor konkret aussehen könnten, soll im Folgenden kurz skizziert werden.

Gesundheitssektor
Während am Anfang der Finanzkrise argumentiert werden konnte, dass die Anzahl der zugelassenen Medizinstudierenden wegen der langen Wartezeiten vor Beginn der Fachärzt*inausbildung niedrig gehalten werden sollte, ist diese Maßnahme aufgrund der massiven Auswanderung von Ärzt*innen aus Griechenland und des damit zusammenhängenden drastischen Rückgangs der Wartezeit zur Erlangung einer Fachärzt*inausbildungsstelle nicht mehr empfehlenswert. Um die aktuellen Emigrationsanreize für Medizinabsolvent*innen aus Griechenland zu senken, könnte die Verbesserung der Qualität der Fachärzt*inausbildung (siehe dazu die Fallanalyse von Klelia) entscheidend darauf wirken. Diese setzt neue Investitionen in den – insbesondere von den Sparmaßnahmen betroffenen – öffentlichen Gesundheitssektor voraus, damit der Mangel an Ausstattung in den öffentlichen Krankenhäusern behoben wird. Hinsichtlich einer angestrebten

Rückkehr von in Griechenland ausgebildeten Ärzt*innen können verschiedene Initiativen ergriffen werden. Der griechische Staat müsste zusätzliche Mittel freisetzen, um den Mangel an Medizinpersonal in öffentlichen Krankenhäusern – insbesondere im ländlichen Raum und auf den Inseln – zu beheben und ausgewanderte Ärzt*innen zur Rückkehr nach Griechenland zu bewegen. Beispielsweise könnten Ärzt*innen bei Niederlassung in diesen Regionen Zuschüsse und Steuererleichterungen gewährleistet werden. Solche finanziellen Anreize müssen schon fast gegeben werden, da die Einkommensunterschiede bei Ärzt*innen zwischen Griechenland und Deutschland enorm sind (siehe Abschnitt 5.1).

Die Auswanderung von Mediziner*innen hat insbesondere in Zeiten der Pandemie deutlich gemacht, was für ein sensibles Thema das für die Herkunftsländer sein kann. Außerdem sollte nochmals betont werden, dass im Rahmen der Alterung der Gesellschaft in Griechenland, ein wachsender Bedarf an Medizinpersonal zu erwarten ist. Angesichts dieser Situation könnte der griechische Staat in Kooperation mit anderen Mitgliedsstaaten, die unter dem gleichen Phänomen leiden (z. B. Rumänien), anstreben, die moralischen Dimensionen des EU-internen-Brain-Drains von Ärzt*innen auf EU-Ebene zu thematisieren. Um die Akkumulation von Ärzt*innen im Zentrum von Europa zu vermeiden, könnte die EU sich für die Rückkehr von Ärzt*innen nach ihrer Fachärzt*inausbildung zurück in ihre Herkunftsländer einsetzen, da die Herkunftsstaaten der migrierten Ärzt*innen als einzelne Akteure diese Auswanderung im Rahmen der EU-Freizügigkeit nicht beschränken können. Dabei könnte die EU auch zur Erhöhung der Gehälter in den von der Auswanderung von Ärzt*innen betroffenen Ländern beitragen, damit die Emigration aufgrund der Einkommensunterschiede zwischen den EU-Ländern zurückgeht.

Wissenschaftssektor

Die finanzielle Unterstützung der staatlichen Forschungseinrichtungen und insbesondere der Hochschulen scheint nach den eingeführten Kürzungsmaßnahmen im Rahmen der Memoranda notwendig zu sein. Eine derartige Unterstützung bezieht sich auch auf die Infrastruktur der Hochschulen, damit sich die Qualität der Ausbildung von Studierenden und Nachwuchswissenschaftler*innen verbessert. Jedoch könnten ein weiteres zentrales Problem im Wissenschaftsbereich und insbesondere in Bezug auf die geisteswissenschaftlichen Disziplinen die begrenzten Finanzierungsmöglichkeiten in Griechenland sein, wie dies auch in den Erzählungen von befragten Nachwuchswissenschaftler*innen der Studie bestätigt wurde. Um die Finanzierung von Nachwuchswissenschaftler*innen zu gewährleisten, könnten weitere Quellen herangezogen und entsprechende Institutionen, wie die neu gegründete Stiftung ELIDEK, geschaffen werden. Darüber hinaus ist in der akademischen Hierarchieskala der griechischen Hochschulen die Etablierung von weiteren Stufen, auf denen Nachwuchswissenschaftler*innen angestellt werden können, notwendig, da sie zurzeit nur als „spezielles Bildungspersonal" im Hochschulbereich beschäftigt sein können (siehe Abschnitt 5.1.2). Auch hinsichtlich der Postdoktorand*innen müssten Beschäftigungsmöglichkeiten und neue Karriereoptionen an den Hochschulen (z. B. Juniorprofessur-Stellen) eingerichtet werden, damit die Auswanderung junger Wissenschaftler*innen aus Griechenland begrenzt wird.

Empfehlenswert ist zudem eine Hochschulpolitik zur Rekrutierung von im Ausland tätigen Nachwuchswissenschaftler*innen und Professor*innen, die in Griechenland qualifiziert wurden. Davon könnte das griechische Hochschulsystem, auch kurzfristig durch Gastprofessuren und Austausch-Programme, profitieren. Auf diesem Wege kann der Transfer von innovativen Ansätzen und von Wissen aus dem Ausland ins griechische Hochschulsystem ermöglicht werden. In Hinblick auf die Geschlechterdifferenz bei den angestellten Lehrenden an den griechischen Hochschulen (siehe Abschnitt 5.2.2) können auch gezielt ausgewanderte Nachwuchswissenschaftlerinnen eingestellt werden, um die Frauenquote an den griechischen Hochschulen zu erhöhen und einen Brain-Gain zu erreichen. Im Rahmen der Internationalisierung der griechischen Hochschulen könnten zudem englischsprachige Fakultäten innerhalb der existierenden Hochschulen gegründet werden. Das kann zur Rekrutierung von internationalen Studierenden und zur Schaffung von neuen Lehrstühlen führen, für die ausgewanderte Nachwuchswissenschaftler*innen und Professor*innen bei ihrer Rückkehr in der Besetzung priorisiert werden. Was jedoch die Geistes- und Sozialwissenschaften betrifft: Aufgrund der Affinität des Landes zu seiner Geschichte können insbesondere geisteswissenschaftliche Disziplinen (Archäologie, Graecum, Geschichte) und aufgrund des Sachverhalts, dass Griechenland die letzten Jahre im Zentrum von Krisen (d. h. Asyl- und Finanzkrise) stand, insbesondere Sozialwissenschaften gefördert werden, damit internationale Tagungen regelmäßig in Griechenland organisiert und Kooperationen mit internationalen Universitäten etabliert werden.

ITK-Sektor

Der ITK-Sektor ist im Vergleich zu den anderen hier untersuchten Sektoren stärker privatwirtschaftlich organisiert. Somit hat der Staat in diesem Tätigkeitsfeld begrenztere Interventionsmöglichkeiten. Außer Initiativen, die schon seitens des griechischen Staats ergriffen wurden (z. B. Start-up-Programme zur Förderung von Unternehmensgründungen, Vernetzung mit IT-Expert*innen im Ausland, die zu Direktinvestitionen in Griechenland beitragen können), wäre es strategisch klug, internationale IT-Konzerne anzuziehen. Wie der Ansatz von Salt (1997) betont, schaffen internationale Konzerne Migrationskanäle und dadurch könnten ausgewanderte IT-Expert*innen durch sie nach Griechenland zurückkehren, wenn internationale IT-Konzerne in Griechenland investieren. Außerdem werden, wie auch in den Interviews mit den Befragten aus dem ITK-Bereich festgestellt wurde, internationale Konzerne als attraktive Arbeitgeber betrachtet, die die Emigrationsanreize für IT-Expert*innen in Griechenland sicher mindern würden.

Abschließend wurde insgesamt aufgezeigt, dass eine Rückkehrpolitik seitens des griechischen Staats gegenüber seinen ausgewanderten Hochqualifizierten momentan wegen der Situation auf dem Arbeitsmarkt nicht effektiv sein kann. Die bisherige Orientierung an der Netzwerk- und Diasporapolitik zur Erreichung eines Brain-Gains scheint eine plausiblere Strategie zu sein. Damit die Rückkehr der ausgewanderten Hochqualifizierten realistisch sein kann, müssen drei Bedingungen erfüllt werden: 1) Etablierung eines neuen Wirtschaftsmodells, damit die inländische Wirtschaft sich an hochwertigen Produkten orientiert und somit diverse Beschäftigungsmöglichkeiten für Hochqualifizierte geschaffen werden, wobei, wie bereits erwähnt, zu dieser Richtung auch die ausgewanderten Hochqualifizierten durch die Netzwerke beitragen können, 2) Planung und Einführung bereits im Vorfeld von Maßnahmen, damit die rückkehrenden Hochqualifizierten vom griechischen Arbeitsmarkt absorbiert werden können, 3) gleichzeitig sollten aber auch auf EU-Ebene Initiativen zur Bekämpfung des EU-internen Brain-Drains ergriffen werden, um die Brain-Circulation zu fördern.

9.3   Zwischenfazit

Es wurde gezeigt, dass der untersuchte Fall für beide Staaten keine Win-win-Situation darstellt. Vielmehr ist momentan ein Brain-Gain für Deutschland und ein Brain-Drain für Griechenland feststellbar. Die hochqualifizierte Migration von Griechenland nach Deutschland ist gekennzeichnet durch die gegensätzlichen Interessen, die beide Länder an den migrierten Fachkräften haben. Das Interesse aufseiten des deutschen Staats besteht darin, die Fachkräftebasis in den Sektoren, in denen Bedarf an mehr Fachkräften herrscht, zu sichern, während es im Interesse des griechischen Staats liegt, die Auswanderung von Hochqualifizierten zu beschränken und eine Brain-Circulation bzw. einen Brain-Gain bei den bereits ausgewanderten Hochqualifizierten zu erreichen. Dies sind auch die zentralen Herausforderungen für die beiden Staaten in der Zukunft. Die Etablierung einer temporären, zirkulären hochqualifizierten Migration könnte hierbei eine Lösung sein und eine Win-win-Situation für beide Länder herbeiführen. Denn während der deutsche Arbeitsmarkt durch diese temporäre Migration (z. B. eine kurz-fristige Migration gezielt für den Abschluss der Fachärzt*inausbildung) seine Fachkräftelücke zum Teil abdecken kann, kann der griechische Staat durch die Rückkehr der migrierten Hochqualifizierten von dem neuen Wissen und Know-how aus dem Ausland profitieren. Da aber dieses Szenario, wie bereits erläutert, unter den aktuellen Bedingungen in Griechenland und aufgrund der großen Ein-kommensunterschiede zwischen den beiden Ländern sowie wegen abweichender beruflicher Perspektiven momentan kaum vorstellbar ist, sollte es auf EU-Ebene entsprechende Maßnahmen geben, um eine Brain-Circulation zu fördern.

Somit wird deutlich, dass Griechenland, als Land der EU-Peripherie, seine Hochqualifizierten, die mit öffentlichen Mitteln ausgebildet wurden, schwer im Land halten kann. Die ökonomischen Disparitäten innerhalb der EU vergrö-ßern sich durch den EU-internen Brain-Drain, da hierdurch eine Akkumulation hochwertigen kulturellen Kapitals in inkorporierter Form im Zentrum der EU entsteht. Eine Beschränkung des EU-internen Brain-Drains kann sich positiv auf die Zukunft der EU auswirken, indem die Vergrößerung der Disparitä-ten innerhalb der EU vermieden wird. Das hier untersuchte Phänomen der Migration von Hochqualifizierten aus Griechenland nach Deutschland – und die Betrachtung des Beitrags, den der Einreisetourismus aus Deutschland nach Griechenland zur griechischen Wirtschaft leistet – bestätigt das Kern-Peripherie-Modell, das bereits in den 70er Jahren am Beispiel der damaligen sogenannten „Gastarbeiter*innen"-Migration zu erkennen war (Seers et al. 1979).

Fazit und Ausblick

Zusammenfassung der Ergebnisse

Ziel der vorliegenden Studie war es, die bisher unerforschte hochqualifizierte Migration aus Griechenland Richtung Deutschland, die seit dem Ausbruch der Finanzkrise 2009 fortbesteht, empirisch zu untersuchen und dabei die Migrationsmotive und -einstellungen der Hochqualifizierten dieser EU-Wanderung zu untersuchen. Damit sollten wichtige Lücken im Bereich der Forschung zur Migration von Hochqualifizierten (aus Griechenland nach Deutschland) geschlossen werden. Die Studie lässt sich in der sozialwissenschaftlichen empirischen Migrationsforschung verorten. Die zentrale Forschungsfrage der Studie thematisiert die Migrationsmotive bzw. die subjektiven Gründe der Migrationsentscheidung der Hochqualifizierten aus Griechenland. Diese klassische Migrationsforschungsfrage war und ist deswegen von Interesse, weil die Zuwanderung von Hochqualifizierten aus Griechenland nach Deutschland weiterhin anhält und trotz ihrer Relevanz für Ziel- und Herkunftsland bisher noch nicht systematisch erforscht wurde (siehe Kapitel 2). Dahingehend, sowie auf der Grundlage von berücksichtigten Migrationstheorien aus unterschiedlichen Disziplinen (siehe Kapitel 3), beabsichtigte die Studie, insbesondere die Rolle von ökonomischen, politischen und sozialen Rahmenbedingungen in beiden Ländern für individuelle Migrationsentscheidungen zu rekonstruieren.

Ein weiterer Erkenntnisgegenstand der Arbeit war die Bleibeperspektive aufseiten der Migrierten bezogen auf Deutschland. Erforscht werden sollte, inwieweit eine Verbindung zwischen den zugewanderten Hochqualifizierten und einer temporären bzw. zirkulären Migration besteht (vgl. Faist 2013: 1638), um auch die Perspektiven des Transnationalismus zu berücksichtigen (Glick-Schiller et al. 1992). In Anlehnung an den Begriff *Stasis* (Glick-Schiller/Salazar 2013), mit

© Der/die Autor(en), exklusiv lizenziert an Springer Fachmedien Wiesbaden GmbH, ein Teil von Springer Nature 2022
A. Gkolfinopoulos, *Deutschland als Magnet für Hochqualifizierte aus Griechenland*, Interkulturelle Studien,
https://doi.org/10.1007/978-3-658-39985-6_10

welchem sich die deutschsprachige Migrationsforschung bisher nicht auseinandergesetzt hat, wird auch der Frage nachgegangen, was potenzielle Migrant*innen in Griechenland dazu veranlasst, dort zu verbleiben und nicht zu migrieren. Ein weiterer zentraler Aspekt der Studie ist der Brain-Drain (Hunger 2003). Anhand dieses theoretischen Ansatzes konnte die Reflexion der Folgen der Abwanderung von Hochqualifizierten für das Herkunftsland aus der Perspektive der Hochqualifizierten rekonstruiert und diskutiert werden. Damit untersucht diese Arbeit im Gegensatz zur bisherigen Forschung auch die moralische Dimension des Brain-Drains aus der Sicht der Migrierenden.

Die untersuchte Migration findet in unterschiedlichen politisch-ökonomischen Kontexten statt. Erstens geht es um den Kontext der Finanzkrise in Griechenland, zweitens um den Kontext der Fachkräftesicherung und den damit zusammenhängenden erhöhten Bedarf an internationalen Fachkräften in Deutschland und drittens um den Kontext der generellen EU-Migration sowie der allgemeinen EU-Freizügigkeit, die rechtlich die hier untersuchte Migration regelt (siehe Kapitel 4).

Mithilfe von Daten statistischer Behörden (Eurostat, Destatis) wurde aufgezeigt, dass Deutschland – wie in den 1960er- und 1970er Jahren im Rahmen der „Gastarbeiter*innenmigration"– das wichtigste Zielland der Zuwanderer aus Griechenland darstellt (vgl. Tabelle 1.1 und Tabelle 2.1). Unter den griechischen Migrierten in Deutschland steigt der Anteil Hochqualifizierter an (siehe Tabelle 1.2). Dies bestätigt die Migration von Hochqualifizierten aus Griechenland nach Deutschland, die noch nicht erforscht wurde (siehe Kapitel 2), obwohl eine solche Migration in andere Zielländer bereits empirisch geprüft und untersucht wurde (Labrianidis/Pratsinakis 2016; Chalari/Koutantou 2021).

Darüber hinaus wurde ebenso in Kapitel 2 angeführt, dass in bisherigen Studien zu den Gründen für eine Migrationsentscheidung hochqualifizierter Migrant*innen aus Griechenland (siehe Labrianidis/Pratsinakis 2016; Stavrianakis 2019; Chalari/Koutantou 2021; Tolios/Thanos 2021) keine vergleichende berufssektorale Perspektive eingenommen wurde. Vielmehr wird die Gruppe der Hochqualifizierten in Bezug auf die Migrationsgründe bzw. -motive als homogen betrachtet, ohne die Besonderheiten jedes beruflichen Sektors wahrzunehmen. Um diese bisherige Vernachlässigung der vergleichenden berufssektoralen Perspektive zu überwinden, fokussiert die vorliegende Studie auf drei verschiedene Berufsgruppen bzw. Vergleichsgruppen (1. Ärzt*innen, die eine Fachärzt*inausbildung absolvieren bzw. absolvieren möchten, 2. Nachwuchswissenschaftler*innen aus geisteswissenschaftlichen Disziplinen, 3. IT-Expert*innen). Im Rahmen der zentralen Fragestellung wurde auch die Hypothese aufgestellt, dass aufgrund der Besonderheiten jedes untersuchten Sektors unterschiedliche Beweggründe und Motive für die Migration pro Fallgruppe anzutreffen sind.

Mit Blick auf die aktuellen (arbeitsmarkt-)politischen und ökonomischen Rahmenbedingungen wurden die entsprechenden drei Sektoren in beiden Ländern analysiert (Kapitel 5) und es wurde auch im Hinblick auf die unterschiedlichen Berufsperspektiven dieser drei Berufsgruppen auf den Arbeitsmärkten in den beiden Ländern begründet, warum sie für diese Studie ausgewählt wurden (siehe auch Abschnitt 5.4). Die Betrachtung dieser Verhältnisse dient den Zwecken der Kontrastierung der Fallgruppen und der Vergleichsmöglichkeit gemäß dem Samplingverfahren mit vorab festgelegten Gruppen (vgl. Flick 2016: 158). Parallel dazu wurde auch dargelegt, dass im Laufe der vergangenen Jahre die Präsenz griechischer Ärzt*innen im deutschen Gesundheitssektor (Tabelle 5.4), griechischen wissenschaftlichen und künstlerischen Personals an deutschen Hochschulen (Tabelle 5.7) und griechischer sozialversicherungspflichtig Beschäftigter im deutschen ITK-Sektor (Tabelle 5.16) zugenommen hat. Diese Entwicklung kann mit der Migration von Hochqualifizierten aus Griechenland in Verbindung gebracht werden und bestätigt, dass eine Einwanderung nach Deutschland von Hochqualifizierten aus Griechenland in die untersuchten Sektoren stattfindet.

Die Interviewpartner*innen aus den bereits erwähnten vorab festgelegten Fallgruppen wurden mittels halbstandarisierter Interviews zu ihren subjektiven Beweggründen bzw. zu ihren Migrationsmotiven, ihrer Bleibeperspektive in Deutschland oder ihren Gründen für die *Stasis* sowie auch zu ihrem moralischen Umgang mit dem Brain-Drain-Phänomen befragt. Die Datenauswertung erfolgte mittels des thematischen Kodierens nach Flick (1996).

Bevor die Ergebnisse der Studie zusammengefasst werden, soll nochmals betont werden, dass diese nicht repräsentativ sind. Die Ergebnisse basieren auf einer *relativen Verallgemeinerung*, die durch die *Heterogenität des Untersuchungsfeldes* gewährleistet wird (vgl. Kruse 2015: 237). Diese Heterogenität war durch die Kontrastierung der einbezogenen Fälle auf Basis ihrer Merkmale bei dem Fallauswahlprozess möglich (siehe Abschnitt 6.3). Mittels der *theoretischen Sättigung* (Glaser/Strauss 1998) wurde versucht, innerhalb jeder Fallgruppe unterschiedliche Fälle zu berücksichtigen, sodass die erwünschte Validierung der Ergebnisse erreicht werden kann.

In den folgenden Zeilen sollen auf Grundlage der Datenanalyse die Ergebnisse der Interviews vorgestellt und die Antworten auf die zentralen Fragestellungen der Studie angeführt werden. Gleichzeitig wird eine Rückkoppelung der Ergebnisse mit den berücksichtigten Theorien versucht, um weitere Schlussfolgerungen zu ziehen und Thesen zu entwickeln. Demnach lassen sich die folgenden Ergebnisse formulieren:

Bei der Migrationsentscheidung der befragten Hochqualifizierten aus Griechenland sind vielfältige Motive für die Migration sowie diverse Einflussfaktoren relevant. Diese beziehen sich auf vier Handlungsdimensionen (Ökonomie, Gesellschaft, Politik, Kultur). Das bedeutet, dass sich eine Migration nicht nur aus dem Blickwinkel einer einzigen Migrationstheorie, die den Fokus auf nur eine Perspektive (z. B. ökonomische Gründe) legt, erklären lässt. Migration ist ein vielschichtiges Phänomen und die unterschiedlichen Kontexte im Umfeld der Handlungsdimensionen müssen dabei in die Überlegungen einbezogen werden. Die theoretische Einrahmung auf Grundlage dieser vier Handlungsdimensionen erscheint daher sinnvoll, da eine Migrationsentscheidung durch Einflussfaktoren und Motive aller vier Ebenen bedingt ist (vgl. Geisen 2019: 351). Wie in jeder Fallanalyse deutlich geworden ist, trägt jeder Einflussfaktor jeder Dimension zu einer Migrationsentscheidung bei. Die Absenz eines dieser Faktoren (z. B. die Abwesenheit von beruflichen Netzwerken) könnte hinderlich für die Migration einer*s Hochqualifizierten sein.

Des Weiteren wurde einerseits erkennbar, dass Unterschiede zwischen den drei untersuchten Berufsgruppen bezüglich der Motive für die Migration auf ökonomischer, politischer und sozialer Ebene existieren. Andererseits werden einige Migrationsmotive und Einflussfaktoren – meistens diejenigen der kulturellen Handlungsdimension – berufsübergreifend erwähnt, d. h. sie werden von Vertreter*innen jeder Berufsgruppe thematisiert.

Unterschiede zeigten sich in Bezug auf die *einkommensmaximierenden Motive und Einflussfaktoren*, zumal sie insbesondere von den IT-Expert*innen und den Nachwuchswissenschaftler*innen in Verbindung mit ihrer Migrationsentscheidung angeführt wurden, weniger von den Ärzt*innen. Mit Blick auf die herrschenden Bedingungen auf dem Arbeitsmarkt der jeweiligen untersuchten Sektoren in beiden Ländern kann auf die folgenden Studienergebnisse hingewiesen werden: Während für Ärzt*innen im Rahmen der Facharzt*inausbildung ein Einkommen in beiden Ländern sichergestellt ist, ist das während der Nachqualifizierungsphase der geisteswissenschaftlichen Nachwuchswissenschaftler*innen nicht der Fall, zumal sie nicht immer mit einer Stelle oder einem Stipendium verbunden werden kann. Dennoch stehen den Nachwuchswissenschaftler*innen in Deutschland zweifelsohne bessere Finanzierungsmöglichkeiten als in Griechenland zur Verfügung. Hingegen haben IT-Expert*innen gewisse berufliche Perspektiven in beiden Ländern. Diese scheinen aber in Deutschland deutlich besser zu sein, sodass für ihre Migrationsentscheidung einerseits das *Motiv des Strebens nach beruflicher Sicherheit*, die mit einer drohenden Arbeitslosigkeit und prekären Arbeitsverhältnissen auf dem griechischen IT-Arbeitsmarkt zusammenhängt, und andererseits die große Diskrepanz in den Verdienstmöglichkeiten zwischen den beiden Ländern relevant sind. Solche Motive für die Migration lassen sich mit mikroökonomischen Ansätzen (Sjaastad 1962; Todaro 1969; Pissarides/Wadsworth 1989) theoretisch einrahmen, wenn die Migrant*innen durch die Migration ihr Einkommen maximieren möchten und dazu die Beschäftigungschancen im Zielland (Todaro 1969) und im Herkunftsland (Pissarides/Wadsworth 1989) hinsichtlich ihrer Migrationsentscheidung berücksichtigen. Ein weiterer Unterschied zwischen den Vergleichsgruppen existiert auf kultureller Ebene im Hinblick auf die *Weiterqualifizierung als Motiv*, insbesondere weil die untersuchten Gruppen der Nachwuchswissenschaftler*innen und Ärzt*innen sich in einer Weiterqualifizierungsphase befinden, ein Aspekt, der bei den IT-Expert*innen kaum eine Rolle spielt. Diese Thematik wurde mithilfe des kulturellen Kapitals nach Bourdieu (2012[1983]) theoretisch eingerahmt.

Die deutlichsten Unterschiede zwischen den drei untersuchten Berufsgruppen bestehen auf der Ebene der sozialen Motive und Einflussfaktoren. Für die zugewanderten Ärzt*innen aus Griechenland nach Deutschland sind *ethnische und berufliche Netzwerke* von zentraler Bedeutung für ihren Migrationsprozess. Über diese Netzwerke erhalten die potenziellen Migrant*innen wichtige Informationen über den deutschen Gesundheitssektor. Entscheidend für die Zuwanderung der befragten Nachwuchswissenschaftler*innen aus Griechenland nach Deutschland wirken hingegen die *transnational weak ties*, die oft über Professor*innennetzwerke oder über Hochschulkooperationen (z. B. das Erasmus-Programm) entstehen und direkt zu Weiterqualifizierungsangeboten an deutschen Hochschulen beitragen. Ähnliche Wege von Griechenland nach Deutschland werden im ITK-Sektor geschaffen. Diese stammen aber, wie die Studienergebnisse gezeigt haben, meistens von Firmen (in Deutschland), die mit Universitäten kooperieren und Studierenden Praktika anbieten. Dadurch findet eine anfänglich temporäre Migration statt, die der Dauer des Praktikums entspricht. Diese kann zu einer längerfristigen Migration werden, da weitere Berufschancen unternehmensintern daraus entstehen können. Die von Salt (1988; 1997) beschriebenen Migrationskanäle über die Unternehmen werden somit auch in Verbindung mit Hochschulen auf Grundlage von Praktikumsstellen (Pethe 2006) für IT-Studierende eröffnet. Die unterschiedlichen sozialen Netzwerke tragen demnach zur Verwirklichung der hier untersuchten hochqualifizierten Migration entscheidend bei. Dieses Ergebnis widerspricht der These von Damanakis (2014), nach der diese Netzwerke bei der Migration von Hochqualifizierten irrelevant sind (vgl.: 146 f.). Die vorliegende Studie betont demgegenüber die große Rolle der Netzwerke (Vertovec 2002) bzw. des sozialen Kapitals (Bourdieu 2012[1983]); Putnam 1995; Flap 2004) bei der aktuellen Migration von Hochqualifizierten aus

Griechenland, die – wie im Forschungsstand aufgezeigt – bisher wenig beleuchtet wurde (siehe Triandafyllidou/Gropas 2014; Stavrianakis 2019).

An diesen Unterschieden zwischen den Vergleichsgruppen der Studie wird zudem deutlich, dass die Migrationsmotive der Hochqualifizierten und die relevanten Einflussfaktoren ökonomischer und sozialer Handlungsdimension von den Besonderheiten in den jeweiligen beruflichen Sektoren abhängen. Diese Feststellung, die dank des Vergleichs zwischen den drei verschiedenen untersuchten Berufsgruppen möglich ist, zeigt, dass die Vernachlässigung der Sektorenanalyse in den bisherigen Studien zu hochqualifizierten Migrant*innen aus Griechenland nicht angemessen war. Die Nichtbeachtung sektoraler Unterschiede kann zu einer falschen Pauschalisierung bzw. Gleichsetzung der Beweggründe von Hochqualifizierten führen.

Politische Einflussfaktoren bzw. Motive treten hinsichtlich der Migrationsentscheidung als Push-Faktoren für die Befragten nur im Zusammenhang mit Griechenland auf, aber zumeist auf Deutschland bezogen, wenn es um die Bleibeperspektive geht, d. h. als Hemmfaktor für eine mögliche Rückkehr nach Griechenland. Dies deutet eine gewisse Unzufriedenheit mit den staatlichen Institutionen und mit der politischen Situation in Griechenland an. Diese Unzufriedenheit wurde aber nur teilweise im Zusammenhang mit der Migrationsentscheidung und nur von Nachwuchswissenschaftler*innen thematisiert.

Mit Blick zum einen auf die Migrationsmotive der Befragten bzw. auf die Einflussfaktoren der Migration in den drei untersuchten Berufssektoren und zum anderen auf die Analyse dieser Sektoren (siehe Kapitel 5) kann der Einfluss der herrschenden politischen und ökonomischen Rahmenbedingungen auf diese Migrationsmotive verdeutlicht werden. Somit können die folgenden Schlussfolgerungen zusammengefasst werden:

Insbesondere im Medizin- und im Wissenschaftssektor wurde die Rolle der politischen Rahmenbedingungen bei der Migrationsentscheidung der Befragten ersichtlich, zumal Einflussfaktoren im Medizinsektor (z. B. *die Wartezeit für die Facharzt*inausbildung* und *die Verschlechterung der Qualität der Facharzt*inausbildung*) oder im Wissenschaftssektor (z. B. *beschränkte Berufsperspektiven* und *begrenzte Stipendienmöglichkeiten*) aufgrund der Struktur dieser Bereiche (siehe Abschnitt 5.1.2 und Abschnitt 5.2.2) eng mit den politischen Entscheidungen auf staatlicher Ebene zusammenhängen. Dies lässt sich auch im Hinblick auf die Pull-Faktoren der befragten Migrant*innen im deutschen Wissenschaftssektor (z. B. *gute berufliche Perspektiven auf dem deutschen Arbeitsmarkt*) oder auch im Medizinsektor (z. B. *einfach zugängliches Einstellungssystem für die Facharzt*inausbildung in Deutschland*) bemerken.

Darüber hinaus wurde – insbesondere im Wissenschaftssektor – deutlich, dass neben den politischen Rahmenbedingungen in beiden Ländern auch diejenigen auf EU-Ebene eine Migrationsentscheidung beeinflussen können. Dies lässt sich durch die zentrale Rolle des Erasmus-Programms erklären, das von Befragten aus den beiden untersuchten Sektoren (Wissenschafts- und Medizinsektor) thematisiert wurde. Daraus entsteht nicht nur ein *Bezug zu Deutschland*, sondern auch *weak ties*, die entscheidend zur Einwanderung nach Deutschland beitragen können. Im ITK-Sektor sind die politischen Rahmenbedingungen weniger relevant im Vergleich zu den anderen beiden Sektoren, da der ITK-Sektor autonomer von den staatlichen Strukturen und eher vom privatwirtschaftlichen Bereich geprägt ist (siehe Abschnitt 5.3). Hierbei sind insbesondere die ökonomischen Rahmenbedingungen der beiden Länder für die Migrationsentscheidung der befragten IT-Expert*innen im Hinblick auf die relevanten ökonomischen Motive zentral.

Außerdem wird der Einfluss der Finanzkrise auf die Motive für die Migration der Befragten in jedem untersuchten Sektor sichtbar. Die Rolle der Finanzkrise ist entscheidend, obwohl Besonderheiten des jeweiligen Sektors, die bereits vor dem Ausbruch der Finanzkrise existierten (z. B. lange Wartelisten für eine Fachärzt*inausbildung in einem griechischen Krankenhaus, wenige Stellen für Nachwuchswissenschaftler*innen als Beschäftigte an griechischen Hochschulen, kleiner ITK-Sektor im Vergleich zum deutschen ITK-Sektor), eine erhebliche Rolle für diese Migration spielen. Die Finanzkrise hat aber zweifelsohne zur Intensivierung des Abwanderungsdrucks (Pelliccia 2013; Labrianidis/Pratsinakis 2016; Koniordos 2017) und zur Migration von Hochqualifizierten aus Griechenland Richtung Deutschland beigetragen (siehe Tabelle 1.2).

Des Weiteren ist auch die Wirkung der sozialen Rahmenbedingungen auf die Migrationsentscheidungen der Befragten deutlich geworden. Diese werden insbesondere in den Erzählungen der befragten Ärzt*innen betont, indem sie sich oft auf berufliche und ethnische Netzwerke beziehen. Von daher kann von einer „*Kettenmigration*" (MacDonald/MacDonald 1964) im Gesundheitsbereich hinsichtlich der Migration von Ärzt*innen gesprochen werden, weil bereits aus Griechenland zugewanderte Ärzt*innen zur Einwanderung weiterer griechischer Ärzt*innen nach Deutschland beitragen. Die Wirkung, die von den sozialen Rahmenbedingungen in Deutschland auf die Migrationsentscheidung der Hochqualifizierten ausgeht, wird auch ersichtlich, wenn die Befragten *strong ties* und *weak ties* (Granovetter 1974) hinsichtlich ihrer Migration thematisieren. Den sozialen Rahmenbedingungen in Griechenland schreiben faktische Migrant*innen eher eine positive Rolle bei der Migrationsentscheidung zu (z. B. *migrationsfördernde Rolle der Familie*); mögliche negative Einflussfaktoren sozialer

Rahmenbedingungen auf ihre Abwanderungsentscheidung werden ausgeblendet
oder im Kontext von soziopolitischen Faktoren thematisiert.

In Anbetracht der Ergebnisse aus den Interviews zur Bleibeperspektive der
Befragten wurde deutlich, dass bezüglich der Frage nach der Bleibeperspektive
ökonomische Motive und Einflussfaktoren unabhängig vom Berufssektor als zentral in den zukünftigen Plänen der Befragten erscheinen. Parallel dazu wurden
weitere interessante Schlussfolgerungen gezogen: *Einkommensbezogene Motive*
werden nur im Kontext mit der Bleibeoption in Deutschland thematisiert, zumal
den Befragten bewusst ist, dass eine Rückkehr wahrscheinlich eine niedrigere
Entlohnung bedeuten würde (Labrianidis 2014: 331). Außerdem wurde festgestellt, dass die faktischen Migrant*innen, für die die Rückkehr eine Priorität ist,
einen *sicheren Arbeitsplatz im studierten Fach* als Voraussetzung für ihre Rückkehr nennen. Die *berufliche Sicherheit als Motiv* in Bezug auf die Bleibe- bzw.
gegen die Rückkehroption erwähnen in erster Linie Befragte des ITK-Sektors und
aus dem Wissenschaftsbereich, da Ärzt*innen das Thema berufliche Sicherheit
nach abgeschlossener Fachärzt*inausbildung wohl als weniger relevant erscheint.
Des Weiteren werden von den Befragten *karriereorientierte Motive* allein im
Zusammenhang mit der Bleibeoption in Deutschland angesprochen.

Darüber hinaus wurde deutlich, dass soziale Motive und Einflussfaktoren
die Entscheidung der zugewanderten Hochqualifizierten zur Bleibeperspektive in
Deutschland beeinflussen können. Jedoch wurde im Gegensatz zu den bisherigen Ergebnissen aus anderen Studien, in denen nur soziale Gründe in Bezug
auf die positive Rückkehrperspektive der Ausgewanderten thematisiert wurden (Labrianidis/Pratsinakis 2016; Iliopoulou 2019; EKT 2019a; Tolios/Thanos
2021), aufgezeigt, dass die zugewanderten Hochqualifizierten während ihres Aufenthalts im Ausland auch neue Sozialbeziehungen entwickeln und dass diese zur
Priorisierung der Bleibeoption in Deutschland führen können. Unzweifelhaft ist
aber, dass die *Präsenz der Familie in Griechenland* als Grund für eine Rückkehr
nach Griechenland von Relevanz ist.

Ein weiteres interessantes Ergebnis bezieht sich auf die politischen und auf
die kulturellen Motive und Einflussfaktoren hinsichtlich der Bleibeperspektive in
Deutschland der befragten faktischen Migrant*innen. Während politische Einflussfaktoren im Zusammenhang mit der Bleibeperspektive der Befragten in
Deutschland stehen, wurden kulturelle Einflussfaktoren von den Befragten meistens als gegen eine Bleibeoption in Deutschland sprechend thematisiert. Diese
kulturellen Einflussfaktoren hängen entweder mit *mangelnden Deutschkenntnissen*
der Befragten zusammen oder mit *subjektiven stereotypischen Einflussfaktoren.*

Abschließend können zur Thematik einer auf Deutschland konzentrierten Bleibeperspektive der zugewanderten Hochqualifizierten aus Griechenland weitere Schlussfolgerungen gezogen werden: Es wurde herausgefunden, dass sich der anfänglich befristete – entsprechend der Zeit der Nachqualifizierungsphase konzipierte – Migrationsplan von Hochqualifizierten wandeln kann (siehe die Fallanalyse von Klelia). Sind die zugewanderten Hochqualifizierten mit den Arbeits- und Lebensbedingungen im Zielland zufrieden – worauf die Ergebnisse der Datenauswertung mit Fokus auf die *ökonomischen Motive und Einflussfaktoren* hinsichtlich der zentralen Thematisierung der *beruflichen Sicherheit als Motiv* hinweisen –, so kann die Rückkehr der Migrierten infrage gestellt sein und die Präferenz einer permanenten Migration artikuliert werden. Es lässt sich somit feststellen, dass die Migration der untersuchten Hochqualifizierten nicht als ein abgeschlossener Prozess zu betrachten ist, zumal neben der Option der permanenten Migration auch die Option der Rückkehr oder auch die Option der Migration in ein drittes Land offensteht und somit transnationale Lebensperspektiven in Anlehnung an das Konzept des Transnationalismus (Glick-Schiller et al. 1992) wahrgenommen werden können. Auf Grundlage dieser Offenheit für vielfältige Migrationsoptionen und Zielländer lassen sich die zugewanderten Hochqualifizierten als *„liquid migrants"* (Engbersen 2012) hinsichtlich ihrer zukünftigen Pläne charakterisieren.

Im Gegensatz dazu wurde diese Offenheit der Migrationsoptionen hinsichtlich der möglichen Zielländer nicht im Rahmen der bereits vorgenommenen Migrationsentscheidung – insbesondere von den befragten Ärzt*innen – festgestellt. Somit stellt sich die Frage, inwieweit der Begriff *„liquid migrants"* (ebd.) für die untersuchten Ärzt*innen hinsichtlich ihrer konkreten Migrationsentscheidung Richtung Deutschland tatsächlich zutreffend ist, wenn die Migration nach Deutschland von ihnen als *„der einzige Weg"*[1] charakterisiert wird. Während für Ärzt*innen die Wartezeit für die Facharzt*inausbildung ein zentraler Grund für ihre Auswanderung war, wurden auch in den anderen Berufsgruppen ökonomische Beweggründe thematisiert (z. B. begrenzte Stipendienmöglichkeiten in Griechenland, beschränkte Berufsperspektiven, prekäre Situation), die eher einen erzwungenen Charakter der Migration (Scherr/Scherschel 2019) als einen kosmopolitischen Charakter etwa im Sinne von *„Eurostars"* (Favell 2008) aufzeigen.

---

[1] Die Migration von Ärzt*innen hat insbesondere gezeigt, dass es tatsächlich kaum Alternativen bei der Wahl der Zielländer gab. Charakteristisch ist, dass das Wort «μονόδρομος», d. h. Einbahnstraße, im Sinne der einzig möglichen Richtung des Wegs, im Kontext der Migrationsentscheidung in drei verschiedenen Interviews mit Ärzt*innen auftaucht (siehe auch das Zitat von Giannis (Z. 10) in Abschnitt 7.1.1).

Im Hinblick auf die Debatte um den Begriff Mobilität und auf die Kontrastierung von Migration versus Mobilität, die eigentlich der Kontrastierung von niedrigqualifizierten Migrant*innen und mobilen Hochqualifizierten entspricht (siehe 1.2.1), erscheint die Verwendung des Begriffs Migration für die vorliegende Studie als zutreffend, wenn der erzwungene Charakter dieser untersuchten Migration und die Integrationsschwierigkeiten einiger Migrant*innen (siehe den Fall von Dimos) berücksichtigt werden. Eine einseitige Verbindung des Begriffs Migration mit niedrigqualifizierten Arbeitskräften und des Begriffs Mobilität mit Hochqualifizierten scheint – bezogen auf das Beispiel der untersuchten Hochqualifizierten – nicht plausibel zu sein. Zudem kann argumentiert werden, dass einerseits die beabsichtigte Dauer des Aufenthalts der untersuchten hochqualifizierten Migrant*innen schwer voraussehbar ist und andererseits auch die griechischen Gastarbeiter*innen hin- und hergewandert sind, obwohl sie meist nicht hochqualifiziert waren (siehe Abschnitt 1.3).

Hinsichtlich der Frage nach den Motiven für eine *Stasis* potenzieller Migrant*innen deuten die Befunde dieser Studie auf Unterschiede zwischen den untersuchten Berufsgruppen hin. Diese Unterschiede lassen sich zum Teil durch die Besonderheiten des jeweiligen Sektors erklären und werden insbesondere bei der Thematisierung ökonomischer Motive und Einflussfaktoren deutlich. Somit werden die Ergebnisse bezüglich der Motive für die Migration durch die Ergebnisse bezüglich der Motive für die *Stasis* bestätigt und beide zeigen die Bedeutung der Besonderheiten des jeweiligen Sektors. Dies wird ersichtlich in Bezug auf die ökonomischen Motive und Einflussfaktoren. Es wurde zum Beispiel bestätigt, dass ökonomische Motive und Einflussfaktoren von den befragten Nachwuchswissenschaftler*innen nur vereinzelt für ihre *Stasis* angeführt werden – aufgrund der beschränkten Finanzierungsmöglichkeiten und Beschäftigungschancen im griechischen Hochschulsektor. Hinsichtlich der Stasis von Ärzt*innen und im Hinblick auf die zentrale Rolle der *karriereorientierten und einkommensbezogenen Motive* wurde deutlich, dass eine *(kurze) Wartezeit für die Fachärzt*inausbildung* in Griechenland – neben dem Status des Krankenhauses – entscheidend für die *Stasis* ist. Im ITK-Bereich und im Hinblick auf die erwähnten ökonomischen Motive wurde ebenfalls bestätigt, dass von den Befragten dieser Berufsgruppe relativ *gute berufliche Chancen* im griechischen ITK-Sektor für ihre *Stasis* wahrgenommen werden.

In diesem Rahmen kann die Bedeutsamkeit der Erforschung der Nicht-Migration für die Erforschung der Migration unter Berücksichtigung der These von Glick-Schiller und Salazar (2013) unterstrichen werden, da mit Fokussierung auf die Gründe, die zur *Stasis* der Hochqualifizierten in Griechenland führen, gleichfalls die Migrationsgründe der zugewanderten Hochqualifizierten aus Griechenland besser beleuchtet werden können. Außerdem wurde deutlich, dass die potenziellen Migrant*innen eine – temporäre oder permanente – Migration nicht ausschließen, auch wenn sie die *Stasis* priorisieren. Die Migration wird auch als eine Alternative dargestellt, um eine Situation der Arbeitslosigkeit unter den krisenbedingten Umständen in Griechenland zu überwinden (siehe die Fallanalyse von Danae). Diese Feststellung begründet demnach die Einordnung der Angehörigen dieser Fallgruppe als potenzielle Migrant*innen und bestätigt die These von Rochel (2017), dass alle Menschen potenzielle Migrant*innen sind. Gleichzeitig wird deutlich, dass mikroökonomische Migrationsansätze (Sjaastad 1962; Todaro 1969; Pissarides/Wadsworth 1989) auch hinsichtlich der *Stasis* Anwendung finden können, wenn sich die potenziellen Migrant*innen aus einem einkommensmaximierenden Kalkül heraus gegen die Migration entscheiden (siehe die Fallanalyse von Ektoras).

Bestätigung finden durch diese Studie die Befunde anderer Studien, wenn es um die Nicht-Migration von jungen Griech*innen aufgrund sozialer Einflussfaktoren geht (KapaResearch 2018; Sakellariou/Theodoridis 2021). Befragte aus allen drei untersuchten Berufsgruppen erwähnten, dass die *Stasis* wegen des *sozialen Kapitals in Griechenland* priorisiert wird. Zugleich werden nur für zwei Befragte die sozialen Rahmenbedingungen im Ausland, die sich aus persönlichen Erfahrungen ergeben, entscheidend für ihre Ablehnung der Migrationsoption. Die Affinitätshypothese (Ritchey 1976; Hugo 1981) kann folglich für die *Stasis* eines großen Anteils der Befragten herangezogen werden.

Des Weiteren scheinen kulturelle Einflussfaktoren bzw. Motive für die *Stasis* der Befragten aus allen drei untersuchten Berufsgruppen besonders relevant zu sein. Neben Motiven, die mit dem kulturellen Kapital zusammenhängen (*Motive für die Weiterbildung* und *sprachbezogene Motive* für die befragten Ärzt*innen), spielen weitere Motive bzw. Einflussfaktoren kulturellen Niveaus, die Stereotype der Lebensbedingungen in Griechenland (z. B. *klimatische Bedingungen, griechischer Lebensstil*) reproduzieren, für die Priorisierung der *Stasis* eine Rolle.

Andere Einflussfaktoren und Motive für die *Stasis* der Befragten sind als politisch einzuordnen. Im Rahmen der Analyse von politischen Motiven (siehe die Fälle von Ektoras und Daphne) für die Stasis wurde auch aufgezeigt, inwieweit die *Stasis* einen dynamischen Aspekt beinhalten kann. Es wurde dargelegt, dass eine *Stasis* auch als eine Stellungnahme (z. B. im Fall von Ektoras *gegenüber dem Auswanderungstrend* von Ärzt*innen aus Griechenland) interpretiert werden kann. Im Gegensatz zum Begriff Immobilität und aufgrund der Etymologie des Begriffs (siehe Abschnitt 3.1) können diese dynamischen Aspekte des Nicht-Migrierens durch *Stasis* besser beschrieben werden. *Stasis* kann somit im Kontext der untersuchten Migration Anwendung finden, da insbesondere in der EU während der Finanzkrise die Entscheidung, nicht zu migrieren, eine politische und bewusste Entscheidung gegen die Migration sein kann.

Ein weiterer zentraler Aspekt der Studie war die Untersuchung der in der Forschung noch kaum behandelten Frage, wie hochqualifizierte (faktische und potenzielle) Migrant*innen (moralisch) mit dem Brain-Drain umgehen und wie sie eine Migrationsentscheidung deuten und bewerten. In Abschnitt 3.2 wurde gezeigt, dass der Begriff Brain-Drain die negativen Konsequenzen des Phänomens für die Herkunftsländer hervorhebt (Hunger 2003; Brock 2015a). Im Anschluss wurde mithilfe von Levinas' Ansatz (1969) erläutert, in welchem Kontext Moral entstehen kann. Von entscheidender Bedeutung ist die Situation, in der das Subjekt wahrnimmt, dass aus seiner Praxis negative Konsequenzen für andere Personen entstehen können (vgl. Kirby/Siplon 2012: 164). Nach der Datenauswertung der Interviews bestätigte sich, dass die Mehrheit der für die Studie befragten faktischen und potenziellen Migrant*innen die negativen Auswirkungen des Brain-Drains auf Griechenland wahrnimmt. Nur zwei Befragte der faktischen Migrant*innen sehen ein Gleichgewicht zwischen den negativen und den positiven Konsequenzen des Brain-Drains für Griechenland und zwei Befragte der potenziellen Migrant*innen konnten positive Effekte erkennen.

Im Anschluss daran wurden die Interviewpartner*innen zu ihrem (moralischen) Umgang mit dem Brain-Drain-Phänomen befragt. Es konnte bei den Interviews mit den faktischen Migrant*innen festgestellt werden, dass nur teilweise *moralische Bedenken zum einen gegenüber sozialen Gruppen* und zum anderen *gegenüber ihrem Land* in Bezug auf den Brain-Drain, zu dem sie durch ihre Migration beitragen, artikuliert werden. Interessant dabei ist, dass diese Unterscheidung, gegenüber wem moralische Bedenken hinsichtlich des Brain-Drains bestehen, von den Befragten vorgenommen wird, während zwei Befragte (Kornilios, Klelia) sich sogar ausdrücklich von moralischen Bedenken gegenüber dem Staat distanzieren. Zudem scheint der Zeitpunkt der Reflexion für eine moralische Bewertung der eigenen Migrationsentscheidung wichtig zu sein. Moralische Bedenken entstehen, wie einzelne Befragte zeigen, manchmal nicht direkt im Zuge der Migrationsentscheidung, sondern erst nach einer gewissen Zeit (siehe die Fälle von Giannis und Klelia). Von den potenziellen Migrant*innen thematisieren nur zwei Befragte moralische Bedenken gegenüber dem Land in Bezug auf den Brain-Drain.

Es war feststellbar, dass für die Hochqualifizierten vor allem zwei Umgangsweisen hinsichtlich der Rechtfertigung einer Migrationsentscheidung einer*s Hochqualifizierten aus Griechenland bei der Auseinandersetzung mit dem Brain-Drain relevant sind: Zum einen handelt es sich um die Priorisierung der

Verfolgung *individueller Interessen* gegenüber der Rücksichtnahme auf kollektive Interessen, die durch den Brain-Drain geschädigt werden, und dies, obwohl sie die diesbezüglichen negativen Konsequenzen wahrnehmen. Die Rechtfertigung einer Migrationsentscheidung auf dieser Basis war besonders in der Fallgruppe der potenziellen Migrant*innen relevant. Zum anderen geht es um *das Abwälzen der Verantwortung für den Brain-Drain bzw. für die Migrationsentscheidung auf den Staat.* Letzterer Umgang scheint im Vordergrund zu stehen, da zehn der zwölf Befragten aus der Gruppe der faktischen Migrant*innen und fünf der 13 Befragten aus der Gruppe der potenziellen Migrant*innen dem griechischen Staat die zentrale Verantwortung dafür zuweisen. Gleichzeitig haben nur fünf Befragte thematisiert, dass sie *moralische Bedenken gegenüber dem Land,* womit sowohl der Staat als auch die Gesellschaft in Griechenland gemeint ist, haben. Insgesamt zeigt dieser Umgang, dass die Hochqualifizierten das Thema Brain-Drain politisieren und eine gewisse Unzufriedenheit mit den staatlichen Strukturen in Griechenland artikulieren, während die Gesellschaft selten im Mittelpunkt ihrer Kritik steht und die EU gar nicht mit dem Thema in Zusammenhang gebracht wird.

Darüber hinaus kann der Umgang des *Abwälzens der Verantwortung für den Brain Drain auf den Staat* mithilfe von Hirschmans Ansatz von Loyalität, Abwanderung und Widerspruch (1970; 1974) theoretisch erklärt werden, da aus der Unzufriedenheit mit den staatlichen Strukturen in Griechenland die Rechtfertigung der Migrationsentscheidung und der Abwanderungswunsch entsteht. Hirschman (1992) erkennt, dass die Abwanderung als Option die private Sphäre der Individuen betrifft (vgl. ebd.: 351). Dementsprechend lässt sich sagen, dass die Option der Abwanderung aus Griechenland mit der persönlichen Unzufriedenheit der Hochqualifizierten mit den staatlichen Institutionen und staatlichen Politiken vor und während der Finanzkrise zusammenhängt und diese Option die Priorisierung individueller Interessen (d. h. die Fokussierung auf die Privatsphäre) gegenüber kollektiven Interessen der griechischen Gesellschaft voraussetzt bzw. mit sich bringt.

Abschließende Diskussion im Hinblick auf Erweiterungsmöglichkeiten des Forschungsthemas

Nachdem die wesentlichen Ergebnisse der Studie zusammengefasst wurden, sollen im Folgenden mögliche sich daraus ergebende Themen und Fragen für die weitere Forschung dargestellt werden.

In Kapitel 9 wurden die Auswirkungen auf und die Herausforderungen des untersuchten Phänomens für beide Länder erläutert. Einerseits wurde argumentiert, dass Deutschland dank der EU-Freizügigkeit von EU-Fachkräften profitiert

und seine Bedarfe an Fachkräften – insbesondere im ITK-Sektor und im Gesundheitssektor – durch diese Migration abdecken kann. Andererseits wurden die
Konsequenzen des Brain-Drains für Griechenland zusammengefasst und konnte
die These vertreten werden, dass es momentan hinsichtlich der untersuchten
Migration keinesfalls um eine Win-win-Situation geht, sondern um einen Brain-
Gain für Deutschland und einen Brain-Drain für Griechenland, obwohl auch
eine Brain-Gain-Perspektive für Griechenland über eine Netzwerk- und Diasporapolitik möglich ist. Zweifellos befindet sich Deutschland im Zentrum der
EU-Migrationszielländer und dank der EU-Freizügigkeit wird die Einwanderung
von EU-Hochqualifizierten, wie Hollifield (2004) betont, begünstigt (vgl. ebd.:
903). Insbesondere während der Finanzkrise, die vor allem die südliche Peripherie der EU betroffen hat, steigt der Auswanderungsdruck bei Hochqualifizierten
aus diesen Ländern. Wie Frank Deppe (2020) sehr zutreffend über die EU-
Migration von Akademiker*innen aus Südosteuropa kommentiert, sollte sie *„als
Folge der Umsetzung des EU-Binnenmarktes und der Osterweiterung"* interpretiert
werden und sollten diese Hochqualifizierten, die aus den *„entindustrialisierten
Krisen-Regionen"* kommen *„zur Binnenwanderung in die prosperierenden Zentren gezwungen werden"* (ebd.: 56). Es stellt sich somit die Frage, inwieweit
in einer EU, in der große Unterschiede zwischen den Mitgliedsstaaten des
Zentrums und denen der Peripherie bestehen, Länder wie Griechenland ihre
Hochqualifizierten, die ein hochwertiges kulturelles Kapital in inkorporierter und
in institutionalisierter Form darstellen, das innerhalb der EU auch anerkannt
wird, gerade in Krisenperioden halten können. Die beschriebenen Bedingungen
begünstigen deutlich die Mitgliedsstaaten des Zentrums beim Wettbewerb um die
EU-Hochqualifizierten. Die Akkumulation von hochqualifiziertem Personal im
Zentrum der EU trägt zum Wachstum der internen Diskrepanzen zwischen den
Regionen der EU bei. Nach dem „Brexit" und nachdem während der Finanzkrise
eine große Debatte über einen möglichen „Grexit" (vgl. Agridopoulos 2016: 290)
stattgefunden hat, sollten die wachsenden internen Diskrepanzen innerhalb der
EU als eine Situation verstanden werden, die die Existenz der EU bedroht. Die
hier untersuchte Migration scheint ein Teil dieser Entwicklung zu sein. Die hochqualifizierte Migration aus Griechenland nach Deutschland und die Betrachtung
des Beitrags, den der Einreisetourismus aus Deutschland nach Griechenland zur
griechischen Wirtschaft leistet (siehe Abschnitt 9.2), scheint die Wiedergeburt
eines Kern-Peripherie-Modells, das bereits in den 70er Jahren am Beispiel der
damaligen sogenannten „Gastarbeiter*innen"-Migration zu erkennen war (Seers
et al. 1979), zu bedeuten. Weitere wissenschaftliche Analysen mit Fokus auf weitere wirtschaftliche Bereiche könnten die Existenz dieses Modells bestätigen und
diesen Aspekt beleuchten.

Besonders kritisch ist der Brain-Drain bei Mediziner*innen innerhalb der EU, zumal die andauernde Pandemie herausgestellt hat, welche Konsequenzen das Phänomen für die Herkunftsländer der Ärzt*innen haben kann, wenn die „community investments" (Brock 2015a: 62) nicht zur Pflege der betroffenen Bevölkerung, die die Ausbildung der Ärzt*innen durch die Besteuerung finanziert hat, beitragen. Eine Moralisierung der wissenschaftlichen und politischen Debatte über die Migration von Ärzt*innen auch innerhalb der EU könnte eine Brain-Circulation von Ärzt*innen fördern. So könnten die Mitgliedsstaaten systematisch miteinander kooperieren und die ausgewanderten Ärzt*innen, die beispielsweise eine Fachärzt*inausbildung im Zentrum der EU absolvieren, nach der Fachärzt*inausbildung in ihre Herkunftsländer zurückkehren. Eine Rekrutierung von Ärzt*innen aus anderen Ländern seitens der vom Brain-Drain betroffenen Länder wie Griechenland stößt auf die gleichen ethischen Fragen, zumal diese Politik wiederum zu einem Mangel an Ärzt*innen in deren Herkunftsländern führen könnte. Damit eine weitere Abwanderung von Ärzt*innen aus Griechenland verhindert werden kann, ist zudem die Verbesserung der Arbeitsbedingungen und der Einkommensmöglichkeiten im griechischen Gesundheitssektor empfehlenswert. Auch wenn griechische Hochschulen internationale Medizinstudierende für sich gewinnen könnten, bestünde das Risiko, dass diese ebenfalls nach ihrem Abschluss in EU-Länder mit besseren Arbeits- und Einkommensbedingungen abwandern würden.

Des Weiteren ist interessant zu erforschen, welche Konsequenzen die untersuchte Auswanderung für die verbliebenen Hochqualifizierten in Griechenland hat. Im Hinblick auf die Brain-Drain-Debatte, wurde bereits erwähnt, dass von einer Minimierung sozialer Spannungen hinsichtlich der Konkurrenz um die hochqualifizierten Arbeitsplätze auf dem Arbeitsmarkt des Herkunftslands auszugehen ist (vgl. Hunger 2003: 10). Interessant dabei ist, dass befragte potenzielle Migrant*innen (z. B. Gaitanos, Diomidis) sich auch auf diesen für sie vorteilhaften Aspekt bezogen haben. Es wäre bedeutsam, dass eine arbeitsmarktpolitische sektoralspezifische Studie dazu durchgeführt wird, um den Zusammenhang zwischen Vakanzen, ausgewanderten Akademiker*innen und den Stellen, die von verbliebenen Hochqualifizierten besetzt wurden, in konkreten Sektoren zu verdeutlichen.

Des Weiteren wurde in dieser Studie die gezielte Rekrutierung von Fachkräften aus Griechenland thematisiert. Jedoch bedarf dieser Aspekt der weiteren Erforschung, da es nicht möglich war, die Rolle der Vermittlungsbüros (vor allem bei der Einwanderung von Ärzt*innen und IT-Expert*innen aus Griechenland) oder die Effizienz der Kooperationen zwischen den Ärztekammern beider Länder (siehe Kapitel 4) ausreichend zu beleuchten. Dafür könnten

Expert*inneninterviews mit Vertreter*innen dieser Vermittlungsbüros bzw. dieser Kooperationspartner*innen oder der ZAV von der BA und weiteren Träger, die sich auf die Rekrutierung von Fachpersonal aus Griechenland spezialisiert haben, sehr hilfreich sein.

Die vorliegende Arbeit hat verdeutlicht, dass Deutschland für Hochqualifizierte aus Griechenland ein Hauptzielland darstellt. Da aber die Ergebnisse der Studie zu den Migrationsgründen und Motiven für die Migration nicht repräsentativ sind, wäre es sinnvoll, die Resultate auf Grundlage dieser sektoralen Analyse mit quantitativen Methoden zu verifizieren und diese Resultate mit den Ergebnissen von Studien in Bezug auf andere Zielländer hochqualifizierter Migrant*innen aus Griechenland zu vergleichen. Dadurch könnte auch erklärt werden, warum Deutschland häufig das Zielland für bestimmte hochqualifizierte Berufsgruppen aus Griechenland ist und warum kein anderes europäisches Land bevorzugt wird. Darüber hinaus können quantitative Studien auf Grundlage der neuen Aspekte dieser Studie, die zuvor von der Forschung zur hochqualifizierten Migration aus Griechenland kaum thematisiert wurden (z. B. kulturelle Einflussfaktoren, die Rolle der sozialen Netzwerke bei der Migrationsentscheidung und die Rolle des sozialen Kapitals im Zielland angesichts einer Rückkehroption), weiterhin darauf fokussieren, um durch entsprechende Kategorien in quantitativen Fragebögen ihre Rolle zu überprüfen. Um die Migration von Hochqualifizierten aus Griechenland nach Deutschland vertiefter zu beleuchten, wäre es auch bedeutsam, die Fallauswahl um Hochqualifizierte, die trotz ihrer Hochschulabschlüsse in einem anderen Bereich, der nicht ihren Qualifikationen entspricht, in Deutschland beschäftigt sind, zu erweitern. Dadurch könnten die Barrieren der Hochqualifizierten auf dem deutschen Arbeitsmarkt auch aus einem sektoralen Fokus illustriert werden und eine weitere Vergleichsgruppe zu den faktischen Migrant*innen der Studie, die hingegen erfolgreich in ihrem Bereich auf dem deutschen Arbeitsmarkt integriert wurden, untersucht werden.

Auch legen die in dieser Studie gewonnenen Erkenntnisse nahe, den Ansatz Hirschmans zu Abwanderung, Widerspruch und Loyalität (1970; 1974) noch stärker für die theoretische Rahmung der empirischen Migrationsforschung zu nutzen. Dabei wäre es interessant, sich auf den Widerspruch und seinen Zusammenhang mit der untersuchten Migration zu fokussieren. Sinnvoll wäre es, dabei einen Fokus auf das Engagement zugewanderter Migrant*innen in Protestgruppen[2] und auf die Mitwirkung bei möglichen Widerspruchsaktionen

---

[2] Zum Beispiel wurden in NRW die Gruppen Griechenland Solidaritäts Komitee Köln (GSKK-Köln o. D.) und Antilogos-NRW (Antilogosnrw o. D.) von griechischen Migrant*innen gegründet.

in Deutschland gegen die Austeritätspolitiken in Griechenland zu legen, da aus einer solchen Perspektive Widerspruch insofern als externalisiert betrachtet werden kann (siehe Hoffmann 2008; Bygnes/Flipo 2016), da auch in Deutschland Protestaktionen gegen in Griechenland umgesetzte Politiken stattgefunden haben[3].

Auf Grundlage der gedeuteten Unzufriedenheit der ausgewanderten Hochqualifizierten mit dem griechischen Staat, die aus der Analyse der Daten hinsichtlich des Umgangs mit dem Brain-Drain deutlich wird, lässt sich eine Politisierung der Migrationsentscheidung aus der Sicht der Befragten feststellen. Jedoch wurde diese Unzufriedenheit mit den staatlichen Institutionen in Griechenland durch die Datenauswertung zu den Motiven für die Migration der Befragten nur teilweise, wie bereits erwähnt, ersichtlich. Es wird somit die These von Bygnes und Flipo (2016) bestätigt, dass die politischen Einflussfaktoren bei einer Migration als *'hidden motivation'* scheinen, wie sie in Bezug auf die spanischen Neuzuwander*innen und die rumänischen Neuzuwander*innen in Norwegen festgestellt haben (vgl. ebd.: 11). Die Rolle politischer Motive und Einflussfaktoren wurde bis jetzt von Studien zur gegenwärtigen Migration aus Griechenland wenig thematisiert (Triandafyllidou/Gropas 2014) bzw. wurde hinsichtlich dieses Aspekts der Fokus auf eine kulturalistische Ebene (siehe Panagiotakopoulos 2020) gelegt. Bygnes und Flipo (2016) betonen, dass mittels quantitativen Umfragen die politischen Motive gar nicht als politisch eingeordnet worden wären, sondern eher als ökonomisch (vgl. ebd.: 11). Es ist davon auszugehen, dass bezüglich der Beleuchtung der politischen Motive bei der Migrationsentscheidung der migrierten EU-Hochqualifizierten eine methodologische Herausforderung im Hintergrund steht. Diesbezüglich und im Rückblick auf die Studienergebnisse stellt sich die Frage, inwieweit sich EU-Hochqualifizierte erst mit politischen Motiven befassen können, wenn sie zu den Gründen ihrer Migrationsentscheidung von Migrationsforscher*innen befragt werden. Angesichts dieser Frage ist anzunehmen, dass politische Motive dieser Fokus-Gruppe mittels narrativer biographischer Interviewforschung deutlicher thematisiert werden können, so wie auch Bygnes und Flipo (ebd.) ihre Studie methodologisch gestaltet haben.

Außerdem können weitere methodologische Zusammenhänge mit dem untersuchten Thema hergestellt werden. Im Hinblick auf die Fallanalyse von Ektoras wurde betont, dass seine Parteimitgliedschaft und seine politische Ideologie in einem Nachgespräch im Anschluss an das Interview von ihm erwähnt wurden. Diese Information war insbesondere wichtig, um seine *Stasis*-Entscheidung und

---

[3] Siehe LabourNet (2015).

seinen Umgang mit dem Brain-Drain zu rekonstruieren, obwohl diese Information nicht während des Interviews geäußert wurde. Es ist davon auszugehen, dass
dieser Aspekt, sowie der wahrscheinliche artikulierte Widerspruch (Hirschman
1970; 1974) durch Ektoras, mittels teilnehmender Beobachtung (Jorgensen 1989)
deutlicher zu beobachten gewesen wäre. Die Methode der teilnehmenden Beobachtung konnte aufgrund beschränkter zeitlicher und ökonomischer Ressourcen
aber nicht im Rahmen dieses Forschungsprojekts angewendet werden. Ein biographisches Interview (Siouti 2018) könnte auch die oben erwähnten Aspekte, sowie
die Rolle des Mangels an Migrations- bzw. Auslandserfahrungen in Danaes Biographie bei ihrer Stasis (siehe ihre Fallanalyse), besser beleuchten. Jedoch hätten
andere zentrale Erkenntnisse dieser Studie, für deren Gewinnung die strukturierte Form der halbstandarisierten qualitativen Interviews hilfreich war (siehe
Abschnitt 6.2), möglicherweise nicht gewonnen werden können.

Wie bereits erwähnt, kann der Begriff *Stasis* der deutschsprachigen Migrationsforschung dank seiner dynamischen Perspektiven einen neuen Blick auf das
Thema des Nicht-Migrierens ermöglichen (siehe Abschnitt 3.1). Da das Thema
der *Stasis* insbesondere im Kontext der EU bisher wenig erforscht wurde, ist
es weiterhin wichtig, die Bedeutung der gebildeten Kategorien für eine *Stasis*-
Entscheidung auch mittels quantitativen Methoden zu erforschen. Hierbei wäre
es interessant, auch aus einer vergleichenden Perspektive die Motive für eine
Stasis in Griechenland und in anderen Mitgliedsstaaten Südeuropas mit den
Stasis-Motiven von Bürger*innen anderer EU-Länder, die auch von einem Brain-
Drain betroffen sind, zu vergleichen. Als Vergleich könnten die osteuropäischen
EU-Länder herangezogen werden, die nicht – wie die südeuropäischen Länder –
von einem starken „*familialism*" (Moreno/Marí-Klose 2013) geprägt sind. Im
Anschluss daran könnte bestätigt werden, inwieweit die Familie als Einflussfak-
tor für eine Stasis der Hochqualifizierten dieser beiden EU-Regionen von ihnen
unterschiedlich gewichtet wird.

Des Weiteren und unter Berücksichtigung dessen, dass die Hochqualifizierten
in der EU besonders mobil sind (Favell 2008), ist angesichts der neuen Bedingungen während der Pandemie interessant zu beleuchten, wie die Migrationspläne
der EU-Hochqualifizierten von dieser Entwicklung beeinflusst werden. Noch konkreter wäre es aus einer migrationswissenschaftlichen Perspektive interessant zu
erforschen, ob aufgrund der Reisebeschränkungen im Rahmen der Bewältigungs-
politik zur Eindämmung der Pandemie die Migrations- bzw. die Mobilitätsoption
von den EU-Hochqualifizierten in der EU in Frage gestellt wird und stattdessen
eine *Stasis* ihrerseits priorisiert wird.

Darüber hinaus kann der Fokus auf den Umgang der Hochqualifizierten
mit dem Brain-Drain neue Perspektiven für die empirische Migrationsforschung

eröffnen und zudem die damit zusammenhängenden moralischen Aspekte berücksichtigen. Eine zentrale Herausforderung ist dabei, systematisch zu erforschen, welche Hochqualifizierten moralische Bedenken angesichts einer Auswanderungsentscheidung thematisieren. In Anbetracht der Ergebnisse der Interviews mit den faktischen Migrant*innen wurde bemerkt, dass ein Zusammenhang zwischen der Wahrnehmung moralischer Bedenken einer Person gegenüber dem Herkunftsland und der Rückkehrabsicht ins Herkunftsland bestehen kann (siehe 8.1.2). Auch die Dependenz jedes Sektors vom Staat kann dabei eine Rolle spielen. Denn auf Grundlage dieser Strukturen scheinen sich unterschiedliche Auseinandersetzungen mit den Folgen des Brain-Drains bei bereits migrierten Hochqualifizierten zu ergeben, wie hinsichtlich der Sicht der faktischen Migrant*innen erklärt wurde (ebd.). Ferner lässt sich annehmen, dass möglicherweise eine Verbindung zwischen der politischen Einstellung und dem Umgang der Hochqualifizierten mit dem Brain-Drain besteht. Dabei wird zum einen auf das Abwälzen der Verantwortung auf den Staat und zum anderen auf die Kritik gegen die individuelle Migrationsentscheidung fokussiert: Während festgestellt wurde, dass Personen, die sich politisch linksorientiert positionieren (siehe Ektoras, Kornilios, Petros), die Verantwortung für den Brain-Drain auf den Staat abwälzen, ist bei Gaitanos, der eher ein loyaler Bürger (Hirschman 1970) ist und sich als rechtskonservativ positioniert, eine kritische Meinung gegenüber der Auswanderungsentscheidung der Hochqualifizierten aus Griechenland zu deuten. Diese Annahmen hinsichtlich des Umgangs der Hochqualifizierten mit dem Brain-Drain könnten von quantitativen Studien systematischer erforscht werden und dies nicht nur im Kontext der hochqualifizierten Migration aus Griechenland, um sichere Schlussfolgerungen diesbezüglich zu ziehen.

Des Weiteren konnte im Fall von Menios rekonstruiert werden, dass er sich mit der Brain-Drain-Debatte auskannte. In diesem Rahmen wäre es auch interessant, mit Blick auf den medialen und politischen Diskurs zum Brain-Drain in Griechenland mittels Diskursanalyse (Sieber 2014) zu erforschen, inwieweit die Sichtweisen der Hochqualifizierten von dem herrschenden Diskurs zum Brain-Drain beeinflusst werden. Diese Analyse könnte vielleicht auch eine These entwickeln, warum bei den Ergebnissen zu den Sichtweisen der Hochqualifizierten die EU hinsichtlich der Verantwortung für den Brain-Drain gar nicht thematisiert wird.

Schlussendlich möchte ich besonders hervorheben, welcher Zusammenhang zwischen Bildung und Familie hinsichtlich der untersuchten Migration besteht. Es wurde deutlich, dass die die Weiterqualifizierung eine zentrale Rolle für die Migrationsentscheidungen von Hochqualifizierten spielt. Zudem ist auch die Perspektive der Familiengründung stärker zu berücksichtigen, zumal die Befragten der Studie unter 35 und noch unverheiratet waren. Insbesondere der Fall von Dimos zeigt, dass die Bedingungen in Griechenland für eine Familiengründung nicht ideal erscheinen und dass im Gegensatz dazu die besseren Arbeits- und Lebensbedingungen in Deutschland eine Familiengründung begünstigen. Da an den Befragungen für die Studie keine Person mit eigener Familie teilgenommen hat, wäre es in diesem Zusammenhang interessant, zugewanderte Familien in Deutschland, mit Fokussierung auf hochqualifizierte Eltern aus Griechenland, zu ihren Migrationsgründen und Bleibeperspektiven bezogen auf Deutschland zu befragen. Entsprechend dem bisher begrenzten Fokus der Migrationsforschung auf die Familie (vgl. Krüger-Potratz 2013: 31; Geisen 2014: 51) wurde auch bezogen auf die Migration aus Griechenland während der Finanzkrise die Bedeutung von Familienmigration kaum erforscht (vgl. Pratsinakis 2019: 12). Die aktuelle Familienmigration aus Griechenland kann jedoch als ‚Bildungsprojekt' verstanden werden, da hinter der individuellen Migrationsentscheidung eine Strategie der ganzen Familie für ‚eine bessere Zukunft' durch Bildung der jüngeren Generation im Ausland steht. Mit Hilfe der Migration soll der erlebte soziale Abstieg infolge der Finanzkrise in Griechenland kompensiert werden (Pratsinakis 2019; Panagiotopoulou/Rosen 2018; Gkolfinopoulos/Panagiotopoulou 2021). Die Bedeutung von Familienmigration ist für die ökonomischen Interessen beider Länder beachtenswert, weil zum einen beide Länder vom demographischen Problem aufgrund der alternden Gesellschaft betroffen sind und zum anderen bei den Familien mit hochqualifizierten Eltern die Migration einen möglichen doppelten Brain-Drain bzw. Brain-Gain bedeuten könnte, da für die jüngere Generation ebenfalls eine akademische Ausbildung avisiert wird (Gkolfinopoulos/Panagiotopoulou 2021). Im Hinblick auf die Perspektive der möglichen Zirkulation dieser Migration tritt die Ausbildung der jüngeren Generation in den Fokus des Interesses. Einerseits besteht die Herausforderung für Deutschland, die Inklusion dieser jüngeren Generation ins deutsche Bildungssystem durch die Gewährleistung einer akademischen Bildung zu bewerkstelligen. Andererseits ergibt sich die Herausforderung für Griechenland, diese jüngere Generation der Abgewanderten für sich zu gewinnen. Dabei kommt Griechenland im Rahmen der Erreichung dieses Ziels als neuer Aspekt von Brain-Gain der Vorteil zugute, dass es in Deutschland griechische Ergänzungsschulen[4] gibt. In diesem Rahmen ist davon auszugehen, dass der ‚Kampf um die neuen Talente' zwischen den beiden Ländern im Hinblick auf die neue Generation fortgeführt wird.

---

[4] Die griechischen Ergänzungsschulen sind an das griechische Bildungssystem angegliedert und gewährleisten einen „*easy access*" in das griechische Hochschulsystem (vgl. Chatzidaki 2019: 154).

Literaturverzeichnis

Adel, Madelon den/Blauw, Wim/Dobson, Janet/Hoesch, Kirsten/Salt, John (2004): Recruitment and the Migration of Foreign Workers in Health and Social Care. In: IMIS-Beiträge 25. Osnabrück: IMIS, 201–230.

Aerzteblatt (2016): KBV. Bis 2030 fehlen mehr als 6.000 Ärzte, 5/10/2016. <https://www.aerzteblatt.de/nachrichten/70770/KBV-Bis-2030-fehlen-mehr-als-6-000-Aerzte> [10/05/2021].

Agamben Giorgio (2015): Stasis: Civil War as a Political Paradigm: Homo Sacer, II, 2. Edinburgh: Edinburgh University Press Series.

Agridopoulos, Aristotelis (2016): Die Rückkehr des A(nta)gonismus? Mouffes agonistisches Demokratiemodell und die politischen Umbrüche in Griechenland. In: Agridopoulos, Aristotelis/Papagiannopoulos, Ilias (Hrsg.): Griechenland im europäischen Kontext. Krise und Krisendiskurse. Wiesbaden: Springer VS, 275–295.

Anderson, Benedict (1992): Die Erfindung der Nation. Zur Karriere eines folgenreichen Konzepts. 2. Auflage, Frankfurt am Main: Campus Verlag.

AntilogosNRW (o. D.): About us. Ποιοί είμαστε; Wer sind wir? o. D. <https://antilogosnrw.wordpress.com/262-2/> [29/09/2021].

Archi Diasfalisis kai Pistopoiisis tis Poiotitas sthn Anotati Ekpaideusi (ADIP) (2019): Έκθεση Ποιότητας της Ανώτατης Εκπαίδευσης. 2018 [Qualitätsbericht der Hochschulbildung. 2018]. Athen: ADIP.

Ärztekammer Westfalen Lippe (AEKWL) (2012, 05/November): Den Ärztemangel in NRW gemeinsam mit griechischen Ärzten bekämpfen. Kooperation zwischen den Ärztekammern – Windhorst: Win-Win-Situation für NRW und Thessaloniki [Presseinformation] <https://www.aekwl.de/fileadmin/pressestelle/doc/pressemitteilungen/40_12_Griechenland_01.pdf> [27/09/2021].

Asderaki, Foteini (2011): Ο Εξευρωπαϊσμός της ελληνικής ανώτατης εκπαίδευσης (1999–2009) [Die Europäisierung der griechischen Hochschulbildung (1999–2009)] In: Maravegias, Napoleon (Hrsg.): Εξευρωπαϊσμός στον Μεσογειακό χώρο [Europäisierung im Mittelmeerraum]. Athens: Nomiki Vivliothiki, 297–326.

Asderaki, Foteini (2012): Internationalization of Higher Education. Challenges and Opportunities for Greek Higher Education in a Time of Crisis. In: Bitzenis, Aristidis/Vlachos Vasileios, A. (Hrsg.): International Conference of International Business, Conference Proceedings. Thessaloniki, 17–19/May 2012. Thessaloniki: Fakultät Internationale und Europäische Studien der Universität Mazedonien, 463–484.

Assmuth, Laura/Hakkarainen, Marina/Lulle, Aija/Siim, Pihla Maria (Hrsg.) (2018): Children in Translocal Families. In: Translocal Childhoods and Family Mobility in East and North Europe. Studies in Childhood and Youth. New York: Palgrave Macmillan, 3–33.

Bade, Klaus (Hrsg.) (1992): Deutsche im Ausland – Fremde in Deutschland: Migration in Geschichte und Gegenwart. München: Beck.

Bade, Klaus (2000): Europa in Bewegung. Migration vom späten 18. Jahrhundert bis zur Gegenwart. München: Beck.

Bade, Klaus (2002): Migration – Migrationsforschung – Migrationspolitik, Bericht für das Goethe-Institut München. <http://kjbade.de/bilder/goethe.pdf> [29/09/2021].

Baker, Carl (2020): NHS Staff from Overseas: Statistics. Briefing Paper 7783. London: House of Commons Library.

Barbulescu, Roxana/Favell, Adrian (2020): Commentary: A Citizenship without Social Rights? EU Freedom of Movement and Changing Access to Welfare Rights. In: International Migration, 58/1, 151–165.

Bardaros, Stamatis (2008): Όψεις, (Αν)ισότητες και διακρίσεις στο Εθνικό Σύστημα Υγείας (ΕΣΥ): Δομική ατέλεια του συστήματος ή απόρροια ατομικών συμπεριφορών; [Ansichten, (Un-)gleichheiten und Diskriminierungen im nationalen Gesundheitssystem (ESY): Strukturelle Unvollkommenheit des Systems oder das Ergebnis individueller Haltungen?]. Dissertationsarbeit. Athen: Panteio Universität.

Baringhorst, Sigrid (2013): Paradigmenwechsel in der deutschen Migrations- und Integrationspolitik – Quellen der Legitimation und neue Forschungsdesiderate. In: Schimany, Peter/Loeffelholz, Hans Dietrich (Hrsg.): Beiträge zur Migrations- und Integrationsforschung. Aus Anlass des 60-jährigen Bestehens des Bundesamtes für Migration und Flüchtlinge. Nürnberg: BAMF, 44–63.

Barlösius, Eva/Grit, Fisser (2017): Wie deuten Wissenschaftlerinnen im Maschinenbau ihren Erfolg? In: Forum: Qualitative Social Research 18/1, (o. S.).

Baros, Wassilios (2001): Familien in der Migration. Eine qualitative Analyse zum Beziehungsgefüge zwischen griechischen Adoleszenten und ihren Eltern im Migrationskontext. Frankfurt am Main: Peter Lang Verlag.

Barslund, Mikkel/Busse, Matthias (2014): Making the Most of EU Labour Mobility. CEPS Task Force Reports.

Bartolini, Laura/Gropas, Ruby/Triandafyllidou, Anna (2017): Drivers of Highly Skilled Mobility from Southern Europe: Escaping the Crisis and Emancipating Oneself. In: Journal of Ethnic and Migration Studies, 43/4, 652–673.

Bauman, Zygmunt (2000): Liquid Modernity. Cambridge: Polity Press.

Baur, Nina/Lamnek, Siegfried (2005): Einzelfallanalyse. In: Mikos, Lothar/Wegener, Claudia (Hrsg.): Qualitative Medienforschung: Ein Handbuch. Konstanz: UVK Verlagsgesellschaft mbH.

Beck, Ulrich (1997): Was ist Globalisierung? Irrtümer des Globalismus – Antworten auf Globalisierung. 3. Auflage, Frankfurt am Main: Suhrkamp.

Becker, Anna (2018): Zwischen Mobilität und Sesshaftigkeit. Sozialräumliche Verortung hochqualifizierter Migranten in Hamburg. Wiesbaden: Springer VS.

Becker, Regina/Teney, Céline (2020): Understanding High-Skilled Intra-European Migration Patterns: The Case of European Physicians in Germany. In: Journal of Ethnic and Migration Studies, 46/9, 1737–1755.

Beechler, Schon/Woodward, Ian C. (2009): The global "war for talent". In: Journal of international management 15/3, 273–285.

Beine, Michel/Docquier, Fréderic/Rapoport, Hillel (2008): Brain Drain and Human Capital Formation in Developing Countries: Winners and Losers. In: The Economic Journal, 118/528, 631–652.

Benson, Michaela/O'Reilly, Karen (2009): Migration and the Search for a Better Way of Life: A critical exploration of lifestyle migration. In: The Sociological Review, 57/4, 608–625.

Bernhard, Stefan/Bernhard, Sarah (2014): Arbeitnehmerfreizügigkeit und Diskriminierung auf dem deutschen Arbeitsmarkt – Europäische Politik, transnationaler Mobilitätsraum und nationales Feld. In: Berliner Journal für Soziologie, 24/2, 169–199.

Bertelsmann Stiftung (2017): Willkommenskultur im Stresstest. Einstellungen in der Bevölkerung 2017 und Entwicklungen und Trends seit 2011/12. Gütersloh: Bertelsmann Stiftung.

Bier, Jess (2017): Mapping Israel, Mapping Palestine. How Occupied Landscapes Shape Scientific Knowledge. Cambridge: MIT Press.

Bischof, Norbert (2009): Psychologie. 2. durchgesehene Auflage, Stuttgart: Kohlhammer.

Blauberger, Michael/Heindlmaier, Anita/Kobler, Carina (2020): Free Movement of Workers Under Challenge: The Indexation of Family Benefits. In: Comparative European Politics 18, 925–943.

Blum, Karl/Löffert, Sabine/Offermanns, Matthias/Steffen, Petra (2019): Krankenhaus Barometer. Umfrage 2019. Düsseldorf: Deutsches Krankenhausinstitut e. V.

Boisjoly, Johanne/Greg, Duncan, J./Hofferth, Sandrea (1995): Access to Social Capital. In: Journal of Family Issues, 16/5, 609–631.

Bommes, Michael (2003): Der Mythos des transnationalen Raumes. Oder: Worin besteht die Herausforderung des Transnationalismus für die Migrationsforschung? In: Dietrich Thränhardt/Hunger, Uwe (Hrsg.): Migration im Spannungsfeld von Globalisierung und Nationalstaat. Wiesbaden: Westdeutscher Verlag, 90–116.

Bommes, Michael (2006): Migration and Migration Research in Germany. In: Vasta, Ellie/Vuddamalay, Vasoodeven (Hrsg.): International Migration and the Social Sciences. Confronting National Experiences in Australia, France and Germany. Basingstoke: Palgrave Macmillan, 143–221.

Bourdieu, Pierre (2001): Meditationen. Zur Kritik der scholastischen Vernunft. Frankfurt am Main: Suhrkamp.

Bourdieu, Pierre (2012)[1983]: Ökonomisches Kapital, kulturelles Kapital, soziales Kapital. In: Bauer Ulrich/Bittlingmayer Uwe/Scherr Albert (Hrsg.): Handbuch Bildungs- und Erziehungssoziologie. Bildung und Gesellschaft. Wiesbaden: VS Verlag für Sozialwissenschaften, 229–242.

Bourdieu, Pierre (2018): Sozialer Sinn. Kritik der theoretischen Vernunft. 10. Auflage, Frankfurt am Main: Suhrkamp.

Brandmeier, Maximiliane (2015): Qualitative Interviewforschung im Kontext mehrerer Sprachen – Reflexion als Schlüssel zum Verstehen. In: Resonanzen. E-Journal für biopsychosoziale Dialoge in Psychotherapie, Supervision und Beratung, 3/2, 131–143.

Braun, Gerald/Topan, Angelina (1998): Internationale Migration. Ihre Folgen für die Ursprungsländer und Ansätze eines Migrationsregimes. Konrad-Adenauer-Stiftung, interne Studie, 153. Sankt Augustin: Konrad-Adenauer-Stiftung.

Brinkmann, Heinz U./Holtmann, Everhard/Pehle, Heinrich (2014[2000]): Politik-Lexikon. 3. Auflage, Berlin/Boston: Oldenbourg Wissenschaftsverlag.

Brinkmann, Heinz U./Maehler, Débora B. (2016): Einführung in das Methodenbuch. In: Maehler, Débora B./Brinkmann, Heinz U. (Hrsg.): Methoden der Migrationsforschung. Ein interdisziplinärer Forschungsleitfaden. Wiesbaden: Springer VS, 1–16.

Brock, Gillian (2015a): Part I. In: Brock, Gillian/Blake Michael (2015): Debating Brain Drain. May Governments Restrict Emigration? New York: Oxford University Press, 11–112.

Brock, Gillian (2015b): Brock Responds to Blake. In: Brock, Gillian/Blake Michael (2015): Debating Brain Drain. May Governments Restrict Emigration? New York: Oxford University Press, 237–285.

Bruckner, Elke/Knaup, Karin/Müller, Walter (1993): Soziale Beziehungen und Hilfeleistungen in modernen Gesellschaften Arbeitspapier ABI/1. Mannheim: Mannheimer Zentrum für Europäische Sozialforschung Universität Mannheim.

Brunstein, Joachim C. (2018): Implizite und explizite Motive. In: Heckhausen, Jutta/Heckhausen, Heinz (Hrsg.): Motivation und Handeln. 5. überarbeitete und erweiterte Auflage, Berlin: Springer, 269–296.

Bundesärztekammer (BÄK) (2009): Ausländische Ärztinnen/Ärzte (Tabelle 10), 31/12/2009. <https://www.bundesaerztekammer.de/fileadmin/user_upload/downloads/Stat09Abbild ungsteil.pdf> [27/09/2021].

Bundesärztekammer (BÄK) (2010a): Abwanderung von Ärzten ins Ausland, 31/12/2010. <https://www.bundesaerztekammer.de/ueber-uns/aerztestatistik/aerztestatistik-der-vor jahre/aerztestatistik-2010/abwanderung/> [27/09/2021].

Bundesärztekammer (BÄK) (2010b): Ausländische Ärztinnen und Ärzte in Deutschland am 31.12.2010 (Tabelle 10), 31/12/2010. <https://www.bundesaerztekammer.de/fileadmin/ user_upload/specialdownloads/Stat10Tab10.pdf> [27/09/2021].

Bundesärztekammer (BÄK) (2011): Ausländische Ärztinnen/Ärzte (Tabelle 10), 31/12/2011. <https://www.bundesaerztekammer.de/fileadmin/user_upload/downloads/Stat11Abbild ungsteil1.pdf> [27/09/2021].

Bundesärztekammer (BÄK) (2012): Ausländische Ärztinnen/Ärzte (Tabelle 10), 31/12/2012. <https://www.bundesaerztekammer.de/fileadmin/user_upload/downloads/Stat12Abbild ungsteil.pdf> [27/09/2021].

Bundesärztekammer (BÄK) (2013a): Ausländische Ärztinnen/Ärzte (Tabelle 10), 31/12/2013. <https://www.bundesaerztekammer.de/fileadmin/user_upload/downloads/ Stat13AbbTab.pdf> [27.09.2021].

Bundesärztekammer (BÄK) (2013b): Abwanderung von Ärzten ins Ausland (Tabelle 13), 31/12/2013. <https://www.bundesaerztekammer.de/fileadmin/user_upload/downloads/ Stat13AbbTab.pdf> [27.09.2021].

Bundesärztekammer (BÄK) (2014a): Ausländische Ärztinnen/Ärzte (Tabelle 10), 31/12/2014. <https://www.bundesaerztekammer.de/fileadmin/user_upload/downloads/ pdf-Ordner/Statistik2014/Stat14AbbTab.pdf> [27/09/2021].

Bundesärztekammer (BÄK) (2014b): Abwanderung von Ärzten ins Ausland (Tabelle 13), 31/12/2014. <https://www.bundesaerztekammer.de/fileadmin/user_upload/downloads/ pdf-Ordner/Statistik2014/Stat14AbbTab.pdf> [27/09/2021].

Bundesärztekammer (BÄK) (2015a): Abwanderung von Ärzten ins Ausland (Tabelle 13), 31/12/2015. <https://www.bundesaerztekammer.de/fileadmin/user_upload/downloads/ pdf-Ordner/Statistik2015/Stat15AbbTab.pdf> [27/09/2021].

Bundesärztekammer (BÄK) (2015b): Ausländische Ärztinnen/Ärzte (Tabelle 10), 31/12/2015. <https://www.bundesaerztekammer.de/fileadmin/user_upload/downloads/ pdf-Ordner/Statistik2015/Stat15AbbTab.pdf> [27/09/2021].

Bundesärztekammer (BÄK) (2015c): Ärztinnen und Ärzte ohne ärztliche Tätigkeit (Tabelle 14), 31/12/2015. <https://www.bundesaerztekammer.de/fileadmin/user_upload/downlo ads/pdf-Ordner/Statistik2015/Stat15AbbTab.pdf> [27/09/2021].

Bundesärztekammer (BÄK) (2016a): Ausländische Ärztinnen/Ärzte (Tabelle 10), 31/12/2016. <https://www.bundesaerztekammer.de/fileadmin/user_upload/downloads/ pdf-Ordner/Statistik2016/Stat16AbbTab.pdf> [27/09/2021].

Bundesärztekammer (BÄK) (2016b): Abwanderung von Ärzten ins Ausland (Tabelle 13), 31/12/2016. <https://www.bundesaerztekammer.de/fileadmin/user_upload/downloads/ pdf-Ordner/Statistik2016/Stat16AbbTab.pdf> [27/09/2021].

Bundesärztekammer (BÄK) (2017a): Ausländische Ärztinnen/Ärzte (Tabelle 10), 31/12/2017. <https://www.bundesaerztekammer.de/fileadmin/user_upload/downloads/ pdf-Ordner/Statistik2017/Stat17AbbTab.pdf> [27.09.2021].

Bundesärztekammer (BÄK) (2017b): Abwanderung von Ärzten ins Ausland (Tabelle 13), 31/12/2017. <https://www.bundesaerztekammer.de/fileadmin/user_upload/downloads/ pdf-Ordner/Statistik2017/Stat17AbbTab.pdf> [27/09/2021].

Bundesärztekammer (BÄK) (2018a): Montgomery: Es ist höchste Zeit, den Ärztemangel ernsthaft zu bekämpfen, 31/12/2018. <https://www.bundesaerztekammer.de/ueber-uns/ aerztestatistik/aerztestatistik-2018/> [08/05/2021].

Bundesärztekammer (BÄK) (2018b): Ausländische Ärztinnen/Ärzte (Tabelle 10), 31/12/2018. <https://www.bundesaerztekammer.de/fileadmin/user_upload/downloads/ pdf-Ordner/Statistik2018/Stat18AbbTab.pdf> [27.09.2021].

Bundesärztekammer (BÄK) (2018c): Abwanderung von Ärzten ins Ausland (Tabelle 13), 31/12/2018. <https://www.bundesaerztekammer.de/fileadmin/user_upload/downloads/ pdf-Ordner/Statistik2018/Stat18AbbTab.pdf> [27.09.2021].

Bundesärztekammer (BÄK) (2019a): Ausländische Ärztinnen/Ärzte (Tabelle 10), 31/12/2019. <https://www.bundesaerztekammer.de/fileadmin/user_upload/downloads/ pdf-Ordner/Statistik2019/WEBStatistik_2019_k.pdf> [27/09/2021].

Bundesärztekammer (BÄK) (2019b): Abwanderung von Ärzten ins Ausland (Tabelle 13), 31/12/2019. <https://www.bundesaerztekammer.de/fileadmin/user_upload/downloads/ pdf-Ordner/Statistik2019/WEBStatistik_2019_k.pdf> [27/09/2021].

Bundesärztekammer (BÄK) (2020a): Entwicklung der Arztzahlen nach ärztlichen Tätig-keitsbereichen seit 1960 (Tabelle 1), 31/12/2020. <https://www.bundesaerztekammer. de/fileadmin/user_upload/downloads/pdf-Ordner/Statistik_2020/2020-Statistik.pdf> [27/09/2021].

Bundesärztekammer (BÄK) (2020b): Anteil der unter 35-jährigen Ärztinnen/Ärzte an allen berufstätigen Ärztinnen/Ärzte (Abbildung 6), 31/12/2020. <https://www.bundesaerzte kammer.de/ueber-uns/aerztestatistik/gesamtzahl-der-aerzte/> [27/09/2021].

Bundesärztekammer (BÄK) (2020c): Abwanderung von Ärzten ins Ausland (Tabelle 13), 31/12/2020. <https://www.bundesaerztekammer.de/ueber-uns/aerztestatistik/gesamtzahl-der-aerzte/> [27/09/2021].

Bundesärztekammer (BÄK) (2020d): Ärztedichte in Deutschland (Einwohner je berufstätigen Arzt) (Abbildung 2), 31/12/2020. <https://www.bundesaerztekammer.de/fileadmin/user_upload/downloads/pdf-Ordner/Statistik_2020/2020-Statistik.pdf> [27/09/2021].

Bundesärztekammer (BÄK) (2020e): Entwicklung der berufstätigen ausländischen Ärztinnen/Ärzte (Abbildung 9), 31/12/2020. <https://www.bundesaerztekammer.de/fileadmin/user_upload/downloads/pdf-Ordner/Statistik_2020/2020-Statistik.pdf> [27/09/2021].

Bundesärztekammer (BÄK) (2020f): Ausländische Ärztinnen/Ärzte (Tabelle 10), 31/12/2020. <https://www.bundesaerztekammer.de/fileadmin/user_upload/downloads/pdf-Ordner/Statistik_2020/2020-Statistik.pdf> [27/09/2021].

Bundesärztekammer (BÄK) (2020g): Erstzugang an Ärztinnen und Ärzten aus der Europäischen Union im Jahr (Tabelle 12), 31/12/2020. <https://www.bundesaerztekammer.de/fileadmin/user_upload/downloads/pdf-Ordner/Statistik_2020/2020-Statistik.pdf> [27/09/2021].

Bundesärztekammer (BÄK) (2020h): Ärztinnen und Ärzte ohne ärztliche Tätigkeit (Tabelle 14), 31/12/2020. <https://www.bundesaerztekammer.de/fileadmin/user_upload/downloads/pdf-Ordner/Statistik_2020/2020-Statistik.pdf> [27/09/2021].

Bundesärztekammer (BÄK) (2020i): Abwanderung von Ärzten ins Ausland (Tabelle 13), 31/12/2020. <https://www.bundesaerztekammer.de/fileadmin/user_upload/downloads/pdf-Ordner/Statistik_2020/2020-Statistik.pdf> [22/09/2021].

Bundesagentur für Arbeit (BA) (2015): Beschäftigte nach Staatsangehörigkeiten – Deutschland, Länder und Kreise (Quartalszahlen). Dezember 2015 – Deutschland, 31/03/2015. <https://statistik.arbeitsagentur.de/SiteGlobals/Forms/Suche/Einzelheftsuche_Formular.html?topic_f=beschaeftigung-eu-heft-eu-heft&dateOfRevision=201503-202103> [01/09/2021].

Bundesagentur für Arbeit (BA) (2016): Beschäftigte nach Staatsangehörigkeiten – Deutschland, Länder und Kreise (Quartalszahlen). Dezember 2016 – Deutschland, 31/03/2016. <https://statistik.arbeitsagentur.de/SiteGlobals/Forms/Suche/Einzelheftsuche_Formular.html?topic_f=beschaeftigung-eu-heft-eu-heft&dateOfRevision=201503-202103> [01/09/2021].

Bundesagentur für Arbeit (BA) (2017): Beschäftigte nach Staatsangehörigkeiten – Deutschland, Länder und Kreise (Quartalszahlen). Dezember 2017 – Deutschland, 31/03/2017. <https://statistik.arbeitsagentur.de/SiteGlobals/Forms/Suche/Einzelheftsuche_Formular.html?topic_f=beschaeftigung-eu-heft-eu-heft&dateOfRevision=201503-202103> [01/09/2021].

Bundesagentur für Arbeit (BA) (2018): Beschäftigte nach Staatsangehörigkeiten – Deutschland, Länder und Kreise Quartalszahlen). Dezember 2018 – Deutschland, 31/03/2018. <https://statistik.arbeitsagentur.de/SiteGlobals/Forms/Suche/Einzelheftsuche_Formular.html?topic_f=beschaeftigung-eu-heft-eu-heft&dateOfRevision=201503-202103> [01/09/2021].

Bundesagentur für Arbeit (BA) (2019a): Fachkräfteengpassanalyse. Berichte: Blickpunkt Arbeitsmarkt. Nürnberg: Bundesagentur für Arbeit, Statistik/Arbeitsmarktberichterstattung.

Bundesagentur für Arbeit (BA) (2019b): Begriffserläuterungen „Berufe auf einen Blick". Grundlagen: Definitionen. Nürnberg: Bundesagentur für Arbeit, Statistik/Arbeitsmarktberichterstattung.

Bundesagentur für Arbeit (BA) (2019c): Praxishandbuch: Transnationale Mobilität in der Berufsausbildung. Nürnberg: Bundesagentur für Arbeit, Zentrale Auslands- und Fachvermittlung.

Bundesagentur für Arbeit (BA) (2019d): Berichte: Blickpunkt Arbeitsmarkt – IT-Fachleute. Nürnberg: Bundesagentur für Arbeit, Statistik/Arbeitsmarktberichterstattung.

Bundesagentur für Arbeit (BA) (2019e): Berichte: Blickpunkt Arbeitsmarkt – Akademikerinnen und Akademiker. Nürnberg: Bundesagentur für Arbeit, Statistik/Arbeitsmarktberichterstattung.

Bundesagentur für Arbeit (BA) (2019f): Beschäftigte nach Staatsangehörigkeiten – Deutschland, Länder und Kreise (Quartalszahlen). Dezember 2019 – Deutschland, 31/03/2019. <https://statistik.arbeitsagentur.de/SiteGlobals/Forms/Suche/Einzelheftsu che_Formular.html?topic_f=beschaeftigung-eu-heft-eu-heft&dateOfRevision=201503-202103> [01/09/2021].

Bundesagentur für Arbeit (BA) (2020): Beschäftigte nach Staatsangehörigkeiten – Deutschland, Länder und Kreise (Quartalszahlen). Dezember 2020 – Deutschland, 31/03/2020. <https://statistik.arbeitsagentur.de/SiteGlobals/Forms/Suche/Einzelheftsuche_Formular.html?topic_f=beschaeftigung-eu-heft-eu-heft&dateOfRevision=201503-202103> [01/09/2021].

Bundesamt für Migration und Flüchtlinge (BAMF) (2020): Mobilität in der EU bei unternehmensinternem Transfer, 01/03/2020. <https://www.bamf.de/DE/Themen/Migration Aufenthalt/ZuwandererDrittstaaten/MobilitaetEU/MobilitaetICT/mobilitaet-ict-node. html> [22/09/2021].

Bundesministerium der Finanzen (BMF) (2016): Finanzbericht 2017: Stand und voraussichtliche Entwicklung der Finanzwirtschaft im gesamtwirtschaftlichen Zusammenhang. Berlin: Bundesministerium der Finanzen.

Bundesministerium der Finanzen (BMF) (2017): Abschlussbericht der Arbeitsgruppe Sending Review (Zyklus 2015/206) zum Sonderprogramm des Bundesministeriums für Arbeit und Soziales zur „Förderung der beruflichen Mobilität von ausbildungsinteressierten Jugendlichen aus Europa (MobiPro-EU)", 2017. <https://www.bundesfinanzmin isterium.de/Content/DE/Standardartikel/Themen/Oeffentliche_Finanzen/Spending_Rev iews/2017-04-04-spending-review-abschlussbericht-mobipro-eu.pdf?__blob=publicati onFile&v=1> [28/09/2021].

Bundesministerium für Arbeit und Sozialordnung (1973): Deutschland Archiv (Bundeszentrale für politische Bildung), 23/1/2017. <https://www.bpb.de/geschichte/zeitgeschichte/deutschlandarchiv/241095/griechische-migration-nach-deutschland> [25/04/2021].

Bundesministerium für Bildung und Forschung (BMBF) (o. D. a): Die Exzellenzinitiative stärkt die universitäre Spitzenforschung, o. D. <https://www.bmbf.de/de/die-exzellenzini tiative-staerkt-die-universitaere-spitzenforschung-1638.html> [10/09/2020].

Bundesministerium für Bildung und Forschung (BMBF) (o. D. b): Die Exzellenzstrategie, o. D. <https://www.bmbf.de/de/die-exzellenzstrategie-3021.html> [10/09/2020].

Burkhardt, Anke (2008): Wagnis Gesellschaft. Akademische Karrierewege und das Fördersystem in Deutschland. Leipzig: Akademische Verlagsanstalt.

Busch, Berthold/Matthes, Jürgen (2020): Der Binnenmarkt – Herzstück der europäischen Integration. In: Becker, Peter/Lippert, Barbara (Hrsg.): Handbuch Europäische Union. Wiesbaden: Springer VS, 701–726.

Bygnes, Susanne/Flipo, Aurore (2016): Political Motivations for intra-European Migration. In: Acta Sociologica, 60/3, 199–212.

Canagarajah, Suresh (2017): Introduction: the Nexus of Migration and Language: the Emergence of a Disciplinary Space. In: Canagarajah, Suresh (Hrsg.): The Routledge Handbook of Migration and Language. New York: Routledge, 1–28.

Carling, Jørgen (2002): Migration in the Age of Involuntary Immobility: Theoretical Reflections and Cape Verdean Experiences. In: Journal of Ethnic and Migration Studies, 29/1, 5–42.

Carling, Jørgen/Erdal, Marta B./Ezzati, Rojan (2014): Beyond the Insider-Outsider Divide in Migration Research. In: Migration Studies, 1, 36–54.

Castles, Stephen (2003): Towards a Sociology of Forced Migration and Social Transformation. In: Sociology, 37/1, 13–34.

Castles, Stephen/ Miller, Mark, J. (2009): The Age of Migration, International Population Movements in the Modern World. 4. edition, Hampshire/New York: Palgrave Macmillan.

Cavounidis, Jennifer (2013): Migration and the economic and social landscape of Greece. In: South-Eastern Europe Journal of Economics, 1, 59–78.

Cavounidis, Jennifer (2016): The Emigration of Greeks and Diaspora Engagement Policies for Economic Development. Reports 76. Athen: Centre of Planning and Economic Research (KEPE).

Chalari, Athanasia/Koutantou, Efi, E. (2021): Έλληνες Brain Drainers στο Ηνωμένο Βασίλειο: Τα Βαθύτερα Αιτία της Φυγής Πέρα από την Ελληνική Κρίση [Griechische Brain Drainers im Vereinigten Königreich: Die tieferen Gründe der Flucht neben der griechischen Krise]. In: Koinoniologiki Epitheorisi 7, 43–74.

Charmaz, Kathy (2011): Den Standpunkt verändern: Methoden der konstruktivistischen Grounded Theory. In: Günter Mey/Mruck, Katja (Hrsg.): Grounded Theory Reader. 2. Auflage, Wiesbaden: VS Verlag für Sozialwissenschaften, 181–205.

Chatzidaki, Aspasia (2019): Greek Schools in Germany as a "Safe Haven"; Teachers' Perspectives on New Migration and Community Language Schools. In: Panagiotopoulou, Julie A./Rosen, Lisa/Kirsch, Claudine/Chatzidaki, Aspasia (Hrsg.): 'New' Migration of Families from Greece to Europe and Canada: A 'New' Challenge for Education? Reihe Inklusion und Bildung in Migrationsgesellschaften, Band 2, Wiesbaden: Springer VS, 153–174.

Chatzimichalis, Kostis (2018): Τοπία της Κρίσης στη Νότια Ευρώπη. Στα μονοπάτια της άνισης γεωγραφικής ανάπτυξης [Landschaften der Krise in Südeuropa. Auf den Pfaden einer ungleichen geografischen Entwicklung]. Athen: Alexandreia.

Chatziprodromou, Ioanna/Emmanouilides, Christos/Yfanti, Fani/Ganas, Antonios/Roupas, Theodoros/Varsamidis, Konstantinos/Apostolou, Thomas M. (2017): Brain drain: The Greek Phenomenon. In: International Research Journal of Public and Environmental Health, 4/11, 289–293.

Chau, Nancy, H. (1997): The Pattern of Migration with Variable Migration Cost. In: Journal of Regional Science, 37/1, 35–54.

Chies, Laura (1994): Das Migrationsproblem in der Europäischen Gemeinschaft. Theoretische und empirische Analyse der Bestimmungsfaktoren und Folgen internationaler Arbeitskräftewanderungen. Frankfurt am Main: Europäischer Verlag der Wissenschaften.

Chrysomallidis, Charalampos (2012): Έρευνα και Τεχνολογία στην Ελλάδα [Forschung und Technologie in Griechenland]. In: Maravegias, Napoleon (Hrsg.): Έξοδος από την Κρίση.

Η συμβολή της Έρευνας και Τεχνολογίας [Ausweg aus der Krise. Der Beitrag der Forschung und der Technologie]. Athens: Themelio, 81–146.

Chrysomallidis, Charalampos (2013): Η έρευνα και τεχνολογία στην Ελλάδα, ως εργαλείο εξόδου από την κρίση: Θέση Ουσίας ή κενού περιεχομένου [Die Forschung und Technologie in Griechenland als ein Werk zum Ausweg aus der Krise: Wesentliche oder inhaltslose Stellung?]. ELIAMEP, Policy Paper 18. Athen: ELIAMEP.

Chrysomallidis, Charalampos/Lykos, Martin (2019): Policy for Growth and Public Discourse in Greece during the Crisis. In: Journal of Modern Greek Studies, 37/1, 99–126.

Cicourel, Aaron V. (1981): Notes on the Integration of Micro- and Macrolevels of Analysis. In: Karin Knorr-Cetina/Cicourel, Aaron V. (Hrsg.). Advances in Social Theory and Methodology: Towards an Integration of Micro- and Macro-Sociologies. London: Routledge & Kegan-Paul, 51–80.

Coleman, James S. (1988): Social Capital in the Creation of Human Capital. In: American Journal of Sociology, 94 Supplement: Organizations and Institutions: Sociological and Economic Approaches to the Analysis of Social Structure, 95–120.

Coutsoumaris, George (1968): Greece. In: Adams, Walter (Hrsg.): The Brain Drain. New York: Macmillan, 166–182.

D'Angelo Alessio/Kofman, Eleonore (2017): UK: Large -Scale European Migration and the Challenge to EU Free Movement. In: Lafleur, Jean-Michel/Stanek, Mikolaj (Hrsg.): South-North Migration of EU Citizens in Times of Crisis. Imiscoe Research Series: Springer online, 175–192.

Damanakis, Michael (2014): Ελληνική νεομετανάστευση προς Γερμανία [Neue griechische Migration nach Deutschland]. In: Damanakis, Michael/Konstantinidis, Stefanos/Tamis, Anastasios (Hrsg.): Νέα Μετανάστευση από και προς την Ελλάδα [Neue Migration aus und nach Griechenland]. Rethymno: KEME/Alexandria, 139–175.

Dancu, Andreea (2009): Leben in der Fremde, Empirische Studien über Green-Card-Inhaber und ihre Familien. Münster: Waxmann Verlag.

DaVanzo, Julie (1981): Microeconomic Approaches to Studying Migration Decisions. In: De Jong, Gordon F./Gardner, Robert W. (Hrsg.): Migration Decision Making: Multidisciplinary Approaches to Microlevel Studies in Developed and Developing Countries. New York (u. a.): Pergamon Press, 90–129.

Deppe, Frank (2020): Klimakrise, Widersprüche, schwache Akteure. In: Zeitschrift marxistische Erneuerung, 121/31, 52–59.

Der Spiegel (2013): Die neuen Gastarbeiter: Europas junge Elite für Deutschlands Wirtschaft. Der Spiegel vom 25.02.2013. Nr. 9. .

Destatis (2009): Bildung und Kultur. Personal an Hochschulen. 2008. Fachserie 11, Reihe 4.4., 22/09/2009. <https://www.statistischebibliothek.de/mir/servlets/MCRFileNodeServlet/DEHeft_derivate_00006884/2110440087004.pdf> [18/08/2021].

Destatis (2010): Bildung und Kultur. Personal an Hochschulen. 2009. Fachserie 11, Reihe 4.4., 11/11/2012. <https://www.statistischebibliothek.de/mir/servlets/MCRFileNodeServlet/DEHeft_derivate_00006885/2110440097004.pdf> [18/08/2021].

Destatis (2011): Bildung und Kultur. Personal an Hochschulen. 2010. Fachserie 11, Reihe 4.4., 10/11/2011. <https://www.statistischebibliothek.de/mir/servlets/MCRFileNodeServlet/DEHeft_derivate_00017428/2110440137004.pdf> [18/08/2021].

Destatis (2013a): Bildung und Kultur. Personal an Hochschulen. 2012. Fachserie 11, Reihe 4.4., 22/10/2012. <https://www.statistischebibliothek.de/mir/servlets/MCRFileNodeServ let/DEHeft_derivate_00012170/2110440127004.pdf> [18/08/2021].

Destatis (2013b): Bildung und Kultur. Personal an Hochschulen. 2011. Fachserie 11, Reihe 4.4., 05/02/2013. <https://www.statistischebibliothek.de/mir/servlets/MCRFileNodeServ let/DEHeft_derivate_00018400/2110440147004.pdf> [18/08/2021].

Destatis (2014): Bildung und Kultur. Personal an Hochschulen. 2013. Fachserie 11, Reihe 4.4., 28/10/2015. <https://www.statistischebibliothek.de/mir/servlets/MCRFileNodeServ let/DEHeft_derivate_00017428/2110440137004.pdf> [18/08/2020].

Destatis (2015): Bildung und Kultur. Personal an Hochschulen. 2014. Fachserie 11, Reihe 4.4., 12/10/2015. <https://www.statistischebibliothek.de/mir/servlets/MCRFileNodeServ let/DEHeft_derivate_00018400/2110440147004.pdf> [18/08/2021].

Destatis (2016a): Promovierende in Deutschland. Wintersemester 2014/2015, 21/09/2016. <https://www.destatis.de/DE/Themen/Gesellschaft-Umwelt/Bildung-Forschung-Kultur/ Hochschulen/Publikationen/Downloads-Hochschulen/promovierende-5213104149004. pdf?__blob=publicationFile> [19/08/2021].

Destatis (2016b): Bildung und Kultur. Personal an Hochschulen. 2015. Fachserie 11, Reihe 4.4., 14/10/2016. <https://www.statistischebibliothek.de/mir/servlets/MCRFileNodeServ let/DEHeft_derivate_00030967/2110440157004.pdf> [18/08/2021].

Destatis (2017): Bevölkerung mit Migrationshintergrund: Ergebnisse des Mikrozensus ..., hochgerechnet auf Basis des Zensus 2011, 16/11/2017. <https://www.statistischebiblio thek.de/mir/receive/DESerie_mods_00005883> [24/09/2021].

Destatis (2018): Bildung und Kultur. Personal an Hochschulen. 2017. Fachserie 11, Reihe 4.4., 24/09/2018. <https://www.statistischebibliothek.de/mir/servlets/MCRFileNodeServ let/DEHeft_derivate_00041050/2110440177004.pdf> [18/08/2021].

Destatis (2019a): Wanderungen zwischen Deutschland und dem Ausland: Deutschland, Jahre, Staaten der Europäischen Union, Geschlecht (12711–0009), 2019. <https://www-genesis.destatis.de/genesis//online?operation=table&code=12711-0009&bypass=true& levelindex=0&levelid=1618779930297#abreadcrumb> [02/05/2021].

Destatis (2019b): Bevölkerung und Erwerbstätigkeit: Bevölkerung mit Migrationshinter-grund – Ergebnisse des Mikrozensus 2019 – Fachserie. 1 Reihe 2.2, erschienen am 28/08/2020, korrigiert am 24/11/2020. <https://www.destatis.de/DE/Themen/Gesellsch aft-Umwelt/Bevoelkerung/Migration-Integration/Publikationen/_publikationen-innen-migrationshintergrund.html> [25/04/2021].

Destatis (2019c): Bevölkerung Deutschlands bis 2060. 14. koordinierte Bevölkerungsvor-ausberechnung, 2019. <https://www.destatis.de/DE/Themen/Gesellschaft-Umwelt/Bev oelkerung/Bevoelkerungsvorausberechnung/Tabellen/bevoelkerungsvorausberechnung-lebenserwartung.html> [02/05/2021].

Destatis (2019d): Bildung und Kultur. Personal an Hochschulen. 2018. Fachserie 11, Reihe 4.4., 19/11/2019. https://www.destatis.de/DE/Themen/Gesellschaft-Umwelt/Bildung-Forschung-Kultur/Hochschulen/Publikationen/_publikationen-innen-hochschulen-per sonal.html> [18/08/2021].

Destatis (2020a): Ausländer: Deutschland, Stichtag, Geschlecht/Altersjahre/Familienstand, Ländergruppierungen/Staatsangehörigkeit (12521–0002), 2020. <https://www-genesis. destatis.de/genesis//online?operation=table&code=12521-0002&bypass=true&leveli ndex=1&levelid=1618780240233#abreadcrumb> [02/05/2021].

Destatis (2020b): Fachserie 1, Bevölkerung und Erwerbstätigkeit. 2, Ausländische Bevölkerung. 2, Bevölkerung mit Migrationshintergrund. Ergebnisse des Mikrozensus, erschienen am 28/07/2020, korrigiert am 24/11/2020. https://www.statistischebibliothek.de/mir/receive/DESerie_mods_00000020 [24/09/2021].

Destatis (2020c): Bildung und Kultur. Monetäre hochschulstatistische Kennzahlen 2018. Fachserie 11, Reihe 4.3.2, 24/09/2020. <https://www.destatis.de/DE/Themen/Gesellschaft-Umwelt/Bildung-Forschung-Kultur/Hochschulen/Publikationen/_publikationen-innen-hochschulen-kennzahlen.html> [18/04/2021].

Destatis (2020d): Bildung und Kultur. Prüfungen an Hochschulen 2019. Fachserie 11, Reihe 4.2., 02/09/2020 <https://www.destatis.de/DE/Themen/Gesellschaft-Umwelt/Bildung-Forschung-Kultur/Hochschulen/_inhalt.html#sprg475650> [18/04/2021].

Destatis (2021a): Gesundheitsausgaben nach Ausgabenträgern in Millionen Euro, 06/04/2021. <https://www.destatis.de/DE/Themen/Gesellschaft-Umwelt/Gesundheit/Gesundheitsausgaben/Tabellen/ausgabentraeger.html> [03/05/2021].

Destatis (2021b): Interne Ausgaben für Forschung und Entwicklung nach Sektoren 2018 in %, 2021. <https://www.destatis.de/DE/Themen/Gesellschaft-Umwelt/Bildung-Forschung-Kultur/Forschung-Entwicklung/_inhalt.html;jsessionid=FE016C7CFB31720EB6333E9C0634922F.internet8721#sprg234656> [17/04/2021].

Destatis (2021c): Interne Forschungs- und Entwicklungsausgaben des Staatssektors 2019 nach Wissenschaftszweigen in Milliarden EUR, 2021. <https://www.destatis.de/DE/Themen/Gesellschaft-Umwelt/Bildung-Forschung-Kultur/_Grafik/_Interaktiv/forschung-entwicklung-staatssektor.html> [10/04/2021].

Destatis (o. D.): Studierende insgesamt und Studierende Deutsche im Studienfach Medizin (Allgemein-Medizin) nach Geschlecht, o. D. <https://www.destatis.de/DE/Themen/Gesellschaft-Umwelt/Bildung-Forschung-Kultur/Hochschulen/Tabellen/lrbil05.html> [05/03/2021].

Deutsche Forschungsgemeinschaft (DFG) (2020): Jahresbezogene Bewilligungen für laufende Projekte je Wissenschaftsbereich 2016 bis 2019 (in Mio. € und %), 01/07/2020. <https://www.dfg.de/dfg_profil/zahlen_fakten/statistik/fachbezogene_statistiken/index.html> [25/08/2020].

Deutscher Akademischer Austauschdienst (DAAD) (2018): DAAD-Ländersachstand: Griechenland, 2018. <https://www2.daad.de/medien/der-daad/analysen-studien/laendersachstand/griechenland_daad_sachstand.pdf> [29/09/2021].

Deutscher Akademischer Austauschdienst (DAAD) (2019): Griechenland. Kurze Einführung in das Hochschulsystem und die DAAD-Aktivitäten, 2019. <https://static.daad.de/media/daad_de/pdfs_nicht_barrierefrei/laenderinformationen/europa/griechenland_daad_sachstand.pdf> [30/08/2021].

Deutscher Akademischer Austauschdienst (DAAD) (2020): Hochschulpartnerschaften mit Griechenland ab 2020, 2020. <https://static.daad.de/media/daad_de/pdfs_nicht_barrierefrei/infos-services-fuer-hochschulen/hsp_griechenland_2020.pdf> [30/08/2021].

Deutscher Akademischer Austauschdienst (DAAD) (o. D.): Hochschulpartnerschaften mit Griechenland, o. D. <https://www.daad.de/de/infos-services-fuer-hochschulen/weiterfuehrende-infos-zu-daad-foerderprogrammen/hochschulpartnerschaften-mit-griechenland/> [30/08/2021].

Deutsches Krankenhaus Institut (DKI) (2018): Das Krankenhaus als attraktiver Arbeitgeber. Studie. Düsseldorf: Deutsches Krankenhausinstitut e. V.

Diakonie Rheinland-Westfalen-Lippe e. V. (Hrsg.) (2011): Leben und Arbeiten in Deutschland: Wegweiser Griechisch-Deutsch. Düsseldorf: Diakonie Rheinland-Westfalen-Lippe e. V.

Dimitriadis, Iraklis/ Fullin, Giovanna/ Fischer-Souan, Maricia (2019): Great Expectations? Young Southern Europeans Emigrationg in Times of Crisis. In: Mondi Migranti 3, 127–151. DOI: https://doi.org/10.3280/MM2019-003007.

Dirsch-Weigand, Andrea/Freitag, Katharina/Jung, Jessica/Kerber, Jens/Powik, Jürgen (2013): IT-Fachkräfte international rekrutieren. Bedarfsanalyse und Handlungsempfehlungen für den Software-Cluster. Darmstadt: Industrie- und Handelskammer Darmstadt.

Düvell, Franck (2006): Europäische und internationale Migration. Einführung in historische, soziologische und politische Analysen. Hamburg: LIT Verlag.

Economou, Charalampos/Kateilidou, Daphni/Kentikeleneis, Alexander/Sissouras, Aris/Maresso, Anna (2014): The impact of financial crisis on the health system and health in Greece. In: WHO. European Observatory on Health Systems and Policies. Case Study.

Economou, Charalampos/Kaitelidou, Daphne/Karanikolos, Marin/Maresso, Anna (2017): Greece: Health System Review. In: Health systems in transition, 19/5, Copenhagen: WHO/EURO, European Observatory on Health Systems and Policies.

El-Mafaalani, Aladin/Waleciak, Julian/Weitzel, Gerrit (2016): Methodische Grundlagen und Positionen der qualitativen Migrationsforschung. In: Maehler, Débora B./Brinkmann, Heinz U. (Hrsg.): Methoden der Migrationsforschung. Ein interdisziplinärer Forschungsleitfaden. Wiesbaden: Springer VS, 61–95.

Elliniki Statistiki Archi (ELSTAT) (2017): Διδακτικό προσωπικό στην Ανώτατη Εκπαίδευση (Πανεπιστημιακός και Τεχνολογικός τομέας), κατά φύλο, είδος απασχόλησης, ηλικία [Hochschullehrpersonal (Universitärer und technologischer Sektor) nach Geschlecht, Art der Beschäftigung, Alter], 2017. <https://www.statistics.gr/el/statistics/-/publication/ SED33/-> [05/09/2021].

Elliniki Statistiki Archi (ELSTAT) (2020, 21/Dezember): Παρακολούθηση του αριθμού ιατρών και οδοντίατρων. Έτος 2019 [Monitoring der Anzahl von Ärzten und Zahnärzten: Jahr 2019] [Presseinformation] <https://www.statistics.gr/documents/20181/7f0 9d1bb-9b0d-4ab3-9c06-4ec17e162236> [12/05/2021].

Empirica (2014a): e-skills in Europe: Germany. Country Report. Bonn: Empirica.

Empirica (2014b): e-skills in Europe: Greece. Country Report. Bonn: Empirica.

Engbersen, Godfried (2012): Migration Transitions in an Era of Liquid Migration: Reflections on Fassmann and Reeger. In: Okólski Marek (Hrsg.): European Immigrations. Trends, Structures and Policy Implications. Amsterdam: Amsterdam University Press, 91–105.

Engbersen, Godfried/ Snel, Erik/Boom, Jan de (2010): A Van Full of Poles': Liquid Migration from Central and Eastern Europe. In: Black, Richard/Engbersen, Godfried/Okólski, Marek (Hrsg.): A Continent Moving West? EU Enlargement and Labour Migration from Central and Eastern Europe. Amsterdam: University Press, 115–140.

Enríquez, Carmen G./Triandafyllidou, Anna (2016): Female High-Skilled Emigration from Southern Europe and Ireland after the Crisis. In: Triandafyllidou, Anna/Isaakyan, Irina (Hrsg.): High-Skill Migration and Recession. Gendered Perspectives. Basingstoke: Palgrave Macmillan, 44–68.

Enzenhofer, Edith/Resch, Katharina (2013): Unsichtbare Übersetzung? Die Bedeutung der Übersetzungsqualität für das Fremdverstehen in der qualitativen Sozialforschung. In: Bettmann, Richard/Roslon, Michael (Hrsg.): Going the Distance. Impulse für die interkulturelle qualitative Sozialforschung. Wiesbaden: Springer VS, 203–229.

Erasmus+ (o.D.): Erasmus+, o. D. https://www.erasmusplus.de/erasmus/erasmus-ab-2021/ [26/09/2021].

Esser, Heinz-Wilhelm (2019): Arzt über Klinik-Alltag: Arbeiten wir nach Vorschrift, bricht das System zusammen. Focus online. 04/01/2019. <https://www.focus.de/gesundheit/experten/alltag-im-krankenhaus-arzt-erzaehlt-arbeiten-wir-nach-vorschrift-bricht-das-system-zusammen_id_9577213.html> [29/09/2021].

Etairiko Symfono gia to Plaisio Anaptiksis (ESPA) (o.D.): ΕΣΠΑ – Τι είναι; Ορισμός ΕΣΠΑ 2014–2020 [ESPA – Was ist das? Definition von ESPA 2014–2020], o. D. <https://www.espa.io/espa-ti-einai/> [18/09/2021].

Ethniko Kentro Tekmiriosis (EKT) (2015): Οι διδάκτορες στην Ελλάδα: σταδιοδρομία και κινητικότητα [Die Doktoranden in Griechenland: Laufbahn und Mobilität]. Athen: EKT.

Ethniko Kentro Tekmiriosis (EKT) (2017a): Ερευνητές στον τομέα Τριτοβάθμιας Εκπαίδευσης (HES) ανά ιθαγένεια (αρ. ατόμων) [Forscher im tertiären Bildungsbereich (HES) nach Staatsangehörigkeit (Anzahl von Personen)], 17/10/2017. <https://metrics.ekt.gr/datatables/196> [11/09/2020].

Ethniko Kentro Tekmiriosis (EKT) (2017b): Ερευνητές ανά επιστημονικό πεδίο (αρ. ατόμων) [Forscher nach wissenschaftlichem Bereich (Anzahl von Personen)], 18/10/2017. <https://metrics.ekt.gr/datatables/193> [11/09/2020].

Ethniko Kentro Tekmiriosis (EKT) (2018a): Δαπάνες E&A στο σύνολο της χώρας ανά επιστημονικό πεδίο (σε εκατ. Ευρώ) [Ausgaben für Forschung und Entwicklung im gesamten Land nach wissenschaftlichen Bereich (in Mil. Euro)], 26/10/2018. <https://metrics.ekt.gr/datatables/178> [21/09/2020].

Ethniko Kentro Tekmiriosis (EKT) (2018b): Δαπάνες E&A στον τομέα Τριτοβάθμιας Εκπαίδευσης (HES) ανά επιστημονικό πεδίο (σε εκατ. Ευρώ) [Ausgaben für Forschung und Entwicklung im tertiären Bildungsbereich (HES) nach wissenschaftlichen Bereich (in Mil. Euro)], 26/10/2018. <https://metrics.ekt.gr/datatables/178> [21/09/2020].

Ethniko Kentro Tekmiriosis (EKT) (2018c): Η δημογραφία των επιχειρήσεων υψηλής τεχνολογίας στην Ελλάδα: Σύσταση και διαγραφή επιχειρήσεων την περίοδο 2011–2016 [Die Demographie der Unternehmen von Spitzentechnologie in Griechenland: Gründungen und Auflösungen von Unternehmen während 2011–2016]. Athen: EKT.

Ethniko Kentro Tekmiriosis (EKT) (2019a): Δράσεις για τη στήριξη νέων ερευνητών: Τα αποτελέσματα μελετών του EKT για την αξιολόγηση δράσεων που χρηματοδοτούνται από το Ευρωπαϊκό Κοινωνικό Ταμείο [Aktionen für die Unterstützung neuer Forscher: Die Ergebnisse von EKT-Studien zu der Auswertung der Aktionen, die vom europäischen Sozialfund finanziert werden] In: Kainotomia. Erevna & Technologia, 114, 14–19.

Ethniko Kentro Tekmiriosis (EKT) (2019b): Στατιστικά στοιχεία για τους διδάκτορες που αποφοίτησαν από τα ελληνικά ΑΕΙ το 2018 [Statistische Daten zu den Promovierten griechischer Universitäten des Jahres 2018]. Athen: EKT.

Ethniko Kentro Tekmiriosis (EKT) (2019c): Μελέτη αποτύπωσης των ωφελούμενων του Α' κύκλου (2017–2019) της Δράσης «Ενίσχυση Μεταδιδακτόρων Ερευνητών/Ερευνητριών» του Επιχειρησιακού Προγράμματος «Ανάπτυξη Ανθρώπινου Δυναμικού, Εκπαίδευση και Δια Βίου Μάθηση 2014–2020 [Bestandaufnahmestudie zu den Teilnehmenden der ersten Phase (2017–2019) am Teilprojekt „Förderung wissenschaftliche Postdoktoranden/Postdoktorandinnen" des operationalen Programms „Entwicklung der Humanressourcen, Bildung und lebenshaltiges Lernen 2014–2020"]. Athen: Ethniko Kentro Tekmiriosis.

Ethniko Kentro Tekmiriosis (EKT) (2020a): Δαπάνες E&A ανά τομέα εκτέλεσης E&A και ανά πηγή χρηματοδότησης [Ausgaben für Forschung und Entwicklung nach Leistungssektor von Forschung und Entwicklung und nach Finanzierungsquelle], 11/11/2020. <https://metrics.ekt.gr/datatables/177> [10/04/2021].

Ethniko Kentro Tekmiriosis (EKT) (2020b): Δαπάνες E&A στο σύνολο της χώρας ανά πηγή χρηματοδότησης (σε εκατ. Ευρώ) [Ausgaben für Forschung und Entwicklung im gesamten Land nach Finanzierungsquelle (in Mil. Euro)], 11/11/2020. <https://metrics.ekt.gr/datatables/177> [10/04/2021].

Ette, Andreas/Sauer, Lenore (2010): Auswanderung aus Deutschland. Daten und Analysen zur internationalen Migration deutscher Staatsbürger. Wiesbaden: Springer-Verlag.

Europäische Kommission (2005): Europäische Charta für Forscher. Verhaltenskodex zur Einstellung von Forschern. Brüssel: European Kommission.

Europäische Kommission (2020a): Index für die digitale Wirtschaft und Gesellschaft (DESI) 2020: Deutschland, 11/06/2020. <https://ec.europa.eu/commission/presscorner/detail/de/QANDA_20_1022> [21/09/2021].

Europäische Kommission (2020b): Index für die digitale Wirtschaft und Gesellschaft (DESI) 2020: Griechenland, 11/06/2020. <https://ec.europa.eu/commission/presscorner/detail/de/QANDA_20_1022> [21/09/2021].

Europäische Kommission (o. D.): Die Prioritäten der Europäischen Kommission, o. D. <https://ec.europa.eu/info/strategy/priorities-2019-2024_de#priorities> [21/09/2021].

European Commission (2010): Europe 2020. A Strategy for Smart, Sustainable and Inclusive Growth. Communication from the Commission. Brussels: European Commission.

European Commission (2017): Modernisation of Higher Education in Europe: Academic Staff – 2017. Eurydice Report. Brussels: European Commission.

European Commission (2018a): Horizon 2020 in full swing. Three years on. Key facts and Figures 2014–2016. Brussels: European Commission.

European Commission (2018b): Study on the Movement of Skilled Labour: Final Report. Brussels: European Commission.

European Commission (2019a): Erasmus+ 2018 in Numbers: Greece. Brussels: European Commission.

European Commission (2020): Erasmus+ Annual Report 2019. Statistical Annex, 14/12/2020. <https://op.europa.eu/en/publication-detail/-/publication/ae35558f-41b8-11ea-9099-01aa75ed71a1/language-en/format-PDF/source-search%20oder%20https:/ec.europa.eu/programmes/erasmus-plus/resources/documents/germany-erasmus-2018-numbers_en%20.%20> [19/04/2021].

European Commission/EACEA/Eurydice (2015): The European Higher Education Area in 2015: Bologna Process Implementation Report. Luxembourg: Publications Office of the European Union.

Eurostat (2020a): EU Blue Cards by Type of Decision, Occupation and Citizenship, 2020. <http://appsso.eurostat.ec.europa.eu/nui/show.do?dataset=migr_resbc1> [20/08/2021].

Eurostat (2020b): Graduates at doctoral level by sex and age groups – per 1000 of population, 08/06/2020. <https://ec.europa.eu/eurostat/web/products-datasets/product?code= educ_uoe_grad06> [22/08/2021].

Eurostat (2020c): Unemployment rate – annual data, 07/10/2020. <https://ec.europa.eu/ eurostat/tgm/table.do?tab=table&init=1&language=en&pcode=tipsun20&plugin=1> [07/08/2021].

Eurostat (2020d): Graduates at doctoral level by sex and age groups – per 1000 of population aged 25–34, 08/06/2020. <https://ec.europa.eu/eurostat/databrowser/view/educ_uoe_gra d06/default/table?lang=en> [25/06/2021].

Eurostat (2020e): Glossar: Hightech, 03/02/2020. <https://ec.europa.eu/eurostat/statistics-explained/index.php?title=Glossary:High-tech/de#cite_note-1> [21/09/2021].

Eurostat (2020f): Erwerbstätige IKT-Spezialisten – gesamt, 05/12/2020. <https://ec.europa. eu/eurostat/de/web/products-datasets/-/ISOC_SKS_ITSPT> [01/04/2021].

Eurostat (2021a): Einwanderung nach Altersgruppen, Geschlecht und Land des letzten Wohnsitzes, 2021. <https://ec.europa.eu/eurostat/databrowser/view/MIGR_IMM5 PRV__custom_870399/default/table?lang=de> [26/04/2021].

Eurostat (2021b): Einwanderung nach Altersgruppen, Geschlecht und Staatsangehörigkeit, 2021. <https://ec.europa.eu/eurostat/databrowser/view/MIGR_IMM1CTZ__custom_870 454/default/table?lang=de> [26/04/2021].

Eurostat (2021c): Out-of-pocket expenditure on healthcare, 22/02/2021. <https://ec.europa. eu/eurostat/databrowser/view/tepsr_sp310/default/table?lang=en> [30/04/2021].

Eurostat (2021d): Ausgaben für Forschung und Entwicklung, nach Leistungssektor % des BIP, 10/03/2021. <https://ec.europa.eu/eurostat/databrowser/view/tsc00001/default/ table> [10/04/2021].

Eurostat (2021e): Total R&D personnel by sectors of performance, occupation and sex, 10.03.2021. <https://appsso.eurostat.ec.europa.eu/nui/show.do?dataset=rd_p_persocc& lang=en> [15/04/2021].

Eurostat (2021f): Prozentualer Anteil des IKT-Sektors am BIP, 01/09/2021. <https://appsso. eurostat.ec.europa.eu/nui/show.do?dataset=isoc_bde15ag&lang=de> [21/09/2021].

Eurostat (2021g): Neuzugänge nach Bildungsbereich, Ausrichtung des Bildungsprogramms, Geschlecht und Fachrichtung, 26/03/2020. <https://ec.europa.eu/eurostat/databrowser/ view/EDUC_UOE_ENT02__custom_752549/default/table?lang=de> [01/04/2021].

Eurostat (2021h): Erwerbstätige IKT-Spezialisten nach Bildungsabschluss, 26/03/2020. <https://ec.europa.eu/eurostat/databrowser/view/isoc_sks_itspe/default/table?lang=de> [01/04/2021].

Eurostat (2021i): Erwerbstätige IKT-Spezialisten nach Geschlecht, 26/03/2020. <https:// ec.europa.eu/eurostat/databrowser/view/isoc_sks_itsps/default/table?lang=de> [01/04/2021].

Eurostat (o. D. a): Aggregations of manufacturing based on NACE Rev 1.1, o. D. <https:// ec.europa.eu/eurostat/cache/metadata/Annexes/htec_esms_an2.pdf> [01/04/2021].

Eurostat (o. D. b): Aggregations of manufacturing based on NACE Rev. 2, o. D. <https://ec. europa.eu/eurostat/cache/metadata/Annexes/htec_esms_an3.pdf> [01/04/2021].

Eurydice (2020): Greece. Higher Education Funding, 26/03/2020. <https://eacea.ec.europa. eu/national-policies/eurydice/content/higher-education-funding-33_el> [15/09/2020].

Eustratoglou, Aggelos (2018): Πρόσφατες εξελίξεις στην απασχόληση και παραγωγικό υπόδειγμα της ελληνικής οικονομίας [Neue Entwicklungen in Beschäftigung und in

Produktionsmodell der griechischen Wirtschaft]. Keimeno Paremvasis, 2. Athen: INE-GSEE.

Eustratoglou, Aggelos (2020): Τεχνολογική εξειδίκευση και ανθρώπινο δυναμικό στους κλάδους της ελληνικής οικονομίας (2008–2019) [Technologische Spezialisierung und Arbeitskraft in den Bereichen der griechischen Wirtschaft (2008–2019)]. Athen: INE-GSEE.

Faist, Thomas (1995): Sociological Theories of International South to North Migration: The Missing Meso-Link. ZeS-Arbeitspapier 16. Bremen: Centre for social policy research.

Faist, Thomas (2013): Debates and Developments. The Mobility Turn: A Mew Paradigm for the Social Sciences? In: Ethnic and Racial Studies, 36/11, 1637–1646.

Favell, Adrian (2008): Eurostars and Eurocities. Free-Moving Urban Professionals in an Integrating Europe. Oxford: Blackwell.

Filippoudis, Christos (2018): Οι Έλληνες γκασταρμπάιτερ [Die griechischen Gastarbeiter]. I Avgi. 21/03/2018. <https://www.avgi.gr/politiki/270392_oi-ellines-gkastarmpaiter> [28/04/2021].

Fischer, Peter A./Holm, Einar/Malmberg, Gunnar/Straubhaar, Thomas (2000): Why do People Stay? Insider Advantages and Immobility. HWWA Discussion Paper 112. Hamburg: Hamburgisches Welt-Wirtschaft-Archiv (HWWA).

Flick, Uwe (1996): Psychologie des technisierten Alltags. Soziale Konstruktion und Repräsentation technischen Wandels in verschiedenen kulturellen Kontexten. Opladen: Westdeutscher Verlag.

Flick, Uwe (2016): Qualitative Sozialforschung: Eine Einführung. 7. Auflage, Reinbek bei Hamburg: Rowohlt Taschenbuch Verlag.

Flick, Uwe/Kardorff, Ernst von/Steinke, Ines (2017): Was ist qualitative Forschung? Einleitung und Überblick. In: Flick, Uwe/Kardorff, Ernst von/Steinke, Ines (Hrsg.): Qualitative Forschung. Ein Handbuch. 12. Auflage, Reinbek bei Hamburg: Rowohlt Taschenbuch Verlag, 13–29.

Föbker, Stefanie/Pfaffenbach, Carmella/Temme, Daniela/Weiss, Günther (2014): Hemmnis oder Hilfe – die Rolle der Familie bei der Eingliederung ausländischer Hochqualifizierter in den lokalen Alltag. In: Geisen, Thomas/Studer, Tobias/Yildiz, Erol (Hrsg.): Migration, Familie und Gesellschaft. Beiträge zu Theorie, Kultur und Politik. Wiesbaden: Springer VS, 113–130.

Freeman, Gary (1995): Modes of Immigration Politics in Liberal Democratic States. In: International Migration Review, 29/4, 881–902.

Fuchs-Heinritz, Werner/König, Alexandra (2005): Pierre Bourdieu. Eine Einführung. Konstanz: UVK-Verlag.

Gaedt, Martin (2014): Mythos Fachkräftemangel. Was auf Deutschlands Arbeitsmarkt gewaltig schiefläuft. Weinheim: John Wiley & Sons.

Geiger, Martin/Hanewinkel, Vera (2014): Politik der Arbeitsmigration. Aktuelle Entwicklungen und Diskurse in Deutschland und Europa. In: Gans, Paul (Hrsg.): Räumliche Auswirkungen der internationalen Migration. Hannover: Verlag der ARL-Akademie für Raumforschung und Landesplanung, 162–177.

Geis, Wido (2017): Arbeitskräftemobilität in der EU: Ein Gewinn für den deutschen Arbeitsmarkt. IW-Report, 19, Köln: IW.

Geisen, Thomas (2014): Multilokale Existenzweisen von Familien im Kontext von Migration. Herausforderungen für Forschung und Theorieentwicklung. In: Geisen, Thomas/Studer, Tobias/Yildiz, Erol (Hrsg.): Migration, Familie und Gesellschaft. Beiträge zu Theorie, Kultur und Politik. Wiesbaden: Springer VS, 27–58.

Geisen, Thomas (2019): Internationale Migration. Gestaltungsmöglichkeiten und Herausforderungen. In: Migration und Soziale Arbeit, 4, 349–369.

Gemeinsame Wissenschaftskonferenz (GWK) (2019): Pakt für Forschung und Innovation. Monitoring-Bericht 2019. Heft 63. Bonn: GWK.

Geniki Grammateia Erevnas kai Technologias (GGET) (o. D.): Εποπτευόμενοι ερευνητικοί φορείς [Beaufsichtigte Forschungseinrichtungen], o. D. <http://www.gsrt.gr/central. aspx?sId=126I491I1148I646I517729> [10.09.2021].

Georgakopoulos, Stefanos (2021): Ελλάδα: Η πανδημία εκτοξεύει την ανεργία [Griechenland: Pandemie treibt Arbeitslosigkeit in die Höhe]. Deutsche Welle. 11/02/2021. <https://www.dw.com/el/ελλάδα-η-πανδημία-εκτοξεύει-την-ανεργία/a-56532782> [09/03/2021].

Gerlach, Ferdinand (2018): Gibt es einen Ärztemangel? In: Forschung und Lehre. 10/10/2018. <https://www.forschung-und-lehre.de/gibt-es-einen-aerztemangel-1092/> [10/10/2020].

Gesetzliche Krankenversicherung-Spitzenverband (GKV-Spitzenverband) (2020): GKV-Versicherte 2019, 2020. <https://www.gkv-spitzenverband.de/media/grafiken/gkv_ kennzahlen/kennzahlen_gkv_2019_q2/300dpi_4/GKV-Kennzahlen_Versicherte_jeSy stem_Prozent_300.jpg> [08/10/2021].

Gioumpasoglou, Charalampos/Marinakou, Evangelia/Paliktzoglou, Vasilieos (2016): Economic Crisis and Higher Education in Greece. In: Ordóñez dePablos, Patricia/Tennyson, Robert D. (Hrsg.): Impact of Economic Crisis on Education and the Next-Generation Workforce. Hershey: Information Science Reference, 121–148.

Gkolfinopoulos, Andreas (2016): Kapital- und Brain-Drain in Griechenland. Ein Phänomen der Krise. In: Agridopoulos, Aristotelis/Papagiannopoulos, Ilias (Hrsg.): Griechenland im europäischen Kontext. Krise und Krisendiskurse. Wiesbaden: Springer VS, 159–175.

Gkolfinopoulos, Andreas (2019): Highly skilled migration as a challenge for the EU after Brexit. In: Grigoriou, Panos (Hrsg.): European Governance & Sovereignty. Athens: Eurasia Publications, 109–121.

Gkolfinopoulos, Andreas/Panagiotopoulou, Argyro J. (2021): Ο ρόλος της εκπαίδευσης στα πλαίσια της μετανάστευσης από την Ελλάδα προς τη Γερμανία στα χρόνια της κρίσης [Die Rolle der Bildung im Zusammenhang mit der neuen Migration von Griechenland nach Deutschland in Zeiten der Krise]. In: Koinoniologiki Epitheorisi, 7, 19–42.

Glaser, Barney G./Strauss, Anselm L. (1998): Grounded Theory. Strategien qualitativer Forschung. Bern u. a.: H. Huber.

Glick-Schiller, Nina/Basch, Linda/Blanc-Szanton, Cristina (1992): Transnationalism: A New Analytic Framework for Understanding Migration. In: Annals of the New York Academy of Sciences, 645/1, 1–24.

Glick-Schiller, Nina/Salazar, Noel B. (2013): Regimes of Mobility Across the Globe. In: Journal of Ethnic and Migration Studies, 29/2, 183–200.

Gotthardt, Nicola (2014): Serbische Studierende in Deutschland: Motive und Rahmenbedingungen von Migration, Bleiben und Rückkehr. Berlin: LIT Verlag.

Graevskaia, Alexandra/Klammer, Ute/Knuth, Matthias (2018): Nachqualifizierung als Strategie vorbeugender Sozialpolitik. Eine Untersuchung zu Angeboten, Nutzung und Entwicklungsmöglichkeiten der akademischen Nach- und Weiterqualifizierung zugewanderter Akademiker_innen. FGW-Impuls Vorbeugende Sozialpolitik 12, Düsseldorf: FGW.

Graf, Johannes (2020): Freizügigkeitsmonitoring: Migration von EU-Staatsangehörigen nach Deutschland. Jahresbericht 2019. Berichtsreihen zu Migration und Integration. Reihe 2, Nürnberg: Forschungszentrum Migration, Integration und Asyl des Bundesamtes für Migration und Flüchtlinge.

Granovetter, Mark (1974): Getting a job: A study of contacts and careers. Cambridge, Mass.: Harvard University Press.

Greiner, Clemens/Sakdapolrak, Patrick (2013): Translocality: Concepts, Applications and Emerging Research Perspectives. In: Geography Compass, 7, 373–384.

Grekopoulou, Paraskevi (2011): „Wir sind ein Bild von der Zukunft" – Soziale Ungleichheitsstrukturen und Jugendproteste in Griechenland zu Beginn des 21. Jahrhunderts. In: Schäfer, Arne/Witte, Matthias D./Sander, Uwe (Hrsg.): Kulturen jugendlichen Aufbegehrens. Jugendprotest und soziale Ungleichheit. Weinheim und München: Juventa, 165–185.

Griechenland Solidaritäts Komitee Köln (GSKK) (o. D.): Wir über uns. Vorstellung des Griechenland Solidaritätskomitee Köln, o. D. <http://gskk.org/?page_id=2> [29/09/2021].

Grigoleit, Grit (2012): „In Deutschland muss man sich seine Position noch erkämpfen". Hochqualifizierte Migrantinnen in Unternehmen im Technologiesektor. In: Bundesministerium für Bildung und Forschung (BMBF) (Hrsg.): Arbeitsmarktintegration hochqualifizierter Migrantinnen. Berufsverläufe in Wissenschaft und Technik. Bonn/Berlin: BMBF, 25–33.

Gropas, Ruby/Bartolini, Laura (2016): Southern European Highly Skilled Female Migrants in Male-Dominated Sectors in Time of Crisis: A Look into the IT and Engineering Sectors. In: Triandafyllidou, Anna/Isaakyan, Irina (Hrsg.): High-Skill Migration and Recession. Gendered Perspectives. New York: Palgrave Macmillan, 160–192.

Grubel, Herbert B./Scott, Anthony D. (1966): The International Flow of Human Capital. In: The American Economic Review, 56/1/2, 268–274.

Guth, Jessica (2007): Mobilität von Hochqualifizierten. Einflussfaktoren für die Zuwanderung von Nachwuchswissenschaftlern nach Deutschland. In: Focus Migration, Kurzdossier Nr. 6, 1–8.

Hachmeister, Cort-Denis (2019): Promotionen als Indikator für die Leistung von Hochschulen. Auswertung von Daten des Statistisches Bundesamtes und des CHE Rankings 2019/20. Gütersloh: Centrum für Hochschulentwicklung.

Han, Petrus (2010): Soziologie der Migration. 3. Auflage, Stuttgart: Lucius und Lucius.

Hardil, Irene (2002): Gender, Migration and the Dual Career Household. London/New York: Routledge.

Haug, Sonja (2000): Soziales Kapital und Kettenmigration. Italienische Migranten in Deutschland. Schriftenreihe des Bundesinstituts für Bevölkerungsforschung, Band 31, Wiesbaden: VS Verlag für Sozialwissenschaften.

Heckhausen, Jutta/Heckhausen, Heinz (2018): Motivation und Handeln. Einführung und Überblick. In: Heckhausen, Jutta/Heckhausen, Heinz (Hrsg.): Motivation und Handeln. 5. überarbeitete und erweiterte Auflage, Berlin: Springer, 2–11.

Heitmüller, Axel (2003): Coordination Failures in Network Migration. IZA Discussion Paper 770. Institute for the study of labor (IZA): Bonn.

Helfferich, Cornelia (2009): Qualität qualitativer Daten. Manual zur Durchführung qualitativer Einzelinterviews. 3. überarbeitete Auflage, Wiesbaden: VS-Verlag.

Héritier, Adrienne/Kerwer, Dieter/Knill, Christoph/Lehmkuhl, Dirk/Teutsch, Michael (2001): Differential Europe. The European Union Impact on national Policymaking. Lanham: Rowman & Littlefield publishers.

Hermanns, Harry (2017): Interview als Tätigkeit. In: Flick, Uwe/Kardorff, Ernst von/Steinke, Ines (Hrsg.): Qualitative Forschung. Ein Handbuch. 12. Auflage, Reinbek bei Hamburg: Rowohlt Taschenbuch Verlag, 360–368.

Hess, Andreas (1999): 'The Economy of Morals and Its Applications' – An Attempt to Understand Some Central Concepts in the Work of Albert O. Hirschman. In: Review of International Political Economy, 6/3, 338–359.

Heublein, Ulrich/Ebert, Julia/Hutzsch, Christopher/Isleib, Sören/König, Richard/Richter, Johanna/Woisch, Andreas (2017): Zwischen Studienerwartungen und Studienwirklichkeit. Ursachen des Studienabbruchs, beruflicher Verbleib der Studienabbrecherinnen und Studienabbrecher und Entwicklung der Studienabbruchquote an deutschen Hochschulen. Forum Hochschule 1. Hannover: DZHW.

Hinze, Sybille (2016): Forschungsförderung und ihre Finanzierung. In: Simon, Dagmar/Knie, Andreas/Hornstbostel, Stefan/Zimmermann, Karin (Hrsg.): Handbuch Wissenschaftspolitik. 2. Auflage, Wiesbaden: Springer Reference Sozialwissenschaften, 413–428.

Hirschman, Albert O. (1970): Exit, Voice, and Loyalty: Responses to Decline in Firms, Organizations and States. Cambridge, Mass. (u. a.): Harvard University Press.

Hirschman, Albert O. (1974): Abwanderung und Widerspruch. Reaktionen auf Leistungsabfall bei Unternehmungen, Organisationen und Staaten, Tübingen: Mohr.

Hirschman, Albert O. (1978): Exit, Voice, and the State. In: World Politics, 31/1, 90–107.

Hirschman, Albert O. (1992): Abwanderung, Widerspruch und das Schicksal der Deutschen Demokratischen Republik. Ein Essay zur konzeptuellen Geschichte. In: Leviathan, 20/2, 330–358.

Hochschulrektorenkonferenz (HRK) (2014a, 09/Januar): We need investment in education to overcome the financial crisis – the Rectors' Conferences of Greece and Germany meet in Athens [Presseinformation] <https://www.hrk.de/fileadmin/redaktion/hrk/02-Dokumente/02-02-PM/02-02-01-Englische-PM/HRK_PM_Erklaerung_Athen_09012014_EN.pdf> [20/09/2021].

Hochschulrektorenkonferenz (HRK) (2014b): Memorandum of Understanding between the Greek Rectors' Conference and the German Rectors' Conference, 05/06/2014. <https://www.hrk.de/fileadmin/redaktion/hrk/02-Dokumente/02-07-Internationales/Memorandum_of_Understanding_Greece_01.pdf> [20/09/2021].

Hoesch, Kirsten (2003): „Green Card" für Ärzte? Won der Ärzteschwemme zum Ärztemangel im deutschen Gesundheitssektor. In: Hunger, Uwe/Kolb, Holger (Hrsg.): Die deutsche ‚Green Card'. Migration von Hochqualifizierten in theoretischer und empirischer Perspektive. IMIS Beiträge, 22. Osnabrück: IMIS, 99–113.

Hoesch, Kirsten (2009): Was bewegt Mediziner? Die Migration von Ärzten und Pflegepersonal nach Deutschland und Großbritannien. Band 20: Studien zu Migration und Minderheiten, Münster: LIT-Verlag.

Hoffmann, Bert (2008): Bringing Hirschman Back. In: Conceptualizing Transnational Migration as a Reconfiguration of "Exit, "Voice" and "Loyalty". Conceptualizing Transnational Migration as a Reconfiguration of 'Exit', 'Voice', and 'Loyalty' (December 15, 2008). GIGA Working Paper 91. Hamburg: GIGA.

Hofmann, Sandra/Laukhuf, Andrea/Runschke, Benedikt/Spies, Sabrina/Stohr, Daniel (2019): Aktuelle und zukünftige Einwanderungsbedarfe von IT-Fachkräften nach Deutschland: Wie attraktiv sind die Bundesländer? WiSo Diskurs 09/2019. Bonn: Friedrich Ebert Stiftung.

Höhler, Gerd (2019): So will Griechenland den Braindrain umkehren. Handelsblatt. 25/12/2019. <https://www.handelsblatt.com/politik/international/fachkraefte-abwand erung-so-will-griechenland-den-braindrain-umkehren/25331792.html?ticket=ST-652 5943-zyV2hoKbWWfx7X44dhUW-ap2> [15/09/2021].

Höhne, Jutta/Schulze Buschoff, Karin (2015): Arbeitsmarktintegration von Migranten und Migrantinnen in Deutschland. Ein empirischer Überblick nach Herkunftsländern und Generationen. WSI Mitteilungen, 70/5, 345–354.

Hollifield, James (1992): Immigrants, Markets, and States. The political Economy of Postwar Europe. London: Harvard University Press.

Hollifield, James (2004): The Emerging Migration State. In: International Migration Review, 38/3, 885–912.

Hollifield, James, F./Brettell, Caroline, B. (Hrsg.) (2007): Migration Theory, Talking across Disciplines. 2. Auflage, New York: Routledge.

Hopf, Diether (1987): Herkunft und Schulbesuch ausländischer Kinder. Eine Untersuchung am Beispiel griechischer Schüler. Studien und Berichte 44, Berlin: Max-Planck-Institut für Bildungsforschung.

Hornscheidt, Lann (2015): feministische w_orte. Ein lern-, denk- und handlungsbuch zu sprache und diskriminierung, gender studies und feministischer linguistik. 1. Auflage, Frankfurt am Main: Brandes Apsel Verlag.

Htouris, Sotiris (2012): Οι διαστάσεις της φτώχειας και του κοινωνικού αποκλεισμού στην ελληνική νεολαία. Πολιτικές για τη μετάβαση από την εκπαίδευση στην απασχόληση και την επαγγελματική ζωή [Die Aspekte der Armut und der sozialen Ausgrenzung bei der griechischen Jugend. Politik für den Übergang von der Ausbildung zur Beschäftigung und dem Arbeitsleben] In: Balourdos, Dionysis/Petraki, Maria (Hrsg.): Νέα φτώχεια και κοινωνικός αποκλεισμός. Πολιτικές καταπολέμησης και καθιέρωση ενός ελάχιστου εγγυημένου εισοδήματος [Neue Armut und soziale Ausgrenzung. Maßnahmen zu ihrer Bekämpfung und die Einführung eines garantierten Mindesteinkommens]. Sondersitzung des permanenten Ausschusses zur sozialen Angelegenheiten, 13. Periode– 3. Sitzung. Athen: Griechisches Parlament, 85–97.

Hugo, Graeme J. (1981): Village-community Ties, Village Norms, and Ethic and Social Networks. A Review of Evidence from the Third World. In: De Jong, Gordon, F./Gardner, Robert (Hrsg.): Migration Decision Making. Multidisciplinary Approaches to Microlevel Studies in Developed and Developing Countries. New York: Pergamon Press, 186–224.

Hunger, Uwe (2003): Vom Brain Drain zum Brain Gain. Die Auswirkungen der Migration von Hochqualifizierten auf Abgabe- und Aufnahmeländer. Bonn: Friedrich-Ebert-Stiftung.

Hunger, Uwe/Krannich, Sascha (2015): Einwanderungsregelungen im Vergleich. Was Deutschland von anderen Ländern lernen kann. WISO Diskurs, Bonn: Friedrich-Ebert-Stiftung.

Hunger, Uwe/Krannich, Sascha (2017): Einwanderung neu gestalten – transparent, attraktiv, einfach. Wiso Diskurs 05/2017. Bonn: Friedrich-Ebert-Stiftung.

Hunger, Uwe/Krannich, Sascha (2018): Das entwicklungspolitische Engagement von internationalen Studierenden und Alumni. Wie kann es am besten gefördert und unterstützt werden? Eine Analyse am Beispiel der Förderprogramme und Alumni-Arbeit des Katholischen Akademischen Ausländer-Dienstes (KAAD). Bonn: Wissenschaftliche Arbeitsgruppe für weltkirchliche Aufgaben der Deutschen Bischofskonferenz.

Iatrikos Syllogos Athinon (ISA) (2015, 21/Dezember): Ο ΙΣΑ στο πλευρό των νέων γιατρών που μαστίζονται από την ανεργία [ISA unterstützt die von der Arbeitslosigkeit betroffenen jungen Ärzte] [Presseinformation] <https://www.isathens.gr/news/arxeio-drasewn-isa/5583-isa-sto-plevro-newn-iatrwn-pou-mastizontai-apo-anergia.html> [07/04/2021].

Idryma Oikonomikon kai Viomichanikon Erevnon (IOVE) (2017): Τριτοβάθμια εκπαίδευση στην Ελλάδα. Επιπτώσεις της κρίσης και προκλήσεις [Die tertiäre Bildung in Griechenland. Konsequenzen der Krise und Herausforderungen]. Research paper. Athen: IOVE.

Ifanti, Amalia/Argyriou, Andreas/Kalofonou, Foteini/Kalofonos, Haralabos (2014): Physicians' Brain Drain in Greece: A Perspective on the Reasons Why and How to Address it. In: Health Policy 117, 210–215.

Iliopoulou, Galini (2019): 5th Human Capital Summit: Αποτελέσματα Έρευνας Brain Drain [5th Human Capital Summit: Ergebnisse der Studie zum Brain Drain], 2019. <https://dir.icap.gr/mailimages/promos/2019/5th_HCS/G.ILIOPOULOU_BRAIN_DRAIN_5th%20HCS_06_06_2019.pdf> [28/09/2021].

Institouto Syndesmou Ellinkon Touristikon Epicheiriseon (INSETE) (2020a): Ακτινογραφ´ια Εισερχ´ομενου Τουρισμο´υ 2017–2019. Εξ´ελιξη τουριστικ´ων μεγεθ´ων και δεικτ´ων εισερχ´ομενου τουρισμο´υ στην Ελλ´αδα αν´α εξεταζ´ομενη αγορ´α [Analyse zum einreisenden Tourismus 2017–2019: Entwicklung touristischer Daten und Indexen des einreisenden Tourismus in Griechenland nach untersuchtem Bereich], 09/2020. <https://insete.gr/wp-content/uploads/2020/10/20-10_X-Ray_2017-2019-1.pdf> [15/09/2021].

Institouto Syndesmou Ellinkon Touristikon Epicheiriseon (INSETE) (2020b): Ποιος πάει πού; Πόσο μένει; Πόσα ξοδεύει; Ανάλυση στοιχείων εισερχόμενου τουρισμού ανά Αγορά και ανά Περιφέρεια 2019 [Wer geht wohin? Wo wohnt er? Wie viel gibt er aus? Analyse der Daten einreisendes Tourismus nach Bereich und nach Peripherie 2019]. 09/2020. <https://insete.gr/wp-content/uploads/2020/09/20_07-Eiserxomenos-_Tourismos_Perifereiwn_2019.pdf> [15/09/2021].

Institouto Syndesmou Ellinkon Touristikon Epicheiriseon (INSETE) (o. D.): Βασικά μεγέθη ελληνικού τουρισμού [Fundamentaldaten zum griechischen Tourismus], o. D. <https://sete.gr/el/stratigiki-gia-ton-tourismo/vasika-megethi-tou-ellinikoy-tourismoy/> [15/09/2021].

International Organization of Migration (IOM) (2019): Glossary on Migration. Geneva: International Organization for Migration.

Iosifides, Theodoros (2011): Qualiative Methodes in Migration Studies. A Critical Realist Perspective. Farnham: Ashgate.

Iosifides, Theodoros (2018): Epistemological Issues in Qualitative Migration Research: Self-Reflexivity, Objectivity and Subjectivity. In: Zapata-Barrero, Ricard/Yalaz, Evren (Hrsg.), Qualitative Research in European Migration Studies. Cham: Springer, 93–109.

Jöns, Heike (2011): Transnational academic mobility and gender. In: Globalisation, Societies and Education, 9/2, 183–209

Jorgensen, Danny L. (1989): Participant Observation. A Methodology for Human Studies. New Delhi: Sage.

Jungwirth, Ingrid (2017b): Wandel der Arbeit und Arbeitsmärkte – Chancen für hochqualifizierte Migrantinnen? In: Schlemmer, Elisabeth/Kuld, Lothar/Lange, Andreas (Hrsg.): Handbuch Jugend im demografischen Wandel. Konsequenzen für Familie, Bildung und Arbeit. 1. Auflage, Weinheim: Beltz Juventa, 368–383.

Kahanec, Martin/Zimmermann, Klaus F. (2011): High-Skilled Immigration Policy. In: Europe. Institut for the Study of Labour (IZA). Discussion Paper No. 5399.

Kaitelidou, Daphne/Tsirona, Christina, S./Galanis, Petros, A./Siskou, Olga, Ch./Mladovsky, Philip/Kouli, Eugenia, G./Prezerakos, Panagiotis, E./Theodorou, Mamas/Sourtzi, Panagiota, A./Liaropoulos, Lykourgos L. (2013): Informal Payments for Maternity Health Services in Public Hospitals in Greece. In: Health Policy, 109/1, 23–30.

Kalamatianou, Aglaia (1993): Η εκροή πτυχιούχων γιατρών από τα ελληνικά πανεπιστήμια και η στελέχωση του εθνικού συστήματος υγείας [Der Abfluss absolvierter Mediziner aus den griechischen Universitäten und die Personalausstattung des nationalen Gesundheitssystems]. Athen: Papazisi.

Kalpaka, Annita (1986): Handlungsfähigkeit statt „Integration". Schulische und außerschulische Lebensbedingungen und Entwicklungsmöglichkeiten griechischer Jugendlicher. Ergebnisse einer Untersuchung in der Stadt Hamburg. München: DJI.

Kalter, Frank (1997): Wohnortwechsel in Deutschland. Ein Beitrag zur Migrationstheorie und zur empirischen Anwendung von Rational-Choice-Modellen. Opladen: Leske+Budrich,.

Kaltsouni, Styliani/Kosma, Athina/Phrankakēs, Nikos (2015): The impact of the crisis on fundamental rights across Member States of the EU Country Report on Greece. Study. Brussels: European Parliament.

Kane, Marie-Isabel (2019): Deutschland und Frankreich im globalen Wettbewerb um Talente. Zwischen europäischer Harmonisierung und nationaler Kompetenzwahrung. Münster: LIT Verlag.

Kapa Reserach (2018): Συγκριτική έρευνα 2010/2018: Οι νέοι στην αρχή και το τέλος των μνημονίων [Vergleichende Studie 2010–2018: Die Jugendlichen beim Beginn und am Ende der Memoranda], 09/2018. <https://kaparesearch.com/neoi-ellines-september-2018/> [26/09/2021].

Karamessini, Maria (2010): Life Stage Transitions and the Still-Critical Role of the Family in Greece. In: Anxo, Dominique/Bosch, Gerhard/Rubery, Jill (Hrsg.): The Welfare State and Life Transitions. A European Perspective. Cheltenham: Edward Elgar, 257–283.

Karamessini, Maria (2014): Die griechische Tragödie. Neoliberale Radikalkur in einer Währungsunion des Gegeneinander. In: Lehndorff, Steffen (Hrsg.): Spaltende Integration. Der Triumph gescheiterter Ideen in Europa – revisited. Zehn Länderstudien. Hamburg: VSA, 81–108.

Karmasin, Matthis/Ribing, Rainer (2017): Die Gestaltung wissenschaftlicher Arbeiten. Ein Leitfaden für Facharbeit/VWA Seminararbeiten, Bachelor-, Master-, Magister- und

Diplomarbeiten sowie Dissertationen. 9. überarbeitete und aktualisierte Auflage, Wien: Facultas.

Kassotakis, Michael/Verdis, Athanasios (2013): Shadow Education in Greece. Characteristics, Consequeses and Eradication Efforts. In: Bray, Mark E./Mazawi, André/Sultana, Ronald G.: Private Turoring Across the Mediterranean. Power Dynamics and Implications for Learning and Equity. Rotterdam: Sense Publishers, 93–113.

Katsakos, Petros (2011): Η μία στις δύο πολυκατοικίες δεν θα ανάψει καλοριφέρ [In jedem zweite Hochhaus wird die Heizung nicht eingeschaltet], Proto Thema. 08/11/2011. <https://www.protothema.gr/greece/article/157789/h-mia-stis-dyo-polykatoikies-den-tha-anapsei-kalorifer/> [29/09/2021].

Kelle, Udo/Kluge, Susann (2010): Vom Einzelfall zum Typus: Fallvergleich und Fallkontrastierung in der qualitativen Sozialforschung. 2. Überarbeitete Auflage, Wiesbaden: Verlag VS.

King, Russel (2015): Migration and Southern Europe – A Center-Periphery Dynamic? In: Baumeister, Martin/Sala, Roberto (Hrsg.): Southern Europe? Italy, Spain, Portugal, and Greece from the 1950s until the present day. Frankfurt am Main/New York: Campus Verlag, 139–172.

King, Russel/Pratsinakis, Manolis (2020): Special Issue Introduction: Exploring the Lived Experiences of Intra-EU Mobility in an Era of Complex Economic and Political Change. In: International Migration, 58/1, 5–14.

Kirby, Katherine/Siplon, Patricia (2012): Push, Pull and Reverse: Self-Interest, Responsibility, and the Global Health Care Worker Shortage. In: Health Care Anal, 20, 152–176.

Klamaris, Nikolaos K. (2010): Griechische Wissenschaftler in Deutschland. In: Schultheiß, Wolfgang/Chrysos, Evangelos (Hrsg.): Meilensteine Deutsch-Griechischer Beziehungen. Beiträge eines deutsch-griechischen Symposiums am 16. und 7. April 2010 in Athen. Athen: Stiftung für Parlamentarismus und Demokratie des Hellenischen Parlaments, 225–246.

Klein, Kathrin (2010): „Social Capital Matters" – als Ressource im bildungsbiographischen Verlauf der zweiten Generation. In: Nohl, Arnd-Michael/Schittenhelm, Karin/Schmidtke, Oliver/Weiß, Anja (Hrsg.): Kulturelles Kapital in der Migration. Hochqualifizierte Einwanderer und Einwanderinnen auf dem Arbeitsmarkt. 1. Auflage, Wiesbaden: VS Verlag für Sozialwissenschaften, 272–284.

Kleining, Gerhard (1982): Umriß zu einer Methodologie qualitativer Sozialforschung. In: Kölner Zeitschrift für Soziologie und Sozialpsychologie, 34/2, 224–253.

Klekowski von Koppenfels, Amanda/Höhne, Jutta (2017): Gastarbeiter Migration Revisited. Consolidating Germany's Position as an Immigration Country. In: Lafleur, Jean-Michel/Stanek, Mikolaj (Hrsg.): South-North Migration of EU Citizens in Times of Crisis. Imiscoe Research Series: Springer online, 149–174.

Klemm, Ulf-Dieter/Schultheiß, Wolfgang (Hrsg.) (2015): Die Krise in Griechenland: Ursprünge, Verlauf, Folgen. Frankfurt a. M.: Campus Verlag.

Knowledgebridges (o. D.): Mission and Vision. o. D. <https://www.knowledgebridges.gr/en/mission> [20/09/2021].

Kolb, Holger (2004): Einwanderung zwischen wohlverstandenem Eigeninteresse und symbolischer Politik. Das Beispiel der deutschen „Green Card". Münster: LIT Verlag.

Kolb, Holger (2005): Die ›Green Card‹: Inszenierung eines Politikwechsels. In: Aus Politik und Zeitgeschichte, 27, 18–24.

Kolb, Holger (2006): Neue Zuwanderergruppen in Deutschland. In: Swiaczny, Frank/Haug, Sonja (Hrsg.): Neue Zuwanderergruppen in Deutschland. Vorträge der 7. Tagung des Arbeitskreises Migration – Integration – Minderheiten der Deutschen Gesellschaft für Demographie (DGD) in Zusammenarbeit mit dem Soziologischen Institut der Universität Erlangen in Erlangen am 25. November 2005 (Materialien zur Bevölkerungswissenschaft, 118). Wiesbaden: Bundesinstitut für Bevölkerungsforschung (BIB), 159–174.

Kolb, Holger (2020): 'Make it in Germany' – das Fachkräfteeinwanderungsgesetz, 01/12/2020. <https://www.bpb.de/gesellschaft/migration/laenderprofile/322153/fachkraefteeinwanderungsgesetz> [26/09/2021].

Kompsopoulos, Ioannis (2016): Zentrale Strukturelemente des griechisches Kapitalismusmodells. In: Agridopoulos, Aristotelis/Papagiannopoulos, Ilias (Hrsg.): Griechenland im europäischen Kontext. Krise und Krisendiskurse. Wiesbaden: Springer VS, 91–105.

Koniordos, Sokratis (2017): An Overview of the Greece's 'Brain Drain' Crisis. Morphology and Beyond. In: Giousmpasoglou, Charalampos/Paliktzoglou, Vasileios/Marinakou Evangelia (Hrsg.): Brain Drain in Higher Education. The Case of the Southern European countries and Ireland. New York: Nova Science Publishers, 17–70.

Koniordos, Sokratis (i. E.): From Europe's Periphery to the Centre: Transnational Migration in the Context of the Greek Crisis.

Konsortium Bundesbericht Wissenschaftlicher Nachwuchs (2013): Bundesberichts Wissenschaftlicher Nachwuchs 2013. Statistische Daten und Forschungsbefunde zu Promovierenden und Promovierten in Deutschland. Bielefeld: Bertelsmann Verlag.

Konsortium Bundesbericht Wissenschaftlicher Nachwuchs (2017): Bundesbericht Wissenschaftlicher Nachwuchs 2017. Statistische Daten und Forschungsbefunde zu Promovierenden und Promovierten in Deutschland. Bielefeld: Bertelsmann Verlag.

Kopetsch, Thomas (2009): The migration of doctors to and from Germany. In: Public Health 17, 33–39.

Kosyfologou, Aliki (2018): The Gendered Aspects of the Austerity Regime in Greece: 2010–2017. Austerity, Gender Inequality and Feminism After the Crisis. Berlin: Rosa-Luxemburg-Stiftung.

Kotzamanis, Vyron/Kostaki Anastasia/Mpalourdos, Dionysios/Tragaki, Alexandra (2018): Έκθεση της διακομματικής κοινοβουλευτικής επιτροπής για το δημογραφικό [Bericht des überparteilichen Parlamentsausschusses für Demografie]. Athen: Griechisches Parlament.

Kouzis, Ioannis (2016): Η Κρίση και τα Μνημόνια Ισοπεδώνουν την Εργασία [Die Krise und die Memoranda zerstören die Beschäftigung]. In: Koinoniki politiki, 6, 7–20.

Kovacheva, Siyka/Markovska, Veneta/Kabainov, Stanimir/Popivanov, Boris/Coletto, Diego/Dimitriadis, Iraklis/Fullin, Giovanna/Fischer-Souan, Maricia/Marcovici, Octav (2018): Comparative Report. Individual Factors for Migration and Migration Channels, 2018. <https://gemm2020.eu/wp-content/uploads/2017/01/GEMM-Report-Overview-of-recruitment-methods-and-individual-factors-for-migration-1.pdf> [29/09/2021].

Kraimer, Klaus (2000): Die Fallrekonstruktion – Bezüge, Konzepte, Perspektiven. In: Kraimer Klaus (Hrsg.): Die Fallrekonstruktion. Sinnverstehen in der sozialwissenschaftlichen Forschung. 1. Auflage, Frankfurt a. M.: Suhrkamp, 23–57.

Kreckel, Reinhard (2016): Rahmenbedingungen von Hochschulpolitik in Deutschland. In: Simon, Dagmar/Knie, Andreas/Hornstbostel, Stefan/Zimmermann, Karin (Hrsg.): Handbuch Wissenschaftspolitik. 2. Auflage, Wiesbaden: Springer Reference Sozialwissenschaften, 59–78.

Kreutzer, Florian/Roth, Silke (2006): Einleitung zu Transnationale Karrieren: Biographien, Lebensführung und Mobilität. In: Florian Kreutzer/Roth, Silke (Hrsg.): Transnationale Karrieren. Wiesbaden: VS Verlag für Sozialwissenschaften, 7–31.

Kritikos, Alexander S./Konrad, Anne (2016): Investitionen in Innovationssysteme: Griechenlands Ausweg aus der Krise. In: Agridopoulos, Aristotelis/Papagiannopoulos, Ilias (Hrsg.): Griechenland im europäischen Kontext. Krise und Krisendiskurse. Wiesbaden: Springer VS, 91–105.

Krüger-Potratz, Marianne (2013): Vier Perspektiven der Beobachtung im Themenfeld Migration – Familie – Bildung. In: Geisen, Thomas/Studer, Tobias/Yildiz, Erol (Hrsg.): Migration, Familie und soziale Lage. Beiträge zu Bildung. Gender und Care. Wiesbaden: Springer VS, 13–22.

Kruse, Jan (2015): Qualitative Interviewforschung. Ein integrativer Ansatz. 2. überarbeitete Auflage. Weinheim und Basel: Beltz Juventa.

Labiris, Georgios/Vamvakerou, Vasileia/Tsolakaki, Olympia/Giarmoukakis, Athanassios/Sideroudi, Haris/Kozobolis, Vassilios (2014): Perceptions of Greek Medical Students Regarding Medical Profession and the Speciality Selection Process During the Economic Crisis Years. In: Health Policy 117, 203–209.

LabourNet Germany (2015): Griechenland-Solidaritätsaufrufe: Nein zu Erpressung, Nein nur Demütigung, Nein zur Sparpolitik, 15/07/2015. <https://www.labournet.de/internati onales/griechenland/griechische_schuldenkrise-griechenland/widerstand/griechenland-solidaritaetsaufrufe-nein-zur-erpressung-nein-nur-demuetigung-nein-zur-sparpolitik/> [29/09/2021].

Labrianidis, Lois (2011): Επενδύοντας στην φυγή. Η διαρροή επιστημόνων από την Ελλάδα την εποχή της παγκοσμιοποίησης [Investieren in der Flucht. Der Verlust von Wissenschaftlern aus Griechenland in der Zeit der Globalisierung]. Athen: Kritiki.

Labrianidis, Lois (2014): Investing in Leaving: The Greek Case of International Migration of Professionals. In: Mobilities, 9/2, 314–335.

Labrianidis, Lois/Pratsinakis, Manolis (2016): Greece's new Emigration at times of Crisis. GreeSe Paper (No. 99). Hellenic Observatory Papers on Greece and Southeast Europe. London: LSE.

Labrianidis, Lois/Pratsinakis, Manolis (2017): Crisis Brain Drain: Short-Term Pain/Long Term Gain? In: Tziovas, Dimitris (Hrsg.): Greece in Crisis. The Cultural Politics of Austerity. London: Bloomsbury Publishing, 87–106.

Labrianidis, Lois/Sykas, Theodosis (2017): Why High School Students Aspire to Emigrate: Evidence from Greece. In: International Migration & Integration, 18, 107–130.

Labrianidis, Lois/Sachini, Evi/ Karampekios, Nikolaos (2019): Establishing a Greek Diaspora Knowledge Network through "Knowledge and Partnership Bridges". In: Science & Diplomacy, 8/1, 06/03/2019. <http://sciencediplomacy.org/article/2019/est ablishing-greek-diaspora-knowledge-network-through-knowledge-and-partnership-bri dges> [28/09/2021].

Ladame, Paul (1970): Contestée: La circulation des élites. In: International Migration Review, 1/2, 39–49.

Lafleur, Jean-Michel/Stanek, Mikolaj/Veira, Alberto (2017): South-North Labour Migration Within the Crisis-Affected European Union: New Patterns, New Contexts and New Challenges. In: Lafleur, Jean-Michel/Stanek, Mikolaj (Hrsg.): South-North Migration of EU Citizens in Times of Crisis. Imiscoe Research Series: Springer online, 193–214.

Lakasas, Apostolos (2015): Δεκαπλασιάστηκαν, κατά την κρίση, οι νέοι επιστήμονες που μεταναστεύουν [Die Zahl der jungen Wissenschaftler, die während der Krise auswandern, hat sich verzehnfacht]. I Kathimerini. 11/06/2015. <https://www.kathimerini.gr/soc iety/818808/dekaplasiastikan-kata-tin-krisi-oi-neoi-epistimones-poy-metanasteyoyn/> [19/09/2021].

Lakasas, Apostolos (2019a): Πτυχιούχοι χωρίς δεξιότητας ή δουλειές [Graduierte ohne Qualifikationen oder Beschäftigung]. In: I Kathimerini (Sonderausgabe): Brain Drain. Οι αιτίες το κόστος και οι προϋποθέσεις μεταστροφής [Brain Drain. Die Gründe, die Kosten und die Voraussetzungen der Umwandlung], 12–13.

Lakasas, Apostolos (2019b): Δημόσια και δωρεάν εκπαίδευση προς όφελος τρίτων [Öffentliche und unentgeltliche Bildung zugunsten Dritter]. In: I Kathimerini (Sonderausgabe): Brain Drain. Οι αιτίες το κόστος και οι προϋποθέσεις μεταστροφής [Brain Drain. Die Gründe, die Kosten und die Voraussetzungen der Umwandlung], 34.

Lamnek, Siegfried (2010): Qualitative Sozialforschung. Weinheim: Beltz.

Laver, Michael (1976): Cultural Aspects of Loyalty. On Hirschman and Loyalism in Ulster. In: Political Studies, XXIV/4, 469–477.

Lee, Everett S. (1966): A theory of migration. In: Demography, 3/1, 47–57.

Lefkowich, Maya (2019): When Women Study Men: Gendered Implications for Qualitative Research. In: International Journal of Qualitative Methods, 18, 1–9.

Levinas, Emmanuel (1969): Totality and Infinity. An Essay on Exteriority (übersetzt von Alphonso Lingis). Pittsburgh: Duquesne University Press.

Lianos, Antonios (2010): Ο εκδημοκρατισμός της Ανώτατης Εκπαίδευσης: 1974 – 2007. Η Δύσκολη Πορεία του Μεταρρυθμιστικού Εγχειρήματος [Die Demokratisierung der Hochschulbildung: 1974–2007. Der schwierige Verlauf des Reformprozesses]. Dissertationsarbeit. Athen: Nationale und Kapodistrias-Universität von Athen.

Lienau, Cay (2010): Die griechische Gastarbeiterwanderung und ihre Auswirkungen auf Herkunfts- und Zielgebiete. In: Schultheiß, Wolfgang/Chrysos, Evangelos (Hrsg.): Meilensteine Deutch-Griechischer Beziehungen. Beiträge eines deutsch-griechischen Symposiums am 16. und 7. April 2010 in Athen. Athen: Stiftung für Parlamentarismus und Demokratie des Hellenischen Parlaments, 263–274.

Loury, Glenn (1977): A Dynamic Theory of Racial Income Differences. In: Wallace, Phyllis A./LaMond, A. (Hrsg.): Woman, Minorities, and Employment Discrimination. Lexington, Mass: Lexington Books, 154–188.

Luhmann, Niklas (1995): Die Kunst der Gesellschaft. Frankfurt am Main: Suhrkamp.

MacDonald, John S./MacDonald Leatrice D. (1964): Chain Migration, Ethnic Neighborhood Information and Social Networks. In: The Milbank Memorial Fund Quarterly, 42/1, 82–97.

Maderthaner, Rainer (2008): Psychologie. Wien: Facultas.wuv.

Magra, Iliana (2021): «Δώστε μας λόγους να μείνουμε στην Ελλάδα» [„Gebt uns Gründe, in Griechenland zu bleiben"]. I Kathimerini. 01/05/2021. <https://www.kathimerini.gr/soc iety/561350449/doste-mas-logoys-na-meinoyme-stin-ellada/> [22/09/2021].

Mahroum, Sami (2000): Highly Skilled Globetrotters: Mapping the International Migration of Human Capital. In: R&D Management, 30/1, 23–32.

Mărcuţ, Mirela (2017): Crystalizing the EU Digital Policy. An Exploration into the Digital Single Market. Cham: Springer.

Markantonatou, Maria (2016): Die Institutionalisierung der Austerität und der Memorandum-Neoliberalismus. Griechenland als eine „marktkornforme Demokratie". In: Agridopoulos, Aristotelis/Papagiannopoulos, Ilias (Hrsg.): Griechenland im europäischen Kontext. Krise und Krisendiskurse. Wiesbaden: Springer VS, 259–274.

Massey, Douglas/Arango, Joaqín/Graeme, Hugo/Kouaouci, Ali/Pelegrino, Adela/Taylor, Edward J. (1993): Theories of International Migration: A Review and Appraisal. In: Population and Development Review, 19/3, 431–466.

Massumi, Mona (2019): Migration im Schulalter. Systemische Effekte der deutschen Schule und Bewältigungsprozesse migrierter Jugendlicher. Berlin: Peter Lang.

Mavrodi, Georgia/Moutselos, Michalis (2017): Immobility in Times of Crisis? the Case of Greece. In: Lafleur, Jean-Michel/Stanek, Mikolaj (Hrsg.): South-North Migration of EU Citizens in Times of Crisis. Imiscoe Research Series: Springer online, 33–48.

Mayring, Philipp (2002): Einführung in die qualitative Sozialforschung. Eine Anleitung zu qualitativem Denken. 5. Auflage, Weinheim/Basel: Beltz Verlag.

Mazón, Patricia (2001): Das akademische Bürgerrecht und die Zulassung von Frauen zu den deutschen Universitäten 1865–1914. In: Zur Geschichte des Frauenstudiums und Wissenschaftlerinnenkarrieren an deutschen Universitäten, 23 Texte, 12/2001. Berlin: Zentrum für interdisziplinäre Frauenforschung (ZiF) der HU Berlin.

Meeteren van, Masja/Engbersen, Godfried/ San van, Marion (2009): Striving for a Better Position: Aspirations and The Role of Cultural, Economic, and Social Capital for Irregular Migrants in Belgium. In: International migration review, 43/4, 881–907.

Meinardus, Phillip (2017): Recruiting from Spain – a Iualitative Insight Into Spanish-German Labor Migration Projects. In: Glorius, Birgit/Domínquez-Mujica, Josefina (Hrsg.): European Mobility in Times of Crisis. The New Context of European South-North Migration. Bielefeld: Transcript Verlag, 215–241.

Mol, Christof van (2016): Migration aspirations of European youth in times of crisis. In: Journal of Youth Studies, 19/10, 1303–1320.

Moreno, Luis/Marí-Klose, Pau (2013): Youth, Family Change and Welfare Arrangements: Is the South still so different? In: European Societies, 4, 493–513.

Mossialos, Elias/Allin, Sara (2005): Interest Groups and Health System Reform in Greece. In: West European Politics, 28/2, 420–444.

Mpampiniotis, Giorgos (2008): Γλωσσικές καταχρήσεις [Sprachliche Missbräuche]. To Vima. 24/11/2008. <https://www.tovima.gr/2008/11/24/opinions/glwssikes-kataxriseis/> [29/09/2021].

Mpouloutza, Penny (2016): Οι γιατροί μεταναστεύον και το 2016 [Die Ärzte wandern während 2016 immer noch aus]. I Kathimerini. 06/11/2016. <https://www.kathimerini.gr/soc iety/882319/metanasteyoyn-oi-giatroi-kai-to-2016> [10/04/2021].

Mpouloutza, Penny (2019): Εξακολουθεί η «αιμορραγία» των Ελλήνων γιατρών [Die „Blutung" der griechischen Ärzten geht weiter]. I Kathimerini. 31/12/2019. <https://www.kat himerini.gr/1058039/article/epikairothta/ellada/e3akoloy8ei-h-aimorragia-twn-ellhnwn-giatrwn> [10/04/2021].

Msiaxos (2018): Το νέο μισθολόγιο γιατρών και οδοντιάτρων – Μισθοί, επιδόματα, εφημερίες – Αναλυτικοί πίνακες [Die neue Entgeldskala für Ärzte und Zahnärzte – Gehälter, Zulagen, Bereitschaftsdienste – detaillierte Tabellen]. Asfalistiko.gr. 16/01/2018. <https://www.asfalistiko.gr/εργασία/το-νέο-μισθολόγιο-γιατρών-και-οδοντιά/> [01.09.2021].

Mylonas, Pavlos (2017): Turning Greece into an Education hub. Sectoral Report. Athens: National Bank of Greece.

Mylonas, Pavlos/Tzakou-Lampropoulou, Nelli (2016): Μικρομεασίες Επιχειρήσεις: Κλάδος Πληροφορικής [Mittelkleinunternehmen: Informatikbereich]. Meletes & Analyseis. Athen: Ethniki Trapeza. 12/4/2016. <https://www.nbg.gr/el/the-group/press-office/e-spot/reports/smes-2016-it> [01/09/2021].

Nauck, Bernhard/Kohlmann, Annette (1998): Verwandtschaft als soziales Kapital. Netzwerkbeziehungen in türkischen Migrantenfamilien. In: Wagner, Michael/Schütze, Yvonne (Hrsg.): Verwandtschaft: sozialwissenschaftliche Beiträge zu einem vernachlässigten Thema, Stuttgart: Enke, 203–235.

Niakas, Dimitris (2013): Greek Economic Crisis and Health Care Reforms: Correcting the Wrong Prescription. In: International Journal Health Services, 43/4, 597–602.

Nohl, Arnd-Michael/Schittenhelm, Karin/Schmidtke, Oliver/Weiß, Anja (2010): Zur Einführung: Migration, kulturelles Kapital und Statuspassagen in den Arbeitsmarkt. In: Nohl, Arnd-Michael/Schittenhelm, Karin/Schmidtke, Oliver/Weiß, Anja (Hrsg.): Kulturelles Kapital in der Migration. Hochqualifizierte Einwanderer und Einwanderinnen auf dem Arbeitsmarkt. 1. Auflage, Wiesbaden: VS Verlag für Sozialwissenschaften, 9–35.

Odigos tou Politi (2018): ΟΑΕΔ. Επιχορήγηση επιχειρήσεων για την απασχόληση 6.000 ανέργων πτυχιούχων [OAED. Förderung von Unternehmen für die Beschäftigung 6.000 arbeitsloser Absolventen]. 27/10/2018. <http://www.odigostoupoliti.eu/oaed-epixorigisi-epixeiriseon-gia-tin-apasxolisi-6000-anergon-ptyxiouxon/> [29/09/2021].

Öffentlicher Dienst.info (o. D): Tarifverträge für Ärzte, o. D. <https://oeffentlicher-dienst. info/aerzte/> [05/04/2021].

Organisation for Economic Co-operation and Development (OECD) (2020a): OECD economic surveys: Greece 2020. Paris: OECD Publishing.

Organisation for Economic Co-operation and Development (OECD) (2020b): COVID-19 crisis puts migration and progress on integration at risk, 19/10/2020. <https://www.oecd. org/migration/covid-19-crisis-puts-migration-and-progress-on-integration-at-risk.htm> [25/09/2021].

Organisation for Economic Co-operation and Development (OECD) (2020c): Health expenditure and financing, 01/07/2020. <https://stats.oecd.org/Index.aspx?DataSetCo de=SHA> [30/07/2020].

Organisation for Economic Co-operation and Development (OECD) (2020d): Graduates by field, 04/10/2020. <https://stats.oecd.org/Index.aspx?DataSetCode=EDU_GRAD_F IELD> [24/11/2020].

Organisation for Economic Co-operation and Development (OECD) (2021a): International Migration Database (Variable: Inflows of foreign population by nationality), 02/05/2021. <https://stats.oecd.org/Index.aspx?DataSetCode=MIG> [02.05.2021].

Organisation for Economic Co-operation and Development (OECD) (2021b): Health expenditure and financing. 07/05/2021. <https://stats.oecd.org/Index.aspx?DataSetCo de=SHA> [22/05/2021].

Palaiologou, Giannis (2019): Τί λένε οι ερευνητές για τη Νέα Διασπορά [Was sagen die Forscher zu der Neuen Diaspora] In: I Kathimerini (Sonderausgabe): Brain Drain. Οι αιτίες το κόστος και οι προϋποθέσεις μεταστροφής [Brain Drain. Die Gründe, die Kosten und die Voraussetzungen der Umwandlung], 30–31.

Panagiotakopoulos, Antonios (2020): Investigating the Factors Affecting Brain Drain in Greece: Looking Beyond the Obvious. In: World Journal of Entrepreneurship, Management and Sustainable Development, 16/3, 207–218.

Panagiotopoulou, Argyro, J./Rosen, Lisa (2018): Neue Migration nach Deutschland und Kanada als Bildungsmigration. Zur Notwendigkeit und den Herausforderungen einer international vergleichenden Migrations- und Familienforschung. In: Dewitz, Nora/Terhart, Henrike/Massumi, Mona (Hrsg.): Neuzuwanderung und Bildung. Eine interdisziplinäre Perspektive auf Übergänge in das deutsche Bildungssystem. Weinheim: Beltz Juventa, 324–337.

Panayotopoulos, Nikos/Schultheis, Franz (Hrsg.) (2015): Η Οικονομία της αθλιότητας. Ελλάδα 2010–2015 [Die Ökonomie des Elends. Griechenland 2010–2015]. Athen: Alexandreia.

Panellinios Iatrikos Syllogos (PIS) (2018, 26/Februar): Αγωνία και αγανάκτηση του ιατρικού κόσμου στη Γ.Σ. του Π.Ι.Σ. για τις μεγάλες ελλείψεις στο σύστημα Υγείας [Angst und Empörung der medizinischen Welt bei der Generalversammlung von PIS über die großen Mängel in Gesundheitssystem] [Presseinformation] <https://pis.gr/102175/αγωνία-και-αγανάκτηση-του-ιατρικού-κό/> [05/09/2021].

Paraschou, Athina (2001): Remigration in die Heimat oder Emigration in die Fremde? Beitrag zur europäischen Migrationsforschung am Beispiel „re-migrierter griechischer Jugendlicher. Band 3, Frankfurt am Main (u. a.): Peter Lang Verlag.

Paraschou, Athina (2004): Die Selbstorganisation von MigrantInnen. Das Beispiel der Griechischen Gemeinden in der Bundesrepublik und ihre Bedeutung. In: Migration und Soziale Arbeit, 2/2004, 118–122.

Pascouau, Yves (2013): Intra-EU Mobility: the 'Second Building Block' of EU Labour Migration Policy. EPC Issue Paper, 74.

Pasias, Giorgos/Flouris, Giorgos (2015): Η «Ευρώπη ης Γνώσης» ως Διακύβευμα και ως Αναπαράσταση των σχέσεων Εξουσίας – Γνώσης στο Ευρωπαϊκό εκπαιδευτικό Συγκείμενο ["Europa des Wissens" als Einsatz und als Repräsentation von Macht- und Wissensbeziehungen im europäischen Bildungskontext]. In: Gravaris, Dionysis and Papadakis, Nikos (Hrsg.): Εκπαίδευση και εκπαιδευτική πολιτική: Μεταξύ Κράτους και Αγοράς [Bildung und Bildungspolitik: Zwischen Staat und Markt]. Savvalas, Athens, 367–397.

Passow, Franz (1857): Handwörterbuch der griechischen Sprache. Neu bearb. und zeitgemäß umgestaltet von Rost, V. Ch. Fr./Palm, Fr./Kreussler, O./ Keil, K./Ferd, P./Bensler, G. E. Bd. 2,2, Darmstadt: Wissenschaftliche Buchgesellschaft.

Pelliccia, Andrea (2013): Greece: Education and Brain Drain in Times of Crisis. IRPPS Working paper 54. Rom: Consiglio Nazionale delle Ricerche – Istituto di Ricerche sulla Popolazione e le Politiche Sociali.

Pethe, Heike (2006): Internationale Migration hoch qualifizierter Arbeitskräfte. Die Greencard-Regelung in Deutschland. 1. Auflage, Wiesbaden: Deutscher Universitäts-Verlag.

Petmetzidou, Maria/Papanastasiou, Stefanos/Pempetzoglou, Maria/Papatheodorou, Christos/Polizoidis, Periklis (2015): Υγεία και μακροχρόνια φροντίδα στην Ελλάδα [Gesundheit und langzeitpflege in Griechenland]. In: INE-GSEE Studies, 35, Athen: INE-GSEE.

Pissarides, Christopher/Wadsworth, Jonathan (1989): Unemployment and the inter-regional mobility of labour. In: The economic Journal, 99/397, 739–755.

Portes, Alejandro (1995): Economic Sociology and the Sociology of Immigration. A Conceptual Overview. In: Portes, Alejandro (Hrsg.): The Economic Sociology of Immigration: Essays on Networks, Ethnicity, and Entrepreneurship. New York: Russell Sage Foundation, 1–41.

Pötzschke, Steffen/Braun, Michael (2019): Social Transnationalism and Supranational Identifications. In: Recchi, Ettore/Raffini, Luca (Hrsg.): Everyday Europe. Social Transnationalism in an Unsettled Continent. Bristol: Policy Press, 115–136.

Pratsinakis, Manolis (2019): Family-Related Migration and the Crisis-Driven Outflow from Greece. In: Panagiotopoulou, Julie, A./Rosen, Lisa/Kirsch, Claudine/Chatzidaki, Aspasia (Hrsg.): 'New' Migration of Families from Greece to Europe and Canada: A 'New' Challenge for Education? Reihe Inklusion und Bildung in Migrationsgesellschaften, Band 2, Wiesbaden: Springer VS, 11–32.

Pratsinakis, Manolis/Hatziprokopiou, Panos/Grammatikas, Dimitris/Labrianidis, Lois (2017): Crisis and the Resurgence of Emigration from Greece: Trends, Representations, and the Multiplicity of Migrant Trajectories. In: Glorius, Birgit/Domínquez-Mujica, Josefina (Hrsg.): European Mobility in Times of Crisis. The New Context of European South-North Migration. Bielefeld: Transcript Verlag, 75–102.

Pratsinakis, Manolis/King, Russel/Himmelstine, Carmen L./Mazzilli, Caterina (2020): A Crisis-Driven Migration? Aspirations and Experiences of the Post-2008 South European Migrants in London. In: International Migration, 58/1, 15–30.

Przyborski, Aglaja, Wohlrab-Sahr, Monika (2014): Qualitative Sozialforschung. Ein Arbeitsbuch. 4. erweiterte Auflage, München: De Gruyter Oldenbourg.

Pusch, Barbara (2010): Familiäre Orientierungen und Arbeitsmarktintegration von hochqualifizierten MigrantInnen in Deutschland, Kanada und der Türkei. In: Nohl, Arnd-Michael/Schittenhelm, Karin/Schmidtke, Oliver/Weiß, Anja (Hrsg.): Kulturelles Kapital in der Migration. Hochqualifizierte Einwanderer und Einwanderinnen auf dem Arbeitsmarkt. 1. Auflage, Wiesbaden: VS Verlag für Sozialwissenschaften, 285–300.

Putnam, Robert D. (1995): Tuning in, Tuning out: the Strange Disappearance of Social Capital in America. In: Political Science and Politics, XXVIII/4, 664–683.

Quasthoff, Uta (1987): Linguistic prejudice/stereotype. In: Ammon, Ulrich/Dittmar, Norbert/Mattheier, Klaus J. (Hrsg.): Handbuch der Soziolinguistik – Handbook of Sociolinguistics. Berlin, New York: De Gruyter, 785–800.

Radtke, Frank-Olaf (2010): Kulturen sprechen nicht: Die Politik grenzüberschreitender Dialoge. Hamburg: Hamburger Edition.

Raghuram, Parvati (2008): Governing the Mobility of Skills. In: Gabrielle, Christina/Pellerin, Helene (Hrsg.): Governing International Labour Migration: Current Issues, Challenges and Dilemmas. Routledge/RIPE Studies in Global Political Economy. UK: Routledge.

Rahner, Sven (2018): Fachkräftemangel und falscher Fatalismus. Entwicklung und Perspektiven eines neuen Politikfeldes. Frankfurt am Main/New York: Campus Verlag.

Rass, Christoph A. (2012): Die Anwerbeabkommen der Bundesrepublik Deutschland mit Griechenland und Spanien im Kontext eines europäischen Migrationssystems. In: Oltmer,

Jochen/Kreinbrink, Axel/Díaz, Carlos S. (Hrsg.): Das „Gastarbeiter"-System: Arbeitsmigration und ihre Folgen in der Bundesrepublik Deutschland und Westeuropa. München: Oldenbourg, 53–70.

Rebrain Greece (o. D.): Μηχανισμός διασύνδεσης [Mechanismus zur Vernetzung], o. D. <https://platform.rebraingreece.gr> [25/09/2021].

Rebrain Westerngreece (o. D.): Skopos [Ziel], o. D. <https://www.rebrainwesterngreece.gr/page/skopos> [25/09/2021].

Recchi, Ettore (2015): Mobile Europe: Theory and Practice of Free Movement in the EU. Basingstoke: Palgrave Macmillan.

Rehbein, Boike (2011): Die Soziologie Pierre Bourdieus. 2. überarbeitete Auflage, Konstanz: UVK-Verlag.

Reisenzein, Rainer (2006): Motivation. In: Pawlik, Kurt (Hrsg.): Handbuch Psychologie. Heidelberg: Springer, 239–248.

Remhof, Stefan (2008): Auswanderung von Akademikern aus Deutschland. Gründe, Auswirkungen und Gegenmaßnahmen. Marburg: Tectum Verlag.

Remley, William (2018): Jean-Paul Sartre's anarchist philosophy. London: Bloomsbury Academic.

Rieck, André (2003): Flucht erster Klasse?! Brain Drain im medizinischen Wirtschaftssektor in Südafrika. Vortragspapier zur Konferenz Migration und Entwicklung am 5./6. Juni 2003 in Münster. Münster: Institut für Politikwissenschaft (o. S.).

Riesinger, Robert (2017): Prekarisierung und Prekarität. In: Hepp, Rolf/Riesinger, Robert/Kergel: David (Hrsg.): Verunsicherte Gesellschaft: Prekarisierung auf dem Weg in das Zentrum. Wiesbaden: Springer VS, 227–238.

Ritchey, Neal, P. (1976): Explanations of Migration. In: Annual Review of Sociology, 2, 363–404.

Rochel, Johan (2017): Wir sind alle potenzielle Migranten. Neue Zürcher Zeitung. 10/06/2017. <https://www.nzz.ch/feuilleton/offene-grenzen-eine-utopie-wir-sind-alle-potenzielle-migranten-ld.1300105> [22/09/2021].

Roensch, Gundula/Flick, Uwe (2015): Versorgungsvorstellungen von Migranten aus der früheren Sowjetunion mit Alkohol- und Drogenproblemen in Deutschland. In: Psychiatrische Praxis, 42, 370–376.

Rosenthal, Barbara (2018): Fort- und Weiterbildung: Ausländische Ärzte: Wege in den Arbeitsmarkt. In: Klinik Management aktuell, 23/09, 57–60.

Ryan, Louise (2015): „Inside" and „Outside" of What or Where? Researching Migration Through Multi-Positionalities. In: Forum Qualitative Sozialforschung/Forum: Qualitative Social Research 16/2, Art. 17.

Ryan, Louise/Mulholland, Jon (2014): Trading Places: French Highly Skilled Migrants Negotiating Mobility and Emplacement in London. In: Journal of Ethnic and Migration Studies, 40/4, 584–600.

Sabetai, Isaac D. (1976): Brain Drain: The case of Greece. In: Epitheorisi Koinonikon Erevnon. 26/26–27, 76–83.

Sachini, Evi/Chrysomallidis, Charalampos/Karampekios, Nikolaos/Malliou, Nena (2016): Έρευνα, Εκπαίδευση, Καινοτομία. Διαστάσεις του Τριγώνου της Γνώσης στην Ελλάδα [Forschung, Ausbildung, Innovation. Dimensionen des Wissensdreiecks in Griechenland]. Athen: EKT.

Sachverständigenrat für Integration und Migration (SVR) (2019): Bewegte Zeiten: Rückblick auf die Integrations- und Migrationspolitik der letzten Jahre. Jahresgutachten 2019. Berlin: SVR.

Sakellariou, Alexandros/Theodoridis, Konstantinos (2021): Αντιλήψεις, Στάσεις και Αποφάσεις των Νέων για τη Μετανάστευση στο Εξωτερικό κατά την Περίοδο της Οικονομικής Κρίσης [Wahrnehmungen, Einstellungen und Entscheidungen junger Menschen zur Migration ins Ausland während der Zeit der Wirtschaftskrise]. In: Koinoniologiki Epitheorisi, 7, 99–126.

Salt, John (1983): High Level Manpower Movements in Northwest Europe and the Role of Careers: an Explanatory Framework. In: International Migration Review, 17/4, 633–652.

Salt, John (1987): Contemporary Trends in international Migration Study. In: International Migration, 25/3, 241–251.

Salt, John (1988): Highly-Skilled international Migrants, Careers and internal Labour Markets. In: Geoforum, 19/4, 387–399.

Salt, John (1992): The Future of International Labor Migration. In: International Migration Review, 26/4, 1077–1111.

Salt, John (1997): International Movements of the Highly Skilled. OECD working Papers, V, International Migration Unit, Occasional Papers 3/91.

Santacreu, Oscar A. F./Baldoni, Emiliana M./Guardiola, Maria C. A. (2009): Deciding to move: Migration Projects in an Integrating Europe. In: Favell, Adrian/Recchi, Ettore (Hrsg): Pioneers of European Integration. Cheltenham: Edward Elgar, 52–71.

Santin, Tullia (2013): „Wer schrieb, fühlte sich frei" – Der Holocaust in den Zeugnissen griechischer Jüdinnen und Juden. Ilka Seer Stabsstelle für Presse und Kommunikation Freie Universität Berlin, 17/07/2003. <https://idw-online.de/de/news66853> [25/04/2021].

Sauer, Lenore (2004): Migration hoch qualifizierter Arbeitskräfte. Theoretische Analyse der Auswirkungen und nationale sowie internationale Politikoptionen. Regensburg: Transfer Verlag.

Scherr, Albert/Scherschel, Karin (2019): Wer ist ein Flüchtling? Grundlagen einer Soziologie der Zwangsmigration. Göttingen: Vandenhoeck & Ruprecht.

Schipulle, Hans P. (1973): Ausverkauf der Intelligenz aus Entwicklungsländern? Eine kritische Untersuchung zum Brain Drain. München: Weltforum Verlag.

Schöneberg, Ulrike (1993): Gestern Gastarbeiter, morgen Minderheit. Zur sozialen Integration von Einwanderern in einem „unerklärten" Einwanderungsland. Frankfurt am Main: Peter Lang Verlag.

Schürmann, Lisa Kathrin (2013): Motivation und Anerkennung im freiwilligen Engagement. Kampagnen und ihre Umsetzung im Internet und Social Media. Wiesbaden: Springer VS.

Schulze, Winfried (2013): Die Autonomie der deutschen Universitäten. In: Jansohn, Christa/Meier-Walser, Reinhard (Hrsg.): Hochschulpolitik: Deutschland und Großbritannien im Vergleich. Argumente und Materialien zum Zeitgesehen 84. München: Hanns-Seidel-Stiftung, 19–22.

Scott, Anthony (1970): The Brain Drain – is a Human-Capital Approach Justified? In: Education, Income and Human Capital, 241–293.

Seers, Dudley (1979): The Periphery of Europe. In: Seers, Dudley/Schaffer, Bernard/Kiljunen, Marja-Lissa (Hrsg.): Underdeveloped Europe. Studies in Core-Periphery Relations. Hassocks: The harvester press, 3–34.

Senghaas, Dieter (Hrsg.) (1974): Peripherer Kapitalismus. Analysen über Abhängigkeit und Unterentwicklung. Frankfurt am Main: Suhrkamp.

Sidiropoulos, Iordanis/Paschos, Konstantinos/Platis, Charalampos/Kostagiolas: Petros (2017): Medical Brain Drain in Debt–Stricken Greece: Is There a Way to Address It? In: Kavoura, Androniki/Sakas, Damianos/Tomaras, Petros (Hrsg.): Strategic Innovative Marketing. Cham: Springer, 373–379.

Sieber, Samuel (2014): Macht und Medien: Zur Diskursanalyse des Politischen. Bielefeld: Transcript Verlag.

Simoleit, Julia (2016): Europäisierung der Universität. Individuelle Akteure und institutioneller Wandel in der Hochschule. Wiesbaden: Springer VS.

Simon, Michael (2013): Das Gesundheitssystem in Deutschland. Eine Einführung in Struktur und Funktionsweise. 4. Auflage, Bern: Hans Hueber Verlag.

Simou, Effie/Koutsogeorgou, Eleni (2014): Effects of the Economic Crisis on Health and Healthcare in Greece in the Literature from 2009 to 2013: A Systematic Review. In: Health Policy 115, 111–119.

Siouti, Irini (2013): Transnationale Biographien. Eine biographieanalytische Studie über Transmigrationsprozesse bei der Nachfolgegeneration griechischer Arbeitsmigranten. Bielefeld: transcript Verlag.

Siouti, Irini (2018): Migration und Biographie. In: Lutz, Helma/Tuider, Elisabeth/Schiebel, Martina (Hrsg): Handbuch Biographieforschung. Wiesbaden : Springer VS Verlag, 43–53.

Siouti, Irini (2019): New migrations from Greece to Germany in the age of economic crisis. In: Panagiotopoulou, Argyro J./Rosen, Lisa/Claudine, Kirsch/Chatzidaki, Aspasia (Hrsg.): New Migration of Families from Greece to Europe and Canada – Experiences and Interpretations of Families within the Context of Different Migration Societies and Educational Systems. Wiesbaden: Springer VS: 57–72.

Sjaastad, Larry A. (1962): The Costs and Returns of Human Migration. In: Journal of political Economy, 70/5, Part 2, 80–93.

Skeldon, Ronald (2012): Migration Transitions Revisited: Their Continued Relevance for the Development of Migration Theory. In: Population, Space and Place, 18/2, 154–166.

Smith, Helena (2015): Young, gifted and Greek: Generation G – the world's biggest brain drain. The Guardian. 19/01/2015. <https://www.theguardian.com/world/2015/jan/19/young-talented-greek-generation-g-worlds-biggest-brain-drain> [19/09/2021].

Speare, Alden (1971): A Cost-Benefit Model of Rural to Urban Migration in Taiwan. In: Population Studies, 25/1, 117–130.

Speth, Rudolf (1997): Pierre Bourdieu – die Ökonomisierung des Symbolischen. In: Göhler, Gerhard u. a. (Hrsg.): Institutionen – Macht – Repräsentation. Wofür politische Institutionen stehen und wie sie wirken. Baden-Baden: Nomos-Verlag, 321–348.

Stamelos, George/Kavasakalis, Aggelos (2013): European higher education area and the introduction of a quality assurance program in Greek universities. Is policy-oriented learning present? In: CEPS Journal 3/3, 105–124.

Stavrianakis, Stylianos (2019): Μετανάστευση και παλινόστηση νέων Ελλήνων επιστημόνων. Ροές από και προς την Ελλάδα και κοινωνικοδημογραφικές επιπτώσεις για την περιοχή της πρωτεύουσας [Migration und Rückkehr junger griechischer Wissenschaftler: Wanderungen aus und nach Griechenland und soziodemografische

Auswirkungen auf die Region der Hauptstadt]. Dissertationsarbeit. Athen: Charokopeio Universität.

Stavrinoudi, Athina (1992): Die griechische Arbeitsmigration in die Bundesrepublik Deutschland. (Arbeitsheft). Berlin: Verlagsabteilung des Berliner Instituts für Vergleichende Sozialforschung e. V.

Steinhardt, Max F. (2009): The Dimensions and Effects of EU Labour Migration in Germany. In: Galgóczi, Béla/Leschke, Janine/Watt, Andrew (Hrsg.): EU Labour Migration Since Enlargement. Trends, Impacts and Policies. Farnham: Ashgate, 101–126.

Stergiou, Andreas (2006): Ανατολική Γερμανία [Ostdeutschland] In: Chasiotis, Ioannis K./Katsiardi-Hering, Olga/Ampatzi, Euridiki A. (Hrsg.): Οι Έλληνες στη διασπορά 15ος -21ος αι. [Die Griechen in der Diaspora 15.–21. Jahrhundert]. Athen: Parlament der Griechen, 147–149.

Stichweh, Rudolf (2010): Interkulturelle Kommunikation in der Weltgesellschaft. Zur politischen Soziologie der Integration und Assimilation. In: Der Fremde. Studien der Sozialgeschichte. Berlin: Suhrkamp, 195–206.

Stohr, Andrea (2003): Die internationale Brain Drain Diskussion im Übergang zum 21. Jahrhundert, Vortragspapier zur Konferenz ,Migration und Entwicklung im 21. Jahrhundert' am 5./6. Juni 2003 in Münster. Münster: Institut für Politikwissenschaft (o. S.).

Straubhaar, Thomas (2000): International Mobility of the Highly Skilled: Brain Gain, Brain Drain or Brain Exchange. HWWA Discussion Paper 88. Hamburg: Hamburgisches Welt-Wirtschaft-Archiv (HWWA).

Strauss, Anselm L. (1987): Qualitative Analysis for Social Scientists. Cambridge: University Press.

Strauss, Anselm L. (1991): Grundlagen qualitativer Sozialforschung. Datenanalyse und Theoriebildung in der empirischen soziologischen Forschung. München: Fink Verlag.

Synaspismos Rizospastikis Aristeras (SYRIZA) (2014): The Thessaloniki Programme, 09/2014. <https://www.syriza.gr/article/SYRIZA---THE-THESSALONIKI-PROGRAMME.html#.VTetDvD6iq4> [20/09/2021].

Synaspismos Rizospastikis Aristeras (SYRIZA) (2015a): Σχέδιο κυβερνητικού προγράμματος [Entwurf Regierungsprogrammatik], 08/2015. <https://vouliwatch.gr/wp-content/uploads/2015/09/14.pdf> [20/09/2021].

Synaspismos Rizospastikis Aristeras (SYRIZA) (2015b): Νεολαία: Τηλεοπτικό Σποτ του ΣΥΡΙΖΑ [Jugend: TV-Spot von SYRIZA], 16/01/2015. <https://www.youtube.com/watch?v=Ea6bN30WymQ&list=PLeD_6gbqIpFFuGkn3GldaMNzP5zjtE1fN&index=7> [20/09/2021].

Syndesmos Epichiriseon kai Viomichanion (SEV) (2019): Υλικές συνθήκες διαβίωσης και ποιότητα ζωής [Materielle Lebensbedingungen und Lebensqualität]. In: Deltio gia tin Elliniki oikonomia, 169. Athen: SEV.

Syndesmos Epichiriseon kai Viomichanion (SEV) (2020): Πώς θα πάμε από το brain drain στο brain gain [Wie gehen wir vom brain drain zum brain gain] In: Special Report: Brain Drain. Athen: SEV.

Tasoulis, Konstantinos/Theriou, Giorgo/Pavlos, Vlachos/Kampolis, Christos (2019): Ταλέντα και επιχειρήσεις στην Ελλάδα: Μία δύσκολη συμβίωση; [Talente und Unternehmen in Griechenland: Ein schwieriges Zusammenleben?], 07/2019. <http://www.alba.acg.edu/media/321005/talenta-kai-epixeirhseis-sthn-ellada.pdf> [23/09/2021].

Teney, Céline (2015a): Conclusion. In: Schellinger, Alexander (Hrsg.): Brain drain – brain gain: European labour market in times of crisis. Berlin: Friedrich-Ebert-Foundation, 85–92.

Teney, Céline (2015b): Introduction. In: Schellinger, Alexander (Hrsg.): Brain drain – brain gain: European labour market in times of crisis. Berlin: Friedrich-Ebert-Foundation, 2–11.

Teney, Céline/Siemsen, Pascal (2015): Germany: A Major Intra-EU Brain Gain Country? In: Schellinger, Alexander (Hrsg): Brain drain – brain gain: European labour market in times of crisis. Berlin: Friedrich-Ebert-Foundation, 12–21.

Teney, Céline/Becker, Regina/Bürkin, Katharina/Spengler, Max (2017): Migrations- und Integrationserfahrungen europäischer Ärztinnen und Ärzte in Deutschland. Ergebnisse einer bundesweiten Umfrage. Forschungszentrum Ungleichheit und Sozialpolitik, Universität Bremen (Hrsg.), 2017. <https://www.ssoar.info/ssoar/handle/document/53309> [29/09/2021].

Theou, Ourania (2015): «Στατιστική ανάλυση και μελέτη αγοράς εργασίας πληροφορικής στην Ελλάδα» [„Statistische Analyse und Studie zu dem Arbeitsmarkt der Informatik in Griechenland"]. Masterarbeit. Patras: Fakultät von Computeringenieurwissenschaften der TH Westgriechenland.

Thomsen, Sarah (2010): Mehr als „weak ties" – Zur Entstehung und Bedeutung von sozialem Kapital bei hochqualifizierten BildungsausländerInnen. In: Nohl, Arnd-Michael/Schittenhelm, Karin/Schmidtke, Oliver/Weiß, Anja (Hrsg.): Kulturelles Kapital in der Migration. Hochqualifizierte Einwanderer und Einwanderinnen auf dem Arbeitsmarkt. 1. Auflage, Wiesbaden: VS Verlag für Sozialwissenschaften, 272–284.

Todaro, Michael P. (1969): A Model of Labor Migration and Urban Unemployment in Less Developed Countries. In: The American Economic Review, 59/1, 138–148.

Tolios, Euthimios/Thanos, Theodoros (2021): Μεταναστευτικές Εκροές Πτυχιούχων σε Χώρες της Ευρώπης στην Εποχή της Κρίσης [Abwanderung von Hochschulabsolventen in europäische Länder im Zeitalter der Krise]. In: Koinoniologiki Epitheorisi 7, 75–98.

Trapeza tis Ellados (Bank von Griechenland) (2019): Έκθεση του διοικητή για το έτος 2018 [Bericht des Gouverneurs für das Jahr 2018]. Athen: Trapeza tis Ellados.

Treibel, Annette (2003): Migration in modernen Gesellschaften. Soziale Folgen von Einwanderung, Gastarbeit und Flucht. 3.Auflage, Weinheim/München: Verlag Juventa.

Treibel, Annette (2008): Migration. In: Baur, Nina/Korte, Hermann/Löw, Martina/Schroer, Markus (Hrsg.): Handbuch Soziologie. Wiesbaden: VS Verlag für Sozialwissenschaften, 295–317.

Trevena, Paulina (2013): Why do Highly Educated Migrants go for Low-skilled Jobs? A Case Study of Polish Graduates working in London. In: Glorius, Birgit/Grabowska-Lusinska, Izabela/Kuvik, Aimee (Hrsg.): Mobility in Transition. Migration Patterns after EU Enlargement. Imiscoe Research. Amsterdam: Amsterdam University Press, 169–190.

Triandafyllidou, Anna/Gropas, Ruby (2014): "Voting With Their Feet": Highly Skilled Emigrants From Southern Europe. In: American Behavioral Scientist, 58/12, 1614–1633.

United Nations Educational, Scientific and Cultural Organization (UNESCO) (2006): ISCED 1997. International Standard Classification of Education.

Universities UK International (2017): International Facts and Figures: Higher Education 2017, 2017. https://www.universitiesuk.ac.uk/policy-and-analysis/reports/Documents/Int ernational/International_Facts_and_Figures_2017.pdf> 03/03/2021.

Universities UK International (2018): International Facts and Figures: Higher Education 2018, 2018. <https://www.universitiesuk.ac.uk/policy-and-analy-sis/reports/Doc uments/International/International%20Facts%20and%20Figures%202018_web.pdf> 03/03/2021.

Ventoura, Lina (2006): Ομοσπονδιακή Γερμανία [Föderales Deutschland]. In: Chasiotis, Ioannis K./Katsiardi-Hering, Olga/Ampatzi, Euridiki A. (Hrsg.): Οι Έλληνες στη διασπορά 15ος -21ος αι. [Die Griechen in der Diaspora 15. – 21. Jahrhundert]. Athen: Parlament der Griechen, 135–146.

Vertovec, Steven (2002): Transnational Networks and Skilled Labour Migration, Vortragspapier zur Konferenz „Ladenburger Diskurs Migration Gottlieb Daimler- und Karl Benz-Stiftung, Landenburg, 15 Februar 2002, 2002. <https://pure.mpg.de/rest/items/item_3012 174/component/file_3012175/content> [21/09/21].

Verwiebe, Roland/Wiesböck, Laura/Teitzer, Roland (2014): New forms of intra-European migration, labour market dynamics and social inequality in Europe. In: Migration Letters, 11/2, 125–136.

Warrach, Nora (2020): Hochqualifizierte Transmigrantinnen. Bildungswege und Migrationserfahrungen zwischen Befremdung und Beheimatung. Wiesbaden: Springer VS.

Wasserman, Maria (2017): A Psychological Perspective on Adjustment of Recent Immigrants from Southern Europe in Germany. The Correlation of Adjustment with Return Intentions and Personality Predispositions for Successful Adjustment. In: Glorius, Birgit/Domínguez-Mujica, Josefina (Hrsg.): European Mobility in Times of Crisis. The New Context of European South-North Migration. Bielefeld: Transcript Verlag, 161–190.

Wendt, Claus (2013): Methodische Grundlagen von Gesundheitssystemvergleichen. In: Lauterbach, Karl W./Stock, Stephanie/Brunner, Helmut (Hrsg.): Gesundheitsökonomie. Lehrbuch für Mediziner und andere Gesundheitsberufe. 3. Auflage, Verlag Hans Huber: Bern, 201–213.

Wiesler, Elena/Wahl, Sonja/Lucius-Hoene, Gabriele/Berner, Michael (2013): ‚Wir saufn uns doch davor nich, wir trinkn nur en paar Bier'. ‚Vorglühen': Eine aktuelle Form jugendlichen Alkoholkonsums. In: Forum: Qualitative Social Research, 14/1 (o. S.).

Wimmer, Andreas/Glick-Schiller, Nina (2002): Methodological nationalism and beyond: nation-state building, migration and the social sciences. In: Global Networks, 2, 301–334.

Wisdorff, Flora (2012): Regierung stoppt Zuwanderung ins Hartz-IV-System. Die Welt. 09/03/2012 <http://www.welt.de/politik/deutschland/article13913511/Regierung-stoppt-Zuwanderung-ins-Hartz-IV-System.html> [08/09/2021].

Wissenschaft weltoffen (2019a): Ausländisches Wissenschaftspersonal an deutschen Hochschulen nach Fächergruppe seit 2012, 2019. <http://www.wissenschaftweltoffen.de/wwo 2019/> [30/08/2020].

Wissenschaft weltoffen (2019b): Ausländisches Wissenschaftspersonal an den vier größten deutschen außeruniversitären Forschungseinrichtungen 2010–2017, 2019. <http://www.wissenschaftweltoffen.de/wwo2019/> [30/08/2020].

Wissenschaft weltoffen (2020): Internationales Wissenschaftspersonal insgesamt sowie internationale Professor/innen nach wichtigsten Herkunftsländern seit 2008, 2020. <http://www.wissenschaftweltoffen.de/wwo2020/> [10/04/2021].

Wolffram, Andrea (2017): Zuwanderungswege und Migrationsmotivationen im Berufsverlauf in Wirtschaft und Wissenschaft. In: Jungwirth, Ingrid/Wolffram, Andrea (Hrsg.):

Hochqualifizierte Migrantinnen. Teilhabe an Arbeit und Gesellschaft. Opladen: Verlag Barbara Budrich, 119–144.

Wolter, Achim/Straubhaar, Thomas (1997): Europeanisation of Production and the Migration of the Highly Skilled, HWWA Discussion Paper 41. Hamburg: Hamburgisches Welt-Wirtschaft-Archiv (HWWA).

World Health Organization (WHO) (2020a): Density of medical doctors (total number per 10 000 population, latest available year), 2020. <https://www.who.int/data/gho/data/ind icators/indicator-details/GHO/medical-doctors-(per-10-000-population)> [10/10/2020].

World Health Organization (WHO) (2020b): Medical doctors (per 10,000), 2020. <https://www.who.int/data/gho/data/indicators/indicator-details/GHO/medical-doctors-(per-10-000-population)> [10/10/2020].

Yalaz, Evren/Zapata-Barrero, Ricard (2018): Mapping the Qualitative Migration Research in Europe: An Explanatory Analysis. In: Zapata-Barrero, Ricard/Yalaz, Evren (Hrsg.): Qualitative Research in European Migration Studies. Cham: Springer, 9–31.

Ypourgeio Anaptyksis kai Ependyseon (2018): Greece: A Growth Strategy for the Future, 09/2018 <https://www.mindev.gov.gr/greece-a-growth-strategy-for-the-future/> [29/09/2021].

Ypourgeio Esoterikon (YPES) (o. D.): Αποτελέσματα προηγούμενων αναμετρήσεων [Vergangene Wahlergebnisse]. o. D. <https://ekloges.ypes.gr> [29/09/2021].

Zeit Online (2013): 120.000 Wissenschaftler aus Griechenland ausgewandert, 09/04/2013. <https://www.zeit.de/wirtschaft/2013-04/griechenland-akademiker-abwanderung?utm_ referrer=https%3A%2F%2F> [19.09.2021].

Zelepos, Ioannis (2017): Griechische Migration nach Deutschland. In: Bundeszentrale für politische Bildung, 23/01/2017. <https://www.bpb.de/geschichte/zeitgeschichte/deutsc hlandarchiv/241095/griechische-migration-nach-deutschland> [23.09.2021].

Zischke, Frederik/Doth, Gerlinde/Stotz, Birgit (2020): Fachkräfteeinwanderungsgesetz – Anpassungen des Aufenthaltsgesetzes. In: Die Kommunalverwaltung Sachsen-Anhalt, 4, 148–153.

Zotti, Antonio (2021): Germany's 'Atypical' Leadership in the EU Migration System of Governance and its Normative Dimension. In: Ceccorulli, Michela/Fassi, Enrico/Lucarelli, Sonia (Hrsg.): The EU Migration System of Governance. Cham: Palgrave Macmillan, 225–258.

Printed by Printforce, the Netherlands